Routing-Protokolle und -Konzepte
CCNA Exploration Companion Guide

Rick Graziani, Allan Johnson

Übersetzung: Christian Alkemper
Deutsche Bearbeitung: Ernst Schawohl

Routing-Protokolle und -Konzepte

CCNA Exploration Companion Guide

Addison-Wesley Verlag

Cisco Networking Academy

Bibliografische Information der Deutschen Nationalbibliothek
Die Deutsche Nationalbibliothek verzeichnet diese Publikation in der Deutschen Nationalbibliografie; detaillierte bibliografische Daten sind im Internet über http://dnb.d-nb.de abrufbar.

Umwelthinweis:
Dieses Buch wurde auf chlorfrei gebleichtem Papier gedruckt.
Um Rohstoffe zu sparen, haben wir auf Folienverpackung verzichtet.

10 9 8 7 6 5 4 3 2 1
11 10 09

ISBN 978-3-8273-2719-2

ein Imprint der Pearson Education Deutschland GmbH,
Martin-Kollar-Straße 10–12, D-81829 München/Germany

Übersetzung: Dipl.-Übersetzer Christian Alkemper, Rheinstetten (info@alkemper.com, www.alkemper.com)
Deutsche Bearbeitung: Ernst Schawohl, ernst.schawohl@fh-duesseldorf.de
Lektorat: Sylvia Hasselbach, shasselbach@pearson.de
Korrektorat: René Wiegand, info@wiegand-dokumentation.de
Herstellung: Monika Weiher, mweiher@pearson.de
Einbandgestaltung: Thomas Arlt, tarlt@adesso21.net
Satz: text&form, Fürstenfeldbruck
Druck und Verarbeitung: Bercker Graph. Betrieb, Kevelaer

Printed in Germany

Inhaltsverzeichnis

Vorspann

Die Autoren

Rick Graziani lehrt Informatik und Netzwerktechnik am Cabrillo College in Aptos (Kalifornien). Er arbeitet und lehrt seit mehr als 30 Jahren in den Bereichen Netzwerktechnik und IT. Vor Beginn seiner Lehrtätigkeit war er für verschiedene IT-Firmen tätig, darunter etwa Santa Cruz Operation, Tandem Computers und die Lockheed Missiles and Space Corporation. Er hat einen M.A. in Informatik und Systemtheorie an der California State University Monterey Bay erworben. Außerdem arbeitet er als Consultant für Cisco und andere Unternehmen. Wenn er nicht gerade arbeitet, findet man ihn meistens auf seinem Surfbrett: Rick ist ein leidenschaftlicher Surfer, der auf seinem Longboard nur allzu gerne auf den Wellen vor Santa Cruz reitet.

Allan Johnsons akademische Laufbahn begann 1999, nachdem er zuvor zehn Jahre als Unternehmer tätig gewesen war – er wollte sich endlich seiner Leidenschaft für das Vermitteln von Wissen hingeben. Johnson kann einen M.B.A. und einen M.Ed. in Mitarbeiterschulung und -entwicklung vorweisen und arbeitet gegenwärtig als IT-Dozent am Del Mar College in Corpus Christi, Texas. Seit 2003 widmet Johnson einen Großteil seiner Zeit dem CCNA Instructional Support Team: Er unterstützt damit direkt die Networking Academy-Dozenten in aller Welt und erstellt Schulungsmaterialien. Gegenwärtig ist er an der Academy im Bereich Learning Systems Development tätig.

Widmung

Meiner Frau Teri. Ohne ihre Geduld und ihr Verständnis hätte ich an diesem Projekt nicht teilhaben können. Ich danke Dir für Deine Liebe und Unterstützung in den zahllosen Stunden, in denen ich mich dem Schreiben dieses Buches widmete. Und für Dein Verständnis dafür, dass ich sogar noch Zeit zum Surfen brauchte.

Rick Graziani

Meiner Frau Becky. Nicht zuletzt dank der Opfer, die Du während dieses Projekts gebracht hast, konnte meine Arbeit zur Reife gelangen. Danke für die Ruhe und Behaglichkeit, die nur Du so geben kannst.

Allan Johnson

In diesem Buch verwendete Symbole

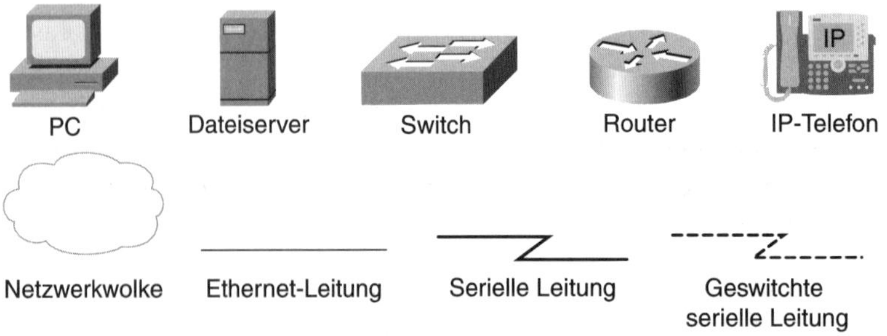

Typografische Konventionen

Die in den Listings in diesem Buch verwendeten typografischen Konventionen entsprechen denen anderer Cisco-Publikationen. Die folgenden Konventionen finden Anwendung:

- **Fettdruck** bezeichnet Befehle und Schlüsselwörter in der Form, wie sie eingegeben werden müssen. In den Konfigurationsbeispielen und Ausgabelistings sind fett gedruckte Befehle (wie beispielsweise **show**) durch den Benutzer einzugeben. Dies gilt jedoch nicht für die einfache Erwähnung von Befehlen im Fließtext.
- *Kursiv* gesetzt sind Argumente, die Sie durch die erforderlichen Werte ersetzen müssen.

- Vertikale Balken (|) trennen alternative, einander ausschließende Elemente voneinander.
- Optionale Elemente werden durch eckige Klammen ([]) angezeigt.
- Geschweifte Klammern ({}) signalisieren eine obligatorische Auswahl.
- Geschweifte Klammern in eckigen Klammern ([{}]) bezeichnen eine obligatorische Auswahl innerhalb eines optionalen Elements.

Einleitung

CNAP (Cisco Networking Academy Program) ist ein umfassendes E-Learning-Programm, welches Studierenden Fähigkeiten aus der Welt der Internettechnologien nahe bringt. Die Networking Academy verwendet webbasierte Inhalte, Online-Bewertungen, Leistungskontrollen sowie praxisorientierte Übungen, um die Studierenden auf die Zertifizierung nach Industriestandards vorzubereiten. Das CCNA-Curriculum umfasst vier Kurse, die sich thematisch um die CCNA-Zertifizierung (Cisco Certified Network Associate) drehen.

»Routing-Protokolle und -Konzepte – CCNA Exploration Companion Guide« ist das offizielle Begleitbuch zu Version 4 des nur online verfügbaren Curriculums »CCNA Exploration Routing Protocols and Concepts« der Networking Academy.

Dieses Buch geht inhaltlich über frühere Auflagen der Begleitbücher von Cisco Press hinaus, denn es bietet im Vergleich zum Kurs zahlreiche alternative Erklärungen und Beispiele. Sie können das Online-Curriculum wie gewöhnlich verwenden und dieses Begleitbuch dann einsetzen, um Ihr Wissen zu allen Themen durch zusätzliche Beispiele zu vertiefen.

Der wesentliche Zweck dieses Buches wie auch des Online-Curriculums ist es, Ihnen umfassende Kenntnisse zu Routing-Protokollen und -Konzepten zu vermitteln, die etwas über das für die CCNA-Zertifizierungsprüfung erforderliche Maß hinausgehen. Die Befehle zur Konfiguration von Routing-Protokollen selbst sind nicht besonders schwierig; die Herausforderung besteht vielmehr darin, den Betrieb dieser Protokolle und ihre Auswirkungen auf das Netzwerk zu begreifen.

Das Ziel dieses Buches ist es, Routing-Protokolle und -Konzepte zu erklären. Jedes Protokoll wird methodisch erläutert, ohne dass hierbei ein bestimmter Wissensstand des Lesers zu Routing-Protokollen vorausgesetzt wird. Es gibt lediglich eine Ausnahme: Sofern ein Thema über den Bereich dieses Kurses hinausgeht und in CCNP behandelt wird, ist dies im Text angemerkt.

Der Leser ist eingeladen, die Ressourcen auf der Website von Rick Graziani (*http://www.cabrillo.edu/~rgraziani*) zu nutzen. Schicken Sie einfach eine E-Mail an *graziani@cabrillo.edu*, um einen Benutzernamen und ein Passwort anzufordern. Nachfolgend können Sie dann auf alle Ressourcen für diesen und alle anderen CCNA- und CCNP-Kurse zugreifen. Sie finden dort auch PowerPoint-Präsentationen.

Der Zweck dieses Buches

Zuallererst soll dieses Buch Ihnen durch eine frische und ergänzende Sicht der Online-Inhalte dabei helfen, den gesamten erforderlichen Stoff des Kurses »Routing-Protokolle und -Konzepte« des CCNA Exploration-Curriculums der Networking Academy zu erlernen. Ein zweites Ziel besteht darin, Personen, die nicht über einen ständigen Internetzugang verfügen, eine mobile Alternative für das Online-Curriculum bereitzustellen. In solchen Fällen können Sie die entsprechenden Abschnitte dieses Buches auf Vorschlag Ihres Schulungsleiters lesen und dieselben Themen erlernen, die auch Bestandteil des Online-Curriculums sind. Analog soll Ihnen dieses Buch aber auch als Studienmaterial zur Vorbereitung auf die CCNA-Prüfung dienen.

Zielgruppe dieses Buches

Zur Zielgruppe dieses Buches gehört im Grunde genommen jeder, der den CCNA Exploration-Kurs »Routing-Protokolle und -Konzepte« des Networking Academy-Curriculums belegt. Viele Networking Academys verwenden dieses Buch als obligatorische Grundlage des Kurses, während andere das autorisierte Kursmaterial als zusätzliche Quelle für Lern- und Praxisstoff verwenden.

Eigenschaften dieses Buches

Die Schulungseigenschaften dieses Buches legen den Schwerpunkt auf die unterstützende Behandlung der entsprechenden Themen, die Lesbarkeit und den Praxisbezug des Kursmaterials. Damit soll den Studierenden ein möglichst umfassendes Verständnis des Lehrstoffs vermittelt werden.

Behandlung der Themen

Die folgenden Merkmale geben Ihnen einen umfassenden Überblick über die in den einzelnen Kapiteln behandelten Themen, damit Sie sich die Zeit für das Studium optimal einteilen können.

- **Lernziele.** Sie sind jeweils am Anfang eines Kapitels aufgeführt und nennen die Hauptthemen, die im Kapitel behandelt werden. Die Lernziele entsprechen den in den entsprechenden Kapiteln des Online-Curriculums aufgeführten Zielen. Allerdings sollen die im Begleitbuch verwendeten Formulierungen Sie dazu ermuntern, die Fragen bei der Lektüre des Kapitels zu beantworten.
- **Schrittanleitungen.** Wenn Sie in diesem Buch eine Reihe von Handlungen nacheinander durchführen müssen, um eine bestimmte Aufgabe zu erledigen, werden diese Handlungen in Schrittanleitungen zusammengefasst. Diese sind, wenn Sie das Buch durchblättern, durch das zugeordnete Symbol einfach zu erkennen. Schritt für Schritt
- **Hinweise, Tipps, Sicherheitshinweise und Warnungen.** Dies sind kleine Einschübe, die auf interessante Tatsachen, zeitsparende Methoden und wichtige Sicherheitsaspekte verweisen.
- **Kapitelzusammenfassungen.** Am Ende jedes Kapitels befindet sich eine Zusammenfassung der Kernkonzepte. Sie dient als Abriss des Kapitels und als Lernhilfe.

Lesbarkeit

Die Autoren haben das Material zusammengestellt, bearbeitet und in manchen Fällen auch umgeschrieben, um den Stil dialoghafter zu gestalten und ein ebenso konsistentes wie zugängliches Leseerlebnis zu bieten. Außerdem wurden die folgenden Merkmale auf den aktuellen Stand gebracht, um Ihnen das Verständnis der Netzwerkterminologie zu erleichtern:

- **Schlüsselbegriffe.** Jedes Kapitel beginnt mit einer Liste der im Kapitel vorgestellten Schlüsselbegriffe. Diese sind in der Reihenfolge ihres Auftretens im Text aufgeführt. Dank einer auffälligen Formatierung können Sie gesuchte Begriffe im Text schnell finden und in ihrem jeweiligen Kontext erfassen. Zudem sind alle Schlüsselbegriffe im Glossar aufgeführt.
- **Glossar.** Dieses Buch enthält ein ganz neu erstelltes Glossar mit mehr als 150 Begriffen.

Praxis

Übung macht den Meister. Dieses neue Begleitbuch bietet Ihnen viele Möglichkeiten, das Erlernte in die Praxis umzusetzen. Zur Vertiefung des Stoffs sind die folgenden Übungsmöglichkeiten vorhanden:

- **Lernzielkontrollen mit Antworten.** Die Prüfungsfragen wurden auf den aktuellen Stand gebracht. Sie dienen der Selbsteinschätzung und befinden sich am Ende jedes Kapitels. Der Stil entspricht den Fragen, die Sie aus dem Online-Kurs kennen. Der Anhang »Antworten zu Lernzielkontrollen und weiterführenden Fragen«, enthält die Antworten auf alle Fragen sowie zugehörige Erläuterungen.
- **NEU: Weiterführende Fragen und Aktivitäten.** Ganz am Ende jedes Kapitels werden weiterführende – und teilweise recht anspruchsvolle – Fragen und Aktivitäten vorgestellt. Diese Fragen wurden bewusst so gefasst, dass sie dem komplexeren Fragestil entsprechen, der auch bei der CCNA-Prüfung auftreten kann. In diesem Abschnitt werden unter Umständen auch praxisbezogene Aktivitäten beschrieben, die Sie bei der Vorbereitung auf die Prüfung unterstützen. Die Antworten sind im Anhang enthalten.

Packet Tracer Aktivität

- **Packet Tracer-Aktivitäten.** Immer wieder werden Sie in den Kapiteln auf Aktivitäten stoßen, die Sie mithilfe des Tools Cisco Packet Tracer durchführen. Mit Packet Tracer können Sie Netzwerke erstellen, den Paketfluss im Netzwerk veranschaulichen und einfache Testtools einsetzen, um zu ermitteln, ob Ihr Netzwerk funktionieren würde. Wenn Sie das Symbol sehen, können Sie Packet Tracer mit der angegebenen Datei verwenden, um eine im Buch beschriebene Aufgabe durchzuführen. Die Aktivitätsdateien befinden sich auf der CD-ROM zum Buch, während Packet Tracer über die Academy Connection-Website erhältlich ist. Wenden Sie sich an Ihren Schulungsleiter, um Packet Tracer zu erhalten.

Labs and Study Guide

Der Ergänzungsband »Routing Protocols and Concepts, CCNA Exploration Labs and Study Guide« von Cisco Press (ISBN 1-58713-204-4) enthält alle Übungen aus dem Curriculum sowie weiterführende Übungen und Studienmaterial. Am Ende jedes Kapitels des vorliegenden Bandes verweisen Symbole auf die Praxisaktivitäten, Übungen und Packet Tracer-Aktivitäten, die im »Labs and Study Guide« enthalten sind.

Übungen

- **Verweise auf Übungen und Aktivitäten.** Dieses Symbol kennzeichnet die Praxisübungen und andere Aktivitäten, die für das betreffende Kapitel im Online-Curriculum erstellt wurden. »Im Labs and Study Guide« finden Sie außerdem zusätzliche Übungen und Studienmaterial, das von den Autoren jenes Titels erstellt wurde.

Packet Tracer Companion

- **NEU: Packet Tracer Companion-Aktivitäten.** Viele Praxisübungen enthalten Packet Tracer Companion-Aktivitäten, in denen Sie Packet Tracer zur Simulation der Übung verwenden können. Schlagen Sie in »Routing Protocols and Concepts, CCNA Exploration Labs and Study Guide« (ISBN 978-1-58713-204-9) Praxisübungen mit Packet Tracer Companion-Aktivitäten nach.

Packet Tracer Skills

- **NEU: Packet Tracer Skills Integration Challenge-Aktivitäten.** Für diese Aktivitäten müssen Sie diverse Fähigkeiten, die Sie im betreffenden Kapitel erlernt haben, kombinieren, um eine umfangreiche Aufgabe erfolgreich durchführen zu können. Schlagen Sie in »Routing Protocols and Concepts, CCNA Exploration Labs and Study Guide« (ISBN 978-1-58713-204-9) Hinweise zur Durchführung der Packet Tracer Skills Integration Challenge für dieses Kapitel nach.

Wissenswertes zur Packet Tracer-Software und zu den Aktivitäten

Packet Tracer ist ein von Cisco entwickeltes, grafisches und interaktives Lehr- und Lerntool, bei dem Sie das Tempo Ihres Vorgehens selbst bestimmen. Übungsaktivitäten sind ein wichtiger Teil der Ausbildung in der Netzwerktechnik. Problematisch ist allerdings, dass die dazu erforderlichen Geräte oft nicht oder nur eingeschränkt zur Verfügung stehen. Packet Tracer ermöglicht eine optische Simulation von Netzwerkgeräten und -prozessen, um das Problem fehlender Hardware zu beseitigen. Studierende können dank Packet Tracer beliebig viel Zeit mit der Durchführung der Standardübungen verbringen und auch zu Hause arbeiten. Packet Tracer ist zwar kein Ersatz für echte Geräte, gestattet Studierenden jedoch das Üben über eine Befehlszeilenschnittstelle. Diese E-Learning-Komponente ist ein wesentlicher Faktor, wenn es darum geht, die Konfiguration von Routern und Switches über die Befehlszeile zu erlernen.

Packet Tracer 5.x steht über die Academy Connection-Website nur Cisco Networking Academys zur Verfügung. Wenden Sie sich an Ihren Schulungsleiter, um Packet Tracer zu erhalten.

Der Kurs enthält im Wesentlichen drei verschiedene Muster von Packet Tracer-Aktivitäten. Dieses Buch verwendet ein Symbolschema, um anzugeben, welche Art von Aktivität Ihnen jeweils angeboten wird. Die Symbole sollen Ihnen sagen, welchen Zweck die Aktivität verfolgt und wie lange Sie etwa brauchen, um sie durchzuführen. Hier die drei Arten von Packet Tracer-Aktivitäten:

Packet Tracer Aktivität

- **Packet Tracer-Aktivität.** Dieses Symbol bezeichnet unkomplizierte Übungen, die im Kapiteltext an geeigneter Stelle auftreten. Hier können Sie ein bestimmtes Thema üben oder veranschaulichen. Die Aktivitätsdateien für diese Übungen finden Sie auf der CD-ROM zum Buch. Die Durchführung solcher Aktivitäten benötigt weniger Zeit als die Packet Tracer Companion- und Packet Tracer Challenge-Aktivitäten.

Packet Tracer Companion

- **Packet Tracer Companion.** Dieses Symbol bezeichnet Übungen, die den Praxisübungen des Kurses entsprechen. Sie können mit Packet Tracer eine Simulation der Praxisübung oder eine ähnliche »Übung« durchführen. Der vorliegende Band enthält diese Übungen jeweils am Kapitelende; im Labs and Study Guide können Sie nach diesem Symbol und der zugehörigen Übung Ausschau halten, um Packet Tracer Companion-Praxisübungen zu finden.

Packet Tracer Skills

- **Packet Tracer Skills.** Dieses Symbol kennzeichnet Aktivitäten, für die Sie diverse Fähigkeiten, die Sie im betreffenden Kapitel erlernt haben, kombinieren müssen, um eine umfangreiche Aufgabe erfolgreich durchführen zu können. Der vorliegende Band enthält diese Übungen jeweils am Kapitelende; im Labs and Study Guide können Sie nach diesem Symbol Ausschau halten, um Packet Tracer Skills Integration Challenge-Aktivitäten für das betreffende Kapitel zu bearbeiten.

Aufbau des Buches

Dieses Buch behandelt die wichtigsten Themen in derselben Reihenfolge wie das Online-Curriculum für den Kurs »CCNA Exploration Routing Protocols and Concepts«. Das Buch umfasst elf Kapitel, deren Reihenfolge und Benennung weitgehend den Kapiteln des Online-Kurses entsprechen.

Jedes Kapitel zu den Routing-Protokollen sowie das Kapitel zum statischen Routing beginnt mit einer einfachen Topologie, die als Grundlage im betreffenden Kapitel verwendet wird. Die kapitelspezifisch einheitliche Topologie ermöglicht ein besseres Vorankommen und ein einfacheres Verständnis von Routing-Befehlen, -Operationen und -Ausgaben.

- **Kapitel 1, »Einführung in das Routing und die Paketweiterleitung«**, vermittelt einen Überblick über die Router-Hardware und -software sowie eine Einführung in direkt verbundene Netzwerke, statisches Routing und dynamische Routing-Protokolle. Der Prozess der Paketweiterleitung wird ebenfalls beschrieben. Dabei werden auch die Pfadermittlung und die Switching-Funktionen behandelt.
- **Kapitel 2, »Statisches Routing«**, untersucht das statische Routing in aller Ausführlichkeit. Die Verwendung statischer Routen und die Rolle, die diese in modernen Netzwerken spielen, werden ebenso beschrieben wie die Vorteile, die Anwendungsmöglichkeiten und die Konfiguration statischer Routen mithilfe der IP-Adressen für den nächsten Hop und/oder die Ausgabeschnittstellen. Wir werden grundlegende Befehle im Cisco IOS behandeln und uns einführend mit der Cisco-IP-Routing-Tabelle beschäftigen.
- **Kapitel 3, »Einführung in die dynamischen Routing-Protokolle«**, vermittelt einen Einblick in die dynamischen Routing-Protokolle und die verschiedenen Methoden, um sie zu klassifizieren. Die Begriffe *Metrik* und *administrative Distanz* werden vorgestellt. Das Kapitel dient zudem als Einführung in Begriffe und Verfahren, die in späteren Kapiteln ausführlich behandelt werden.
- **Kapitel 4, »Distanz-Vektorprotokolle«**, behandelt die Theorie des Distanzvektor-Routings. Der von Distanzvektor-Protokollen verwendete Algorithmus sowie der Prozess der Netzwerkerkennung und die Pflege von Routing-Tabellen sind Themen dieses Kapitels.
- **Kapitel 5, »RIPv1«**, untersucht das Distanzvektor-Protokoll RIPv1. Zwar ist RIPv1 eines der ältesten IP-Routing-Protokolle, doch ist keines besser zur Beschreibung der Distanzvektor-Technologie und der klassenbezogenen Routing-Protokolle geeignet. In diesem Kapitel werden Konfiguration, Überprüfung und Troubleshooting bei RIPv1 beschrieben.
- **Kapitel 6, »VLSM und CIDR«**, beschreibt VLSM (Variable Length Subnet Masking) und CIDR (Classless Interdomain Routing). Erläutert wird, wie man IP-Adressen bedarfs- statt klassenbezogen zuweist und wie sich IP-Adressen zu einer einzelnen Adresse zusammenfassen lassen (dies bezeichnet man als *Supernetzbildung*).
- **Kapitel 7, »RIPv2«**, behandelt das Distanzvektor-Protokoll RIPv2. RIPv2 ist ein klassenloses Protokoll, während RIPv1 ein klassenbezogenes Protokoll ist. Das Kapitel untersucht die Vorteile der Verwendung klassenloser Routing-Protokolle und beschreibt die Unterstützung von

VLSM und CIDR. In diesem Kapitel werden Konfiguration, Überprüfung und Troubleshooting bei RIPv2 beschrieben.

- **Kapitel 8, »Die Routing-Tabelle unter der Lupe«**, beschreibt die IPv4-Routing-Tabelle auf Cisco-Geräten ausführlich. Kenntnisse zur Struktur der Routing-Tabelle und zur Ermittlung einer Route sind zur Überprüfung von Netzwerken und zum Troubleshooting unentbehrlich.
- **Kapitel 9, »EIGRP«**, behandelt das klassenlose Routing-Protokoll EIGRP. Es handelt sich hierbei um ein proprietäres, sehr leistungsfähiges Distanzvektor-Protokoll von Cisco. Das Kapitel erläutert DUAL (Diffusing Update Algorithm) und behandelt die Frage, wie sich mithilfe von DUAL die besten Pfade und schleifenlose Reservepfade ermitteln lassen. In diesem Kapitel werden Konfiguration, Überprüfung und Troubleshooting bei EIGRP beschrieben.
- **Kapitel 10, »Link-State-Protokolle«**, vermittelt eine Einführung in die Begriffe und Konzepte des Link-State-Routings. Dieses Kapitel vergleicht Link-State- und Distanzvektor-Protokolle miteinander und erläutert die Vorteile und Anforderungen für die Verwendung eines Link-State-Protokolls.
- **Kapitel 11, »OSPF«**, behandelt das klassenlose Link-State-Protokoll OSPF. Es werden die wesentlichen OSPF-Operationen behandelt: Link-State-Updates, Nachbarschaft und der Auswahlprozess für DR und BDR. In diesem Kapitel werden Konfiguration, Überprüfung und Troubleshooting bei OSPF beschrieben.
- **Anhang A, »Antworten zu Lernzielkontrollen und weiterführenden Fragen«**, enthält die Antworten auf die Fragen zur Lernzielkontrolle, die am Ende der einzelnen Kapitel zu finden sind. Außerdem finden Sie hier auch die Lösungen für die weiterführenden Fragen und Aktivitäten, die am Ende der meisten Kapitel gestellt werden.
- Das **Glossar** schließlich umfasst eine Liste aller in diesem Buch auftauchenden Schlüsselbegriffe.

Die Begleit-CD-ROM

Die diesem Buch beiliegende CD-ROM enthält zahlreiche nützliche Tools und Informationen, um Ihre Ausbildung zu unterstützen:

- **Dateien für Packet Tracer-Aktivitäten.** Mit diesen Daten können Sie die Packet Tracer-Aktivitäten bearbeiten, die im Buch aufgeführt und mit dem entsprechenden Symbol gekennzeichnet sind. Packet Tracer Aktivität
- **Taking Notes.** Dieser Bereich enthält eine TXT-Datei mit den Lernzielen der einzelnen Kapitel. Diese ist als allgemeine Übersicht der Schlüsselthemen gedacht, über die Sie Bescheid wissen müssen. Die Praktik, sich eindeutige und wesentliche Notizen zu machen, ist eine wichtige Fähigkeit nicht nur für das Erlernen und Verinnerlichen des Lehrstoffs, sondern auch für Ihren späteren Erfolg im Beruf. Ferner enthält dieser Bereich eine PDF-Datei mit dem Titel »A Guide to Using a Networker's Journal«, die zeigt, wie wertvoll das Führen und Organisieren eines Netzwerktagebuches ist und was man am besten dort (nicht) einträgt.
- **IT Career Information.** Dieser Bereich enthält einen Leitfaden für Studierende, in dem die Karriereplanung beschrieben wird. Erfahren Sie mehr zu der Frage, wie Sie Ihren Einstieg in die berufliche Welt der IT schaffen. Zu diesem Zweck sind zwei Kapitel aus dem Titel »The IT Career Builder's Toolkit« enthalten: »Defining Yourself: Aptitudes and Desires« und »Making Yourself Indispensable«.
- **Lifelong Learning in Networking.** Wenn Sie in die Berufswelt einsteigen, werden Sie sehr bald merken, dass sich die Technologien fortlaufend ändern und weiterentwickeln. Der hier beschriebene Berufsweg bietet neue und aufregende Möglichkeiten zum Erlernen neuer Technologien und ihrer Anwendungen. Wenn es um den Wissenserwerb geht, ist Cisco Press eine der wichtigsten Ressourcen. Dieser Bereich der CD-ROM bietet Ihnen eine Orientierungshilfe zu den Informationen, auf die Sie zugreifen können, sowie Hinweise zur Frage, wie man sich diese Ressourcen für ein lebenslanges Lernen aneignet.

Lernziele

Wenn Sie dieses Kapitel gelesen haben, sollten Sie in der Lage sein, die folgenden Fragen zu beantworten:

- Welche Merkmale haben Router und Computer gemeinsam?
- Wie konfigurieren Sie Cisco-Geräte und wenden Adressen an?
- Können Sie die Grundstruktur einer Routing-Tabelle beschreiben?
- Können Sie ausführlich beschreiben, wie ein Router den besten Pfad ermittelt und dann ein Paket via Switching weiterleitet?

Schlüsselbegriffe

In diesem Kapitel werden die folgenden Schlüsselbegriffe vorgestellt. Die entsprechenden Definitionen finden Sie im Glossar.

IP ▪ Router ▪ Pakete ▪ RAM ▪ ROM ▪ Betriebssystem ▪ LAN ▪ WAN ▪ Ethernet ▪ Internetprovider ▪ bester Pfad ▪ Routing-Tabelle ▪ PPP ▪ seriell ▪ Frame Relay ▪ ATM ▪ dynamische Routing-Protokolle ▪ Unified Communications ▪ Medien ▪ ARP ▪ MAC-Adressen ▪ Flash-Speicher ▪ NVRAM ▪ IPv6 ▪ IS-IS ▪ statisches Routing ▪ RIP ▪ EIGRP ▪ OSPF ▪ Setup-Modus ▪ POST ▪ Konsolen-Port ▪ DSL ▪ ISDN ▪ Kabel ▪ LED ▪ Netzwerkkarte ▪ Hosts ▪ Gateway ▪ privilegierter EXEC-Modus ▪ Telnet ▪ nächster Hop ▪ Nachbar ▪ Metrik ▪ administrative Distanz ▪ Hub-and-Spoke ▪ IGRP ▪ BGP ▪ unsymmetrisches Routing ▪ TTL ▪ Datagramme ▪ NAT ▪ symmetrische Metrik ▪ symmetrischer Lastausgleich ▪ unsymmetrischer Lastausgleich

Kapitel 1

Einführung in das Routing und die Paketweiterleitung

Moderne Netzwerke haben beträchtliche Auswirkungen auf das tägliche Leben: Sie haben die Art und Weise verändert, wie wir leben, arbeiten und spielen. Netzwerke und – in einem größeren Kontext – das Internet ermöglichen es Menschen, auf eine Weise zu kommunizieren, zusammenzuarbeiten und zu interagieren, wie es bis dato niemals möglich gewesen war. Wir verwenden ein Netzwerk auf unterschiedlichste Weise: über Webanwendungen, IP-Telefonie (Internet Protocol), Videokonferenzen, interaktive Spiele, E-Commerce, Bildung usw.

Im Zentrum des Netzwerks befindet sich der Router. Router sind Geräte, die mehrere Netzwerke miteinander verbinden. Ein Router ist für die Zustellung von Paketen über verschiedene Netzwerke hinweg zuständig. Das Ziel des IP-Pakets kann ein Webserver in einem anderen Land, aber auch ein Mailserver im gleichen LAN sein. Die rechtzeitige Zustellung dieser Pakete liegt in der Verantwortung des Routers. Die Effizienz der Netzwerkkommunikation hängt in hohem Maße von der Fähigkeit der Router ab, Pakete auf möglichst optimale Weise weiterzuleiten. Es spielt keine Rolle, ob ein Paket zwischen zwei LANs im Intranet eines Unternehmens übertragen oder Tausende von Kilometern in ein Remote-Netzwerk auf der anderen Seite des Erdballs transportiert wird: Es ist der Router, der das Paket von Netzwerk zu Netzwerk weiterleitet – vom sendenden zum empfangenden Host.

Router werden mittlerweile sogar in Satelliten in den Weltraum transportiert. Solche Router routen die IP-Daten zwischen Satelliten weitgehend auf die gleiche Weise wie bei Paketen, die auf der Erde weitergeleitet werden. Auf diese Weise werden Latenzen verringert, und die Flexibilität des Netzwerks erhöht sich.

Die Dienste, die ein Router vermittelt, gehen beträchtlich über eine einfache Paketweiterleitung hinaus.

Aufgrund der Anforderungen moderner Netzwerke muss ein Router außerdem

- rund um die Uhr verfügbar sein, um durch Bereitstellung alternativer Pfade (im Falle eines Ausfalls des Hauptpfades) die Erreichbarkeit des Netzwerks sicherzustellen,
- integrierte Daten-, Video- und Sprachdienste mit QoS-Priorisierung (Quality of Service, Dienstgüte) von IP-Paketen über kabelgestützte und kabellose Netzwerke bieten, um sicherzustellen, dass Echtzeitdaten wie Sprache, Video oder kritische Daten sicher und verzögerungsfrei übertragen werden,
- in der Lage sein, die Wirkung von Würmern, Viren und anderen Angreifern des Netzwerks durch Weiterleiten oder Abweisen von Paketen zu verringern.

Diese Funktionalitäten sind um den Router und seine Fähigkeit zur Weiterleitung von Paketen – vom ursprünglichen Absender zum endgültigen Empfänger – herum gruppiert. Nur weil der Router in der Lage ist, Pakete zwischen Netzwerken zu routen, können Endgeräte in verschiedenen Netzwerken miteinander kommunizieren. Dieses Kapitel stellt Ihnen den Router, seine Rolle im Netzwerk, seine Hardwarekonfiguration und Softwarekomponenten sowie den Routing-Prozess selbst vor.

1.1 Im Innern des Routers

Ein Router ist ein Computer und verfügt folgerichtig über viele der Hardwarekomponenten, die man auch bei anderen Computertypen findet. Natürlich hat ein Router auch ein Betriebssystem. Die folgende Beschreibung der grundlegenden Hardware- und Softwarekomponenten vermittelt Ihnen ein besseres Verständnis für die Prozesse des Routings und der Paketweiterleitung.

1.1.1 Router sind Computer

Ein Router ist nichts anderes als ein Computer – genauso wie Ihr PC. Der erste Router, der im ARPANET (Advanced Research Projects Agency Network) eingesetzt wurde, war der IMP (Interface Message Processor). Der IMP war ein Honeywell 516-Minicomputer, der das ARPANET am 30. August 1969 zum Leben erweckte.

Das ARPANET wurde von der ARPA (Advanced Research Projects Agency) – einer Abteilung des amerikanischen Verteidigungsministeriums – entwickelt. Es handelte sich dabei um das erste betriebsfähige Netzwerk mit Paketvermittlung und den Vorläufer des heutigen Internets.

Abbildung 1.1 zeigt die Vorderseite eines Integrated Services Routers der Cisco 1800-Serie; dies ist der für diesen Kurs empfohlene Router. Router haben mit Computern zahlreiche Hardware- und Softwarekomponenten gemeinsam:

- Prozessor
- RAM
- ROM
- Betriebssystem

Abbildung 1.1: Cisco 1841 Integrated Services Router

Router befinden sich im Zentrum des Netzwerks

Ein normaler Benutzer ist sich des Vorhandenseins der vielen Router in seinem Netzwerk oder im Internet unter Umständen gar nicht bewusst. Er geht einfach davon aus, Webseiten aufrufen, E-Mails senden und Musik herunterladen zu können – ob sich der entsprechende Server im eigenen Netzwerk oder in einem anderen auf der anderen Seite der Welt befindet, ist dabei zweitrangig. Netzwerktechniker hingegen wissen, dass es der Router ist, der für die Weiterleitung von Paketen von Netzwerk zu Netzwerk – also vom ursprünglichen Absender bis hin zum endgültigen Empfänger – verantwortlich ist.

Ein Router verbindet mehrere Netzwerke. Das bedeutet, dass er über Schnittstellen (auch *Interfaces* genannt) verfügt, die an verschiedene IP-Netzwerke angeschlossen sind. Wenn ein Router ein IP-Paket an einer seiner Schnittstellen empfängt, ermittelt er, über welche Schnittstelle er dieses weiterleiten muss, damit es letztendlich zum Empfänger gelangt. Die Schnittstelle, die der Router zur Weiterleitung des Pakets verwendet, kann das Netzwerk, in dem sich der endgültige Empfänger des Pakets (d. h. das Netzwerk mit der Ziel-IP-Adresse des Pakets) befindet, oder aber ein Netzwerk sein, das mit einem anderen Router verbunden ist, der zum Erreichen des Zielnetzwerks verwendet wird.

Für jedes Netzwerk, an das ein Router angeschlossen wird, benötigt dieser in der Regel eine separate Schnittstelle. Diese Schnittstellen dienen dem

Anschluss einer Kombination von LANs (Local Area Networks, lokale Netzwerke) und WANs (Wide Area Networks, Weitbereichsnetzwerke). LANs sind häufig Ethernet-Netzwerke, die Geräte wie PCs, Drucker und Server umfassen. WANs dienen der Verbindung von Netzwerken über eine große geografische Entfernung hinweg. Beispielsweise wird eine WAN-Verbindung häufig benutzt, um ein LAN mit dem Netzwerk des Internetproviders zu verbinden.

Abbildung 1.2 zeigt, dass die Router R1 und R2 für den Empfang des Pakets in dem einen Netzwerk und seine Weiterleitung in ein anderes Netzwerk in Richtung des Zielnetzwerks des Pakets zuständig sind.

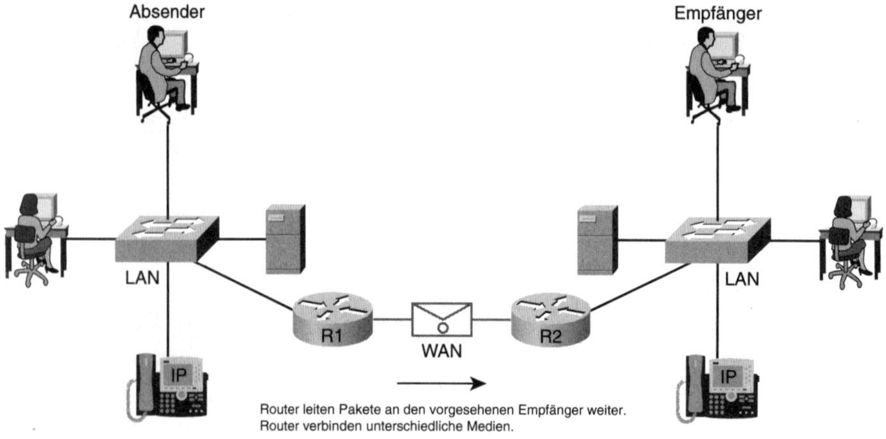

Abbildung 1.2: Was ist ein Router?

Router ermitteln den besten Pfad

Die vordringlichste Aufgabe des Routers besteht darin, Pakete weiterzuleiten, die an lokale und entfernte Netzwerke adressiert sind. Hierzu muss er

- den besten Pfad für den Paketversand ermitteln,
- Pakete in Richtung des Empfängers weiterleiten.

Der Router ermittelt anhand seiner Routing-Tabelle den besten Pfad zur Weiterleitung des Pakets. Wenn er ein Paket empfängt, untersucht er die Ziel-IP-Adresse und sucht dann nach der größten Übereinstimmung mit einer Netzwerkadresse in der Routing-Tabelle. Die Routing-Tabelle gibt auch die Schnittstelle an, die zur Weiterleitung des Pakets verwendet wird. Wird eine Übereinstimmung gefunden, so kapselt der Router das IP-Paket in einen Frame der Sicherungsschicht, der an die entsprechende Ausgangsschnittstelle übermittelt wird, und diese leitet das Paket dann in Richtung des Empfängers weiter.

Ein Router kann ein Paket empfangen, das etwa in einem Ethernet-Frame gekapselt ist, und dieses dann weiterleiten, nachdem er es in einen anderen Frame-Typ – z. B. einen PPP-Frame (Point-to-Point Protocol) – gekapselt hat. Die Kapselung in der Sicherungsschicht hängt von der Schnittstelle am Router und dem Medium ab, das an die Schnittstelle angeschlossen ist. Zu den unterschiedlichen Technologien der Sicherungsschicht, mit denen ein Router eine Verbindung herstellen kann, gehören LAN-Technologien wie Ethernet oder serielle WAN-Verbindungen wie PPP, Frame Relay und ATM.

Beachten Sie in Abbildung 1.3, dass der Router dafür zuständig ist, das Zielnetzwerk in seiner Routing-Tabelle zu finden und das Paket in Richtung dieses Ziels weiterzuleiten. In der Abbildung empfängt R1 das in einem Ethernet-Frame gekapselte Paket. Nach der Entkapselung des Pakets verwendet der Router die darin enthaltene Ziel-IP-Adresse, um in der Routing-Tabelle nach einer passenden Netzwerkadresse zu suchen. R2 findet die statische Route 192.168.3.0/24, die über die Schnittstelle Serial 0/0/0 erreichbar ist. R2 kapselt nun das Paket in einem Frame-Format, das für die ausgehende Schnittstelle geeignet ist, und leitet es dann weiter.

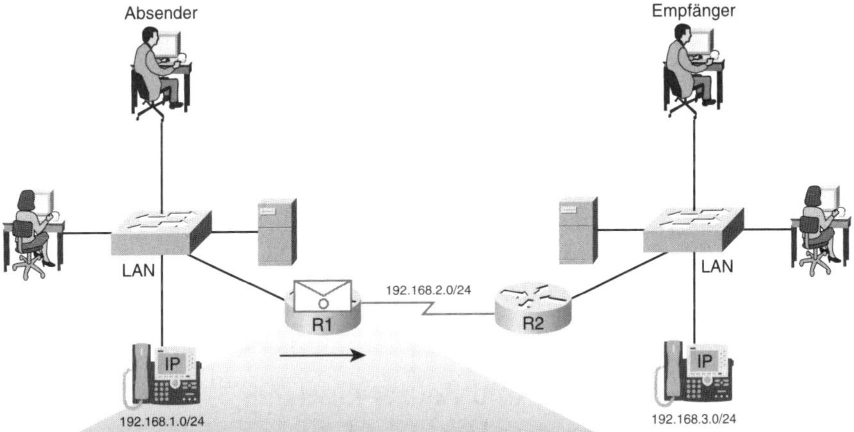


```
R1#show ip route
Codes: C - connected, S - static, I - IGRP, R - RIP, M - mobile, B - BGP
       D - EIGRP, EX - EIGRP external, O - OSPF, IA - OSPF inter area
       N1 - OSPF NSSA external type 1, N2 - OSPF NSSA external type 2
       E1 - OSPF external type 1, E2 - OSPF external type 2, E - EGP
       i - IS-IS, L1 - IS-IS level-1, L2 - IS-Is level-2, ia - IS-IS
inter area
       * - candidate default, U - per-user static route, o - ODR
       P - periodic downloaded static route

Gateway of last resort is not set

C       192.168.1.0/24 is directly connected, FastEthernet0/0
C       192.168.2.0/24 is directly connected, Serial0/0/0
S       192.168.3.0/24 is directly connected, Serial0/0/0
```

Router verwenden die Routing-Tabelle wie eine Straßenkarte, um den besten Pfad zu einer gegebenen Adresse zu finden.

Abbildung 1.3: Router ermitteln den besten Pfad

Statische Routen und dynamische Routing-Protokolle werden von Routern verwendet, um entfernte Netzwerke zu erlernen und zu ihnen Routing-Tabellen zu erstellen. Dies ist der wesentliche Schwerpunkt dieses Kurses. Wir werden diesen Sachverhalt in späteren Kapiteln kennenlernen und auch den Prozess behandeln, mit dem Router ihre Routing-Tabellen durchsuchen und Pakete weiterleiten.

Anmerkung

Besuchen Sie Websites wie *http://www.howstuffworks.com*, *http://www.techweb.com/encyclopedia* und *http://whatis.techtarget.com*, um mehr über Router und zugehörige Konzepte zu lesen.

Moderne Router sind weitaus mehr als nur Geräte zur Weiterleitung von Paketen und zur Anbindung von Netzwerken. Sie bieten zahlreiche weitere Merkmale wie etwa Sicherheit, QoS und Sprachfunktionalitäten. Router spielen eine wichtige Rolle beim aktuellen Trend hin zu einer einheitlichen Kommunikation. Weitere Informationen zur einheitlichen Kommunikation bei Cisco finden Sie unter *http://www.cisco.com/go/unifiedcommunications*.

Packet Tracer ☐ **Aktivität**

Simulation eines Firmennetzwerks (1.1.1)

Diese Packet Tracer-Aktivität zeigt ein komplexes Netzwerk aus Routern mit vielen unterschiedlichen Technologien. Sehen Sie sich die Aktivität in jedem Fall im Simulationsmodus an, damit Sie erkennen, wie die Daten von unterschiedlichen Quellen über verschiedene Medien zu mehreren Zielen gelangen. Ausführliche Anweisungen entnehmen Sie der Aktivität selbst. Zur Durchführung der Aktivität verwenden Sie Packet Tracer und die Datei *e2-111.pka* auf der Begleit-CD-ROM zu diesem Buch.

1.1.2 Router-Prozessor und Router-Speicher

Auch wenn es viele unterschiedliche Router-Typen und -modelle gibt, so weisen doch alle Router dieselben grundsätzlichen Hardwarekomponenten auf. Je nach Modell befinden sich diese Komponenten innerhalb des Routers an unterschiedlichen Stellen. Abbildung 1.4 zeigt das Innere eines 1841-Routers. Um die internen Komponenten des Routers sehen zu können, müssen Sie die Metallabdeckung abschrauben und entfernen. In der Regel werden Sie den Router nur dann öffnen müssen, wenn Sie Speicher nachrüsten.

Ähnlich wie bei einem PC gehören zu einem Router die folgenden Komponenten:

- Prozessor
- RAM
- ROM
- Flash-Speicher
- NVRAM

Abbildung 1.5 zeigt die Hardwarekomponenten des 1841-Routers schematisch.

Abbildung 1.4: Im Innern des Routers

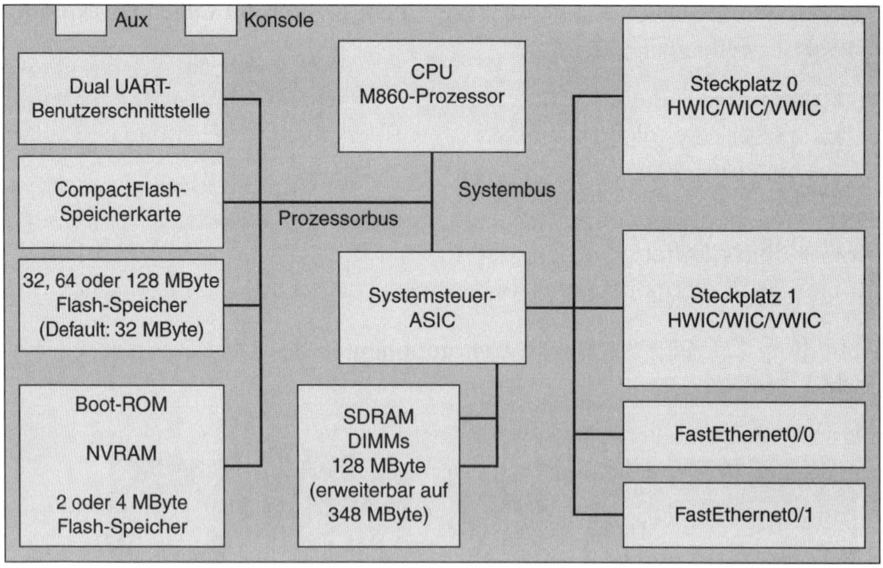

Abbildung 1.5: Hardwarekomponenten eines Routers Cisco 1841

Prozessor

Der Prozessor führt die Anweisungen des Betriebssystems aus: zum Beispiel Initialisierungsbefehle, Routing-Funktionen und die Steuerung der Netzwerkschnittstelle.

RAM

Ähnlich wie bei Computern speichert das RAM die Anweisungen und Daten, die der Prozessor zur Ausführung benötigt. Hier werden die folgenden Elemente abgelegt:

- **Betriebssystem.** Das Cisco IOS (Internetwork Operating System) wird beim Boot-Vorgang in das RAM kopiert.
- **Laufende Konfiguration.** Dies ist eine Konfigurationsdatei, die die Konfigurationsbefehle speichert, die das IOS des Routers gegenwärtig verwendet. Mit wenigen Ausnahmen werden alle auf dem Router konfigurierten Befehle in dieser Datei gespeichert. Sie ist auch unter dem Namen *running-config* bekannt.
- **IP-Routing-Tabelle.** Diese Datei speichert Informationen zu direkt angeschlossenen und Remote-Netzwerken.
- **ARP-Cache.** Dieser Cache (Zwischenspeicher) nimmt die Zuordnungen von IP-Adressen zu MAC-Adressen auf. Dies ähnelt dem ARP-Cache

eines PC. Der ARP-Cache wird bei Routern eingesetzt, die über Ethernet-Schnittstellen verfügen.

- **Paketpuffer.** Pakete werden, wenn sie auf einer Schnittstelle empfangen oder über eine solche weitergeleitet werden, vorübergehend in einem Puffer abgelegt.

Das RAM ist ein flüchtiger Speicher, dessen Inhalt verloren geht, wenn der Router abgeschaltet oder neu gestartet wird. Aus diesem Grund enthält der Router auch Permanentspeicherbereiche wie ROM, Flash-Speicher oder NVRAM.

ROM

Das ROM ist ein Permanentspeicher. Im ROM von Cisco-Geräten werden die folgenden Elemente abgelegt:

- Bootstrap-Anweisungen
- einfache Diagnosesoftware
- eine reduzierte IOS-Version

Das ROM verwendet die Firmware, d. h. die Software, die in die integrierte Schaltung eingebettet ist. Die in der Firmware gespeicherten Anweisungen und Programme (beispielsweise der Boot-Vorgang) müssen normalerweise weder geändert noch aktualisiert werden. Viele dieser Features wie etwa die ROM-Monitorsoftware werden im weiteren Verlauf dieses Kurses behandelt. Das ROM verliert seinen Inhalt beim Abschalten oder Neustarten des Routers nicht.

Flash-Speicher

Der Flash-Speicher ist ein nichtflüchtiger Speicher, der elektrisch gelöscht und umprogrammiert werden kann. Er wird als Permanentspeicher für das Betriebssystem (IOS) verwendet. Bei den meisten Router-Modellen von Cisco ist das IOS dauerhaft im Flash-Speicher abgelegt und wird beim Boot-Vorgang in das RAM kopiert. Hardwareseitig besteht der Flash-Speicher aus SIMM- oder PC-Karten (PCMCIA-Karten), die aufgerüstet werden können, um den Umfang des Flash-Speichers zu erhöhen.

Ein Flash-Speicher verliert seinen Inhalt beim Abschalten oder Neustarten des Routers nicht.

NVRAM

NVRAM (Non-Volatile RAM, nichtflüchtiges RAM) ist ein nichtflüchtiger RAM-Speicher, der seinen Inhalt beim Abschalten des Routers nicht verliert.

Dies steht im Gegensatz zu den anderen Formen von RAM wie beispielsweise DRAM: Diese benötigen eine dauerhaft anliegende Versorgungsspannung, um ihre Daten aufrechterhalten zu können. NVRAM wird von der Cisco IOS-Software als Permanentspeicher für die Startkonfigurationsdatei (*startup-config*) verwendet. Alle Konfigurationsänderungen werden in der Datei *running-config* im RAM gespeichert und – mit nur wenigen Ausnahmen – sofort vom IOS aktiviert. Um diese Änderungen für den Fall zu speichern, dass der Router neu gestartet wird oder die Stromversorgung ausfällt, muss die Datei *running-config* in das NVRAM kopiert werden, wo sie dann als Datei *startup-config* gespeichert wird. Das NVRAM behält seinen Inhalt auch bei, wenn der Router abgeschaltet wird.

ROM, RAM, NVRAM und Flash-Speicher werden in den folgenden Abschnitten beschrieben, in denen das IOS und der Boot-Vorgang vorgestellt werden. Eine ausführliche Beschreibung erfolgt zudem in einem späteren Kurs, wenn es um die Administration des IOS geht.

Für einen Netzwerktechniker ist es wichtiger, die *Funktion* der wesentlichen internen Komponenten eines Routers zu verstehen, als die exakte Position dieser Komponenten in einem bestimmten Router-Modell zu kennen. Die physische Architektur unterscheidet sich von Modell zu Modell.

Anmerkung

Weitere Informationen entnehmen Sie dem »Cisco 1800 Series Portfolio Multimedia Demo« unter *http://www.cisco.com/en/US/products/ps5875/index.html*.

1.1.3 Das Internetwork Operating System

Die von Cisco-Routern verwendete Betriebssystemsoftware heißt *Cisco Internetwork Operating System* (IOS). Wie jedes andere Betriebssystem auf irgendeinem Computer ist die Cisco IOS-Software für die Verwaltung der Hardware- und Softwareressourcen des Routers zuständig. Dies umfasst unter anderem die Zuweisung von Speicher, die Verwaltung von Prozessen und Sicherheitsfunktionen sowie die Administration von Dateisystemen. Cisco IOS ist ein Multitasking-fähiges Betriebssystem, das Routing-, Switching-, Netzwerk- und Telekommunikationsfunktionen integriert.

Auch wenn das Cisco IOS auf den unterschiedlichen Routern weitgehend gleich aussieht, so gibt es doch viele verschiedene IOS-Images. Ein IOS-Image ist eine Datei, die das gesamte IOS für den betreffenden Router enthält. Cisco erstellt viele verschiedene IOS-Images für unterschiedliche Modelle und Merkmale. Gewöhnlich benötigen zusätzliche Funktionalitäten mehr Flash-Speicher und RAM zum Speichern und Laden des IOS. So kann ein IOS etwa die Möglichkeit bieten, IPv6 (Internet Protocol Version 6) oder ein Routing-Protokoll wie IS-IS (Intermediate System-to-Intermediate System) auszuführen.

Wie andere Betriebssysteme bietet auch Cisco IOS eine eigene Benutzeroberfläche. Zwar stellen einige Router eine GUI (Graphical User Interface, grafische Benutzeroberfläche) bereit, doch ist die CLI (Command Line Interface, Befehlszeilenschnittstelle) eine sehr viel universellere Methode der Konfiguration von Cisco-Routern, die auch im gesamten Curriculum eingesetzt wird.

Beim Systemstart wird die Datei *startup-config* im NVRAM in das RAM kopiert und als Datei *running-config* gespeichert. Das IOS führt die Konfigurationsbefehle in der Datei *running-config* aus. Änderungen, die vom Netzwerkadministrator eingegeben werden, werden in der Datei *running-config* gespeichert und sofort vom IOS implementiert. In diesem Kapitel lernen wir einige grundlegende IOS-Befehle kennen, mit denen ein Cisco-Router konfiguriert wird. In späteren Kapiteln werden Sie dann erfahren, welche Befehle für die Konfiguration, Überprüfung und das Troubleshooting des statischen Routings und verschiedener Routing-Protokolle wie RIP (Routing Information Protocol), EIGRP (Enhanced Interior Gateway Routing Protocol) und OSPF (Open Shortest Path First) verwendet werden.

Anmerkung

Das Cisco IOS wird in einem späteren Kurs ausführlich beschrieben.

1.1.4 Der Boot-Vorgang

Wie alle Computer verwendet ein Router einen systematischen Prozess für den Systemstart. Hierzu gehören das Testen der Hardware, das Laden der Betriebssystemsoftware und die Ausführung gespeicherter Konfigurationsbefehle in der Datei *startup-config*. Einige der Details in diesem Prozess werden hier nur erwähnt und in einem späteren Kurs ausführlich behandelt.

Ablauf

Abbildung 1.6 zeigt die sechs Hauptphasen beim Boot-Prozess:

1. Router-Hardware testen (POST)
2. Bootstrap-Programm laden
3. Cisco IOS suchen
4. Cisco IOS laden
5. Konfigurationsdatei suchen
6. Die Datei *startup-config* laden oder den Setup-Modus aufrufen

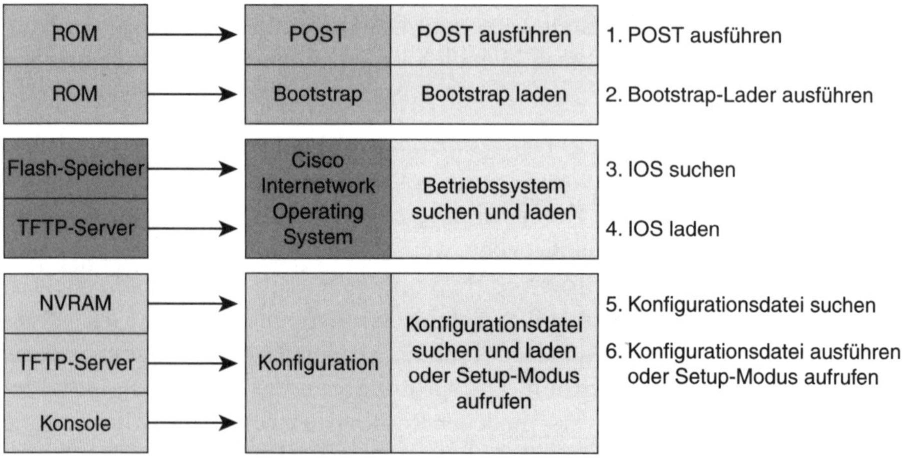

Abbildung 1.6: Wie ein Router bootet

Schritt 1: POST ausführen

Ein POST (Power-On Self Test, Einschaltselbsttest) ist ein normaler Prozess, der auf praktisch jedem Computer während der Startphase stattfindet. Der POST dient zum Testen der Router-Hardware. Wenn der Router eingeschaltet wird, führt eine Software auf dem ROM-Chip den POST aus. Während dieses Selbsttests führt der Router Diagnoseroutinen aus dem ROM an mehreren Hardwarekomponenten durch, darunter auch CPU, RAM und NVRAM. Nach Abschluss des POST führt der Router dann das Bootstrap-Programm aus.

Schritt 2: Bootstrap-Programm laden

Sobald der POST abgeschlossen ist, wird das Bootstrap-Programm aus dem ROM ins RAM kopiert. Die darin enthaltenen Anweisungen werden danach vom Prozessor aus dem RAM heraus ausgeführt. Die Hauptaufgabe des

Bootstrap-Programms besteht darin, das Cisco IOS zu finden und in das RAM zu laden.

An dieser Stelle sehen Sie, sofern Sie eine Konsolenverbindung mit dem Router hergestellt haben, die ersten Ausgaben auf dem Bildschirm.

Schritt 3: Cisco IOS suchen

Das Bootstrap-Programm ist dafür zuständig, das Cisco IOS zu finden und in das RAM zu kopieren. Das IOS wird meist im Flash-Speicher abgelegt, kann aber auch beispielsweise auf einem TFTP-Server oder an einer anderen Position gespeichert werden.

Falls kein vollständiges IOS-Image gefunden werden kann, wird eine reduzierte Version des IOS aus dem ROM ins RAM geladen. Aufgabe dieser IOS-Version ist es, die Diagnose von Problemen zu unterstützen. Es kann auch verwendet werden, um eine vollständige IOS-Version in das RAM zu laden.

Anmerkung

> Ein TFTP-Server wird meist nur als Backup-Server für das IOS verwendet, kann aber auch als zentrale Anlaufstelle zum Speichern und Laden des IOS eingesetzt werden. Die IOS-Administration und die Verwendung des TFTP-Servers werden in einem späteren Kurs behandelt.

Schritt 4: Cisco IOS laden

Einige ältere Cisco-Router waren auch in der Lage, das IOS direkt aus dem Flash-Speicher auszuführen; doch aktuelle Modelle kopieren es in das RAM, von wo aus es dann vom Prozessor ausgeführt wird. Wenn der Ladevorgang für das IOS beginnt, wird eine Anzahl von Rauten (#) angezeigt, während das Image entpackt wird.

Schritt 5: Konfigurationsdatei suchen

Nachdem das IOS geladen wurde, sucht das Bootstrap-Programm im NVRAM nach der Startkonfigurationsdatei *startup-config*. Diese Datei enthält die folgenden zuvor gespeicherten Konfigurationsbefehle und Parameter:

- Schnittstellenadressen
- Routing-Informationen
- Passwörter
- weitere vom Netzwerkadministrator gespeicherte Konfigurationen

Wenn die Datei *startup-config* im NVRAM gefunden wird, wird sie als laufende Konfigurationsdatei *running-config* in das RAM kopiert.

Anmerkung

Ist die Startkonfigurationsdatei im NVRAM nicht vorhanden, kann der Router nach einem TFTP-Server suchen. Erkennt der Router, dass er über eine aktive Verbindung zu einem anderen konfigurierten Router verfügt, dann sendet er über diese einen Broadcast auf der Suche nach einer Konfigurationsdatei. In diesem Fall wird der Router-Betrieb zunächst unterbrochen, doch am Ende erscheint die folgende Meldung auf der Konsole:

```
<router pauses here while it broadcasts for a configuration file across an active
link>
%Error opening tftp://255.255.255.255/network-confg (Timed out)
%Error opening tftp://255.255.255.255/cisconet.cfg (Timed out)
```

Schritt 6: Die Datei startup-config laden oder den Setup-Modus aufrufen

Wenn eine Startkonfigurationsdatei im NVRAM gefunden wird, lädt das IOS diese als laufende Konfiguration in das RAM und führt die Befehle in der Datei Zeile für Zeile aus. Die Befehle in der Datei *running-config* enthalten Schnittstellenadressen, starten Routing-Prozesse, konfigurieren Router-Passwörter und definieren weitere Eigenschaften des Routers.

Kann die Startkonfigurationsdatei nicht gefunden werden, fordert der Router den Benutzer auf, in den Setup-Modus zu wechseln. Der Setup-Modus zeigt eine Abfolge von Fragen an, durch deren Beantwortung der Benutzer grundlegende Konfigurationsinformationen eingibt. Der Setup-Modus ist weder zur Eingabe komplexer Router-Konfigurationen gedacht, noch wird er von Netzwerkadministratoren häufig verwendet. Auch in diesem Kurs werden wir den Setup-Modus nicht verwenden.

Wenn Sie einen Router starten, der keine Startkonfigurationsdatei enthält, wird nach dem Laden des IOS die folgende Frage angezeigt:

```
Would you like to enter the initial configuration dialog? [yes/no]: no
```

Wie gesagt, werden wir den Setup-Modus in diesem Kurs nicht benutzen; beantworten Sie die Frage nach dem Wechsel in den Setup-Modus also stets mit `no`. Sollten Sie durch Angabe von `yes` in den Setup-Modus gelangt sein, so können Sie jederzeit [Strg][C] betätigen, um diesen Modus zu beenden.

Wird der Setup-Modus nicht verwendet, so erstellt das IOS eine Datei *running-config* mit Default-Einträgen. Diese Datei ist eine einfache Konfigurationsdatei, die die Router-Schnittstellen, Management-Schnittstellen und bestimmte Default-Angaben enthält. Die Datei enthält jedoch weder Schnittstellenadressen noch Routing-Daten, Passwörter oder andere spezifische Konfigurationsdaten.

Die Befehlszeilenoberfläche

Je nach Plattform und IOS zeigt der Router folgende Frage an, bevor er den Prompt darstellt.

```
Would you like to terminate autoinstall? [yes]: <Enter>

Press the Enter key to accept the default answer.

Router>
```

Wurde eine Startkonfigurationsdatei gefunden, so kann die laufende Konfiguration einen Hostnamen enthalten, der dann vom Prompt angezeigt wird.

Ist der Prompt erschienen, führt der Router das IOS unter Verwendung der aktuellen Datei *running-config* aus. Der Netzwerkadministrator kann nun mit der Eingabe von IOS-Befehlen auf diesem Router beginnen.

ANMERKUNG

Der Boot-Vorgang wird in einem späteren Kurs ausführlich beschrieben.

Boot-Vorgang überprüfen

Mit dem Befehl `show version` lassen sich einige grundlegende Hardware- und Softwarekomponenten des Routers überprüfen und gegebenenfalls Fehler suchen. Der Befehl `show version` in Listing 1.1 zeigt Informationen zur Version der Cisco-IOS-Software, die gegenwärtig auf dem Router läuft, die Version des Bootstrap-Programms sowie Informationen zur Hardwarekonfiguration einschließlich des vorhandenen Systemspeichers an.

Listing 1.1: Ausgabe des Befehls »show version«

```
Router# show version

Cisco Internetwork Operating System Software
IOS (tm) C2600 Software (C2600-I-M), Version 12.2(28), RELEASE SOFTWARE (fc5)
Technical Support: http://www.cisco.com/techsupport
Copyright (c) 1986-2005 by cisco Systems, Inc.
Compiled Wed 27-Apr-04 19:01 by miwang
Image text-base: 0x8000808C, data-base: 0x80A1FECC

ROM: System Bootstrap, Version 12.1(3r)T2, RELEASE SOFTWARE (fc1)
Copyright (c) 2000 by cisco Systems, Inc.
ROM: C2600 Software (C2600-I-M), Version 12.2(28), RELEASE SOFTWARE (fc5)
```

Listing 1.1: Ausgabe des Befehls »show version« (Forts.)

```
System returned to ROM by reload
System image file is "flash:c2600-i-mz.122-28.bin"

cisco 2621 (MPC860) processor (revision 0x200) with 60416K/5120K bytes of
memory.
Processor board ID JAD05190MTZ (4292891495)
M860 processor: part number 0, mask 49
Bridging software.
X.25 software, Version 3.0.0.
2 FastEthernet/IEEE 802.3 interface(s)
2 Low-speed serial(sync/async) network interface(s)
32K bytes of non-volatile configuration memory.
16384K bytes of processor board System flash (Read/Write)

Configuration register is 0x2102
```

Die Ausgabe von `show version` enthält Informationen zu den folgenden Parametern:

- IOS-Version
- ROM-Bootstrap-Programm
- Speicherposition des IOS
- Prozessor und Umfang des RAM
- Schnittstellen
- Größe des NVRAM
- Größe des Flash-Speichers
- Angaben zum Konfigurationsregister

Die folgenden Abschnitte beschreiben diese Angaben etwas ausführlicher.

IOS-Version

```
Cisco Internetwork Operating System Software
IOS (tm) C2600 Software (C2600-I-M), Version 12.2(28), RELEASE SOFTWARE (fc5)
```

Dies ist die Version der Cisco-IOS-Software im RAM, die vom Router verwendet wird.

ROM-Bootstrap-Programm

```
ROM: System Bootstrap, Version 12.1(3r)T2, RELEASE SOFTWARE (fc1)
```

Dies ist die Version der im ROM gespeicherten System-Bootstrap-Software, die ursprünglich zum Starten des Routers verwendet wurde.

Speicherposition des IOS

```
System image file is "flash:c2600-i-mz.122-28.bin"
```

Dies ist die Speicherposition, an der das Bootstrap-Programm das Cisco IOS gefunden und geladen hat. Auch der vollständige Dateiname des IOS-Images wird angegeben.

Prozessor und Umfang des RAM

```
cisco 2621 (MPC860) processor (revision 0x200) with 60416K/5120K bytes of memory
```

Der erste Teil der Zeile zeigt den Prozessortyp auf diesem Router. Der zweite Teil nennt die Menge des verfügbaren DRAM. Einige Router-Serien wie die 2600-Serie verwenden einen Teil des DRAM als Paketspeicher. Dieser wird zum Puffern von Paketen verwendet.

Sie müssen beide Zahlen addieren, um die Gesamtgröße des DRAM auf dem Router zu ermitteln. In unserem Beispiel verfügt der Cisco 2621-Router über 60.416 kByte (Kilobyte) freies DRAM zur temporären Aufnahme des Cisco IOS und anderer Systemprozesse. Die übrigen 5.120 kByte sind als Paketspeicher ausgewiesen. Das Addieren der beiden Werte ergibt einen Gesamtspeicher von 65.536 kByte oder 64 MByte (Megabyte).

Falls Sie ein anderes IOS installieren möchten, kann eine Speichernachrüstung erforderlich sein.

Schnittstellen

```
2 FastEthernet/IEEE 802.3 interface(s)
2 Low-speed serial(sync/async) network interface(s)
```

Dieser Abschnitt der Ausgabe zeigt die physischen Schnittstellen des Routers. Im vorliegenden Beispiel verfügt der Cisco 2621 über zwei Fast Ethernet-Schnittstellen und zwei langsame serielle Schnittstellen.

Umfang des NVRAM

```
32K bytes of non-volatile configuration memory.
```

Dieser Wert zeigt die Größe des NVRAM auf dem Router. Hier wird die Startkonfigurationsdatei abgelegt.

Umfang des Flash-Speichers

```
16384K bytes of processor board System flash (Read/Write)
```

Dieser Wert zeigt die Größe des Flash-Speichers auf dem Router. Im Flash-Speicher wird das Cisco IOS permanent gespeichert. Bei einem IOS-Upgrade kann eine Flash-Speichernachrüstung erforderlich sein.

Konfigurationsregister

```
Configuration register is 0x2102
```

Die letzte Zeile des Befehls `show version` zeigt den gegenwärtig konfigurierten Wert des (Software-)Konfigurationsregisters in Hexadezimalform an. Wird in Klammern ein zweiter Wert angegeben, so handelt es sich dabei um den Wert des Konfigurationsregisters, der beim nächsten Neuladen des Routers verwendet wird.

Das Konfigurationsregister erfüllt verschiedene Zwecke, etwa bei der Wiederherstellung von Passwörtern. Die werksseitige Voreinstellung des Konfigurationsregisters lautet `0x2102`. Dieser Wert gibt an, dass der Router versucht, ein Cisco-IOS-Image aus dem Flash-Speicher sowie die Startkonfigurationsdatei aus dem NVRAM zu laden.

ANMERKUNG

Das Konfigurationsregister wird in einem späteren Kurs ausführlich beschrieben.

Packet Tracer
☐ **Aktivität**

Setup-Modus verwenden (1.1.4)

Wenn ein Router erstmals gestartet wird, dient der Setup-Modus zur Festlegung einer Basiskonfiguration. Packet Tracer unterstützt lediglich das einfache Management-Setup. Folglich sind Sie auf die Konfiguration einer einzelnen Schnittstelle beschränkt, die an ein Managementsystem angeschlossen wird, um den Rest der Konfiguration zu erhalten. In dieser Aktivität ist R2 ein bereits im Netzwerk vorhandener Router. Auf diesem werden Sie alle vorhandenen Konfigurationsdaten löschen und ihn dann im Setup-Modus mit einem anderen Router verbinden. Ausführliche Anweisungen entnehmen Sie der Aktivität selbst. Zur Durchführung der Aktivität verwenden Sie Packet Tracer und die Datei *e2-114.pka* auf der Begleit-CD-ROM zu diesem Buch.

1.1.5 Router-Ports und Router-Schnittstellen

Zwar ist dies nirgendwo festgelegt, doch bezeichnet der Begriff *Port* im Zusammenhang mit einem Router gewöhnlich einen der Management-Ports, die für den administrativen Zugriff verwendet werden. Der Begriff *Schnittstelle* hingegen wird (wie auch das Synonym *Interface*) für einen Anschluss verwendet, der in der Lage ist, Benutzerdaten zu senden und zu empfangen. Beachten Sie jedoch, dass diese Begriffe in der Literatur – und sogar in der IOS-Ausgabe – nicht konsistent, sondern häufig synonym verwendet werden.

Management-Ports

Abbildung 1.7 zeigt die Rückseite eines 2621-Routers. Router verfügen über Management-Ports, bei denen es sich um physische Anschlüsse zur Administration des Routers handelt. Anders als Ethernet- und serielle Schnittstellen werden Management-Ports nicht zur Paketweiterleitung verwendet. Der verbreitetste Management-Port ist der Konsolen-Port. Er dient zum Anschluss eines Terminals oder – was häufiger vorkommt – eines PC, auf dem eine Terminal-Emulations-Software ausgeführt wird, um den Router ohne Netzwerkzugriff konfigurieren zu können. Der Konsolen-Port muss für die Erstkonfiguration des Routers verwendet werden.

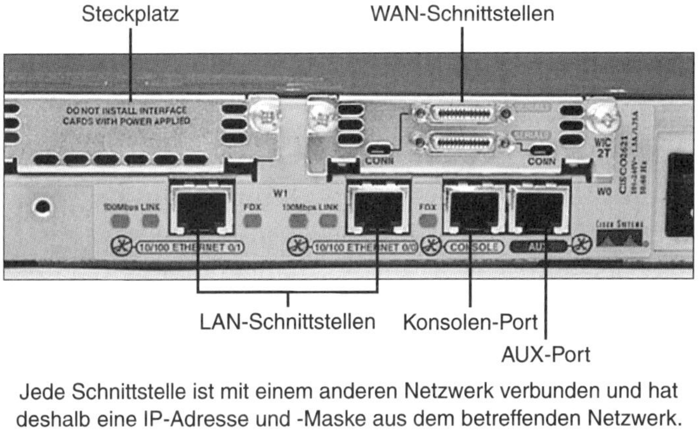

Abbildung 1.7: Router-Schnittstellen (physische Darstellung)

Ein weiterer Management-Port ist der AUX-Port (Auxiliary Port). Dieser ist nicht bei allen Routern vorhanden. Gelegentlich kann der AUX-Port ähnlich wie der Konsolen-Port verwendet werden; er ermöglicht aber vor allem den Anschluss eines Modems. In diesem Kurs werden wir den AUX-Port nicht verwenden.

Router-Schnittstellen

Der Begriff *Schnittstelle* (oder *Interface*) bezeichnet bei Cisco-Routern einen physischen Anschluss, dessen wesentlicher Zweck der Empfang und die Weiterleitung von Paketen ist. Router weisen mehrere Schnittstellen auf, um mehrere Netzwerke miteinander zu verbinden. In der Regel sind Schnittstellen an unterschiedliche Netzwerktypen, d. h. verschiedene Medien und Steckverbinder, angeschlossen. Oft weist ein Router auch unterschiedliche Arten von Schnittstellen auf. So hat er fast immer Fast Ethernet-Schnittstellen für die Anbindung von LANs und zusätzlich verschiedene WAN-Schnittstellen für diverse serielle Technologien wie T1, DSL oder ISDN. Abbildung 1.8 zeigt die seriellen und die Fast Ethernet-Schnittstellen des Routers.

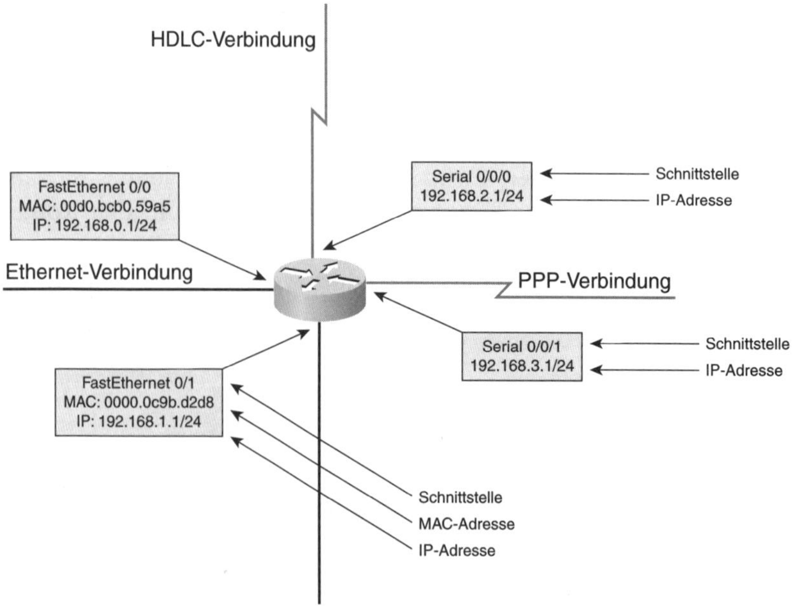

Abbildung 1.8: Router-Schnittstellen (logische Darstellung)

Wie die Anschlüsse eines PC so sind auch die Ports und Schnittstellen eines Routers von außen zugänglich. Dies ist sinnvoll, denn das passende Netzwerkkabel mit geeignetem Steckverbinder muss an die Schnittstelle angeschlossen werden.

ANMERKUNG

Eine einzelne Schnittstelle an einem Router kann durchaus für den Anschluss mehrerer Netzwerke verwendet werden. Dies wird in einem späteren Kurs ausführlich beschrieben.

Wie die meisten Netzwerkgeräte verwenden Cisco-Router LED-Anzeigen zur Darstellung von Statusinformationen. Eine Schnittstellen-LED stellt die Aktivität der entsprechenden Schnittstelle dar. Ist die LED aus, obwohl die Schnittstelle aktiv ist und korrekt angeschlossen wurde, kann dies auf ein Problem mit der Schnittstelle hindeuten. Ist eine Schnittstelle extrem aktiv, leuchtet die LED konstant. Je nach Router können auch weitere LEDs vorhanden sein.

ANMERKUNG

Weitere Informationen zu den LEDs auf Routern der 1841-Serie finden Sie im Artikel »Troubleshooting Cisco 1800 Series Routers (Modular)« unter *http://www.cisco.com/en/US/docs/routers/access/1800/1841/hardware/installation/guide/18over.html#wp36446.*

Schnittstellen gehören zu unterschiedlichen Netzwerken

Jede Schnittstelle am Router gehört zu einem anderen Netzwerk. Genauer gesagt ist jede Schnittstelle als Host einem anderen IP-Netzwerk zugeordnet, wie auch aus Abbildung 1.8 weiter oben hervorgeht. Folglich muss jede Schnittstelle auch mit der IP-Adresse und Subnetzmaske dieses anderen Netzwerks konfiguriert werden. Das Cisco IOS gestattet es nicht, dass zwei aktive Schnittstellen am selben Router zum selben Netzwerk gehören.

Router-Schnittstellen können in zwei Hauptkategorien unterteilt werden:

- **LAN-Schnittstellen** wie Ethernet- und Fast Ethernet-Schnittstellen. Wie der Name sagt, dienen LAN-Schnittstellen dem Anschluss des Routers an das LAN in der Art, wie auch die Ethernet-Netzwerkkarte eines PC dessen Anschluss an das Ethernet-LAN gestattet. Ebenso wie die Netzwerkkarte des PC verfügt auch die Ethernet-Schnittstelle des Routers über eine MAC-Adresse (Schicht-2-Adresse) und ist gleichberechtigtes Mitglied des LAN wie andere Hosts im Netzwerk auch. Die Ethernet-Schnittstelle eines Routers trägt beispielsweise zum ARP-Prozess (Address Resolution Protocol) für dieses LAN bei. Der Router verwendet für diese Schnittstelle einen ARP-Cache, sendet nach Bedarf ARP-Anforderungen und antwortet auf Anfragen mit ARP-Antworten.

  Die Ethernet-Schnittstelle eines Routers verwendet üblicherweise eine RJ45-Buchse für TP-Kabel (Twisted-Pair). Falls der Router mit einem Switch verbunden ist, wird ein Straight-Through-Kabel verwendet. Sind hingegen zwei Router direkt über ihre Ethernet-Schnittstellen miteinander verbunden oder ist die Netzwerkkarte eines PC direkt an die Ethernet-Schnittstelle des Routers angeschlossen, kommt ein Crossover-Kabel zum Einsatz.

- **WAN-Schnittstellen** wie etwa serielle, ISDN- und Frame Relay-Schnittstellen. Diese Schnittstellen verbinden Router mit externen Netzwerken, die gewöhnlich größere geografische Entfernungen voneinander besitzen. Für die Schicht-2-Kapselung können unterschiedliche Protokolle wie PPP, Frame Relay und HDLC (High-Level Data Link Control) zum Einsatz kommen. Ähnlich wie LAN-Schnittstellen verfügt jede WAN-Schnittstelle über eine eigene IP-Adresse und Subnetzmaske, wodurch sie zum Mitglied des jeweiligen Netzwerks wird. Vergessen Sie nicht, dass MAC-Adressen nur für Ethernet-Schnittstellen, nicht jedoch für WAN-Schnittstellen verwendet werden. WAN-Schnittstellen verwenden eigene Schicht-2-Adressen je nach Technologie. Die Kapselungstypen und Adressen in Schicht 2 für WANs werden in einem späteren Kurs behandelt.

Beispiele für Router-Schnittstellen

Der Router in Abbildung 1.8 verfügt über vier Schnittstellen. Jede Schnittstelle hat eine Schicht-3-IP-Adresse und eine dazugehörige Subnetzmaske, die sie für das betreffende Netzwerk konfigurieren. Die Ethernet-Schnittstellen haben zudem Schicht-2-Adressen (MAC-Adressen).

Die WAN-Schnittstellen verwenden unterschiedliche Schicht-2-Kapselungen: Serial 0/0/0 setzt HDLC ein, Serial 0/0/1 hingegen PPP. Diese beiden seriellen Point-to-Point-Protokolle verwenden eine Broadcast-Adresse als Schicht-2-Zieladresse, wenn sie das IP-Paket in einen Sicherungsschicht-Frame kapseln.

In der Übungsumgebung ist die Anzahl der LAN- und WAN-Schnittstellen, die Sie für praxisbezogene Übungen verwenden können, eingeschränkt. Mit Packet Tracer erhalten Sie jedoch die Flexibilität, komplexere Netzwerkdesigns zu entwerfen.

Packet Tracer ☐ Aktivität

Geräte verkabeln (1.1.5.3)

Um diese Aktivität erfolgreich durchzuführen, müssen Sie die passenden Kabel zur Verbindung der verschiedenen Geräte auswählen. Ausführliche Anweisungen entnehmen Sie der Aktivität selbst. Zur Durchführung der Aktivität verwenden Sie Packet Tracer und die Datei *e2-1153.pka* auf der Begleit-CD-ROM zu diesem Buch.

Registerkarten in Packet Tracer (1.1.5.4)

Packet Tracer Aktivität

Das Konfigurationsfenster für Cisco-Geräte wie Router und Switches, das in Packet Tracer erscheint, umfasst drei Registerkarten: Die Registerkarte PHYSICAL dient dem Hinzufügen und Entfernen von Modulen. Auf der Registerkarte CONFIG werden im Packet Tracer die speziellen Einstellungen der Komponenten über eine grafische Oberfläche konfiguriert. Mit der Registerkarte CLI schließlich konfigurieren Sie alle Einstellungen, die von Packet Tracer unterstützt werden, auf der Kommandozeile. Auf dieser Registerkarte wird die Befehlszeile eines Cisco-IOS-Geräts simuliert.

Bei dieser Aktivität werden Sie einen Router zur Übungstopologie hinzufügen, ein Modul installieren, den Router auf der Registerkarte CONFIG konfigurieren und die Konfiguration auf der Registerkarte CLI abschließen. Ausführliche Anweisungen entnehmen Sie der Aktivität selbst. Zur Durchführung der Aktivität verwenden Sie Packet Tracer und die Datei *e2-1154.pka* auf der Begleit-CD-ROM zu diesem Buch.

1.1.6 Router und die Vermittlungsschicht

Der Schlüssel zum Verständnis der Rolle eines Routers im Netzwerk besteht darin zu begreifen, dass ein Router ein Schicht-3-Gerät ist, das für die Weiterleitung von Paketen zuständig ist. Allerdings operiert ein Router auch in den Schichten 1 und 2.

Routing: Die Weiterleitung von Paketen

Der wesentliche Zweck eines Routers besteht darin, mehrere Netzwerke anzubinden und Pakete weiterzuleiten, die an die an ihn angeschlossenen, aber auch an andere Netzwerke gerichtet sind. Ein Router gilt als Schicht-3-Gerät, da seine Weiterleitungsentscheidungen auf den Informationen im Schicht-3-IP-Paket basieren – und hier insbesondere auf der Ziel-IP-Adresse. Diesen Vorgang nennt man *Routing*.

Wenn ein Router ein Paket empfängt, untersucht er die Ziel-IP-Adresse. Gehört diese IP-Adresse zu keinem der direkt mit dem Router verbundenen Netzwerke, muss er das Paket an einen anderen Router weiterleiten. In Abbildung 1.9 untersucht R1 die Zieladresse des Pakets und leitet es nach der Überprüfung der Routing-Tabelle an R2 weiter. Auch R2 untersucht die Ziel-IP-Adresse des Pakets nach dessen Empfang. Er sucht die Adresse in seiner Routing-Tabelle und leitet das Paket dann über das direkt angeschlossene Ethernet-Netzwerk an PC2 weiter.

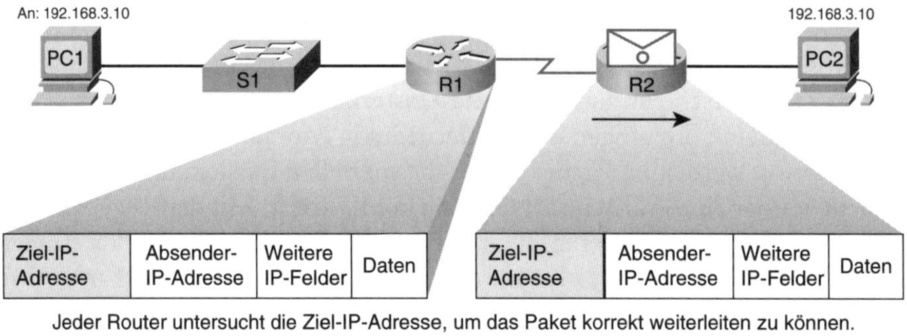

Abbildung 1.9: Paketweiterleitung

Wenn ein Router ein Paket empfängt, sucht er in seiner Routing-Tabelle nach der besten Übereinstimmung zwischen der Ziel-IP-Adresse des Pakets und einer der Netzwerkadressen in der Tabelle. Wird eine Übereinstimmung gefunden, wird das Paket in einem Schicht-2-Frame für die betreffende Ausgangsschnittstelle gekapselt. Welche Kapselung für die Sicherungsschicht erfolgt, hängt vom Schnittstellentyp (Ethernet, HDLC usw.) ab.

Am Ende erreicht das Paket dann einen Router, bei dem sich die Ziel-IP-Adresse im selben Netzwerk befindet wie eine der direkt angeschlossenen Schnittstellen des Routers. In diesem Beispiel empfängt Router R2 das Paket von Router R1. R2 leitet das Paket über seine Ethernet-Schnittstelle weiter, die zum selben Netzwerk gehört wie das Zielgerät PC2.

Dieser Vorgang wird im Verlauf dieses Kapitels noch eingehend beschrieben werden.

Router operieren in den Schichten 1, 2 und 3

Ein Router trifft seine Weiterleitungsentscheidung im Wesentlichen in Schicht 3, ist aber – wie Sie bereits gesehen haben – nichtsdestoweniger auch an Schicht-1- und Schicht-2-Prozessen beteiligt. Wenn der Router die Ziel-IP-Adresse eines Pakets überprüft und seine Routing-Tabelle konsultiert hat, um die Weiterleitungsentscheidung zu treffen, kann er das Paket über die entsprechende Schnittstelle in Richtung des Ziels weiterleiten. Der Router kapselt das Schicht-3-Paket dann im Datenbereich eines Schicht-2-Frames, der für die ausgehende Schnittstelle passend ist. Dies kann je nach Schnittstelle ein Ethernet- oder ein HDLC-Frame oder auch irgendeine andere Schicht-2-Kapselung sein. Der Schicht-2-Frame wird dann in physische Schicht-1-Signale codiert, die diese Bits im physischen Medium darstellen.

Um dies besser zu verstehen, betrachten Sie bitte Abbildung 1.10. Beachten Sie, dass PC1 in allen sieben Schichten agiert: Er kapselt die Daten und sendet den Frame als codierten Bitstrom an R1 – sein Default-Gateway.

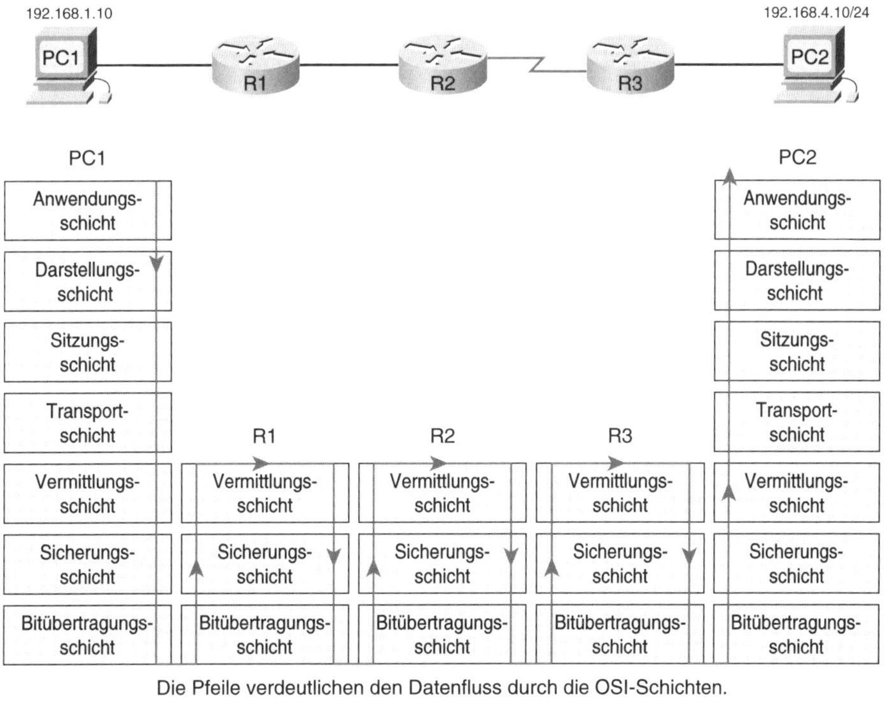

Abbildung 1.10: Router operieren in den Schichten 1, 2 und 3.

R1 empfängt den Datenstrom mit den codierten Bits an seiner Schnittstelle. Die Bits werden nun decodiert und an Schicht 2 übergeben, wo R1 den Frame entkapselt. Der Router untersucht die Zieladresse des Sicherungsschicht-Frames, um festzustellen, ob dieser mit der empfangenden Schnittstelle übereinstimmt; dies bezieht sich auch auf Broadcast- oder Multicast-Adressen. Liegt eine Übereinstimmung vor, wird der Datenanteil des Frames – das IP-Paket – nach oben an Schicht 3 übergeben, wo R1 seine Routing-Entscheidung trifft. Dann kapselt R1 das Paket in einen neuen Schicht-2-Frame und leitet diesen nachfolgend über die ausgehende Schnittstelle als Strom codierter Bits weiter. Die neue Schicht-2-Adresse bezeichnet die Schnittstelle des nächsten Routers im Pfad.

R2 empfängt den Bitstrom, woraufhin sich der Vorgang wiederholt: R2 entkapselt den Frame und übergibt den Datenanteil (also das IP-Paket) an Schicht 3, wo R2 die Routing-Entscheidung trifft. Dann kapselt R2 das Paket in einen neuen Schicht-2-Frame und leitet diesen nachfolgend über die ausgehende Schnittstelle als Strom codierter Bits weiter. Dieser Vorgang wiederholt sich auch auf Router R3, der das IP-Paket in einen Schicht-2-Frame kapselt und als Bits codiert an PC2 weiterleitet.

Jeder Router im Pfad vom Absender bis zum Empfänger führt dieselben Schritte aus: Entkapseln, Nachschlagen in der Routing-Tabelle, erneutes Kapseln. Diesen Ablauf müssen Sie kennen, um verstehen zu können, wie Router in Netzwerken funktionieren. Aus diesem Grund werden wir diese Beschreibung an anderer Stelle in aller Ausführlichkeit fortsetzen.

1.2 Konfiguration und Adressierung über die Befehlszeile

Die Grundlagen zu Adressierung und Konfiguration von Cisco-Geräten wurden in einem früheren Kurs bereits behandelt. Trotzdem wollen wir diese Themen noch einmal wiederholen und Sie auf die Praxisübungen in diesem Kurs vorbereiten.

1.2.1 Adressierung im Netzwerk

Wenn Sie ein neues Netzwerk entwerfen oder ein vorhandenes neu zuordnen, ist die Dokumentation des Netzwerks unentbehrlich. Als Ausgangspunkt sollte die Dokumentation eine Topologiekarte des Netzwerks und eine Adresstabelle enthalten, aus der die folgenden Angaben ersichtlich sind:

- Gerätenamen
- Schnittstellen
- IP-Adressen und Subnetzmasken
- Adresse des Default-Gateways für Endgeräte wie PCs

Adresstabelle ausfüllen

Abbildung 1.11 zeigt die in diesem Kapitel verwendete Topologie, die miteinander verbundenen Geräte sowie die konfigurierten IP-Adressen.

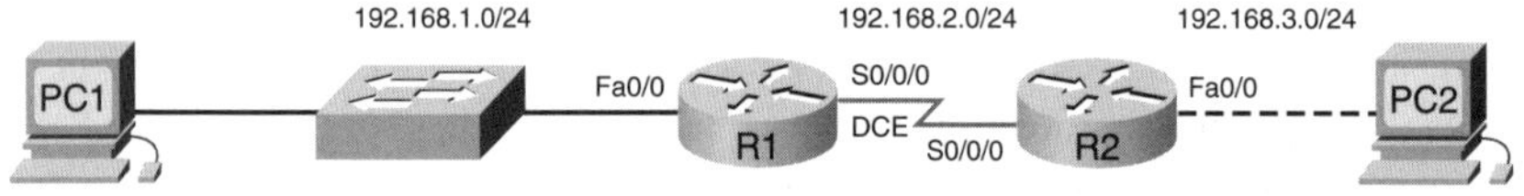

Gerät	Schnittstelle	IP-Adresse	Subnetzmaske	Default-Gateway
R1	Fa0/0	192.168.1.1	255.255.255.0	n/a
	S0/0/0	192.168.2.1	255.255.255.0	n/a
R2	Fa0/0	192.168.3.1	255.255.255.0	n/a
	S0/0/0	192.168.2.2	255.255.255.0	n/a
PC1	N/A	192.168.1.10	255.255.255.0	192.168.1.1
PC2	N/A	192.168.3.10	255.255.255.0	192.168.3.1

Abbildung 1.11: Adressierungsschema dokumentieren

Unterhalb der Topologie in der Abbildung befindet sich eine Tabelle, mit der das Netzwerk dokumentiert wird. In die Tabelle sind Daten eingetragen, die das Netzwerk dokumentieren: Geräte, IP-Adressen, Subnetzmasken und Schnittstellen.

Geräte anschließen und identifizieren (1.2.1)

Packet Tracer Aktivität

In dieser Packet Tracer-Aktivität schließen Sie die Geräte an, konfigurieren Gerätenamen und fügen mit der Funktion »Place Note« Beschriftungen mit den Netzwerkadressen hinzu. Ausführliche Anweisungen entnehmen Sie der Aktivität selbst. Zur Durchführung der Aktivität verwenden Sie Packet Tracer und die Datei *e2-121.pka* auf der Begleit-CD-ROM zu diesem Buch.

1.2.2 Grundkonfiguration des Routers durchführen

Wenn Sie einen Router konfigurieren, werden die folgenden grundlegenden Aufgaben ausgeführt:

- Einen Namen für den Router konfigurieren
- Passwörter festlegen
- Schnittstellen konfigurieren
- Banner konfigurieren
- Änderungen auf dem Router speichern
- Basiskonfiguration und Router-Betrieb überprüfen

Mit diesen Befehlen sollten Sie bereits vertraut sein. Nichtsdestoweniger finden Sie in diesem Abschnitt eine kurze Wiederholung. Hierbei wird davon ausgegangen, dass auf dem Router keine aktuelle Datei *startup-config* vorhanden ist.

Der erste Prompt erscheint im Benutzermodus:

```
Router>
```

Im Benutzermodus können Sie den Status des Routers anzeigen, seine Konfiguration aber nicht ändern. Der Benutzermodus ist übrigens keineswegs für die »Benutzer« im Netzwerk vorgesehen, sondern vielmehr für Netzwerktechniker, Betreiber und Administratoren, in deren Zuständigkeit die Konfiguration von Netzwerkgeräten liegt.

Der Befehl `enable` ermöglicht den Wechsel in den privilegierten EXEC-Modus. Dieser Modus gestattet dem Benutzer, Konfigurationsänderungen am Router vorzunehmen. Der Router-Prompt wechselt nun von > zu #:

```
Router> enable
Router#
```

Hostname und Passwörter

Tabelle 1.1 zeigt die grundlegende Befehlssyntax für die Router-Konfiguration, mit der R1 im folgenden Beispiel konfiguriert wird. Sie können die Packet Tracer-Aktivität 1.2.2 öffnen und den Gang der Dinge nachvollziehen, oder Sie warten bis zum Ende dieses Abschnitts, bis Sie sie öffnen.

Tabelle 1.1: Befehlssyntax für die grundlegende Router-Konfiguration

Aktion	Befehl
Router benennen	`Router(config)# hostname name`

Passwörter festlegen	`Router(config)# enable secret password`
	`Router(config)# line console 0`
	`Router(config-line)# password password`
	`Router(config-line)# login`
	`Router(config)# line vty 0 4`
	`Router(config-line)# password password`
	`Router(config-line)# login`

MOTD-Banner konfigurieren	`Router(config)# banner motd # message #`

Schnittstelle konfigurieren	`Router(config)# interface type number`
	`Router(config-if)# ip address address mask`
	`Router(config-if)# description description`
	`Router(config-if)# no shutdown`

Änderungen auf dem Router speichern	`Router# copy running-config startup-config`

Ausgabe der show-Befehle untersuchen	`Router# show running-config`
	`Router# show ip route`
	`Router# show ip interface brief`
	`Router# show interfaces`

Wechseln Sie zunächst in den globalen Konfigurationsmodus:

```
Router# config t
```

Geben Sie nun dem Router einen eindeutigen Hostnamen:

```
Router(config)# hostname R1
```

Als Nächstes konfigurieren Sie ein Passwort, das für den Wechsel in den privilegierten EXEC-Modus eingegeben werden muss. In unserer Übungsumgebung verwenden wir das Passwort `class`. In Produktionsumgebungen hingegen sollten Router mit starken Passwörtern versehen werden. Weitere Informationen zum Erstellen und Verwenden starker Passwörter erhalten Sie über die Links am Ende dieses Abschnitts.

```
R1(config)# enable secret class
```

Nun konfigurieren Sie die Konsolen- und Telnet-Verbindungen mit dem Passwort `cisco`. Auch dieses Passwort verwenden wir ausschließlich in unserer Übungsumgebung. Der Befehl `login` aktiviert die Passwortüberprüfung für eine Verbindung. Wenn Sie den Befehl `login` für die Konsole auf der Befehlszeile nicht eingeben, erhält der Benutzer Zugriff auf die Befehlszeile, ohne ein Passwort eingegeben zu haben. Die Konsolenbefehle sehen wie folgt aus:

```
R1(config)# line console 0
R1(config-line)# password cisco
R1(config-line)# login
```

Für Telnet werden ähnliche Befehle verwendet:

```
R1(config)# line vty 0 4
R1(config-line)# password cisco
R1(config-line)# login
```

Banner konfigurieren

Im globalen Konfigurationsmodus konfigurieren Sie das MOTD-Banner (MOTD = Message of the Day). Am Anfang und Ende der Meldung wird ein Trennzeichen verwendet, wobei häufig das Zeichen `#` zum Einsatz kommt. Auf diese Weise können Sie, wie hier gezeigt, auch ein mehrzeiliges Banner konfigurieren:

```
R1(config)# banner motd #

Enter TEXT message.  End with the character '#'.
******************************************
WARNING!! Unauthorized Access Prohibited!!
******************************************
#
```

Die Konfiguration eines geeigneten Banners ist Bestandteil eines guten Sicherheitsplans. Das Banner sollte zumindest vor einem Zugriff durch Unbefugte warnen. Eine angemessene Sicherheitsrichtlinie etwa würde eine »freundliche Begrüßung« eines unbefugten Benutzers unterbinden.

Router-Schnittstelle konfigurieren

Nun konfigurieren Sie die einzelnen Router-Schnittstellen mit IP-Adressen und anderen Informationen. Wechseln Sie zunächst in den Schnittstellenkonfigurationsmodus, indem Sie Schnittstellentyp und -nummer angeben. Danach konfigurieren Sie die IP-Adresse und Subnetzmaske:

```
R1(config)# interface Serial0/0/0
R1(config-if)# ip address 192.168.2.1 255.255.255.0
```

Es ist gängige Praxis, eine Beschreibung für jede Schnittstelle zu konfigurieren, um das Netzwerk zu dokumentieren. Der Beschreibungstext ist auf 240 Zeichen begrenzt. In Produktionsnetzwerken kann eine Beschreibung für das Troubleshooting hilfreich sein, sofern sie Informationen über das Netzwerk, das mit der Schnittstelle verbunden ist, und über gegebenenfalls weitere in diesem Netzwerk vorhandene Router vermittelt. Falls die Schnittstelle mit einem Internetprovider oder einem Netzdienstanbieter verbunden ist, können Angaben zur Verbindung und zu Ansprechpartnern auf der anderen Seite sinnvoll sein. Ein Beispiel hierzu:

```
Router(config-if)# description Circuit#VBN32696-123 (help desk:1-800-555-1234)
```

In Übungsumgebungen geben Sie eine einfache Beschreibung ein, die beim Troubleshooting von Nutzen sein kann. Ein Beispiel:

```
R1(config-if)# description Link to R2
```

Nach der Konfiguration der IP-Adresse und einer Beschreibung muss die Schnittstelle mit dem Befehl `no shutdown` aktiviert werden. Dies entspricht dem »Einschalten« der Schnittstelle. Außerdem muss die Schnittstelle mit einer Gegenseite verbunden werden, damit die Bitübertragungsschicht aktiv werden kann. Dies kann ein Hub, ein Switch, ein weiterer Router usw. sein.

```
R1(config-if)# no shutdown
```

ANMERKUNG

Wenn Sie eine serielle Point-to-Point-Verbindung in Ihrer Übungsumgebung einrichten, wird ein Kabelende als DTE und ein zweites als DCE bezeichnet. Auf dem Router, an dessen serielle Schnittstelle das DCE-Ende des Kabels angeschlossen ist, muss zusätzlich der Befehl `clock rate` konfiguriert werden:

```
R1(config-if)# clock rate 64000
```

Dieser Schritt ist nur in einer Übungsumgebung erforderlich. Wir werden ihn im nächsten Kapitel »Statisches Routing« genauer erklären.

Wiederholen Sie die Schnittstellenkonfigurationsbefehle für alle anderen Schnittstellen, die eingerichtet werden müssen. In unserer Beispieltopologie muss noch die Fast Ethernet-Schnittstelle konfiguriert werden:

```
R1(config)# interface FastEthernet0/0
R1(config-if)# ip address 192.168.1.1 255.255.255.0
R1(config-if)# description R1 LAN
R1(config-if)# no shutdown
```

Jede Schnittstelle gehört zu einem anderen Netzwerk

An dieser Stelle müssen Sie bitte beachten, dass jede Schnittstelle zu einem anderen Netzwerk gehört. Zwar gestattet das IOS es Ihnen, eine IP-Adresse im selben Netzwerk auf zwei verschiedenen Schnittstellen zu konfigurieren, doch wird der Router die zweite Schnittstelle nicht aktivieren.

Was beispielsweise würde geschehen, wenn Sie versuchten, für die Schnittstelle FastEthernet 0/1 an R1 eine IP-Adresse im Netzwerk 192.168.1.0/24 zu konfigurieren? FastEthernet 0/0 hat schließlich bereits eine Adresse in diesem Netzwerk erhalten. Wenn Sie nun versuchen, eine zweite Schnittstelle mit einer IP-Adresse zu konfigurieren, die zum selben Netzwerk gehört, erhalten Sie folgende Meldung:

```
R1(config)# interface FastEthernet0/1
R1(config-if)# ip address 192.168.1.2 255.255.255.0
192.168.1.0 overlaps with FastEthernet0/0
```

Versuchen Sie nun, die Schnittstelle mit dem Befehl `no shutdown` zu aktivieren, so erscheint die folgende Meldung:

```
R1(config-if)# no shutdown

192.168.1.0 overlaps with FastEthernet0/0
FastEthernet0/1: incorrect IP address assignment
```

Beachten Sie in Listing 1.2, dass die Ausgabe des Befehls `show ip interface brief` zeigt, dass die Schnittstelle FastEthernet 0/1 weiterhin inaktiv ist, obwohl `no shutdown` für diese Schnittstelle verwendet wurde. Das liegt wie gesagt daran, dass FastEthernet 0/1 zum selben Netzwerk 192.168.1.0/24 gehört wie die zuvor für FastEthernet 0/0 konfigurierte IP-Adresse. Aus diesem Grund bleibt der Zustand *down* (inaktiv) erhalten, bis eine dieser beiden Schnittstellen mit einer IP-Adresse ohne Überschneidung umkonfiguriert wird.

Listing 1.2: Ausgabe des Befehls »show ip interface brief«

```
R1# show ip interface brief

Interface         IP-Address     OK? Method Status                Protocol
FastEthernet0/0   192.168.1.1    YES manual up                    up
Serial0/0         192.168.2.1    YES manual up                    up
FastEthernet0/1   192.168.1.2    YES manual administratively down down
Serial0/1         unassigned     YES unset  administratively down down
```

Anmerkung

Abhandlungen zur Verwendung starker Passwörter finden Sie in den folgenden Artikeln:

- »Strong passwords: How to create and use them« (*http://www.microsoft.com/athome/security/privacy/password.mspx*)
- »Simple formula for strong passwords« (*http://www.sans.org/reading_room/whitepapers/authentication/1636.php*)

Grundkonfiguration des Routers überprüfen

Alle oben eingegebenen grundlegenden Konfigurationsbefehle wurden sofort in der laufenden Konfiguration von R1 gespeichert. Die Datei *running-config* wird im RAM abgelegt und vom IOS verwendet. Überprüfen Sie die eingegebenen Befehle, indem Sie die laufende Konfiguration mit dem Befehl `show running-config` anzeigen (siehe Listing 1.3).

Listing 1.3: Ausgabe des Befehls »show running-config«

```
R1# show running-config

!
version 12.3
!
hostname R1
!
interface FastEthernet0/0
 description R1 LAN
 ip address 192.168.1.1 255.255.255.0
!
interface Serial0/0
 description Link to R2
 ip address 192.168.2.1 255.255.255.0
 clock rate 64000
!
banner motd ^C
******************************************
WARNING!! Unauthorized Access Prohibited!!
******************************************
^C
!
line con 0
 password cisco
 login
line vty 0 4
```

Listing 1.3: Ausgabe des Befehls »show running-config« (Forts.)

```
 password cisco
 login
!
end
```

Nachdem wir nun die grundlegenden Konfigurationsbefehle eingegeben haben, dürfen wir nicht vergessen, die Datei *running-config* in den nichtflüchtigen Speicher – das NVRAM des Routers – zu übertragen. Im Falle eines Stromausfalls oder eines versehentlichen Neustarts kann der Router dann mit der aktuellen Konfiguration gestartet werden. Nachdem die Konfiguration des Routers abgeschlossen und getestet wurde, müssen Sie die laufende Konfiguration als Datei *startup-config* speichern und so permanent festschreiben:

```
R1# copy running-config startup-config
```

Wenn Sie die Grundkonfiguration angewendet und gespeichert haben, können Sie mit verschiedenen Befehlen überprüfen, ob Sie den Router korrekt konfiguriert haben. Alle diese Befehle werden wir in späteren Kapiteln ausführlich behandeln. Nun wollen wir uns aber erst einmal mit der Ausgabe vertraut machen.

Der Befehl `show running-config` zeigt die aktuelle Konfiguration, die im RAM gespeichert ist. Mit nur wenigen Ausnahmen werden alle Konfigurationsbefehle, die eingegeben werden, sofort vom IOS in die Datei *running-config* eingetragen und auch unmittelbar aktiviert.

Der Befehl `show startup-config` (Listing 1.4) hingegen zeigt die Startkonfigurationsdatei an, die im NVRAM gespeichert ist. Diese Konfiguration verwendet der Router beim nächsten Neustart. Die Startkonfigurationsdatei ändert sich nur, falls die laufende Konfiguration mit dem Befehl `copy running-config startup-config` explizit in das NVRAM gespeichert wird.

Listing 1.4: Ausgabe des Befehls »show startup-config«

```
R1# show startup-config

Using 728 bytes
!
version 12.3
!
hostname R1
!
interface FastEthernet0/0
 description R1 LAN
```

Listing 1.4: Ausgabe des Befehls »show startup-config« (Forts.)

```
 ip address 192.168.1.1 255.255.255.0
!
interface Serial0/0
 description Link to R2
 ip address 192.168.2.1 255.255.255.0
 clock rate 64000
!
banner motd ^C
******************************************
WARNING!! Unauthorized Access Prohibited!!
******************************************
^C
line con 0
 password cisco
 login
line vty 0 4
 password cisco
 login
!
end
```

Wenn Sie die Ausgabe von `show running-config` und `show startup-config` vergleichen, werden Sie feststellen, dass die Startkonfiguration und die laufende Konfiguration identisch sind. Das liegt daran, dass die laufende Konfiguration seit dem letzten Speichern nicht geändert wurde. Beachten Sie ferner, dass `show startup-config` anzeigt, wie viele Bytes im NVRAM von der Startkonfigurationsdatei belegt sind: 728 (vgl. Listing 1.4).

Der Befehl `show ip route` (Listing 1.5) listet die Routing-Tabelle auf, die das IOS gegenwärtig verwendet, um den besten Pfad zu den Zielnetzwerken auszuwählen. Zu diesem Zeitpunkt verfügt R1 lediglich über Routen in die angeschlossenen Subnetze.

Listing 1.5: Ausgabe des Befehls »show ip route«

```
R1# show ip route

Codes: C - connected, S - static, I - IGRP, R - RIP, M - mobile, B - BGP
       D - EIGRP, EX - EIGRP external, O - OSPF, IA - OSPF inter area
       N1 - OSPF NSSA external type 1, N2 - OSPF NSSA external type 2
       E1 - OSPF external type 1, E2 - OSPF external type 2, E - EGP
       i - IS-IS, L1 - IS-IS level-1, L2 - IS-IS level-2, ia - IS-IS inter area
       * - candidate default, U - per-user static route, o - ODR
       P - periodic downloaded static route
```

Listing 1.5: Ausgabe des Befehls »show ip route« (Forts.)

```
Gateway of last resort is not set

C    192.168.1.0/24 is directly connected, FastEthernet0/0
C    192.168.2.0/24 is directly connected, Serial0/0
```

Der Befehl `show interfaces` (Listing 1.6) zeigt alle Schnittstellenkonfigurationsparameter sowie Statistiken an. Einige der hier vorhandenen Informationen werden wir in späteren Kapiteln und Kursen behandeln.

Listing 1.6: Ausgabe des Befehls »show interfaces«

```
R1# show interfaces

<some interfaces not shown>
FastEthernet0/0 is up, line protocol is up (connected)
  Hardware is Lance, address is 0007.eca7.1511 (bia 00e0.f7e4.e47e)
  Description: R1 LAN
  Internet address is 192.168.1.1/24
  MTU 1500 bytes, BW 100000 Kbit, DLY 100 usec, rely 255/255, load 1/255
  Encapsulation ARPA, loopback not set
  ARP type: ARPA, ARP Timeout 04:00:00,
  Last input 00:00:08, output 00:00:05, output hang never
  Last clearing of "show interface" counters never
  Queueing strategy: fifo
  Output queue :0/40 (size/max)
  5 minute input rate 0 bits/sec, 0 packets/sec
  5 minute output rate 0 bits/sec, 0 packets/sec
     0 packets input, 0 bytes, 0 no buffer
     Received 0 broadcasts, 0 runts, 0 giants, 0 throttles
     0 input errors, 0 CRC, 0 frame, 0 overrun, 0 ignored, 0 abort
     0 input packets with dribble condition detected
     0 packets output, 0 bytes, 0 underruns
     0 output errors, 0 collisions, 1 interface resets
     0 babbles, 0 late collision, 0 deferred
     0 lost carrier, 0 no carrier
     0 output buffer failures, 0 output buffers swapped out
Serial0/0 is up, line protocol is up (connected)
  Hardware is HD64570
  Description: Link to R2
  Internet address is 192.168.2.1/24
  MTU 1500 bytes, BW 1544 Kbit, DLY 20000 usec, rely 255/255, load 1/255
  Encapsulation HDLC, loopback not set, keepalive set (10 sec)
  Last input never, output never, output hang never
  Last clearing of "show interface" counters never
  Input queue: 0/75/0 (size/max/drops); Total output drops: 0
```

Listing 1.6: Ausgabe des Befehls »show interfaces« (Forts.)

```
  Queueing strategy: weighted fair
  Output queue: 0/1000/64/0 (size/max total/threshold/drops)
     Conversations  0/0/256 (active/max active/max total)
     Reserved Conversations 0/0 (allocated/max allocated)
  5 minute input rate 0 bits/sec, 0 packets/sec
  5 minute output rate 0 bits/sec, 0 packets/sec
     0 packets input, 0 bytes, 0 no buffer
     Received 0 broadcasts, 0 runts, 0 giants, 0 throttles
     0 input errors, 0 CRC, 0 frame, 0 overrun, 0 ignored, 0 abort
     0 packets output, 0 bytes, 0 underruns
     0 output errors, 0 collisions, 0 interface resets
     0 output buffer failures, 0 output buffers swapped out
     0 carrier transitions
     DCD=up  DSR=up  DTR=up  RTS=up  CTS=up
```

Der Befehl `show ip interface brief` (Listing 1.7) zeigt Schnittstelleninformationen in verkürzter Form an. Enthalten sind unter anderem die IP-Adresse und der Schnittstellenstatus. Dieser Befehl ist ein nützliches Werkzeug für das Troubleshooting und eine Möglichkeit, den Status aller Router-Schnittstellen schnell zu bestimmen.

Listing 1.7: Ausgabe des Befehls »show ip interface brief«

```
R1# show ip interface brief

Interface          IP-Address      OK? Method Status                Protocol
FastEthernet0/0    192.168.1.1     YES manual up                    up
FastEthernet0/1    unassigned      YES manual administratively down down
Serial0/0          192.168.2.1     YES manual up                    up
Serial0/1          unassigned      YES manual administratively down down
Vlan1              unassigned      YES manual administratively down down
```

Packet Tracer Aktivität

Configure and Verify R1 (1.2.2)

In dieser Aktivität sind alle Geräte im Netzwerk mit Ausnahme von R1 bereits konfiguriert. Sie werden R1 konfigurieren und die Konfiguration dann überprüfen. Ausführliche Anweisungen entnehmen Sie der Aktivität selbst. Zur Durchführung der Aktivität verwenden Sie Packet Tracer und die Datei *e2-122.pka* auf der Begleit-CD-ROM zu diesem Buch.

1.3 Aufbau der Routing-Tabelle

Die primäre Funktion des Routers besteht darin, Pakete in Richtung ihres Zielnetzwerks weiterzuleiten. Dieses geht aus der Ziel-IP-Adresse des Pakets hervor. Zu diesem Zweck muss ein Router die Routing-Daten durchsuchen, die in seiner Routing-Tabelle gespeichert sind. In den folgenden Abschnitten werden wir erfahren, wie ein Router die Routing-Tabelle erstellt. Danach lernen wir die drei grundlegenden Routing-Prinzipien kennen.

1.3.1 Einführung zur Routing-Tabelle

Eine *Routing-Tabelle* ist eine Datendatei im RAM, die verwendet wird, um Routen-Daten zu direkt angeschlossenen und Remote-Netzwerken zu speichern. Die Routing-Tabelle enthält Zuordnungen von Netzwerken zu den nächsten Hops; hieraus geht für den Router hervor, wie ein bestimmtes Ziel optimal erreicht werden kann, indem nämlich das Paket an einen bestimmten Router – den *nächsten Hop* im Pfad zum Empfänger – weitergeleitet wird. Der nächste Hop kann auch die ausgehende Schnittstelle sein, die mit dem Netzwerk verbunden ist, in dem sich der endgültige Empfänger befindet.

Die Zuordnung von Netzwerk und Ausgangsschnittstelle kann auch die Zieladresse des IP-Pakets darstellen – in diesem Fall wäre dies ein mit dem Router direkt angeschlossenes Netzwerk.

Ein *direkt angeschlossenes Netzwerk* ist eines, das direkt an eine der Schnittstellen des Routers angeschlossen ist. Wenn für eine Router-Schnittstelle eine IP-Adresse und Subnetzmaske konfiguriert wird, wird die Schnittstelle zu einem Host in diesem Netzwerk. Die Netzwerkadresse und die Subnetzmaske der Schnittstelle sowie der Schnittstellentyp und die Schnittstellennummer werden als direkt angeschlossenes Netzwerk in die Routing-Tabelle eingetragen. Wenn ein Router ein Paket an einen Host (z. B. einen Webserver) weiterleitet, befindet sich dieser Host in einem mit diesem Router direkt angeschlossenen Netzwerk.

Ein *Remote-Netzwerk* (entferntes Netzwerk) ist ein Netzwerk, das nicht direkt an den Router angeschlossen ist: Es kann nur erreicht werden, indem das Paket an einen anderen Router gesendet wird. Remote-Netzwerke werden mithilfe eines dynamischen Routing-Protokolls oder durch eine Konfiguration statischer Routen zur Routing-Tabelle hinzugefügt. *Dynamische Routen* sind Routen, die mithilfe eines dynamischen Routing-Protokolls automatisch vom Router erlernt wurden. *Statische Routen* hingegen sind vom Netzwerkadministrator manuell konfigurierte Routen.

Anmerkung

Die Routing-Tabelle mit ihren direkt angeschlossenen Netzwerken sowie den statischen und dynamischen Routen stellen wir in den nächsten Abschnitten vor. Im Laufe dieses Kurses werden wir sie noch ausführlicher behandeln.

Die folgenden Analogien sollen Ihnen helfen, sich das Konzept der verbundenen, statischen und dynamischen Routen zu vergegenwärtigen:

- **Direkt angeschlossene Routen.** Um einen Nachbarn zu besuchen, müssen Sie nur ein paar Meter auf der Straße gehen, in der Sie wohnen. Dieser Pfad ähnelt einer direkt angeschlossenen Route, denn das »Ziel« ist über ihre »Verbindungsschnittstelle« – die Straße – direkt zugänglich.
- **Statische Routen.** Ein Zug verwendet für eine bestimmte Route jedes Mal dieselbe festgelegte Strecke. Dies ähnelt einer statischen Route, weil der Pfad zum Ziel sich nicht ändert.
- **Dynamische Routen.** Wenn Sie mit dem Auto fahren, können Sie je nach Verkehrsaufkommen, Wetter und anderen Faktoren unterschiedliche Wege nehmen. Dies ähnelt dem dynamischen Routing, denn Sie können an vielen Stellen auf Ihrem Weg jeweils neue Pfade auswählen.

Der Befehl »show ip route«

Mit dem Befehl `show ip route` zeigen Sie die Routing-Tabelle eines Routers an (siehe Listing 1.8).

Listing 1.8: Verbundene Routen in der Routing-Tabelle

```
R1# show ip route

Codes: C - connected, S - static, I - IGRP, R - RIP, M - mobile, B - BGP
D - EIGRP, EX - EIGRP external, O - OSPF, IA - OSPF inter area
N1 - OSPF NSSA external type 1, N2 - OSPF NSSA external type 2
E1 - OSPF external type 1, E2 - OSPF external type 2, E - EGP
i - IS-IS, L1 - IS-IS level-1, L2 - IS-IS level-2, ia - IS-IS inter area
* - candidate default, U - per-user static route, o - ODR
       P - periodic downloaded static route

Gateway of last resort is not set

C    192.168.1.0/24 is directly connected, FastEthernet0/0
C    192.168.2.0/24 is directly connected, Serial0/0/0
```

Zu diesem Zeitpunkt wurden weder statische Routen konfiguriert noch dynamische Routing-Protokolle aktiviert. Folglich führt die Routing-Tabelle für R1 nur die direkt angeschlossenen Netzwerke auf. Für jedes Netzwerk sind die folgenden Informationen in der Routing-Tabelle vorhanden:

- `C`: Die Angabe in dieser Spalte bezeichnet die Herkunft der Routen-Informationen: direkt angeschlossenes Netzwerk, statische Route oder dynamisches Routing-Protokoll. `C` signalisiert eine direkt angeschlossene Route.
- `192.168.1.0/24`: Dies ist die Netzwerkadresse mit der Subnetzmaske des direkt angeschlossenen oder des entfernten Netzwerks. In unserem Beispiel bezeichnen beide Einträge in der Routing-Tabelle (`192.168.1./24` und `192.168.2.0/24`) direkt angeschlossene Netzwerke.
- `FastEthernet 0/0`: Die Angabe am Ende des Routeneintrags nennt die Ausgangsschnittstelle und/oder die IP-Adresse des nächsten Hops. In diesem Beispiel sind `FastEthernet 0/0` und `Serial 0/0/0` ausgehende Schnittstellen, über die sich die betreffenden Netzwerke erreichen lassen.

Sofern die Routing-Tabelle einen Routen-Eintrag für ein Remote-Netzwerk enthält, sind weitere Informationen vorhanden, z. B. die Routing-Metrik und die administrative Distanz. Metriken, administrative Distanz und der Befehl `show ip route` werden in späteren Kapiteln ausführlich erklärt.

Auch PCs weisen eine Routing-Tabelle auf. In Listing 1.9 sehen Sie die Ausgabe des Befehls `route print`. Der Befehl zeigt das konfigurierte oder zugewiesene Default-Gateway und angeschlossene, Loopback-, Multicast- und Broadcast-Netzwerke an.

Listing 1.9: Ausgabe des Befehls »route print« unter Windows

```
C:\> route print

===========================================================================
Schnittstellenliste
0x1 ........................... MS TCP Loopback interface
0x2 ...00 11 25 af 40 9b ...... Intel(R) PRO/1000 MT Mobile Connection
===========================================================================
===========================================================================
Aktive Routen:
       Netzwerkziel         Netzmask          Gateway    Schnittstelle  Metrik
            0.0.0.0          0.0.0.0      192.168.1.1      192.168.1.1      10
          127.0.0.0        255.0.0.0        127.0.0.1        127.0.0.1       1
        192.168.1.0    255.255.255.0      192.168.1.1      192.168.1.1      10
       192.168.1.10    255.255.255.0        127.0.0.1      192.168.1.1      10
          224.0.0.0        240.0.0.0     192.168.1.10     192.168.1.10      10
  255.255.255.255  255.255.255.255     192.168.1.10     192.168.1.10       1
```

Listing 1.9: Ausgabe des Befehls »route print« unter Windows (Forts.)

```
Standardgateway:      192.168.1.1
===========================================================================
Ständige Routen:
  Keine
```

Die Ausgabe des Befehls `route print` wird in diesem Kurs nicht analysiert. Sie ist hier lediglich aufgeführt, um die Tatsache zu betonen, dass alle IP-konfigurierten Geräte eine Routing-Tabelle enthalten sollten. `route -n` ist ein ähnlicher Befehl, der unter Linux-Betriebssystemen eingesetzt wird.

1.3.2 Direkt angeschlossene Netzwerke

Wenn für eine Router-Schnittstelle eine IP-Adresse und Subnetzmaske konfiguriert wird, wird die Schnittstelle zu einem Host in diesem angeschlossenen verbundenen Netzwerk. Wird die Schnittstelle FastEthernet 0/0 auf R1 mit der IP-Adresse 192.168.1.1 und der Subnetzmaske 255.255.255.0 konfiguriert, dann wird diese Schnittstelle zu einem Mitglied des Netzwerks 192.168.1.0/24. Hosts, die an dasselbe LAN angeschlossen sind (wie beispielsweise PC1), sind ebenfalls mit einer IP-Adresse konfiguriert, die zu diesem Netzwerk gehört.

Werden an einem PC eine Host-IP-Adresse und eine Subnetzmaske konfiguriert, dann ermittelt der PC mithilfe der Subnetzmaske, zu welchem Netzwerk er gehört. Zu diesem Zweck führt das Betriebssystem eine UND-Verknüpfung der Host-IP-Adresse mit der Subnetzmaske durch. Bei der Konfiguration einer Schnittstelle verwendet ein Router dieselbe Logik.

An einem PC wird normalerweise nur eine einzelne Host-IP-Adresse konfiguriert, weil er in der Regel über nur eine Netzwerkschnittstelle verfügt – meist eine Ethernet-Netzwerkkarte. Router hingegen haben mehrere Schnittstellen, das heißt, jede Schnittstelle muss Mitglied eines anderen Netzwerks sein. In Listing 1.10 ist R1 Mitglied zweier Netzwerke, nämlich 192.168.1.0/24 und 192.168.2.0/24. Auch wenn dies aus dem Listing nicht hervorgeht, ist auch R2 Mitglied zweier Netzwerke: 192.168.2.0/24 und 192.168.3.0/24.

Listing 1.10: Routen direkt miteinander verbundener Netzwerke in der Routing-Tabelle für R1

```
R1# show ip route

Codes: C - connected, S - static, I - IGRP, R - RIP, M - mobile, B - BGP
       D - EIGRP, EX - EIGRP external, O - OSPF, IA - OSPF inter area
       N1 - OSPF NSSA external type 1, N2 - OSPF NSSA external type 2
```

Listing 1.10: Routen direkt miteinander verbundener Netzwerke in der Routing-Tabelle für R1 (Forts.)

```
       E1 - OSPF external type 1, E2 - OSPF external type 2, E - EGP
       i - IS-IS, L1 - IS-IS level-1, L2 - IS-IS level-2, ia - IS-IS inter area
       * - candidate default, U - per-user static route, o - ODR
       P - periodic downloaded static route

Gateway of last resort is not set

C    192.168.1.0/24 is directly connected, FastEthernet0/0
C    192.168.2.0/24 is directly connected, Serial0/0/0
```

Nachdem die Schnittstelle des Routers konfiguriert und mit dem Befehl `no shutdown` aktiviert wurde, muss sie ein Datensignal von einem anderen Gerät (Router, Switch, Hub usw.) erhalten, um den Zustand *up* (aktiv) anzunehmen. Sobald die Schnittstelle diesen Zustand zeigt, wird das mit ihr verbundene Netzwerk als direkt angeschlossenes Netzwerk zur Routing-Tabelle hinzugefügt.

Solange auf einem Router weder ein statisches noch ein dynamisches Routing konfiguriert wurden, kennt er nur seine direkt angeschlossenen Netzwerke. Dies sind zu diesem Zeitpunkt die einzigen Netzwerke, die in der Routing-Tabelle erscheinen. Direkt angeschlossene Netzwerke sind für Routing-Entscheidungen von wesentlicher Bedeutung. Statische und dynamische Routen können in der Routing-Tabelle nicht vorhanden sein, falls es keine direkt angeschlossenen Netzwerke gibt. Der Router kann keine Pakete über eine Schnittstelle versenden, für die keine IP-Adresse und Subnetzmaske konfiguriert sind (dies gilt schließlich auch für die Netzwerkschnittstelle eines PC).

ANMERKUNG

Die Konfiguration von Router-Schnittstellen und das Hinzufügen der Netzwerkadresse zur Routing-Tabelle beschreiben wir im nächsten Kapitel.

Direkt angeschlossene Routen (1.3.2)

Packet Tracer **Aktivität**

Diese Aktivität legt den Schwerpunkt auf die Routing-Tabelle und deren Erstellung. Ein Router erstellt Routing-Tabellen, indem er zunächst die Netzwerke für die IP-Adressen hinzufügt, die für seine eigenen Schnittstellen konfiguriert sind. Diese Netzwerke sind die direkt angeschlossenen Netzwerke des Routers. Wir beschreiben in dieser Aktivität zwei Router R1 und R2 und die Netzwerke, an die sie durch die Konfiguration der Router-Schnittstellen angebunden werden. Anfangs sind bei allen Schnittstellen korrekte Adressen konfiguriert, doch werden die Schnittstellen anschließend abgeschaltet. Ausführliche Anweisungen entnehmen Sie der Aktivität selbst. Zur Durchführung der Aktivität verwenden Sie Packet Tracer und die Datei *e2-132.pka* auf der Begleit-CD-ROM zu diesem Buch.

1.3.3 Statisches Routing

Remote-Netzwerke werden mithilfe eines dynamischen Routing-Protokolls oder durch Konfiguration statischer Routen zur Routing-Tabelle hinzugefügt. Wenn der IOS-Routing-Prozess ein Remote-Netzwerk und die Schnittstelle erlernt, über die dieses Remote-Netzwerk erreichbar ist, fügt er diese Route zur Routing-Tabelle hinzu, sofern die ausgehende Schnittstelle auch aktiv ist.

Eine statische Route enthält die Netzwerkadresse und die Subnetzmaske des Remote-Netzwerks sowie die IP-Adresse des nächsten Hops oder der ausgehenden Schnittstelle. Statische Routen werden in der Routing-Tabelle mit dem Code `S` gekennzeichnet (siehe Listing 1.11). Wir widmen uns ihnen im nächsten Kapitel.

Listing 1.11: Statische Route in der Routing-Tabelle für R1

```
R1# show ip route

Codes: C - connected, S - static, I - IGRP, R - RIP, M - mobile, B - BGP
D - EIGRP, EX - EIGRP external, O - OSPF, IA - OSPF inter area
N1 - OSPF NSSA external type 1, N2 - OSPF NSSA external type 2
E1 - OSPF external type 1, E2 - OSPF external type 2, E - EGP
i - IS-IS, L1 - IS-IS level-1, L2 - IS-IS level-2, ia - IS-IS inter area
* - candidate default, U - per-user static route, o - ODR
P - periodic downloaded static route

Gateway of last resort is not set

C    192.168.1.0/24 is directly connected, FastEthernet0/0
C    192.168.2.0/24 is directly connected, Serial0/0/0
S    192.168.3.0/24 [1/0] via 192.168.2.2
```

Wann statische Routen verwendet werden

Statische Routen sollten in den folgenden Fällen verwendet werden:

- **Wenn ein Netzwerk nur einige wenige Router umfasst.** Die Verwendung eines dynamischen Routing-Protokolls stellt in einem solchen Fall keinen erheblichen Vorteil dar. Im Gegenteil: Das dynamische Routing kann den administrativen Overhead erhöhen.

- **Wenn ein Netzwerk nur über einen einzelnen Internetprovider mit dem Internet verbunden ist.** Die Verwendung eines dynamischen Routing-Protokolls über diese Verbindung ist sinnlos, weil der Provider den einzigen Zugangspunkt in das Internet darstellt.
- **Wenn ein großes Netzwerk mit einer Hub-and-Spoke-Topologie konfiguriert ist.** Eine Hub-and-Spoke-Topologie umfasst einen zentralen Standort (*Hub*) und mehrere Filialstandorte (*Spokes*). Jeder Spoke verfügt nur über genau eine Verbindung zum Hub. Der Einsatz eines dynamischen Routing-Protokolls wäre unnütz, weil jeder Filialstandort über nur einen Pfad zu einem gegebenen Ziel führt, der grundsätzlich über den Hub verläuft.

In der Regel umfassen die Routing-Tabellen der meisten Router eine Kombination aus statischen und dynamischen Routen. Wie jedoch bereits angemerkt, muss die Routing-Tabelle zunächst die direkt angeschlossenen Netzwerke, über die auf die Remote-Netzwerke zugegriffen werden kann, enthalten, um statisches oder dynamisches Routing verwenden zu können.

Statisches Routing (1.3.3)

Packet Tracer Aktivität

Router können Remote-Netzwerke über statisches oder dynamisches Routing erlernen. Diese Aktivität legt den Schwerpunkt auf die Frage, wie Remote-Netzwerke über statische Routen zur Routing-Tabelle hinzugefügt werden können. Ausführliche Anweisungen entnehmen Sie der Aktivität selbst. Zur Durchführung der Aktivität verwenden Sie Packet Tracer und die Datei *e2-133.pka* auf der Begleit-CD-ROM zu diesem Buch.

1.3.4 Dynamisches Routing

Remote-Netzwerke lassen sich auch mithilfe eines dynamischen Routing-Protokolls zur Routing-Tabelle hinzufügen. In Listing 1.12 hat R1 das Netzwerk 192.168.4.0/24 automatisch von R2 erlernt. Hierbei kam das dynamische Routing-Protokoll RIP (Routing Information Protocol) zum Einsatz. RIP war eines der ersten IP-Routing-Protokolle; es wird in späteren Kapiteln ausführlich beschrieben.

Listing 1.12: Dynamische Route in der Routing-Tabelle für R1

```
R1# show ip route

Codes: C - connected, S - static, I - IGRP, R - RIP, M - mobile, B - BGP
D - EIGRP, EX - EIGRP external, O - OSPF, IA - OSPF inter area
N1 - OSPF NSSA external type 1, N2 - OSPF NSSA external type 2
E1 - OSPF external type 1, E2 - OSPF external type 2, E - EGP
```

Listing 1.12: Dynamische Route in der Routing-Tabelle für R1 (Forts.)

```
i - IS-IS, L1 - IS-IS level-1, L2 - IS-IS level-2, ia - IS-IS inter area
* - candidate default, U - per-user static route, o - ODR
P - periodic downloaded static route

Gateway of last resort is not set

C    192.168.1.0/24 is directly connected, FastEthernet0/0
C    192.168.2.0/24 is directly connected, Serial0/0/0
S    192.168.3.0/24 [1/0] via 192.168.2.2
R    192.168.4.0/24 [120/1] via 192.168.2.2, 00:00:20, Serial0/0/0
```

ANMERKUNG

Die Routing-Tabelle von R1 in Listing 1.12 zeigt, dass R1 zwei Remote-Netzwerke erlernt hat: eines dynamisch mithilfe von RIP und eines statisch, also durch eine manuelle Konfiguration. Dies ist nur ein Beispiel dafür, wie Routing-Tabellen gleichermaßen dynamisch erlernte und statisch konfigurierte Routen enthalten können. Es muss sich hierbei nicht um die beste Konfiguration für dieses Netzwerk handeln.

Dynamische Routing-Protokolle werden von Routern verwendet, um Informationen über die Erreichbarkeit und den Status von Remote-Netzwerken weiterzugeben. Diese Routing-Protokolle führen unterschiedliche Aktivitäten durch:

- Netzwerkerkennung
- Aktualisierung und Pflege von Routing-Tabellen

Automatische Netzwerkerkennung

Die Netzwerkerkennung ist die Fähigkeit eines Routing-Protokolls, Informationen über die ihm bekannten Netzwerke an andere Router weiterzugeben, die dasselbe Routing-Protokoll verwenden. Statt an jedem Router statische Routen in Remote-Netzwerke zu konfigurieren, ermöglicht das dynamische Routing-Protokoll es den Routern, diese Netzwerke automatisch über andere Router kennenzulernen. Diese Netzwerke und der jeweils beste Pfad dorthin werden zur Routing-Tabelle des Routers hinzugefügt und als durch ein bestimmtes dynamisches Routing-Protokoll erlernt gekennzeichnet.

Routing-Tabellen pflegen

Routing-Protokolle dienen nicht nur der Erkennung von Netzwerken, sondern ermöglichen auch die Aktualisierung und Pflege der Netzwerke in ihren Routing-Tabellen. Sie treffen nicht nur die Entscheidung über den besten Pfad in verschiedene Netzwerke, sondern ermitteln auch einen neuen besten Pfad, falls der Ursprungspfad nicht mehr zur Verfügung steht oder die Topologie sich ändert. Aus diesen Gründen bieten dynamische Routing-Protokolle Vorteile gegenüber statischen Routen. Router, die dynamische Routing-Protokolle verwenden, teilen ihre Routing-Daten automatisch mit anderen Routern. Auf diese Weise werden Änderungen der Netzwerktopologie zügig berücksichtigt, ohne dass der Netzwerkadministrator hierfür eingreifen muss.

IP-Routing-Protokolle

Es gibt mehrere dynamische Routing-Protokolle für IP. Hier folgen einige der wichtigeren dynamischen Routing-Protokolle zum Routen von IP-Paketen:

- RIP (Routing Information Protocol
- IGRP (Interior Gateway Protocol)
- EIGRP (Enhanced Interior Gateway Routing Protocol)
- OSPF (Open Shortest Path First)
- IS-IS (Intermediate System-to-Intermediate System)
- BGP (Border Gateway Protocol)

ANMERKUNG

RIP (in den Versionen 1 und 2), EIGRP und OSPF werden im Verlauf dieses Kurses behandelt. EIGRP und OSPF werden gemeinsam mit IS-IS und BGP auch in CCNP ausführlich beschrieben. IGRP ist ein veraltetes Routing-Protokoll, das inzwischen von EIGRP ersetzt wurde. IGRP und EIGRP sind proprietäre Routing-Protokolle von Cisco, während die übrigen Routing-Protokolle nichtproprietär sind und auf offenen Standards basieren.

Denken Sie daran, dass die Routing-Tabellen der meisten Router eine Kombination aus statischen und dynamischen Routen umfassen. Dynamische Routing-Protokolle werden in Kapitel 3, »Einführung in die dynamischen Routing-Protokolle«, in aller Ausführlichkeit beschrieben.

Packet Tracer Aktivität

Dynamisches Routing (1.3.4)

Erfahren Sie in dieser Packet Tracer-Aktivität, wie das IOS dynamische Routen installiert und entfernt. Ausführliche Anweisungen entnehmen Sie der Aktivität selbst. Zur Durchführung der Aktivität verwenden Sie Packet Tracer und die Datei *e2-134.pka* auf der Begleit-CD-ROM zu diesem Buch.

1.3.5 Prinzipien von Routing-Tabellen

Gelegentlich wird in diesem Kurs auf drei Prinzipien der Routing-Tabellen verwiesen, die Ihnen dabei helfen sollen, Routing-spezifische Fragen zu verstehen, das Routing zu konfigurieren und entsprechende Probleme zu beheben. Diese Prinzipien stammen aus Alex Zinins Buch »Cisco IP Routing«[1]:

- Jeder Router trifft seine Entscheidungen allein und basierend auf den Informationen in seiner eigenen Routing-Tabelle.
- Die Tatsache, dass ein Router bestimmte Informationen in seiner Routing-Tabelle hat, bedeutet nicht, dass andere Router über dieselben Informationen verfügen.
- Routing-Daten zu einem Pfad aus einem Netzwerk in ein anderes enthalten keine Information zum Rückpfad.

Welche Auswirkungen haben diese Prinzipien? Betrachten Sie das Beispiel in Abbildung 1.12.

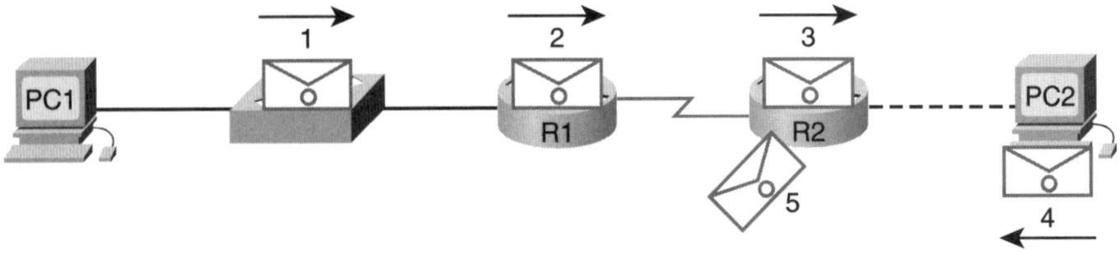

① PC1 sendet einen `ping`-Befehl an PC2.

② R1 kennt eine Route in das Netzwerk von PC2.

③ R2 ist direkt mit dem Netzwerk von PC2 verbunden.

④ PC2 sendet die `ping`-Antwort an PC1.

⑤ R2 kennt KEINE Route in das Netzwerk von PC1 und verwirft das Paket.

Abbildung 1.12: Beispiel zu den Routing-Prinzipien

1. Zinin, A.: »Cisco IP Routing: Packet Forwarding and Intra-domain Routing Protocols«. Addison-Wesley; 2002.

Nachdem R1 seine Routing-Entscheidung getroffen hat, leitet er das für PC2 vorgesehene Paket an R2 weiter. R1 kennt nur die Informationen in seiner eigenen Routing-Tabelle, die angeben, dass R2 der nächste Hop im Pfad ist; was R1 nicht weiß, ist, ob R2 tatsächlich über eine Route ins Zielnetzwerk verfügt.

Es liegt in der Zuständigkeit des Netzwerkadministrators sicherzustellen, dass alle Router in seinem Verantwortungsbereich mit vollständigen und zutreffenden Routing-Informationen arbeiten, damit Pakete zwischen zwei beliebigen Netzwerken ausgetauscht werden können. Dies kann mit statischen Routen, einem dynamischen Routing-Protokoll oder einer Kombination aus beiden geschehen.

Da R2 direkt mit dem Zielnetzwerk verbunden ist, konnte er das Paket an PC2 weiterleiten. Allerdings wurde das Paket von PC2 an PC1 von R2 verworfen: Dass R2 in seiner Routing-Tabelle über Informationen zum Zielnetzwerk der ursprünglichen Ping-Anforderung von PC1 verfügt, bedeutet nicht, dass er Angaben zum Rückpfad in das Netzwerk von PC1 besitzt.

Unsymmetrisches Routing

Da nicht alle Router dieselben Informationen in ihren Routing-Tabellen enthalten, können Pakete das Netzwerk auf einem bestimmten Pfad durchqueren und für den Rückweg einen ganz anderen Pfad verwenden. Dies nennt man unsymmetrisches Routing. Im Internet kommt das unsymmetrische Routing häufiger vor als in den meisten internen Netzwerken, denn im Internet kommt BGP zum Einsatz.

Dieses Beispiel stellt dar, dass Sie bei einem Netzwerkentwurf oder einem Troubleshooting Folgendes überprüfen müssen:

- Gibt es Pfade vom Absender zum Empfänger *sowie* vom Empfänger zum Absender?
- Ist der Pfad in beide Richtungen identisch? (Das unsymmetrische Routing ist durchaus möglich, kann manchmal jedoch zusätzliche Probleme verursachen.)

Umfassende Routing-Simulation (1.3.5)

Packet Tracer Aktivität

Pakete werden über das Netzwerk von einem Router zu einem anderen weitergeleitet. Die Weiterleitung erfolgt von Hop zu Hop.

Jeder Router trifft eine unabhängige Weiterleitungsentscheidung basierend auf seinem eigenen Wissen zu den Zielpfaden. Deswegen kann es vorkommen, dass Pakete zwar das Zielnetzwerk erreichen, der Rückpfad dem Ziel-Router jedoch unbekannt ist. In diesem Fall kann der Router keine Daten zurück an den Absender schicken. Dies bezeichnet man als *Black-Hole-Routing*. Zur Durchführung der Aktivität verwenden Sie Packet Tracer und die Datei *e2-135.pka* auf der Begleit-CD-ROM zu diesem Buch.

1.4 Pfadermittlung und Switching-Funktionen

Die folgenden Abschnitte sollen zeigen, was genau geschieht, wenn Daten vom Absender zum Empfänger übertragen werden. Zunächst betrachten wir die Spezifikationen für Paket- und Frame-Felder und erläutern dann detailliert, wie die Frame-Felder sich von Hop zu Hop ändern, während die Paketfelder unberührt bleiben.

1.4.1 Paket- und Frame-Felder

Wie bereits beschrieben, treffen Router Ihre Weiterleitungsentscheidungen im Wesentlichen anhand der Ziel-IP-Adresse in einem Paket. Bevor das Paket über die passende Ausgangsschnittstelle versendet wird, muss es in einem Schicht-2-Frame gekapselt werden. Wir werden später den Weg eines IP-Pakets vom Absender zum Empfänger nachvollziehen und dabei die Kapselungs- und Entkapselungsvorgänge auf den Routern verfolgen. Zunächst jedoch müssen wir uns die Formate eines Schicht-3-IP-Pakets und eines Schicht-2-Ethernet-Frames ansehen.

Das Format eines IP-Pakets

Das in RFC 791 definierte IP-Protokoll (Internet Protocol) definiert das IP-Paketformat. Wie Abbildung 1.13 zeigt, verfügt der IP-Paket-Header über bestimmte Felder, die Angaben zum Paket sowie zu den sendenden und empfangenden Hosts enthalten.

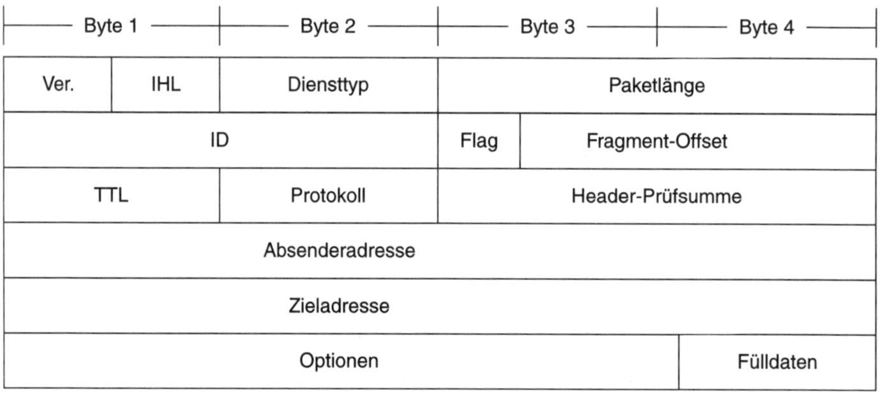

Abbildung 1.13: Feldspezifikationen für den IP-Header

Die folgende Liste beschreibt die Felder im IP-Header. Die Ziel-IP-Adresse, die Absender-IP-Adresse, die Version und das TTL-Feld (TTL = Time to Live) sollten Ihnen bereits bekannt sein. Die anderen Felder sind wichtig, aber nicht Gegenstand dieses Kurses.

- **Version.** Versionsnummer (4 Bits), wobei IPv4 (IP Version 4) die vorherrschende Version ist.
- **IHL (IP Header Length).** Länge des IP-Headers in 32-Bit-Worten (4 Bits).
- **Diensttyp.** Gibt an, wie mit dem Datagramm zu verfahren ist (acht Bits), wobei die ersten drei Bits Prioritätsbits sind. Diese Verwendungsform wurde durch DSCP (Differentiated Services Code Point) abgelöst, welches die ersten sechs Bits verwendet (die letzten zwei Bits sind reserviert).
- **Paketlänge.** Gesamtlänge von Header und Datenteil (16 Bits).
- **ID.** Eindeutiger Kennwert des IP-Datagramms (16 Bits).
- **Flag.** Steuert die Fragmentierung (3 Bits).
- **Fragmentierungsoffset.** Unterstützt die Fragmentierung von Datagrammen, um verschiedene MTUs (Maximum Transmission Units) im Internet zu ermöglichen (13 Bits).
- **TTL (Time to Live).** Gibt an, wie viele Router vom Datagramm passiert werden dürfen, bevor es verworfen wird (8 Bits).
- **Protokoll.** Das übergeordnete Protokoll, das das Datagramm sendet (8 Bits).
- **Header-Prüfsumme.** Integritätsprüfung für den Header (16 Bits).
- **Absenderadresse.** Absender-IP-Adresse (32 Bits).
- **Zieladresse.** Ziel-IP-Adresse (32 Bits).
- **Optionen.** IP-Optionen für Netzwerktests, Debugging, Sicherheit und weitere Anwendungen (Vielfaches von 32 Bits).

Frame-Format in der MAC-Schicht

Der Schicht-2-Frame enthält gewöhnlich Header-Informationen mit einer Absender- und einer Zieladresse in der Sicherungsschicht, Trailer-Daten und die eigentlichen übertragenen Nutzdaten. Die Absenderadresse ist die Schicht-2-Adresse der Schnittstelle, die den Sicherungsschicht-Frame versendet; die Zieladresse die Schicht-2-Adresse der Schnittstelle des Zielgeräts. Absender- und Zielschnittstelle befinden sich dabei im selben Netzwerk. Wenn ein Paket von Router zu Router weitergeleitet wird, ändern sich die Absender- und Zieladressen in Schicht 3 nicht – anders als die Absender-

und Zieladressen in Schicht 2. Wir werden uns diesen Prozess in späteren Abschnitten noch genauer ansehen.

Anmerkung

Wenn NAT (Network Address Translation, Netzadressübersetzung) verwendet wird, ändert sich die Ziel-IP-Adresse zwar, doch hängt dies nicht direkt mit IP zusammen, sondern wird innerhalb des Netzwerks einer Organisation durchgeführt. Das Routing mit NAT wird in einem späteren Kurs behandelt.

Das Schicht-3-IP-Paket wird in den Schicht-2-Frame gekapselt, der mit der Schnittstelle verknüpft ist. In diesem Beispiel zeigen wir den Schicht-2-Ethernet-Frame. Abbildung 1.14 stellt die beiden kompatiblen Ethernet-Versionen dar.

Ethernet

Feldlänge in Byte

8	6	6	2	46-1500	4
Präambel	Zieladresse	Absenderadresse	Typ	Daten	FCS

IEEE 802.3

Feldlänge in Byte

7	1	6	6	2	46-1500	4
Präambel	SOF	Zieladresse	Absenderadresse	Länge	802.2-Header und Daten	FCS

Abbildung 1.14: Feldspezifikation für Ethernet-Frames

Die folgende Liste beschreibt die Felder in einem Ethernet-Frame:

- **Präambel.** Sieben Bytes, in denen sich Nullen und Einsen abwechseln. Dienen der Signalsynchronisierung.
- **SOF-Trennzeichen (Start of Frame).** Ein Byte, das den Anfang des Frames kennzeichnet.
- **Zieladresse.** Sechs Byte lange MAC-Adresse des empfangenden Geräts im lokalen Segment.
- **Absenderadresse.** Sechs Byte lange MAC-Adresse des sendenden Gerätes im lokalen Segment.

- **Typ/Länge.** Zwei Bytes, die entweder den Typ des übergeordneten Protokolls (Ethernet II-Frame-Format) oder die Länge des Datenfeldes angeben (IEEE 802.3-Frame-Format).
- **Nutz- und Fülldaten.** 46 bis 1500 Datenbytes. Wenn ein Paketdatenblock weniger als 46 Bytes umfasst, wird er mit Nullen aufgefüllt.
- **FCS (Frame Check Sequence).** Vier Bytes, die für eine CRC-Prüfung (CRC = Cyclic Redundancy Check) verwendet werden, um sicherzustellen, dass der Frame nicht beschädigt ist.

1.4.2 Bester Pfad und Metrik

Ein Router bestimmt den besten Pfad, indem er Metriken auswertet.

Der beste Pfad

Zur Ermittlung des besten Pfades wertet der Router mehrere Pfade in dasselbe Zielnetzwerk aus und wählt den geeignetsten (d. h. »kürzesten«) Pfad in dieses Netzwerk. Gibt es mehrere Pfade, über die sich das Netzwerk erreichen lässt, dann bedeutet dies, dass jeder Pfad eine andere Ausgangsschnittstelle am selben Router verwendet, um dieses Netzwerk zu erreichen. Der beste Pfad wird mithilfe eines Routing-Protokolls basierend auf dem Wert ausgewählt, anhand dessen die Entfernung in das Zielnetzwerk angegeben ist – der sogenannten Metrik. Einige Routing-Protokolle wie etwa RIP verwenden einfach nur die Anzahl der Hops, d. h. die Zahl der Router, die sich zwischen dem aktuellen Router und dem Zielnetzwerk befindet. Andere Routing-Protokolle wie OSPF hingegen ermitteln den kürzesten Pfad, indem sie die Bandbreite der Verbindungen überprüfen und dann bevorzugt Verbindungen mit hoher Bandbreite vom ausgehenden Router zum Zielnetzwerk einsetzen.

Dynamische Routing-Protokolle verwenden gewöhnlich ihre eigenen Regeln und Metriken zur Erstellung und Aktualisierung von Routing-Tabellen. Eine Metrik ist der quantitative Wert, mit dem die Länge einer gegebenen Route gemessen wird. Der beste Pfad in ein Netzwerk ist demzufolge derjenige mit der niedrigsten Metrik. Beispielsweise wird sich ein Router, falls er die Auswahl zwischen einem fünf Hops umfassenden und einem zehn Hops langen Pfad hat, gewiss für Ersteren entscheiden.

Das wesentliche Ziel eines Routing-Protokolls besteht darin, die besten Pfade für jede Router zu ermitteln und in der Routing-Tabelle zu speichern. Der Routing-Algorithmus generiert einen Wert, d. h. eine Metrik, für jeden Pfad durch das Netzwerk. Metriken können entweder auf einem oder auf mehreren Faktoren eines Pfades basieren. Einige Routing-Protokolle können die Routenauswahl auf mehrere Metriken fußen lassen, die zu einer einzelnen Metrik zusammengefasst werden. Je kleiner der Metrikwert, desto besser der Pfad.

Anzahl der Hops und Bandbreitenmetriken im Vergleich

Zwei der Metriken, die von einigen dynamischen Routing-Protokollen verwendet werden, sind die folgenden:

- **Anzahl der Hops.** Dies ist die Zahl der Router, die ein Paket passieren muss, um sein Ziel zu erreichen. Jeder Router entspricht einem Hop. Eine Hop-Anzahl von 4 besagt also, dass ein Paket vier Router passieren muss, um zum Ziel zu gelangen. Sind mehrere Pfade zu einem Ziel vorhanden, wählt das Routing-Protokoll (z. B. RIP) den Pfad mit der kleinsten Anzahl Hops aus.
- **Bandbreite.** Die Bandbreite ist die Datenkapazität einer Verbindung und wird manchmal auch als »Verbindungsrate« oder »Verbindungsgeschwindigkeit« bezeichnet. Die Cisco-Implementierung des OSPF-Protokolls beispielsweise verwendet die Bandbreite als Metrik. Als bester Pfad in ein Netzwerk wird hierbei derjenige ausgewählt, dessen Verbindungen in der Summe die höchsten Bandbreiten aufweisen – also die schnellsten Verbindungen. Kapitel 11, »OSPF«, erläutert die Verwendung der Bandbreite in OSPF.

Anmerkung

»Verbindungsgeschwindigkeit« ist technisch gesehen keine geeignete Beschreibung, da alle Bits mit derselben Geschwindigkeit über dasselbe physische Medium übertragen werden. Die Bandbreite ist exakter definiert als Anzahl der Bits, die pro Sekunde über die entsprechende Verbindung übertragen werden können.

Sofern die Anzahl der Hops als Metrik verwendet wird, ist der resultierende Pfad unter Umständen nicht optimal. Betrachten Sie etwa das in Abbildung 1.15 gezeigte Netzwerk.

Wenn RIP auf den drei Routern als Routing-Protokoll verwendet wird, wählt R1 eine suboptimale Route nach R3 aus, um PC2 zu erreichen, da dieser Pfad weniger Hops umfasst. Die Bandbreite wird hierbei nicht berücksichtigt. Wird hingegen OSPF als Routing-Protokoll verwendet, so wählt R1 die Route auf der Basis der Bandbreite aus. Die Pakete erreichen ihr Ziel in diesem Fall in kürzerer Zeit, indem sie die beiden schnelleren T1-Verbindungen statt der langsamen 56-kBit/s-Leitung verwenden.

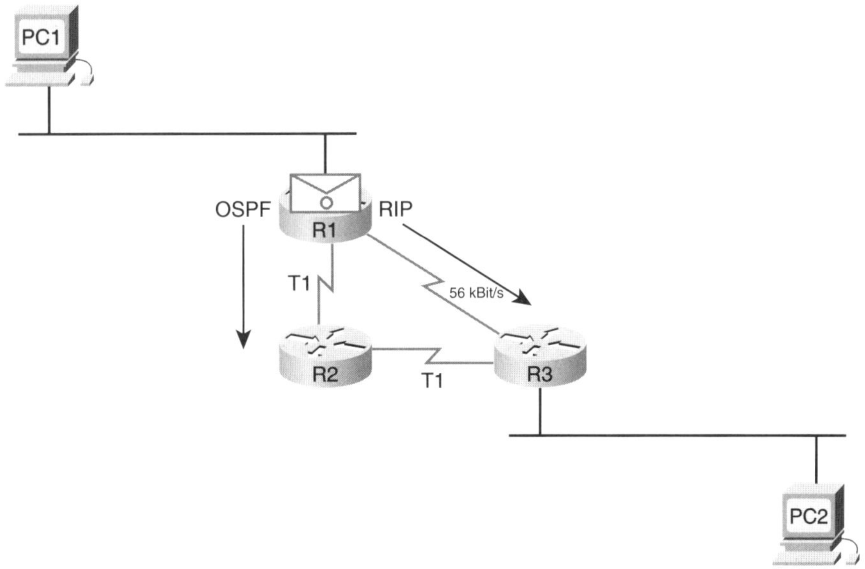

Abbildung 1.15: Anzahl der Hops im Vergleich zur Bandbreite als Metrik

Paket- und Frame-Felder erkennen (1.4.2)

Packet Tracer Aktivität

In dieser Packet Tracer-Aktivität untersuchen Sie die Inhalte der IP- und Frame-Header. Ausführliche Anweisungen entnehmen Sie der Aktivität selbst. Zur Durchführung der Aktivität verwenden Sie Packet Tracer und die Datei *e2-142.pka* auf der Begleit-CD-ROM zu diesem Buch.

1.4.3 Symmetrischer Lastausgleich

Vielleicht fragen Sie sich, was passiert, wenn eine Routing-Tabelle zwei oder mehr Pfade mit derselben Metrik in dasselbe Netzwerk enthält. Wenn ein Router über mehrere Pfade in ein Zielnetzwerk verfügt und der Wert der Metrik (Anzahl der Hops, Bandbreite usw.) gleich ist, spricht man von symmetrischen Metriken. In diesem Fall führt der Router einen symmetrischen Lastausgleich durch (siehe Abbildung 1.16). Da beide Pfade zum Ziel dieselbe Metrik aufweisen, sendet R1 das erste Paket an R2 und das zweite an R4. Die Routing-Tabelle enthält dann einen Eintrag für das Zielnetzwerk, der mehrere Ausgangsschnittstellen umfasst – jeweils eine pro symmetrischem Pfad. Der Router benutzt zur Weiterleitung alle Ausgangsschnittstellen, die in der Routing-Tabelle aufgeführt sind.

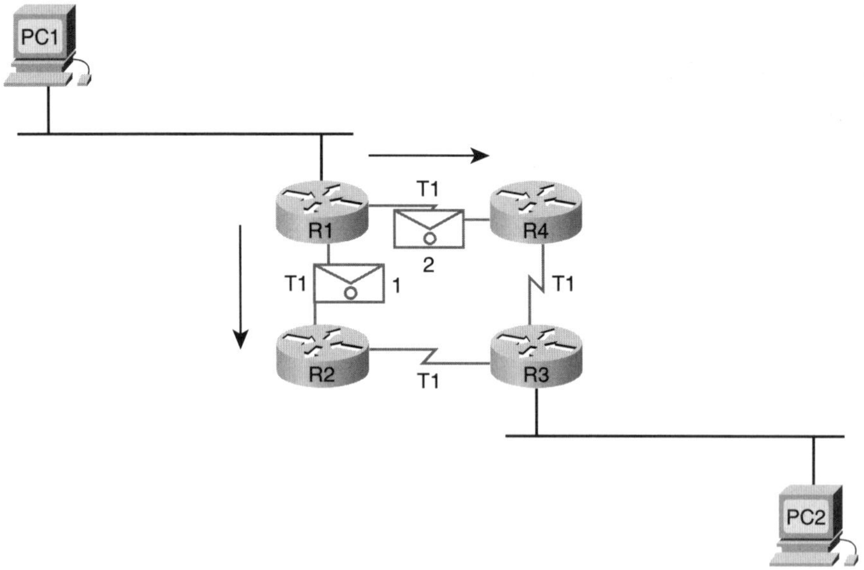

Abbildung 1.16: Symmetrischer Lastausgleich

Bei korrekter Konfiguration kann der Lastausgleich die Effizienz und Leistungsfähigkeit des Netzwerks erhöhen. Ein symmetrischer Lastausgleich kann so konfiguriert werden, dass er sowohl dynamische Routing-Protokolle als auch statische Routen berücksichtigt. Wir werden den symmetrischen Lastausgleich in Kapitel 8, »Die Routing-Tabelle unter der Lupe«, ausführlich behandeln.

Symmetrische und unsymmetrische Pfade

Falls Sie sich nun fragen, ob ein Router Pakete über mehrere Netzwerke auch bei ungleicher Metrik senden kann: Ja, dies ist möglich, sofern das verwendete Routing-Protokoll die entsprechende Funktionalität aufweist. Dies bezeichnet man als unsymmetrischen Lastausgleich. EIGRP und IGRP sind die einzigen Routing-Protokolle, die sich für einen unsymmetrischen Lastausgleich konfigurieren lassen. Der unsymmetrische Lastausgleich bei EIGRP wird nicht in den CCNA-Kursen, wohl aber in den CCNP-Kursen behandelt.

Packet Tracer Aktivität

Den besten Pfad mit Routing-Tabellen ermitteln (1.4.3)

In dieser Packet Tracer-Aktivität untersuchen Sie eine Routing-Tabelle, die einen symmetrischen Lastausgleich verwendet. Ausführliche Anweisungen entnehmen Sie der Aktivität selbst. Zur Durchführung der Aktivität verwenden Sie Packet Tracer und die Datei *e2-143.pka* auf der Begleit-CD-ROM zu diesem Buch.

1.4.4 Pfadermittlung

Die Paketweiterleitung basiert auf zwei Funktionen:

- Pfadermittlung
- Switching

Die Pfadermittlung ist ein Vorgang, bei dem der Router feststellt, welchen Pfad er für die Weiterleitung eines Pakets verwenden muss (siehe Abbildung 1.17). Um den besten Pfad zu ermitteln, durchsucht der Router seine Routing-Tabelle nach einer Netzwerkadresse, die der Ziel-IP-Adresse des Pakets entspricht.

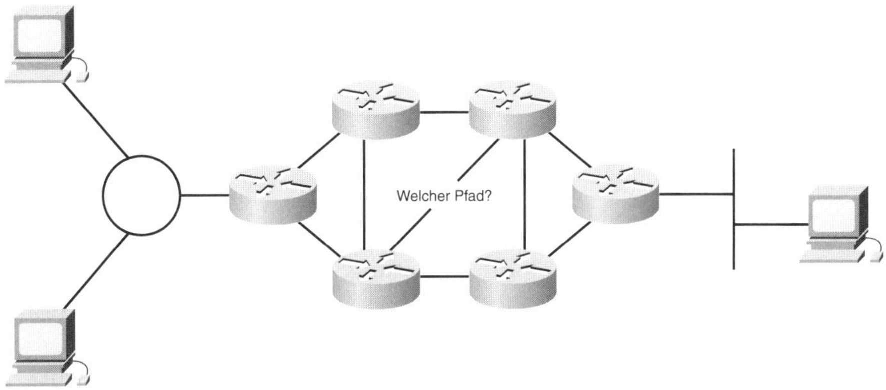

Abbildung 1.17: Router ermitteln den besten Pfad zum Empfänger.

Diese Suche führt zu einem von drei Ergebnissen:

- **Direkt angeschlossenes Netzwerk.** Wenn die Ziel-IP-Adresse des Pakets zu einem Gerät in einem Netzwerk gehört, das direkt mit einer der Schnittstellen des Routers verbunden ist, wird das Paket unmittelbar an dieses Gerät weitergeleitet. Die Ziel-IP-Adresse dieses Pakets ist also eine Hostadresse im selben Netzwerk wie die Router-Schnittstelle.
- **Remote-Netzwerk.** Wenn die Ziel-IP-Adresse des Pakets zu einem Remote-Netzwerk gehört, wird das Paket an einen Router weitergeleitet. Remote-Netzwerke können nur durch Weiterleitung von Paketen an einen anderen Router erreicht werden.
- **Keine Route vorhanden.** Wenn die Ziel-IP-Adresse des Pakets zu keinem angeschlossenen oder entfernten Netzwerk gehört und der Router keine Default-Route kennt, wird das Paket verworfen. Der Router sendet zudem eine ICMP-Nachricht des Typs »Unreachable« (Ziel nicht erreichbar) an den Host, der das Paket ursprünglich gesendet hat.

Bei den ersten beiden Ergebnissen kapselt der Router das IP-Paket wieder in einem Schicht-2-Frame. Die Art der Schicht-2-Kapselung hängt vom Schnittstellentyp ab. Handelt es sich etwa um die Fast Ethernet-Schnittstelle, dann wird das Paket als Ethernet-Frame gekapselt. Ist die Ausgangsschnittstelle eine serielle Schnittstelle, die für PPP konfiguriert ist, dann wird das IP-Paket als PPP-Frame gekapselt.

Der folgende Abschnitt veranschaulicht diesen Vorgang.

Anmerkung

Weitere Informationen zur Frage, wie ein Router unter Cisco IOS Routen ermittelt, finden Sie im Cisco Press-Buch »Inside Cisco IOS Software Architecture« von Vijay Bolapragada, Curtis Murphy und Russ White.

1.4.5 Switching

Nachdem der Router mithilfe der Pfadermittlung die Ausgangsschnittstelle bestimmt hat, muss er das Paket in einem Schicht-2-Frame für diese Ausgangsschnittstelle kapseln.

Switching ist die Bezeichnung für den Vorgang, bei dem ein Router ein Paket an einer Schnittstelle entgegennimmt und es über eine andere Schnittstelle weiterleitet. Eine wichtige Aufgabe des Switchings besteht darin, Pakete in einen für die ausgehende Datenverbindung geeigneten Frame zu kapseln.

Was nun tut ein Router mit einem Paket, das er von einem Netzwerk erhalten hat und das an ein anderes Netzwerk gerichtet ist? Antwort: Er führt die folgenden drei grundlegenden Schritte aus:

1. Er entkapselt das Schicht-3-Paket, indem er den Header und den Trailer des Schicht-2-Frames entfernt.
2. Er untersucht die Ziel-IP-Adresse des IP-Pakets, um den besten Pfad in der Routing-Tabelle zu finden.
3. Er kapselt das Schicht-3-Paket in einen neuen Schicht-2-Frame und leitet diesen über die ausgehende Schnittstelle weiter.

Wenn das Schicht-3-Paket von einem Router zum nächsten weitergeleitet wird, bleibt es dabei weitgehend unverändert; lediglich das TTL-Feld wird, wenn ein Paket von einem Router empfangen wird, um den Wert 1 vermindert. Erreicht der TTL-Wert den Wert 0, dann verwirft der Router das Paket. Die TTL wird verwendet, um zu verhindern, dass IP-Pakete Netzwerke endlos durchwandern, weil eine Routing-Schleife oder eine andere Fehlfunktion aufgetreten ist. Routing-Schleifen werden wir in einem späteren Kapitel behandeln.

Wenn das IP-Paket aus einem Schicht-2-Frame ent- und in einen neuen Schicht-2-Frame gekapselt wird, ändern sich die Ziel- und die Absenderadresse in der Sicherungsschicht, wenn das Paket an einen anderen Router weitergeleitet wird. Die Schicht-2-Absenderadresse ist dann die Schicht-2-Adresse der Ausgangsschnittstelle, die Zieladresse die Schicht-2-Adresse des nächsten Hops. Ist der nächste Hop das endgültige Zielgerät, so handelt es sich um die Schicht-2-Adresse dieses Geräts.

Das Paket kann in einen Schicht-2-Frame eines anderen Typs gekapselt werden als denjenigen, in dem es empfangen wurde. Beispielsweise ist es möglich, dass das Paket in einem Ethernet-Frame über die Fast Ethernet-Schnittstelle des Routers empfangen und dann über eine serielle Schnittstelle in einem PPP-Frame weitergeleitet wird.

Denken Sie aber immer daran, dass sich auf dem Weg vom Absender- zum Zielgerät die Schicht-3-IP-Adressen nicht ändern. Die Schicht-2-Adressen dagegen ändern sich bei jedem Hop durch Entkapselung und erneute Kapselung.

Pfadermittlung und Switching im Detail

Können Sie genau beschreiben, was mit einem Paket in Schicht 2 und Schicht 3 geschieht, wenn es vom Absender zum Empfänger übertragen wird? Falls nicht, verinnerlichen Sie sich die Abbildungen 1.18 bis 1.23 sowie die zugehörigen Beschreibungen so lange, bis Sie den Vorgang selbst erklären können.

Schritt 1: PC1 muss ein Paket an PC2 senden

Betrachten Sie Abbildung 1.18. PC1 kapselt das IP-Paket in einem Ethernet-Frame mit der Ziel-MAC-Adresse der Schnittstelle FastEthernet 0/0 von R1.

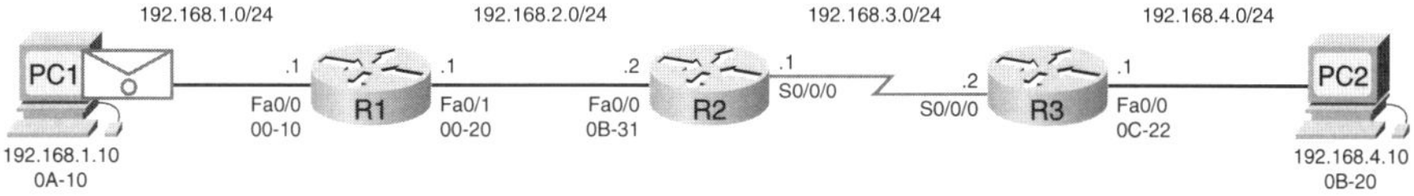

Sicherungsschicht-Frame — Schicht-3-Daten des Pakets

Ziel-MAC-Adresse 00-10	Absender-MAC-Adresse 0A-10	Typ 800	Ziel-IP-Adresse 192.168.4.10	Absender-IP-Adresse 192.168.1.10	IP-Felder	Daten	Trailer

ARP-Cache von PC1 für R1	
IP-Adresse	MAC-Adresse
192.168.1.1	00-10

Abbildung 1.18: Ein Tag im Leben eines Pakets: Schritt 1

Woher weiß PC1, dass er das Paket an R1 und nicht direkt an PC2 schicken muss? Nun: PC1 hat festgestellt, dass sich die Absender- und die Ziel-IP-Adressen in unterschiedlichen Netzwerken befinden.

PC1 weiß durch die UND-Verknüpfung der eigenen IP-Adresse und Subnetzmaske, zu welchem Netzwerk er gehört, denn diese Operation hat die Netzwerkadresse zum Ergebnis. Dieselbe UND-Verknüpfung führt PC1 mit der Ziel-IP-Adresse des Pakets und der Subnetzmaske von PC1 aus. Wenn das Ergebnis dasselbe ist wie beim eigenen Netzwerk, weiß PC1, dass die Empfänger-IP-Adresse sich in seinem eigenen Netzwerk befindet; in diesem Fall muss das Paket nicht an das Default-Gateway – den Router – weitergeleitet werden. Falls die UND-Verknüpfung jedoch eine andere Netzwerkadresse zum Ergebnis hat, weiß PC1, dass die Empfänger-IP-Adresse sich nicht in seinem Netzwerk befindet, und muss das Paket an das Default-Gateway – den Router – weiterleiten.

Anmerkung

Wenn eine UND-Operation mit der Ziel-IP-Adresse des Pakets und der Subnetzmaske von PC1 zu einer anderen Netzwerkadresse als der von PC1 führt, bedeutet dies nicht, dass das Ergebnis tatsächlich die Netzwerkadresse des Zielnetzes sein muss. PC1 weiß nur, dass, wenn die Ziel-IP-Adresse sich in seinem eigenen Netzwerk befände, die Subnetzmasken und die Netzwerkadressen jeweils identisch wären. Die Maske des Remote-Netzwerks kann hingegen durchaus ganz anders aussehen. Wenn die Ziel-IP-Adresse zu einer anderen Netzwerkadresse führt, kennt PC1 also nicht die eigentliche Remote-Netzwerkadresse, sondern weiß lediglich, dass dies nicht das eigene Netzwerk ist.

Wie bestimmt PC1 die MAC-Adresse des Default-Gateways, also von Router R1? PC1 fragt die IP-Adresse des Default-Gateways und die zugehörige MAC-Adresse in seiner ARP-Tabelle ab. Ist der Eintrag nicht in der ARP-Tabelle vorhanden, sendet PC1 eine ARP-Anforderung, auf die Router R1 mit einer ARP-Antwort reagiert.

Schritt 2: Router R1 empfängt den Ethernet-Frame

Router R1 untersucht die Ziel-MAC-Adresse des Pakets, die der MAC-Adresse der eigenen empfangenden Schnittstelle FastEthernet 0/0 entspricht. Aus diesem Grund kopiert R1 den Frame in seinen Puffer.

R1 erkennt, dass das Typenfeld im Ethernet-Frame den Wert 0x800 hat, das heißt, der Ethernet-Frame enthält im Datenteil ein IP-Paket.

Nun entkapselt R1 den Frame.

Da die Ziel-IP-Adresse des Pakets keinem der an R1 direkt angeschlossenen Netzwerke zugeordnet werden kann, fragt der Router seine Routing-Tabelle ab, um das Paket zu routen. Wie Abbildung 1.19 zeigt, sucht R1 in der Routing-Tabelle nach einer Netzwerkadresse und Subnetzmaske, die die Ziel-IP-Adresse des Pakets als Hostadresse im betreffenden Netzwerk enthalten.

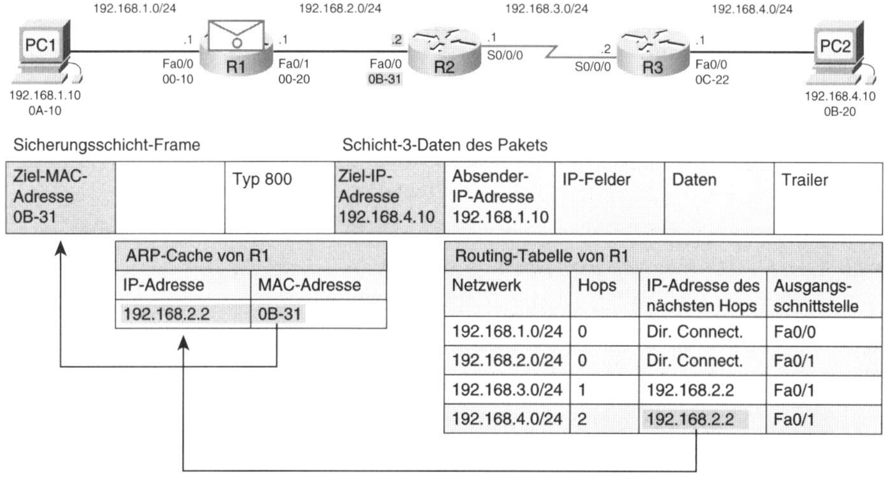

Abbildung 1.19: Ein Tag im Leben eines Pakets: Schritt 2a

In diesem Beispiel enthält die Routing-Tabelle eine Route in das Netzwerk 192.168.4.0/24. Die Ziel-IP-Adresse des Pakets lautet 192.168.4.10, wobei es sich um eine Host-IP-Adresse in diesem Netzwerk handelt. Die Route von R1 in das Netzwerk 192.168.4.0/24 hat als nächsten Hop die IP-Adresse 192.168.2.2 und die Ausgangsschnittstelle FastEthernet 0/1 eingetragen, das heißt, das IP-Paket wird in einem neuen Ethernet-Frame gekapselt, dessen Ziel-MAC-Adresse diejenige ist, die der IP-Adresse des nächsten Hops zugeordnet ist. Da die Ausgangsschnittstelle sich in einem Ethernet-Netzwerk befindet, muss R1 die IP-Adresse des nächsten Hops mit der Ziel-MAC-Adresse auflösen.

Betrachten Sie Abbildung 1.20. R1 sucht in seiner ARP-Tabelle die IP-Adresse 192.168.2.2 des nächsten Hops für die Schnittstelle FastEthernet 0/1. Befindet sich dieser Eintrag nicht in der ARP-Tabelle, sendet R1 eine ARP-Anfrage über seine Schnittstelle FastEthernet 0/1. Auf diese sendet R2 eine ARP-Antwort zurück. R1 aktualisiert seinen ARP-Cache mit einem Eintrag für 192.168.2.2 und die zugehörige MAC-Adresse.

Das IP-Paket wird nun in einen neuen Ethernet-Frame gekapselt und über die Schnittstelle FastEthernet 0/1 von R1 weitergeleitet.

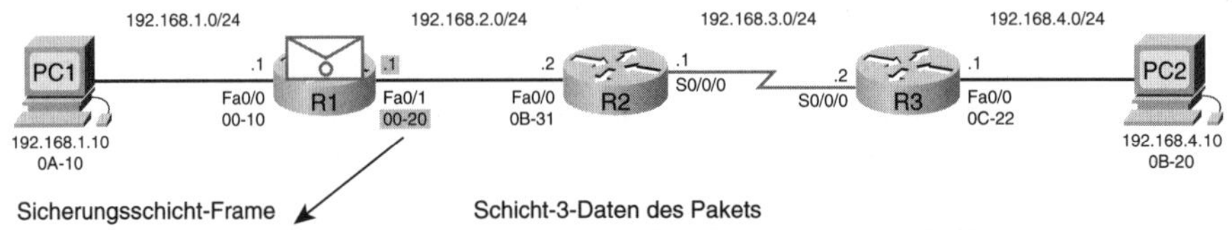

Sicherungsschicht-Frame | Schicht-3-Daten des Pakets

Ziel-MAC-Adresse 0B-31	Absender-MAC-Adresse 00-20	Typ 800	Ziel-IP-Adresse 192.168.4.10	Absender-IP-Adresse 192.168.1.10	IP-Felder	Daten	Trailer

Routing-Tabelle von R1			
Netzwerk	Hops	IP-Adresse des nächsten Hops	Ausgangs-schnittstelle
192.168.1.0/24	0	direkt angeschlossen	Fa0/0
192.168.2.0/24	0	direkt angeschlossen	Fa0/1
192.168.3.0/24	1	192.168.2.2	Fa0/1
192.168.4.0/24	2	192.168.2.2	Fa0/1

Abbildung 1.20: Ein Tag im Leben eines Pakets: Schritt 2b

Schritt 3: Das Paket trifft bei Router R2 ein

Router R2 untersucht die Ziel-MAC-Adresse des Pakets, die der MAC-Adresse seiner empfangenden Schnittstelle FastEthernet 0/0 entspricht. Aus diesem Grund kopiert R2 den Frame in seinen Puffer.

R2 erkennt, dass das Typenfeld im Ethernet-Frame den Wert 0x800 hat, das heißt, der Ethernet-Frame enthält im Datenteil ein IP-Paket.

Nun entkapselt R2 den Frame.

Da die Ziel-IP-Adresse des Pakets keiner der Schnittstellen von R2 zugeordnet werden kann, fragt der Router seine Routing-Tabelle ab, um das Paket zu routen. Wie Abbildung 1.21 zeigt, durchsucht R2 die Routing-Tabelle nach der Ziel-IP-Adresse des Pakets. Hierbei kommt die gleiche Vorgehensweise zum Einsatz, wie bei R1 beschrieben.

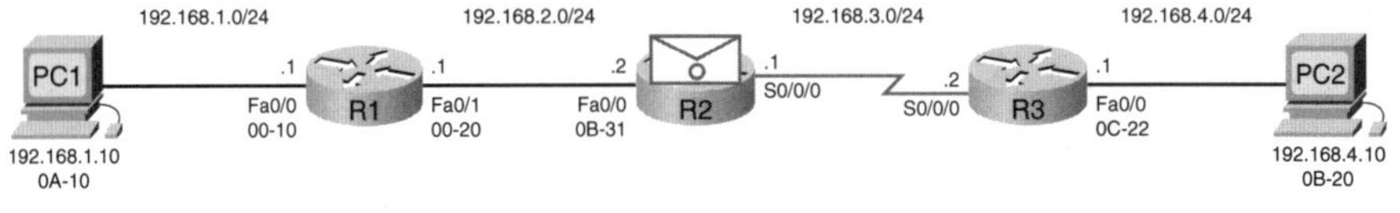

Sicherungsschicht-Frame | Schicht-3-Daten des Pakets

			Ziel-IP-Adresse 192.168.4.10	Absender-IP-Adresse 192.168.1.10	IP-Felder	Daten	Trailer

Routing-Tabelle von R2			
Netzwerk	Hops	IP-Adresse des nächsten Hops	Ausgangs-schnittstelle
192.168.1.0/24	1	192.168.2.1	Fa0/0
192.168.2.0/24	0	Direkt angeschlossen	Fa0/0
192.168.3.0/24	0	Direkt angeschlossen	S0/0/0
192.168.4.0/24	1	192.168.3.2	S0/0/0

Abbildung 1.21: Ein Tag im Leben eines Pakets: Schritt 3a

In der Routing-Tabelle ist tatsächlich eine Route in das Netzwerk 192.168.4.0/24 vorhanden. Die Adresse des nächsten Hops lautet 192.168.3.2, die Ausgangsschnittstelle ist Serial 0/0/0. Da die Ausgangsschnittstelle sich nicht in einem Ethernet-Netzwerk befindet, muss R2 die IP-Adresse des nächsten Hops mit der Ziel-MAC-Adresse nicht auflösen. Da die Schnittstelle Bestandteil einer seriellen Point-to-Point-Verbindung ist, kapselt R2 das IP-Paket im passenden Sicherungsschichtformat, das von der Ausgangsschnittstelle verwendet wird (also HDLC, PPP usw.). Die in Abbildung 1.22 gezeigte Schicht-2-Kapselung ist HDLC. Aus diesem Grund wird die Zieladresse in der Sicherungsschicht auf 0x8F gesetzt. Zur Erinnerung: Serielle Schnittstellen haben keine MAC-Adressen.

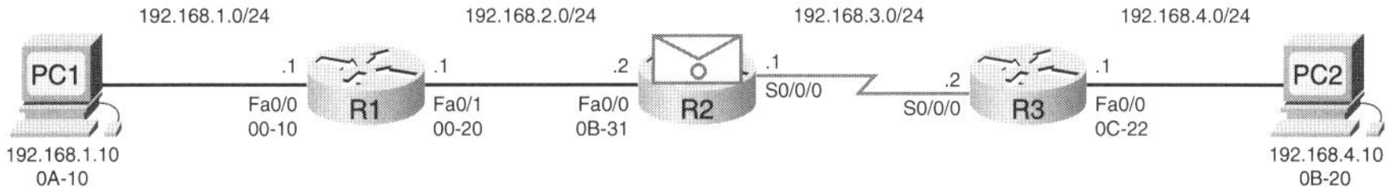

Sicherungsschicht-Frame | Schicht-3-Daten des Pakets

Adresse 0x8F	Control 0x00	Protokoll 800	Ziel-IP-Adresse 192.168.4.10	Absender-IP-Adresse 192.168.1.10	IP-Felder	Daten	Trailer

Routing-Tabelle von R2			
Netzwerk	Hops	IP-Adresse des nächsten Hops	Ausgangsschnittstelle
192.168.1.0/24	1	192.168.2.1	Fa0/0
192.168.2.0/24	0	Direkt angeschlossen	Fa0/0
192.168.3.0/24	0	Direkt angeschlossen	S0/0/0
192.168.4.0/24	1	192.168.3.2	S0/0/0

Abbildung 1.22: Ein Tag im Leben eines Pakets: Schritt 3b

Das IP-Paket wird nun in einem neuen Sicherungsschicht-Frame (PPP) gekapselt und über die Ausgangsschnittstelle Serial 0/0/0 weitergeleitet.

Schritt 4: Das Paket trifft bei Router R3 ein

R3 empfängt und kopiert den HDLC-Frame in seinen Puffer. Dann entkapselt R3 den HDLC-Frame.

Betrachten Sie Abbildung 1.23. R3 durchsucht seine Routing-Tabelle nach der Ziel-IP-Adresse des Pakets. Die Suche in der Routing-Tabelle hat ein Netzwerk zum Ergebnis, das direkt an R3 angeschlossen ist. Das Paket muss also nicht an einen anderen Router weitergeleitet werden, sondern kann direkt an das Zielgerät ausgeliefert werden. Weil die Ausgangsschnittstelle sich in einem direkt angeschlossenen Ethernet-Netzwerk befindet, muss R3 nun die Ziel-IP-Adresse des Pakets in eine Ziel-MAC-Adresse auflösen.

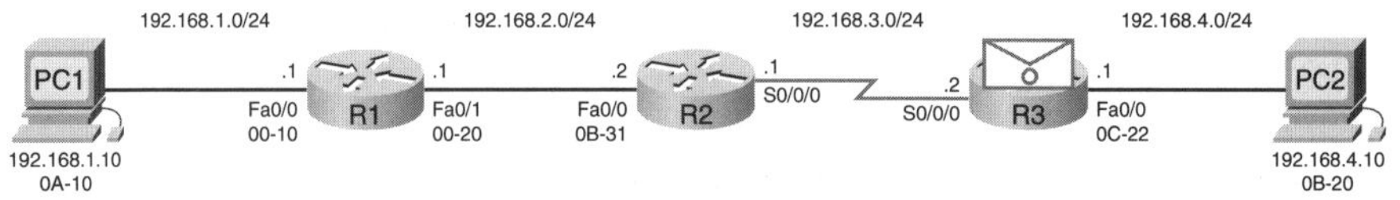

Sicherungsschicht-Frame — Schicht-3-Daten des Pakets

Ziel-MAC-Adresse 0B-20	Absender-MAC-Adresse 0C-22	Typ 800	Ziel-IP-Adresse 192.168.4.10	Absender-IP-Adresse 192.168.1.10	IP-Felder	Daten	Trailer

ARP-Cache von R3

IP-Adresse	MAC-Adresse
192.168.4.10	0B-20

Routing-Tabelle von R3

Netzwerk	Hops	IP-Adresse des nächsten Hops	Ausgangs-schnittstelle
192.168.1.0/24	2	192.168.3.1	S0/0/0
192.168.2.0/24	1	192.162.3.1	S0/0/0
192.168.3.0/24	0	Direkt angeschlossen	S0/0/0
192.168.4.0/24	0	Direkt angeschlossen	Fa0/0

Abbildung 1.23: Ein Tag im Leben eines Pakets: Schritt 4

R3 sucht nun in seinem ARP-Cache nach der Ziel-IP-Adresse 192.168.4.10 des Pakets. Befindet sich dieser Eintrag nicht in der ARP-Tabelle, sendet R3 eine ARP-Anfrage über seine Schnittstelle FastEthernet 0/0. PC2 sendet eine ARP-Antwort, die seine MAC-Adresse enthält. R3 aktualisiert seinen ARP-Cache mit einem Eintrag für 192.168.4.10 und der MAC-Adresse, die in der ARP-Antwort zurückgegeben wurde.

Das IP-Paket wird nun in einen neuen Ethernet-Frame gekapselt und über die Schnittstelle FastEthernet 0/0 von R3 gesendet.

Schritt 5: Der Ethernet-Frame mit dem gekapselten IP-Paket erreicht PC2

Betrachten Sie Abbildung 1.24. PC2 untersucht die Ziel-MAC-Adresse des Pakets, die der MAC-Adresse seiner empfangenden Schnittstelle (d. h. der Ethernet-Netzwerkkarte) entspricht. Aus diesem Grund kopiert PC2 den Rest des Frames.

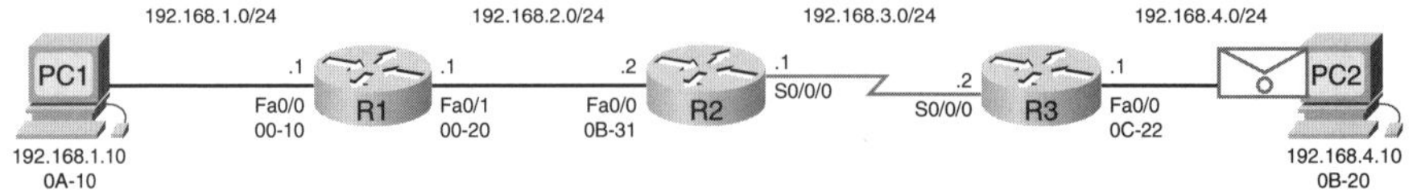

Sicherungsschicht-Frame — Schicht-3-Daten des Pakets

Ziel-MAC-Adresse 0B-20	Absender-MAC-Adresse 0C-22	Typ 800	Ziel-IP-Adresse 192.168.4.10	Absender-IP-Adresse 192.168.1.10	IP-Felder	Daten	Trailer

Abbildung 1.24: Ein Tag im Leben eines Pakets: Schritt 5

PC2 erkennt, dass das Typenfeld im Ethernet-Frame den Wert 0x800 hat, das heißt, der Ethernet-Frame enthält im Datenteil ein IP-Paket.

PC2 entkapselt folglich den Ethernet-Frame und übergibt das IP-Paket an den IP-Prozess des Betriebssystems.

Zusammenfassung zu Pfadermittlung und Switching

Wir haben nun den Kapselungs- und Entkapselungsprozess eines Pakets auf seinem Weg von Router zu Router untersucht, wenn es vom ursprünglichen Absender an den endgültigen Empfänger übertragen wird. Ferner haben wir den Nachschlageprozess in der Routing-Tabelle eingeführt, der in einem späteren Kapitel ausführlich behandelt wird. Wir haben gesehen, dass Router nicht einfach nur an Routing-Entscheidungen in Schicht 3 beteiligt sind, sondern auch an den Prozessen der Schicht 2 mitarbeiten: Kapselung und – bei Ethernet-Netzwerken – ARP. Zudem wirken Router-Schnittstellen auch an der Schicht 1 mit, wo die Bits über das physische Medium übertragen werden. Schicht 1 wird verwendet, um den Bitstrom in ein physisches Signal zu konvertieren, das dann über das Kabel oder ein Funkmedium übertragen wird.

Routing-Tabellen enthalten sowohl direkt angeschlossene Netzwerke als auch Remote-Netzwerke. Das liegt daran, dass Router Adressen für Remote-Netzwerke in ihren Routing-Tabellen speichern, um zu wissen, wie und wohin sie Pakete senden müssen, die an andere Netzwerke oder das Internet gerichtet sind. In den nächsten Kapiteln werden Sie erfahren, wie Router diese Routing-Tabellen erstellen und pflegen, indem sie manuell eingetragene statische Routen und/oder dynamische Routing-Protokolle verwenden.

ANMERKUNG

Weitere Informationen zur Frage, wie Router unter Cisco IOS Pakete weiterleiten und welche Switching-Mechanismen es gibt, finden Sie im Cisco Press-Buch »Inside Cisco IOS Software Architecture« von Vijay Bolapragada, Curtis Murphy und Russ White.

1.5 Zusammenfassung

In diesem Kapitel wurden Router vorgestellt. Router sind Computer und enthalten demzufolge zahlreiche Hardware- und Softwarekomponenten, die man auch von einem normalen PC her kennt: Prozessor, RAM, ROM, ein Betriebssystem usw.

Der wesentliche Zweck eines Routers besteht darin, mehrere Netzwerke anzubinden und Pakete vom einen Netzwerk zum nächsten weiterzuleiten. Aus diesem Grund verfügt ein Router meist über mehrere Schnittstellen. Jede Schnittstelle ist ein Mitglied oder Host in einem anderen IP-Netzwerk.

Der Router verfügt über eine Routing-Tabelle, d. h. eine Liste von Netzwerken, die er kennt. Die Routing-Tabelle enthält Netzwerkadressen für die eigenen Schnittstellen – die direkt angeschlossenen Netzwerke – sowie für Remote-Netzwerke. Ein Remote-Netzwerk ist ein Netzwerk, das nur erreicht werden kann, indem das Paket an einen anderen Router weitergeleitet wird.

Remote-Netzwerke werden auf zweierlei Weise zur Routing-Tabelle hinzugefügt: durch manuelle Konfiguration einer statischen Route durch einen Netzwerkadministrator oder durch Implementierung eines dynamischen Routing-Protokolls. Statische Routen generieren nicht so viel Overhead wie dynamische Routing-Protokolle, sind aber in der Wartung aufwendiger, falls die Topologie sich fortlaufend ändert oder instabil ist.

Dynamische Routing-Protokolle stellen sich automatisch auf Änderungen ein, ohne dass hierfür Eingriffe vonseiten des Netzwerkadministrators erforderlich sind. Sie benötigen mehr CPU-Leistung und verwenden zudem ein gewisses Maß an Bandbreite für Routing-Updates und Nachrichten. In vielen Fällen enthält eine Routing-Tabelle gleichermaßen statische als auch dynamische Routen.

Router treffen ihre wesentlichen Weiterleitungsentscheidungen in Schicht 3, der Vermittlungsschicht. Allerdings sind Router-Schnittstellen auch an Prozessen der Schichten 1 und 2 beteiligt. Schicht-3-IP-Pakete werden in einen Schicht-2-Frame gekapselt und dann in Schicht 1 in Bits codiert. Router-Schnittstellen wirken in Schicht 2 an der Kapselung mit. Die Ethernet-Schnittstelle eines Routers trägt beispielsweise wie andere Hosts auch zum ARP-Prozess (ARP = Address Resolution Protocol) für das LAN bei.

Das nächste Kapitel untersucht die Konfiguration statischer Routen und stellt die IP-Routing-Tabelle vor.

1.6 Übungen

Die Übungen im Begleitbuch »Routing Protocols and Concepts, CCNA Exploration Labs and Study Guide« (ISBN 978-1-58713-204-9) ermöglichen ein praxisbezogenes Üben der folgenden in diesem Kapitel vorgestellten Themen:

Übungen

Übung 1.1: Netzwerk verkabeln und eine einfache Router-Konfiguration durchführen (1.5.1)

Führen Sie diese Übung durch, wenn Sie eine umfassende Wiederholung zur Geräteverkabelung, zur Herstellung einer Konsolenverbindung und zu den Grundlagen der Arbeit mit der Befehlszeile benötigen. Sollten Sie hingegen bereits in ausreichendem Maße hiermit vertraut sein, können Sie stattdessen Übung 1.2 durchführen.

Übung 1.2: Grundkonfiguration des Routers durchführen (1.5.2)

Führen Sie diese Übung durch, wenn Sie über umfassendes Wissen zur Geräteverkabelung, zur Herstellung einer Konsolenverbindung und zu den Grundlagen der Arbeit mit der Befehlszeile verfügen. Sollten Sie hingegen noch nicht in ausreichendem Maße damit vertraut sein, sollten Sie stattdessen Übung 1.1 durchführen.

Übung 1.3: Fortgeschrittene Router-Konfiguration (1.5.3)

Bei dieser Übung sind Ihre Fähigkeiten bei der Subnetzbildung und der Konfiguration gefordert. Sie sollen für ein gegebenes Szenario (Adressraum, Netzwerkanforderungen) ein Adressschema in einer Topologie mit zwei Routern implementieren.

Viele Praxisübungen enthalten Aktivitäten mit Packet Tracer, in denen Sie diese Software zur Simulation der Übung verwenden können. Lesen Sie im »Routing Protocols and Concepts, CCNA Exploration Labs and Study Guide« (ISBN 1-58713-204-4) die Praxisübungen mit Packet Tracer.

Packet Tracer Companion

1.7 Lernzielkontrolle

Beantworten Sie die folgenden Fragen, um Ihren Kenntnisstand bezüglich der in diesem Kapitel beschriebenen Themen und Konzepte zu überprüfen. Die Antworten finden Sie in Anhang A, »Antworten zu Lernzielkontrollen und weiterführenden Fragen«.

1. Welche der folgenden Beschreibungen nennt eine Router-Komponente mit ihrer richtigen Funktion?

   a) Flash-Speicher: Speichert das Bootstrap-Programm permanent.

   b) ROM: Speichert die Startkonfigurationsdatei permanent.

   c) NVRAM: Speichert das Betriebssystem-Image permanent.

   d) RAM: Speichert die Routing-Tabellen und den ARP-Cache.

2. Mit welchen beiden Befehlen kann ein Netzwerktechniker bestimmen, ob serielle Router-Ports die IP-Adressen haben, die ihnen zugewiesen wurden?

   a) `show interfaces`

   b) `show interfaces ip brief`

   c) `show controllers all`

   d) `show ip config`

   e) `show ip interface brief`

3. Welcher der folgenden Befehle setzt das Passwort im privilegierten Modus auf *quiz*?

   a) `R1(config)# enable secret quiz`

   b) `R1(config)# password secret quiz`

   c) `R1(config)# enable password secret quiz`

   d) `R1(config)# enable secret password quiz`

4. Welche Routing-Funktion ist korrekt dargestellt?

   a) Wenn ein Router bestimmte Informationen in seiner Routing-Tabelle hat, haben alle benachbarten Router dieselben Informationen.

   b) Routing-Daten zu einem Pfad aus einem Netzwerk in ein anderes lassen Rückschlüsse auf den Rückpfad zu.

   c) Jeder Router trifft seine Routing-Entscheidungen allein und basierend auf den Informationen in seiner eigenen Routing-Tabelle.

   d) Jeder Router trifft seine Routing-Entscheidungen basierend auf den Informationen in seiner eigenen Routing-Tabelle und den Tabellen der Nachbarn.

5. Welche zwei Aufgaben führen dynamische Routing-Protokolle aus?

   a) Host-Erkennung

   b) Aktualisierung und Pflege von Routing-Tabellen

   c) Verbreiten von Default-Gateways für Hosts

   d) Netzwerkerkennung

   e) Zuweisung von IP-Adressen

6. Ein Netzwerktechniker konfiguriert einen neuen Router. Die Schnittstellen wurden mit IP-Adressen konfiguriert und aktiviert, aber es wurden noch keine Routing-Protokolle oder statische Routen konfiguriert. Welche Routen sind in der Routing-Tabelle vorhanden?

   a) Default-Routen

   b) Broadcast-Routen

   c) Direkt verbundene Netzwerke

   d) Keine Routen (die Routing-Tabelle ist leer)

7. Welche zwei Aussagen zur Weiterleitung von Paketen durch einen Router sind zutreffend?

   a) Wenn das Paket an ein Remote-Netzwerk gerichtet ist, leitet der Router es über alle Schnittstellen weiter, die als nächster Hop für dieses Netzwerk in Frage kommen.

   b) Wenn das Paket an ein direkt angeschlossenes Netzwerk gerichtet ist, leitet der Router es über die in der Routing-Tabelle angegebene Ausgangsschnittstelle weiter.

   c) Wenn das Paket an ein Remote-Netzwerk gerichtet ist, leitet der Router es basierend auf den Informationen in der eigenen Host-Tabelle weiter.

   d) Wenn das Paket an ein Remote-Netzwerk gerichtet ist, sendet der Router es an die IP-Adresse des nächsten Hops in der Routing-Tabelle.

   e) Wenn das Paket an ein direkt angeschlossenes Netzwerk gerichtet ist, leitet der Router es basierend auf der Ziel-MAC-Adresse weiter.

   f) Wenn das Paket an ein direkt angeschlossenes Netzwerk gerichtet ist, leitet der Router es an den Switch im VLAN des nächsten Hops weiter.

8. Welche Aussage zu Metriken, die von Routing-Protokollen verwendet werden, ist zutreffend?

   a) Eine Metrik ist ein quantitativer Wert, mit dem ein Routing-Protokoll eine gegebene Route bewertet.

   b) Eine Metrik ist ein proprietärer Parameter bei Cisco-Geräten, um Entfernungen in eine Standardeinheit zu konvertieren.

   c) Metriken stellen einen zusammengesetzten Wert dar, der den Umfang des Paketverlusts bei allen Routing-Protokollen bezeichnet.

   d) Metriken werden vom Router verwendet, um zu bestimmen, ob ein Paket fehlerhaft ist und verworfen werden muss.

9. Der Netzwerkadministrator hat den Befehl `ip route 0.0.0.0 0.0.0.0 serial 0/0/0` auf dem Router konfiguriert. Wie erscheint dieser Befehl in der Routing-Tabelle, wenn man voraussetzt, dass die Schnittstelle Serial 0/0/0 den Zustand *up* hat?

   a) `D 0.0.0.0/0 is directly connected, Serial0/0/0`

   b) `S* 0.0.0.0/0 is directly connected, Serial0/0/0`

   c) `S* 0.0.0.0/0 [1/0] via 192.168.2.2`

   d) `C 0.0.0.0/0 [1/0] via 192.168.2.2`

10. Beschreiben Sie die internen und externen Hardwarekomponenten und stellen Sie deren jeweiligen Zweck dar.
11. Beschreiben Sie den Boot-Vorgang des Routers vom Einschalten bis zur endgültigen Konfiguration.
12. Welche wichtigen Eigenschaften fügt ein Router einem Netzwerk hinzu?
13. Beschreiben Sie die Schritte, die erforderlich sind, um eine Grundkonfiguration auf einen Router anzuwenden.
14. Erläutern Sie die Bedeutung der Routing-Tabelle. Welchen Zweck erfüllt sie?
15. Welches sind die drei grundlegenden Möglichkeiten für einen Router, Netzwerke zu erlernen?
16. Welche Felder im IP-Header haben für die in diesem Kapitel beschriebenen Funktionen die höchste Bedeutung?
17. Beschreiben Sie den Kapselungs- und Entkapselungsvorgang, wenn ein Paket vom Absender zu Empfänger übertragen wird.

1.8 Weiterführende Fragen und Aktivitäten

Die folgenden Fragen setzen ein tieferes Verständnis der in diesem Kapitel behandelten Konzepte voraus und entsprechen dem komplexeren Fragestil, der auch bei der CCNA-Prüfung auftreten kann. Sie finden die Antworten in Anhang A.

1. Was sehen Sie, wenn Sie an die hardware- und softwareseitigen Unterschiede zwischen einem PC und einem Router denken, als die Stärken bzw. die Schwächen der betreffenden Geräte an? Welches Gerät ist Ihrer Meinung nach leistungsfähiger? Warum?
2. Gibt es, wenn Sie den Umgang mit der Befehlszeile auf einem Cisco-Router erlernen und diese dann verwenden, Ihrer Ansicht nach einen Zeitpunkt, zu dem Sie die CLI nicht zur Konfiguration von Routern und Switches verwenden können? Wie sieht Ihre Vorstellung von Netzwerkkonfigurationsaufgaben ohne die CLI aus?
3. Welche Haupteigenschaften hätte ein von Ihnen entworfener Algorithmus für ein Routing-Protokoll zum Routen von Paketen? Wie würde Ihr Protokoll die Entscheidung zur besten Route treffen? Denken Sie daran, dass Ihre Idee von einem Computer implementiert werden muss, und seien Sie deswegen in Ihren Angaben so exakt wie möglich.

4. Das IP-Protokoll gilt zwar heute als einziges Protokoll zur Schicht-3-Adressierung, doch dies war nicht immer so. Informieren Sie sich über andere Schicht-3-Protokolle, die denselben Zweck erfüllen, und skizzieren Sie diese kurz. Welche Eigenschaften haben sie mit IP gemeinsam? Wo liegen die Unterschiede?

1.9 Weitere Informationen

Erstellen Sie eine Topologie ähnlich der weiter oben in Abbildung 1.18 gezeigten. Sie sollte mehrere Router und an jedem Ende ein LAN enthalten. Fügen Sie in einem LAN einen Client-Host und am anderen Ende einen Webserver hinzu. Setzen Sie in jedem LAN zwischen Computer und Router einen Switch ein. Setzen Sie voraus, dass jeder Router über eine Route in jedes der LANs verfügt, ähnlich wie es auch in Abbildung 1.18 der Fall ist.

Was geschieht, wenn der Host eine Webseite beim Webserver anfordert? Sehen Sie sich alle Prozesse und Protokolle an, die mitwirken, sobald der Benutzer eine URL wie *http://www.cisco.com* eingibt. Hierzu gehören Protokolle, die im Band »Grundlagen der Netzwerktechnik« wie auch im vorliegenden Kapitel beschrieben werden.

Kontrollieren Sie, ob Sie alle Prozesse, die stattfinden, bestimmen können und beginnen Sie dabei mit dem Schritt, in dem der Client die URL *http://www.cisco.com* in eine IP-Adresse auflöst, was zur Folge hat, dass der Client eine ARP-Anfrage an den DNS-Server absetzen muss. Welche Protokolle und Prozesse sind – beginnend mit der DNS-Anfrage – Bestandteil der Abläufe, um das erste Paket mit HTTP-Daten vom Webserver zu erhalten?

- Inwieweit ist DNS involviert?
- Inwieweit ist ARP involviert?
- Welche Auswirkungen hat TCP auf Client und Server? Ist das erste Paket, das der Webserver vom Client erhält, die Anforderung der Webseite?
- Was machen die Switches, wenn sie einen Ethernet-Frame erhalten? Wie aktualisieren sie ihre MAC-Adresstabellen und wie bestimmen sie, wie der Frame weiterzuleiten ist?
- Was machen die Router, wenn sie ein IP-Paket erhalten?
- Wie sehen die Entkapselungs- und Kapselungsvorgänge bei den einzelnen Frames aus, die vom Router empfangen und weitergeleitet werden?
- Sind ARP-Prozesse aufseiten des Webservers und seines Default-Gateways (d. h. des Routers) erforderlich?

Lernziele

Wenn Sie dieses Kapitel gelesen haben, sollten Sie in der Lage sein, die folgenden Fragen zu beantworten:

- Welche Rolle spielt ein Router in einem Netzwerk?
- Können Sie den Zusammenhang zwischen Router-Schnittstellen, direkt angeschlossenen Netzwerken und der Routing-Tabelle beschreiben?
- Wie kann CDP in Verbindung mit direkt angeschlossenen Netzwerken verwendet werden?
- Wie können statische Routen mit Ausgangsschnittstellen verwendet werden?
- Können Sie Verwendung und Konfiguration von Summen- und Default-Routen beschreiben?
- Wie werden Pakete über statische Routen weitergeleitet?
- Welche Befehle würden Sie zur Konfiguration und für das Troubleshooting bei statischen Routen verwenden?

Schlüsselbegriffe

In diesem Kapitel werden die folgenden Schlüsselbegriffe vorgestellt. Die entsprechenden Definitionen finden Sie im Glossar.

Smart Serial-Schnittstelle ▪ Nachbarn ▪ Stub-Netzwerk ▪ Stub-Router ▪ rekursiver Routen-Lookup ▪ Summenroute ▪ Routenzusammenfassung ▪ Quad-Zero-Route

Kapitel 2

Statisches Routing

Das Routing ist der Kern jedes Datennetzwerks, denn es ermöglicht die Übertragung von Daten eines Absenders durch einen Verbund von Netzwerken bis zum Empfänger. Router sind die Geräte, die für die Weiterleitung von Paketen von einem Netzwerk ins nächste zuständig sind.

Wie Sie im vorigen Kapitel erfahren haben, erlernen Router Remote-Netzwerke entweder dynamisch mithilfe von Routing-Protokollen oder aber manuell durch statische Routen. Ein Remote-Netzwerk ist ein Netzwerk, das nicht zu den direkt an den Router angeschlossenen Netzwerken gehört. In vielen Fällen verwenden Router eine Kombination aus dynamischen Routing-Protokollen und statischen Routen. In diesem Kapitel wollen wir uns das statische Routing genauer ansehen.

Statische Routen kommen sehr häufig vor. Bei ihnen sind Prozessoranforderungen und Overhead weniger hoch als bei dynamischen Routing-Protokollen.

Wir verwenden in diesem Kapitel eine Ausgangstopologie als Beispiel, anhand derer Sie die Konfiguration statischer Routen und verschiedene Methoden für das Troubleshooting erlernen werden. Im Verlaufe des Kapitels werden Sie verschiedene wichtige IOS-Befehle kennenlernen und deren Ausgabe überprüfen. Wir werden zudem die Routing-Tabelle und die Verbindung mit direkt angeschlossenen Netzwerken wie auch mit statischen Routen behandeln.

Wenn Sie die Packet Tracer-Aktivitäten bearbeiten, die mit diesen Befehlen verbunden sind, sollten Sie sich ein wenig Zeit nehmen, um mit den Befehlen zu experimentieren und die Ergebnisse zu untersuchen. Das Lesen von Routing-Tabellen wird Ihnen schon bald in Fleisch und Blut übergegangen sein.

2.1 Router und das Netzwerk

Router haben in größeren Netzwerken wie auch im Internet stets eine wichtige Rolle gespielt. In den letzten Jahren sind sie jedoch auch in kleineren Netzwerken und Heimnetzen immer häufiger anzutreffen. Hierfür gibt es mehrere Gründe: Anbindung mehrerer Geräte an das Internet, Sicherheit und Quality of Service (Dienstgüte).

2.1.1 Die Rolle des Routers

Der Router ist ein Spezialcomputer, der eine wesentliche Rolle beim Betrieb eines Datennetzwerks spielt. Router sind in erster Linie für die Verbindung von Netzwerken zuständig. Hierzu müssen sie

- den besten Pfad für den Paketversand ermitteln,
- Pakete in Richtung des Empfängers weiterleiten.

Router treffen Routing-Entscheidungen, indem sie Remote-Netzwerke erlernen und Routing-Informationen speichern. Der Router ist der Knotenpunkt, an den mehrere IP-Netzwerke angeschlossen sind. Die Weiterleitungsentscheidungen des Routers basieren in erster Linie auf Schicht-3-Informationen – genauer gesagt: auf der Ziel-IP-Adresse.

Mithilfe der Routing-Tabelle ermittelt der Router die größte Übereinstimmung zwischen der Ziel-IP-Adresse eines Pakets und einer in der Tabelle enthaltenen Netzwerkadresse. Letztendlich bestimmen die Einträge in der Routing-Tabelle die Ausgangsschnittstelle, über die das Paket weitergeleitet wird. Der Router kapselt das Paket dann in einen zu dieser Schnittstelle passenden Schicht-2-Frame.

2.1.2 Grundlagen zur Topologie

Abbildung 2.1 zeigt die Topologie, die in diesem Kapitel verwendet wird. Die Topologie umfasst drei Router R1, R2 und R3. Die Router R1 und R2 sind über eine WAN-Leitung miteinander verbunden. Gleiches gilt für die Router R2 und R3. Jeder Router ist zudem mit einem anderen Ethernet-LAN verbunden, das jeweils durch einen Switch und einen PC repräsentiert wird. Tabelle 2.1 skizziert das Adressschema dieser Geräte.

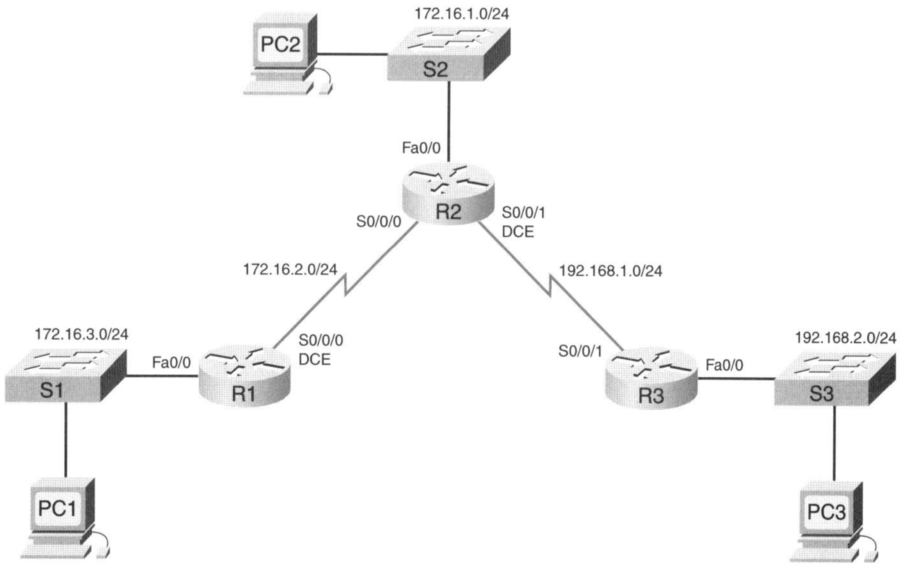

Abbildung 2.1: Topologie des Kapitels

Tabelle 2.1: Adressschema der Topologie

Gerät	Schnittstelle	IP-Adresse	Subnetzmaske	Default-Gateway
R1	Fa0/0	172.16.3.1	255.255.255.0	
	S0/0/0	172.16.2.1	255.255.255.0	
R2	Fa0/0	172.16.1.1	255.255.255.0	
	S0/0/0	172.16.2.2	255.255.255.0	
	S0/0/1	192.168.1.2	255.255.255.0	
R3	Fa0/0	192.168.2.1	255.255.255.0	
	S0/0/0	192.168.1.1	255.255.255.0	
PC1	Netzwerkkarte	172.16.3.10	255.255.255.0	172.16.3.1
PC2	Netzwerkkarte	172.16.1.10	255.255.255.0	172.16.1.1
PC3	Netzwerkkarte	192.168.2.10	255.255.255.0	192.168.2.1

Alle Router in diesem Beispiel sind Cisco 1841. Ein Cisco 1841 verfügt über die folgenden Schnittstellen:

- Zwei Fast Ethernet-Schnittstellen (FastEthernet 0/0 und FastEthernet 0/1)
- Zwei serielle Schnittstellen (Serial 0/0/0 und Serial0/0/1)

Die Schnittstellen an Ihren Routern können von denen des 1841 abweichen, doch sollten Sie trotzdem in der Lage sein, die Befehle in diesem Kapitel – unter Umständen mit einigen kleinen Anpassungen – nachzuvollziehen und die Praxisübungen durchzuführen. Außerdem wird im Zuge der Beschreibung des statischen Routings immer wieder auf Packet Tracer-Aktivitäten verwiesen, sodass Sie den Stoff direkt praktisch nachvollziehen können. Übung 2.1, »Grundkonfiguration statischer Routen (2.8.1)«, gibt die in diesem Kapitel behandelte Topologie, die Konfigurationen und die Befehle wieder.

2.1.3 Verbindungen des Routers untersuchen

Anders als die meisten PCs hat ein Router mehrere Netzwerkschnittstellen. Diese Schnittstellen können auf unterschiedlichen Steckverbindern ausgeführt sein.

Routerverbindungen

Das Anschließen eines Routers an ein Netzwerk macht den Anschluss eines Schnittstellen-Ports an den Steckverbinder eines Kabels erforderlich. Wie Sie in Abbildung 2.2 sehen, unterstützen Cisco-Router viele verschiedene Steckverbindertypen.

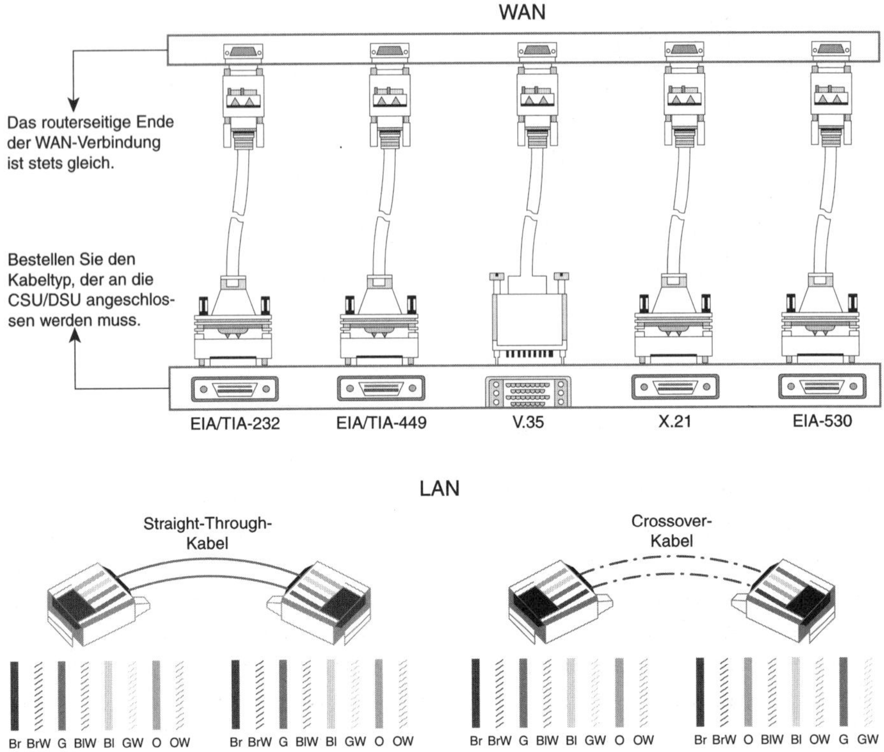

Abbildung 2.2: Steckverbindernormen

Serielle Steckverbinder

Abbildung 2.2 zeigt verschiedene LAN- und WAN-Steckverbinder. Für WAN-Verbindungen unterstützen Cisco-Router wie gezeigt die Standards EIA/TIA-232, EIA/TIA-449, V.35, X.21 und EIA/TIA-530 für serielle Verbindungen. Sie müssen diese Verbindungstypen nicht behalten; merken Sie sich nur, dass ein Router über seine DB-60-Ports fünf verschiedene Verkabelungsstandards unterstützen kann. Da an diesem Port fünf verschiedene Kabeltypen unterstützt werden, wird er manchmal auch als serieller 5-in-1-Port bezeichnet. Das andere Ende des seriellen Kabels ist mit einem Steckverbinder ausgestattet, der einem der fünf möglichen Standards entspricht.

Anmerkung

Aus der Dokumentation zu dem Gerät, das Sie anschließen wollen, sollte der entsprechende Standard hervorgehen.

Abbildung 2.3 zeigt die beiden Arten serieller Steckverbinder, die gewöhnlich bei seriellen Schnittstellen an Cisco-Routern verwendet werden.

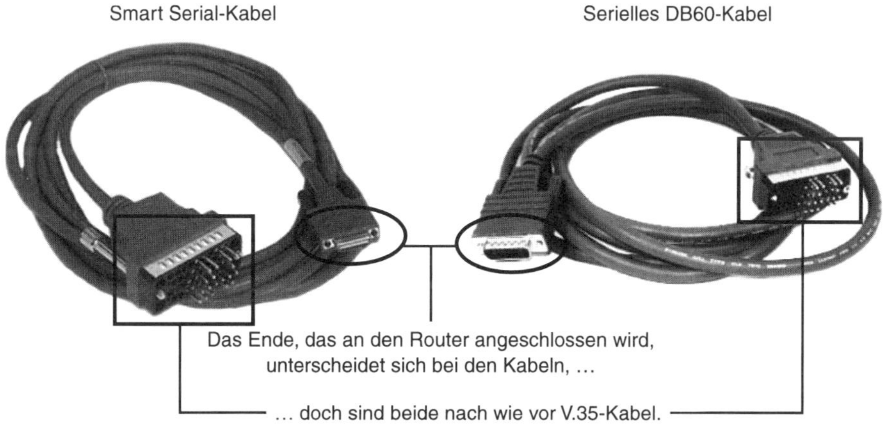

Abbildung 2.3: Serielle DTE-Kabel (DB-60)

Wenn in Ihrem Testfeld ein Router der 2500-Serie verwendet wird, müssen Sie das rechts abgebildete DB-60-Kabel mit dem größeren Router-Steckverbinder verwenden. Neuere Router unterstützen die Smart Serial-Schnittstelle, die eine schnellere Weiterleitung von mehr Daten über weniger Kabelkontakte ermöglicht. In Ihrer Testumgebung ist dieser Kabeltyp bei 1700-, 2600- und 1800-Plattformen zu finden. Das serielle Ende des Smart Serial-Kabels ist ein 26-poliger Steckverbinder. Dieser ist wesentlich kleiner als der DB-60-Steckverbinder, der beim 5-in-1-Port verwendet wird. Diese Übertragungskabel unterstützen dieselben fünf seriellen Standards und sind wahlweise in DTE- oder DCE-Konfigurationen erhältlich.

Anmerkung

Eine umfassende Erläuterung von DTEs und DCEs entnehmen Sie »Übung 1.1: Netzwerk verkabeln und grundlegende Router-Konfiguration durchführen (1.5.1)«.

Diese Kabelbezeichnungen sind für Sie nur dann von Bedeutung, wenn Sie Ihre Testeinrichtungen zur Simulation einer echten Produktionsumgebung verwenden. In einer solchen Umgebung ergibt sich der zu verwendende Kabeltyp durch den WAN-Dienst, den Sie benutzen.

Ethernet-Steckverbinder

Ein anderer Steckverbinder wird im Ethernet-LAN verwendet (siehe Abbildung 2.4). Am häufigsten zum Anschluss von LAN-Schnittstellen verwendet wird ein RJ45-Steckverbinder für UTP-Kabel (Unshielded Twisted Pair). An den Enden eines RJ45-Kabels sollten Sie die acht farbcodierten Drähte erkennen können, die auf acht Metallkontakte geführt werden. Ein Ethernet-Kabel verwendet die Kontakte 1, 2, 3 und 6 zum Senden und Empfangen von Daten.

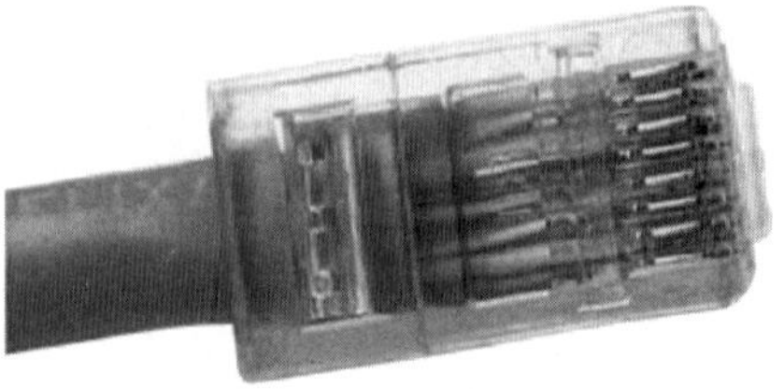

Abbildung 2.4: UTP-Ethernet-Kabel nach TIA/EIA 568B

Für Ethernet-LAN-Schnittstellen können zwei Kabeltypen verwendet werden:

- **Straight-Through-Kabel.** Bei diesem auch als Patch-Kabel bezeichneten Kabeltyp ist die Reihenfolge der farbcodierten Kontakte an beiden Kabelenden gleich.
- **Crossover-Kabel.** Hierbei sind an beiden Enden jeweils Kontakt 1 mit Kontakt 3 und Kontakt 2 mit Kontakt 6 verbunden.

Straight-Through-Kabel werden für die folgenden Verbindungen verwendet:

- Switch auf Router
- Hub auf Router
- Switch auf PC/Server
- Hub auf PC/Server

Crossover-Kabel werden für die folgenden Verbindungen verwendet:

- Switch auf Switch
- PC/Server auf PC/Server
- Switch auf Hub
- Hub auf Hub
- Router auf Router
- Router auf PC/Server

ANMERKUNG

Drahtlose Verbindungen sind Gegenstand eines anderen Kurses.

Topologie für dieses Kapitel erstellen (2.1.3)

Packet Tracer Aktivität

In dieser Packet Tracer-Aktivität erstellen Sie die Topologie, die Sie im verbleibenden Teil dieses Kapitels verwenden werden. Sie werden alle erforderlichen Geräte hinzufügen und sie korrekt verkabeln. Zur Durchführung der Aktivität verwenden Sie Packet Tracer und die Datei *e2-213.pka* auf der Begleit-CD-ROM zu diesem Buch.

2.2 Wiederholung zur Router-Konfiguration

Um das statische Routing und dynamische Routing-Protokolle konfigurieren zu können, müssen Sie lediglich die wichtigsten IOS-Befehle kennen. Mit diesen Befehlen sollten Sie bereits vertraut sein. Die folgenden Abschnitte sind zur Wiederholung gedacht. Ausführliche Erläuterungen entnehmen Sie Kapitel 1, »Einführung in das Routing und die Paketweiterleitung«, und dem Kurs »Network Fundamentals, CCNA Exploration«.

2.2.1 Router-Schnittstellen untersuchen

Wie Sie in Kapitel 1 gelernt haben, wird der Befehl `show ip route` zum Anzeigen der Routing-Tabelle verwendet. Solange noch keine Schnittstellen konfiguriert sind, ist die Routing-Tabelle leer.

Wie Sie der Routing-Tabelle von R1 in Listing 2.1 entnehmen können, wurden noch keine Schnittstellen mit IP-Adresse und Subnetzmaske konfiguriert.

Listing 2.1: Routing-Tabelle ohne Routen

```
R1# show ip route

Codes: C - connected, S - static, I - IGRP, R - RIP, M - mobile, B - BGP
       D - EIGRP, EX - EIGRP external, O - OSPF, IA - OSPF inter area
       N1 - OSPF NSSA external type 1, N2 - OSPF NSSA external type 2
       E1 - OSPF external type 1, E2 - OSPF external type 2, E - EGP
       i - IS-IS, L1 - IS-IS level-1, L2 - IS-IS level-2, ia - IS-IS inter area
       * - candidate default, U - per-user static route, o - ODR
       P - periodic downloaded static route

Gateway of last resort is not set

R1#
```

Anmerkung

Statische und dynamische Routen können erst zur Routing-Tabelle hinzugefügt werden, wenn die dazugehörigen lokalen Schnittstellen – die sogenannten *Ausgangsschnittstellen* – auf dem Router konfiguriert wurden. Wir werden uns diesen Prozess in späteren Kapiteln genauer ansehen.

Schnittstellen und der Schnittstellenstatus

Der Status einer Schnittstelle lässt sich mit verschiedenen Befehlen untersuchen.

Listing 2.2 zeigt den Befehl `show interfaces` auf R1. Dieser Befehl zeigt den Status und eine ausführliche Beschreibung aller Schnittstellen auf dem Router an.

Listing 2.2: Die Ausgabe von »show interfaces« vermittelt detaillierte Informationen zu den Schnittstellen.

```
R1# show interfaces

FastEthernet0/0 is administratively down, line protocol is down
  Hardware is AmdFE, address is 000c.3010.9260 (bia 000c.3010.9260)
  MTU 1500 bytes, BW 100000 Kbit, DLY 100 usec,
     reliability 255/255, txload 1/255, rxload 1/255
  Encapsulation ARPA, loopback not set
  Keepalive set (10 sec)
  Auto-duplex, Auto Speed, 100BaseTX/FX
  ARP type: ARPA, ARP Timeout 04:00:00
  Last input never, output never, output hang never
  Last clearing of "show interface" counters never
  Input queue: 0/75/0/0 (size/max/drops/flushes); Total output drops: 0
  Queueing strategy: fifo
  Output queue :0/40 (size/max)
  5 minute input rate 0 bits/sec, 0 packets/sec
  5 minute output rate 0 bits/sec, 0 packets/sec
     0 packets input, 0 bytes
     Received 0 broadcasts, 0 runts, 0 giants, 0 throttles
     0 input errors, 0 CRC, 0 frame, 0 overrun, 0 ignored
     0 watchdog
     0 input packets with dribble condition detected
     0 packets output, 0 bytes, 0 underruns
     0 output errors, 0 collisions, 0 interface resets
     0 babbles, 0 late collision, 0 deferred
     0 lost carrier, 0 no carrier
     0 output buffer failures, 0 output buffers swapped out
Serial0/0/0 is administratively down, line protocol is down
  Hardware is PowerQUICC Serial
  MTU 1500 bytes, BW 1544 Kbit, DLY 20000 usec,
     reliability 255/255, txload 1/255, rxload 1/255
  Encapsulation HDLC, loopback not set
  Keepalive set (10 sec)
  Last input never, output never, output hang never
  Last clearing of "show interface" counters never
  Input queue: 0/75/0/0 (size/max/drops/flushes); Total output drops: 0
  Queueing strategy: weighted fair
  Output queue: 0/1000/64/0 (size/max total/threshold/drops)
     Conversations  0/0/256 (active/max active/max total)
     Reserved Conversations 0/0 (allocated/max allocated)
     Available Bandwidth 1158 kilobits/sec
  5 minute input rate 0 bits/sec, 0 packets/sec
  5 minute output rate 0 bits/sec, 0 packets/sec
     0 packets input, 0 bytes, 0 no buffer
     Received 0 broadcasts, 0 runts, 0 giants, 0 throttles
     0 input errors, 0 CRC, 0 frame, 0 overrun, 0 ignored, 0 abort
```

Listing 2.2: Die Ausgabe von »show interfaces« vermittelt detaillierte Informationen zu den Schnittstellen. (Forts.)

```
     0 packets output, 0 bytes, 0 underruns
     0 output errors, 0 collisions, 0 interface resets
     0 output buffer failures, 0 output buffers swapped out
     1 carrier transitions
     DCD=down  DSR=down  DTR=down  RTS=down  CTS=down
<weitere Ausgabe unterdrückt>
R1#
```

Es werden nur die beiden ersten Schnittstellen gezeigt. Wie Sie jedoch sehen, kann die Ausgabe des Befehls recht umfangreich sein. Um dieselben Angaben für eine bestimmte Schnittstelle (z. B. FastEthernet 0/0) anzuzeigen, verwenden Sie den Befehl `show interfaces` mit einem Parameter, der die entsprechende Schnittstelle bezeichnet. Ein Beispiel:

```
R1# show interfaces fastethernet 0/0

FastEthernet0/0 is administratively down, line protocol is down
<weitere Ausgabe unterdrückt>
```

Beachten Sie, dass die Schnittstelle den Status *administratively down* hat und der Protokollstatus *down* ist. Der Status `administratively down` bedeutet, dass die Schnittstelle sich gegenwärtig im abgeschalteten Zustand befindet; profan gesagt: sie ist aus. `line protocol is down` bedeutet in diesem Fall, dass die Schnittstelle kein Trägersignal von einem Switch oder Hub empfängt. Dies kann aber auch daran liegen, dass die Schnittstelle deaktiviert ist.

Sie werden feststellen, dass der Befehl `show interfaces` keine IP-Adressen für die Schnittstellen von R1 anzeigt. Ursache hierfür ist, dass Sie noch keine IP-Adressen für die Schnittstellen konfiguriert haben.

Weitere Befehle zur Untersuchung des Schnittstellenstatus

Listing 2.3 zeigt die Ausgabe des Befehls `show ip interface brief` auf R1. Mit diesem Befehl lässt sich ein Teil der Schnittstellendaten in komprimierter Form anzeigen.

Listing 2.3: Zusammenfassung des Schnittstellenstatus mit dem Befehl »show ip interface brief«

```
R1# show ip interface brief

Interface        IP-Address    OK? Method Status                Protocol
FastEthernet0/0  unassigned    YES manual administratively down down
Serial0/0        unassigned    YES unset  administratively down down
FastEthernet0/1  unassigned    YES unset  administratively down down
Serial0/1        unassigned    YES unset  administratively down down
```

Listing 2.4 zeigt die Ausgabe des Befehls `show running-config` auf R1.

Listing 2.4: Schnittstelleninformationen mit dem Befehl »show running-config«

```
R1# show running-config
!
version 12.3
!
hostname R1
!
!
enable secret 5 $1$.3RO$VLUOdBF2OqNBnOEjQBvR./
!
!
interface FastEthernet0/0
 mac-address 000c.3010.9260
 no ip address
 duplex auto
 speed auto
 shutdown
!
interface FastEthernet0/1
 mac-address 000c.3010.9261
 no ip address
 duplex auto
 speed auto
 shutdown
!
interface Serial0/0/0
 no ip address
 shutdown
!
interface Serial0/0/1
 no ip address
 shutdown
!
interface Vlan1
 no ip address
 shutdown
!
ip classless
!
!
line con 0
 password cisco
 login
line vty 0 4
```

Listing 2.4: Schnittstelleninformationen mit dem Befehl »show running-config« (Forts.)

```
 password cisco
 login
!
end
```

Der Befehl `show running-config` zeigt die aktuelle Konfigurationsdatei an, die der Router verwendet. Konfigurationsbefehle werden temporär in der aktuellen Konfigurationsdatei gespeichert und sofort vom Router aktiviert. Die Verwendung dieses Befehls ist eine weitere Möglichkeit, die Konfiguration einer Schnittstelle wie FastEthernet 0/0 zu bestimmen:

```
R1# show running-config

<Ausgabe teilweise unterdrückt>
interface FastEthernet0/0
 no ip address
 shutdown
<Ausgabe teilweise unterdrückt>
```

Allerdings ist `show running-config` nicht unbedingt der beste Ansatz zur Überprüfung von Schnittstellenkonfigurationen. Setzen Sie den Befehl `show ip interface brief` ein, um schnell zu kontrollieren, ob der Schnittstellenstatus *up/up* (für Protokoll- und Leitungszustand) ist.

2.2.2 Ethernet-Schnittstelle konfigurieren

Ein Schnittstellentyp, der bei vielen Routern vorhanden ist, ist die Ethernet-Schnittstelle. Ethernet-Schnittstellen werden häufig benutzt, um eine Verbindung mit dem Unternehmens-LAN herzustellen.

Wie bereits in Listing 2.1 gesehen, hat R1 noch keine Routen. Fügen Sie nun eine Route hinzu, indem Sie eine Schnittstelle mit einer IP-Adresse und Subnetzmaske konfigurieren, und beobachten Sie, was geschieht, wenn die Schnittstelle aktiviert wird. Standardmäßig sind alle Router-Schnittstellen abgeschaltet. Um eine Schnittstelle zu aktivieren, verwenden Sie den Befehl `no shutdown`, der die Schnittstelle einschaltet:

```
R1(config)# interface fastethernet 0/0
R1(config-if)# ip address 172.16.3.1 255.255.255.0
R1(config-if)# no shutdown
```

Vom IOS wird nun die folgende Meldung zurückgegeben:

```
*Mar 1 01:16:08.212: %LINK-3-UPDOWN: Interface FastEthernet0/0, changed state to up
*Mar 1 01:16:09.214: %LINEPROTO-5-UPDOWN: Line protocol on Interface
  FastEthernet0/0, changed state to up
```

Beide Meldungen sind wichtig. Die erste Meldung `changed state to up` besagt, dass die Verbindung auf der physischen Ebene einwandfrei ist. Wenn Sie die erste Meldung nicht erhalten, überprüfen Sie, ob die Schnittstelle korrekt mit einem Switch oder Hub verbunden ist.

Anmerkung

Auch wenn eine Ethernet-Schnittstelle mit dem Befehl `no shutdown` aktiviert wurde, wird sie erst dann aktiv (Zustand *up*), wenn sie ein Datensignal von einem anderen Gerät – einem Switch, Hub, PC oder einem anderen Router – empfängt.

Die zweite Meldung `changed state to up` besagt, dass die Sicherungsschicht betriebsbereit ist. Bei LAN-Schnittstellen werden Sie die Parameter der Sicherungsschicht normalerweise nicht ändern. WAN-Schnittstellen in einer Übungsumgebung hingegen erfordern eine Taktung; wir haben das in »Übung 1.1: Netzwerk verkabeln und grundlegende Router-Konfiguration durchführen (1.5.1)« schon behandelt und werden dies im Abschnitt »Serielle Schnittstelle konfigurieren« im weiteren Verlauf dieses Kapitels noch einmal ausführlich tun. Wenn Sie die Taktrate nicht korrekt festlegen, kann der Leitungszustand *up* nicht erreicht werden (das heißt, die Sicherungsschicht wird nicht betriebsbereit).

Statusmeldungen des IOS

Listing 2.5 zeigt die Ausgabe einer (unangeforderten) Statusmeldung des IOS.

Listing 2.5: Vom IOS unterbrochene Befehlseingabe

```
R1(config)# int fa0/0
R1(config-if)# ip address 172.16.3.1 255.255.255.0
R1(config-if)# no shutdown
R1(config-if)# descri

*Mar  1 01:16:08.212: %LINK-3-UPDOWN: Interface FastEthernet0/0, changed state
  to up
*Mar  1 01:16:09.214: %LINEPROTO-5-UPDOWN: Line protocol on Interface
  FastEthernet0/0, changed state to upption
R1(config-if)#
```

Das IOS sendet häufig unangeforderte Meldungen wie die bereits beschriebene Statusmeldung `changed state to up`. Wie Sie im obigen Beispiel sehen können, treten diese Meldungen manchmal auf, wenn Sie gerade dabei sind, einen Befehl einzugeben. In Listing 2.5 erschien die Meldung, während der

Benutzer den Befehl `description` eingab. Die IOS-Meldung wirkt sich nicht auf den Befehl aus, kann aber dazu führen, dass Sie bei der Eingabe die Übersicht verlieren.

Um die Ausgabe unangeforderter Meldungen von Ihrer Eingabe zu trennen, wechseln Sie in den Konfigurationsmodus für den Konsolen-Port und fügen den Befehl `logging synchronous` wie in Listing 2.6 gezeigt hinzu. Beachten Sie, dass die vom IOS übermittelten Meldungen die Eingaben des Benutzers nun nicht mehr stören: Der Anfang des begonnenen Befehls wird an den nachfolgenden Router-Prompt kopiert. Danach kann der Benutzer den Befehl vollständig eingeben und gleichzeitig die IOS-Meldung lesen.

Listing 2.6: IOS-Meldungen und Befehlsausgabe synchronisieren

```
R1(config)# line console 0
R1(config-line)# logging synchronous
R1(config-if)# descri

*Mar  1 01:28:04.242: %LINK-3-UPDOWN: Interface FastEthernet0/0, changed state
to up
*Mar  1 01:28:05.243: %LINEPROTO-5-UPDOWN: Line protocol on Interface
FastEthernet0/0, changed state to up
R1(config-if)# description
```

Routing-Tabelle lesen

Betrachten Sie nun die Routing-Tabelle in Listing 2.7. Beachten Sie dabei, dass die Schnittstelle FastEthernet 0/0 von R1 nun direkt an ein neues Netzwerk angeschlossen (`directly connected`) ist.

Listing 2.7: Direkt angeschlossene Route

```
R1# show ip route

Codes: C - connected, S - static, I - IGRP, R - RIP, M - mobile, B - BGP
       D - EIGRP, EX - EIGRP external, O - OSPF, IA - OSPF inter area
       N1 - OSPF NSSA external type 1, N2 - OSPF NSSA external type 2
       E1 - OSPF external type 1, E2 - OSPF external type 2, E - EGP
       i - IS-IS, L1 - IS-IS level-1, L2 - IS-IS level-2, ia - IS-IS inter area
       * - candidate default, U - per-user static route, o - ODR
       P - periodic downloaded static route

Gateway of last resort is not set

     172.16.0.0/24 is subnetted, 1 subnets
C       172.16.3.0 is directly connected, FastEthernet0/0
```

Die Schnittstelle wurde mit der IP-Adresse 172.16.3.1/24 konfiguriert, die dem Netzwerk 172.16.3.0/24 entstammt.

Untersuchen Sie die folgende Zeile in der Ausgabe der Tabelle:

```
C       172.16.3.0 is directly connected, FastEthernet0/0
```

Das `C` am Anfang der Route gibt an, dass es sich um ein direkt angeschlossenes Netzwerk handelt. R1 hat also eine Schnittstelle, die zu diesem Netzwerk gehört. Die Bedeutung von `C` ist in der Liste der Codes am Anfang der Routing-Tabelle definiert.

Die Subnetzmaske /24 für diese Route wird in der Zeile über der eigentlichen Route angezeigt:

```
     172.16.0.0/24 is subnetted, 1 subnets
C       172.16.3.0 is directly connected, FastEthernet0/0
```

Router speichern gewöhnlich Netzwerkadressen

Mit sehr wenigen Ausnahmen enthalten Routing-Tabellen Routen für Netzwerkadressen und nicht für einzelne Hostadressen. Die Route 172.16.3.0/24 in der Routing-Tabelle gilt für alle Pakete mit einer Zieladresse, die zu diesem Netzwerk gehört. Die Darstellung eines gesamten Netzwerks mit Host-IP-Adressen durch nur eine Route macht die Routing-Tabellen kleiner: Sie enthalten weniger Routen, was die Lookups in den Tabellen beschleunigt. Die Routing-Tabelle könnte alle 254 einzelnen Host-IP-Adressen für das Netzwerk 172.16.3.0/24 enthalten, doch wäre dies eine ineffiziente Art der Adressspeicherung.

Ein Telefonbuch ist eine geeignete Analogie für die Struktur einer Routing-Tabelle. Es enthält eine Liste der Namen und Telefonnummern, sortiert in alphabetischer Reihenfolge nach dem Nachnamen. Wenn Sie nach einer Nummer suchen, können Sie mit Grund annehmen, dass Sie den betreffenden Namen umso schneller finden, je weniger Namen im Buch vorhanden sind. Ein Telefonbuch mit 20 Seiten und vielleicht 2.000 Einträgen ist wesentlich einfacher zu durchsuchen als ein Buch mit 200 Seiten und 20.000 Einträgen.

Das Telefonbuch enthält nur einen Eintrag pro Telefonnummer. So erscheint die Familie Geldermann etwa wie folgt im Telefonbuch:

Gelderman, Dietrich, Veilchenstr. 8, 5551234

Dies ist der einzige Eintrag für alle Personen, die am angegebenen Ort wohnen und dieselbe Telefonnummer benutzen. Natürlich könnte das Telefonbuch einen Eintrag für jede einzelne Person enthalten, doch würde dies den Umfang ganz erheblich steigern. Es könnten beispielsweise separate Einträge für Dietrich Geldermann, Hildegard Geldermann, Axel Geldermann, Florian Geldermann und Henriette Geldermann vorhanden sein – alle unter derselben Adresse und mit derselben Telefonnummer. Würde man dies für alle Familien tun, dann wäre das Telefonbuch dicker, und die Suche würde länger dauern.

Routing-Tabellen funktionieren genauso: Ein Eintrag in der Tabelle repräsentiert die »Familie« der Geräte, die sich im selben Netzwerk oder Adressraum befinden. (Der Unterschied zwischen einem Netzwerk und einem Adressraum wird Ihnen im Laufe des Kurses sicher klar werden.) Je weniger Einträge in der Routing-Tabelle vorhanden sind, desto schneller erfolgt der Lookup. Um die Routing-Tabellen klein zu halten, sind anstelle einzelner Host-IP-Adressen Netzwerkadressen mit Subnetzmasken aufgeführt.

Anmerkung

Gelegentlich findet auch eine Host-Route Eingang in die Routing-Tabelle; eine solche Route stellt eine einzelne Hostadresse dar. Die Host-Route wird mit der Host IP-Adresse des Geräts und der Subnetzmaske /32 (255.255.255.255) aufgelistet. Das Thema der Host-Routen wird jedoch in einem anderen Kurs behandelt.

2.2.3 Ethernet-Adressen überprüfen

Nach der Konfiguration einer Schnittstelle kann diese mit verschiedenen Befehlen überprüft werden.

Befehle zur Überprüfung der Schnittstellenkonfiguration

Der Befehl `show interfaces fastethernet 0/0` in Listing 2.8 zeigt nun, dass die Schnittstelle den Status *up/up* hat. Mit dem Befehl `no shutdown` wurde die Schnittstelle aktiviert. Beachten Sie, dass jetzt auch die IP-Adresse angezeigt wird.

Listing 2.8: Schnittstellenstatus mit dem Befehl »show interfaces« überprüfen

```
R1# show interfaces fastethernet 0/0

FastEthernet0/0 is up, line protocol is up
  Hardware is AmdFE, address is 000c.3010.9260 (bia 000c.3010.9260)
  Internet address is 172.16.3.1/24
  <Ausgabe unterdrückt>
```

Der Befehl `show ip interface brief` verifiziert dieselben Angaben in Listing 2.9. Unter `Status` und `Protocol` erscheint jeweils `up`.

Listing 2.9: Überprüfen des Schnittstellenstatus mit dem Befehl »show ip interface brief«

```
R1# show ip interface brief

Interface          IP-Address     OK? Method Status                Protocol
FastEthernet0/0    172.16.3.1     YES manual up                    up
Serial0/0/0        unassigned     YES unset  administratively down down
FastEthernet0/1    unassigned     YES unset  administratively down down
Serial0/0/1        unassigned     YES unset  administratively down down
```

Der folgende Auszug aus der Ausgabe von `show running-config` zeigt die aktuelle Konfiguration der Schnittstelle. Wenn die Schnittstelle deaktiviert ist, zeigt der Befehl `show running-config` als Ausgabe `shutdown` an, während bei einer aktivierten Schnittstelle `no shutdown` *nicht* angezeigt wird.

```
R1# show running-config

<Ausgabe unterdrückt>
interface FastEthernet0/0
ip address 172.16.3.1 255.255.255.0
<Ausgabe unterdrückt>
```

Wie in Kapitel 1 erläutert, kann ein Router nicht mehrere Schnittstellen aufweisen, die zum selben IP-Subnetz gehören: Jede Schnittstelle muss Bestandteil eines separaten Subnetzes sein. So ist es beispielsweise nicht möglich, dass für die Schnittstelle FastEthernet 0/0 eines Routers die Adresse und Subnetzmaske 172.16.3.1/24 und für die Schnittstelle FastEthernet 0/1 desselben Routers die Adresse und Maske 172.16.3.2/24 konfiguriert sind.

Wenn Sie versuchen, eine zweite Schnittstelle im selben Subnetz wie die erste zu konfigurieren, erhalten Sie vom IOS die folgende Fehlermeldung zurück:

```
R1(config-if)# int fa0/1
R1(config-if)# ip address 172.16.3.2 255.255.255.0

172.16.3.0 overlaps with FastEthernet0/0
R1(config-if)#
```

In der Regel ist die Ethernet- oder Fast Ethernet-Schnittstelle des Routers die Default-Gateway-Adresse für alle Geräte im betreffenden LAN. So würde PC1 etwa mit einer Hostadresse im Netzwerk 172.16.3.0/24 konfiguriert und die Default-Gateway-IP-Adresse 172.16.3.1 erhalten – dies ist die IP-Adresse der Fast Ethernet-Schnittstelle von R1. Vergessen Sie nicht, dass die Ethernet- oder Fast Ethernet-Schnittstelle eines Routers auch am ARP-Prozess als Mitglied des betreffenden Ethernet-Netzwerks beteiligt ist.

Ethernet-Schnittstellen wirken an ARP mit

Die Ethernet-Schnittstelle eines Routers ist Bestandteil eines Netzwerks – wie jedes andere Gerät in diesem Netzwerk auch, denn diese Schnittstellen verfügen über eine MAC-Adresse (Schicht-2-Adresse). Wie Listing 2.8 zeigt, listet der Befehl `show interfaces` die MAC-Adressen für die Ethernet-Schnittstellen auf.

In Kapitel 1 wurde veranschaulicht, dass eine Ethernet-Schnittstelle an ARP-Anfragen und -Antworten mitwirkt und eine ARP-Tabelle einsetzt. Wenn ein Router ein Paket hat, das an ein Gerät in einem direkt angeschlossenen Ethernet-Netzwerk gerichtet ist, schlägt er in seiner ARP-Tabelle einen Eintrag mit der Ziel-IP-Adresse nach, um dieser eine MAC-Adresse zuordnen zu können. Wenn die ARP-Tabelle die betreffende IP-Adresse nicht enthält, sendet die Ethernet-Schnittstelle eine ARP-Anfrage. Das Gerät mit der Ziel-IP-Adresse sendet dann eine ARP-Antwort, die die eigene MAC-Adresse enthält. Die IP- und die MAC-Adresse werden dann für die betreffende Ethernet-Schnittstelle zur ARP-Tabelle hinzugefügt. Nun kann der Router das IP-Paket in einen Ethernet-Frame kapseln und dabei die Ziel-MAC-Adresse aus seiner ARP-Tabelle verwenden. Der Ethernet-Frame mit dem gekapselten Paket wird dann über diese Ethernet-Schnittstelle gesendet.

Packet Tracer
☐ **Aktivität**

Ethernet-Schnittstellen für IP auf Hosts und Routern konfigurieren (2.2.3)

In dieser Packet Tracer-Aktivität üben Sie das Konfigurieren von Ethernet-Schnittstellen. Befolgen Sie die zusätzlichen Anweisungen in der Aktivität, um den ARP-Prozess im Simulationsmodus zu untersuchen. Zur Durchführung der Aktivität verwenden Sie Packet Tracer und die Datei *e2-223.pka* auf der Begleit-CD-ROM zu diesem Buch.

2.2.4 Serielle Schnittstelle konfigurieren

Als Nächstes konfigurieren wir die serielle Schnittstelle Serial 0/0/0 auf Router R1. Diese Schnittstelle befindet sich im Netzwerk 172.16.2.0/24 und hat die IP-Adresse 172.16.2.1/24. Der Vorgang, der zur Konfiguration der seriellen Schnittstelle 0/0/0 eingesetzt wird, ähnelt dem zur Konfiguration der Schnittstelle FastEthernet 0/0 verwendeten:

```
R1(config)# interface serial 0/0/0
R1(config-if)# ip address 172.16.2.1 255.255.255.0
R1(config-if)# no shutdown
```

Listing 2.10 zeigt die Ausgabe des Befehls `show interfaces serial 0/0/0`.

Listing 2.10: Serielle Schnittstelle mit dem Status »down/down«

```
R1# show interfaces serial 0/0/0

Serial0/0/0 is down, line protocol is down
  Hardware is PowerQUICC Serial
  Internet address is 172.16.2.1/24
  MTU 1500 bytes, BW 1544 Kbit, DLY 20000 usec,
<Ausgabe unterdrückt>
```

Nachdem Sie die Befehle in Listing 2.10 eingegeben haben, kann der Status der seriellen Schnittstelle je nach Typ der WAN-Verbindung verschieden sein. Für unsere Zwecke gehen wir von einer dedizierten seriellen Point-to-Point-Verbindung zwischen zwei Routern aus. Die serielle Schnittstelle gelangt erst in den Zustand *up*, wenn das andere Ende der Verbindung ebenfalls korrekt konfiguriert wurde. Sie können den aktuellen Status von Serial 0/0/0 mit dem Befehl `show interfaces serial 0/0/0` anzeigen:

```
R2# show interfaces serial 0/0/0

Serial0/0/0 is administratively down, line protocol is down
```

Wie Sie sehen, ist die Schnittstelle immer noch *down*. Das liegt daran, dass Sie das andere Ende der seriellen Verbindung auf R2 noch nicht konfiguriert und aktiviert haben.

Sie müssen nun also die Schnittstelle Serial 0/0/0 von Router R2 konfigurieren.

ANMERKUNG

Es ist nicht erforderlich, dass beide Enden der seriellen Verbindung dieselbe Schnittstelle (in diesem Fall Serial 0/0/0) verwenden. Da allerdings beide Schnittstellen Mitglied desselben Netzwerks sind, müssen beide mit IP-Adressen im Netzwerk 172.16.2.0/24 ausgestattet sein. (Die Begriffe *Netzwerk* und *Subnetz* sind in diesem Kontext austauschbar.)

Die Schnittstelle Serial 0/0/0 auf R2 wird mit der IP-Adresse und Subnetzmaske 172.16.2.2/24 konfiguriert:

```
R2(config)# interface serial 0/0/0
R2(config-if)# ip address 172.16.2.2 255.255.255.0
R2(config-if)# no shutdown
```

Wenn Sie nun den Befehl `show interfaces serial 0/0/0` auf dem Router eingeben, erhalten Sie zur Antwort, dass die Verbindung jetzt den Status *up/down* hat:

```
R2# show interfaces serial 0/0/0

Serial0/0/0 is up, line protocol is down
<Ausgabe unterdrückt>
```

Die physische Verbindung zwischen R1 und R2 ist *up*, weil beide Enden dieser Verbindung korrekt mit einer IP-Adresse und Subnetzmaske konfiguriert und mit dem Befehl `no shutdown` aktiviert wurden. Das Protokoll hingegen hat immer noch den Zustand *down*. Grund hierfür ist die Tatsache, dass die Schnittstelle kein Taktsignal erhält. Es gibt also noch einen weiteren Befehl, den Sie auf dem Router mit dem DCE-Kabel eingeben müssen: `clock rate`. Dieser Befehl legt das Taktsignal für die Verbindung fest. Die Konfiguration des Taktsignals werden wir in den nächsten Abschnitten behandeln.

2.2.5 Serielle Schnittstellen untersuchen

Serielle Schnittstellen können in unterschiedlicher Form vorliegen und Zusatzgeräte wie eine CSU/DSU (Channel Service Unit/Data Service Unit) verwenden. Dies kann auch die Eingabe weiterer Befehle auf dem Router erforderlich machen.

WAN-Schnittstelle physisch anschließen

Die Bitübertragungsschicht bei WANs beschreibt die Schnittstelle zwischen dem DTE und dem DCE. Grundsätzlich ist das DCE ein Gerät beim Serviceprovider und das DTE das beim Endkunden angeschlossene Gerät. In diesem Modell werden die vom DTE bereitgestellten Dienste entweder über ein Modem oder eine CSU/DSU verfügbar gemacht.

Abbildung 2.5 zeigt einen Router, der an eine CSU/DSU angeschlossen ist. Normalerweise ist der Router das DTE-Gerät und die CSU/DSU, an die er angeschlossen ist, ein DCE. Die CSU/DSU ist als DCE für die Konvertierung der Daten des Routers in eine Form zuständig, die vom WAN-Provider akzeptiert wird. Ebenso ist sie als DCE auch für die Konvertierung der vom Provider kommenden Daten in eine Form verantwortlich, die vom Router (DTE) verstanden wird. Der Router wird meist über ein serielles DTE-Kabel mit der CSU/DSU verbunden.

Serielle Schnittstellen benötigen ein Taktsignal zur Steuerung des Kommunikations-Timings. In den meisten Umgebungen wird dieser Takt vom Serviceprovider (also von einem DCE-Gerät wie der CSU/DSU) bereitgestellt. Cisco-Router sind normalerweise als DTE-Geräte vorkonfiguriert; in

Übungsumgebungen verwenden wir jedoch keine CSU/DSUs, und es gibt natürlich auch keinen WAN-Provider.

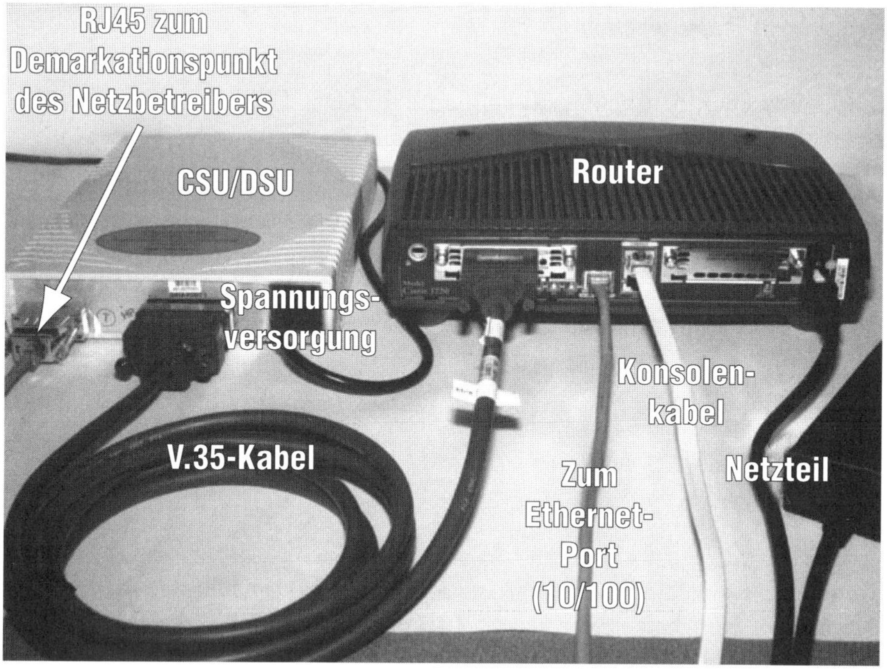

Quelle: http://www.more.net/technical/netserv/routers/cisco1720/images/dsu-router-connection-w.jpg

Abbildung 2.5: CSU/DSU-Verbindung mit einem DTE-Kabel

Serielle Verbindungen in einer Übungsumgebung konfigurieren

Bei seriellen Direktverbindungen, wie sie etwa in Übungsumgebungen auftreten, muss eine Seite der Verbindung als DCE agieren und ein Taktsignal bereitstellen. Zwar sind serielle Cisco-Schnittstellen normalerweise DTE-Geräte, doch lassen sie sich auch als DCEs konfigurieren.

Gehen Sie wie folgt vor, um einen Router als DCE zu konfigurieren: Schritt für Schritt

1. Schließen Sie das DCE-seitige Ende des Kabels an die serielle Schnittstelle an.
2. Konfigurieren Sie das Taktsignal der seriellen Schnittstelle mit dem Befehl `clock rate`.

In der Testumgebung werden serielle Kabel zweier Typen verwendet:

- DTE/DCE-Crossover-Kabel für ein DTE an einem und ein DCE am anderen Ende
- DTE-Kabel, das mit einem DCE-Kabel verbunden ist

In unserer Kapitel-Topologie ist das DCE-Ende des Kabels mit der Schnittstelle Serial 0/0/0 von Router R1 und das DTE-Ende mit der Schnittstelle Serial 0/0/0 von Router R2 verbunden. Das Kabel sollte entweder mit DTE oder DCE beschriftet sein.

Sie können DTE und DCE auch unterscheiden, indem Sie sich den Steckverbinder zwischen den beiden Kabeln ansehen: Das DTE-Kabel verfügt über einen Stiftstecker, das DCE-Kabel über einen Buchsensteckverbinder.

Ist ein Kabel zwischen zwei Routern angeschlossen, dessen Enden nicht beschriftet sind, so können Sie mit dem Befehl `show controllers` ermitteln, welches Kabelende an die betreffende Schnittstelle angeschlossen ist. Beachten Sie in der folgenden Befehlsausgabe, dass das DCE-Kabel an die Schnittstelle Serial 0/0/0 von R1 angeschlossen ist und keine Taktrate festgelegt wurde.

```
R1# show controllers serial 0/0/0

Interface Serial0/0/0
Hardware is PowerQUICC MPC860
DCE V.35, no clock
<Ausgabe unterdrückt>
```

Wenn das Kabel angeschlossen ist, kann der Takt nachfolgend mit dem Befehl `clock rate` festgelegt werden. Zulässige Taktraten (in Bit/s) sind 1200, 2400, 9600, 19200, 38400, 56000, 64000, 72000, 125000, 148000, 500000, 800000, 1000000, 1300000, 2000000 und 4000000. Einige Bitraten stehen an bestimmten seriellen Schnittstellen unter Umständen nicht zur Verfügung. Da das DCE-Kabel an die Schnittstelle Serial 0/0/0 von R1 angeschlossen ist, konfigurieren wir diese Schnittstelle mit einer Taktrate:

```
R1(config)# interface serial 0/0/0
R1(config-if)# clock rate 64000

01:10:28: %LINEPROTO-5-UPDOWN: Line protocol on Interface Serial0/0/0, changed
state to up
```

Anmerkung

Wenn die Schnittstelle eines Routers, an die ein DTE-Kabel angeschlossen ist, mit dem Befehl `clock rate` konfiguriert wird, wird dieser Befehl vom IOS einfach ignoriert; nachteilige Auswirkungen sind nicht zu befürchten.

Serielle Schnittstellenkonfiguration überprüfen

Wie Sie Listing 2.11 entnehmen können, lässt sich mithilfe der Befehle `show interfaces` und `show ip interface brief` feststellen, dass beide Enden der seriellen Verbindung den Protokollstatus *up* haben. Zur Erinnerung: Die serielle Schnittstelle wird nur aktiv, wenn beide Enden der Verbindung korrekt konfiguriert sind. In unserer Übungsumgebung haben wir die Taktrate auf dem Gerät konfiguriert, an das das DCE-Kabel angeschlossen ist.

Listing 2.11: Serielle Schnittstellenkonfiguration überprüfen

```
R1# show interfaces serial 0/0/0

Serial0/0/0 is up, line protocol is up
  Hardware is PowerQUICC Serial
  Internet address is 172.16.2.1/24
<Ausgabe unterdrückt>

R1# show ip interface brief

Interface              IP-Address      OK? Method Status          Protocol
FastEthernet0/0        172.16.3.1      YES manual up                    up
Serial0/0/0            172.16.2.1      YES manual up                    up
<Ausgabe unterdrückt>
```

Sie können weiter nachweisen, dass der Status *up/up* ist, indem Sie einen `ping`-Befehl an die Remote-Schnittstelle senden (siehe Listing 2.12).

Listing 2.12: Konnektivität mit dem »ping«-Befehl verifizieren

```
R1# ping 172.16.2.2

Type escape sequence to abort.
Sending 5, 100-byte ICMP Echos to 172.16.2.2, timeout is 2 seconds:
!!!!!
Success rate is 100 percent (5/5), round-trip min/avg/max = 28/28/28 ms
R1#
```

Schließlich können Sie Listing 2.13 entnehmen, dass das serielle Netzwerk 172.16.2.0/24 nun in der Routing-Tabelle von R1 enthalten ist. Falls Sie den Befehl `show ip route` auf R2 eingeben, werden Sie ebenfalls eine direkt angeschlossene Route für das Netzwerk 172.16.2.0/24 erkennen.

Listing 2.13: Konnektivität mit dem »show ip route«-Befehl verifizieren

```
R1# show ip route

Codes: C - connected, S - static, I - IGRP, R - RIP, M - mobile, B - BGP
       D - EIGRP, EX - EIGRP external, O - OSPF, IA - OSPF inter area
       N1 - OSPF NSSA external type 1, N2 - OSPF NSSA external type 2
       E1 - OSPF external type 1, E2 - OSPF external type 2, E - EGP
       i - IS-IS, L1 - IS-IS level-1, L2 - IS-IS level-2, ia - IS-IS inter area
       * - candidate default, U - per-user static route, o - ODR
       P - periodic downloaded static route

Gateway of last resort is not set

     172.16.0.0/24 is subnetted, 2 subnets
C       172.16.2.0 is directly connected, Serial0/0/0
C       172.16.3.0 is directly connected, FastEthernet0/0
```

Überprüfen Sie nun die Schnittstellenkonfiguration auf R1 mit dem Befehl `show running-config` (siehe Listing 2.14).

Listing 2.14: Konfiguration mit dem Befehl »show running-config« überprüfen

```
R1# show running-config

Building configuration...

Current configuration : 1130 bytes
!
hostname R1
!
<Ausgabe unterdrückt>
!
interface FastEthernet0/0
 description R1 LAN
 ip address 172.16.3.1 255.255.255.0
!
interface Serial0/0/0
 description Link to R2
 ip address 172.16.2.1 255.255.255.0
 clockrate 64000
!
<Ausgabe unterdrückt>
R1#
```

Anmerkung

Zwar besteht der Befehl `clock rate` aus zwei Wörtern, doch erscheint er in den Dateien *running-config* und *startup-config* jeweils zusammengeschrieben.

2.3 Direkt angeschlossene Netzwerke untersuchen

Bevor ein Router Pakete an ein Remote-Netzwerk weiterleiten kann, benötigt er aktive direkt angeschlossene Netzwerke. Jedes direkt an den Router angeschlossene Netzwerk ist Mitglied eines anderen Netzwerks oder Subnetzes.

2.3.1 Änderungen an der Routing-Tabelle überprüfen

Der Routing-Tabelle kommt beim Routing eine Schlüsselrolle zu. Es können verschiedene Befehle verwendet werden, um die Überprüfung und das Troubleshooting der Routing-Tabelle zu unterstützen.

Konzepte bei Routing-Tabellen

Wie Sie in den Listings 2.15 und 2.16 sehen, enthüllt der Befehl `show ip route` den Inhalt der Routing-Tabellen auf den Routern R1 und R2.

Listing 2.15: Aktuelle Routing-Tabelle auf R1

```
R1# show ip route

Codes: C - connected, S - static, I - IGRP, R - RIP, M - mobile, B - BGP
       D - EIGRP, EX - EIGRP external, O - OSPF, IA - OSPF inter area
       N1 - OSPF NSSA external type 1, N2 - OSPF NSSA external type 2
       E1 - OSPF external type 1, E2 - OSPF external type 2, E - EGP
       i - IS-IS, L1 - IS-IS level-1, L2 - IS-IS level-2, ia - IS-IS inter area
       * - candidate default, U - per-user static route, o - ODR
       P - periodic downloaded static route

Gateway of last resort is not set

     172.16.0.0/24 is subnetted, 2 subnets
C       172.16.2.0 is directly connected, Serial0/0/0
C       172.16.3.0 is directly connected, FastEthernet0/0
R1#
```

Listing 2.16: Aktuelle Routing-Tabelle auf R2

```
R2# show ip route

Codes: C - connected, S - static, I - IGRP, R - RIP, M - mobile, B - BGP
       D - EIGRP, EX - EIGRP external, O - OSPF, IA - OSPF inter area
       N1 - OSPF NSSA external type 1, N2 - OSPF NSSA external type 2
       E1 - OSPF external type 1, E2 - OSPF external type 2, E - EGP
       i - IS-IS, L1 - IS-IS level-1, L2 - IS-IS level-2, ia - IS-IS inter area
       * - candidate default, U - per-user static route, o - ODR
       P - periodic downloaded static route

Gateway of last resort is not set

     172.16.0.0/24 is subnetted, 2 subnets
C       172.16.2.0 is directly connected, Serial0/0/0
R2#
```

Eine Routing-Tabelle ist eine Datenstruktur, mit der Routing-Informationen gespeichert werden, die aus verschiedenen Quellen stammen. Der Hauptzweck einer Routing-Tabelle besteht darin, dem Router Pfade in verschiedene Zielnetzwerke zur Verfügung zu stellen.

Die Routing-Tabelle besteht aus einer Liste »bekannter« Netzwerkadressen, d. h. Adressen, die direkt angeschlossen sind oder statisch konfiguriert oder dynamisch erlernt wurden. R1 und R2 verfügen nur über Routen in direkt angeschlossene Netzwerke.

Routen betrachten, während diese zur Routing-Tabelle hinzugefügt werden

Dieser Abschnitt betrachtet genauer, wie direkt angeschlossene Routen zur Routing-Tabelle hinzugefügt bzw. aus ihr gelöscht werden. Im Gegensatz zu `show`-Befehlen können `debug`-Befehle verwendet werden, um den Router-Betrieb in Echtzeit zu überwachen. Der Befehl `debug ip routing` zeigt alle Änderungen an, die der Router vornimmt, wenn Routen hinzugefügt oder entfernt werden. Wir werden die Schnittstellen von Router R2 konfigurieren und diesen Vorgang untersuchen. Die nachfolgende Beschreibung bezieht sich auf Listing 2.17.

Listing 2.17: Mit dem Befehl »debug ip routing« die Installation einer Route beobachten

```
R2# debug ip routing

IP routing debugging is on

R2(config)#int fa0/0
R2(config-if)#ip address 172.16.1.1 255.255.255.0
```

Listing 2.17: Mit dem Befehl »debug ip routing« die Installation einer Route beobachten (Forts.)

```
R2(config-if)#no shutdown

%LINK-3-UPDOWN: Interface FastEthernet0/0, changed state to up
%LINEPROTO-5-UPDOWN: Line protocol on Interface FastEthernet0/0, changed state
to up

RT: add 172.16.1.0/24 via 0.0.0.0, connected metric [0/0]
RT: interface FastEthernet0/0 added to routing table
```

Zunächst aktivieren Sie das Debugging mit dem Befehl `debug ip routing`, damit Sie direkt angeschlossene Netzwerke beobachten können, wenn diese zur Routing-Tabelle hinzugefügt werden.

Danach konfigurieren Sie die IP-Adresse und die Subnetzmaske für die Schnittstelle FastEthernet 0/0 auf R2 und geben den Befehl `no shutdown` ein. Da die Fast Ethernet-Schnittstelle an das Netzwerk 172.16.1.0/24 angeschlossen ist, muss sie mit einer IP-Adresse für dieses Netzwerk konfiguriert werden.

Beachten Sie im Listing, dass die folgende Meldung vom IOS zurückgegeben wird:

```
02:35:30: %LINK-3-UPDOWN: Interface FastEthernet0/0, changed state to up
02:35:31: %LINEPROTO-5-UPDOWN: Line protocol on Interface FastEthernet0/0,
  changed state to up
```

Nachdem `no shutdown` eingegeben wurde und der Router festgestellt hat, dass Schnittstelle und Protokoll jeweils den Status *up* haben, zeigt die `debug`-Ausgabe von R2 dieses direkt angeschlossene Netzwerk in der Routing-Tabelle an:

```
02:35:30: RT: add 172.16.1.0/24 via 0.0.0.0, connected metric [0/0]
02:35:30: RT: interface FastEthernet0/0 added to routing table
```

Die Routing-Tabelle für R2 listet nun die Route für das direkt angeschlossene Netzwerk 172.16.1.0/24 auf (Listing 2.18).

Listing 2.18: Routing-Tabelle für R2 mit neu installierter Route

```
R2# show ip route

Codes: C - connected, S - static, I - IGRP, R - RIP, M - mobile, B - BGP
       D - EIGRP, EX - EIGRP external, O - OSPF, IA - OSPF inter area
       N1 - OSPF NSSA external type 1, N2 - OSPF NSSA external type 2
       E1 - OSPF external type 1, E2 - OSPF external type 2, E - EGP
       i - IS-IS, L1 - IS-IS level-1, L2 - IS-IS level-2, ia - IS-IS inter area
       * - candidate default, U - per-user static route, o - ODR
       P - periodic downloaded static route
```

Listing 2.18: Routing-Tabelle für R2 mit neu installierter Route (Forts.)

```
Gateway of last resort is not set

     172.16.0.0/24 is subnetted, 2 subnets
C       172.16.1.0 is directly connected, FastEthernet0/0
C       172.16.2.0 is directly connected, Serial0/0
```

Der Befehl `debug ip routing` zeigt Prozesse der Routing-Tabelle für alle Routen unabhängig davon an, ob diese in ein direkt angeschlossenes Netzwerk führen oder statischer oder dynamischer Natur sind.

Sie können `debug ip routing` entweder mithilfe des Befehls `undebug ip routing` oder mit `undebug all` deaktivieren (siehe Listing 2.19).

Listing 2.19: Debugging deaktivieren

```
R2# undebug all

All possible debugging has been turned off
!
or
!
R2# undebug ip routing

IP routing debugging is off
R2#
```

IP-Adresse ändern

Um eine IP-Adresse oder Subnetzmaske für eine Schnittstelle zu ändern, konfigurieren Sie die IP-Adresse und Subnetzmaske für die betreffende Schnittstelle neu. Durch diese Eingabe wird der vorherige Eintrag überschrieben. Es bestehen Möglichkeiten, mehrere IP-Adressen für dieselbe Schnittstelle zu konfigurieren, solange sich die Adressen jeweils in unterschiedlichen Subnetzen befinden. Dieses Thema werden wir in einem späteren Kurs beschreiben.

Um ein direkt angeschlossenes Netzwerk von einem Router zu entfernen, verwenden Sie die beiden Befehle `shutdown` und `no ip address` (siehe Listing 2.20). Der Befehl `shutdown` deaktiviert Schnittstellen. Er kann auch für sich allein verwendet werden, wenn Sie die Kombination aus IP-Adresse und Subnetzmaske für die Schnittstelle beibehalten, die Schnittstelle aber (zumindest vorübergehend) abschalten wollen. In unserem Beispiel deaktiviert der Befehl die Fast Ethernet-Schnittstelle von R2. Die IP-Adresse jedoch befindet sich nach wie vor in der Konfigurationsdatei (*running-config*).

Nach Absetzen des Befehls `shutdown` können Sie die IP-Adresse und die Subnetzmaske der Schnittstelle entfernen. In welcher Reihenfolge Sie diese Schritte durchführen, spielt keine Rolle.

Auch hier können Sie sich die Prozesse in der Routing-Tabelle mit `debug ip routing` anzeigen lassen. Wir werden die Konfiguration der Schnittstelle FastEthernet 0/0 von R2 entfernen. In Listing 2.20 sehen Sie den Schritt, der die direkt angeschlossene Route aus der Routing-Tabelle entfernt.

Listing 2.20: Schnittstellenkonfigurationen entfernen

```
R2# debug ip routing

IP routing debugging is on
R2# config t

Enter configuration commands, one per line.  End with CNTL/Z.
R2(config)# int fa0/0
R2(config-if)# shutdown

%LINK-5-CHANGED: Interface FastEthernet0/0, changed state to administratively
  down
%LINEPROTO-5-UPDOWN: Line protocol on Interface FastEthernet0/0, changed state
  down

is_up: 0 state: 6 sub state: 1 line: 1
RT: interface FastEthernet0/0 removed from routing table
RT: del 172.16.1.0/24 via 0.0.0.0, connected metric [0/0]
RT: delete subnet route to 172.16.1.0/24

<Ausgabe teilweise unterdrückt>

R2(config-if)# no ip address
R2(config-if)# end

%SYS-5-CONFIG_I: Configured from console by console
R2# undebug all

All possible debugging has been turned off
```

Zunächst schalten Sie die Schnittstelle ab. Die IOS-Statusausgabe meldet, dass die Schnittstelle und das Leitungsprotokoll nun jeweils den Status *down* haben. Danach zeigt die Ausgabe das Löschen der Route aus der Routing-Tabelle. Um die Konfiguration endgültig und vollständig zu entfernen, geben Sie `no ip address` ein und beenden das Debugging.

Um zu überprüfen, ob die Route tatsächlich aus der Routing-Tabelle entfernt wurde, verwenden Sie den Befehl `show ip route`. Beachten Sie in Listing 2.21, dass die Route nach 172.16.1.0/24 entfernt wurde.

Listing 2.21: Routing-Tabelle für R2 mit gelöschter Route

```
R2# show ip route

Codes: C - connected, S - static, I - IGRP, R - RIP, M - mobile, B - BGP
       D - EIGRP, EX - EIGRP external, O - OSPF, IA - OSPF inter area
       N1 - OSPF NSSA external type 1, N2 - OSPF NSSA external type 2
       E1 - OSPF external type 1, E2 - OSPF external type 2, E - EGP
       i - IS-IS, L1 - IS-IS level-1, L2 - IS-IS level-2, ia - IS-IS inter area
       * - candidate default, U - per-user static route, o - ODR
       P - periodic downloaded static route

Gateway of last resort is not set

     172.16.0.0/24 is subnetted, 1 subnets
C       172.16.2.0 is directly connected, Serial0/0/0
```

Im weiteren Verlauf dieses Kapitels wollen wir davon ausgehen, dass die Adressierung der Schnittstelle FastEthernet 0/0 nicht entfernt wurde. Um sie neu zu konfigurieren, geben Sie einfach noch einmal die folgenden Befehle ein:

```
R2(config)# interface fastethernet 0/0
R2(config-if)# ip address 172.16.1.1 255.255.255.0
R2(config-if)# no shutdown
```

ACHTUNG

Die `debug`-Befehle – und insbesondere der Befehl `debug all` – sollten nur sparsam eingesetzt werden. Sie können den Betrieb des Routers erheblich beeinträchtigen. Die `debug`-Befehle sind nützlich für Konfiguration oder Troubleshooting eines Netzwerks, machen jedoch intensiven Gebrauch von Prozessor- und Speicherressourcen. Es wird empfohlen, möglichst wenig Debug-Prozesse auszuführen und diese umgehend zu deaktivieren, sobald sie nicht mehr benötigt werden. Diese Befehle sollten in Produktionsnetzwerken mit Umsicht verwendet werden, da sie sich negativ auf die Geräteleistung auswirken können.

Serielle Schnittstellen konfigurieren und die Routing-Tabelle überprüfen (2.3.1)

Packet Tracer Aktivität

In dieser Packet Tracer-Aktivität üben Sie das Konfigurieren serieller Schnittstellen. Zudem beobachten Sie mit dem Befehl `debug ip routing` die Prozesse in der Routing-Tabelle. Zur Durchführung der Aktivität verwenden Sie Packet Tracer und die Datei *e2-231.pka* auf der Begleit-CD-ROM zu diesem Buch.

2.3.2 Geräte in direkt angeschlossenen Netzwerken

Vor der Konfiguration statischer Routen oder eines dynamischen Routing-Protokolls wird empfohlen, die Konnektivität zu Geräten in direkt angeschlossenen Netzwerken zu testen. Hosts in verschiedenen Netzwerken können nicht miteinander kommunizieren, wenn dies nicht über ihr eigenes Default-Gateway – den lokalen Router – möglich ist.

Auf Geräte in direkt angeschlossenen Netzwerken zugreifen

Um zur Konfiguration der Beispiel-Topologie zurückzukehren, nehmen wir an, dass alle direkt angeschlossenen Netzwerke für alle drei Router konfiguriert sind. Listing 2.22 zeigt den Rest der Konfigurationen für die Router R2 und R3.

Listing 2.22: Verbleibende Schnittstellenkonfigurationen für R2 und R3

```
R2(config)# interface serial 0/0/1
R2(config-if)# ip address 192.168.1.2 255.255.255.0
R2(config-if)# clock rate 64000
R2(config-if)# no shutdown
```

```
R3(config)# interface fastethernet 0/0
R3(config-if)# ip address 192.168.2.1 255.255.255.0
R3(config-if)# no shutdown
R3(config-if)# interface serial 0/0/1
R3(config-if)# ip address 192.168.1.1 255.255.255.0
R3(config-if)# no shutdown
```

Die Ausgabe von `show ip interface brief` in Listing 2.23 zeigt, dass alle konfigurierten Schnittstellen den Status *up/up* haben.

Listing 2.23: Alle Schnittstellen haben den Status »up/up«.

```
R1# show ip interface brief

Interface          IP-Address       OK?  Method  Status                 Protocol
FastEthernet0/0    172.16.3.1       YES  manual  up                     up
Serial0/0/0        172.16.2.1       YES  manual  up                     up
FastEthernet0/1    unassigned       YES  manual  administratively down  down
Serial0/0/1        unassigned       YES  manual  administratively down  down
```

```
R2# show ip interface brief

Interface          IP-Address       OK?  Method Status                 Protocol
FastEthernet0/0    172.16.1.1       YES  manual up                     up
Serial0/0/0        172.16.2.2       YES  manual up                     up
FastEthernet0/1    unassigned       YES  manual administratively down  down
Serial0/0/1        192.168.1.2      YES  manual up                     up
```

```
R3# show ip interface brief

Interface          IP-Address       OK?  Method Status                 Protocol
FastEthernet0/0    192.168.2.1      YES  manual up                     up
Serial0/0/0        unassigned       YES  manual administratively down  down
FastEthernet0/1    unassigned       YES  manual administratively down  down
Serial0/0/1        192.168.1.1      YES  manual up                     up
```

Indem Sie die Routing-Tabellen in Listing 2.24 untersuchen, können Sie sich vergewissern, dass alle direkt angeschlossenen Netzwerke für das Routing aktiviert sind.

Listing 2.24: Alle direkt angeschlossenen Routen sind aktiviert.

```
R1# show ip route

<Ausgabe unterdrückt>
     172.16.0.0/24 is subnetted, 2 subnets
C       172.16.2.0 is directly connected, Serial0/0/0
C       172.16.3.0 is directly connected, FastEthernet0/0
```

```
R2# show ip route

172.16.0.0/24 is subnetted, 2 subnets
C       172.16.1.0 is directly connected, FastEthernet0/0
C       172.16.2.0 is directly connected, Serial0/0/0
C    192.168.1.0/24 is directly connected, Serial0/0/1
```

```
R3# show ip route

C    192.168.1.0/24 is directly connected, Serial0/0/1
C    192.168.2.0/24 is directly connected, FastEthernet0/0
```

Der wesentliche Schritt bei der Konfiguration Ihres Netzwerks besteht darin zu überprüfen, ob alle Schnittstellen den Status *up/up* haben und die Routing-Tabellen vollständig sind. Unabhängig von dem letztendlich von Ihnen konfigurierten Routing-Schema – statisch, dynamisch oder eine Kombination aus beiden – müssen Sie Ihre Ausgangskonfiguration mit den Befehlen `show ip interface brief` und `show ip route` verifizieren, bevor Sie mit komplexeren Konfigurationen fortfahren.

Falls ein Router nur seine Schnittstellen konfiguriert hat, die Routing-Tabellen aber lediglich die direkt angeschlossenen Netzwerke und keine anderen Routen enthalten, dann sind auch nur die Geräte in diesen direkt angeschlossenen Netzwerken erreichbar:

- R1 kann mit allen Geräten in den Netzwerken 172.16.3.0/24 und 172.16.2.0/24 kommunizieren.
- R2 kann mit allen Geräten in den Netzwerken 172.16.1.0/24, 172.16.2.0/24 und 192.168.1.0/24 kommunizieren.
- R3 kann mit allen Geräten in den Netzwerken 192.168.1.0/24 und 192.168.2.0/24 kommunizieren.

Da diese Router nur ihre direkt angeschlossenen Netzwerke kennen, können sie auch nur mit Geräten kommunizieren, die sich in diesen direkt angeschlossenen LANs und seriellen Netzwerken befinden.

So wurde PC1 in unserer Topologie (vgl. Abbildung 2.1) mit der IP-Adresse 172.16.3.10 und der Subnetzmaske 255.255.255.0 konfiguriert. Ferner wurde auf PC1 die Default-Gateway-Adresse 172.16.3.1 konfiguriert, die der IP-Adresse der Schnittstelle FastEthernet 0/0 des Routers entspricht. Weil R1 nur die direkt angeschlossenen Netzwerke kennt, kann er Pakete von PC1 an Geräte im Netzwerk 172.16.2.0/24 schicken, also etwa an 172.16.2.1 und 172.16.2.2. Pakete von PC1, die eine andere Ziel-IP-Adresse aufweisen – zum Beispiel PC2 unter 172.16.1.10 –, würden von R1 verworfen.

Betrachten Sie die Routing-Tabelle für R2 in Listing 2.24. R2 kennt nur seine drei direkt angeschlossenen Netzwerke. Versuchen Sie einmal vorherzusagen, was geschieht, wenn Sie einen `ping`-Befehl an die Fast Ethernet-Schnittstellen auf den anderen Routern senden.

Aus Listing 2.25 geht hervor, dass die Pings fehlschlagen – dies ist an der Folge von fünf Punkten zu erkennen.

Listing 2.25: Remote-Netzwerke sind nicht erreichbar.

```
R2# ping 172.16.3.1

Type escape sequence to abort.
Sending 5, 100-byte ICMP Echos to 172.16.3.1, timeout is 2 seconds:
.....
Success rate is 0 percent (0/5)

R2# ping 192.168.2.1

Type escape sequence to abort.
Sending 5, 100-byte ICMP Echos to 192.168.2.1, timeout is 2 seconds:
.....
Success rate is 0 percent (0/5)
```

Die Pings sind fehlgeschlagen, weil R2 in seiner Routing-Tabelle keine Route hat, die 172.16.3.1 oder 192.168.2.1 – der Ziel-IP-Adresse im `ping`-Paket – entspricht. Damit eine Übereinstimmung zwischen der Ziel-IP-Adresse 172.16.3.1 und einer Route in der Routing-Tabelle vorliegt, muss die Adresse in Bezug auf die Netzwerkbits – also diejenigen Bits in der Netzwerkadresse, die durch das Präfix festgelegt sind – der Netzwerkadresse entsprechen. Bei R2 haben alle Routen das Präfix /24, das heißt, die 24 links stehenden Bits werden beim Lookup überprüft.

In den folgenden Abschnitten werden wir uns genauer ansehen, was hier passiert.

Ping-Befehle von R2 an 172.16.3.1

Abbildung 2.6 zeigt die erfolglose Ping-Ausgabe sowie die in der Routing-Tabelle nicht gefundenen Routen.

Der erste Route in der Tabelle von R1 ist 172.16.1.0/24:

```
     172.16.0.0/24 is subnetted, 2 subnets
C       172.16.1.0 is directly connected, FastEthernet0/0
```

Der IOS-Lookup-Prozess überprüft zunächst, ob die ersten 24 Bits der Ziel-IP-Adresse 172.16.3.1 des Pakets zum Netzwerk 172.16.1.0/24 passen.

Wenn Sie diese Adressen in Binärzahlen konvertieren und sie vergleichen (siehe Abbildung 2.6), werden Sie feststellen, das die ersten 24 Bits dieser Route nicht passen: Das 23. Bit ist anders. Auch die zweite Route in der Tabelle führt nicht weiter:

```
     172.16.0.0/24 is subnetted, 2 subnets
C       172.16.2.0 is directly connected, Serial0/0/0
```

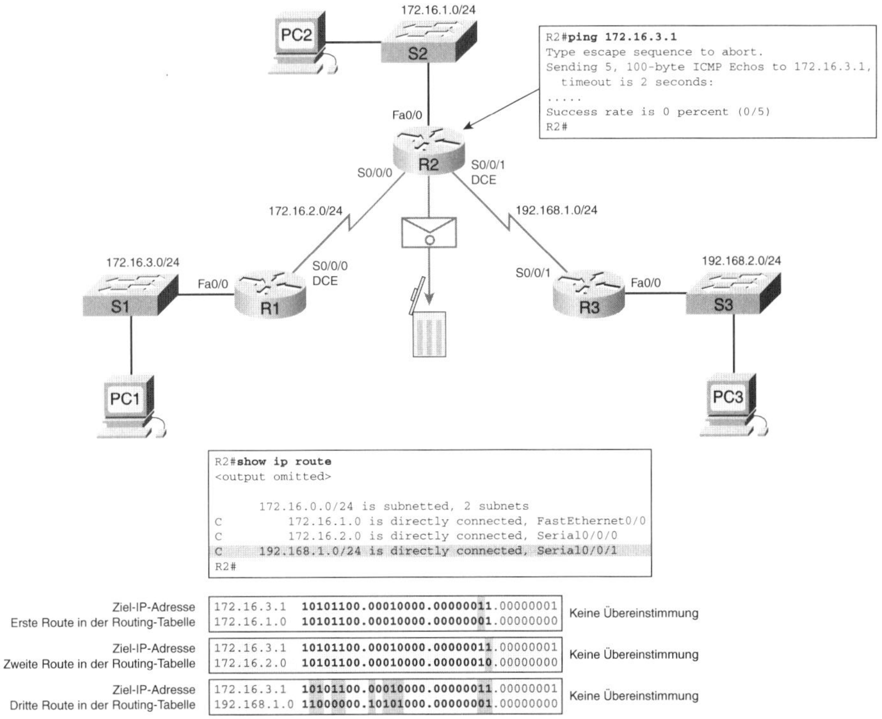

Abbildung 2.6: Mangels Route werden die »ping«-Befehle verworfen.

In Abbildung 2.6 sehen Sie, dass die ersten 24 Bits der zweiten Route nicht übereinstimmen, weil das 24. Bit sich unterscheidet. Aus diesem Grund wird auch diese Route abgewiesen, und der Prozess wird mit der nächsten Route in der Routing-Tabelle fortgesetzt:

```
C 192.168.1.0/24 is directly connected, Serial0/0/1
```

Auch die dritte Route passt nicht: Wie gezeigt, unterscheiden sich zehn der ersten 24 Bits. Aus diesem Grund wird die Route abgewiesen. Da nun keine weiteren Routen mehr in der Routing-Tabelle vorhanden sind, werden die Pings verworfen. Der Router trifft seine Weiterleitungsentscheidung in Schicht 3. Es handelt sich um einen Best-Effort-Transport, bei dem eine Datenübertragung zwar so gut wie möglich durchgeführt, aber nicht garantiert wird.

Ping-Befehle von R2 an 192.168.1.1

Betrachten Sie in Abbildung 2.7, was geschieht, wenn Router R2 einen `ping`-Befehl an die Schnittstelle 192.168.1.1 von Router R3 sendet.

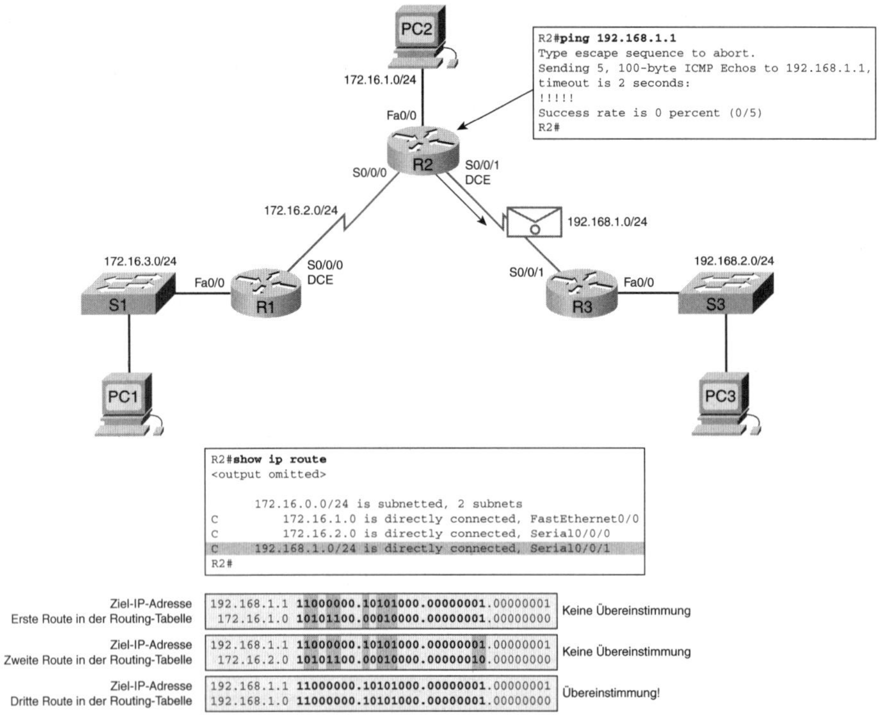

Abbildung 2.7: Da eine Route vorhanden ist, werden die Pings gesendet.

Diesmal ist der Versand erfolgreich! Das liegt daran, dass R2 in seiner Routing-Tabelle eine Route hat, die 192.168.1.1 – der Ziel-IP-Adresse im `ping`-Paket – entspricht. Die ersten beiden Routen 172.16.1.0/24 und 172.16.2.0/24 werden abgewiesen. Bei der letzten Route 192.168.1.0/24 jedoch stimmen die ersten 24 Bits der Route mit der Ziel-IP-Adresse überein. Das `ping`-Paket wird nun in HDLC – dem Protokoll der Schnittstelle Serial 0/0/1, die die Ausgangsschnittstelle ist – gekapselt und dann über diese Schnittstelle weitergeleitet. R2 hat die Entscheidungsfindung für dieses Paket damit abgeschlossen; welche Entscheidungen andere Router in Bezug auf dieses Paket treffen, ist nicht seine Angelegenheit.

ANMERKUNG

Den Lookup-Prozess von Routing-Tabellen werden wir in Kapitel 8, »Die Routing-Tabelle unter der Lupe«, ausführlich behandeln.

Konnektivität direkt angeschlossener Routen überprüfen (2.3.2)

Packet Tracer
Aktivität

In dieser Packet Tracer-Aktivität testen Sie die Konnektivität zwischen direkt angeschlossenen Geräten. Zur Durchführung der Aktivität verwenden Sie Packet Tracer und die Datei *e2-232.pka* auf der Begleit-CD-ROM zu diesem Buch.

2.3.3 Das CDP-Protokoll

Das CDP-Protokoll (Cisco Discovery Protocol) ist ein leistungsfähiges Tool für Netzwerküberwachung und Troubleshooting. Es wird von Netzwerkadministratoren verwendet, um Systeminformationen der direkt angeschlossenen Cisco-Geräte abzurufen. CDP ist ein proprietäres Tool, das es Ihnen ermöglicht, eine Zusammenfassung der Protokoll- und Adressinformationen von Cisco-Geräten zu erhalten, die direkt angeschlossen sind.

Netzwerkerkennung mit CDP

Standardmäßig sendet jedes Cisco-Gerät regelmäßig Nachrichten an direkt angeschlossene Cisco-Geräte (siehe Abbildung 2.8). Diese Nachrichten heißen CDP-Advertisements. Advertisements enthalten unter anderem Angaben zum Typ des angeschlossenen Geräts, die zur Herstellung dieser Verbindungen verwendeten Schnittstellen sowie die Modellnummern der Geräte.

Die meisten Netzwerkgeräte arbeiten nicht isoliert. Ein Cisco-Gerät hat häufig andere Cisco-Geräte als Nachbarn im Netzwerk. Zu anderen Geräten ermittelte Informationen können Ihnen dabei helfen, Kenntnisse zum Netzdesign zu erlangen, die Sie beim Troubleshooting und bei Änderungen an der Hardware unterstützen. CDP kann als Tool zur Netzwerkerkennung eingesetzt werden, das Ihnen dabei hilft, eine logische Topologie eines Netzwerks zu erstellen, wenn eine solche Dokumentation nicht vorhanden oder nicht ausführlich genug ist.

Eine Vertrautheit mit dem allgemeinen Konzept der Nachbarschaft ist wichtig, um CDP verstehen und die später folgenden Erläuterungen zum dynamischen Routing nachvollziehen zu können.

Schicht-3-Nachbarn

An dieser Stelle gibt es in unserer Topologie also nur direkt verbundene Nachbarn. In Schicht 3 betrachten Routing-Protokolle Nachbarn als Geräte, die denselben Netzwerkadressraum nutzen.

So sind in der Topologie (Abbildung 2.1) R1 und R2 Nachbarn, denn beide sind Mitglieder des Netzwerks 172.16.1.0/24. R2 und R3 sind ebenfalls Nachbarn, da beide zum Netzwerk 192.168.1.0/24 gehören. R1 und R3 hingegen sind nicht Nachbarn, da sie nicht denselben Adressraum nutzen.

Würden Sie R1 und R3 durch ein Kabel miteinander verbinden und an beiden eine IP-Adresse aus demselben Netzwerk konfigurieren, so wären sie Nachbarn.

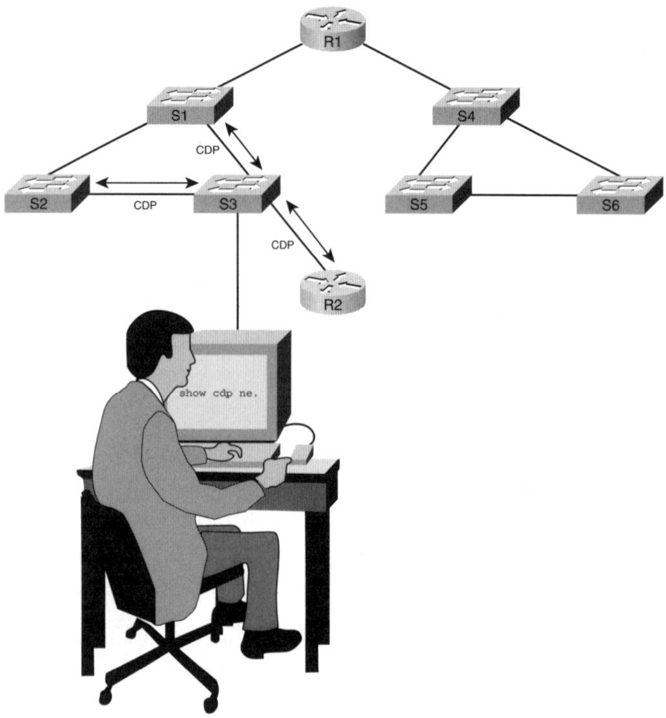

Abbildung 2.8: CDP-Advertisements

Schicht-2-Nachbarn

CDP agiert nur in Schicht 2. Aus diesem Grund sind CDP-Nachbarn nur Cisco-Geräte, die physisch direkt miteinander verbunden sind und dieselbe Datenverbindung nutzen. In Abbildung 2.8 ist der Netzwerkadministrator an S3 angemeldet. S3 erhält CDP-Advertisements nur von S1, S2 und R2.

Welche Nachbarn hat R1 in unserer Topologie, wenn alle Router und Switches Cisco-Geräte sind, auf denen CDP läuft? Können Sie die CDP-Nachbarn für diese Geräte bestimmen?

Aus der Topologie (Abbildung 2.1) gehen die folgenden CDP-Nachbarschaftsbeziehungen hervor:

- R1 und S1 sind CDP-Nachbarn.
- R1 und R2 sind CDP-Nachbarn.
- R2 und S2 sind CDP-Nachbarn.

- R2 und R3 sind CDP-Nachbarn.
- R3 und S3 sind CDP-Nachbarn.

Beachten Sie den Unterschied zwischen Schicht-2- und Schicht-3-Nachbarn. Die Switches sind nicht Nachbarn der Router in Schicht 3, weil sie nur in Schicht 2 agieren. Allerdings sind die Switches Schicht-2-Nachbarn ihrer direkt angeschlossenen Router.

Im nächsten Abschnitt zeigen wir, wie CDP den Netzwerkadministrator unterstützen kann.

CDP-Funktionalität

Untersuchen Sie die Ausgabe der Befehle `show cdp neighbors` und `show cdp neighbors detail` in Listing 2.26. Beachten Sie, dass R3 einige Informationen zu R2 und zu dem Switch ermittelt hat, der an die Fast Ethernet-Schnittstelle von R3 angeschlossen ist.

Listing 2.26: CDP-Nachbarn untersuchen

```
R3# show cdp neighbors

Capability Codes: R - Router, T - Trans Bridge, B - Source Route Bridge
                  S - Switch, H - Host, I - IGMP, r - Repeater, P - Phone

Device ID        Local Intrfce     Holdtme    Capability  Platform  Port ID
S3               Fas 0/0            151          S I      WS-C2950  Fas 0/6
R2               Ser 0/0/1          125           R       1841      Ser 0/0/1

R3# show cdp neighbors detail

-------------------------
Device ID: R2
Entry address(es):
  IP address: 192.168.1.2
Platform: Cisco 1841,  Capabilities: Router Switch IGMP
Interface: Serial0/0/1,  Port ID (outgoing port): Serial0/0/1
Holdtime : 161 sec

Version :
Cisco IOS Software, 1841 Software (C1841-ADVIPSERVICESK9-M), Version 12.4(10b),
RELEASE SO
FTWARE (fc3)
Technical Support: http://www.cisco.com/techsupport
Copyright (c) 1986-2007 by Cisco Systems, Inc.
Compiled Fri 19-Jan-07 15:15 by prod_rel_team
```

Listing 2.26: CDP-Nachbarn untersuchen (Forts.)

```
advertisement version: 2
VTP Management Domain: ''

-------------------------
Device ID: S3
Entry address(es):
Platform: cisco WS-C2950-24,  Capabilities: Switch IGMP
Interface: FastEthernet0/0,  Port ID (outgoing port): FastEthernet0/11
Holdtime : 148 sec

Version :
Cisco Internetwork Operating System Software
IOS (tm) C2950 Software (C2950-I6Q4L2-M), Version 12.1(9)EA1, RELEASE SOFTWARE
(fc1)
Copyright (c) 1986-2002 by cisco Systems, Inc.
Compiled Wed 24-Apr-02 06:57 by antonino

advertisement version: 2
Protocol Hello:  OUI=0x00000C, Protocol ID=0x0112; payload len=27,
value=00000000FFFFFFFF0
10231FF000000000000000AB769F6C0FF0000
VTP Management Domain: 'CCNA3'
Duplex: full

R3#
```

CDP läuft in der Sicherungsschicht, welche dort die physischen Medien mit den übergeordneten Protokollen verbindet. Da CDP in Schicht 2 agiert, können zwei oder mehr Cisco-Netzwerkgeräte – zum Beispiel Router, die unterschiedliche Vermittlungsschichtprotokolle (wie etwa IP und Novell IPX) benutzen – trotzdem voneinander erfahren.

Wenn ein Cisco-Gerät hochgefahren wird, wird CDP automatisch gestartet, sofern nichts anderes festgelegt ist. CDP erkennt unabhängig von den laufenden Protokollen oder Protokollsuiten automatisch benachbarte Cisco-Geräte, auf denen CDP ausgeführt wird. CDP tauscht Geräteinformationen zu Hard- und Software nur mit den direkt angeschlossenen CDP-Nachbarn aus.

Bereitgestellt werden die folgenden Informationen zu den einzelnen CDP-Nachbarn:

- **Gerätekennungen.** Dies kann etwa der konfigurierte Hostname eines Switchs sein.
- **Adressliste.** Angabe maximal einer Netzwerkadresse (Schicht-3-Adresse) pro aktiviertem Protokoll

- **Port-Kennung.** Der Name des lokalen und des Remote-Ports in Form eines ASCII-Strings (z. B. *ethernet0*)
- **Liste der unterstützten Funktionalitäten.** Gibt etwa an, ob es sich bei dem Gerät um einen Router oder einen Switch handelt.
- **Plattform.** Hardwareplattform des Geräts (z. B. Router der Cisco 7200-Serie)

Das CDP-Protokoll (2.3.3)

Packet Tracer
Aktivität

In dieser Packet Tracer-Aktivität untersuchen Sie die Eigenschaften des CDP-Protokolls. Üben Sie das globale und das schnittstellenbezogene Aktivieren und Deaktivieren von CDP. Untersuchen Sie die Leistungsfähigkeit von CDP bei der Erkennung der Netzwerktopologie. Zur Durchführung der Aktivität verwenden Sie Packet Tracer und die Datei *e2-233.pka* auf der Begleit-CD-ROM zu diesem Buch.

2.3.4 CDP zur Netzwerkdarstellung verwenden

CDP kann eingesetzt werden, um eine Vielzahl von Informationen zu direkt angeschlossenen Netzwerken zu ermitteln. Es handelt sich um ein nützliches Tool, das Ihnen hilft, vorhandene Netzwerke zu analysieren und zu dokumentieren.

CDP-spezifische show-Befehle

Die vom CDP-Protokoll ermittelten Angaben lassen sich mit dem Befehl `show cdp neighbors` untersuchen, wie wir es bereits in Listing 2.26 gesehen haben. Für jeden CDP-Nachbarn werden die folgenden Angaben angezeigt:

- ID des Nachbargeräts
- lokale Schnittstelle
- Holdtimer-Wert in Sekunden
- Funktion des Nachbargeräts
- Hardwareplattform des Nachbarn
- Remoteport-ID des Nachbarn

Der Befehl `show cdp neighbors detail` gibt zusätzlich die IP-Adresse eines benachbarten Geräts aus. In Listing 2.26 hat R3 mithilfe von CDP erfahren, dass R2 die IP-Adresse 192.168.1.2 verwendet. CDP gibt diese IP-Adresse des Nachbarn unabhängig davon weiter, ob der Nachbar etwa über einen `ping`-Befehl erreichbar ist oder nicht. Der Befehl ist sehr hilfreich, wenn zwei Cisco-Router kein Routing über die gemeinsame Datenverbindung durchführen können. Mit dem Befehl `show cdp neighbors detail` können Sie bestimmen, ob auf einem der CDP-Nachbarn ein IP-Konfigurationsfehler vorliegt.

Bei der Netzwerkdarstellung benötigen Sie meist nicht mehr als die IP-Adresse des CDP-Nachbarn, um eine Telnet-Verbindung zu diesem Gerät herzustellen. Ist eine Telnet-Sitzung gestartet, dann lassen sich auch Informationen zu den Cisco-Geräten ermitteln, die direkt an den betreffenden Nachbarn angeschlossen sind. Auf diese Weise können Sie nach und nach Telnet-Sitzungen mit immer mehr Geräten starten und so eine logische Topologie erstellen. In der nächsten Packet Tracer-Aktivität »Netzwerktopologie mit CDP und Telnet aufnehmen (2.3.4)« werden Sie genau dies tun.

CDP deaktivieren

Kann CDP ein Sicherheitsrisiko sein? In der Tat: Das ist möglich. Unter Umständen haben Sie CDP-Pakete bereits in Übungen entdeckt, die Sie in einem früheren Kurs durchgeführt haben. Da einige IOS-Versionen CDP-Advertisements per Default senden, müssen Sie wissen, wie Sie CDP deaktivieren können.

Um CDP global – also für das ganze Gerät – zu deaktivieren, verwenden Sie folgenden Befehl:

```
Router(config)# no cdp run
```

Wollen Sie CDP hingegen einsetzen, aber CDP-Advertisements auf einer bestimmten Schnittstelle unterdrücken, dann geben Sie folgenden Befehl ein:

```
Router(config-if)# no cdp enable
```

Packet Tracer
☐ Aktivität

Netzwerktopologie mit CDP und Telnet aufnehmen (2.3.4)

Die `show`-Befehle von CDP können verwendet werden, um unbekannte Geräte in einem Netzwerk zu finden. Diese Befehle zeigen Informationen zu direkt angeschlossenen Cisco-Geräten an; hierzu gehört auch die IP-Adresse, mit der sich das Gerät kontaktieren lässt. Sie können danach eine Telnet-Sitzung mit dem Gerät starten und den Vorgang wiederholen, bis das gesamte Netzwerk aufgenommen ist.

In dieser Packet Tracer-Aktivität erkennen Sie und stellen Sie ein unbekanntes Netzwerk mithilfe von CDP und Telnet dar. Zur Durchführung der Aktivität verwenden Sie Packet Tracer und die Datei *e2-234.pka* auf der Begleit-CD-ROM zu diesem Buch.

2.4 Statische Routen mit Next-Hop-Adressen

Wie bereits beschrieben, kann ein Router auf eine von zwei Arten von Remote-Netzwerken erfahren:

- manuell über konfigurierte statische Routen
- automatisch über ein dynamisches Routing-Protokoll

Der Rest dieses Kapitels legt den Schwerpunkt auf die Konfiguration statischer Routen. Dynamische Routing-Protokolle werden wir im nächsten Kapitel behandeln.

2.4.1 Zweck und Syntax des Befehls »ip route«

Statische Routen werden häufig eingesetzt, wenn aus einem Netzwerk in ein Stub-Netzwerk geroutet werden soll. Ein Stub-Netzwerk ist ein Netzwerk, das nur über eine einzige Route zugänglich ist. Betrachten Sie etwa Abbildung 2.9. Hier sehen Sie, dass ein Netzwerk, das an R1 angeschlossen ist, nur über eine einzige Möglichkeit verfügt, andere Ziele zu erreichen. Dies gilt für Netzwerkziele, die an R2 angeschlossen sind, wie auch für Ziele jenseits von R2. Aus diesem Grund ist das Netzwerk 172.16.3.0 ein Stub-Netzwerk, und R1 ist ein Stub-Router.

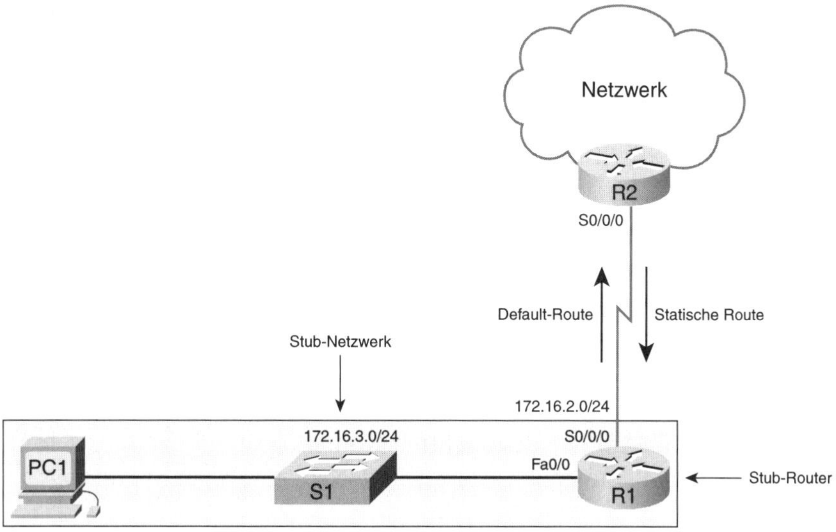

Abbildung 2.9: Stub-Netzwerk (Beispiel)

Die Benutzung eines Routing-Protokolls zwischen R1 und R2 wäre Ressourcenvergeudung, da R1 lediglich eine einzige Möglichkeit zum Versand von Daten außerhalb des lokalen Bereichs bietet. Aus diesem Grund werden zur Konnektivität mit Remote-Netzwerken statische Routen konfiguriert, die nicht direkt mit einem Router verbunden sind. Im vorliegenden Beispiel sollten Sie auf R2 eine statische Route zum LAN konfigurieren, das an R1 angeschlossen ist. Außerdem werden Sie im weiteren Verlauf des Kapitels erfahren, wie man eine statische Default-Route von R1 nach R2 konfiguriert, damit R1 Daten an jeden Empfänger jenseits von R2 senden kann.

Der Befehl »ip route«

Der Befehl zu Konfiguration einer statischen Route heißt `ip route`. Die vollständige Syntax, mit der eine statische Route konfiguriert wird, lautet wie folgt:

```
ip route prefix mask {ip-address | interface-type interface-number [ip-address]}
[dhcp] [distance] [name next-hop-name] [permanent | track number] [tag tag]
```

Die meisten dieser Parameter sind weder in diesem Kapitel noch für Ihre CCNA-Studien interessant. Wir verwenden hier eine einfachere Version der Syntax:

```
Router(config)# ip route network-address subnet-mask {ip-address | exit-interface}
```

Die folgenden Parameter werden verwendet:

- **`network-address`.** Zielnetzadresse des Remote-Netzwerks, das zur Routing-Tabelle hinzugefügt wird. (Entspricht dem Parameter `prefix` in der vollständigen Syntax.)
- **`subnet-mask`.** Subnetzmaske des Remote-Netzwerks, das zur Routing-Tabelle hinzugefügt wird. Die Subnetzmaske kann geändert werden, um eine Gruppe von Netzwerken zusammenzufassen. (Entspricht dem Parameter `mask` in der vollständigen Syntax.)

Ferner muss mindestens einer der beiden folgenden Parameter verwendet werden:

- **`ip-address`.** Die IP-Adresse des nächsten Routers im Pfad (nächster Hop). (Entspricht dem Parameter `ip-address` in der vollständigen Syntax.)
- **`exit-interface`.** Ausgangsschnittstelle, die zur Weiterleitung von Paketen in das Zielnetzwerk verwendet wird. (Entspricht dem Parameter `interface-type interface-number` in der vollständigen Syntax.)

Anmerkung

Der Parameter `ip-address` wird meist als IP-Adresse des nächsten Routers im Pfad (nächster Hop) bezeichnet. Tatsächlich wird die IP-Adresse dieses nächsten Routers gemeinhin für diesen Parameter verwendet. Allerdings kann `ip-address` theoretisch jede IP-Adresse sein, die in der Routing-Tabelle aufgelöst werden kann. Dieser Gesichtspunkt ist nicht Gegenstand dieses Kurses, doch wollen wir ihn der Genauigkeit halber erwähnen.

2.4.2 Statische Routen konfigurieren

Sie wissen bereits, dass R1 in unserer Topologie seine direkt angeschlossenen Netzwerke kennt. Listing 2.24 zeigt die Routen, die gegenwärtig in der Routing-Tabelle von R1 vorhanden sind. Die folgenden Netzwerke kennt R1 nicht:

- **172.16.1.0/124.** LAN an R2
- **192.168.1.0/24.** serielles Netzwerk zwischen R2 und R3
- **192.168.2.0/24.** LAN an R3

Mit dem Befehl `ip route` konfigurieren Sie statische Routen in diese Remote-Netzwerke. Listing 2.27 zeigt die Befehlssyntax.

Listing 2.27: Statische Konfiguration einer Route auf R1 in das LAN an R2

```
R1# debug ip routing

<Debugausgabe teilweise unterdrückt>
R1# conf t
R1(config)# ip route 172.16.1.0 255.255.255.0 172.16.2.2

00:20:15: RT: add 172.16.1.0/24 via 172.16.2.2, static metric [1/0]

R1# show ip route

Codes: C - connected, S - static, I - IGRP, R - RIP, M - mobile, B - BGP
       D - EIGRP, EX - EIGRP external, O - OSPF, IA - OSPF inter area
       N1 - OSPF NSSA external type 1, N2 - OSPF NSSA external type 2
       E1 - OSPF external type 1, E2 - OSPF external type 2, E - EGP
       i - IS-IS, L1 - IS-IS level-1, L2 - IS-IS level-2, ia - IS-IS inter area
       * - candidate default, U - per-user static route, o - ODR
       P - periodic downloaded static route
```

Listing 2.27: Statische Konfiguration einer Route auf R1 in das LAN an R2 (Forts.)

```
Gateway of last resort is not set

     172.16.0.0/24 is subnetted, 3 subnets
S       172.16.1.0 [1/0] via 172.16.2.2
C       172.16.2.0 is directly connected, Serial0/0/0
C       172.16.3.0 is directly connected, FastEthernet0/0
R1#
```

Damit IOS-Meldungen angezeigt werden, wenn die neue Route zur Routing-Tabelle hinzugefügt wird, können Sie den Befehl `debug ip routing` verwenden.

Danach geben Sie den Befehl `ip route` ein, um auf R1 statische Routen in diese Netzwerke zu konfigurieren. Listing 2.27 zeigt die erste konfigurierte Route.

Eine Untersuchung der einzelnen Elemente in der Ausgabe fördert Folgendes zutage:

- **ip route.** Befehl zur Einrichtung einer statischen Route
- **172.16.1.0.** Netzwerkadresse des Remote-Netzwerks
- **255.255.255.0.** Subnetzmaske des Remote-Netzwerks
- **172.16.2.2.** IP-Adresse der Schnittstelle Serial 0/0/0 auf R2, dem nächsten Hop in dieses Netzwerk

Wenn die IP-Adresse tatsächlich die Adresse des nächsten Hops ist, ist sie über eines der direkt an diesen Router angeschlossenen Netzwerke erreichbar. Anders gesagt: Die IP-Adresse des nächsten Hops 172.16.2.2 gehört zu dem Netzwerk 172.16.2.0/24, das direkt an die Schnittstelle Serial 0/0/0 des Routers angeschlossen ist.

Statische Routen überprüfen

Die Ausgabe des Befehls `debug ip routing` zeigt, dass diese Route zur Routing-Tabelle hinzugefügt wurde:

```
00:20:15: RT: add 172.16.1.0/24 via 172.16.2.2, static metric [1/0]
```

Die Eingabe von `show ip route` auf R1 zeigt die neue Routing-Tabelle. Der Eintrag der statischen Route ist hervorgehoben. Untersuchen Sie die Ausgabe:

- **S.** Routing-Tabellencode für statische Routen
- **172.16.1.0.** Netzwerkadresse der Route

- **/24.** Subnetzmaske der Route. Diese wird in der Zeile darüber angezeigt. Sie wird als übergeordnete Route bezeichnet und in Kapitel 8 ausführlicher behandelt.
- **[1/0].** Administrative Distanz und Metrik für die statische Route (wir kommen in einem späteren Kapitel darauf zurück)
- **via 172.16.2.2.** IP-Adresse des nächsten Routers im Pfad (also die Adresse der Schnittstelle Serial 0/0/0 auf R2).

Alle Pakete mit einer Ziel-IP-Adresse, deren 24 erste Bits der Adresse 172.16.1.0 entsprechen, verwenden diese Route.

Router für zwei weitere Remote-Netzwerke konfigurieren

Listing 2.28 zeigt die Befehle zur Konfiguration der Routen in die beiden anderen Remote-Netzwerke. Das Debugging wurde abgeschaltet.

Listing 2.28: Routen für Remote-Netzwerke konfigurieren

```
R1(config)# ip route 192.168.1.0 255.255.255.0 172.16.2.2
R1(config)# ip route 192.168.2.0 255.255.255.0 172.16.2.2
R1(config)# end
R1# show ip route

Codes: C - connected, S - static, I - IGRP, R - RIP, M - mobile, B - BGP
       D - EIGRP, EX - EIGRP external, O - OSPF, IA - OSPF inter area
       N1 - OSPF NSSA external type 1, N2 - OSPF NSSA external type 2
       E1 - OSPF external type 1, E2 - OSPF external type 2, E - EGP
       i - IS-IS, L1 - IS-IS level-1, L2 - IS-IS level-2, ia - IS-IS inter area
       * - candidate default, U - per-user static route, o - ODR
       P - periodic downloaded static route

Gateway of last resort is not set

     172.16.0.0/24 is subnetted, 3 subnets
S       172.16.1.0 [1/0] via 172.16.2.2
C       172.16.2.0 is directly connected, Serial0/0/0
C       172.16.3.0 is directly connected, FastEthernet0/0
S    192.168.1.0/24 [1/0] via 172.16.2.2
S    192.168.2.0/24 [1/0] via 172.16.2.2
```

Beachten Sie, dass alle drei statischen Routen, die auf R1 konfiguriert wurden, dieselbe IP-Adresse für den nächsten Hop aufweisen: 172.16.2.2. Anhand der Kapitel-Topologie (Abbildung 2.1) erkennen Sie, dass dies zutrifft, weil Pakete für alle Remote-Netzwerke an Router R2 weitergeleitet werden müssen, denn dieser ist der nächste Hop.

In Listing 2.28 wird der Befehl `show ip route` erneut verwendet, um die neuen statischen Routen in der Routing-Tabelle zu untersuchen:

```
S 192.168.1.0/24 [1/0] via 172.16.2.2
S 192.168.2.0/24 [1/0] via 172.16.2.2
```

Die Subnetzmasken `/24` befinden sich in derselben Zeile wie die Netzwerkadresse. An dieser Stelle ist der Unterschied noch nicht wichtig; wir kommen in Kapitel 8 darauf zurück.

Die statischen Routen, die konfiguriert wurden, können Sie auch überprüfen, indem Sie die laufende Konfiguration mit dem Befehl `show running-config` anzeigen (siehe Listing 2.29). Nun ist ein geeigneter Zeitpunkt erreicht, um die Konfiguration mit dem Befehl `copy running-config startup-config` in das NVRAM zu speichern.

Listing 2.29: Befehle zur Überprüfung statischer Routen

```
R1# show running-config

Building configuration...

Current configuration : 849 bytes
!
hostname R1
!
<Ausgabe unterdrückt>
!
ip classless
ip route 172.16.1.0 255.255.255.0 172.16.2.2
ip route 192.168.1.0 255.255.255.0 172.16.2.2
ip route 192.168.2.0 255.255.255.0 172.16.2.2
!
<Ausgabe unterdrückt>
!
end

R1#copy running-config startup-config
Destination filename [startup-config]?
Building configuration...
[OK]
R1#
```

2.4.3 Prinzipien von Routing-Tabellen und statische Routen

Betrachten Sie die Kapitel-Topologie in Abbildung 2.1. Können Sie, nachdem wir nun drei statische Routen auf R1 konfiguriert haben, voraussagen, ob Pakete, die an diese Netzwerke adressiert sind, ihre Ziele erreichen werden? Falls ja: Gelangen Antwortpakete aus diesen Netzwerken auch wieder erfolgreich zu R1 zurück?

Rufen wir uns noch einmal die drei Prinzipien zu Routing-Tabellen in Erinnerung, wie sie von Alex Zinin in seinem Buch »Cisco IP Routing« beschrieben wurden:[1]

> *Prinzip 1: Jeder Router trifft seine Entscheidungen allein und basierend auf den Informationen in seiner eigenen Routing-Tabelle.*

R1 verfügt über drei statische Routen in seiner Routing-Tabelle und trifft Weiterleitungsentscheidungen basierend einzig und allein auf den Informationen in dieser Tabelle. Weder schlägt R1 in den Routing-Tabellen anderer Router nach, noch weiß er, ob diese Router über Routen in andere Netzwerke verfügen. Dafür, dass alle Router einen Weg in Remote-Netzwerke kennen, ist der Netzwerkadministrator zuständig.

> *Prinzip 2: Die Tatsache, dass ein Router bestimmte Informationen in seiner Routing-Tabelle hat, bedeutet nicht, dass andere Router über dieselben Informationen verfügen.*

R1 weiß nicht, welche Informationen in den Routing-Tabellen anderer Router enthalten sind. So verfügt R1 beispielsweise über eine Route in das Netzwerk 192.168.2.0/24 über Router R2. Pakete, die zu dieser Route passen, gehören in das Netzwerk 192.168.2.0/24 und werden an R2 weitergeleitet. R1 weiß nicht, ob R2 über eine Route in das Netzwerk 192.168.2.0/24 verfügt. Auch hier ist es der Netzwerkadministrator, der sicherstellen muss, dass auch der nächste Router im Pfad eine Route in dieses Netzwerk kennen muss.

Unter Verwendung von Prinzip 2 müssen Sie das Routing in geeigneter Form auf den anderen Routern R2 und R3 konfigurieren, um zu gewährleisten, dass dort Routen in diese drei Netzwerke vorhanden sind.

> *Prinzip 3: Routing-Daten zu einem Pfad aus einem Netzwerk in ein anderes enthalten keine Information zum Rückpfad.*

1. Zinin, A.: »Cisco IP Routing: Packet Forwarding and Intra-domain Routing Protocols«. Addison-Wesley; 2002.

Kommunikation in Netzwerken erfolgt meistens in bidirektionaler Form: Pakete müssen in beide Richtungen zwischen den mitwirkenden Endgeräten übertragen werden. Ein Paket von PC1 kann PC3 erreichen, da alle beteiligten Router über Routen in das Zielnetzwerk 192.168.2.0/24 verfügen. Die erfolgreiche Übertragung von Paketen zurück von PC3 zu PC1 hängt jedoch davon ab, ob die beteiligten Router auch eine Route für den Rückpfad in das Netzwerk von PC1 (172.16.3.0/24) kennen.

Nimmt man Prinzip 3 als Grundlage, dann kann man geeignete statische Routen auf den anderen Routern konfigurieren, um sicherzustellen, dass Rückrouten in das Netzwerk 172.16.3.0/24 vorhanden sind.

Die Prinzipien anwenden

Wie würden Sie unter Verwendung dieser Prinzipien die folgenden Fragen zu Paketen beantworten, die von PC1 stammen?

- Können Pakete, die von PC1 kommen, ihr Ziel erreichen?

  Im vorliegenden Fall würden Pakete, die an die Netzwerke 172.16.1.0/24 und 192.168.1.0/24 gerichtet sind, ihr Ziel in der Tat erreichen. Router R1 verfügt über eine über R2 verlaufende Route in diese Netzwerke. Wenn Pakete Router R2 erreichen, werden sie mithilfe der Routing-Tabelle in diese Netzwerke geroutet, denn es handelt sich um an R2 direkt angeschlossene Netzwerke.

  Pakete für das Zielnetzwerk 192.168.2.0/24 hingegen würden nicht beim Empfänger landen: R1 verfügt zwar über eine statische Route in dieses Netzwerk, die über R2 führt. Wenn aber R2 ein Paket empfängt, verwirft er es, weil R2 selbst noch keine Route für dieses Netzwerk in seiner Routing-Tabelle enthält.

- Bedeutet dies, dass Pakete auf dem Rückweg aus den Remote-Netzwerken, die an das Netzwerk 172.16.3.0/24 gerichtet sind, ihr Ziel erreichen?

  Wenn R2 oder R3 ein an 172.16.3.0/24 gerichtetes Paket empfängt, wird dieses nicht weitergeleitet, weil keiner dieser Router über eine entsprechende Route verfügt.

Wir beenden die Konfiguration statischer Routen für die Kapitel-Topologie, indem wir auch auf R2 und R3 statische Routen konfigurieren. Nach Absetzen der in Listing 2.30 gezeigten Befehle verfügen alle Router über Routen in alle Remote-Netzwerke.

Listing 2.30: Statische Routen auf R2 und R3 konfigurieren

```
R2(config)# ip route 172.16.3.0 255.255.255.0 172.16.2.1
R2(config)# ip route 192.168.2.0 255.255.255.0 192.168.1.1
```

```
R3(config)# ip route 172.16.1.0 255.255.255.0 192.168.1.2
R3(config)# ip route 172.16.2.0 255.255.255.0 192.168.1.2
R3(config)# ip route 172.16.3.0 255.255.255.0 192.168.1.2
```

Untersuchen Sie die Routing-Tabellen in Listing 2.31, um zu überprüfen, ob alle Router über Routen in alle Remote-Netzwerke verfügen.

Listing 2.31: Überprüfen, ob statische Routen in den Routing-Tabellen vorhanden sind

```
R1# show ip route

<Ausgabe unterdrückt>
     172.16.0.0/24 is subnetted, 3 subnets
S       172.16.1.0 [1/0] via 172.16.2.2
C       172.16.2.0 is directly connected, Serial0/0/0
C       172.16.3.0 is directly connected, FastEthernet0/0
S    192.168.1.0/24 [1/0] via 172.16.2.2
S    192.168.2.0/24 [1/0] via 172.16.2.2
```

```
R2# show ip route

<Ausgabe unterdrückt>
     172.16.0.0/24 is subnetted, 3 subnets
C       172.16.1.0 is directly connected, FastEthernet0/0
C       172.16.2.0 is directly connected, Serial0/0/0
S       172.16.3.0 [1/0] via 172.16.2.1
C    192.168.1.0/24 is directly connected, Serial0/0/1
S    192.168.2.0/24 [1/0] via 192.168.1.1
```

```
R3# show ip route

<Ausgabe unterdrückt>
     172.16.0.0/24 is subnetted, 3 subnets
S       172.16.1.0 [1/0] via 192.168.1.2
S       172.16.2.0 [1/0] via 192.168.1.2
S       172.16.3.0 [1/0] via 192.168.1.2
C    192.168.1.0/24 is directly connected, Serial0/0/1
C    192.168.2.0/24 is directly connected, FastEthernet0/0
```

Die Konnektivität lässt sich ebenfalls verifizieren, indem man `ping`-Befehle von Router R1 aus an die Schnittstellen der Remote-Router schickt (siehe Listing 2.32).

Listing 2.32: Ende-zu-Ende-Konnektivität verifizieren

```
R1# ping 172.16.1.1

Type escape sequence to abort.
Sending 5, 100-byte ICMP Echos to 172.16.1.1, timeout is 2 seconds:
!!!!!
Success rate is 100 percent (5/5), round-trip min/avg/max = 28/28/32 ms
R1# ping 192.168.1.1

Type escape sequence to abort.
Sending 5, 100-byte ICMP Echos to 192.168.1.1, timeout is 2 seconds:
!!!!!
Success rate is 100 percent (5/5), round-trip min/avg/max = 56/56/56 ms
R1# ping 192.168.1.2

Type escape sequence to abort.
Sending 5, 100-byte ICMP Echos to 192.168.1.2, timeout is 2 seconds:
!!!!!
Success rate is 100 percent (5/5), round-trip min/avg/max = 28/29/32 ms
R1# ping 192.168.2.1

Type escape sequence to abort.
Sending 5, 100-byte ICMP Echos to 192.168.2.1, timeout is 2 seconds:
!!!!!
Success rate is 100 percent (5/5), round-trip min/avg/max = 56/56/56 ms
R1#
```

Nun haben alle Geräte in unserer Topologie die vollständige Konnektivität erlangt: Jeder PC in jedem LAN kann nun auf die PCs in allen anderen LANs zugreifen.

2.4.4 Ausgangsschnittstelle mit rekursivem Routen-Lookup auflösen

Bevor ein Paket von einem Router weitergeleitet wird, muss der Routing-Prozess in der Routing-Tabelle die Ausgangsschnittstelle ermitteln, die zur Weiterleitung des Pakets verwendet werden soll. Dies bezeichnet man als *Auflösbarkeit der Route*. Untersuchen wir diesen Vorgang, indem wir die Routing-Tabelle für R1 in Listing 2.31 betrachten. R1 verfügt über eine statische Route in das Remote-Netzwerk 192.168.2.0/24, die alle Pakete an die IP-Adresse des nächsten Hops (172.16.2.2) weiterleitet:

```
S       192.168.2.0/24 [1/0] via 172.16.2.2
```

Das Ermitteln der Route ist aber erst der erste Schritt im Lookup-Prozess. R1 muss auch bestimmen, wie diese Adresse 172.16.2.2 erreicht werden kann. Er führt also eine zweite Suche nach einer Übereinstimmung mit 172.16.2.2 durch. In diesem Fall entspricht die IP-Adresse 172.16.2.2 der Route in das direkt angeschlossene Netzwerk 172.16.2.0/24:

```
C        172.16.2.0 is directly connected, Serial0/0/0
```

Die Route nach 172.16.2.0 führt über die Ausgangsschnittstelle Serial 0/0/0 in ein direkt angeschlossenes Netzwerk. Dieser Lookup sagt dem Routing-Tabellenprozess, dass dieses Paket über die genannte Schnittstelle weitergeleitet wird. Aus diesem Grund sind zwei Suchvorgänge notwendig, um ein Paket in das Netzwerk 192.168.2.0/24 weiterzuleiten. Wenn der Router mehrere Lookups in der Routing-Tabelle durchführen muss, bevor er ein Paket weiterleiten kann, führt er einen Prozess aus, der als rekursiver Routen-Lookup bezeichnet wird. Betrachten Sie das Beispiel:

1. Die Ziel-IP-Adresse des Pakets wird der statischen Route 192.168.2.0/24 mit der IP-Adresse 172.16.2.2 für den nächsten Router im Pfad zugeordnet.

2. Die IP-Adresse des nächsten Hops der statischen Route 172.16.2.2 wird dem direkt angeschlossenen Netzwerk 172.16.2.0/24 mit der Ausgangsschnittstelle Serial 0/0/0 zugeordnet.

Bei jeder Route, die nur die IP-Adresse des nächsten Hops, aber keine Ausgangsschnittstelle angibt, muss die IP-Adresse des nächsten Hops mithilfe einer anderen Route in der Routing-Tabelle, die über eine Ausgangsschnittstelle verfügt, aufgelöst werden.

In der Regel werden diese Routen in solche Routen in der Routing-Tabelle aufgelöst, die direkt angeschlossene Netzwerke sind, weil diese Einträge grundsätzlich eine Ausgangsschnittstelle enthalten. Im nächsten Abschnitt sehen Sie, dass statische Routen mit einer Ausgangsschnittstelle konfiguriert werden können. Sie müssen also nicht unter Verwendung einer anderen Route aufgelöst werden.

Die Ausgangsschnittstelle ist ausgefallen

Überlegen Sie einmal, was geschieht, wenn eine Ausgangsschnittstelle ausfällt. Was etwa würde auf R1 mit der statischen Route nach 192.16.2.0/24 passieren, wenn die Schnittstelle Serial 0/0/0 ausfallen würde? Wenn die statische Route nicht in eine Ausgangsschnittstelle (hier Serial 0/0/0) aufgelöst werden kann, wird sie aus der Routing-Tabelle entfernt.

Untersuchen Sie diesen Vorgang mit dem Befehl `debug ip routing` auf R1 und konfigurieren Sie für die Schnittstelle Serial 0/0/0 den Befehl `shutdown` (siehe Listing 2.33).

Listing 2.33: Statische Routen auf R1 sind auf die Ausgangsschnittstelle angewiesen.

```
R1# debug ip routing

IP routing debugging is on
R1# config t

Enter configuration commands, one per line.  End with CNTL/Z.
R1(config)# int s0/0/0
R1(config-if)# shutdown
R1(config-if)# end

is_up: 0 state: 6 sub state: 1 line: 0
RT: interface Serial0/0/0 removed from routing table
RT: del 172.16.2.0/24 via 0.0.0.0, connected metric [0/0]
RT: delete subnet route to 172.16.2.0/24
RT: del 192.168.1.0 via 172.16.2.2, static metric [1/0]
RT: delete network route to 192.168.1.0
RT: del 172.16.1.0/24 via 172.16.2.2, static metric [1/0]
RT: delete subnet route to 172.16.1.0/24
R1# show ip route

<Ausgabe unterdrückt>
Gateway of last resort is not set
     172.16.0.0/24 is subnetted, 1 subnets
C       172.16.3.0 is directly connected, FastEthernet0/0
```

Aus Kapitel 1 wissen Sie, dass das Netzwerk, das an die Schnittstelle Serial 0/0/0 angeschlossen ist, entfernt wird. Beachten Sie aber außerdem in der Debug-Ausgabe, dass alle drei statischen Routen gelöscht wurden, da sie alle in Serial 0/0/0 aufgelöst worden waren. Nun hat R1 in seiner Routing-Tabelle nur noch eine Route.

Allerdings sind die statischen Routen weiterhin in der laufenden Konfiguration von R1 enthalten. Geht die Schnittstelle wieder online (etwa durch Aktivierung mit `no shutdown`), dann installiert der Routing-Tabellenprozess des IOS diese statischen Routen in der Routing-Tabelle neu.

2.5 Statische Routen mit Ausgangsschnittstellen

Im vorherigen Abschnitt haben Sie gesehen, wie statische Routen mit einer Adresse für den nächsten Hop konfiguriert werden können. Die Verwendung einer solchen Adresse ist die korrekte Methode der Konfiguration statischer Routen. In einigen Situationen jedoch kann die Verwendung einer

Ausgangsschnittstelle zu einer Effizienzsteigerung im Lookup-Prozess führen.

Wir wiederholen hier zunächst die einfachere Syntax des Befehls `ip route` zur Orientierung:

```
Router(config)# ip route network-address subnet-mask {ip-address | exit-inter-
face}
```

2.5.1 Statische Routen mit Ausgangsschnittstelle konfigurieren

Betrachten Sie eine andere Möglichkeit, dieselben statischen Routen zu konfigurieren. Gegenwärtig ist auf R1 die statische Route in das Netzwerk 192.168.2.0/24 mit der IP-Adresse 172.16.2.2 als nächstem Hop konfiguriert. Beachten Sie in der laufenden Konfiguration die folgende Zeile:

```
ip route 192.168.2.0 255.255.255.0 172.16.2.2
```

Diese statische Route erfordert einen zweiten Nachschlagevorgang in der Routing-Tabelle, um die IP-Adresse des nächsten Hops für 172.16.2.2 einer Ausgangsschnittstelle zuordnen zu können. Die meisten statischen Routen lassen sich allerdings mit einer Ausgangsschnittstelle konfigurieren, die es der Routing-Tabelle gestattet, die Ausgangsschnittstelle mit nur einem statt mit zwei Suchdurchläufen aufzulösen.

Statische Route und Ausgangsschnittstelle

Wir wollen diese statische Route nun so umkonfigurieren, dass sie statt der IP-Adresse des nächsten Hops eine Ausgangsschnittstelle verwendet. Zuallererst müssen wir die aktuelle statische Route zu diesem Zweck löschen. Dies tun wir mit dem Befehl `no ip route` (siehe Listing 2.34).

Listing 2.34: Statische Route mit Ausgangsschnittstelle

```
R1(config)# no ip route 192.168.2.0 255.255.255.0 172.16.2.2
R1(config)# ip route 192.168.2.0 255.255.255.0 serial 0/0/0
R1(config)# end
R1# show ip route

Codes: C - connected, S - static, I - IGRP, R - RIP, M - mobile, B - BGP
       D - EIGRP, EX - EIGRP external, O - OSPF, IA - OSPF inter area
       N1 - OSPF NSSA external type 1, N2 - OSPF NSSA external type 2
       E1 - OSPF external type 1, E2 - OSPF external type 2, E - EGP
       i - IS-IS, L1 - IS-IS level-1, L2 - IS-IS level-2, ia - IS-IS inter area
       * - candidate default, U - per-user static route, o - ODR
       P - periodic downloaded static route
```

Listing 2.34: Statische Route mit Ausgangsschnittstelle (Forts.)

```
Gateway of last resort is not set

     172.16.0.0/24 is subnetted, 3 subnets
S       172.16.1.0 [1/0] via 172.16.2.2
C       172.16.2.0 is directly connected, Serial0/0/0
C       172.16.3.0 is directly connected, FastEthernet0/0
S    192.168.1.0/24 [1/0] via 172.16.2.2
S    192.168.2.0/24 is directly connected, Serial0/0/0
R1#
```

Als Nächstes konfigurieren wir die statische Route von R1 nach 192.168.2.0/24 mit der Ausgangsschnittstelle Serial 0/0/0.

Danach untersuchen wir mit dem Befehl `show ip route` die Änderung in der Routing-Tabelle. Beachten Sie, dass der Eintrag in der Routing-Tabelle jetzt nicht mehr die IP-Adresse des nächsten Hops, sondern direkt die Ausgangsschnittstelle referenziert. Diese Ausgangsschnittstelle ist dieselbe, in die die statische Route weiter oben bei Verwendung der IP-Adresse für den nächsten Hop aufgelöst worden war:

```
S    192.168.2.0/24 is directly connected, Serial0/0/0
```

Wenn nun der Routing-Tabellenprozess ein Paket dieser statischen Route zuordnet, kann er die Route »in einem Rutsch« in eine Ausgangsschnittstelle auflösen. Wie Sie der Routing-Tabelle entnehmen können, müssen die beiden anderen Routen weiterhin in zwei Schritten in dieselbe Schnittstelle Serial 0/0/0 aufgelöst werden.

Anmerkung

Die statische Route zeigt der Router als direkt angeschlossen an. Sie müssen sich klarmachen, dass dies keineswegs bedeutet, dass diese Route ein direkt angeschlossenes Netzwerk oder eine direkt angeschlossene Route darstellt; sie ist weiterhin eine statische Route. Das nächste Kapitel untersucht die Bedeutung dieser Tatsache im Zusammenhang mit der Beschreibung administrativer Distanzen. Sie werden erfahren, dass diese Form der statischen Route die administrative Distanz 1 hat. Zum jetzigen Zeitpunkt sollten Sie sich lediglich merken, dass es sich hierbei um eine statische Route mit der administrativen Distanz 1 und *nicht* um ein direkt angeschlossenes Netzwerk handelt.

2.5.2 Statische Routen und Point-to-Point-Netzwerke

Statische Routen, die mit Ausgangsschnittstellen anstelle von IP-Adressen des nächsten Hops konfiguriert werden, sind für die meisten seriellen Point-to-Point-Netzwerke optimal geeignet. Point-to-Point-Netzwerke, die Protokolle wie HDLC und PPP verwenden, benutzen die IP-Adresse des nächsten Hops nicht für den Prozess der Paketweiterleitung. Das geroutete IP-Paket wird in einen HDLC-konformen Schicht-2-Frame mit einer Broadcast-Adresse der Schicht 2 als Zieladresse gekapselt.

Diese Form der seriellen Point-to-Point-Verbindung ähnelt einem Rohr. Ein Rohr hat nur zwei Enden; was zum einen Ende hineingelangt, kann nur ein Ziel haben: das andere Ende des Rohrs. Pakete, die über die Schnittstelle Serial 0/0/0 von R1 gesendet werden, können folglich nur ein Ziel haben: die Schnittstelle Serial 0/0/0 von R2. Und diese Schnittstelle hat die IP-Adresse 172.16.2.2.

Anmerkung

Unter bestimmten Bedingungen sollte der Netzwerkadministrator die statische Route nicht mit einer Ausgangsschnittstelle, sondern mit der IP-Adresse des nächsten Hops konfigurieren. Eine solche Situation ist nicht Gegenstand dieses Buches, aber Sie sollten sich dieser Tatsache trotzdem bewusst sein.

2.5.3 Statische Routen ändern

Unter bestimmten Umständen muss eine zuvor konfigurierte statische Route modifiziert werden:

- Das Zielnetzwerk ist nicht mehr vorhanden, weswegen die statische Route gelöscht werden sollte.
- Es gibt eine Änderung in der Topologie, weswegen entweder die Zwischenadresse oder die Ausgangsschnittstelle geändert werden muss.

Es gibt keine Möglichkeit, eine vorhandene statische Route zu ändern, sondern die vorhandene Route muss gelöscht und eine neue statische Route konfiguriert werden.

Um eine statische Route zu löschen, setzen Sie `no` vor den Befehl `ip route` und stellen ihm dann die statische Route nach, die entfernt werden soll.

Im vorherigen Abschnitt beispielsweise haben Sie die statische Route

```
ip route 192.168.2.0 255.255.255.0 172.16.2.2
```

mit dem folgenden `no ip route`-Befehl entfernt:

```
no ip route 192.168.2.0 255.255.255.0 172.16.2.2
```

Wie Sie sicher noch wissen, wurde die statische Route gelöscht, weil Sie sie so abändern wollten, dass sie statt der IP-Adresse des nächsten Hops eine Ausgangsschnittstelle verwendet. Sie haben also eine statische Route unter Verwendung der Ausgangsschnittstelle konfiguriert:

```
R1(config)# ip route 192.168.2.0 255.255.255.0 serial 0/0/0
```

Für den Lookup-Prozess in der Routing-Tabelle ist es zumindest bei ausgehenden seriellen Point-to-Point-Netzwerken effizienter, statische Routen mit Ausgangsschnittstellen zu verwenden. Konfigurieren Sie die verbleibenden statischen Routen auf R1, R2 und R3 wie in Listing 2.35 gezeigt.

Listing 2.35: Alle statischen Routen für Ausgangsschnittstellen konfigurieren

```
R1(config)# no ip route 172.16.1.0 255.255.255.0 172.16.2.2
R1(config)# ip route 172.16.1.0 255.255.255.0 serial 0/0/0
R1(config)# no ip route 192.168.1.0 255.255.255.0 172.16.2.2
R1(config)# ip route 192.168.1.0 255.255.255.0 serial 0/0/0
R2(config)# no ip route 172.16.3.0 255.255.255.0 172.16.2.1
R2(config)# ip route 172.16.3.0 255.255.255.0 serial 0/0/0
R2(config)# no ip route 192.168.2.0 255.255.255.0 192.168.1.1
R2(config)# ip route 192.168.2.0 255.255.255.0 serial 0/0/1
R3(config)# no ip route 172.16.1.0 255.255.255.0 192.168.1.2
R3(config)# ip route 172.16.1.0 255.255.255.0 serial 0/0/1
R3(config)# no ip route 172.16.2.0 255.255.255.0 192.168.1.2
R3(config)# ip route 172.16.2.0 255.255.255.0 serial 0/0/1
R3(config)# no ip route 172.16.3.0 255.255.255.0 192.168.1.2
R3(config)# ip route 172.16.3.0 255.255.255.0 serial 0/0/1
```

Wie Sie sehen, löschen Sie jeweils zunächst eine Route und erstellen diese dann in das jeweils selbe Netzwerk mit einer Ausgangsschnittstelle neu.

2.5.4 Konfiguration statischer Routen überprüfen

Wenn Änderungen an statischen Routen (oder an anderen Aspekten des Netzwerks) vorgenommen wurden, müssen Sie überprüfen, ob diese Änderungen Wirkung zeigen und die gewünschten Ergebnisse zur Folge haben.

Änderungen an statischen Routen überprüfen

Im obigen Abschnitt haben Sie die statischen Routen für alle drei Router gelöscht und neu konfiguriert. Dies lässt sich mit dem Befehl `show running-config` überprüfen (Listing 2.36).

Listing 2.36: Konfiguration statischer Routen mit dem Befehl »show running-config« überprüfen

```
R1# show running-config

<Ausgabe unterdrückt>
ip route 172.16.1.0 255.255.255.0 Serial0/0/0
ip route 192.168.1.0 255.255.255.0 Serial0/0/0
ip route 192.168.2.0 255.255.255.0 Serial0/0/0
<Ausgabe unterdrückt>
```

```
R2# show running-config

<Ausgabe unterdrückt>
ip route 172.16.3.0 255.255.255.0 Serial0/0/0
ip route 192.168.2.0 255.255.255.0 Serial0/0/1
<Ausgabe unterdrückt>
```

```
R3# show running-config

<Ausgabe unterdrückt>
ip route 172.16.1.0 255.255.255.0 Serial0/0/1
ip route 172.16.2.0 255.255.255.0 Serial0/0/1
ip route 172.16.3.0 255.255.255.0 Serial0/0/1
<Ausgabe unterdrückt>
```

Sie wissen, dass die laufende Konfiguration die aktuelle Router-Konfiguration enthält, d. h. die gegenwärtig vom Router verwendeten Befehle und Parameter. Überprüfen Sie Ihre Änderungen also durch Untersuchen der laufenden Konfiguration. Listing 2.36 zeigt lediglich den Teil der laufenden Konfiguration der Router, der mit statischen Routen in Verbindung steht.

Listing 2.37 zeigt die Routing-Tabelle aller drei Router. Beachten Sie, dass statische Routen mit Ausgangsschnittstellen zur Routing-Tabelle hinzugefügt und die vorherigen statischen Routen mit den Adressen des jeweils nächsten Hops gelöscht wurden.

Listing 2.37: Überprüfen, ob neue Routen in der Routing-Tabelle installiert wurden.

```
R1# show ip route

<Ausgabe unterdrückt>
     172.16.0.0/24 is subnetted, 3 subnets
S       172.16.1.0 is directly connected, Serial0/0/0
C       172.16.2.0 is directly connected, Serial0/0/0
C       172.16.3.0 is directly connected, FastEthernet0/0
S    192.168.1.0/24 is directly connected, Serial0/0/0
S    192.168.2.0/24 is directly connected, Serial0/0/0
```

```
R2# show ip route

<Ausgabe unterdrückt>
     172.16.0.0/24 is subnetted, 3 subnets
C       172.16.1.0 is directly connected, FastEthernet0/0
C       172.16.2.0 is directly connected, Serial0/0/0
S       172.16.3.0 is directly connected, Serial0/0/0
C    192.168.1.0/24 is directly connected, Serial0/0/1
S    192.168.2.0/24 is directly connected, Serial0/0/1
```

```
R3# show ip route

<Ausgabe unterdrückt>
     172.16.0.0/24 is subnetted, 3 subnets
S       172.16.1.0 is directly connected, Serial0/0/1
S       172.16.2.0 is directly connected, Serial0/0/1
S       172.16.3.0 is directly connected, Serial0/0/1
C    192.168.1.0/24 is directly connected, Serial0/0/1
C    192.168.2.0/24 is directly connected, FastEthernet0/0
```

Der ultimative Test besteht darin, Pakete von einem Absender zu einem Empfänger zu senden (siehe Listing 2.38).

Listing 2.38: Ende-zu-Ende-Konnektivität mit dem »ping«-Befehl testen

```
R1# ping 192.168.2.1

Type escape sequence to abort.
Sending 5, 100-byte ICMP Echos to 172.16.3.1, timeout is 2 seconds:
!!!!!
Success rate is 100 percent (5/5), round-trip min/avg/max = 28/28/32 ms
```

Listing 2.38: Ende-zu-Ende-Konnektivität mit dem »ping«-Befehl testen (Forts.)

```
R2# ping 172.16.3.1

Type escape sequence to abort.
Sending 5, 100-byte ICMP Echos to 172.16.1.1, timeout is 2 seconds:
!!!!!
Success rate is 100 percent (5/5), round-trip min/avg/max = 28/29/32 ms
R2#ping 192.168.2.1

Type escape sequence to abort.
Sending 5, 100-byte ICMP Echos to 192.168.2.1, timeout is 2 seconds:
!!!!!
Success rate is 100 percent (5/5), round-trip min/avg/max = 56/56/60 ms
```

```
R3# ping 172.16.3.1

Type escape sequence to abort.
Sending 5, 100-byte ICMP Echos to 172.16.1.1, timeout is 2 seconds:
!!!!!
Success rate is 100 percent (5/5), round-trip min/avg/max = 28/29/32 ms
```

Mit dem `ping`-Befehl können Sie überprüfen, ob von den einzelnen Routern kommende Pakete ihr Ziel erreichen und der Rückpfad einwandfrei funktioniert. Listing 2.38 zeigt die erfolgreiche Ausgabe von `ping`.

Nun wollen wir das Konfigurieren und Überprüfen statischer Routen üben.

Statische Routen entfernen und konfigurieren (2.5.3)

Packet Tracer **Aktivität**

In dieser Packet Tracer-Aktivität üben Sie das Entfernen statischer Routen und das Neukonfigurieren statischer Routen unter direkter Verwendung der Ausgangsschnittstelle. Danach überprüfen Sie die neue Konfiguration und testen die Konnektivität. Zur Durchführung der Aktivität verwenden Sie Packet Tracer und die Datei *e2-253.pka* auf der Begleit-CD-ROM zu diesem Buch.

2.5.5 Statische Routen mit Ethernet-Schnittstellen

Manchmal ist die Ausgangsschnittstelle ein Ethernet-Netzwerk. Eine Ethernet-Schnittstelle an einem Router verhält sich (einschließlich ARP) genauso wie jeder andere Host in diesem Ethernet-Netzwerk.

Ethernet-Schnittstellen und ARP

Für die nachfolgende Beschreibung müssen Sie unsere Topologie wie in Abbildung 2.10 gezeigt ändern.

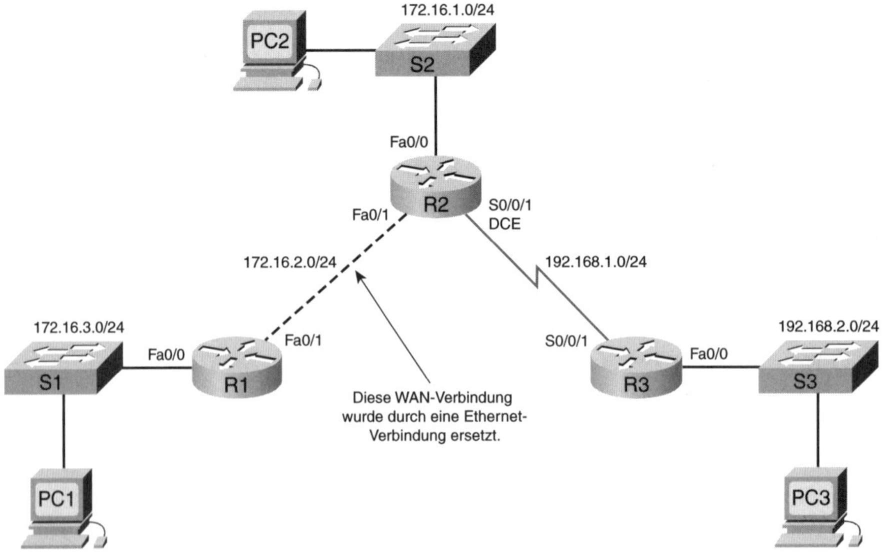

Abbildung 2.10: Geänderte Topologie des Kapitels

Nehmen wir an, die Netzwerkverbindung zwischen R1 und R2 sei eine Ethernet-Verbindung, und die Schnittstelle FastEthernet 0/1 der jeweiligen Router sei mit diesem Netzwerk verbunden. Eine statische Route unter Angabe der IP-Adresse des nächsten Hops in das Netzwerk 192.168.2.0/24 lässt sich mit dem folgenden Befehl festlegen:

```
R1(config)# ip route 192.168.2.0 255.255.255.0 172.16.2.2
```

Wie weiter oben im Abschnitt »Ethernet-Schnittstelle konfigurieren« beschrieben, muss das IP-Paket in einen Ethernet-Frame mit einer Ethernet-Ziel-MAC-Adresse gekapselt werden. Wenn das Paket an den nächsten Router im Pfad gesendet wird, ist die Ziel-MAC-Adresse die Adresse der Ethernet-Schnittstelle des nächsten Hops. In diesem Fall wird der Ziel-MAC-Adresse die IP-Adresse 172.16.2.2 des nächsten Hops zugeordnet. R1 sucht in seiner ARP-Tabelle für FastEthernet 0/1 einen Eintrag für 172.16.2.2 und die dazugehörige MAC-Adresse.

ARP-Anfrage senden

Befindet sich der Eintrag nicht in der ARP-Tabelle, dann sendet R1 eine ARP-Anfrage über seine Schnittstelle FastEthernet 0/1. Der Schicht-2-Broadcast fragt an, ob ein Gerät die IP-Adresse 172.16.2.2 besitzt; sollte dies der Fall sein, so muss jenes Gerät mit seiner MAC-Adresse antworten. Da die Schnittstelle FastEthernet 0/1 von R2 diese IP-Adresse aufweist, sendet sie eine ARP-Antwort mit der MAC-Adresse der Schnittstelle zurück.

R1 empfängt die ARP-Antwort und fügt die IP-Adresse 172.16.2.2 sowie die zugehörige MAC-Adresse seiner ARP-Tabelle hinzu. Das IP-Paket ist nun in einen Ethernet-Frame gekapselt, als dessen Ziel-MAC-Adresse die in der ARP-Tabelle gefundene Adresse verwendet wird. Der Ethernet-Frame mit dem gekapselten Paket wird dann über die Schnittstelle FastEthernet 0/1 an Router R2 gesendet.

Statische Routen und Ethernet-Ausgangsschnittstellen

Wir wollen eine statische Route nun umkonfigurieren, sodass sie statt der IP-Adresse des nächsten Hops eine Ausgangsschnittstelle verwendet. Ändern Sie die statische Route nach 192.168.2.0/24 mit dem folgenden Befehl entsprechend ab:

```
R1(config)# ip route 192.168.2.0 255.255.255.0 fastethernet 0/1
```

Der Unterschied zwischen einem Ethernet-Netzwerk und einem seriellen Point-to-Point-Netzwerk besteht darin, dass das Point-to-Point-Netzwerk über nur jeweils ein anderes Gerät im Netzwerk verfügt, nämlich den Router am anderen Ende der Leitung. Bei Ethernet-Netzwerken hingegen können viele verschiedene Geräte – Hosts und sogar mehrere Router – dasselbe Mehrfachzugriffsnetzwerk gemeinsam verwenden. Wird nur die Ethernet-Ausgangsschnittstelle in der statischen Route genannt, dann verfügt der Router nicht über genügend Informationen, um zu ermitteln, welches Gerät der nächste Hop ist.

R1 weiß, dass das Paket in einen Ethernet-Frame gekapselt werden muss, und versendet es über die Schnittstelle FastEthernet 0/1. Allerdings kennt R1 die IP-Adresse des nächsten Hops nicht und kann deswegen auch nicht die Ziel-MAC-Adresse für den Ethernet-Frame bestimmen.

Abhängig von der Topologie und der Konfiguration der anderen Router kann diese statische Route funktionieren, muss es aber nicht. Empfehlungen besagen, dass, falls die Ausgangsschnittstelle ein Ethernet-Netzwerk ist, Sie diese nicht in der statischen Route verwenden dürfen.

Jetzt fragen Sie sich vielleicht, ob es eine Möglichkeit gibt, eine statische Route über ein Ethernet-Netzwerk so zu konfigurieren, dass kein rekursiver Lookup der IP-Adresse des nächsten Hops erforderlich ist. Dies ist in der Tat möglich, indem man die statische Route so konfiguriert, dass sie sowohl die Ausgangsschnittstelle als auch die IP-Adresse des nächsten Hops enthält.

Wie Sie in Abbildung 2.10 sehen, wäre die Ausgangsschnittstelle FastEthernet 0/1 und die IP-Adresse des nächsten Hops 172.16.2.2:

```
R1(config)# ip route 192.168.2.0 255.255.255.0 fastethernet 0/1 172.16.2.2
```

Der Routing-Tabelleneintrag für diese Route sähe wie folgt aus:

```
S      192.168.2.0/24 [1/0] via 172.16.2.2 FastEthernet0/1
```

Der Routing-Prozess muss nun nur noch einmal in der Routing-Tabelle suchen, um sowohl die Ausgangsschnittstelle als auch die IP-Adresse des nächsten Hops in Erfahrung zu bringen.

Vorteile der Verwendung von Ausgangsschnittstellen bei statischen Routen

Aus der Verwendung von Ausgangsschnittstellen bei statischen Routen ergibt sich sowohl bei Point-to-Point- als auch bei ausgehenden Ethernet-Netzwerken ein Vorteil: Der Routing-Tabellenprozess muss, statt über zwei Lookups die Adresse des nächsten Hops zu ermitteln, lediglich einen einzigen Lookup ausführen, um die Ausgangsschnittstelle zu finden.

Bei statischen Routen mit ausgehenden seriellen Point-to-Point-Netzwerken ist es am besten, statische Routen lediglich mit der Ausgangsschnittstelle zu konfigurieren. Bei seriellen Point-to-Point-Schnittstellen wird die Adresse des nächsten Hops in der Routing-Tabelle im Zuge der Paketweiterleitung niemals verwendet, ist also eigentlich unnötig.

Bei statischen Routen mit ausgehenden Ethernet-Netzwerken ist es am besten, statische Routen sowohl mit der Adresse des nächsten Hops als auch mit der Ausgangsschnittstelle zu konfigurieren.

Anmerkung

Weitere Informationen zu Fragen, die in Verbindung mit statischen Routen auftreten können, die nur eine Ethernet- oder Fast Ethernet-Ausgangsschnittstelle verwenden, finden Sie in Alex Zinins Buch »Cisco IP Routing«.

2.6 Statische Summen- und Default-Routen

Entweder verfügt ein Router in seiner Routing-Tabelle über einen spezifischen Routeneintrag für ein Zielnetzwerk, oder das betreffende Netzwerk ist Teil eines weniger spezifischen Eintrags. Dieser weniger spezifische Eintrag kann eine Summen- oder eine Default-Route sein.

2.6.1 Statische Summenrouten

Eine Summenroute ist eine zusammengefasste Einzelroute, die zur Darstellung mehrerer Routen verwendet werden kann. Summenrouten beziehen sich im Allgemeinen auf eine Zahl zusammenhängender Netzwerke, die dieselbe Ausgangsschnittstelle oder dieselbe IP-Adresse für den nächsten Hop benutzen.

ANMERKUNG

> Die in einer Summenroute dargestellten Netzwerke müssen nicht fortlaufend sein. Dies wird in Kapitel 8 genauer erläutert.

Routen zur Verkleinerung der Routing-Tabelle zusammenfassen

Das Erstellen kleiner Routing-Tabellen macht den Lookup-Prozess effizienter, weil weniger Routen zu durchsuchen sind. Wenn statt mehrerer statischer Routen nur eine verwendet werden muss, verringert sich die Größe der Routing-Tabelle entsprechend. In vielen Fällen kann eine einzelne statische Route zur Darstellung Dutzender, Hunderter oder sogar Tausender Routen verwendet werden.

Sie können mit nur einer Netzwerkadresse viele Subnetze darstellen. So lassen sich etwa die Netzwerke 10.0.0.0/16, 10.1.0.0/16, 10.2.0.0/16, 10.3.0.0/16, 10.4.0.0/16, 10.5.0.0/16 usw. bis 10.255.0.0/16 durch eine einzige Netzwerkadresse repräsentieren: 10.0.0.0/8.

Routensummierung

Mehrere statische Routen lassen sich zu einer einzelnen statischen Route zusammenfassen, wenn sie die folgenden Anforderungen erfüllen:

- Die Zielnetzwerke lassen sich in einer einzigen Netzwerkadresse zusammenfassen.
- Alle statischen Routen verwenden dieselbe Ausgangsschnittstelle oder dieselbe IP-Adresse für den nächsten Hop.

Dies bezeichnet man als Zusammenfassung (oder Summierung) von Routen.

In der statischen Routenkonfiguration unserer Kapitel-Topologie (Abbildung 2.1) umfasst R3 drei statische Routen. Alle drei leiten Daten über dieselbe Schnittstelle Serial 0/0/1 weiter. Die drei statischen Routen auf R3 sind:

```
ip route 172.16.1.0 255.255.255.0 Serial0/0/1
ip route 172.16.2.0 255.255.255.0 Serial0/0/1
ip route 172.16.3.0 255.255.255.0 Serial0/0/1
```

Sofern möglich, sollten Sie alle diese Routen zu einer einzigen statischen Route zusammenfassen. Die Netzwerke 172.16.1.0/24, 172.16.2.0/24 und 172.16.3.0/24 können zum Netzwerk 172.16.0.0/22 zusammengefasst werden. Da alle drei Routen dieselbe Ausgangsschnittstelle verwenden, können sie zum Einzelnetzwerk 172.16.0.0 255.255.252.0 zusammengefasst werden, was die Erstellung einer einzelnen Summenroute ermöglicht.

Summenrouten berechnen

Wir wollen uns den Prozess der Erstellung der Summenroute 172.16.1.0/22 ansehen, wie er in Abbildung 2.11 dargestellt ist:

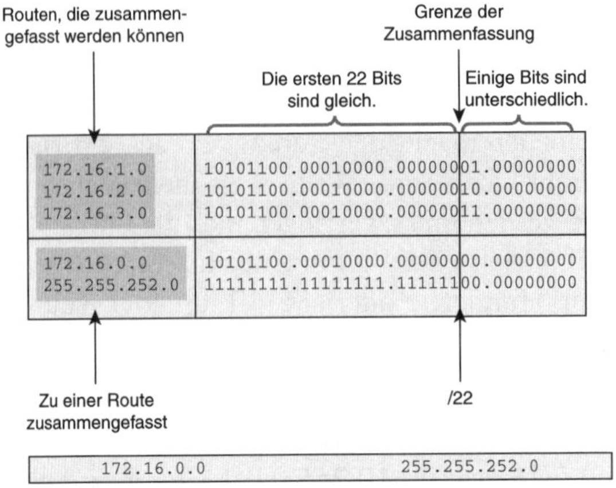

Abbildung 2.11: Routen zusammenfassen

Schritt für Schritt

1. Notieren Sie die Netzwerke, die Sie zusammenfassen wollen, in binärer Form.
2. Um die Subnetzmaske für die Zusammenfassung zu ermitteln, beginnen Sie links beim ersten Bit.
3. Arbeiten Sie sich nach rechts vor und ermitteln Sie dabei alle aufeinanderfolgenden Bits, die übereinstimmen.
4. Beenden Sie Schritt 3, sobald Sie auf eine nicht übereinstimmende Bitspalte stoßen. Hier ist die Grenze der Zusammenfassung.

5. Ermitteln Sie von links gesehen die Anzahl der übereinstimmenden Bits. In unserem Beispiel ist dies 22. Diese Zahl wird unsere Subnetzmaske für die Summenroute: /22 bzw. 255.255.252.0.
6. Um die Netzwerkadresse für die Zusammenfassung zu ermitteln, kopieren Sie die passenden 22 Bits und füllen dann mit Nullen auf, bis Sie 32 Bits erreichen.

Wenn Sie diese Schritte befolgen, werden Sie feststellen, dass die drei statischen Routen auf R3 sich zu einer einzigen statischen Route zusammenfassen lassen, die die Summennetzwerkadresse 172.16.0.0 255.255.252.0 verwendet:

```
ip route 172.16.0.0 255.255.252.0 Serial0/0/1
```

Summenroute konfigurieren

Um die Summenroute zu implementieren, müssen Sie zunächst die drei aktuellen statischen Routen löschen.

```
R3(config)# no ip route 172.16.1.0 255.255.255.0 serial0/0/1
R3(config)# no ip route 172.16.2.0 255.255.255.0 serial0/0/1
R3(config)# no ip route 172.16.3.0 255.255.255.0 serial0/0/1
```

Als Nächstes konfigurieren sie die statische Summenroute:

```
R3(config)# ip route 172.16.0.0 255.255.252.0 serial0/0/1
```

Listing 2.39 zeigt die Änderung in der Routing-Tabelle: Die drei statischen Routen werden nun durch eine einzige statische Summenroute repräsentiert. Um die neue statische Route zu überprüfen, untersuchen Sie die Routing-Tabelle von R3 mit dem Befehl `show ip route` wie im Listing gezeigt.

Listing 2.39: Drei statische Routen, die zu einer Summenroute zusammengefasst wurden

```
R3# show ip route

<Ausgabe unterdrückt>

Gateway of last resort is not set

 172.16.0.0/24 is subnetted, 3 subnets
S       172.16.1.0 is directly connected, Serial0/0/1
S       172.16.2.0 is directly connected, Serial0/0/1
S       172.16.3.0 is directly connected, Serial0/0/1
C    192.168.1.0/24 is directly connected, Serial0/0/1
C    192.168.2.0/24 is directly connected, FastEthernet0/0
```

Listing 2.39: Drei statische Routen, die zu einer Summenroute zusammengefasst wurden (Forts.)

```
R3# show ip route

<Ausgabe unterdrückt>

Gateway of last resort is not set

     172.16.0.0/22 is subnetted, 1 subnets
S       172.16.0.0 is directly connected, Serial0/0/1
C    192.168.1.0/24 is directly connected, Serial0/1
C    192.168.2.0/24 is directly connected, FastEthernet0/0
```

Bei dieser Summenroute muss die Ziel-IP-Adresse eines Pakets nur den ersten 22 Bits der Netzwerkadresse 172.16.0.0 entsprechen. Pakete mit einer Ziel-IP-Adresse, die zu den Netzwerken 172.16.1.0/24, 172.16.2.0/24 oder 172.16.3.0/24 gehört, passen zur Summenroute.

Wie Listing 2.40 zeigt, können Sie die neue Konfiguration mithilfe des `ping`-Befehls testen, um zu kontrollieren, ob im gesamten Netzwerk vollständige Konnektivität herrscht.

Listing 2.40: Summenroute mit dem »ping«-Befehl kontrollieren

```
R3# ping 172.16.1.1

Type escape sequence to abort.
Sending 5, 100-byte ICMP Echos to 172.16.1.1, timeout is 2 seconds:
!!!!!
Success rate is 100 percent (5/5), round-trip min/avg/max = 28/29/32 ms
R3#ping 172.16.2.1

Type escape sequence to abort.
Sending 5, 100-byte ICMP Echos to 172.16.2.1, timeout is 2 seconds:
!!!!!
Success rate is 100 percent (5/5), round-trip min/avg/max = 56/56/60 ms
R3#ping 172.16.3.1

Type escape sequence to abort.
Sending 5, 100-byte ICMP Echos to 172.16.3.1, timeout is 2 seconds:
!!!!!
Success rate is 100 percent (5/5), round-trip min/avg/max = 56/56/60 ms
R3#
```

ANMERKUNG

Im März 2007 waren mehr als 200.000 Routen auf den Internet-Core-Routern gespeichert. Die meisten davon sind Summenrouten.

2.6.2 Statische Default-Routen

Eine Default-Route wird zur Darstellung aller Routen verwendet, bei denen die Bits nicht übereinstimmen. Gibt es also keine Routen, die eine bessere Übereinstimmung aufweisen, dann ist die Default-Route die geeignetste Route. Die nachfolgende Beschreibung behandelt statische Default-Routen. Default-Routen tauchen im gesamten Buch immer wieder auf.

Die genaueste Übereinstimmung

Die Ziel-IP-Adresse eines Pakets kann mehreren Routen in der Routing-Tabelle entsprechen. Betrachten Sie beispielsweise die folgenden beiden statischen Routen in der Routing-Tabelle:

```
     172.16.0.0/24 is subnetted, 3 subnets
S       172.16.1.0 is directly connected, Serial0/0/0
S       172.16.0.0/16 is directly connected, Serial0/0/1
```

Ein Paket mit der Ziel-IP-Adresse 172.16.1.10 würde beiden Routen entsprechen. Lookups in der Routing-Tabelle haben stets die Route mit der *genauesten* Übereinstimmung zum Ergebnis. Da bei der Route 172.16.1.0/24 24 Bits, bei der Route 172.16.0.0/16 jedoch nur 16 Bits übereinstimmen, wird die statische Route mit der 24-Bit-Übereinstimmung verwendet, denn diese bietet die genaueste Übereinstimmung. Das Paket wird dann in einen Schicht-2-Frame gekapselt und über die Schnittstelle Serial 0/0/0 gesendet. Zur Erinnerung: Die Subnetzmaske des Routeneintrags bestimmt, wie viele Bits der Ziel-IP-Adresse des Pakets für diese Route entsprechen müssen, damit eine Übereinstimmung vorliegt.

ANMERKUNG

Dieser Vorgang ist für alle Routen in der Routing-Tabelle identisch: für statische Routen, dynamisch erlernte Routen und direkt angeschlossene Netzwerke. Der Lookup-Vorgang der Routing-Tabelle wird in Kapitel 8 ausführlich behandelt.

Eine statische Default-Route ist eine Route, die zu allen Paketzielen passt. Statische Default-Routen werden verwendet,

- um Zielnetzwerke außerhalb des Routing-Bereichs des Routers darzustellen (z. B. beim Anschluss eines Edge-Routers eines Unternehmens an das Netzwerk eines Internetproviders),
- wenn keine anderen Routen in der Routing-Tabelle der Ziel-IP-Adresse des Pakets entsprechen, eine genauere Übereinstimmung also nicht vorhanden ist,
- wenn ein Router an nur einen anderen Router angeschlossen (also ein Stub-Router) ist.

In späteren Kapiteln, wenn von dynamischen Routing-Protokollen die Rede sein wird, wird dies klarer werden.

Statische Default-Routen konfigurieren

Die Syntax für die Konfiguration einer Default-Route ähnelt der jeder anderen statischen Route, nur lauten hier Netzwerkadresse und Subnetzmaske jeweils 0.0.0.0:

```
Router(config)# ip route 0.0.0.0 0.0.0.0 [exit-interface | ip-address ]
```

Die Kombination 0.0.0.0 0.0.0.0 für Netzwerkadresse und -maske heißt auch Quad-Zero-Route.

Betrachten Sie noch einmal Abbildung 2.9. Sie wissen bereits, dass R1 in dieser Topologie ein Stub-Router und nur an R2 angeschlossen ist. Zwar zeigt die Kapitel-Topologie (Abbildung 2.1) auch einen Router R3, doch benötigt R1 keine speziellen Routing-Informationen, um Netzwerke an R3 zu erreichen. R1 hat drei statische Routen, mit denen sich alle Remote-Netzwerke in unserer Topologie erreichen lassen. Alle diese statischen Routen benutzen die Ausgangsschnittstelle Serial 0/0/0 auf und leiten Pakete darüber an den nächsten Router im Pfad – R2 – weiter.

Hier noch einmal zur Wiederholung die drei statischen Routen auf R1:

```
ip route 172.16.1.0 255.255.255.0 serial 0/0/0
ip route 192.168.1.0 255.255.255.0 serial 0/0/0
ip route 192.168.2.0 255.255.255.0 serial 0/0/0
```

Wie Abbildung 2.9 zeigt, bietet sich R1 hervorragend für eine Ersetzung aller seiner statischen Routen durch eine einzige Default-Route an. Löschen Sie zunächst die drei statischen Routen:

```
R1(config)# no ip route 172.16.1.0 255.255.255.0 serial 0/0/0
R1(config)# no ip route 192.168.1.0 255.255.255.0 serial 0/0/0
R1(config)# no ip route 192.168.2.0 255.255.255.0 serial 0/0/0
```

Nun konfigurieren Sie die statische Default-Route über dieselbe Ausgangsschnittstelle Serial 0/0/0, die auch von den drei vorherigen statischen Routen verwendet wurde:

```
R1(config)# ip route 0.0.0.0 0.0.0.0 serial 0/0/0
```

Statische Default-Route überprüfen

Mit dem Befehl `show ip route` überprüfen Sie die Änderung in der Routing-Tabelle. Listing 2.41 zeigt die Routing-Tabelle vor der Konfiguration der Default-Route.

Listing 2.41: Routing-Tabelle auf R1 vor der Konfiguration einer Default-Route

```
R1# show ip route

<Ausgabe unterdrückt>

Gateway of last resort is not set

 172.16.0.0/24 is subnetted, 3 subnets
S       172.16.1.0 is directly connected, Serial0/0/0
C       172.16.2.0 is directly connected, Serial0/0/0
C       172.16.3.0 is directly connected, FastEthernet0/0
S    192.168.1.0/24 is directly connected, Serial0/0/0
S    192.168.2.0/24 is directly connected, Serial0/0/0
```

Listing 2.42 zeigt die Routing-Tabelle nach der Konfiguration der Default-Route.

Listing 2.42: Routing-Tabelle auf R1 nach der Konfiguration einer Default-Route

```
R1# show ip route

<Ausgabe teilweise unterdrückt>
       * - candidate default, U - per-user static route, o - ODR
       P - periodic downloaded static route

Gateway of last resort is 0.0.0.0 to network 0.0.0.0
     172.16.0.0/24 is subnetted, 2 subnets
C       172.16.2.0 is directly connected, Serial0/0/0
C       172.16.3.0 is directly connected, FastEthernet0/0
S*   0.0.0.0/0 is directly connected, Serial0/0/0
```

Beachten Sie, dass das Sternchen (*) neben dem Code `S` die Route als Default-Route kennzeichnet. Aus diesem Grund wird die Route als »statische Default-Route« bezeichnet. In späteren Kapiteln werden Sie sehen, dass eine Default-Route nicht immer statischer Natur sein muss.

Der Schlüssel zu dieser Konfiguration liegt in der Maske /0. Wir haben zuvor bereits gelernt, dass es die Subnetzmaske in der Routing-Tabelle ist, die bestimmt, wie viele Bits bei der Ziel-IP-Adresse des Pakets und der Route in der Routing-Tabelle übereinstimmen müssen. Eine Maske /0 zeigt an, dass null bzw. keine Bits übereinstimmen müssen. Solange keine spezifischere Route vorhanden ist, wird also die statische Default-Route für alle Pakete verwendet.

Default-Routen sind auf Routern weit verbreitet. Router müssen also nicht Routen für alle Netzwerke im Internet speichern, sondern legen lediglich eine einzige Default-Route ab, mit der alle Netzwerke dargestellt werden, die nicht in der Routing-Tabelle vorhanden sind. Dieses Thema wird in Kapitel 3, »Einführung in die dynamischen Routing-Protokolle«, in aller Ausführlichkeit beschrieben.

Nun wollen wir das Konfigurieren und Überprüfen statischer Default-Routen üben.

Packet Tracer
Aktivität

Default-Route konfigurieren (2.6.2)

In dieser Packet Tracer-Aktivität üben Sie das Konfigurieren von Summen- und Default-Routen. Danach überprüfen Sie die neue Konfiguration, indem Sie die Konnektivität testen. Zur Durchführung der Aktivität verwenden Sie Packet Tracer und die Datei *e2-262.pka* auf der Begleit-CD-ROM zu diesem Buch.

2.7 Statische Routen und Troubleshooting

Es ist wichtig, bei statischen Routen ein entsprechendes Troubleshooting durchführen zu können. Wenn eine statische Route nicht mehr benötigt wird, sollte diese aus der laufenden Konfiguration und der Startkonfigurationsdatei gelöscht werden.

2.7.1 Statische Routen und Paketweiterleitung

Nachdem wir statische Routen auf allen drei Routern in der Topologie konfiguriert haben, werden wir hier sehen, welche Vorgänge stattfinden, wenn ein Paket von diesen Routern weitergeleitet wird.

Abbildung 2.12 und die nachfolgenden Schritte zeigen die Paketweiterleitung bei statischen Routen. In diesem Beispiel routen R1, R2 und R3 Daten zwischen PC1 und PC3. Dargestellt ist nur die Übertragung der Daten von PC1 an PC3, doch wird derselbe Vorgang zur Datenübertragung von PC3 an PC1 verwendet.

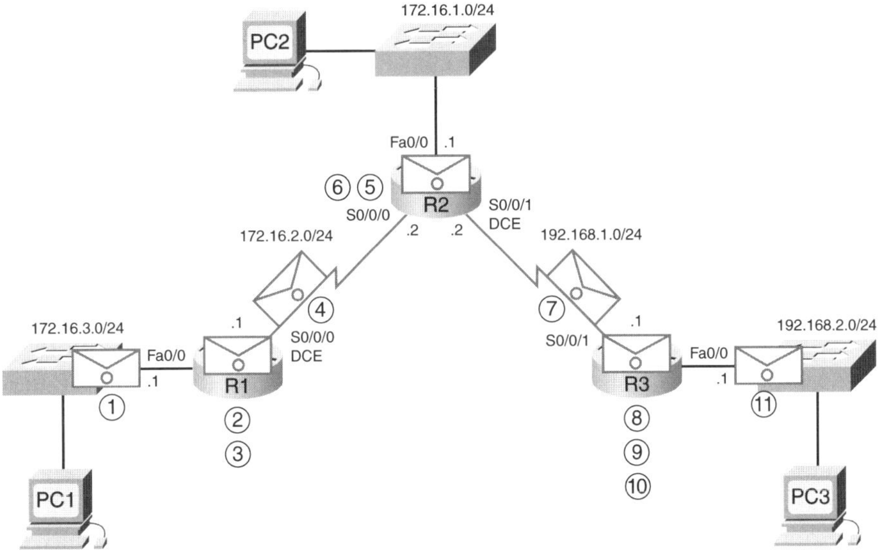

Abbildung 2.12: Statische Routen und Paketweiterleitung

Die Paketweiterleitung von R1 an R3 erfolgt wie folgt:

1. Das Paket trifft an der Schnittstelle FastEthernet 0/0 von R1 ein.
2. R1 kennt keine spezifische Route in das Zielnetzwerk 192.168.2.0/24 und verwendet deswegen die statische Default-Route.
3. R1 kapselt das Paket in einen neuen Frame. Da die Verbindung mit R2 eine Point-to-Point-Verbindung ist, benutzt R1 als Schicht-2-Zieladresse eine nur aus binären Einsen bestehende Adresse.
4. Der Frame wird über die Schnittstelle Serial 0/0/0 weitergeleitet. Das Paket trifft an der Schnittstelle Serial 0/0/0 von R2 ein.
5. R2 entkapselt den Frame, untersucht die Ziel-IP-Adresse des Pakets und sucht nach einer Route zu diesem Ziel. In der Routing-Tabelle von R2 gibt es eine statische Route nach 192.168.2.0/24 über Serial 0/0/1.
6. R2 kapselt das Paket in einen neuen Frame. Da die Verbindung mit R3 eine Point-to-Point-Verbindung ist, benutzt R2 als Schicht-2-Zieladresse eine nur aus binären Einsen bestehende Adresse.
7. Der Frame wird über die Schnittstelle Serial 0/0/1 weitergeleitet. Das Paket trifft an der Schnittstelle Serial 0/0/1 von R3 ein.
8. R3 entkapselt den Frame, untersucht die Ziel-IP-Adresse des Pakets und sucht nach einer Route zu diesem Ziel. In der Routing-Tabelle von R3 gibt es eine direkt verbundene Route nach 192.168.2.0/24 über FastEthernet 0/1.

9. R3 liest den ARP-Tabelleneintrag für 192.168.2.10 aus, um die MAC-Adresse von PC3 zu ermitteln:
   a) Wenn kein Eintrag vorhanden ist, sendet R3 eine ARP-Anfrage als Broadcast über FastEthernet 0/0.
   b) PC3 reagiert darauf mit einer ARP-Antwort, die die MAC-Adresse von PC3 enthält.
10. R3 kapselt das Paket in einen neuen Frame mit der MAC-Adresse der Schnittstelle FastEthernet 0/0 als Schicht-2-Absenderadresse und der MAC-Adresse von PC3 als Ziel-MAC-Adresse.
11. Der Frame wird über die Schnittstelle FastEthernet 0/0 weitergeleitet. Das Paket erreicht dann die Netzwerkkarte von PC3.

Dieser Vorgang unterscheidet sich nicht von dem in Kapitel 1 dargestellten. Sie müssen in der Lage sein, ihn ausführlich zu beschreiben. Zu wissen, wie ein Router seine beiden Grundfunktionen – Pfadermittlung und Paketweiterleitung – durchführt, ist wesentlich für jede Beschreibung des Routings. In Übung 2.1, »Grundkonfiguration statischer Routen (2.8.1)«, haben Sie die Möglichkeit, Ihr Wissen zur Pfadermittlung und zum Paketweiterleitungsprozess zu demonstrieren.

2.7.2 Troubleshooting bei statischen Routen

Das Troubleshooting ist eine Fertigkeit, die sich umso stärker entwickelt, je mehr Erfahrung Sie sammeln. Es ist immer am besten, zunächst nach den naheliegendsten und einfachsten Problemen zu suchen: eine noch nicht gestartete Schnittstelle, eine falsch vergebene IP-Adresse usw. Nach Ausschluss derartiger Ursachen beginnen Sie mit der Suche nach komplizierteren Gründen, beispielsweise ein Fehler in der Konfiguration der statischen Routen.

Nach fehlenden Routen suchen

Falls die Ende-zu-Ende-Konnektivität ein Problem darstellt, sollten Sie zunächst einmal sicherstellen, dass Sie einen `ping`-Befehl an Ihre eigene Schnittstelle und an andere Geräte in Ihren direkt angeschlossenen Netzwerken senden können. Wurde dies überprüft, dann sollten Sie mit dem Testen von Verbindungen mit Remote-Netzwerken und anderen Geräten beginnen.

Netzwerke unterliegen den unterschiedlichsten Einflüssen, die recht häufig dazu führen können, dass sich ihr Zustand ändert:

- Ausfall von Schnittstellen
- Verbindungstrennung durch einen Provider
- Überlastung von Verbindungen
- Fehlkonfiguration durch den Administrator

Wenn es zu Änderungen im Netzwerk kommt, kann die Konnektivität verloren gehen. Als Netzwerkadministrator sind Sie dafür zuständig, Probleme zu erkennen und zu beseitigen. Welche Schritte können Sie durchführen?

Sie sollten bereits mit einigen Tools vertraut sein, mit deren Hilfe Sie Routing-Probleme eingrenzen können:

- `ping`
- `traceroute`
- `show ip route`

Wir haben `traceroute` zwar in diesem Band bislang nicht behandelt, doch sollten Sie den Befehl aus früheren Kursen kennen. Der Befehl `traceroute` ermöglicht es Ihnen, Unterbrechungen im Pfad vom Absender zum Empfänger zu finden.

Im weiteren Verlauf dieses Kurses werden Sie noch mehr Werkzeuge kennenlernen. So bietet etwa der Befehl `show ip interface brief` eine knappe Zusammenfassung der Schnittstellenzustände, und CDP kann Ihnen dabei helfen, Informationen zur IP-Konfiguration eines direkt angeschlossenen Cisco-Geräts mithilfe des Befehls `show cdp neighbors detail` zu ermitteln.

2.7.3 Fehlende Routen einrichten

Dieser Abschnitt beschreibt exemplarisch die Einrichtung einer fehlenden statischen Route unter Verwendung der Netzwerktopologie aus Abbildung 2.1.

Das Ermitteln einer fehlenden (oder fehlkonfigurierten) Route ist relativ unkompliziert, sofern Sie methodisch vorgehen und die richtigen Tools entsprechend verwenden.

Betrachten Sie folgendes Problem: PC1 kann keinen `ping`-Befehl an PC3 senden. `traceroute` zeigt an, dass R2 antwortet, R3 jedoch nicht. Wenn wir uns die Routing-Tabelle ansehen, die in Listing 2.43 gezeigt ist, erkennen wir, dass das Netzwerk 172.16.3.0/24 an R2 fehlkonfiguriert ist.

Listing 2.43: Fehlkonfigurierte statische Route

```
R2# show ip route

<Ausgabe unterdrückt>

Gateway of last resort is not set

     172.16.0.0/24 is subnetted, 3 subnets
C       172.16.1.0 is directly connected, FastEthernet0/0
C       172.16.2.0 is directly connected, Serial0/0/0
S       172.16.3.0 is directly connected, Serial0/0/1
C    192.168.1.0/24 is directly connected, Serial0/1
S*   0.0.0.0/0 is directly connected, Serial0/0/1
```

Die Ausgangsschnittstelle ist so konfiguriert, dass sie Pakete an R3 sendet. Der Topologie können Sie entnehmen, dass R1 Bestandteil des Netzwerks 172.16.3.0/24 ist. Folglich muss R2 Serial 0/0/0 und nicht Serial 0/0/1 als Ausgangsschnittstelle verwenden.

Um das Problem zu beheben, entfernen Sie die falsche Route und fügen die Route in das Netzwerk 172.16.3.0/24 mit Serial 0/0/0 als Ausgangsschnittstelle hinzu:

```
R2(config)# no ip route 172.16.3.0 255.255.255.0 serial0/0/1
R2(config)# ip route 172.16.3.0 255.255.255.0 serial 0/0/0
```

Tipp

Entfernen Sie falsche statische Routen grundsätzlich immer. Der Befehl, der die statische Route korrekt konfiguriert, entfernt den falschen Befehl nicht.

Die letzte Packet Tracer-Aktivität in diesem Kapitel untersucht einen anderen Aspekt statischer Routen. Wie Sie sehen werden, ist es möglich, mithilfe statischer Routen unbeabsichtigt eine Schleife in Ihrem Netzwerk zu erstellen.

Packet Tracer Aktivität

Fehlende Routen einrichten (2.7.3)

In dieser Packet Tracer-Aktivität erfahren Sie, wie die oben erwähnte Routing-Schleife auftreten kann. Beobachten Sie im Simulationsmodus, wie zwischen R2 und R3 ein Paket mit der Zieladresse 172.16.3.10 kreist, bis die TTL den Wert 0 erreicht. Danach beheben Sie das Problem und prüfen auf Konnektivität zwischen PC1 und PC3. Zur Durchführung der Aktivität verwenden Sie Packet Tracer und die Datei *e2-273.pka* auf der Begleit-CD-ROM zu diesem Buch.

2.8 Zusammenfassung

In diesem Kapitel haben Sie gelernt, wie sich Remote-Netzwerke über statische Routen erreichen lassen. Remote-Netzwerke sind Netzwerke, die nur durch Weiterleitung des Pakets an einen anderen Router erreicht werden können. Statische Routen sind einfach zu konfigurieren. In großen Netzwerken allerdings kann diese manuell durchzuführende Operation recht aufwendig werden. Wie Sie in späteren Kapiteln noch sehen werden, werden statische Routen durchaus auch dann eingesetzt, wenn ein dynamisches Routing-Protokoll verwendet wird.

Statische Routen lassen sich mit der IP-Adresse des nächsten Hops konfigurieren; in der Regel handelt es sich dabei um die IP-Adresse des nächsten Routers im Pfad. Falls eine solche IP-Adresse verwendet wird, muss die Routing-Tabelle sie in eine Ausgangsschnittstelle auflösen. Bei seriellen Point-to-Point-Verbindungen ist es dagegen meist effizienter, die statische Route mit einer Ausgangsschnittstelle zu konfigurieren. Bei Multi-Access-Netzwerken wie Ethernet sollten im Befehl für eine statische Route sowohl die IP-Adresse des nächsten Hops als auch die Ausgangsschnittstelle konfiguriert werden.

Statische Routen haben per Definition eine administrative Distanz von 1. Diese administrative Distanz gilt auch für statische Routen, die mit einer Adresse für den nächsten Hop *und* einer Ausgangsschnittstelle konfiguriert sind.

Eine statische Route wird nur dann in die Routing-Tabelle eingetragen, wenn die IP-Adresse des nächsten Hops über eine Ausgangsschnittstelle aufgelöst werden kann. Unabhängig davon, ob die statische Route mit einer IP-Adresse oder einer Ausgangsschnittstelle konfiguriert wird, gilt: Ist die Ausgangsschnittstelle – also das direkt angeschlossene Netzwerk, das zur Weiterleitung des Pakets verwendet wird – nicht in der Routing-Tabelle enthalten, wird die statische Route ebenfalls nicht in die Routing-Tabelle eingetragen.

In vielen Fällen können mehrere statische Routen als eine einzige Summenroute konfiguriert werden. Dies hat zur Folge, dass die Routing-Tabelle weniger Einträge enthält, was wiederum den Lookup-Prozess beschleunigt. Die ultimative Summenroute ist eine Default-Route, die mit der Netzwerkadresse 0.0.0.0 und der Subnetzmaske 0.0.0.0 konfiguriert ist. Ist keine Übereinstimmung für ein Paket in der Routing-Tabelle vorhanden, wird die Default-Route zur Weiterleitung an den nächsten Router verwendet.

Anmerkung

Der Lookup-Vorgang der Routing-Tabelle wird in Kapitel 8 ausführlich behandelt.

2.9 Übungen

Die Übungen im Begleitbuch »Routing Protocols and Concepts, CCNA Exploration Labs and Study Guide« (ISBN 978-1-58713-204-9) ermöglichen ein praxisbezogenes Üben der folgenden in diesem Kapitel vorgestellten Themen:

Übungen

Übung 2.1: Einfache Konfiguration einer statischen Route (2.8.1)

In dieser Übung werden wir ein Netzwerk wie das in diesem Kapitel verwendete erstellen. Sie werden das Netzwerk verkabeln und die Ausgangskonfiguration des Routers durchführen, um Konnektivität herzustellen. Nach Abschluss der Ausgangskonfiguration werden Sie die Konnektivität zwischen den einzelnen Geräten im Netzwerk testen. Danach konfigurieren Sie die statischen Routen, die erforderlich sind, um die Kommunikation zwischen den Hosts zu ermöglichen.

Übung 2.2: Fortgeschrittene Konfiguration einer statischen Route (2.8.2)

In dieser Übung erhalten Sie zunächst eine Netzwerkadresse, die Sie in Subnetze unterteilen müssen, um die Adressierung des Netzwerks zu vervollständigen. Die Adressierung für das LAN, das mit dem Router des Internetproviders verbunden ist, und die Verbindung zwischen den Routern in der Zentrale und beim Provider wurden bereits vorgenommen. Außerdem werden statische Routen benötigt, damit die Hosts in den Netzwerken, die nicht direkt angeschlossen sind, miteinander kommunizieren können.

Übung 2.3: Troubleshooting bei statischen Routen (2.8.3)

In dieser Übung laden Sie zunächst beschädigte Konfigurationsdateien auf die einzelnen Router. Dieses Konfigurationen enthalten Fehler, die eine erfolgreiche Ende-zu-Ende-Kommunikation über das Netzwerk verhindern. Sie müssen auf jedem Router ein Troubleshooting durchführen, um die Konfigurationsfehler zu ermitteln, und die Konfigurationen dann mit den entsprechenden Befehlen korrigieren. Wenn Sie alle Fehler behoben haben, sollten alle Hosts im Netzwerk in der Lage sein, miteinander zu kommunizieren.

Packet Tracer Companion

Viele Praxisübungen enthalten Aktivitäten mit Packet Tracer, in denen Sie diese Software zur Simulation der Übung verwenden können. Lesen Sie dazu im »Routing Protocols and Concepts, CCNA Exploration Labs and Study Guide« (ISBN 978-1-58713-204-9) die Praxisübungen mit Packet Tracer.

2.10 Lernzielkontrolle

Beantworten Sie die folgenden Fragen, um Ihren Kenntnisstand bezüglich der in diesem Kapitel beschriebenen Themen und Konzepte zu überprüfen. Die Antworten finden Sie in Anhang A, »Antworten zu Lernzielkontrollen und weiterführenden Fragen«.

1. Betrachten Sie Abbildung 2.13. Welche zwei Befehle müssen konfiguriert werden, damit die Kommunikation zwischen den Netzwerken 192.168.1.0/24 und 10.0.0.0/8 möglich wird?

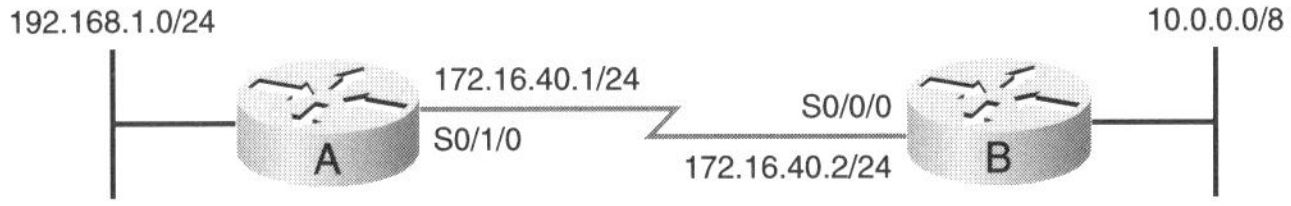

Abbildung 2.13: Topologie zu Frage 1

   a) `A(config)#` **`ip route 10.0.0.0 255.0.0.0 172.16.40.2`**

   b) `A(config)#` **`ip route 10.0.0.0 255.0.0.0 s0/0/0`**

   c) `A(config)#` **`ip route 10.0.0.0 255.0.0.0 10.0.0.1`**

   d) `B(config)#` **`ip route 192.168.1.0 255.255.255.0 172.16.40.1`**

   e) `B(config)#` **`ip route 192.168.1.0 255.255.255.0 172.16.40.2`**

   f) `B#` **`ip route 192.168.1.0 255.255.255.0 192.168.1.1`**

2. Welche Aussage zur Konfiguration statischer Routen über die IP-Adresse des nächsten Hops ist zutreffend?

   a) Router können nur eine einzige statische Route mit einer Adresse für den nächsten Hop verwenden.

   b) Wenn der Router feststellt, dass ein Paket für eine Route vorgesehen ist, die eine Adresse für den nächsten Hop in der Routing-Tabelle enthält, benötigt der Router keine weiteren Informationen mehr, sondern kann das Paket sofort weiterleiten.

   c) Bei Routern, auf denen die statische Route mit einer Adresse für den nächsten Hop konfiguriert ist, muss entweder die Ausgangsschnittstelle in der Route konfiguriert sein, oder es muss eine andere Route mit dem Netzwerk des nächsten Hops und einer zugehörigen Ausgangsschnittstelle vorhanden sein.

   d) Routen, die mit einer Adresse für den nächsten Hop verknüpft sind, sind effizienter als Routen mit einer Angabe der Ausgangsschnittstelle.

3. Betrachten Sie die folgende Ausgabe. Der Netzwerkadministrator muss die Route in das Netzwerk 10.0.0.0 entfernen. Mit welchem Befehl ist das möglich?

```
R1# show ip route

<Ausgabe unterdrückt>

Gateway of last resort is not set

S     10.0.0.0/8 [1/0] via 172.16.40.2
      64.0.0.0/16 is subnetted, 1 subnets
C       64.100.0.0 is directly connected, Serial0/1
C     128.107.0.0/16 is directly connected, Loopback2
      172.16.0.0/24 is subnetted, 1 subnets
S        172.16.40.0 is directly connected, Serial0/0
C     192.168.1.0/24 is directly connected, FastEhternet0/0
C     192.168.2.0/24 [1/0] via 172.16.40.2
C     198.133.219.0/24 is directly connected, Loopback0
```

a) `no ip address 10.0.0.1 255.255.255.0 172.16.40.2`

b) `no static-route 10.0.0.0 255.0.0.0`

c) `no ip route 10.0.0.0 255.0.0.0 172.16.40.2`

d) `no ip route 10.0.0.1 255.255.255.0`

4. Betrachten Sie Abbildung 2.14. Welcher Befehl wurde auf Router R1 verwendet, um die in der Abbildung gezeigte Ausgabe zu generieren?

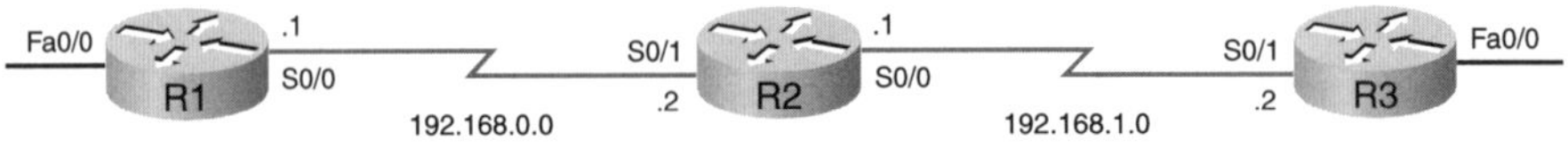


```
Router1>
1  53 ms   43 ms    36 ms    192.168.0.2
2  106 ms  70 ms    74 ms    192.168.1.2
3  *       *        *        Request timed out
```

Abbildung 2.14: Topologie zu Frage 4

a) `traceroute`

b) erweiterter `ping`-Befehl

c) `show ip route`

d) `show cdp neighbor detail`

5. Betrachten Sie Abbildung 2.15. Welcher Befehl ermöglicht die korrekte Konfiguration einer statischen Default-Route auf R1?

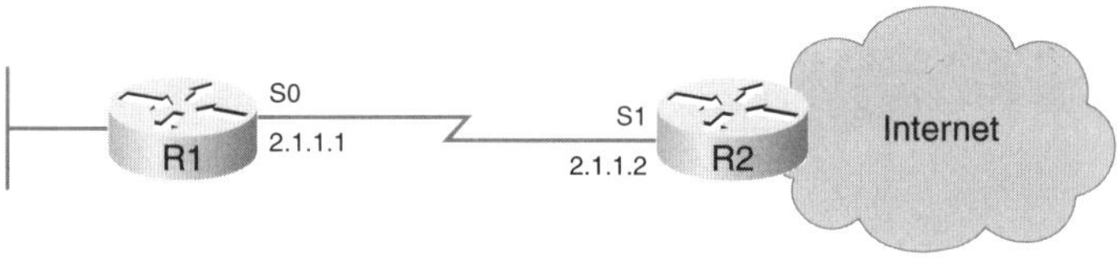

Abbildung 2.15: Topologie zu Frage 5

   a) `R1(config-if)#` **`ip route 0.0.0.0 0.0.0.0 s0`**
   b) `R1(config)#` **`ip route 0.0.0.0 0.0.0.0 s1`**
   c) `R1(config-if)#` **`ip route 0.0.0.0 0.0.0.0 2.1.1.2`**
   d) `R1(config)#` **`ip route 0.0.0.0 0.0.0.0 2.1.1.2`**
   e) `R1(config-router)#` **`default-information originate`**

6. Welche der folgenden Aussagen beschreiben Eigenschaften einer statischen Route? Wählen Sie drei Antworten aus.
   a) Verringert die Speicher- und Verarbeitungsanforderungen auf dem Router.
   b) Stellt sicher, dass immer ein Pfad vorhanden ist.
   c) Wird verwendet, um den besten Pfad in ein Zielnetzwerk dynamisch zu ermitteln.
   d) Wird auf Routern verwendet, die mit Stub-Netzwerken verbunden sind.
   e) Wird für Netzwerke verwendet, in denen nur eine einzige Route in das Zielnetzwerk vorhanden ist.
   f) Verkürzt die Konfigurationsdauer.

7. Welche der folgenden Aussagen beschreibt eine Funktion des IOS-Befehls `show cdp neighbors`?
   a) Zeigt den Port und die Plattform benachbarter Cisco-Router an.
   b) Zeigt die Gerätefunktion von Nicht-Cisco-Routern an.
   c) Zeigt Plattform-Informationen zu allen Geräten im Netzwerk an.
   d) Zeigt die Protokollkapselung an, die von benachbarten Routern verwendet wird.

8. Betrachten Sie Abbildung 2.16. Welchen Steckverbindertyp zeigt das Bild?

Abbildung 2.16: Grafik zu Frage 8

   a) DTE-seitiges Ende des seriellen Kabels für 1600- und 2500-Router mit dem DB-60-Steckverbinder

   b) DTE-seitiges Ende eines Smart Serial-Kabels, wie es bei neueren Routern verwendet wird

   c) DCE-seitiges Ende eines seriellen Kabels mit EIA/TIA-530-Steckverbinder zum Anschluss an die CSU/DSU

   d) DCE-seitiges Ende eines seriellen Kabels mit V.35-Steckverbinder zum Anschluss an die CSU/DSU

   e) DCE-seitiges Ende eines seriellen Kabels mit EIA/TIA-232-Steckverbinder zum Anschluss an die CSU/DSU

   f) DCE-seitiges Ende eines seriellen Kabels mit EIA/TIA-449-Steckverbinder zum Anschluss an die CSU/DSU

9. Welche Aussage zu direkt angeschlossenen Routen ist zutreffend?

   a) Sie erscheinen in der Routing-Tabelle, sobald die Kabel an den Router angeschlossen werden.

   b) Sie erscheinen in der Routing-Tabelle, sobald eine IP-Adresse für eine Schnittstelle konfiguriert wurde.

   c) Sie erscheinen in der Routing-Tabelle, sobald der Befehl `no shutdown` im Konfigurationsmodus für Router-Schnittstellen eingegeben wird.

   d) Sie erscheinen in der Routing-Tabelle, sobald der Befehl `show interface` den Zustand *up/up* für die Schnittstelle und das Protokoll anzeigt.

10. Wählen Sie den jeweils passenden Befehl zur Durchführung der folgenden Konfigurationsaufgaben aus.

    - Wechsel in den globalen Konfigurationsmodus
    - Wechsel in den Konfigurationsmodus für Schnittstellen
    - Konfiguration einer IP-Adresse
    - Aktivierung der Schnittstelle

    a) `interface fastethernet 0/0`

    b) `ip address 192.168.35.11 255.255.255.0`

    c) `ip address 192.168.35.11/24`

    d) `config terminal`

    e) `ip 192.168.35.11 255.255.255.0`

    f) `ip 192.168.35.11/24`

    g) `no shutdown`

    h) `show interfaces fastethernet 0/0`

11. Ordnen Sie die folgenden `show`- und `debug`-Befehle den entsprechenden Ausgabefunktionen zu.

    - Befehle:
        - `show ip route`
        - `show ip interface brief`
        - `show interfaces`
        - `show controllers`
        - `debug ip routing`
        - `show cdp neighbors`
    - Funktionen:
        a) Zeigt alle bekannten Netzwerke an.
        b) Zeigt detaillierte Informationen der Schnittstellen an.
        c) Zeigt Troubleshooting-Informationen zum Routing an.
        d) Zeigt Informationen der Schnittstellen übersichtlich an.
        e) Zeigt direkt angeschlossene Router und Switches an.
        f) Zeigt DTE-/DCE-Informationen an.

12. Beschreiben Sie die Verkabelung, die zum Anschluss von Geräten an ein Ethernet-LAN verwendet wird.
13. Geben Sie die drei Befehle an, mit denen Informationen zur Konfiguration der Schnittstellen angezeigt werden.
14. Erläutern Sie den Unterschied zwischen dem Verbinden einer seriellen Schnittstelle mit einem Provider in einer Produktionsumgebung und dem Verbinden einer seriellen Schnittstelle mit einem anderen Router in einer Übungsumgebung.
15. Was ist CDP, und warum sollten Sie es deaktivieren?
16. Wie lautet die einfachere Form der für `ip route` verwendeten Syntax?
17. Was ist ein rekursiver Routen-Lookup, und wann findet er statt?
18. Warum müssen Sie eine statische Route aus der Konfiguration entfernen, bevor Sie sie ändern?
19. Erläutern Sie den Vorteil von Summen- und Default-Routen.
20. Geben Sie die Befehle an, mit denen ein Netzwerk getestet und ein Troubleshooting durchgeführt wird.

2.11 Weiterführende Fragen und Aktivitäten

Die folgenden Fragen setzen ein tieferes Verständnis der in diesem Kapitel behandelten Konzepte voraus und entsprechen dem komplexeren Fragestil, der auch bei der CCNA-Prüfung auftreten kann. Sie finden die Antworten in Anhang A.

1. Auf einigen neueren Computern spielt es keine Rolle, ob Sie ein Straight-Through- oder ein Crossover-Kabel anschließen: Der Computer stellt in jedem Fall eine Verbindung zum anderen Gerät her. Wie ist das möglich?
2. Alle Netzwerkschnittstellen haben den Status *up/up*. PC1, PC2 und PC3 haben vollständige Verbindung zum Netzwerk. `ping`-Befehle können von R1 erfolgreich an R2 und R3 abgesetzt werden. Allerdings kann R3 keine `ping`-Befehle an R1 senden. Ermitteln Sie unter Verwendung von Abbildung 2.17 und der folgenden Ausgabe das Problem, erläutern Sie, warum der `ping`-Befehl fehlschlägt, und geben Sie eine Lösung vor.

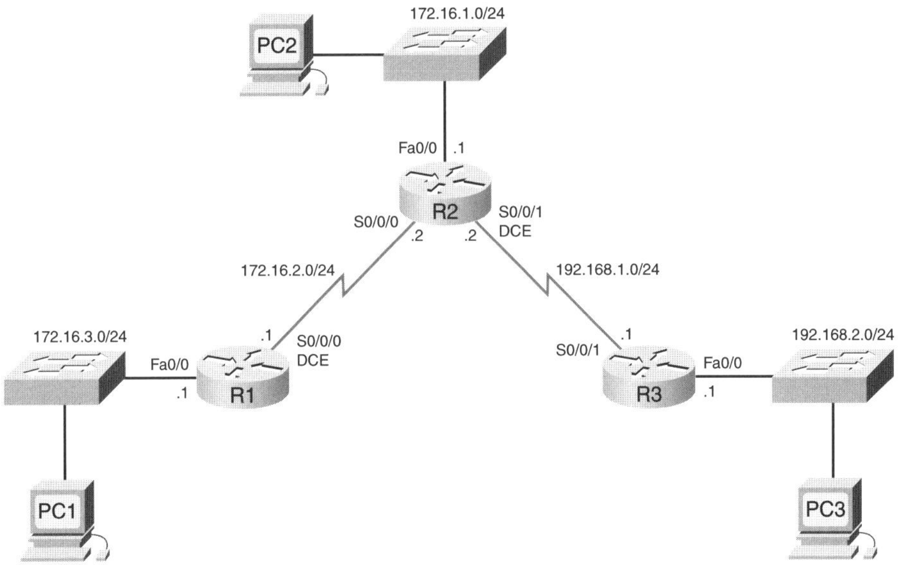

Abbildung 2.17: Topologie zur weiterführenden Frage 2

```
R1# show ip interface brief

Interface          IP-Address      OK? Method Status                Protocol
FastEthernet0/0    172.16.3.1      YES manual up                          up
Serial0/0/0        172.16.2.1      YES manual up                          up
FastEthernet0/1    unassigned      YES manual administratively down down
Serial0/0/1        unassigned      YES manual administratively down down
```

```
R2# show ip interface brief

Interface          IP-Address      OK? Method Status                Protocol
FastEthernet0/0    172.16.1.1      YES manual up                          up
Serial0/0/0        172.16.2.2      YES manual up                          up
FastEthernet0/1    unassigned      YES manual administratively down down
Serial0/0/1        192.168.1.1     YES manual up                          up
```

```
R3# show ip interface brief

Interface          IP-Address      OK? Method Status                Protocol
FastEthernet0/0    192.168.2.1     YES manual up                          up
Serial0/0/0        unassigned      YES manual administratively down down
FastEthernet0/1    unassigned      YES manual administratively down down
Serial0/0/1        192.168.1.1     YES manual up                          up
```

3. Zeichnen Sie anhand der nachfolgenden Ausgabe von `show cdp neighbors` die Topologie des Netzwerks auf. Zeichnen Sie die Verbindungen zwischen den Geräten und beschriften Sie die Schnittstellen. Alle Gerätebezeichnungen sind eindeutig: Es gibt nur einen Router EAST, einen Switch S1 usw.

```
HQ# show cdp neighbors

Capability Codes: R - Router, T - Trans Bridge, B - Source Route Bridge
                  S - Switch, H - Host, I - IGMP, r - Repeater, P - Phone
Device ID   Local Intrfce      Holdtme    Capability    Platform    Port ID
S4          FastEthernet0/0    151              S       WS-C2960    Fas 0/16
EAST        Serial0/0          163              R       C1841       Ser 0/1
WEST        Serial0/1          169              R       C1841       Ser 0/0
```

```
EAST# show cdp neighbors

Capability Codes: R - Router, T - Trans Bridge, B - Source Route Bridge
                  S - Switch, H - Host, I - IGMP, r - Repeater, P - Phone
Device ID   Local Intrfce      Holdtme    Capability    Platform    Port ID
S1          FastEthernet0/1    177              S       WS-C2960    Fas 0/3
HQ          Serial0/1          128              R       C1841       Ser 0/0
S2          FastEthernet0/0    133              S       WS-C2960    Fas 0/3
```

```
WEST# show cdp neighbors

Capability Codes: R - Router, T - Trans Bridge, B - Source Route Bridge
                  S - Switch, H - Host, I - IGMP, r - Repeater, P - Phone
Device ID   Local Intrfce      Holdtme    Capability    Platform    Port ID
S1          FastEthernet0/0    176              S       WS-C2960    Fas 0/4
HQ          Serial0/0          126              R       C1841       Ser 0/1
S3          FastEthernet0/1    156              S       WS-C2960    Fas 0/12
```

4. In Abbildung 2.18 muss auf allen Zweigstellen-Routern eine Default-Route nach RegionA konfiguriert werden. RegionA benötigt eine Default-Route nach HQ und HQ eine Default-Route zum ISP. RegionA kann die einzelnen LANs, die an die Zweigstellen-Router angeschlossen sind, mit jeweils einer statischen Route zusammenfassen. HQ und ISP können alle LANs mit nur einer statischen Route zusammenfassen. Wie sehen unter Verwendung der Ausgangsschnittstelle die statischen Default-Routen für die einzelnen Zweigstellen-Router sowie für RegionA und für HQ aus? Welche statischen Summenrouten sind auf RegionA, HQ und ISP konfiguriert? Erstellen Sie die Topologie in Packet Tracer und testen Sie Ihre Befehle für statische und Default-Routen. Der Webserver sollte in der Lage sein, `ping`-Befehle erfolgreich an jede Schnittstelle jedes Routers zu senden.

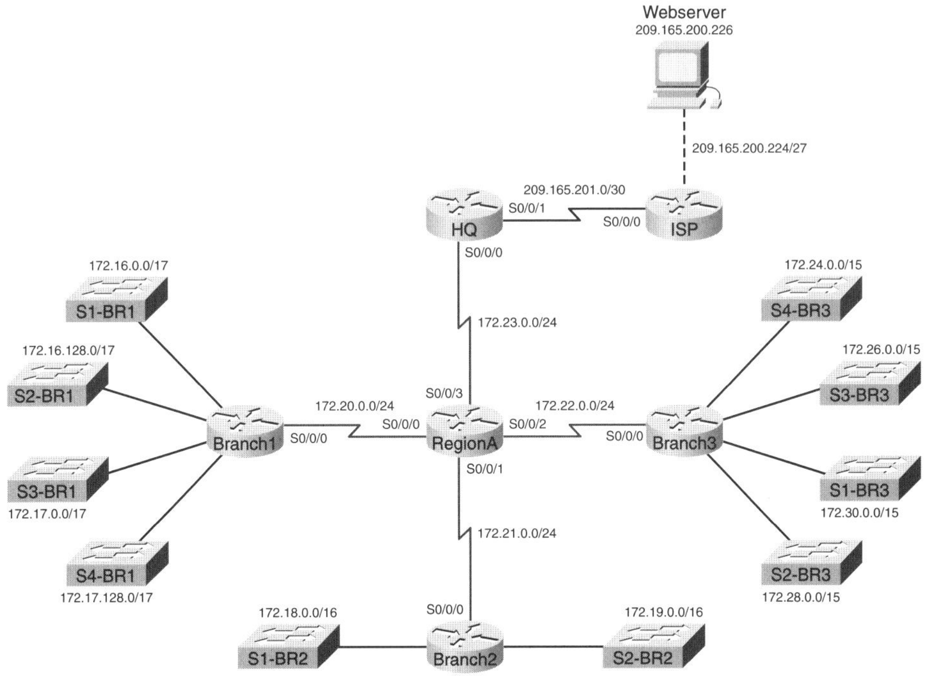

Abbildung 2.18: Topologie zur weiterführenden Frage 4

2.12 Weitere Informationen

Statische Routen weisen zusätzlich zu den in diesem Kapitel beschriebenen Anwendungen noch weitere Einsatzmöglichkeiten auf. Häufig verwendete statische Routen sind etwa statische Floating-Routen und Discard-Routen.

2.12.1 Statische Floating-Routen

Eine statische Floating-Route ist die Reserveroute für eine Route, bei der es sich entweder um eine dynamische oder eine andere statische Route handelt. Die administrative Distanz einer statischen Route ist ohne weitere Konfigurationsparameter gleich 1. Überprüfen Sie, ob Sie eine statische Route mithilfe einer anderen Ausgangsschnittstelle oder einer IP-Adresse für den nächsten Hop erstellen können, die nur zur Routing-Tabelle hinzugefügt wird, falls die statische Hauptroute ausfällt.

Hinweis: Denken Sie daran, dass, wenn der Router über zwei Routen zum selben Zielnetzwerk mit unterschiedlichen administrative Distanzen verfügt, er die Route mit der niedrigeren administrativen Distanz zur Routing-Tabelle hinzufügen wird. Eine statische Route wird aus der Routing-Tabelle entfernt, wenn die Ausgangsschnittstelle oder die IP-Adresse des nächsten Hops nicht mehr zur Verfügung steht.

2.12.2 Discard-Routen

Häufig ist in Netzwerken eine Konfiguration anzutreffen, bei der eine statische Default-Route auf dem Edge-Router die Pakete an den ISP weiterleitet. Der ISP-Router verfügt seinerseits über eine statische Route, die auf das Netzwerk des Kunden zeigt.

Nehmen wir beispielsweise an, Kunde A habe die Netzwerkadresse 172.16.0.0/16, die in Subnetze mit dem Suffix /24 unterteilt ist. Der Edge-Router von Kunde A benutzt eine statische Default-Route, die den gesamten nicht spezifizierten Datenverkehr an den ISP-Router weiterleitet:

```
ip route 0.0.0.0 0.0.0.0 serial 0/0/0
```

Der ISP-Router hat eine statische Default-Route zur Weiterleitung von Daten in das Netzwerk des Kunden:

```
ip route 172.16.0.0 255.255.0.0 serial 0/0/1
```

Ein Problem kann nun entstehen, wenn Pakete, die aus dem Netzwerk von Kunde A stammen, an ein Subnetz gerichtet sind, das es nicht gibt. Der Edge-Router beim Kunden verwendet zur Weiterleitung dieser Pakete an den ISP die Default-Route. Der Router beim ISP empfängt diese Pakete und sendet sie wieder an den Edge-Router des Kunden zurück, da sie zum Netzwerk 172.16.0.0/16 gehören. Der Edge-Router wiederum schickt die Pakete an den ISP zurück. In dieser Schleife sind die Pakete gefangen, bis die TTL abläuft.

Konfigurieren Sie eine statische Route am Standort von Kunde A, um diese Pakete zu verwerfen, statt sie an den ISP-Router weiterzuleiten.

2.12.3 Weiterführende Lektüre zum statischen Routing

Zwar sind statische Routen einfach zu verstehen und auch zu konfigurieren, doch gibt es Situationen, in denen die IOS-Verarbeitung statischer Routen recht komplex sein kann. Dies gilt insbesondere, wenn mehrere statische Routen konfiguriert wurden, die in denselben Netzwerkbereich verweisen.

Alex Zinins Buch »Cisco IP Routing« behandelt das statische Routing und die Verarbeitung statischer Routen durch das Cisco IOS im Detail. Das Werk geht über die reine Konfiguration hinaus und betrachtet auch die inneren Abläufe im Cisco IOS sowie die Routing-Prozesse.

Lernziele

Wenn Sie dieses Kapitel gelesen haben, sollten Sie in der Lage sein, die folgenden Fragen zu beantworten:

- Können Sie die Rolle der dynamischen Routing-Protokolle beschreiben und diese im Zusammenhang eines modernen Netzwerkdesigns darstellen?
- Welche unterschiedlichen Klassen von Routing-Protokollen gibt es?
- Welche Metrik wird jeweils von Routing-Protokollen verwendet, und welche Arten der Metrik werden von dynamischen Protokollen eingesetzt?
- Wie legen Sie die administrative Distanz einer Route fest, und welche Bedeutung hat diese im Routing-Prozess?
- Welche unterschiedlichen Elemente sind in einer Routing-Tabelle enthalten?
- Können Sie aus praxisbezogenen Vorgaben ein Subnetzschema entwerfen und anwenden?

Schlüsselbegriffe

In diesem Kapitel werden die folgenden Schlüsselbegriffe vorgestellt.
Die entsprechenden Definitionen finden Sie im Glossar.

Skalieren ▪ Algorithmus ▪ autonomes System ▪ Routing-Domäne ▪ IGPs ▪ EGPs ▪ Pfadvektor-Protokoll ▪ Distanzvektor ▪ Vektoren ▪ Link-State ▪ Link-State-Router ▪ Konvergenz ▪ klassenbezogene Routing-Protokolle ▪ VLSM ▪ nicht zusammenhängendes Netzwerk ▪ klassenlose Routing-Protokolle ▪ Konvergenz ▪ administrative Distanz

Kapitel 3

Einführung in die dynamischen Routing-Protokolle

Die Datennetze, die wir im täglichen Leben zum Lernen, Spielen und Arbeiten einsetzen, reichen von kleinen lokalen Netzwerken bis hin zum umfangreichstem globalem Netzwerk – dem Internet. Zu Hause arbeiten Sie vielleicht mit einem Router und zwei oder mehr Computern. Bei Ihrer Firma hingegen finden Sie unter Umständen mehrere Router und Switches vor, die die Anforderung Hunderter oder Tausender PCs in puncto Datenkommunikation erfüllen müssen.

In den Kapiteln 1 und 2 haben Sie gelernt, wie Router bei der Weiterleitung von Paketen verwendet und Remote-Netzwerke mithilfe von statischen Routen und dynamischen Routing-Protokollen erreicht werden. Sie wissen außerdem, dass Routen in Remote-Netzwerke manuell mithilfe statischer Routen konfiguriert werden können.

Dieses Kapitel stellt dynamische Routing-Protokolle vor und beschreibt ihre Klassifizierung, die von ihnen zur Bestimmung des besten Pfades eingesetzte Metrik und die Vorteile der Verwendung dynamischer Protokolle.

Dynamische Routing-Protokolle werden meist in größeren Netzwerken benutzt, um den administrativen und operationalen Overhead zu vermeiden, der mit der ausschließlichen Verwendung statischer Routen einhergeht. Normalerweise verwendet ein Netzwerk eine Kombination aus dynamischen Routing-Protokollen und statischen Routen. Dabei wird in den meisten Netzwerken oft nur ein einziges dynamisches Routing-Protokoll benutzt, doch kommt es durchaus vor, dass in unterschiedlichen Teilen eines großen Netzwerks auch verschiedene Routing-Protokolle zum Einsatz kommen.

Seit den frühen 1980er-Jahren wurden diverse dynamische Routing-Protokolle entwickelt. Dieses Kapitel stellt einige dieser Protokolle mit ihren Eigenschaften und Unterschieden vor, auf die zum Teil in späteren Kapiteln genauer eingegangen wird.

Auch wenn viele Netzwerke nur ein einziges Routing-Protokoll oder sogar nur statische Routen verwenden, müssen Sie als Netzwerktechniker die Technik und den Betrieb der verschiedenen Routing-Protokolle kennen. Ein Netzwerkexperte muss in der Lage sein zu entscheiden, wann ein dynamisches Routing-Protokoll eingesetzt werden sollte und welches Protokoll die beste Wahl für eine bestimmte Umgebung ist.

3.1 Einführung in die dynamischen Routing-Protokolle

Dynamische Routing-Protokolle spielen in modernen Netzwerken eine wichtige Rolle. Die folgenden Abschnitte beschreiben die wesentlichen Vorteile, die dynamische Routing-Protokolle bieten. In vielen Netzwerken werden dynamische Routing-Protokolle gewöhnlich in Kombination mit statischen Routen verwendet.

3.1.1 Entstehung und Entwicklung

Dynamische Routing-Protokolle wurden im Laufe der Jahre entwickelt und an die sich ändernden Netzwerkanforderungen angepasst. Während zahlreiche Organisationen auf aktuellere Routing-Protokolle wie EIGRP (Enhanced Interior Gateway Routing Protocol) und OSPF (Open Shortest Path First) umgestiegen sind, werden auch ältere Protokolle wie RIP (Routing Information Protocol) nach wie vor eingesetzt.

Die Entwicklung der dynamischen Routing-Protokolle

Dynamische Routing-Protokolle werden seit den frühen 1980er-Jahren in Netzwerken eingesetzt. Die erste Version von RIP wurde 1982 veröffentlicht, doch einige der grundlegenden Algorithmen im Protokoll wurden bereits seit 1969 im ARPANET eingesetzt.

Als Netzwerke sich weiterentwickelten und immer komplexer wurden, entstanden auch neue Routing-Protokolle. Abbildung 3.1 zeigt die Klassifizierung der Routing-Protokolle.

Die Abbildung zeigt eine Zeitleiste der IP-Routing-Protokolle und eine Übersicht, um die verschiedenen Protokolle klassifizieren zu können. Wir werden in diesem Buch an vielen Stellen auf diese Übersicht Bezug nehmen.

Eines der ältesten Routing-Protokolle ist RIP (Routing Information Protocol). Mit RIPv2 wurde inzwischen eine neuere Version dieses Protokolls entwickelt. Diese lässt sich allerdings nicht auf größere Netzwerkinstallationen skalieren.

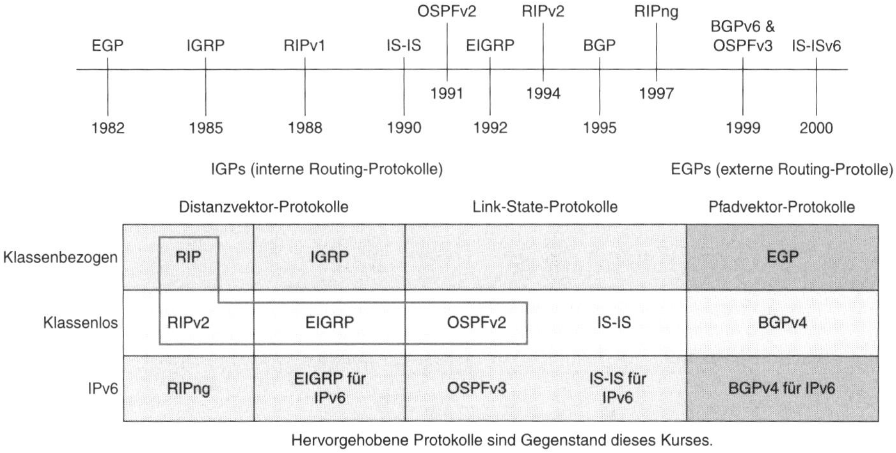

Abbildung 3.1: Entwicklung und Klassifizierung der Routing-Protokolle

Um die Anforderungen umfangreicherer Netzwerke zu erfüllen, wurden zwei weitere Protokolle entwickelt: OSPF und IS-IS (Intermediate System-to-Intermediate System). Cisco seinerseits entwickelte IGRP (Interior Gateway Routing Protocol) und EIGRP (Enhanced Interior Gateway Routing Protocol). Insbesondere EIGRP ist in größeren Netzwerkimplementierungen gut skalierbar.

Außerdem bestand die Notwendigkeit, verschiedene Netzwerke miteinander zu verbinden und das Routing zwischen ihnen zu ermöglichen. Internetprovider verwenden heute BGP (Border Gateway Protocol) zum Austausch von Routing-Daten sowohl untereinander als auch zur Anbindung großer Privatkunden.

Aufgrund des Aufkommens zahlreicher IP-fähiger Endgeräte ist der IPv4-Adressraum nahezu erschöpft. Dies hat zur Entwicklung von IPv6 geführt. Um die IPv6-basierte Kommunikation zu unterstützen, wurden zudem neuere Versionen der IP-Routing-Protokolle entworfen (vgl. die Zeile »IPv6« in Abbildung 3.1).

ANMERKUNG

In diesem Kapitel erhalten Sie einen Überblick über die verschiedenen dynamischen Routing-Protokolle. Weitere Details zu RIP, EIGRP und OSPF finden Sie in den nachfolgenden Kapiteln. Die Protokolle IS-IS und BGP hingegen sind Gegenstand des CCNP-Curriculums. IGRP als Vorgänger von EIGRP gilt heute als veraltet.

Die Rolle des dynamischen Routing-Protokolls

Was genau sind dynamische Routing-Protokolle? Routing-Protokolle sollen den Austausch von Routing-Informationen zwischen Routern ermöglichen. Routing-Protokolle gestatten Routern das dynamische Erlernen von Informationen zu Remote-Netzwerken und das automatische Hinzufügen dieser Informationen zu ihren eigenen Routing-Tabellen (siehe Abbildung 3.2).

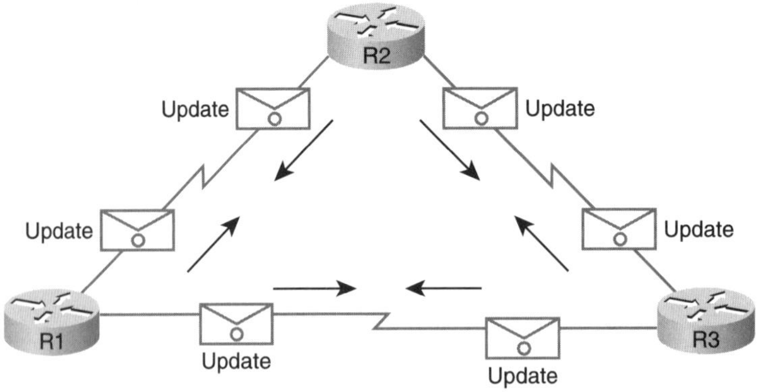

Abbildung 3.2: Router reichen Updates dynamisch weiter.

Routing-Protokolle ermitteln den besten Pfad in jedes Netzwerk, und dieser wird dann zur Routing-Tabelle hinzugefügt. Einer der wesentlichen Vorteile bei der Verwendung eines dynamischen Routing-Protokolls besteht darin, dass Router Routing-Daten bei jeder Topologieänderung austauschen. Dieser Austausch ermöglicht es Routern, neue Netzwerke automatisch zu erlernen und alternative Pfade zu finden, falls eine Verbindung zu einem aktuellen Netzwerk ausgefallen ist.

Verglichen mit statischen Routen verursacht das dynamische Routing weniger administrativen Overhead. Auf der anderen Seite benötigen dynamische Routing-Protokolle einen Teil der Router-Ressourcen (Prozessorzeit, Bandbreite usw.) für den Betrieb des Protokolls. Trotz der Vorteile des dynamischen Routings haben auch statische Routen ihre Berechtigung. Je nach Umständen ist mal die statische, mal die dynamische Routing-Variante die geeignetere Wahl. In der Regel finden Sie eine Kombination beider Typen in jedem größeren Netzwerk vor. Sie werden in diesem Kapitel die Vor- und Nachteile des statischen und des dynamischen Routings kennenlernen.

3.1.2 Netzwerkerkennung und Pflege der Routing-Tabelle

Zwei wesentliche Prozesse bei dynamischen Routing-Protokollen sind die zu Beginn stattfindende Ermittlung von Remote-Netzwerken und das Führen einer Liste dieser Netzwerke in der Routing-Tabelle.

Zweck dynamischer Routing-Protokolle

Ein Routing-Protokoll ist eine Gruppe von Prozessen, Algorithmen und Nachrichten, die verwendet werden, um Routing-Daten auszutauschen und die Routing-Tabelle mit den nach den Vorgaben des Routing-Protokolls besten Pfaden aufzufüllen. Der Zweck eines Routing-Protokolls besteht darin,

- Remote-Netzwerke zu erkennen,
- aktuelle Routing-Informationen zu verwenden,
- den besten Pfad in die Zielnetzwerke auszuwählen,
- einen neuen besten Pfad zu suchen, falls der vorhandene nicht mehr verfügbar ist.

Ein Routing-Protokoll besteht aus folgenden Komponenten:

- **Datenstrukturen.** Einige Routing-Protokolle verwenden Tabellen oder Datenbanken für den Betrieb. Diese Daten werden im RAM gehalten.
- **Algorithmus.** Ein Algorithmus ist eine Liste mit einer endlichen Anzahl von Schritten, die zur Durchführung einer Aufgabe dienen. Routing-Protokolle verwenden Algorithmen zur Verarbeitung von Routing-Daten und zur Ermittlung des besten Pfades.
- **Routing-Protokollnachrichten.** Routing-Protokolle verwenden verschiedene Arten von Nachrichten zur Erkennung benachbarter Router, zum Austausch von Routing-Daten und zur Durchführung anderer Aufgaben, um Informationen zum Netzwerk zu erlernen und zu pflegen.

Betrieb dynamischer Routing-Protokolle

Alle Routing-Protokolle haben denselben Zweck: Sie sollen Remote-Netzwerke erlernen und eine schnelle Anpassung durchführen, wann immer es zu einer Änderung in der Topologie kommt. Welche Methode ein Routing-Protokoll hierzu verwendet, hängt vom eingesetzten Algorithmus und von den Betriebseigenschaften des Protokolls ab. Der Betrieb eines dynamischen Routing-Protokolls unterscheidet sich je nach Protokoll und der jeweiligen Funktion. Die Betriebsabläufe bei RIP, EIGRP und OSPF werden wir in späteren Kapiteln behandeln.

Grundsätzlich lässt sich der Betrieb eines dynamischen Routing-Protokolls wie folgt beschreiben:

1. Der Router sendet und empfängt Routing-Nachrichten an seinen Schnittstellen.
2. Er gibt Routing-Nachrichten und Routing-Daten an andere Router weiter, die das gleiche Protokoll benutzen.
3. Router tauschen Routing-Daten aus, um Remote-Netzwerke in Erfahrung zu bringen.
4. Wenn ein Router eine Topologieänderung erkennt, kann das Routing-Protokoll diese Änderung an andere Router weitergeben.

Anmerkung

Betrieb und Konzepte von Routing-Protokollen zu verstehen und diese Protokolle im Netzwerk zu verwenden, erfordert grundlegendes Wissen zu IP-Adressierung und Subnetzbildung. Im »Routing Protocols and Concepts, CCNA Exploration Labs and Study Guide« (ISBN 978-1-58713-204-9) finden Sie drei Szenarien zur Subnetzbildung, mit denen Sie üben können.

3.1.3 Vorteile dynamischer Routing-Protokolle

Dynamische Routing-Protokolle bieten eine Reihe von Vorteilen, die in diesem Abschnitt behandelt werden. In vielen Fällen machen die Komplexität der Netzwerktopologie, die Anzahl der Netzwerke und die Notwendigkeit, das Netzwerk schnell an Änderungen anpassen zu können, die Verwendung eines dynamischen Routing-Protokolls erforderlich.

Bevor wir die Vorteile dynamischer Routing-Protokolle ausführlich würdigen, wollen wir uns ansehen, in welchen Fällen man das statische Routing verwenden kann. Das dynamische Routing bietet verschiedene Vorteile im Vergleich zum statischen Routing, doch wird Letzteres auch in modernen Netzwerken nach wie vor verwendet. In vielen Fällen setzen Netzwerke sogar eine Kombination aus dynamischen Routing-Protokollen und statischen Routen ein.

Tabelle 3.1 vergleicht die Eigenschaften dynamischen und statischen Routings. Diesem Vergleich können Sie die Vorteile der jeweiligen Routing-Methoden entnehmen: Die Vorteile der einen Methode sind oft die Nachteile der anderen.

Tabelle 3.1: Dynamisches und statisches Routing im Vergleich

Eigenschaft	**Dynamisches Routing**	**Statisches Routing**
Komplexität der Konfiguration	Im Allgemeinen unabhängig von der Größe des Netzwerks	Nimmt mit der Größe des Netzwerks zu
Erforderliche Administratorkenntnisse	Fortgeschrittenes Wissen erforderlich	Kein zusätzliches Wissen notwendig
Topologieänderungen	Automatische Anpassung an Topologieänderungen	Eingriff des Administrators erforderlich
Skalierung	Geeignet für einfache und komplexe Topologien	Geeignet für einfache Topologien
Sicherheit	Wenig sicher	Sicherer
Ressourcenverwendung	Benötigt Prozessorkapazität, Speicher und Verbindungsbandbreite	Keine zusätzlichen Ressourcen erforderlich
Vorhersehbarkeit	Route abhängig von der aktuellen Topologie	Route zum Empfänger stets identisch

Verwendung sowie Vor- und Nachteile des statischen Routings

Das statische Routing erfüllt eine Reihe wesentlicher Aufgaben:

- Einfache Pflege der Routing-Tabelle in kleineren Netzwerken, die nicht mehr nennenswert wachsen
- Routing in und aus Stub-Netzwerken (siehe Kapitel 2)
- Verwendung einer Default-Route, die zur Darstellung von Pfaden in Netzwerke verwendet wird, für die keine genauere Übereinstimmung in der Routing-Tabelle vorhanden ist

Die Vorteile des statischen Routings sind:

- Minimale Prozessorbeanspruchung
- Unkompliziert zu administrieren
- Einfache Konfiguration

Die Nachteile des statischen Routings sind:

- Zeitaufwendige Konfiguration und Wartung
- Fehleranfällige Konfiguration (insbesondere in großen Netzwerken)
- Erforderlicher Administrator-Eingriff zum Einpflegen geänderter Routen-Daten
- Schlechte Skalierbarkeit bei Wachstum des Netzwerks, extrem aufwendige Wartung
- Umfassende Kenntnisse des gesamten Netzwerks für sachgemäße Implementierung unabdingbar

Vor- und Nachteile des dynamischen Routings

Die Vorteile des dynamischen Routings sind:

- Weniger Arbeit für den Administrator bei der Wartung der Konfiguration, wenn Netzwerke hinzugefügt oder gelöscht werden
- Automatische Reaktion der Protokolle auf Topologieänderungen
- Wenig fehleranfällige Konfiguration
- Bessere Skalierbarkeit, d. h. unproblematisches Netzwerkwachstum

Die Nachteile des dynamischen statischen Routings sind:

- Verwendung von Router-Ressourcen (Prozessorzeit, Speicher, Bandbreite)
- Gute Kenntnisse für Konfiguration, Überprüfung und Troubleshooting erforderlich

3.2 Dynamische Routing-Protokolle klassifizieren

Abbildung 3.1 stellte dar, wie Routing-Protokolle sich nach unterschiedlichen Eigenschaften klassifizieren lassen. Wir wollen Sie in diesem Kapitel mit den entsprechenden Begriffen vertraut machen, die in späteren Kapiteln weiter ausgeführt werden.

In diesem Abschnitt erhalten Sie eine Übersicht über die gängigsten IP-Routing-Protokolle. Die meisten dieser Protokolle werden wir im weiteren Verlauf dieses Buches genauer betrachten. Zunächst aber erhalten Sie einen kurzen Überblick über die einzelnen Protokolle.

Routing-Protokolle lassen sich hinsichtlich ihrer Eigenschaften zu verschiedenen Gruppen zusammenfassen:

- IGP (Interior Gateway Protocol) oder EGP (Exterior Gateway Protocol)
- Distanzvektor-Protokoll oder Link-State-Protokoll
- Klassenbezogenes oder klassenloses Protokoll

Die folgenden Abschnitte behandeln diese Kategorisierungsschemata im Detail.

Die meistverwendeten Routing-Protokolle sind:

- **RIP.** Ein IGP, das nach dem Distanzvektor-Prinzip arbeitet.
- **IGRP.** Ein nach dem Distanzvektor-Prinzip arbeitendes IGP, das von Cisco entwickelt wurde. Gilt seit Cisco IOS Release 12.2 als veraltet.
- **OSPF.** Ein Link-State-IGP.
- **IS-IS.** Ein Link-State-IGP.
- **EIGRP.** Ein fortgeschrittenes Distanzvektor-IGP, das von Cisco entwickelt wurde.
- **BGP.** Ein EGP, das nach dem Pfadvektor-Prinzip arbeitet.

Anmerkung

IS-IS und BGP sind nicht Gegenstand dieses Buches.

3.2.1 IGPs und EGPs

Ein autonomes System (AS, auch bekannt als Routing-Domäne) ist eine Gruppe gemeinsam verwalteter Router. Typische Beispiele hierfür sind das interne Netzwerk eines Unternehmens oder das Netzwerk eines Internetproviders. Da das Internet auf dem Konzept autonomer Systeme basiert, sind zwei Arten von Routing-Protokollen erforderlich: interne und externe Protokolle. Diese Protokolle sind:

- **IGP (Interior Gateway Protocol).** Wird für das Routing innerhalb des AS verwendet.
- **EGP (Exterior Gateway Protocol).** Wird für das AS-übergreifende Routing verwendet.

Abbildung 3.3 zeigt eine vereinfachte Darstellung des Unterschieds zwischen IGPs und EGPs. Das AS-Konzept werden wir weiter unten ausführlich beschreiben. Obwohl dies eigentlich eine unzulässige Vereinfachung ist, stellen Sie sich bitte ein autonomes System vorläufig als Internetprovider vor.

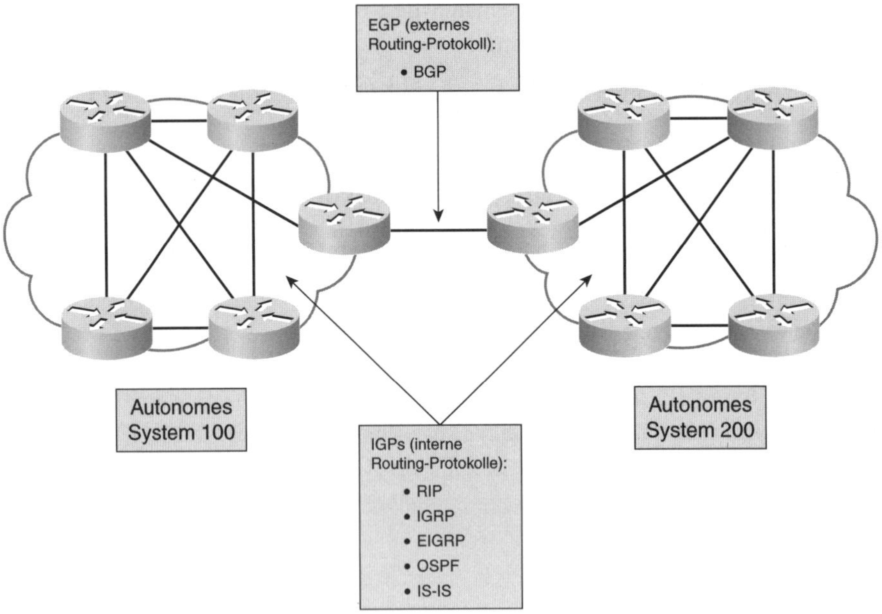

Abbildung 3.3: IGP- und EGP-Protokolle

IGPs werden für das Routing innerhalb einer Routing-Domäne verwendet, d. h. zwischen den gemeinsam administrierten Netzwerken einer Organisation. Ein AS setzt sich meist aus vielen einzelnen Netzwerken zusammen, die Unternehmen, Lehreinrichtungen und anderen Institutionen gehören. Ein IGP wird für das Routing innerhalb des autonomen Systems und auch innerhalb der einzelnen Netzwerke verwendet. So betreibt beispielsweise die CENIC (Corporation for Education Network Initiatives in California) ein AS, das Netzwerke in Schulen, Colleges und Hochschulen in ganz Kalifornien umfasst. Die CENIC verwendet für das Routing innerhalb des AS ein IGP, um alle diese Institutionen aneinander anzubinden. Außerdem benutzen diese Schulen ein IGP eigener Wahl, um das Routing innerhalb des eigenen Netzwerks zu realisieren. Das in den einzelnen Einrichtungen eingesetzte IGP ermöglicht die Ermittlung des jeweils besten Pfades innerhalb der eigenen Routing-Domäne. Ebenso findet das von der CENIC verwendete IGP die besten Routen im Gesamt-AS. Zu den IGPs für IP gehören RIP, IGRP, EIGRP, OSPF und IS-IS.

Routing-Protokolle (oder – genauer gesagt – die jeweils verwendeten Algorithmen) benutzen eine Metrik, um den besten Pfad in ein Netzwerk zu bestimmen. Bei RIP etwa ist die verwendete Metrik die *Anzahl der Hops*, d. h. die Zahl der Router, die ein Paket passieren muss, um in ein anderes Netzwerk zu gelangen. OSPF dagegen bestimmt den kürzesten Pfad anhand der *Bandbreite*.

EGPs hingegen werden für die Verwendung zwischen verschiedenen autonomen Systemen verwendet, die auch separat administriert werden. BGP ist das gegenwärtig einzige nennenswerte EGP und wird auch im Internet verwendet. BGP ist ein Pfadvektor-Protokoll, das viele verschiedene Attribute zur Messung von Routen verwenden kann. Auf der ISP-Ebene gibt es häufig wichtigere Fragen als nur die Auswahl des schnellsten Pfades. BGP wird meist zwischen ISPs, manchmal auch zwischen einem Unternehmen und einem ISP eingesetzt. Es ist weder Gegenstand dieses Kurses noch der CCNA, sondern wird im CCNP behandelt.

Eigenschaften von IGPs und EGPs (3.2.2)

Packet Tracer ☐ **Aktivität**

Bei dieser Aktivität wurde das Netzwerk bereits innerhalb der autonomen Systeme konfiguriert. Sie werden eine Default-Route von AS2 und AS3 (zwei verschiedenen Unternehmen) zum ISP (AS1) konfigurieren, um das externe Routing zu simulieren, das jeweils zwischen den beiden Unternehmen und dem ISP stattfindet. Danach werden Sie eine statische Route vom ISP (AS1) nach AS2 und AS3 konfigurieren, um das externe Routing zu simulieren, das zwischen dem ISP und seinen Kunden (AS2 und AS3) erfolgt. Betrachten Sie die Routing-Tabelle vor und nach dem Hinzufügen der statischen und der Default-Routen, um die darin erfolgten Änderungen zu erkennen. Zur Durchführung der Aktivität verwenden Sie Packet Tracer und die Datei *e2-322.pka* auf der Begleit-CD-ROM zu diesem Buch.

3.2.2 Distanzvektor- und Link-State-Protokolle

IGPs lassen sich in zwei Typen unterteilen:

- Distanzvektor-Protokolle
- Link-State-Protokolle

Betrieb von Distanzvektor-Protokollen

Distanzvektor bedeutet, dass Routen als Vektoren mit den Parametern Distanz und Richtung bekannt gegeben werden. Die Distanz wird durch eine Metrik wie etwa die Anzahl der Hops definiert, die Richtung ist die einfache Angabe des nächsten Hops oder der Ausgangsschnittstelle. Distanzvektor-Protokolle verwenden meist den Bellman-Ford-Algorithmus zur Ermittlung des besten Pfades.

Einige Distanzvektor-Protokolle senden regelmäßig vollständige Routing-Tabellen an alle angeschlossenen Nachbarn. In großen Netzwerken können diese Routing-Updates enorm groß werden und einen beträchtlichen Datenverkehr auf den Verbindungen auslösen.

Zwar häuft der Bellman-Ford-Algorithmus früher oder später genügend Informationen an, um eine Datenbank mit den erreichbaren Netzwerken zu erstellen, doch ermöglicht der Algorithmus es dem Router nicht, die Topologie eines Netzwerks exakt zu kennen. Der Router arbeitet lediglich mit den Routing-Daten, die er von seinen Nachbarn erhält.

Distanzvektor-Protokolle verwenden Router als Wegweiser auf dem Pfad zum endgültigen Empfänger. Die einzige Information, die ein Router zu einem Remote-Netzwerk hat, sind die Distanz oder Metrik des Pfades in dieses Netzwerk und die Schnittstelle, die verwendet werden muss, um dorthin zu gelangen. Distanzvektor-Protokolle verfügen nicht über eine »Landkarte« der Netzwerktopologie.

Distanzvektor-Protokolle funktionieren am besten in Situationen, in denen

- das Netzwerk einfach und flach strukturiert ist und kein hierarchisches Design benötigt,
- die Administratoren nicht das erforderliche Wissen aufweisen, um Link-State-Protokolle zu konfigurieren und ein Troubleshooting durchzuführen,
- bestimmte Arten von Netzwerken (z. B. Hub-and-Spoke-Netzwerke) implementiert werden,
- Worst-Case-Konvergenzszenarien in einem Netzwerk nicht relevant sind.

Kapitel 4, »Distanzvektor-Protokolle«, behandelt die Funktionen und den Betrieb von Distanzvektor-Protokollen ausführlich. Sie werden zudem den Betrieb und die Konfiguration von Distanzvektor-Protokollen wie RIP und EIGRP kennenlernen.

Betrieb von Link-State-Protokollen

Im Gegensatz zu Routern, die Distanzvektor-Protokolle verwenden, kann ein mit einem Link-State-Protokoll konfigurierter Router eine »vollständige Ansicht« oder Topologie des Netzwerks erstellen, indem er Informationen von allen anderen Routern abruft. Sie können sich die Verwendung eines Link-State-Protokolls tatsächlich wie den Einsatz einer Karte der Netzwerktopologie vorstellen. Wegweiser im Pfad vom Absender zum Empfänger sind nicht erforderlich, weil alle Link-State-Router eine identische »Landkarte« des Netzwerks verwenden. Ein Link-State-Router benutzt die Link-State-Informationen zur Erstellung einer Topologiekarte und zur Auswahl des besten Pfades zu allen Zielnetzwerken in der Topologie.

Bei einigen Distanzvektor-Protokollen senden Router regelmäßige Updates ihrer Routing-Daten an ihre Nachbarn. Link-State-Protokolle tun dies nicht: Wenn das Netzwerk konvergiert hat, ist ein Link-State-Update nur erforderlich, sofern sich die Topologie geändert hat.

Link-State-Protokolle funktionieren am besten in Situationen, in denen

- das Netzwerkdesign hierarchisch ist (was bei großen Netzwerken häufiger der Fall ist),
- die Administratoren genügend Kenntnisse über das implementierte Link-State-Protokoll besitzen,
- die schnelle Konvergenz des Netzwerks von höchster Bedeutung ist.

Funktionen und Betrieb von Link-State-Protokollen werden in späteren Kapiteln erläutert. Sie werden zudem den Betrieb und die Konfiguration des OSPF-Protokolls in Kapitel 11, »OSPF«, kennenlernen.

3.2.3 Klassenbezogene und klassenlose Routing-Protokolle

Alle Routing-Protokolle lassen sich weiter klassifizieren als

- klassenbezogene Routing-Protokolle oder
- klassenlose Routing-Protokolle.

Klassenbezogene Routing-Protokolle

Klassenbezogene Routing-Protokolle senden keine Subnetzmasken in ihren Routing-Updates. Die ersten Routing-Protokolle (zum Beispiel RIP) waren klassenbezogen. Zur damaligen Zeit wurden Netzwerkadressen basierend auf den Klassen (A, B oder C) zugewiesen. Ein Routing-Protokoll musste die Subnetzmaske beim Routing-Update nicht berücksichtigen, weil seinerzeit die Netzmaske auf der Basis des ersten Oktetts der Netzwerkadresse bestimmt werden konnte.

Klassenbezogene Routing-Protokolle können auch in modernen Netzwerken eingesetzt werden, jedoch in Ermangelung der Subnetzmaske nicht in allen Situationen. Beispielsweise ist die Verwendung eines klassenbezogenen Routing-Protokolls nicht möglich, wenn aus einem Netzwerk Subnetze mit mehreren unterschiedlichen Masken gebildet wurden. Das bedeutet, dass klassenbezogene Protokolle VLSM (Variable Length Subnet Masking) nicht unterstützen.

Abbildung 3.4 zeigt exemplarisch ein Netzwerk, in dem dieselbe Subnetzmaske für alle Subnetze derselben übergreifenden Netzwerkadresse verwendet wird. In dieser Situation könnte ein klassenbezogenes, aber auch ein klassenloses Routing-Protokoll eingesetzt werden.

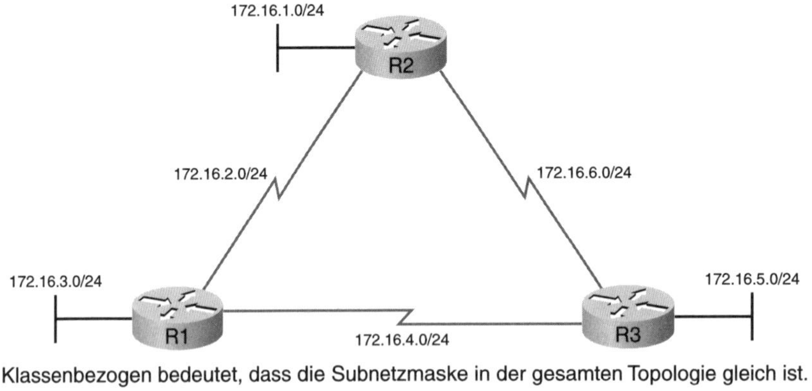

Abbildung 3.4: Klassenbezogenes Routing

Es gibt noch andere Beschränkungen klassenbezogener Routing-Protokolle; so unterstützen sie beispielsweise keine nichtzusammenhängenden Netzwerke. In späteren Kapiteln werden wir klassenbezogene Routing-Protokolle, nichtzusammenhängende Netzwerke und VLSM ausführlich beschreiben.

Zu den klassenbezogenen Routing-Protokollen gehören RIPv1 und IGRP.

Klassenlose Routing-Protokolle

Klassenlose Routing-Protokolle integrieren die Subnetzmaske mit der Netzwerkadresse in Routing-Updates. Moderne Netzwerke werden heute nicht mehr klassenbezogen vergeben, weswegen sich die Subnetzmaske nicht aus dem Wert des ersten Oktetts ableiten lässt. Klassenlose Routing-Protokolle werden nun in den meisten Netzwerken benötigt, weil sie VLSM, nichtzusammenhängende Netzwerke und andere Funktionen unterstützen, die in späteren Kapiteln behandelt werden.

Beachten Sie in Abbildung 3.5, dass die klassenlose Version des Netzwerks die Masken /30 und /27 in derselben Topologie verwendet. Ferner fällt auf, dass diese Topologie ein nichtzusammenhängendes Design bei der Adressierung benutzt.

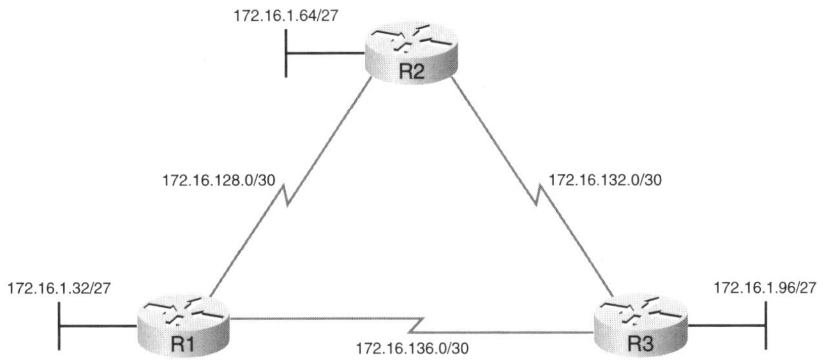

Klassenlos bedeutet, dass unterschiedliche Subnetzmasken in der Topologie verwendet werden.

Abbildung 3.5: Klassenloses Routing

Klassenlose Routing-Protokolle sind RIPv2, EIGRP, OSPF, IS-IS und BGP.

3.2.4 Dynamische Routing-Protokolle und Konvergenz

Ein wichtiges Merkmal eines Routing-Protokolls ist die Frage, wie schnell es angesichts einer Änderung in der Topologie konvergiert.

Konvergenz liegt vor, wenn die Routing-Tabellen aller Router sich in einem konsistenten Zustand befinden. Das Netzwerk hat konvergiert, wenn alle Router über vollständige und zutreffende Informationen zum Netzwerk verfügen. Die Konvergenzzeit ist der Zeitraum, den die Router benötigen, um Informationen weiterzugeben, beste Pfade zu berechnen und ihre Routing-Tabellen zu aktualisieren. Ein Netzwerk ist erst vollständig betriebsbereit, wenn es konvergiert hat; deswegen sind in den meisten Netzwerken kurze Konvergenzzeiten unabdingbar.

Die Konvergenz basiert zu gleichen Teilen auf Zusammenarbeit und Selbstständigkeit. Die Router tauschen Informationen miteinander aus, müssen die Auswirkungen von Topologieänderungen auf ihre eigenen Routen jedoch selbst berechnen. Da sie jeweils unabhängig voneinander eine Übereinstimmung mit der neuen Topologie anstreben, spricht man davon, dass sie auf diese Übereinstimmung *hinkonvergieren*.

Zu den Konvergenzeigenschaften gehören die Ausbreitungsgeschwindigkeit von Routing-Daten und die Berechnung optimaler Pfade. Routing-Protokolle können basierend auf der Konvergenzgeschwindigkeit bewertet werden: Je schneller die Konvergenz erreicht wird, desto besser ist das Routing-Protokoll. RIP und IGRP konvergieren eher langsam, während EIGRP, OSPF und IS-IS dies schneller tun.

Packet Tracer
Aktivität

Konvergenz (3.2.5)

Bei dieser Aktivität wurde das Netzwerk bereits mit zwei Routern, zwei Switches und zwei Hosts konfiguriert. Nun wird ein neues LAN hinzugefügt. Sie werden dann beobachten, wie das Netzwerk konvergiert. Zur Durchführung der Aktivität verwenden Sie Packet Tracer und die Datei *e2-325.pka* auf der Begleit-CD-ROM zu diesem Buch.

3.3 Metrik

Die Metrik ermöglicht das Messen und Vergleichen von Routen. Routing-Protokolle verwenden die Metrik, um zu ermitteln, welche Route den besten Pfad darstellt.

3.3.1 Funktion der Metrik

Es gibt Fälle, in denen ein Routing-Protokoll mehrere Routen zum selben Ziel erlernt. Um den besten Pfad auszuwählen, muss das Routing-Protokoll in der Lage sein, die verfügbaren Pfade zu bewerten und zwischen ihnen zu unterscheiden. Zu diesem Zweck wird eine Metrik verwendet. Eine Metrik ist ein Wert, mit dessen Hilfe Routing-Protokolle sogenannte Kosten festlegen, die zum Erreichen des Remote-Netzwerks anfallen. Anhand der Metrik wird bestimmt, welcher Pfad der geeignetste ist, falls mehrere Pfade in dasselbe Netzwerk vorhanden sind.

Jedes Routing-Protokoll berechnet seine Metrik auf andere Weise. RIP etwa verwendet die Anzahl der Hops, EIGRP eine Kombination aus Bandbreite und Latenz und die Cisco-Implementierung von OSPF die Bandbreite. Die Anzahl der Hops ist das wohl am einfachsten zu erfassende Konzept. Der Begriff verweist auf die Anzahl der Router, die ein Paket passieren muss, um zum Zielnetzwerk zu gelangen.

Für Router R3 in Abbildung 3.6 ist das Netzwerk 172.16.3.0 zwei Hops (Router) entfernt. Für Router R2 ist das Netzwerk 172.16.3.0 nur einen und für Router R1 null Hops entfernt (denn an R1 ist das Netzwerk direkt angeschlossen).

ANMERKUNG

Die Metrik für ein bestimmtes Routing-Protokoll und ihre Berechnung werden im Kapitel zum jeweiligen Routing-Protokoll beschrieben.

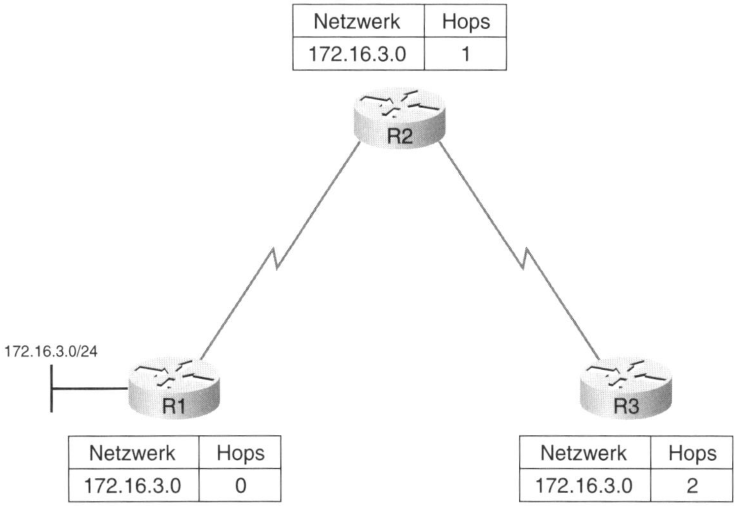

Abbildung 3.6: Metriken

3.3.2 Metrik und Routing-Protokolle

Die verschiedenen Routing-Protokolle nutzen unterschiedliche Metrikdarstellungen. Die von dem einen Protokoll verwendete Metrik ist nicht kompatibel mit der eines anderen Protokolls (eine Ausnahme bilden hierbei IGRP und EIGRP).

Metrikparameter

Zwei verschiedene Routing-Protokolle wählen unter Umständen verschiedene Pfade zum selben Ziel aus, da sie unterschiedliche Metriken verwenden.

Abbildung 3.7 zeigt, wie R1 das Netzwerk 172.16.1.0/24 erreichen würde. RIP würde den Pfad mit der geringsten Anzahl an Hops nehmen, der über R2 führt, während OSPF den Pfad mit der höchsten Bandbreite (über R3) bevorzugen würde.

Zur Ermittlung der bei IP-Routing-Protokollen verwendeten Metrik können benutzt werden:

- **Anzahl der Hops.** Eine einfache Metrik, die die Anzahl der Router zählt, die ein Paket passieren muss.
- **Bandbreite.** Beeinflusst die Pfadauswahl dahingehend, dass der Pfad mit der höchsten Bandbreite bevorzugt wird.
- **Last.** Berücksichtigt die Auslastung einer Verbindung.

- **Latenz.** Basiert auf der Zeit, die ein Paket benötigt, um einen Pfad zu durchqueren.
- **Zuverlässigkeit.** Bewertet die Wahrscheinlichkeit eines Verbindungsausfalls anhand der Fehlerrate der Schnittstelle und vorheriger Verbindungsausfälle.
- **Kosten.** Ein Wert, der entweder vom IOS oder vom Netzwerkadministrator festgelegt wird und die Priorität einer Route angibt. Kosten können eine Metrik, eine Kombination mehrerer Metriken oder eine Richtlinie darstellen.

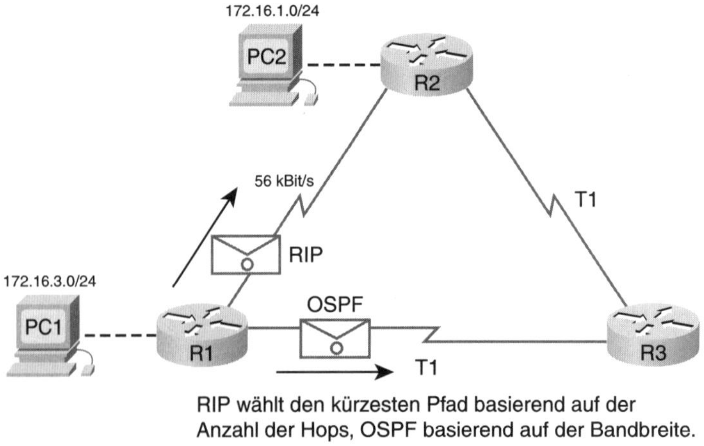

Abbildung 3.7: Anzahl der Hops versus Bandbreite

ANMERKUNG

Zu diesem Zeitpunkt ist es nicht wichtig, dass Sie die Metrik vollständig verstanden haben, da sie in späteren Kapiteln ausführlicher beschrieben wird.

Das Metrikfeld in der Routing-Tabelle

Die Routing-Tabelle zeigt die Metrik für alle dynamischen und statischen Routen an. Aus Kapitel 2 wissen Sie, dass statische Routen stets den Metrikwert 0 haben.

Die folgende Liste definiert die Metrik für die einzelnen Routing-Protokolle.

- **RIP: Anzahl der Hops.** Der beste Pfad wird anhand der Route mit den wenigsten Hops ermittelt.
- **IGRP und EIGRP: Bandbreite, Latenz, Zuverlässigkeit und Last.** Der beste Pfad ist die Route mit der kleinsten zusammengesetzten Metrik, die sich aus den aufgeführten Parametern ergibt. Standardmäßig werden nur die Bandbreite und die Latenz verwendet.
- **IS-IS und OSPF: Kosten.** Der beste Pfad wird anhand der Route mit den niedrigsten Kosten ermittelt. Die Cisco-Implementierung von OSPF verwendet die Bandbreite zur Bestimmung der Kosten. IS-IS ist Gegenstand von CCNP.

Routing-Protokolle ermitteln den besten Pfad basierend auf der Route mit der niedrigsten Metrik.

Alle Router in Abbildung 3.8 verwenden RIP.

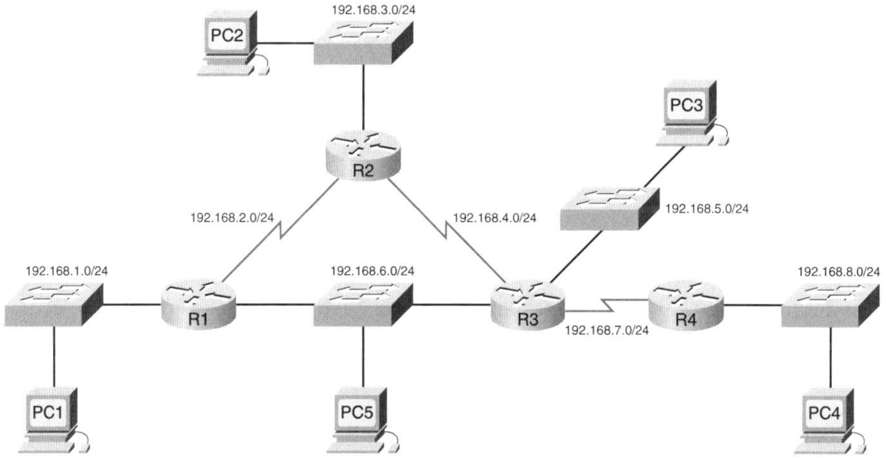

Abbildung 3.8: Ermittlung des besten Pfades in einem Netzwerk mit RIP

Die mit einer bestimmten Route verbundene Metrik lässt sich am besten mit dem Befehl `show ip route` anzeigen. Der Metrikwert ist der zweite in Klammern stehende Wert des Routing-Tabelleneintrags. In Listing 3.1 hat R2 eine Route nach 192.168.8.0/24, die zwei Hops lang ist. Die hervorgehobene `2` in der Befehlsausgabe ist die Angabe der Metrik.

Listing 3.1: Routing-Tabelle auf R2

```
R2# show ip route

<Ausgabe unterdrückt>

Gateway of last resort is not set

R    192.168.1.0/24 [120/1] via 192.168.2.1, 00:00:24, Serial0/0/0
C    192.168.2.0/24 is directly connected, Serial0/0/0
C    192.168.3.0/24 is directly connected, FastEthernet0/0
C    192.168.4.0/24 is directly connected, Serial0/0/1
R    192.168.5.0/24 [120/1] via 192.168.4.1, 00:00:26, Serial0/0/1
R    192.168.6.0/24 [120/1] via 192.168.2.1, 00:00:24, Serial0/0/0
                   [120/1] via 192.168.4.1, 00:00:26, Serial0/0/1
R    192.168.7.0/24 [120/1] via 192.168.4.1, 00:00:26, Serial0/0/1
R    192.168.8.0/24 [120/2] via 192.168.4.1, 00:00:26, Serial0/0/1
```

3.3.3 Lastausgleich

Sie wissen nun, dass einzelne Routing-Protokolle die Metrik zur Bestimmung der besten Route in Remote-Netzwerke verwenden. Was aber geschieht, wenn zwei oder mehr Routen zum selben Ziel eine identische Metrik aufweisen? Wie entscheidet der Router hier, welcher Pfad zur Paketweiterleitung verwendet wird? Nun, in einem solchen Fall wird nicht nur eine Route ausgewählt, sondern der Router führt einen *Lastausgleich* zwischen gleichwertigen Routen durch. Die Pakete werden über alle Pfade weitergeleitet, die den gleichen Kostenwert aufweisen.

Um festzustellen, ob der Lastausgleich aktiv ist, konsultieren Sie die Routing-Tabelle: Sind zwei oder mehr Routen mit demselben Ziel vorhanden, findet ein Lastausgleich statt.

ANMERKUNG

Der Lastausgleich kann entweder paket- oder zielspezifisch erfolgen. Wie ein Router einen Lastausgleich bei Paketen zwischen den gleichwertigen Pfaden tatsächlich durchführt, wird durch den Switching-Prozess geregelt. Diesen Prozess werden wir in einem späteren Kapitel ausführlich beschreiben.

Abbildung 3.9 zeigt exemplarisch einen Lastausgleich. Dabei wird davon ausgegangen, dass R2 die an PC5 gesendeten Daten über zwei gleichwertige Pfade versendet.

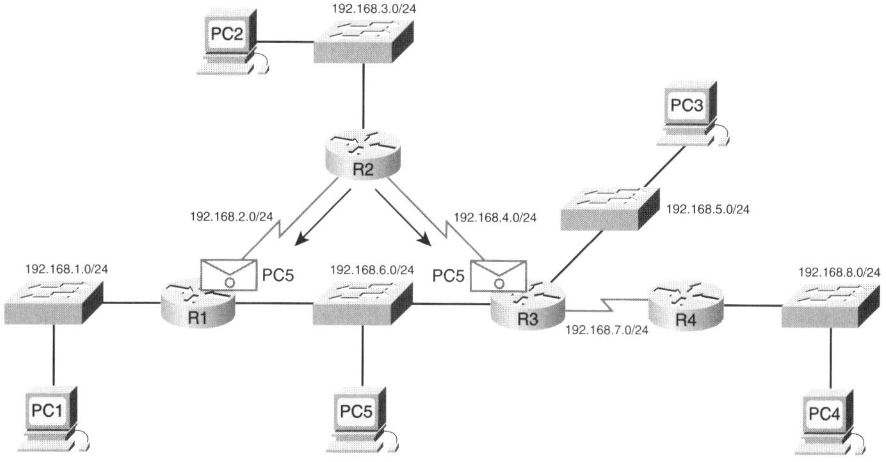

Abbildung 3.9: Lastausgleich über gleichwertige Pfade

Der Befehl `show ip route` in Listing 3.1 zeigt an, dass das Zielnetzwerk 192.168.6.0 über 192.168.2.1 (Serial 0/0/0) und 192.168.4.1 (Serial 0/0/1) zu erreichen ist. Wir führen diese gleichwertigen Routen hier noch einmal auf:

```
R2# show ip route

<Ausgabe unterdrückt>
R    192.168.6.0/24 [120/1] via 192.168.2.1, 00:00:24, Serial0/0/0
                    [120/1] via 192.168.4.1, 00:00:26, Serial0/0/1
```

Alle in diesem Kurs beschriebenen Routing-Protokolle können per Default automatisch einen Lastausgleich für bis zu vier gleichwertige Routen realisieren. EIGRP kann zudem auch einen Lastausgleich über ungleichwertige Pfade vornehmen. Diese Eigenschaft von EIGRP wird in den CCNP-Kursen behandelt.

3.4 Administrative Distanz

Wir stellen das Konzept der administrativen Distanz in den folgenden Abschnitten kurz vor. Die administrative Distanz wird zudem in den Kapiteln behandelt, die jeweils ein bestimmtes Routing-Protokoll detailliert behandeln.

3.4.1 Aufgabe der administrativen Distanz

Damit der Routing-Prozess ermitteln kann, welche Route zur Weiterleitung eines Pakets verwendet werden soll, muss er zunächst feststellen, welche

Routen er in die Routing-Tabelle eintragen soll. Dabei kann es vorkommen, dass ein Router eine Route in ein Remote-Netzwerk aus mehreren Quellen erlernt. Der Routing-Prozess muss dann festlegen, welche Routenquelle verwendet werden soll. Hierzu wird die administrative Distanz eingesetzt.

Mehrere Routenquellen

Sie wissen bereits, dass Router benachbarte, direkt angeschlossene Netzwerke sowie Remote-Netzwerke über statische Routen und dynamische Routing-Protokolle erlernen. Es ist aber durchaus möglich, dass ein Router eine Route zum selben Netzwerk aus mehreren Quellen erlernt. Beispielsweise ist es denkbar, dass für eine Kombination aus Netzwerkadresse und Subnetzmaske, die über ein dynamisches Routing-Protokoll wie RIP erlernt wurde, auch eine statische Route konfiguriert wurde. In diesem Fall muss der Router die zu installierende Route auswählen.

Anmerkung

Vielleicht kommen Ihnen nun die gleichwertigen Pfade in den Sinn. Mehrere Routen in dasselbe Netzwerk können nur installiert werden, wenn sie von derselben Routenquelle stammen. Das bedeutet, dass alle gleichwertigen Routen, die installiert werden, statische Routen *oder* RIP-Routen usw. sein müssen.

Auch wenn es nicht allzu häufig vorkommt, so lassen sich doch mehrere Routing-Protokolle im selben Netzwerk einsetzen. In bestimmten Situationen kann es notwendig sein, dieselbe Netzwerkadresse mithilfe mehrerer Routing-Protokolle wie RIP und OSPF zu routen. Da die verschiedenen Routing-Protokolle jeweils eine unterschiedliche Metrik verwenden – RIP etwa die Anzahl der Hops und OSPF die Bandbreite –, ist es nicht möglich, die verschiedenen Werte der Metrik zur Bestimmung des besten Pfades miteinander zu vergleichen.

Wie aber kann dann ein Router bestimmen, welche Route er in der Routing-Tabelle installieren muss, wenn er dasselbe Netzwerk aus mehreren Routenquellen erlernt hat? Das Cisco IOS trifft diese Entscheidung basierend auf der administrativen Distanz der Routenquelle.

Zweck der administrativen Distanz

Die administrative Distanz (auch kurz als AD bezeichnet) definiert die Priorität einer Routenquelle. Jede Routenquelle – einschließlich bestimmter Routing-Protokolle, statischer Routen und sogar direkt angeschlossener Netzwerke – wird entsprechend dem AD-Wert in der Reihenfolge der besten bis hin zur am wenigsten geeigneten Route priorisiert. Cisco-Router wählen mithilfe dieser AD-Funktion den besten Pfad aus, wenn sie dasselbe Zielnetzwerk aus zwei oder mehr unterschiedlichen Routenquellen erlernen.

Die administrative Distanz ist ein ganzzahliger Wert zwischen 0 und 255. Je niedriger der Wert ist, desto höher ist die Priorität der Route. Folglich führt eine administrative Distanz von 0 zur höchsten Priorität. Nur ein direkt angeschlossenes Netzwerk hat eine administrative Distanz von 0, die auch nicht geändert werden kann.

ANMERKUNG

Es ist möglich, die administrative Distanz für statische Routen und dynamische Routing-Protokolle zu ändern. Dieses Thema wird in den CCNP-Kursen behandelt.

Eine administrative Distanz von 255 bedeutet, dass der Router der Quelle dieser Route nicht glaubt; sie wird dann nicht in der Routing-Tabelle installiert.

ANMERKUNG

Der Begriff *Vertrauenswürdigkeit* wird bei der Definition der administrativen Distanz häufig verwendet. Je niedriger der Wert der administrativen Distanz, desto vertrauenswürdiger ist die Route.

Abbildung 3.10 zeigt eine Topologie, bei der auf R2 sowohl EIGRP als auch RIP ausgeführt werden. R2 verwendet EIGRP für R1 und RIP für R3.

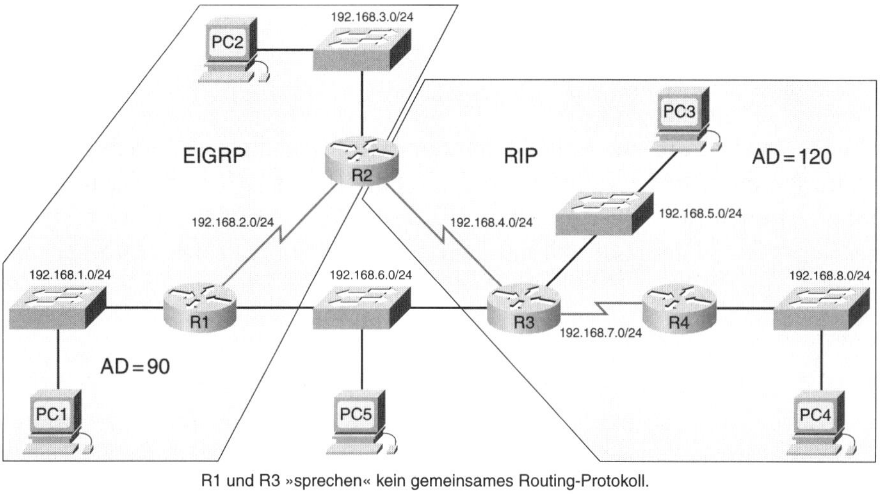

Abbildung 3.10: Administrative Distanzen vergleichen

Listing 3.2 zeigt die Ausgabe des Befehls `show ip route` auf R2.

Listing 3.2: Routing-Tabelle auf R2

```
R2# show ip route

<Ausgabe unterdrückt>

Gateway of last resort is not set

D    192.168.1.0/24 [90/2172416] via 192.168.2.1, 00:00:24, Serial0/0
C    192.168.2.0/24 is directly connected, Serial0/0/0
C    192.168.3.0/24 is directly connected, FastEthernet0/0
C    192.168.4.0/24 is directly connected, Serial0/0/1
R    192.168.5.0/24 [120/1] via 192.168.4.1, 00:00:08, Serial0/0/1
D    192.168.6.0/24 [90/2172416] via 192.168.2.1, 00:00:24, Serial0/0/0
R    192.168.7.0/24 [120/1] via 192.168.4.1, 00:00:08, Serial0/0/1
R    192.168.8.0/24 [120/2] via 192.168.4.1, 00:00:08, Serial0/0/1
```

Der AD-Wert ist der erste in Klammern stehende Wert des Routing-Tabelleneintrags. Beachten Sie, dass R2 über eine Route in das Netzwerk 192.168.6.0/24 mit einem AD-Wert von 90 verfügt.

```
D    192.168.6.0/24 [90/2172416] via 192.168.2.1, 00:00:24, Serial0/0/0
```

R2 führt sowohl RIP als auch EIGRP aus. Denken Sie daran, dass es nicht allzu häufig vorkommt, dass Router mehrere dynamische Routing-Protokolle ausführen; wir wollen hier lediglich veranschaulichen, wie die administrative Distanz funktioniert. R2 hat die Route nach 192.168.6.0/24 von R1 über EIGRP-Updates und von R3 über RIP-Updates erlernt. RIP hat eine administrative Distanz von 120, EIGRP hingegen weist einen niedrigeren Wert (90) auf. Folglich fügt R2 die via EIGRP erlernte Route zur Routing-Tabelle hinzu und leitet alle Pakete, die an das Netzwerk 192.168.6.0/24 gerichtet sind, an Router R1 weiter.

Was geschieht nun, wenn die Verbindung zu R1 nicht mehr verfügbar ist? Hätte R2 dann keine Route nach 192.168.6.0? Nun, R2 verfügt über die Informationen zur RIP-Route für 192.168.6.0, die in der RIP-Datenbank gespeichert ist. Dies lässt sich mit dem Befehl `show ip rip database` überprüfen (siehe Listing 3.3).

Listing 3.3: Verfügbarkeit der RIP-Route überprüfen

```
R2# show ip rip database

192.168.3.0/24    directly connected, FastEthernet0/0
192.168.4.0/24    directly connected, Serial0/0/1
192.168.5.0/24
    [1] via 192.168.4.1, Serial0/0/1
192.168.6.0/24
    [1] via 192.168.4.1, Serial0/0/1
192.168.7.0/24
    [1] via 192.168.4.1, Serial0/0/1
192.168.8.0/24
    [2] via 192.168.4.1, Serial0/0/1
```

Der Befehl `show ip rip database` zeigt alle RIP-Routen an, die von R2 erlernt wurden; ob die jeweilige Route in der Routing-Tabelle installiert wurde, spielt dabei keine Rolle. Nun können Sie die Frage selbst beantworten, was geschehen würde, wenn die EIGRP-Route nach 192.168.6.0 ausfällt. RIP bietet eine Route an, und diese würde auch in der Routing-Tabelle installiert werden. Wenn die EIGRP-Route später wiederhergestellt würde, würde die RIP-Route entfernt, und die EIGRP-Route würde neu installiert, denn schließlich weist sie den besseren AD-Wert auf.

3.4.2 Dynamische Routing-Protokolle und administrative Distanz

Sie wissen bereits, dass Sie AD-Werte mit dem Befehl `show ip route` überprüfen können (siehe Listing 3.2).

Listing 3.4 zeigt, dass AD-Werte auch mit dem Befehl `show ip protocols` überprüft werden können. Dieser Befehl zeigt alle wesentlichen Informationen zu Routing-Protokollen an, die auf dem Router operieren.

Listing 3.4: Administrative Distanz mit dem Befehl »show ip protocols« überprüfen

```
R2# show ip protocols

Routing Protocol is "eigrp  100 "
  Outgoing update filter list for all interfaces is not set
  Incoming update filter list for all interfaces is not set
  Default networks flagged in outgoing updates
  Default networks accepted from incoming updates
```

Listing 3.4: Administrative Distanz mit dem Befehl »show ip protocols« überprüfen (Forts.)

```
  EIGRP metric weight K1=1, K2=0, K3=1, K4=0, K5=0
  EIGRP maximum hopcount 100
  EIGRP maximum metric variance 1
  Redistributing: eigrp 100
  Automatic network summarization is in effect
  Automatic address summarization:
  Maximum path: 4
  Routing for Networks:
     192.168.2.0
     192.168.3.0
     192.168.4.0
  Routing Information Sources:
    Gateway         Distance      Last Update
    192.168.2.1     90            2366569
  Distance: internal 90 external 170

Routing Protocol is "rip"
  Sending updates every 30 seconds, next due in 12 seconds
  Invalid after 180 seconds, hold down 180, flushed after 240
  Outgoing update filter list for all interfaces is not set
  Incoming update filter list for all interfaces is not set
  Redistributing: rip
  Default version control: send version 1, receive any version
    Interface             Send  Recv  Triggered RIP  Key-chain
    Serial0/0/1           1     2 1
    FastEthernet0/0       1     2 1
  Automatic network summarization is in effect
  Maximum path: 4
  Routing for Networks:
    192.168.3.0
    192.168.4.0
Passive Interface(s):
Routing Information Sources:
    Gateway         Distance      Last Update
    192.168.4.1          120
Distance: (default is 120)
```

Im weiteren Verlauf dieses Kurses erhalten Sie zahlreiche weitere Informationen zu `show ip protocols`. Hier jedoch wollen wir uns zunächst einmal nur die hervorgehobene Ausgabe ansehen: Für R2 sind zwei Routing-Protokolle aufgeführt, und der AD-Wert wird als *Distance* bezeichnet.

Tabelle 3.2 zeigt die verschiedenen administrativen Distanzen unterschiedlicher Routing-Protokolle.

Tabelle 3.2: Administrative Distanzen der Routing-Protokolle

Routenquelle	AD
angeschlossen	0
statisch	1
EIGRP-Summenroute	5
BGP extern	20
EIGRP intern	90
IGRP	100
OSPF	110
IS-IS	115
RIP	120
EIGRP extern	170
BGP intern	200

3.4.3 Statische Routen und die administrative Distanz

Wie Sie aus Kapitel 2 wissen, werden statische Routen von einem Administrator eingegeben, der den besten Pfad zum Empfänger manuell konfiguriert. Aus diesem Grund haben statische Routen einen AD-Standardwert von 1 und sind folglich nach den direkt angeschlossenen Netzwerken (mit AD-Wert 0) die erste Wahl bei den Routenquellen.

Es gibt Situationen, in denen ein Administrator eine statische Route zu einem Ziel konfigurieren will, das bereits über ein dynamisches Routing-Protokoll erlernt wurde; diese statische Route verwendet jedoch einen anderen Pfad. Die statische Route wird dann mit einem AD-Wert konfiguriert, der höher ist als der des Routing-Protokolls. Kommt es zu einer Verbindungsunterbrechung im vom dynamischen Routing-Protokoll verwendeten Pfad, wird die vom Routing-Protokoll eingegebene Route aus der Routing-Tabelle entfernt. Danach wird die statische Route zur einzigen Quelle und dementsprechend sofort zur Routing-Tabelle hinzugefügt. Dies bezeichnet man als *statische Floating-Route*. Diese Form einer Route ist Gegenstand der CCNP-Kurse.

Eine statische Route, die entweder die Adresse des nächsten Hops oder eine Ausgangsschnittstelle verwendet, hat den AD-Standardwert 1. Dieser Wert wird jedoch nicht in der Ausgabe von `show ip route` aufgeführt, wenn Sie eine statische Route mit der angegebenen Ausgangsschnittstelle konfigurieren. Wenn eine statische Route mit einer Ausgangsschnittstelle konfiguriert wird, zeigt die Ausgabe das Netzwerk als direkt über diese Schnittstelle angeschlossen an.

Mithilfe der in Abbildung 3.11 gezeigten Topologie und des Befehls `show ip route` für R2 in Listing 3.5 können Sie die beiden Formen der statischen Route untersuchen.

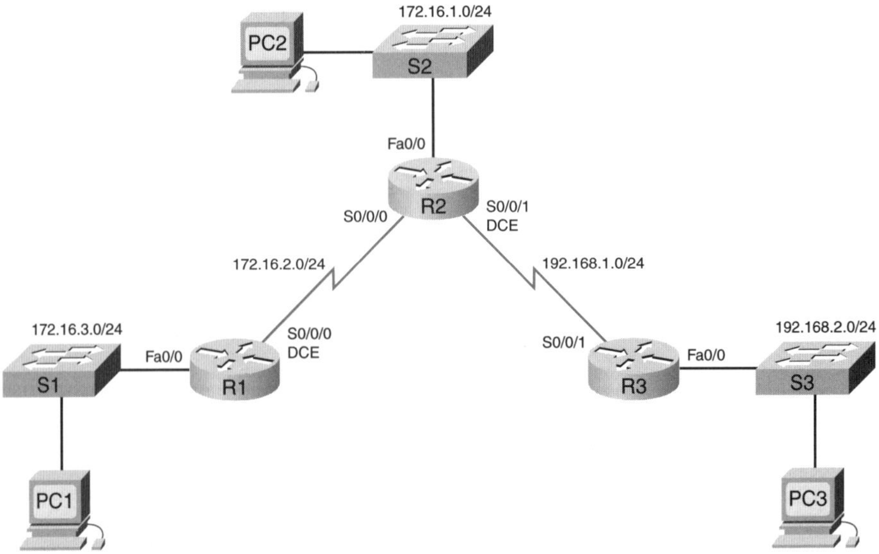

Abbildung 3.11: Administrative Distanzen und statische Routen

Listing 3.5: Routing-Tabelle auf R2

```
R2# show ip route

<Ausgabe unterdrückt>

Gateway of last resort is not set

     172.16.0.0/24 is subnetted, 3 subnets
C       172.16.1.0 is directly connected, FastEthernet0/0
C       172.16.2.0 is directly connected, Serial0/0/0
S       172.16.3.0 is directly connected, Serial0/0/0
C    192.168.1.0/24 is directly connected, Serial0/0/1
S    192.168.2.0/24 [1/0] via 192.168.1.1
```

Die statische Route nach 172.16.3.0 ist als direkt angeschlossen aufgeführt. Es gibt allerdings keine Informationen zum AD-Wert. Es ist ein Missverständnis, davon auszugehen, dass der AD-Wert dieser Route 0 sein muss, weil sie als »direkt angeschlossen« ausgewiesen ist. Dies ist eine Fehlannahme. Die Default-AD einer statischen Route – einschließlich jener, die mit einer Ausgangsschnittstelle konfiguriert sind – ist 1. Sie müssen sich jedoch vergegenwärtigen, dass nur eine direkt angeschlossene Route eine AD von 0 haben kann. Dies lässt sich überprüfen, indem der Befehl `show ip route` mit der Option [*route*] erweitert wird. Die Angabe von [*route*] liefert detaillierte Angaben zur Route, darunter auch die Distanz (also die AD).

Der Befehl `show ip route 172.16.3.0` in Listing 3.6 zeigt, dass die administrative Distanz für statische Routen tatsächlich 1 beträgt – und zwar auch dann, wenn die Ausgangsschnittstelle angegeben wird.

Listing 3.6: Befehl »show ip route« mit der Option [route]

```
R2# show ip route 172.16.3.0

Routing entry for 172.16.3.0/24
Known via "static", distance 1, metric 0 (connected)
  Routing Descriptor Blocks:
  * directly connected, via Serial0/0/0
      Route metric is 0, traffic share count is 1
```

3.4.4 Direkt angeschlossene Netzwerke und die administrative Distanz

Direkt angeschlossene Netzwerke erscheinen in der Routing-Tabelle, sobald ihre IP-Adresse auf der Schnittstelle konfiguriert wurde und die Schnittstelle aktiviert und betriebsbereit ist. Der AD-Wert direkt angeschlossener Netzwerke ist 0, das heißt, es handelt sich hierbei um die am stärksten bevorzugte Routenquelle. Es gibt keine bessere Route für einen Router als die Verwendung einer seiner Schnittstellen, die direkt an das Netzwerk angeschlossen ist. Aus diesem Grund kann weder die administrative Distanz eines direkt angeschlossenen Netzwerks geändert werden, noch kann eine andere Routenquelle eine administrative Distanz von 0 haben.

In der Ausgabe von `show ip route` in Listing 3.7 sind die direkt angeschlossenen Netzwerke ohne Angabe eines AD-Wertes hervorgehoben.

Listing 3.7: Direkt angeschlossene Netzwerke in der Routing-Tabelle weisen keinen AD-Wert auf.

```
R2# show ip route

Codes: C - connected, S - static, I - IGRP, R - RIP, M - mobile, B - BGP
       D - EIGRP, EX - EIGRP external, O - OSPF, IA - OSPF inter area
       N1 - OSPF NSSA external type 1, N2 - OSPF NSSA external type 2
       E1 - OSPF external type 1, E2 - OSPF external type 2, E - EGP
       i - IS-IS, L1 - IS-IS level-1, L2 - IS-IS level-2, ia - IS-IS inter area
       * - candidate default, U - per-user static route, o - ODR
       P - periodic downloaded static route

Gateway of last resort is not set

     172.16.0.0/24 is subnetted, 3 subnets
C       172.16.1.0 is directly connected, FastEthernet0/0
C       172.16.2.0 is directly connected, Serial0/0/0
S       172.16.3.0 is directly connected, Serial0/0/0
C    192.168.1.0/24 is directly connected, Serial0/0/1
S    192.168.2.0/24 [1/0] via 192.168.1.1
```

Die Ausgabe ähnelt der statischer Routen, die auf eine Ausgangsschnittstelle verweisen. Der einzige Unterschied ist das `C` am Anfang der Route, das angibt, dass es sich um ein direkt angeschlossenes Netzwerk handelt.

Um den AD-Wert eines direkt angeschlossenen Netzwerks anzuzeigen, verwenden Sie die Option [*route*], wie in Listing 3.8 gezeigt.

Listing 3.8: Direkt angeschlossene Route mit angezeigtem AD-Wert

```
R2# show ip route 172.16.3.0

Routing entry for 172.16.1.0/24
Known via "connected", distance 0, metric 0 (connected, via interface)
  Routing Descriptor Blocks:
  * directly connected, via FastEthernet0/0
      Route metric is 0, traffic share count is 1
```

Der Befehl `show ip route 172.16.1.0` zeigt, dass die Distanz für die direkt angeschlossene Route 0 beträgt.

Packet Tracer Aktivität

Daten der Routing-Tabelle anzeigen: »show ip route« (3.4.4)

In dieser Aktivität verwenden Sie eine Version des Befehls `show ip route`, um Details zu den Einträgen in der Routing-Tabelle anzuzeigen. Zur Durchführung der Aktivität verwenden Sie Packet Tracer und die Datei *e2-344.pka* auf der Begleit-CD-ROM zu diesem Buch.

3.5 Zusammenfassung

Dynamische Routing-Protokolle werden von Routern verwendet, um automatisch Informationen über Remote-Netzwerke von anderen Routern zu erlernen. In diesem Kapitel wurden Ihnen verschiedene dynamische Routing-Protokolle vorgestellt.

Sie haben folgende Typen der Routing-Protokolle kennengelernt:

- Es gibt klassenbezogene und klassenlose Protokolle.
- Es gibt Distanzvektor-, Link-State- und Pfadvektor-Protokolle.
- Es gibt IGPs und EGPs.

Die Unterschiede in diesen Klassifizierungen werden verständlicher, wenn Sie in späteren Kapiteln mehr zu den Routing-Konzepten und den Protokollen erfahren.

Routing-Protokolle erkennen nicht nur Remote-Netzwerke, sondern ermöglichen auch die Aktualisierung der betreffenden Netzwerkdaten. Findet in der Topologie eine Änderung statt, dann ist es Aufgabe des Routing-Protokolls, die anderen Router über diese Änderung zu informieren. Einige Routing-Protokolle können die entsprechenden Informationen bei solchen Änderungen schneller in der Routing-Domäne verbreiten als andere.

Der Vorgang, in dessen Verlauf alle Routing-Tabellen auf einen konsistenten Stand gebracht werden, heißt Konvergenz. Konvergenz liegt vor, wenn alle Router in derselben Routing-Domäne oder im selben Bereich über vollständige und korrekte Informationen zum Netzwerk verfügen.

Die Metrik wird von Routing-Protokollen verwendet, um den besten Pfad oder den kürzesten Pfad zum Erreichen eines Zielnetzwerks zu bestimmen. Die verschiedenen Routing-Protokolle nutzen unterschiedliche Bewertungen der Metrik. In der Regel bezeichnet eine kleinere Metrik einen besseren Pfad: Eine Entfernung von fünf Hops ist besser als eine von zehn Hops.

Router erlernen manchmal mehrere Routen in dasselbe Netzwerk – etwa statische und dynamische Routen. Wenn ein Cisco-Router ein Zielnetzwerk aus mehreren Routenquellen erlernt, bestimmt er anhand der administrativen Distanz, welche Quelle er benutzen soll. Jedes dynamische Routing-Protokoll verfügt über einen eindeutigen administrativen Wert; Gleiches gilt für statische Routen und direkt angeschlossene Netzwerke. Je niedriger der administrative Wert, desto höher ist die Priorität der Route. Ein direkt angeschlossenes Netzwerk ist *immer* die bevorzugte Route. Danach folgen statische Routen und dann verschiedene dynamische Routing-Protokolle.

Alle Klassifizierungen und Konzepte, die in diesem Kapitel nur kurz behandelt wurden, werden wir im weiteren Verlauf dieses Kurses noch ausführlicher behandeln. Nach Abschluss des Kurses sollten Sie dieses Kapitel noch einmal lesen, um den Stoff im Überblick zu wiederholen.

3.6 Aktivitäten und Übungen

Die Aktivitäten und Übungen im Begleitbuch »Routing Protocols and Concepts, CCNA Exploration Labs and Study Guide« (ISBN 978-1-58713-204-9) ermöglichen ein praxisbezogenes Üben der folgenden in diesem Kapitel vorgestellten Themen:

Übungen

Aktivität 3.1: Subnetzbildung, Szenario 1 (3.5.2)

Bei dieser Aktivität haben Sie die Netzwerkadresse 192.168.9.0/24 erhalten, um daraus Subnetze zu bilden und das IP-Adressierungsschema für das in der abgebildeten Topologie gezeigte Netzwerk zu konfigurieren.

Aktivität 3.2: Subnetzbildung, Szenario 2 (3.5.3)

Bei dieser Aktivität haben Sie die Netzwerkadresse 172.16.0.0/16 erhalten, um daraus Subnetze zu bilden und das IP-Adressierungsschema für das in der abgebildeten Topologie gezeigte Netzwerk zu konfigurieren.

Aktivität 3.3: Subnetzbildung, Szenario 3 (3.5.4)

Bei dieser Aktivität haben Sie die Netzwerkadresse 192.168.1.0/24 erhalten, um daraus Subnetze zu bilden und das IP-Adressierungsschema für das in der abgebildeten Topologie gezeigte Netzwerk zu konfigurieren.

Packet Tracer Companion

Viele Praxisübungen enthalten Aktivitäten mit Packet Tracer, in denen Sie diese Software zur Simulation der Übung verwenden können. Lesen Sie im »Routing Protocols and Concepts, CCNA Exploration Labs and Study Guide« (ISBN 978-1-58713-204-9) die Praxisübungen mit Packet Tracer.

3.7 Lernzielkontrolle

Beantworten Sie die folgenden Fragen, um Ihren Kenntnisstand bezüglich der in diesem Kapitel beschriebenen Themen und Konzepte zu überprüfen. Die Antworten finden Sie in Anhang A, »Antworten zu den Lernzielkontrollen und weiterführenden Fragen«.

1. Welche beiden Vorteile bietet das statische gegenüber dem dynamischen Routing?
   a) Die Konfiguration ist weniger fehleranfällig.
   b) Statische Routen sind sicherer, weil Router keine Routen bekannt geben.
   c) Ein Wachstum des Netzwerks ist gewöhnlich unproblematisch.
   d) Es entsteht kein Overhead durch zusätzliche Berechnungen.
   e) Der Administrator hat weniger Arbeit mit der Wartung der Konfiguration.
2. Ordnen Sie die Beschreibungen den entsprechenden Routing-Protokollen zu.
   - Routing-Protokolle:
     - RIP
     - IGRP
     - OSPF
     - EIGRP
     - BGP
   - Beschreibung:
     a) EGP, das nach dem Pfadvektor-Prinzip arbeitet
     b) Fortgeschrittenes IGP von Cisco
     c) Link-State-IGP
     d) Distanzvektor-IGP
     e) Distanzvektor-IGP von Cisco

3. Welche Aussage beschreibt am besten die Konvergenz in einem Netzwerk?

   a) Die Zeit, die Router benötigen, um Änderungen bei der administrativen Konfiguration (z. B. Passwortänderungen) vom einen Ende des Netzwerks an das andere zu melden.

   b) Die Zeit, die Router im Netzwerk benötigen, um ihre Routing-Tabellen zu aktualisieren, nachdem eine Topologieänderung aufgetreten ist.

   c) Die Zeit, die Router in einem autonomen System benötigen, um Routen zu Zielen in anderen autonomen Systemen zu erlernen.

   d) Die Zeit, die Router, auf denen unterschiedliche Routing-Protokolle ausgeführt werden, benötigen, um ihre Routing-Tabellen zu aktualisieren.

4. Welche der folgenden Parameter werden zur Berechnung von Metriken verwendet? Wählen Sie zwei Antworten aus.

   a) Anzahl der Hops

   b) Betriebszeit

   c) Bandbreite

   d) Konvergenzzeit

   e) administrative Distanz

5. Welches Routing-Protokoll hat standardmäßig die vertrauenswürdigste administrative Distanz?

   a) interne EIGRP-Routen

   b) IS-IS

   c) OSPF

   d) RIPv1

   e) RIPv2

6. Wie viele gleichwertige Pfade kann ein dynamisches Routing-Protokoll per Default für den Lastausgleich verwenden?

   a) 2

   b) 3

   c) 4

   d) 6

7. Welcher Befehl zeigt die administrative Distanz von Routen an?

   a) `R1#` **`show interfaces`**

   b) `R1#` **`show ip route`**

   c) `R1#` **`show ip interfaces`**

   d) `R1#` **`debug ip routing`**

8. Wann erscheinen direkt angeschlossene Netzwerke in der Routing-Tabelle?

   a) Wenn sie in einer statischen Route enthalten sind

   b) Wenn sie als Ausgangsschnittstelle verwendet werden

   c) Wenn sie in Schicht 2 adressiert und betriebsbereit sind

   d) Wenn sie in Schicht 3 adressiert und betriebsbereit sind

   e) Wenn der Befehl `no shutdown` abgesetzt wird

9. Router R1 verwendet als Routing-Protokoll RIPv2 und hat mehrere ungleichwertige Pfade in dasselbe Zielnetzwerk erkannt. Wie bestimmt Router R1, welcher Pfad der beste in das Zielnetzwerk ist?

   a) Niedrigste Metrik

   b) Höchste Metrik

   c) Niedrigste administrative Distanz

   d) Höchste administrative Distanz

   e) Es erfolgt ein Lastausgleich über bis zu vier Pfade.

10. Geben Sie jeweils die korrekte administrative Distanz für die Routing-Protokolle an:

    a) eBGP:

    b) EIGRP intern:

    c) EIGRP extern:

    d) IS-IS:

    e) OSPF:

    f) RIP:

11. Geben Sie an, ob die folgenden Eigenschaften jeweils klassenbezogenen oder klassenlosen Routing-Protokollen zuzuordnen sind.

    a) Unterstützen nur zusammenhängend adressierte Netzwerke:

    b) EIGRP, OSPF und BGP:

    c) Integrieren Subnetzmasken in den Routing-Updates:

    d) Unterstützen nicht zusammenhängende Netzwerke:

    e) RIPv1 und IGRP:

    f) Integrieren keine Subnetzmasken in den Routing-Updates:

12. Erläutern Sie, warum statisches Routing unter bestimmten Umständen dem dynamischen Routing vorzuziehen ist.

13. Welche vier Typen der Klassifizierung dynamischer Routing-Protokolle gibt es?

14. Welche Netzwerkeigenschaften sind bei dynamischen Routing-Protokollen die meistverwendeten zur Ermittlung der Metrik?

15. Was ist die administrative Distanz, und warum ist sie wichtig?

3.8 Weiterführende Fragen und Aktivitäten

Die folgenden Fragen setzen ein tieferes Verständnis der in diesem Kapitel behandelten Themen voraus und entsprechen dem komplexeren Fragestil, der auch bei der CCNA-Prüfung auftreten kann. Sie finden die Antworten in Anhang A.

1. Erläutern Sie, warum die Aussage »Jeder Router sollte mindestens eine statische Route aufweisen« zutreffend sein könnte.

2. Studierende, die mit dem Routing noch nicht allzu vertraut sind, gehen manchmal davon aus, dass die Bandbreite eine bessere Metrik ist als die Anzahl der Hops. Erläutern Sie, warum diese Annahme falsch sein könnte.

3.9 Weitere Informationen

Das BGP-Protokoll (Border Gateway Protocol) ist ein interautonomes Routing-Protokoll und das Routing-Protokoll im Internet. Zwar wird BGP in diesem Kurs nur kurz behandelt (eine ausführlichere Beschreibung ist Gegenstand des CCNP-Kurses), doch finden Sie es vielleicht interessant, sich einmal die Routing-Tabellen einiger Core-Router im Internet anzusehen.

Um BGP-Routen im Internet anzuzeigen, werden Routen-Server verwendet. Verschiedene Websites wie etwa *http://www.traceroute.org* bieten Zugang zu diesen Routen-Servern. Nachdem Sie einen Routen-Server in einem bestimmten autonomen System ausgewählt haben, starten Sie eine Telnet-Sitzung auf diesem Routen-Server. Der Server spiegelt einen Internet-Core-Router, bei dem es sich in aller Regel um einen Cisco-Router handelt.

Danach können Sie mit dem Befehl `show ip route` die Routing-Tabelle eines Internet-Routers anzeigen. Sie können dem Befehl `show ip route` die öffentliche oder globale Netzwerkadresse Ihrer Lehranstalt nachstellen (z. B. `show ip route 207.62.187.0`).

Sie werden zwar nicht allzu viele der Informationen in der Ausgabe verstehen, doch erhalten Sie mit diesen Befehlen ein Gespür für die Größe von Routing-Tabellen auf Internet-Core-Routern.

Lernziele

Wenn Sie dieses Kapitel gelesen haben, sollten Sie in der Lage sein, die folgenden Fragen zu beantworten:

- Können Sie die Eigenschaften von Distanzvektor-Protokollen benennen?
- Wie sieht der Prozess der Netzwerkerkennung bei Distanzvektor-Protokollen aus, etwa wenn RIP eingesetzt wird?
- Welche Funktionen setzen Distanzvektor-Protokolle zur Pflege der Routing-Tabellen ein?
- Welche Bedingungen führen zu einer Routing-Schleife? Können Sie die Auswirkungen auf die Leistungsfähigkeit der Router skizzieren?
- Welche Distanzvektor-Protokolle werden heutzutage eingesetzt?

Schlüsselbegriffe

In diesem Kapitel werden die folgenden Schlüsselbegriffe vorgestellt.
Die entsprechenden Definitionen finden Sie im Glossar.

DUAL ▪ Split-Horizon ▪ Bounded-Updates ▪ Triggered-Update ▪ Count-to-Infinity ▪ Route-Poisoning ▪ Poison-Reverse ▪ Topologietabelle ▪ IPX

Kapitel 4

Distanzvektor-Protokolle

Die Kapitel dieses Buches zu den Distanzvektor-Protokollen legen den Schwerpunkt auf IGPs (Internal Gateway Protocol). Wie in Kapitel 3, »Einführung in die dynamischen Routing-Protokolle«, bereits angemerkt, sind bei den IGPs die Distanzvektor- und die Link-State-Protokolle zu unterscheiden.

Abbildung 4.1 zeigt in einer Übersicht die gängigsten IP-Routing-Protokolle. Die hervorgehoben dargestellten Protokolle werden in diesem Buch behandelt.

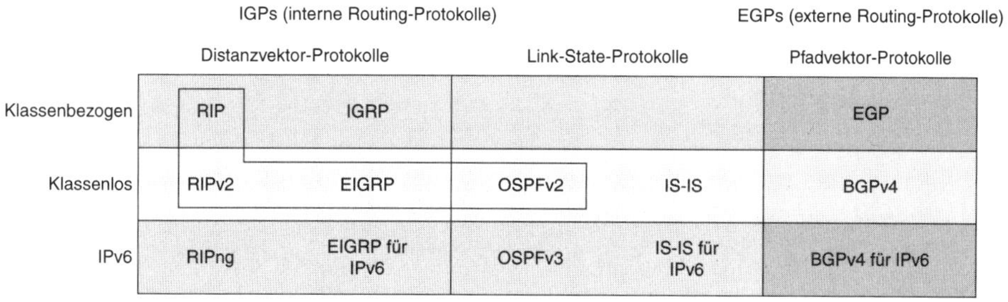

Abbildung 4.1: Dynamische Routing-Protokolle

Dieses Kapitel beschreibt die Eigenschaften, den Betrieb und die Funktionalität von Distanzvektor-Protokollen. Bei der Verwendung jedes Routing-Protokolltyps ergeben sich Vor- und Nachteile. Das vorliegende Kapitel beschreibt den Betrieb von Distanzvektor-Protokollen, einige der mit ihnen verbundenen Fallstricke und die zugehörigen Lösungen. Den Betrieb von Distanzvektor-Protokollen zu kennen, ist unabdingbar, wenn sie diese Protokolle aktivieren und überprüfen und/oder ein Troubleshooting vornehmen wollen.

4.1 Einführung in die Distanzvektor-Protokolle

Eine Möglichkeit, Routing-Protokolle zu charakterisieren, ist der Typ des Routing-Algorithmus, auf dessen Basis das Protokoll seine Routing-Tabelle erstellt und pflegt. Auf dieser Grundlage lassen sich Distanzvektor-, Link-State- und Pfadvektor-Protokolle unterscheiden. Wir werden in diesem Kapitel die Eigenschaften der Distanzvektor-Protokolle vorstellen. Kapitel 10, »Link-State-Protokolle«, wird Ihnen später die Link-State-Protokolle vorstellen. Pfadvektor-Protokolle schließlich sind nicht Gegenstand dieses Buches, sondern werden im CCNP behandelt.

Abbildung 4.2 zeigt ein Netzwerk mit einer mittleren Anzahl von Routern und Verbindungen.

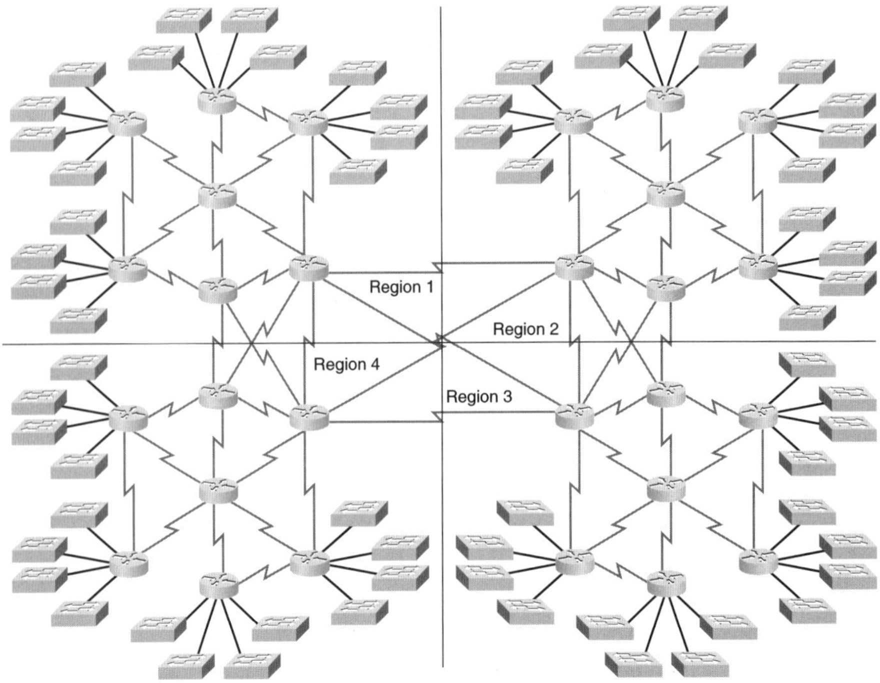

Abbildung 4.2: Netzwerk, in dem das dynamische Routing eingesetzt würde

Dynamische Routing-Protokolle sorgen dafür, dass der Netzwerkadministrator die zeitaufwendige und anspruchsvolle Konfiguration und Pflege statischer Routen nicht mehr durchführen muss. Können Sie sich beispielsweise vorstellen, wie aufwendig es wäre, die statischen Konfigurationen der 28 in Abbildung 4.2 gezeigten Router zu betreiben? Was geschieht, wenn eine Verbindung ausfällt? Und was, wenn dies um 3:00 Uhr früh passiert? Wie stellen Sie sicher, dass redundante Pfade rund um die Uhr verfügbar sind? Das dynamische Routing ist für große Netzwerke wie das gezeigte offenbar die bessere Wahl.

Wir kennen die folgenden Distanzvektor-Protokolle:

- **RIP (Routing Information Protocol).** RIP wurde ursprünglich in RFC 1058 spezifiziert. Es hat die folgenden Eigenschaften:
  - Als Metrik zur Pfadauswahl dient die Anzahl der Hops.
  - Ist die Anzahl der Hops für ein Netzwerk größer als 15, kann RIP keine Route in dieses Netzwerk vermitteln.
  - Routing-Updates werden per Default alle 30 Sekunden als Broadcast oder Multicast gesendet.
- **IGRP (Interior Gateway Routing Protocol).** IGRP ist ein von Cisco entwickeltes proprietäres Protokoll. Es hat die folgenden Eigenschaften:
  - Zur Erstellung einer zusammengesetzten Metrik werden Bandbreite, Latenz, Last und Zuverlässigkeit verwendet.
  - Routing-Updates werden per Default alle 90 Sekunden als Broadcast gesendet.
  - IGRP als Vorgänger von EIGRP gilt heute als veraltet.
- **EIGRP (Enhanced Interior Gateway Routing Protocol).** Bei EIGRP handelt es sich um ein proprietäres Distanzvektor-Protokoll von Cisco. Es hat die folgenden Eigenschaften:
  - Es unterstützt einen Lastausgleich bei ungleichen Kosten.
  - Es verwendet den DUAL-Algorithmus (DUAL = Diffusing Update Algorithm) zur Berechnung des besten Pfades.
  - Es gibt anders als bei RIP und IGRP keine periodischen Updates: Updates werden nur gesendet, wenn es tatsächlich zu einer Änderung in der Topologie kommt.

ANMERKUNG

Für IGRP und EIGRP gibt es keine RFCs, da Cisco diese Routing-Protokolle der IETF (Internet Engineering Task Force) niemals mit der Bitte um eine Stellungnahme vorgelegt hat.

RIP und EIGRP werden in späteren Kapiteln ausführlich behandelt. IGRP wird nicht beschrieben, weil es veraltet ist, sondern nur hin und wieder zu Vergleichszwecken herangezogen wird.

4.1.1 Distanzvektor-Technologie

Distanzvektor-Protokolle stellen eine Möglichkeit dar, Routing-Protokolle durch den Routing-Algorithmus zu charakterisieren, mit dem das Protokoll seine Routing-Tabelle erstellt und pflegt. Die anderen beiden Möglichkeiten sind Link-State- und Pfadvektor-Protokolle.

Bedeutung des Distanzvektors

Wie der Name bereits umschreibt, bedeutet Distanzvektor, dass Routen als Vektoren mit den Parametern Distanz und Richtung bekannt gegeben werden. Die Distanz wird durch eine Metrik wie etwa die Anzahl der Hops definiert, die Richtung ist die einfache Angabe des nächsten Hops oder der Ausgangsschnittstelle.

Ein Router, der ein Distanzvektor-Protokoll verwendet, benötigt keine Kenntnisse des gesamten Pfades in ein Zielnetzwerk. Er kennt nur

- die Richtung, in die die Pakete weitergeleitet werden sollen, bzw. die entsprechende Schnittstelle,
- die Distanz zum Zielnetzwerk.

In Abbildung 4.3 etwa weiß R1, dass die Distanz zum Erreichen des Netzwerks 172.16.3.0/24 genau einen Hop beträgt und als Ausgangsschnittstelle S0/0/0 in Richtung R2 verwendet werden muss.

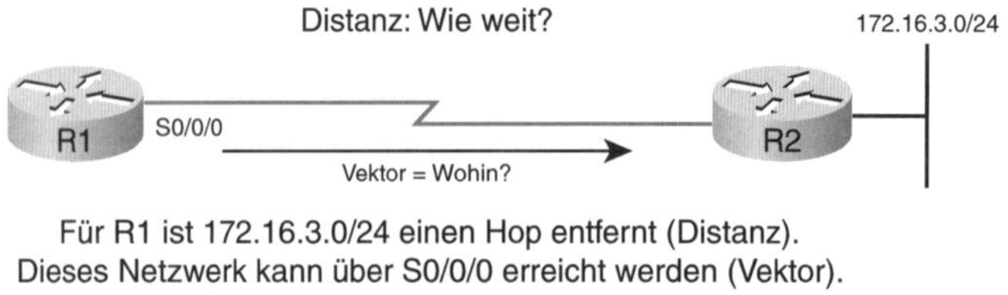

Abbildung 4.3: Bedeutung des Distanzvektors

Betrieb von Distanzvektor-Protokollen

Einige Distanzvektor-Protokolle verlangen vom Router das periodische Versenden der gesamten Routing-Tabelle als Broadcast an alle Nachbarn. Diese Methode ist ineffizient, weil die Updates nicht nur Bandbreite, sondern zur Verarbeitung auch Prozessorleistung auf dem Router benötigen.

Distanzvektor-Protokolle haben eine Reihe von Eigenschaften gemeinsam. In regelmäßigen Abständen (alle 30 Sekunden bei RIP, alle 90 Sekunden bei IGRP) werden periodische Updates gesendet. Dies wird auch dann getan, wenn sich die Topologie bereits seit Tagen nicht mehr geändert hat.

Abbildung 4.4 zeigt ein Beispiel für ein periodisches Update. Die Routing-Protokolle benutzen dazu auf jedem Router einen lokalen Timer. Wenn dieser abläuft, wird ein Routing-Update gesendet. In der Abbildung ist der Timer für R1 abgelaufen. Sobald der lokale Timer auf einem der anderen Router 0 erreicht, wird dieser ebenfalls ein periodisches Update senden. Diese periodischen Updates enthalten die vollständige Routing-Tabelle oder Teile davon. Wir werden in Kapitel 5, »RIPv1«, näher darauf eingehen.

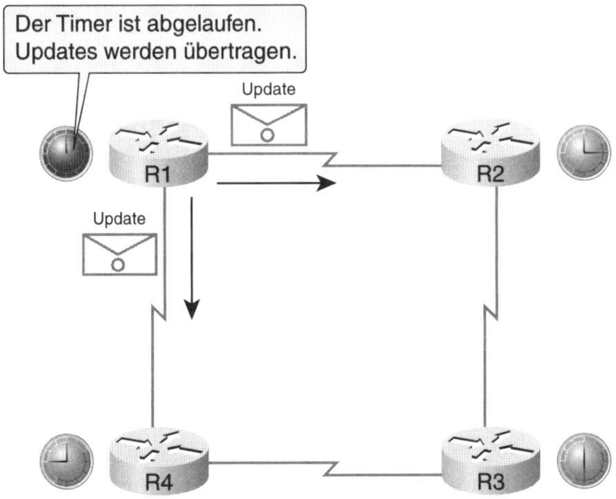

Abbildung 4.4: Periodische Updates bei Distanzvektor-Protokollen

Nachbarn sind Router, die eine Verbindung gemeinsam benutzen und für die Verwendung desselben Routing-Protokolls konfiguriert sind. Der Router kennt nur die Netzwerkadressen seiner eigenen Schnittstellen und die Adressen der Remote-Netzwerke, die er über seine Nachbarn erreichen kann. Weitergehendes Wissen über die Netzwerktopologie besitzt er nicht. Router, die Distanzvektor-Protokolle verwenden, kennen die Topologie also nicht.

Updates werden in Form von Broadcasts an die Adresse 255.255.255.255 gesendet. Benachbarte Router, auf denen dasselbe Routing-Protokoll konfiguriert ist, verarbeiten diese Updates. Andere Geräte – z. B. Host-Computer – verarbeiten das Update ebenfalls bis zu Schicht 3, bevor sie es verwerfen. Einige Distanzvektor-Protokolle verwenden anstelle der Broadcast-Adresse Multicast-Adressen.

Es werden – mit einigen Ausnahmen, die wir später noch behandeln, – immer die gesamten Routing-Tabellen an alle Nachbarn übermittelt. Nachbarn, die diese Updates empfangen, müssen das gesamte Update verarbeiten, relevante Informationen ermitteln und den Rest verwerfen. Einige Distanzvektor-Protokolle wie EIGRP senden keine periodischen Routing-Updates.

4.1.2 Algorithmen bei Routing-Protokollen

Sie wissen bereits, dass ein Algorithmus eine Regel oder ein Prozess ist, der zur Lösung eines Problems führen soll. In der Netzwerktechnik werden Algorithmen meist verwendet, um die beste Route zur Weiterleitung von Daten an ein bestimmtes Ziel zu ermitteln. Der Algorithmus, der von einem bestimmten Routing-Protokoll verwendet wird, ist für das Erstellen und Pflegen der Routing-Tabelle des Routers zuständig.

Im Zentrum des Distanzvektor-Protokolls befindet sich der Algorithmus, der zur Berechnung der besten Pfade dient. Router senden diese Daten an benachbarte Router.

Ein Algorithmus ist eine Prozedur, mit der eine bestimmte Aufgabe abgearbeitet werden soll. Diese beginnt bei einem gegebenen Ausgangsstatus und endet in einem definierten Endzustand. Verschiedene Routing-Protokolle nutzen unterschiedliche Algorithmen und Prozesse zur Installation von Routen in der Routing-Tabelle, senden Updates an ihre Nachbarn und treffen Entscheidungen zur Pfadermittlung.

Der für ein Routing-Protokoll verwendete Algorithmus definiert die folgenden Prozesse:

- Mechanismus zum Senden und Empfangen von Routing-Daten
- Mechanismus zum Berechnen der besten Pfade und zum Installieren von Routen in der Routing-Tabelle
- Mechanismus zum Erkennen von Topologieänderungen und zum Durchführen entsprechender Schritte als Reaktion auf solche Änderungen

In Abbildung 4.5 ist RIP auf R1 und R2 konfiguriert. Der Algorithmus sendet und empfängt Updates.

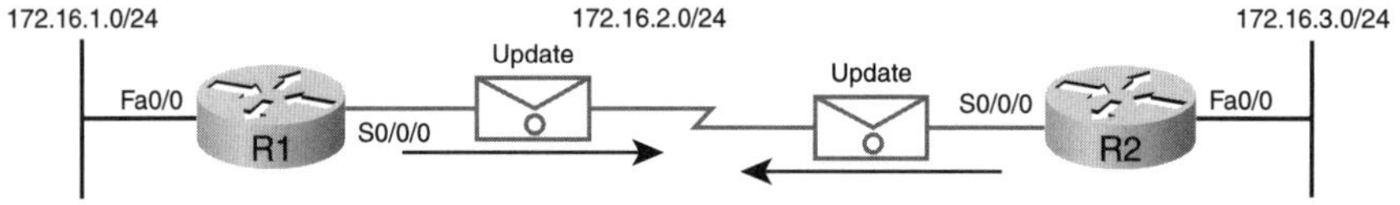

Netzwerk	Schnittstelle	Hop
172.16.1.0/24	Fa0/0	0
172.16.2.0/24	S0/0/0	0

Netzwerk	Schnittstelle	Hop
172.16.2.0/24	S0/0/0	0
172.16.3.0/24	Fa0/0	0

Abbildung 4.5: Updates senden und empfangen

Sowohl R1 als auch R2 entnehmen dem Update neue Informationen. In diesem Fall erlernen beide Router ein neues Netzwerk (Abbildung 4.6). Die neuen Netzwerke sind in der Abbildung hervorgehoben.

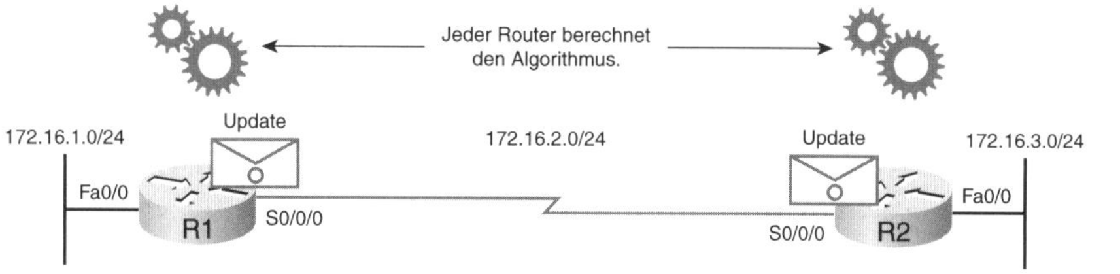

Netzwerk	Schnittstelle	Hop
172.16.1.0/24	Fa0/0	0
172.16.2.0/24	S0/0/0	0
172.16.3.0/24	S0/0/0	1

Neue Routen werden installiert.

Netzwerk	Schnittstelle	Hop
172.16.2.0/24	S0/0/0	0
172.16.3.0/24	Fa0/0	0
172.16.1.0/24	S0/0/0	1

Abbildung 4.6: Besten Pfad berechnen und Routen installieren

Der Algorithmus führt die Berechnungen auf den Routern jeweils unabhängig durch und aktualisiert dann die Routing-Tabelle.

Abbildung 4.7 veranschaulicht, was geschieht, wenn eine Topologieänderung stattfindet. Wenn das LAN an R2 ausfällt, konstruiert der Algorithmus ein Triggered-Update und sendet dieses an R1. R1 entfernt das Netzwerk dann aus der Routing-Tabelle. Triggered-Updates werden wir im weiteren Verlauf dieses Kapitels noch behandeln.

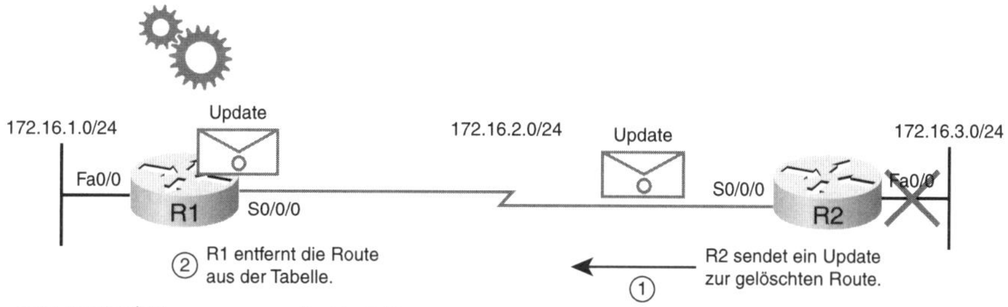

172.16.3.0/24 Ausgefallen

Netzwerk	Schnittstelle	Hop
172.16.1.0/24	Fa0/0	0
172.16.2.0/24	S0/0/0	0
~~172.16.3.0/24~~	~~S0/0/0~~	~~1~~

Netzwerk	Schnittstelle	Hop
172.16.2.0/24	S0/0/0	0
~~172.16.3.0/24~~	~~Fa0/0~~	~~0~~
172.16.1.0/24	S0/0/0	1

Abbildung 4.7: Topologieänderungen erkennen und darauf reagieren

4.1.3 Eigenschaften von Routing-Protokollen

Es gibt unterschiedliche Formen der Unterscheidung von Routing-Protokollen. Abbildung 4.1 weiter oben zeigt einige Möglichkeiten, diese Protokolle zu charakterisieren. Eine weitere Möglichkeit, Routing-Protokolle zu vergleichen, ist die Verwendung anderer Eigenschaften, zum Beispiel der Konvergenzzeit oder der Skalierbarkeit.

Routing-Protokolle lassen sich basierend auf den folgenden Eigenschaften miteinander vergleichen:

- **Konvergenzzeit.** Die Konvergenzzeit definiert, wie schnell die Router in der Netzwerktopologie Routing-Daten weitergeben und den Zustand der konsistenten Topologiekenntnis erreichen. Je schneller die Konvergenz, desto besser ist das Protokoll. Routing-Schleifen können auftreten, wenn inkonsistente Routing-Tabellen aufgrund langsamer Konvergenz in einem sich ändernden Netzwerk nicht aktualisiert werden.
- **Skalierbarkeit.** Die Skalierbarkeit definiert, wie groß ein Netzwerk werden kann, in dem ein bestimmtes Routing-Protokoll eingesetzt wird. Je größer das Netzwerk ist, desto besser muss das Routing-Protokoll skalierbar sein.
- **Klassenlos oder klassenbezogen.** Klassenlose Routing-Protokolle integrieren die Subnetzmaske in das Routing-Update. Dieses Merkmal unterstützt die Verwendung von VLSM (Variable Length Subnet Masking) und ermöglicht eine bessere Routenzusammenfassung. Klassenbezogene Routing-Protokolle hingegen enthalten keine Subnetzmaske und unterstützen VLSM nicht.
- **Ressourcenverwendung.** Zur Ressourcenverwendung gehören die Anforderungen eines Routing-Protokolls etwa in puncto Speicher, Prozessornutzung und Auslastung der Verbindungsbandbreite. Höhere Ressourcenanforderungen erfordern eine leistungsfähigere Hardware, um den Betrieb des Routing-Protokolls zusätzlich zur Paketweiterleitung zu unterstützen.
- **Implementierung und Wartung.** Diese Punkte beziehen sich auf das Wissen, das der Netzwerkadministrator vorweisen muss, um das Netzwerk im Hinblick auf das verwendete Routing-Protokoll implementieren und warten zu können.

Tabelle 4.1 skizziert die Vor- und Nachteile von Distanzvektor-Protokollen.

Tabelle 4.1: Vor- und Nachteile von Distanzvektor-Protokollen

Vorteile	Nachteile
Einfache Implementierung und Wartung. Die Ansprüche im Hinblick auf die Bereitstellung und spätere Wartung eines Netzwerks mit Distanzvektor-Protokollen sind nicht allzu hoch.	Langsame Konvergenz. Die Verwendung periodischer Updates kann die Konvergenzzeit verlängern. Auch beim Einsatz einiger fortschrittlicher Techniken wie Triggered-Updates, die im weiteren Verlauf noch behandelt werden, ist die Gesamtkonvergenz immer noch langsamer als bei Link-State-Protokollen.
Geringe Ressourcenanforderungen. Distanzvektor-Protokolle benötigen in der Regel weder allzu viel Speicher zum Ablegen von Daten noch eine leistungsfähige CPU.	Eingeschränkte Skalierbarkeit. Die langsame Konvergenz kann die Größe des Netzwerks einschränken, da größere Netzwerke mehr Zeit benötigen, um Routing-Daten weiterzugeben.
Abhängig von der Größe des Netzwerks und der implementierten IP-Adressierung benötigen Distanzvektor-Protokolle nur selten viel Bandbreite, um Routing-Updates zu senden. Problematisch wird dies erst, wenn Sie ein Distanzvektor-Protokoll in einem großen Netzwerk einsetzen.	Routing-Schleifen. Sie können auftreten, wenn inkonsistente Routing-Tabellen aufgrund langsamer Konvergenz in einem sich ändernden Netzwerk nicht aktualisiert werden.

Eigenschaften von Routing-Protokollen vergleichen

In Tabelle 4.2 werden alle in diesem Kurs besprochenen Routing-Protokolle basierend auf ihren Eigenschaften verglichen. Zwar wird IGRP nicht mehr von der Cisco-IOS-Software unterstützt, ist aber trotzdem zum Vergleich mit EIGRP aufgeführt. Auch IS-IS ist genannt; es wird zwar nur in den CCNP-Kursen behandelt, erscheint hier aber, weil es sich um ein häufig verwendetes IGP handelt.

Tabelle 4.2: Eigenschaften von Routing-Protokollen miteinander vergleichen

	Distanzvektor-Protokolle				Link-State-Protokolle	
	RIPv1	**RIPv2**	**IGRP**	**EIGRP**	**OSPF**	**IS-IS**
Konvergenzgeschwindigkeit	langsam	langsam	langsam	schnell	schnell	schnell
Netzwerkgröße (Skalierbarkeit)	klein	klein	klein	groß	groß	groß

Tabelle 4.2: Eigenschaften von Routing-Protokollen miteinander vergleichen (Forts.)

	Distanzvektor-Protokolle				Link-State-Protokolle	
	RIPv1	RIPv2	IGRP	EIGRP	OSPF	IS-IS
VLSM-Unterstützung	nein	ja	nein	ja	ja	ja
Ressourcenverwendung	niedrig	niedrig	niedrig	moderat	hoch	hoch
Implementierung und Wartung	einfach	einfach	einfach	komplex	komplex	komplex

4.2 Netzwerkerkennung

Die Netzwerkerkennung ist Bestandteil des vom Routing-Algorithmus ausgeführten Vorgangs, der es dem Router ermöglicht, Remote-Netzwerke zu erlernen.

4.2.1 Der Kaltstart

Wenn am Router ein Kaltstart durchgeführt oder er eingeschaltet wird, hat er noch keine Kenntnis von der Netzwerktopologie. Er weiß noch nicht einmal, dass sich an den anderen Enden seiner Verbindungen Geräte befinden. Die einzigen Informationen, über die ein Router verfügt, entstammen seiner eigenen im NVRAM gespeicherten Konfigurationsdatei. Nachdem der Router erfolgreich gestartet wurde, wendet er die gespeicherte Konfiguration an. Wie in den Kapiteln 1 und 2 beschrieben wurde, erkennt der Router die direkt an ihn angeschlossenen Netzwerke unmittelbar, sofern die IP-Adressierung korrekt konfiguriert wurde und aktiv ist.

Nach einem Kaltstart, jedoch vor dem Austausch von Routing-Daten, entdeckt der Router also zunächst die direkt angeschlossenen Netzwerke und Subnetzmasken. Wie Abbildung 4.8 zeigt, werden die folgenden Informationen zur Routing-Tabelle hinzugefügt:

- **R1**
  - 10.1.0.0 verfügbar über die Schnittstelle FastEthernet 0/0
  - 10.2.0.0 verfügbar über die Schnittstelle Serial 0/0/0
- **R2**
  - 10.2.0.0 verfügbar über die Schnittstelle Serial 0/0/0
  - 10.3.0.0 verfügbar über die Schnittstelle Serial 0/0/1

- **R3**
  - 10.3.0.0 verfügbar über die Schnittstelle Serial 0/0/0
  - 10.4.0.0 verfügbar über die Schnittstelle FastEthernet 0/0

Netzwerk	Schnittstelle	Hop
10.1.0.0	Fa0/0	0
10.2.0.0	S0/0/0	0

Netzwerk	Schnittstelle	Hop
10.2.0.0	S0/0/0	0
10.3.0.0	S0/0/1	0

Netzwerk	Netzwerk	Hop
10.3.0.0	S0/0/1	0
10.4.0.0	Fa0/0	0

Abbildung 4.8: Netzwerkerkennung: Kaltstart

Ausgehend von diesen Basisinformationen beginnen die Router mit dem Austausch von Routing-Daten.

4.2.2 Erster Austausch von Routing-Informationen

Wenn ein Routing-Protokoll konfiguriert ist, beginnen die Router mit dem Austausch von Routing-Updates (siehe Abbildung 4.9). Anfangs enthalten diese Updates nur Informationen zu den direkt angeschlossenen Netzwerken. Wird ein Update empfangen, dann überprüft der Router es auf neue Informationen. Routen, die noch nicht Bestandteil der Routing-Tabelle sind, werden dieser hinzugefügt.

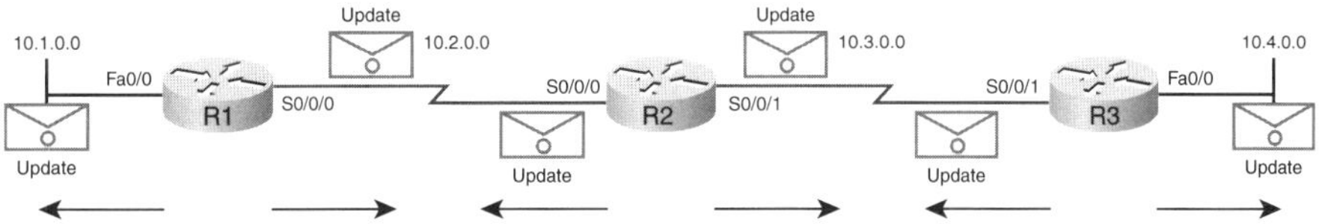

Netzwerk	Schnittstelle	Hop
10.1.0.0	Fa0/0	0
10.2.0.0	S0/0/0	0

Netzwerk	Schnittstelle	Hop
10.2.0.0	S0/0/0	0
10.3.0.0	S0/0/1	0

Netzwerk	Schnittstelle	Hop
10.3.0.0	S0/0/1	0
10.4.0.0	Fa0/0	0

Abbildung 4.9: Netzwerkerkennung: Erster Austausch von Routing-Updates

In Abbildung 4.9 starten die Router R1, R2 und R3 den ersten Austausch von Updates. Alle drei Router senden ihre Routing-Tabellen an ihre Nachbarn; diese enthalten zu diesem Zeitpunkt nur die direkt angeschlossenen Routen.

Die Router verarbeiten die Updates auf folgende Weise:

- **R1**
  - sendet ein Update zu Netzwerk 10.1.0.0 über die Schnittstelle Serial 0/0/0 mit der Metrik 1,
  - sendet ein Update zu Netzwerk 10.2.0.0 über die Schnittstelle FastEthernet 0/0 mit der Metrik 1,
  - empfängt ein Update von R2 zu Netzwerk 10.3.0.0 über die Schnittstelle Serial 0/0/0 mit der Metrik 1,
  - speichert Netzwerk 10.3.0.0 mit der Metrik 1 in der Routing-Tabelle.
- **R2**
  - sendet ein Update zu Netzwerk 10.3.0.0 über die Schnittstelle Serial 0/0/0 mit der Metrik 1,
  - sendet ein Update zu Netzwerk 10.2.0.0 über die Schnittstelle Serial 0/0/1 mit der Metrik 1,
  - empfängt ein Update von R1 zu Netzwerk 10.1.0.0 über die Schnittstelle Serial 0/0/0 mit der Metrik 1,
  - speichert Netzwerk 10.1.0.0 mit der Metrik 1 in der Routing-Tabelle,
  - empfängt ein Update von R3 zu Netzwerk 10.4.0.0 über die Schnittstelle Serial 0/0/1 mit der Metrik 1,
  - speichert Netzwerk 10.4.0.0 mit der Metrik 1 in der Routing-Tabelle.
- **R3**
  - sendet ein Update zu Netzwerk 10.4.0.0 über die Schnittstelle Serial 0/0/1 mit der Metrik 1,
  - sendet ein Update zu Netzwerk 10.3.0.0 über die Schnittstelle FastEthernet 0/0 mit der Metrik 1,
  - empfängt ein Update von R2 zu Netzwerk 10.2.0.0 über die Schnittstelle Serial 0/0/1 mit der Metrik 1,
  - speichert Netzwerk 10.2.0.0 mit der Metrik 1 in der Routing-Tabelle.

Wie Abbildung 4.10 zeigt, kennt nach dieser ersten Runde mit ausgetauschten Updates jeder Router die Netzwerke, die direkt an alle seine Nachbarn angeschlossen sind.

Netzwerk	Schnittstelle	Hop
10.1.0.0	Fa0/0	0
10.2.0.0	S0/0/0	0
10.3.0.0	S0/0/0	1

Netzwerk	Schnittstelle	Hop
10.2.0.0	S0/0/0	0
10.3.0.0	S0/0/1	0
10.1.0.0	S0/0/0	1
10.4.0.0	S0/0/1	1

Netzwerk	Schnittstelle	Hop
10.3.0.0	S0/0/1	0
10.4.0.0	Fa0/0	0
10.2.0.0	S0/0/1	1

Abbildung 4.10: Netzwerkerkennung: aktualisierte Tabellen nach dem ersten Update-Austausch

Allerdings weiß – wie Sie wahrscheinlich bemerkt haben – R1 noch nichts über 10.4.0.0, und R3 hat keine Ahnung von der Existenz von 10.1.0.0. Die Konvergenz des Netzwerks ist aber erst erzielt, nachdem ein weiterer Austausch von Routing-Informationen stattgefunden hat.

4.2.3 Nächster Austausch von Routing-Informationen

An dieser Stelle kennen die Router die direkt angeschlossenen Netzwerke sowie die Netzwerke, die an ihre direkten Nachbarn angeschlossen sind. Auf dem weiteren Weg hin zur Konvergenz tauschen die Router nun ein weiteres Mal periodische Updates aus. Auch hier überprüft wiederum jeder Router die Informationen auf neue Angaben.

In Abbildung 4.11 senden R1, R2 und R3 jeweils ihre aktuellen Routing-Tabellen an ihre Nachbarn.

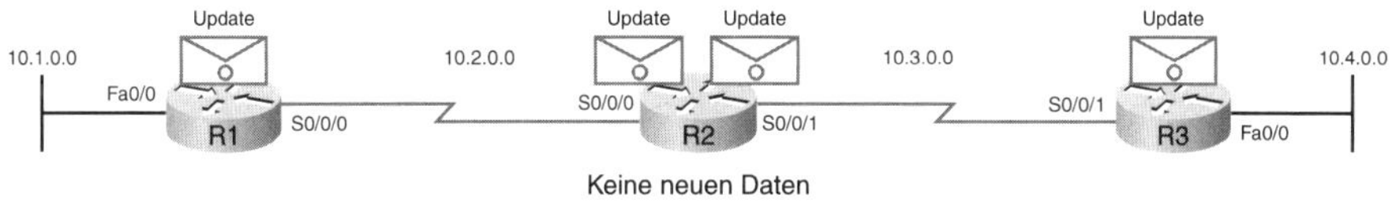

Netzwerk	Schnittstelle	Hop
10.1.0.0	Fa0/0	0
10.2.0.0	S0/0/0	0
10.3.0.0	S0/0/0	1
10.4.0.0	S0/0/0	2

Netzwerk	Schnittstelle	Hop
10.2.0.0	S0/0/0	0
10.3.0.0	S0/0/1	0
10.1.0.0	S0/0/0	1
10.4.0.0	S0/0/1	1

Netzwerk	Schnittstelle	Hop
10.3.0.0	S0/0/1	0
10.4.0.0	Fa0/0	0
10.2.0.0	S0/0/1	1
10.1.0.0	S0/0/0	2

R1 und R3 verfügen nun über vollständige Routing-Tabellen.

Abbildung 4.11: Netzwerkerkennung: nächstes Update

Die Router verarbeiten die Updates auf folgende Weise:

- **R1**
  - sendet ein Update zu Netzwerk 10.1.0.0 über die Schnittstelle Serial 0/0/0 mit der Metrik 1,
  - sendet ein Update zu Netzwerk 10.2.0.0 mit der Metrik 1 und zu Netzwerk 10.3.0.0 mit der Metrik 2, jeweils über die Schnittstelle FastEthernet 0/0,
  - empfängt ein Update von R2 zu Netzwerk 10.4.0.0 über die Schnittstelle Serial 0/0/0 mit der Metrik 2,
  - speichert Netzwerk 10.4.0.0 mit der Metrik 2 in der Routing-Tabelle.
  - Dasselbe Update von R2 enthält Informationen zu Netzwerk 10.3.0.0 über die Schnittstelle Serial 0/0/0 mit der Metrik 1. Hier gibt es keine Änderung, das heißt, die Routing-Informationen bleiben gleich.
- **R2**
  - sendet ein Update zu Netzwerk 10.3.0.0 mit der Metrik 1 und zu Netzwerk 10.4.0.0 mit der Metrik 2, jeweils über die Schnittstelle Serial 0/0/0,
  - sendet ein Update zu Netzwerk 10.1.0.0 mit der Metrik 2 und zu Netzwerk 10.2.0.0 mit der Metrik 1, jeweils über die Schnittstelle Serial 0/0/1,
  - empfängt ein Update von R1 zu Netzwerk 10.1.0.0 über die Schnittstelle Serial 0/0/0. Hier gibt es keine Änderung, das heißt, die Routing-Informationen bleiben gleich.
  - empfängt ein Update von R3 zu Netzwerk 10.4.0.0 über die Schnittstelle Serial 0/0/1. Hier gibt es keine Änderung, das heißt, die Routing-Informationen bleiben gleich.
- **R3**
  - sendet ein Update zu Netzwerk 10.4.0.0 über die Schnittstelle Serial 0/0/1,
  - sendet ein Update zu Netzwerk 10.2.0.0 mit der Metrik 2 und zu Netzwerk 10.3.0.0 mit der Metrik 1, jeweils über die Schnittstelle FastEthernet 0/0,
  - empfängt ein Update von R2 zu Netzwerk 10.1.0.0 über die Schnittstelle Serial 0/0/1 mit der Metrik 2,
  - speichert Netzwerk 10.1.0.0 mit der Metrik 2 in der Routing-Tabelle.
  - Dasselbe Update von R2 enthält Informationen zu Netzwerk 10.2.0.0 über die Schnittstelle Serial 0/0/1 mit der Metrik 1. Hier gibt es keine Änderung, das heißt, die Routing-Informationen bleiben gleich.

Anmerkung

Distanzvektor-Protokolle verwenden meist eine Technik, die unter der Bezeichnung Split-Horizon bekannt ist. Split-Horizon verhindert, dass Informationen über dieselbe Schnittstelle gesendet werden, über die sie empfangen wurden. So würde R2 beispielsweise kein Update über Serial 0/0/0 mit Informationen zum Netzwerk 10.1.0.0 senden, da R2 über diese Schnittstelle das betreffende Netzwerk erlernt hat. Dieser Mechanismus wird im Verlauf dieses Kapitels noch eingehend beschrieben.

4.2.4 Konvergenz

Der Zeitraum, den ein Netzwerk benötigt, um zu konvergieren, steht in direktem Verhältnis zur Größe des Netzwerks. In Abbildung 4.12 wird ein Zweigstellen-Router in der Region 4 (B2-R4) neu gestartet und sendet ein Update mit Informationen zu den vier an ihn direkt angeschlossenen LANs.

Abbildung 4.12: Konvergenzzeit

Die heller werdenden Bereiche in der Abbildung veranschaulichen die Ausbreitung der neuen Routing-Daten, wenn Updates zwischen benachbarten Routern ausgetauscht werden. Es werden fünf periodische Update-Durchgänge benötigt, bis die meisten Zweigstellen-Router in den Regionen 1, 2 und 3 die neuen, von B2-R4 bekannt gegebenen Routen erlernen. Routing-Protokolle lassen sich danach vergleichen, wie schnell sich diese Informationen ausbreiten, also wie schnell Konvergenz erreicht ist.

Die Konvergenzrate basiert somit auf zwei Faktoren:

- Wie schnell geben Router Informationen zu Änderungen in der Topologie im Rahmen eines Routing-Updates an ihre Nachbarn weiter?
- Wie schnell werden die besten Pfade unter Verwendung der neuen Routing-Informationen berechnet?

Ein Netzwerk ist erst vollständig betriebsbereit, wenn es konvergiert hat. Aus diesem Grund bevorzugen Netzwerkadministratoren Routing-Protokolle mit sehr geringen Konvergenzzeiten.

4.3 Routing-Tabellen pflegen

Nachdem die Router alle Remote-Netzwerke erlernt haben, müssen Routing-Protokolle die Routing-Tabellen pflegen, damit dort stets die aktuellen Informationen vorhanden sind. Wie ein Routing-Protokoll die Tabelle pflegt, hängt vom Protokolltyp (Distanzvektor-, Link-State- oder Pfadvektor-Protokoll) sowie vom Protokoll selbst (RIP, EIGRP usw.) ab.

4.3.1 Periodische Updates

Viele Distanzvektor-Protokolle verwenden periodische Updates zum Austausch von Routing-Daten mit ihren Nachbarn und zur Pflege aktueller Routing-Daten in der Routing-Tabelle. RIP und IGRP seien für solche Protokolle exemplarisch genannt.

Routing-Tabelle aktualisieren

In Abbildung 4.13 senden die Router periodisch die gesamte Routing-Tabelle an ihre Nachbarn. Die Updates werden auch dann übertragen, wenn es keine neuen Daten gibt, die weitergegeben werden müssten. Der Begriff *periodische Updates* bezieht sich auf die Tatsache, dass ein Router in vordefinierten Abständen die vollständige Tabelle an seine Nachbarn sendet. Bei RIP werden die Updates alle 30 Sekunden als Broadcast (an die Zieladresse 255.255.255.255) unabhängig vom Vorliegen von Topologieänderungen übertragen. Dieses 30-sekündige Intervall ist ein Update-Timer, der auch dabei hilft, das Alter der Routing-Informationen in der Routing-Tabelle nachzuvollziehen.

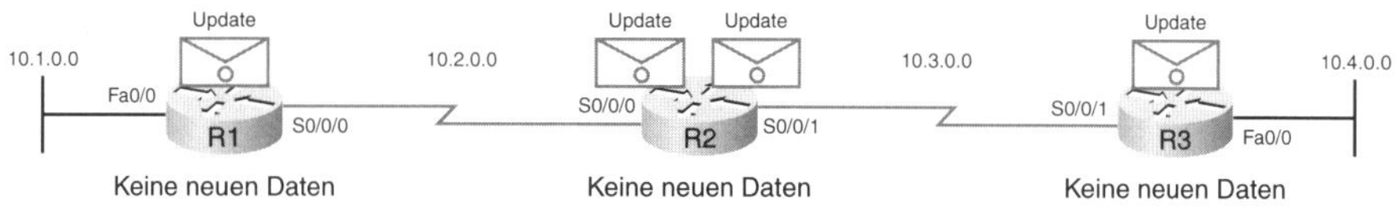

Netzwerk	Schnittstelle	Hop
10.1.0.0	Fa0/0	0
10.2.0.0	S0/0/0	0
10.3.0.0	S0/0/0	1
10.4.0.0	S0/0/0	2

Netzwerk	Schnittstelle	Hop
10.2.0.0	S0/0/0	0
10.3.0.0	S0/0/1	0
10.1.0.0	S0/0/0	1
10.4.0.0	S0/0/1	1

Netzwerk	Hop	0
10.3.0.0	S0/0/1	0
10.4.0.0	Fa0/0	0
10.2.0.0	S0/0/1	1
10.1.0.0	S0/0/1	2

Abbildung 4.13: Periodische Updates

Das Alter der Routing-Daten in einer Routing-Tabelle wird bei jedem Empfang eines Updates aktualisiert. Auf diese Weise können Informationen in der Routing-Tabelle bei Änderungen in der Topologie schnell auf den aktuellen Stand gebracht werden. Änderungen können aus unterschiedlichen Gründen auftreten:

- Ausfall einer Verbindung
- Einbringen einer neuen Verbindung
- Ausfall eines Routers
- Änderung von Verbindungsparametern

RIP-Timer

Zusätzlich zum Update-Timer implementiert das IOS drei weitere Timer für RIP:

- **Invalid-Timer.** Wenn nach 180 Sekunden (Default-Wert) noch kein Update zur Aktualisierung einer vorhandenen Route empfangen wurde, wird diese Route als ungültig gekennzeichnet, indem die Metrik auf 16 gesetzt wird. Die Route verbleibt allerdings bis zum Ablauf des Flush-Timers in der Routing-Tabelle.
- **Flush-Timer.** Standardmäßig ist für den Flush-Timer ein Wert von 240 Sekunden festgelegt, d. h. 60 Sekunden mehr als für den Invalid-Timer. Wenn der Flush-Timer abläuft, wird die Route aus der Routing-Tabelle entfernt.

- **Holddown-Timer.** Dieser Timer stabilisiert Routing-Informationen und dient zur Verhinderung von Routing-Schleifen während des Konvergierens der Topologie auf der Basis neuer Daten. Wenn eine Route als unerreichbar gekennzeichnet wird, muss sie lang genug im Holddown-Modus verbleiben, bis alle Router in der Topologie vom unerreichbaren Netzwerk erfahren haben. Der Default-Wert für den Holddown-Timer beträgt 180 Sekunden. Wir werden im weiteren Verlauf dieses Kapitels noch ausführlich auf den Holddown-Timer eingehen.

Abbildung 4.14 zeigt die Topologie mit drei Routern, die wir zur Veranschaulichung der Routing-Updates verwenden.

Abbildung 4.14: Topologie mit drei Routern

Die Listings 4.1 und 4.2 zeigen, dass sich die Timer-Werte mit zwei Befehlen überprüfen lassen: `show ip route` and `show ip protocols`.

Listing 4.1: RIP-Timer in der Ausgabe von »show ip route«

```
R1# show ip route

<Ausgabe unterdrückt>

Gateway of last resort is not set

     10.0.0.0/16 is subnetted, 4 subnets
C       10.2.0.0 is directly connected, Serial0/0/0
R       10.3.0.0 [120/1] via 10.2.0.2, 00:00:04, Serial0/0/0
C       10.1.0.0 is directly connected, FastEthernet0/0
R       10.4.0.0 [120/2] via 10.2.0.2, 00:00:04, Serial0/0/0
```

Beachten Sie, dass in der Ausgabe von `show ip route` für jede über RIP erlernte Route die seit dem letzten Update verstrichene Zeit in Sekunden angezeigt wird.

Listing 4.2: RIP-Timer in der Ausgabe von »show ip protocols«

```
R1# show ip protocols

Routing Protocol is "rip"
  Sending updates every 30 seconds, next due in 13 seconds
  Invalid after 180 seconds, hold down 180, flushed after 240
  <Ausgabe unterdrückt>
```

Listing 4.2: RIP-Timer in der Ausgabe von »show ip protocols« (Forts.)

```
 Routing for Networks:
   10.0.0.0
 Routing Information Sources:
   Gateway         Distance      Last Update
   10.3.0.1             120      00:00:27
 Distance: (default is 120)
```

Diese Angabe erscheint auch in der Ausgabe von `show ip protocols` unter der Überschrift `Last Update`. Der Befehl `show ip protocols` zeigt detailliert, wann der betreffende Router (hier R1) die nächsten Updates versenden muss. Außerdem sind die Default-Werte für Invalid-, Holddown- und Flush-Timer angegeben.

4.3.2 Bounded-Updates

Anders als bei anderen Distanzvektor-Protokollen sendet EIGRP keine periodischen Updates. Stattdessen werden Bounded-Updates zu einer Route übermittelt, wenn sich ein Pfad oder seine Metrik ändert. Wird eine neue Route verfügbar oder muss eine Route entfernt werden, so sendet EIGRP im Rahmen des Updates nicht die gesamte Routing-Tabelle, sondern nur die Angaben zu diesem Netzwerk. Zudem lässt EIGRP die Informationen nur denjenigen Routern zukommen, die sie tatsächlich benötigen.

EIGRP verwendet Updates mit den folgenden Eigenschaften:

- **nichtperiodisch.** Die Updates werden nur nach Bedarf versendet.
- **partiell.** Die Updates enthalten nur Informationen zu Änderungen in der Topologie, die sich auf die Routing-Informationen auswirken.
- **beschränkt (engl. bounded).** Die Verbreitung der Teil-Updates wird automatisch auf die Router beschränkt, die die geänderten Informationen benötigen.

ANMERKUNG

Kapitel 9, »EIGRP«, beschreibt den Betrieb von EIGRP ausführlich.

4.3.3 Triggered-Updates

Um die Konvergenz bei Topologieänderungen zu beschleunigen, verwendet RIP Triggered-Updates. Ein Triggered-Update ist ein Update der Routing-Tabelle, das sofort nach Auftreten einer Änderung im Routing gesendet wird. Triggered-Updates warten also nicht auf das Ablaufen eines Update-

Timers. Der erkennende Router sendet vielmehr sofort eine Update-Nachricht an benachbarte Router. Die empfangenden Router generieren daraufhin ihrerseits Triggered-Updates, die ihren Nachbarn benachrichtigen usw.

Triggered-Updates werden gesendet, wenn einer der folgenden Fälle auftritt:

- Der Zustand einer Schnittstelle hat sich geändert (von *up* zu *down* oder umgekehrt).
- Eine Route hat den Zustand *unreachable* (nicht erreichbar) erhalten oder verloren.
- Eine Route wird in der Routing-Tabelle installiert.

Die ausschließliche Verwendung von Triggered-Updates wäre ausreichend, wenn gewährleistet wäre, dass die Welle der Updates alle entsprechenden Router verzögerungsfrei erreichen würde. Allerdings gibt es im Zusammenhang mit Triggered-Updates zwei Probleme:

- Pakete mit Update-Nachrichten können verworfen werden.
- Pakete, die die Update-Nachricht enthalten, können bei der Übertragung im Netzwerk beschädigt werden.

Triggered-Updates erfolgen eben nicht unmittelbar: Ein Router, der das Triggered-Update noch nicht empfangen hat, könnte mithin zu einem ungünstigen Zeitpunkt ein reguläres Update einleiten, das dazu führen würde, dass die fehlerhafte Route erneut in die Routing-Tabelle eines Nachbarn eingefügt wird, der das Triggered-Update bereits erhalten hat.

Abbildung 4.15 zeigt, wie eine Änderung in der Netzwerktopologie sich durch Versenden eines Triggered-Updates im Netzwerk verbreitet.

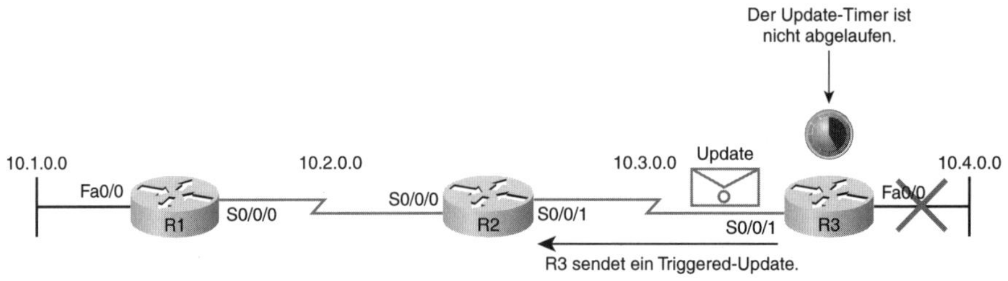

Abbildung 4.15: Triggered-Updates

Wenn Router R3 bemerkt, dass das Netzwerk 10.4.0.0 nicht mehr verfügbar ist, sendet er die entsprechende Information vor Ablauf des Update-Timers an seine Nachbarn. Diese Angaben werden dann im Netzwerk weitergereicht.

4.3.4 Jitter

Wenn mehrere Router gleichzeitig Routing-Updates in Segmenten von Multi-Access-LANs (wie Ethernet) übertragen, können die Update-Pakete kollidieren und so Verzögerungen auslösen oder zu viel Bandbreite verbrauchen.

Anmerkung

Kollisionen sind ein Problem, das nur bei Hubs, nicht jedoch bei Switches auftreten kann.

Das gleichzeitige Versenden von Updates heißt auch *Synchronisierung* der Updates. Diese Synchronisierung kann bei Distanzvektor-Protokollen aufgrund der Verwendung periodischer Updates ein Problem darstellen. Je mehr Router mit synchronen Timern arbeiten, desto mehr Update-Kollisionen können auftreten, und umso höher wird die Latenz im Netzwerk. Anfangs sind die Updates der Router nicht synchronisiert, doch im Laufe der Zeit gleichen sich die Timer zeitlich immer stärker aneinander an.

Um die Synchronisierung von Updates zwischen Routern zu verhindern, verwendet das Cisco IOS eine Zufallsvariable namens *RIP_JITTER*, die einen zufälligen Zeitwert vom Update-Intervall der einzelnen Router im Netzwerk abzieht. Dieser zufällige Zeitraum, der auch als *Jitter* bezeichnet wird, liegt zwischen 0 und 15 Prozent des angegebenen Update-Intervalls. Auf diese Weise schwanken, wenn man den Default-Wert von 30 Sekunden zugrunde legt, die Update-Intervalle zwischen 25,5 und 30 Sekunden.

4.4 Routing-Schleifen

Routing-Schleifen können sich sehr negativ auf die Leistungsfähigkeit des Netzwerks auswirken. Die folgenden Abschnitte behandeln die Ursachen von Routing-Schleifen bei Distanzvektor-Protokollen sowie Lösungsansätze.

4.4.1 Routing-Schleifen: Eine Definition

Eine Routing-Schleife ist eine Bedingung, bei der ein Paket fortlaufend zwischen einer Zahl bestimmter Router weitergeleitet wird, ohne jemals das vorgesehene Ziel zu erreichen. Eine Routing-Schleife kann auftreten, wenn zwei oder mehr Router mit falschen Routing-Informationen zu einem Zielnetzwerk arbeiten.

Sie ist Folge

- falsch konfigurierter statischer Routen,
- einer falsch konfigurierten Redistribution der Routen (die *Redistribution* ist ein Vorgang, bei dem die Routing-Daten eines Routing-Protokolls an ein anderes Routing-Protokoll weitergegeben werden; dies ist Gegenstand der CCNP-Kurse),
- inkonsistenter Routing-Tabellen, die aufgrund langsamer Konvergenz in einem sich ändernden Netzwerk nicht aktualisiert wurden.

Der Ablauf bei Distanzvektor-Protokollen ist sehr einfach gehalten. Diese Einfachheit hat gewisse Nachteile wie Routing-Schleifen zur Folge. Routing-Schleifen treten bei Link-State-Protokollen wesentlich seltener auf, sind aber unter bestimmten Umständen auch dort möglich.

Anmerkung

IP verfügt über einen eigenen Mechanismus, um zu verhindern, dass ein Paket endlos im Netzwerk kreist. Bestandteil des IP-Pakets ist das TTL-Feld (Time to Live), dessen Wert bei Erreichen eines Routers um 1 verringert wird. Erreicht der TTL-Wert den Wert 0, dann verwirft der Router das Paket. Die TTL wird vom Betriebssystem des Hosts festgelegt, von dem das Paket ursprünglich stammt. TTL-Werte sind meist deutlich höher als die auf 15 begrenzte Anzahl der Hops. Der größtmögliche TTL-Wert beträgt 255.

4.4.2 Auswirkungen von Routing-Schleifen

Eine Routing-Schleife kann katastrophale Folgen in einem Netzwerk verursachen, die von einer schlechteren Netzwerkleistung bis hin zu vollständigen Netzwerkausfällen reichen.

Eine Routing-Schleife kann die folgenden Zustände verursachen:

- Die Verbindungsbandbreite wird für Daten verwendet, die in einer Schleife zwischen den Routern zirkulieren.
- Die Router-CPU wird durch sinnlose Paketweiterleitungen belastet, die sich negativ auf die Konvergenz des Netzwerks auswirken.
- Routing-Updates können unter Umständen verloren gehen oder werden nicht rechtzeitig verarbeitet. Dies würde die Entstehung weiterer Routing-Schleifen bewirken, was die Situation noch verschlimmert.
- Pakete könnten in »schwarzen Löchern« verloren gehen und erreichen dann niemals ihre Empfänger.

Abbildung 4.16 zeigt ein mögliches Szenario, in dem Mechanismen, die ein Auftreten von Routing-Schleifen verhindern könnten, nicht vorhanden sind.

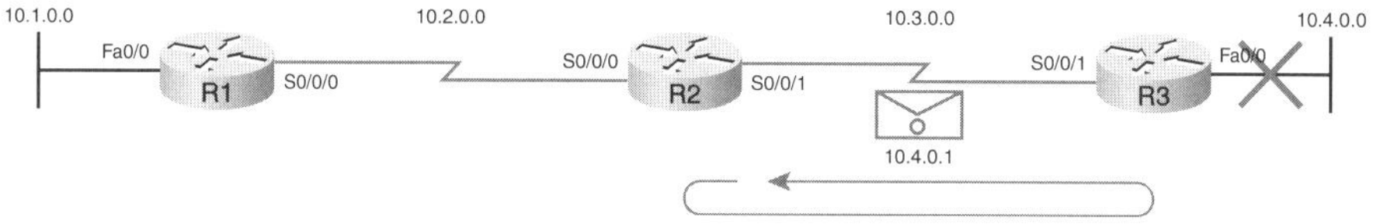

Netzwerk	Schnittstelle	Hop
10.1.0.0	Fa0/0	0
10.2.0.0	S0/0/0	0
10.3.0.0	S0/0/0	1
10.4.0.0	S0/0/0	2

Netzwerk	Schnittstelle	Hop
10.2.0.0	S0/0/0	0
10.3.0.0	S0/0/1	0
10.1.0.0	S0/0/0	1
10.4.0.0	S0/0/1	1

Netzwerk	Schnittstelle	Hop
10.3.0.0	S0/0/1	0
10.4.0.0	S0/0/1	2
10.2.0.0	S0/0/1	1
10.1.0.0	S0/0/1	2

Falsche Routeneinträge

Abbildung 4.16: Routing-Schleife

In diesem Szenario hat R2 an R3 eine Route nach 10.4.0.0 gesendet, *bevor* R3 R2 darüber informieren konnte, dass das Netzwerk ausgefallen ist. R3 weiß nicht, dass R2 über keine Route nach 10.4.0.0 verfügt, und verweist auf R2 als Vektor mit der Distanz 2. R2 und R3 glauben nun, dass der jeweils andere Router der nächste Hop für Daten ist, die an 10.4.0.0 adressiert sind. Das Ergebnis besteht darin, dass Daten an Ziele im Netzwerk 10.4.0.0 zwischen R2 und R3 zirkulieren, bis einer der Router das Paket verwirft, weil die TTL abgelaufen ist.

Wie Sie sehen, verbrauchen Routing-Schleifen Bandbreite und Router-Ressourcen, was zu einer Verlangsamung des Netzwerks führt; im schlimmsten Fall reagiert das Netzwerk nicht mehr.

Es gibt eine Reihe von Mechanismen zur Beseitigung von Routing-Schleifen. Diese sind insbesondere Bestandteil von Distanzvektor-Protokollen. Zu diesen Mechanismen gehören die folgenden:

- Definition einer Maximalmetrik, um Count-to-Infinity zu vermeiden
- Holddown-Timer
- Split-Horizon
- Route-Poisoning oder Poison-Reverse
- Triggered-Updates

Triggered-Updates haben wir bereits im vorherigen Abschnitt behandelt. Die übrigen Mechanismen werden im weiteren Verlauf des Kapitels beschrieben.

Packet Tracer
Aktivität

Routing-Schleifen (4.4.1)

In dieser Packet Tracer-Aktivität sehen Sie, wie aufgrund fehlkonfigurierter statischer Routen eine Routing-Schleife auftreten kann. Zur Durchführung der Aktivität verwenden Sie Packet Tracer und die Datei *e2-441.pka* auf der Begleit-CD-ROM zu diesem Buch.

4.4.3 Count-to-Infinity

Count-to-Infinity ist ein Zustand, der auftritt, wenn unzutreffende Routing-Updates den Metrikwert für ein Netzwerk, das nicht mehr erreichbar ist, auf »unendlich« erhöhen. Abbildung 4.17 zeigt, was mit den Routing-Tabellen geschieht, wenn alle drei Router einander weiterhin falsche Updates zum ausgefallenen Netzwerk 10.4.0.0 schicken. Die Router erhöhen den Metrikwert immer weiter, bis der Wert erreicht wird, der für das betreffende Protokoll gilt. Jedes Protokoll definiert »Unendlichkeit« mit einem anderen Wert.

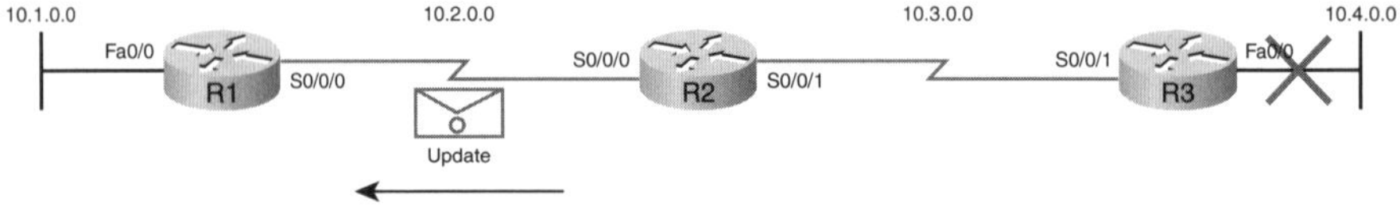

Netzwerk	Schnittstelle	Hop
10.1.0.0	Fa0/0	0
10.2.0.0	S0/0/0	0
10.3.0.0	S0/0/0	1
10.4.0.0	S0/0/0	6

Netzwerk	Schnittstelle	Hop
10.2.0.0	S0/0/0	0
10.3.0.0	S0/0/1	0
10.1.0.0	S0/0/0	1
10.4.0.0	S0/0/1	7

Netzwerk	Schnittstelle	Hop
10.3.0.0	S0/0/1	0
10.4.0.0	S0/0/1	6
10.2.0.0	S0/0/1	1
10.1.0.0	S0/0/1	2

Abbildung 4.17: Count-to-Infinity

4.4.4 Routing-Schleifen durch Festlegen einer Maximalmetrik verhindern

Um das Hochzählen des Metrikwertes zu beenden, wird ein als »unendlich« definierter Höchstwert für die Metrik festgelegt. In Abbildung 4.18 beispielsweise definiert RIP die Unendlichkeit als 16 Hops. Wenn der Router beim Hochzählen die Unendlichkeit erreicht, kennzeichnet er die Route als unerreichbar.

Netzwerk	Schnittstelle	Hop
10.1.0.0	Fa0/0	0
10.2.0.0	S0/0/0	0
10.3.0.0	S0/0/0	1
10.4.0.0	S0/0/0	16

Netzwerk	Schnittstelle	Hop
10.2.0.0	S0/0/0	0
10.3.0.0	S0/0/1	0
10.1.0.0	S0/0/0	1
10.4.0.0	S0/0/1	16

Netzwerk	Schnittstelle	Hop
10.3.0.0	S0/0/1	0
10.4.0.0	S0/0/1	16
10.2.0.0	S0/0/1	1
10.1.0.0	S0/0/1	2

Abbildung 4.18: Die Anzahl der Hops ist 16, das heißt, das Netzwerk 10.4.0.0 ist nicht erreichbar.

4.4.5 Routing-Schleifen mit Holddown-Timern verhindern

Weiter oben haben Sie erfahren, dass Distanzvektor-Protokolle Triggered-Updates verwenden, um die Konvergenz zu beschleunigen. Sie dürfen dabei nicht vergessen, dass Router, die Distanzvektor-Protokolle einsetzen, neben Triggered-Updates auch periodische Updates senden. Stellen Sie sich vor, ein bestimmtes Netzwerk ist instabil: Die Schnittstelle wechselt in schneller Folge den Zustand von *up* zu *down*, dann wieder zurück zu *up* usw. Das Ergebnis ist ein ständiges Hin und Her zwischen den Zuständen. Dank der Triggered-Updates reagieren Router unter Umständen zu schnell und erstellen so unwissentlich eine Routing-Schleife. Eine Routing-Schleife kann zudem durch ein periodisches Update entstehen, das während dieser Phase der Instabilität von den Routern versendet wird. Holddown-Timer verhindern die Entstehung von Routing-Schleifen unter diesen Umständen. Zudem unterstützen sie die Vermeidung einer Count-to-Infinity-Bedingung.

Holddown-Timer werden verwendet, um zu verhindern, dass reguläre Update-Nachrichten eine möglicherweise ausgefallene Route fälschlicherweise weitergeben. Die Timer weisen die Router an, alle Änderungen, die Routen betreffen könnten, für eine bestimmte Zeit zurückzuhalten. Wird eine Route als (eventuell) ausgefallen erkannt, werden alle Informationen für diese Route, die denselben (oder einen schlimmeren) Status enthalten, für eine vordefinierte Zeitspanne – die Holddown-Periode – ignoriert: Router belassen eine als nicht erreichbar gekennzeichnete Route also für einen bestimmten Zeitraum in diesem Zustand. Diese Zeit ist lang genug bemessen, um das Übertragen der Routing-Tabellen mit den aktuell richtigen Informationen zu ermöglichen.

Die nachfolgende Beschreibung mit den Abbildungen 4.19 bis 4.23 veranschaulicht die Funktionsweise von Holddown-Timern:

1. Das an R3 angeschlossene Netzwerk 10.4.0.0 fällt aus. R3 sendet ein Triggered-Update (siehe Abbildung 4.19).

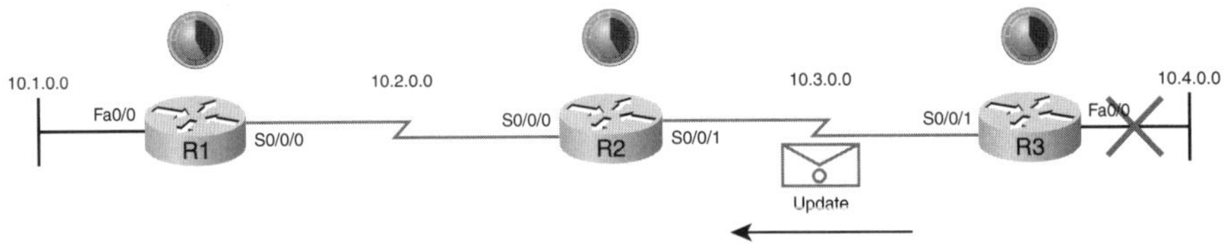

Netzwerk	Schnittstelle	Hop
10.1.0.0	Fa0/0	0
10.2.0.0	S0/0/0	0
10.3.0.0	S0/0/0	1
10.4.0.0	S0/0/0	2

Netzwerk	Schnittstelle	Hop
10.2.0.0	S0/0/0	0
10.3.0.0	S0/0/1	0
10.1.0.0	S0/0/0	1
10.4.0.0	S0/0/1	1

Netzwerk	Schnittstelle	Hop
10.3.0.0	S0/0/1	0
~~10.4.0.0~~	~~S0/0/1~~	~~0~~
10.2.0.0	S0/0/1	1
10.1.0.0	S0/0/1	2

Abbildung 4.19: An R2 gesendetes Triggered-Update

2. R2 empfängt das Update von R3 mit der Information, dass das Netzwerk 10.4.0.0 gegenwärtig nicht erreichbar ist. R3 kennzeichnet das Netzwerk als unter Umständen ausgefallen und startet den Holddown-Timer (Abbildung 4.20).

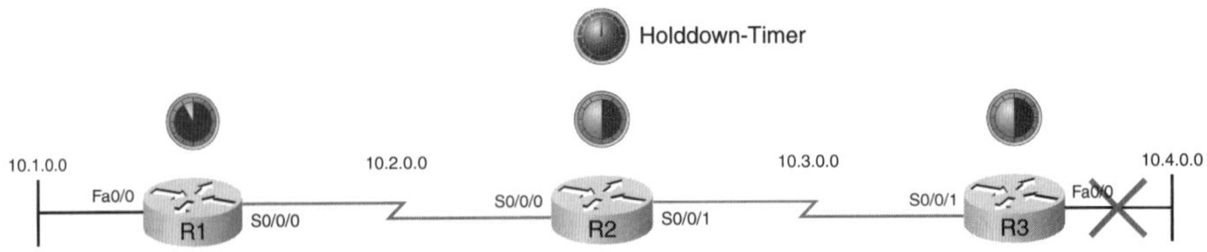

Netzwerk	Schnittstelle	Hop
10.1.0.0	Fa0/0	0
10.2.0.0	S0/0/0	0
10.3.0.0	S0/0/0	1
10.4.0.0	S0/0/0	2

Netzwerk	Schnittstelle	Hop
10.2.0.0	S0/0/0	0
10.3.0.0	S0/0/1	0
10.1.0.0	S0/0/0	1
10.4.0.0	S0/0/1	1

Netzwerk	Schnittstelle	Hop
10.3.0.0	S0/0/1	0
~~10.4.0.0~~	~~S0/0/1~~	~~0~~
10.2.0.0	S0/0/1	1
10.1.0.0	S0/0/1	2

Abbildung 4.20: R2 versetzt 10.4.0.0 in den Holddown-Modus.

3. Sollte während der Holddown-Periode von einem benachbarten Router ein Update mit einer besseren Metrik für dieses Netzwerk empfangen werden, so stellt R2 die Route in das Netzwerk wieder her, und der Holddown-Timer wird entfernt.

4. Wird während dieses Zeitraums jedoch ein Update von einem Nachbarn empfangen, das dieselbe oder eine schlechtere Metrik nennt, dann wird dieses Update ignoriert (Abbildung 4.21). Auf diese Weise erhält das Netzwerk mehr Zeit, die Informationen zur Änderung zu verbreiten.

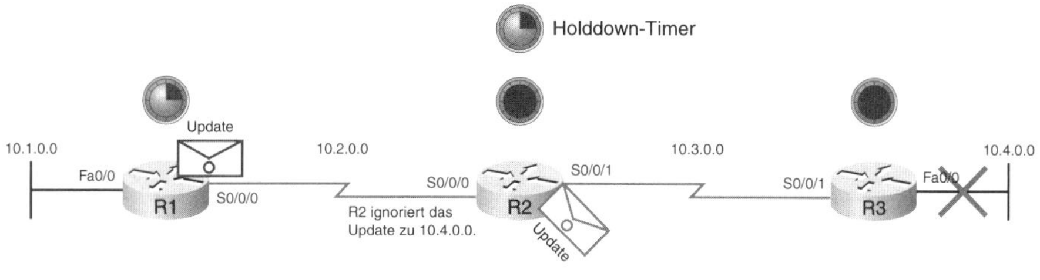

Netzwerk	Schnittstelle	Hop
10.1.0.0	Fa0/0	0
10.2.0.0	S0/0/0	0
10.3.0.0	S0/0/0	1
10.4.0.0	S0/0/0	2

Netzwerk	Schnittstelle	Hop
10.2.0.0	S0/0/0	0
10.3.0.0	S0/0/1	0
10.1.0.0	S0/0/0	1
10.4.0.0	S0/0/1	1

Netzwerk	Schnittstelle	Hop
10.3.0.0	S0/0/1	0
~~10.4.0.0~~	~~S0/0/1~~	~~0~~
10.2.0.0	S0/0/1	1
10.1.0.0	S0/0/1	2

Abbildung 4.21: R2 ignoriert das Update von R1.

5. R1 und R2 leiten weiterhin Pakete an 10.4.0.0 weiter, obwohl dieses Netzwerk als möglicherweise ausgefallen gekennzeichnet ist (Abbildung 4.22). Auf diese Weise kann der Router alle Probleme übergehen, die mit sporadisch ausfallender Konnektivität in Zusammenhang stehen. Falls das Zielnetzwerk tatsächlich nicht verfügbar sein sollte und die Pakete weitergeleitet werden, entsteht Black-Hole-Routing, das bis zum Ablaufen des Holddown-Timers währt.

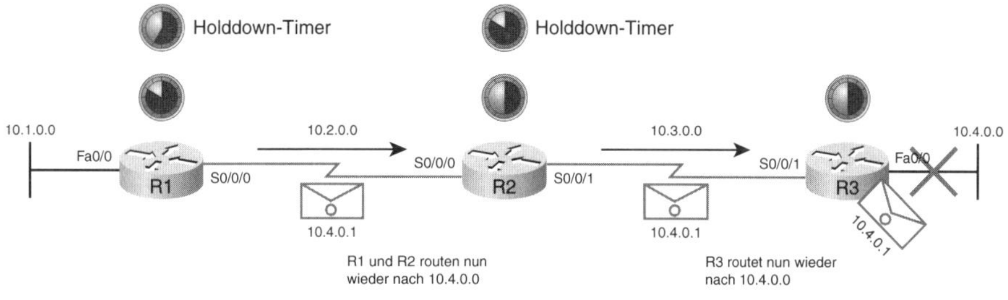

Netzwerk	Schnittstelle	Hop
10.1.0.0	Fa0/0	0
10.2.0.0	S0/0/0	0
10.3.0.0	S0/0/0	1
10.4.0.0	S0/0/0	2

Netzwerk	Schnittstelle	Hop
10.2.0.0	S0/0/0	0
10.3.0.0	S0/0/1	0
10.1.0.0	S0/0/0	1
10.4.0.0	S0/0/1	1

Netzwerk	Schnittstelle	Hop
10.3.0.0	S0/0/1	0
~~10.4.0.0~~	~~S0/0/1~~	~~0~~
10.2.0.0	S0/0/1	1
10.1.0.0	S0/0/1	2

Abbildung 4.22: Daten an 10.4.0.0 werden weiterhin geroutet.

6. Wenn die Holddown-Timer auf R1 und R2 ablaufen, wird 10.4.0.0 aus der Routing-Tabelle entfernt. Nun werden keine Daten mehr an dieses Netzwerk weitergeleitet (Abbildung 4.23).

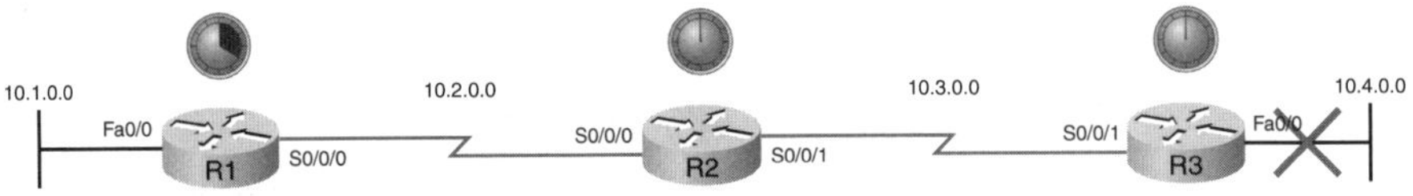

Netzwerk	Schnittstelle	Hop
10.1.0.0	Fa0/0	0
10.2.0.0	S0/0/0	0
10.3.0.0	S0/0/0	1
~~10.4.0.0~~	~~S0/0/0~~	~~2~~

Netzwerk	Schnittstelle	Hop
10.2.0.0	S0/0/0	0
10.3.0.0	S0/0/1	0
10.1.0.0	S0/0/0	1
~~10.4.0.0~~	~~S0/0/1~~	~~1~~

Netzwerk	Schnittstelle	Hop
10.3.0.0	S0/0/1	0
~~10.4.0.0~~	~~S0/0/1~~	~~0~~
10.2.0.0	S0/0/1	1
10.1.0.0	S0/0/1	2

Abbildung 4.23: Das Netzwerk hat konvergiert.

4.4.6 Routing-Schleifen mit Split-Horizon-Regeln verhindern

Eine weitere Methode, um durch die langsame Konvergenz eines Distanzvektor-Protokolls entstehende Routing-Schleifen zu verhindern, ist Split-Horizon. Die Split-Horizon-Regel besagt, dass ein Router ein Netzwerk nicht über die Schnittstelle bekannt geben darf, über die er das entsprechende Update erhalten hat.

Wenn wir Split-Horizon auf das obige Beispiel mit der Route 10.4.0.0 anwenden, erhalten wir folgenden Ablauf:

1. R3 gibt das Netzwerk 10.4.0.0 gegenüber R2 bekannt.
2. R2 empfängt die Information und aktualisiert seine Routing-Tabelle.
3. R2 gibt das Netzwerk 10.4.0.0 nun gegenüber R1 über die Schnittstelle S0/0/0 bekannt. Nicht bekannt gibt R2 diese Route gegenüber R3 über S0/0/1, da R2 die Informationen zu dieser Route über diese Schnittstelle erhalten hat.
4. R1 empfängt die Information und aktualisiert seine Routing-Tabelle.
5. Aufgrund der Split-Horizon-Regel gibt R1 die Informationen zum Netzwerk 10.4.0.0 ebenfalls nicht an R2 zurück.

Es werden vollständige Routing-Updates ausgetauscht; ausgenommen sind hiervon lediglich die Routen, die die Split-Horizon-Regel verletzen.

Die Ergebnisse sehen dann so aus:

- R2 gibt die Netzwerke 10.3.0.0 und 10.4.0.0 gegenüber R1 bekannt.
- R2 gibt die Netzwerke 10.1.0.0 und 10.2.0.0 gegenüber R3 bekannt.
- R1 gibt Netzwerk 10.1.0.0 gegenüber R2 bekannt.
- R3 gibt Netzwerk 10.4.0.0 gegenüber R2 bekannt.

Abbildung 4.24 veranschaulicht dieses Beispiel der Split-Horizon-Regel. Beachten Sie, dass R2 unterschiedliche Routing-Updates an R1 und R3 schickt. Ferner sollten Sie beachten, dass jeder Router die Anzahl der Hops erhöht, *bevor* er das Update sendet.

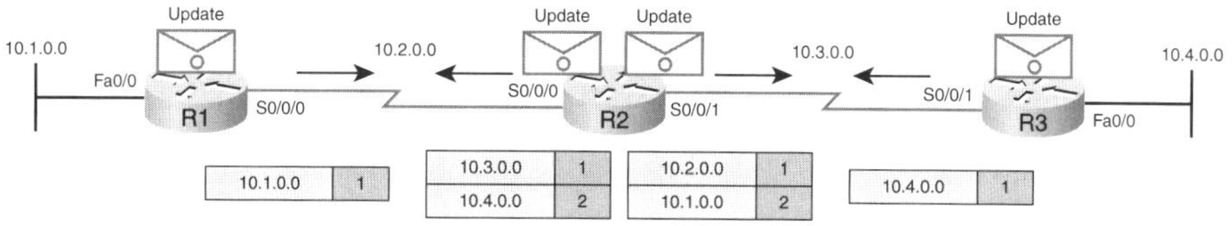

Netzwerk	Schnittstelle	Hop
10.1.0.0	Fa0/0	0
10.2.0.0	S0/0/0	0
10.3.0.0	S0/0/0	1
10.4.0.0	S0/0/0	2

Netzwerk	Schnittstelle	Hop
10.2.0.0	S0/0/0	0
10.3.0.0	S0/0/1	0
10.1.0.0	S0/0/0	1
10.4.0.0	S0/0/1	1

Netzwerk	Schnittstelle	Hop
10.3.0.0	S0/0/1	0
10.4.0.0	Fa0/0	0
10.2.0.0	S0/0/1	1
10.1.0.0	S0/0/1	2

Abbildung 4.24: Split-Horizon-Regel

Anmerkung

Die Split-Horizon-Regel kann vom Administrator deaktiviert werden. Unter bestimmten Bedingungen muss dies sogar getan werden, um ein ordnungsgemäßes Routing zu ermöglichen. Wir werden diese Bedingungen in späteren Kursen behandeln.

Split-Horizon kann mit Route-Poisoning oder Poison-Reverse kombiniert werden, um eine Route gezielt als nicht erreichbar zu kennzeichnen. Dies wird in den folgenden Abschnitten beschrieben.

Route-Poisoning

Route-Poisoning wird verwendet, um eine Route in einem Routing-Update, das an andere Router gesendet wird, als nicht erreichbar zu kennzeichnen. »Unerreichbar« wird hierbei als Metrik interpretiert, die auf einen Maximalwert gesetzt ist. Bei RIP hat eine solche Route die Metrik 16.

Abbildung 4.25 zeigt das Route-Poisoning im Einsatz.

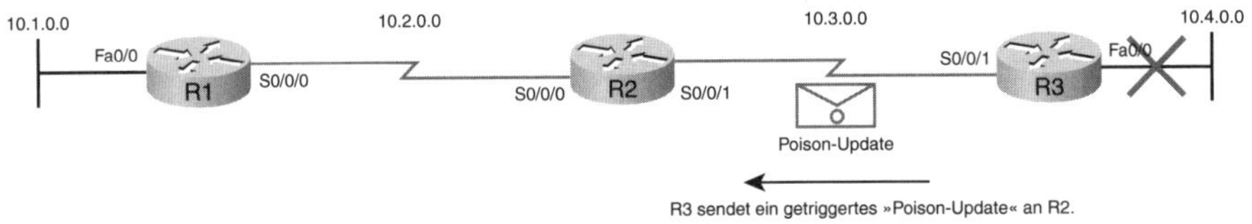

Netzwerk	Schnittstelle	Hop
10.1.0.0	Fa0/0	0
10.2.0.0	S0/0/0	0
10.3.0.0	S0/0/0	1
10.4.0.0	S0/0/0	2

Netzwerk	Schnittstelle	Hop
10.2.0.0	S0/0/0	0
10.3.0.0	S0/0/1	0
10.1.0.0	S0/0/0	1
10.4.0.0	S0/0/1	1

Netzwerk	Schnittstelle	Hop
10.3.0.0	S0/0/1	0
10.4.0.0	Fa0/0	16
10.2.0.0	S0/0/1	1
10.1.0.0	S0/0/1	2

Abbildung 4.25: Route-Poisoning

Hierbei findet der folgende Prozess statt:

1. Netzwerk 10.4.0.0 wird aufgrund eines Leitungsausfalls unerreichbar.
2. R3 weist der Metrik den Wert 16 zu und sendet ein Triggered-Update, das besagt, dass 10.4.0.0 nicht erreichbar ist.
3. R2 verarbeitet dieses Update. Da die Metrik 16 beträgt, macht R2 den Routeneintrag in seiner Routing-Tabelle ungültig.
4. Danach sendet R2 das Update an R1 weiter und gibt so an, dass die Route nicht verfügbar ist; auch dies geschieht durch Hochsetzen des Metrikwertes auf 16.
5. R1 verarbeitet das Update und macht den Routeneintrag für 10.4.0.0 in seiner Routing-Tabelle ebenfalls ungültig.

Durch das Route-Poisoning wird der Konvergenzprozess beschleunigt, da die Informationen zu 10.4.0.0 sich im Netzwerk schneller ausbreiten, als wenn lediglich das Erreichen des »Unendlichkeitswertes« bei den Hops abgewartet würde.

Split-Horizon mit Poison-Reverse

Poison-Reverse kann mit der Split-Horizon-Technik kombiniert werden. Diese Methode wird als *Split-Horizon mit Poison-Reverse* bezeichnet. Die Regel für Split-Horizon mit Poison-Reverse besagt, dass, wenn Updates über eine bestimmte Schnittstelle gesendet werden, alle Netzwerke, die über diese Schnittstelle erlernt wurden, als unerreichbar zu kennzeichnen sind.

Das Konzept von Split-Horizon mit Poison-Reverse besteht darin, dass man dem Router ausdrücklich mitteilt, dass es besser sei, eine Route zu ignorieren, als ihm überhaupt nichts von der Route zu sagen.

Abbildung 4.26 zeigt ein Beispiel für Split-Horizon mit Poison-Reverse.

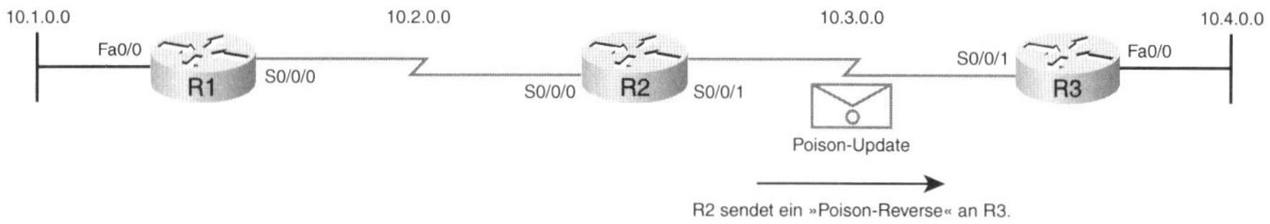

Netzwerk	Schnittstelle	Hop
10.1.0.0	Fa0/0	0
10.2.0.0	S0/0/0	0
10.3.0.0	S0/0/0	1
10.4.0.0	S0/0/0	2

Netzwerk	Schnittstelle	Hop
10.2.0.0	S0/0/0	0
10.3.0.0	S0/0/1	0
10.1.0.0	S0/0/0	1
10.4.0.0	S0/0/1	1

Netzwerk	Schnittstelle	Hop
10.3.0.0	S0/0/1	0
10.4.0.0	Fa0/0	0
10.2.0.0	S0/0/1	1
10.1.0.0	S0/0/1	2

Abbildung 4.26: Poison-Reverse

Hierbei findet der folgende Prozess statt:

1. R3 sendet ein periodisches Update an R2, welches das Netzwerk 10.4.0.0 mit einer Metrik von 1 (Anzahl der Hops bei RIP) enthält.
2. Wenn R2 sein periodisches Update sendet, wird das Update an R3 mit dem Netzwerk 10.4.0.0 mit einer Metrik von 16 (Anzahl der Hops bei RIP) als unerreichbar gekennzeichnet. Dieses Poison-Reverse-Update sagt R3 ausdrücklich, dass er das Netzwerk 10.4.0.0 nicht über R2 erreichen kann.
3. R3 verarbeitet das Poison-Reverse-Update von R2 und behält seinen besseren Routeneintrag für 10.4.0.0 mit der Metrik 0.

Poison-Reverse ist ein spezieller Zustand, der Split-Horizon außer Kraft setzt. Er tritt auf, um sicherzustellen, dass R3 nicht für falsche Updates zu Netzwerk 10.4.0.0 anfällig wird.

Anmerkung

Split-Horizon ist standardmäßig aktiviert. Dies muss allerdings nicht bei allen IOS-Implementierungen auch für Split-Horizon mit Poison-Reverse gelten.

4.4.7 Routing-Schleifen mit IP und TTL verhindern

TTL ist ein 8-Bit-Feld im IP-Header, das die Anzahl der Hops begrenzt, die ein Paket im Netzwerk passieren darf, bevor es verworfen wird. Der Zweck des TTL-Feldes besteht darin, eine Situation zu vermeiden, in der ein unzustellbares Paket für immer im Netzwerk zirkuliert. Das TTL-Feld wird vom Absendergerät des Pakets mit einem Wert versehen. Dieser wird auf jedem

Router auf der Route zum Empfänger um 1 verringert. Erreicht der Wert 0, bevor das Paket beim Empfänger eintrifft, dann wird es verworfen, und der Router sendet eine ICMP-Fehlermeldung an den Absender des Pakets.

Abbildung 4.27 zeigt eine Situation, in der die Routing-Tabellen nicht über zutreffende Informationen zum ausgefallenen Netzwerk 10.4.0.0 verfügen. Doch auch im Fall einer solchen Routing-Schleife kreisen die Pakete nicht endlos im Netzwerk: Früher oder später erreicht das TTL-Feld den Wert 0, woraufhin das Paket vom Router verworfen wird.

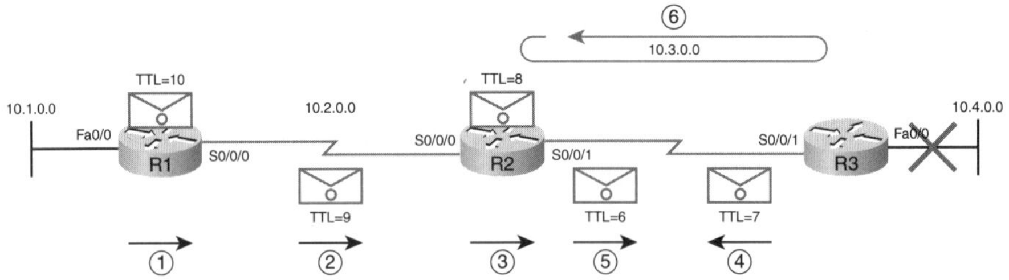

Netzwerk	Schnittstelle	Hop
10.1.0.0	Fa0/0	0
10.2.0.0	S0/0/0	0
10.3.0.0	S0/0/0	1
10.4.0.0	S0/0/0	4

Netzwerk	Schnittstelle	Hop
10.2.0.0	S0/0/0	0
10.3.0.0	S0/0/1	0
10.4.0.0	S0/0/0	1
10.4.0.0	S0/0/1	3

Netzwerk	Schnittstelle	Hop
10.3.0.0	S0/0/1	0
10.4.0.0	S0/0/1	2
10.2.0.0	S0/0/1	1
10.1.0.0	S0/0/1	2

Abbildung 4.27: TTL in Aktion

Abbildung 4.27 zeigt die folgende Abfolge von Ereignissen:

1. R1 empfängt ein Paket mit dem TTL-Wert 10.
2. R1 zählt den TTL-Wert auf 9 herunter und sendet das Paket an R2.
3. R2 zählt den TTL-Wert auf 8 herunter und sendet das Paket an R3.
4. R3 zählt den TTL-Wert auf 7 herunter und sendet das Paket zurück an R2.
5. R2 zählt den TTL-Wert auf 6 herunter und sendet das Paket zurück an R3.
6. Das Paket zirkuliert zwischen R2 und R3, bis der TTL-Wert 0 erreicht wird. Danach wird es verworfen.

4.5 Distanzvektor-Protokolle heute

Im weiteren Verlauf dieses Buches werden Sie auch Link-State-Protokolle kennenlernen. Obwohl Link-State-Protokolle eine Reihe von Vorteilen gegenüber Distanzvektor-Protokollen aufweisen, werden Letztere auch heute noch verwendet. In Kapitel 9 wird EIGRP im Detail beschrieben. EIGRP ist ein »erweitertes« Distanzvektor-Protokoll. Die Erweiterungen machen EIGRP in vielen Umgebungen zu einer seriösen Option, wenn es um das zu verwendende Routing-Protokoll geht.

4.5.1 RIP und EIGRP

Bei Distanzvektor-Protokollen gibt es eigentlich nur zwei Optionen: RIP oder EIGRP. Die Entscheidung, welches Routing-Protokoll in einer gegebenen Situation zu verwenden ist, basiert auf mehreren Faktoren:

- Größe des Netzwerks
- Kompatibilität zwischen Router-Modellen
- Erforderliche Administratorkenntnisse

Tabelle 4.3 vergleicht die Eigenschaften der Distanzvektor-Protokolle.

Tabelle 4.3: Merkmale von Distanzvektor-Protokollen im Vergleich

	RIPv1	RIPv2	IGRP	EIGRP
Konvergenzgeschwindigkeit	langsam	langsam	langsam	schnell
Netzwerkgröße (Skalierbarkeit)	klein	klein	klein	groß
VLSM-Unterstützung	nein	ja	nein	ja
Ressourcenverwendung	niedrig	niedrig	niedrig	moderat
Implementierung und Wartung	einfach	einfach	einfach	komplex

RIP

Im Laufe der Jahre ist aus einem klassenbezogenen Routing-Protokoll (RIPv1) ein klassenloses (RIPv2) geworden. RIPv2 ist ein standardisiertes Routing-Protokoll, das in einer Umgebung mit Routern unterschiedlicher Hersteller eingesetzt wird. Router, die von unterschiedlichen Herstellern stammen, können via RIP kommunizieren. RIP gehört zu den am einfachsten zu konfigurierenden Routing-Protokollen, weswegen es vor allem für kleine Netzwerke gut geeignet ist. Allerdings weist auch RIPv2 noch Beschränkungen auf. RIPv1 und RIPv2 arbeiten mit einer Metrik für die Route, die lediglich auf der Anzahl der Hops basiert und diese auf 15 Hops begrenzt.

RIP weist die folgenden Merkmale auf:

- Unterstützung von Split-Horizon und Split-Horizon mit Poison-Reverse zur Vermeidung von Routing-Schleifen
- Unterstützung des Lastausgleichs über bis zu sechs gleichwertige Pfade (standardmäßig werden vier Pfade verwendet)

RIPv2 hat die folgenden Verbesserungen an RIPv1 vorgenommen:

- Einschließen der Subnetzmaske in die Routing-Updates (hierdurch wird es zum klassenlosen Protokoll)
- Authentifizierungsmechanismus zur Absicherung der Routing-Updates
- Unterstützung von VLSM
- Verwendung von Multicast-Adressen anstelle von Broadcast-Adressen
- Unterstützung der manuellen Routensummierung

EIGRP

EIGRP wurde aus einem anderen Distanzvektor-Protokoll heraus entwickelt, nämlich IGRP. EIGRP ist ein klassenloses Distanzvektor-Protokoll mit Eigenschaften, die gemeinhin nur bei Link-State-Protokollen zu finden sind. Anders als RIP oder OSPF ist EIGRP ein proprietäres Protokoll, das von Cisco entwickelt wurde und nur auf Cisco-Routern läuft.

Zu den Merkmalen von EIGRP gehören die folgenden:

- Triggered-Updates (EIGRP benötigt keine periodischen Updates)
- Verwendung einer Topologietabelle zur Pflege aller Routen, die von Nachbarn empfangen wurden (d. h. nicht nur der besten Pfade)
- Herstellung von Nachbarschaften mit benachbarten Routern und Verwendung des EIGRP-Hello-Protokolls
- Unterstützung für VLSM und die manuelle Zusammenfassung von Routen (dies ermöglicht EIGRP die Erstellung hierarchisch strukturierter großer Netzwerke)

EIGRP bietet die folgenden Vorteile:

- Während die Routen nach dem Distanzvektor-Prinzip verbreitet werden, basiert die Metrik auf der Mindestbandbreite und der Summe der Latenzen im Pfad anstatt auf der Anzahl der Hops.
- Schnelle Konvergenz dank der Routenberechnung mit DUAL. DUAL ermöglicht das Einfügen von Reserverouten in die EIGRP-Topologie-

tabelle. Diese Routen werden eingesetzt, falls die Hauptroute ausfällt. Da es sich dabei um einen lokalen Ablauf handelt, erfolgt das Umschalten auf die Reserveroute verzögerungsfrei und erfordert keine Schritte seitens der anderen Router.

- Der Einsatz von Bounded-Updates bedeutet, dass EIGRP – insbesondere in großen Netzwerken mit vielen Routen – weniger Bandbreite benötigt.
- EIGRP unterstützt über PDMs (Protocol Dependent Modules) mehrere Protokolle der Vermittlungsschicht: IP, IPX und AppleTalk.

4.6 Zusammenfassung

Eine Möglichkeit, Routing-Protokolle zu klassifizieren, ist der Typ des Algorithmus, der zur Bestimmung des besten Pfades in ein Zielnetzwerk verwendet wird. Routing-Protokolle lassen sich in Distanzvektor-, Link-State- und Pfadvektor-Protokolle aufteilen. Distanzvektor bedeutet, dass Routen als Vektoren mit den Parametern Distanz und Richtung bekannt gegeben werden. Die Distanz wird durch eine Metrik wie etwa die Anzahl der Hops definiert, die Richtung ist die einfache Angabe des nächsten Hops oder der Ausgangsschnittstelle.

Zu den Distanzvektor-Protokollen gehören die folgenden:

- RIPv1
- RIPv2
- IGRP
- EIGRP

Router, die Distanzvektor-Protokolle verwenden, bestimmen den besten Pfad in ein Remote-Netzwerk basierend auf den Informationen, die sie von ihren Nachbarn erlernen. Wenn Router X zwei Pfade in dasselbe Netzwerk erlernt – nämlich einen über Router Y mit sieben Hops und einen zweiten über Router Z mit zehn Hops –, dann verwendet er den kürzeren Pfad, in diesem Fall also den mit Router Y als nächstem Hop. Router X weiß nicht, wie das Netzwerk jenseits der Router Y und Z aussieht, sondern trifft seine Entscheidung zum besten Pfad ausschließlich auf der Basis der Daten, die er von den beiden Routern empfangen hat. Distanzvektor-Protokolle arbeiten nicht mit einer Topologiekarte, wie es etwa Link-State-Protokolle tun.

Die Netzwerkerkennung ist ein wesentlicher Bestandteil jedes Routing-Protokolls. Einige Distanzvektor-Protokolle wie RIP führen einen aus mehreren Schritten bestehenden Prozess durch, um Routing-Informationen zu erlernen und mit ihren Nachbarn zu teilen. Wenn Routen von einem Nachbarn erlernt werden, werden diese Angaben an die anderen Nachbarn weitergegeben. Dabei wird die Routing-Metrik jeweils erhöht.

Routing-Protokolle müssen ihre Routing-Tabellen pflegen, damit sie korrekt und auf dem aktuellen Stand bleiben. RIP tauscht Routing-Daten alle 30 Sekunden mit den Nachbarn aus. EIGRP – ein weiteres Distanzvektor-Protokoll – sendet hingegen keine periodischen Updates, sondern nur dann ein sogenanntes Bounded-Update, wenn eine Änderung in der Topologie auftritt. Bounded-Updates werden zudem nur an Router übertragen, die diese Informationen auch benötigen. EIGRP werden wir in einem späteren Kapitel behandeln.

RIP verwendet zudem Timer, um festzustellen, ob ein benachbarter Router nicht mehr vorhanden ist oder einige Router unter Umständen nicht mit aktuellen Routing-Informationen arbeiten. Dies kommt durchaus vor, wenn, nachdem in der Topologie eine Änderung aufgetreten ist, das Netzwerk noch nicht konvergiert hat. Distanzvektor-Protokolle setzen auch Triggered-Updates ein, um die Konvergenz zu beschleunigen.

Ein Nachteil bei Distanzvektor-Protokollen besteht im möglichen Auftreten von Routing-Schleifen. Routing-Schleifen können entstehen, wenn das Netzwerk sich in einem nichtkonvergierten Zustand befindet. Distanzvektor-Protokolle setzen Holddown-Timer ein, um solange zu verhindern, dass der Router eine andere Route in ein kürzlich ausgefallenes Netzwerk verwendet, bis alle Router genügend Zeit hatten, diese Änderung in der Topologie zu erlernen.

Split-Horizon und Split-Horizon mit Poison-Reverse werden ebenfalls von Routern zur Vermeidung von Routing-Schleifen benutzt. Die Split-Horizon-Regel besagt, dass ein Router ein Netzwerk niemals über die Schnittstelle bekannt geben darf, über die er die entsprechende Route erlernt hat. Split-Horizon mit Poison-Reverse hingegen bedeutet, dass es besser ist, explizit festzulegen, dass der betreffende Router eine Route in ein bestimmtes Netzwerk *nicht* verwenden soll; hierzu wird für die Route eine Metrik festgelegt, die besagt, dass das Netzwerk unerreichbar ist.

Distanzvektor-Protokolle sind unter Netzwerkadministratoren beliebt, weil sie in der Regel einfach zu verstehen und zu implementieren sind. Das muss aber nicht bedeuten, dass Link-State-Protokolle wesentlich komplexer oder schwieriger zu konfigurieren sind. Leider haben aber Link-State-Protokolle im Laufe der Zeit diesen etwas ungerechtfertigten Ruf erworben. Sie werden in späteren Kapiteln erfahren, dass Link-State-Protokolle ebenso einfach zu verstehen und zu konfigurieren sind wie Distanzvektor-Protokolle.

4.7 Aktivitäten und Übungen

Die Aktivitäten und Übungen im Begleitbuch »Routing Protocols and Concepts, CCNA Exploration Labs and Study Guide« (ISBN 978-1-58713-204-9) ermöglichen ein praxisbezogenes Üben der folgenden in diesem Kapitel vorgestellten Themen:

Übung 4.1: Interpretation einer Routing-Tabelle (4.6.1)

Übungen

In dieser Übung erstellen Sie ein Netzwerk basierend auf der Ausgabe des Befehls `show ip route` neu. Danach konfigurieren Sie, um Ihre Antwort zu überprüfen, die Router und vergleichen die tatsächliche Routing-Tabelle mit derjenigen in der Dokumentation zur Übung.

Packet Tracer Companion

Viele Praxisübungen enthalten Aktivitäten mit Packet Tracer, in denen Sie diese Software zur Simulation der Übung verwenden können. Lesen Sie im »Routing Protocols and Concepts, CCNA Exploration Labs and Study Guide« (ISBN 1-58713-204-4) die Praxisübungen mit Packet Tracer.

4.8 Lernzielkontrolle

Beantworten Sie die folgenden Fragen, um Ihren Kenntnisstand zu den in diesem Kapitel beschriebenen Themen zu überprüfen. Die Antworten finden Sie in Anhang A, »Antworten zu den Lernzielkontrollen und weiterführenden Fragen«.

1. Welche vier Aussagen zu einigen Distanzvektor-Protokollen sind zutreffend?

   a) Die Anzahl der Hops kann zur Pfadauswahl verwendet werden.

   b) Sie sind gut skalierbar.

   c) Routing-Updates werden in regelmäßigen Abständen gesendet.

   d) EIGRP unterstützt einen Lastausgleich bei ungleichen Kosten.

   e) RIPv1 sendet seine Routing-Updates als Multicast.

   f) RIP sendet die gesamte Routing-Tabelle an direkt angeschlossene Nachbarn (mit Ausnahme von Routen, die unter die Split-Horizon-Regel fallen).

2. Welche der folgenden Bedingungen lösen das Versenden von Routing-Updates durch einige Distanzvektor-Protokolle aus? Wählen Sie drei Antworten aus.
   a) Wenn der Holddown-Timer abläuft.
   b) Wenn in der Netzwerktopologie eine Änderung auftritt.
   c) Wenn der Update-Timerwert abläuft.
   d) Wenn ein Triggered-Update von einem anderen Router empfangen wird.
   e) Wenn ein Paket empfangen wird, das für ein unbekanntes Netzwerk vorgesehen ist.
   f) Wenn seit 30 Minuten keine Änderungen an der Routing-Tabelle vorgenommen wurden.
3. Welche zwei Eigenschaften weisen EIGRP-Updates auf?
   a) Sie enthalten alle EIGRP-Routen.
   b) Sie enthalten die vollständige Routing-Tabelle.
   c) Sie sind architekturunabhängig.
   d) Sie werden nur bei Änderungen in der Routentopologie ausgelöst.
   e) Sie werden als Broadcast an relevante Nachbarn gesendet.
   f) Sie beschränken sich auf jene Router, die das Update benötigen.
4. Welche Eigenschaft wurde RIP hinzugefügt, um Synchronisierungsfehler zu umgehen?
   a) Holddown-Timer
   b) RIP_JITTER
   c) RIP_DELAY
   d) Jitter-Steuerung
5. Welche der beiden folgenden sind Timer, die bei RIP verwendet werden?
   a) Invalid-Timer
   b) Refresh-Timer
   c) Flush-Timer
   d) Deadlink-Timer
   e) Hello-Timer

6. Welche Aussage zu den Vorteilen eines Distanzvektor-Protokolls ist zutreffend?
   a) Periodische Updates beschleunigen die Konvergenz.
   b) Die Konvergenzzeit macht Routing-Schleifen unmöglich.
   c) Die Einfachheit der Implementierung vereinfacht den Aufwand der Konfiguration.
   d) Distanzvektor-Protokolle funktionieren gut in komplexen Netzwerken.
   e) Die Konvergenzzeiten sind kürzer als bei Link-State-Protokollen.
7. Welcher Mechanismus kann zur Vermeidung von Count-to-Infinity verwendet werden?
   a) Split-Horizon
   b) Route-Poisoning
   c) Holddown-Timer
   d) Triggered-Updates
   e) Split-Horizon mit Poison Reverse
8. Betrachten Sie Abbildung 4.28. Das gezeigte Netzwerk verwendet RIP als Routing-Protokoll. Welcher Mechanismus verhindert, dass R4 Updates zum Netzwerk 10.0.0.0 zurück an Router R5 sendet?

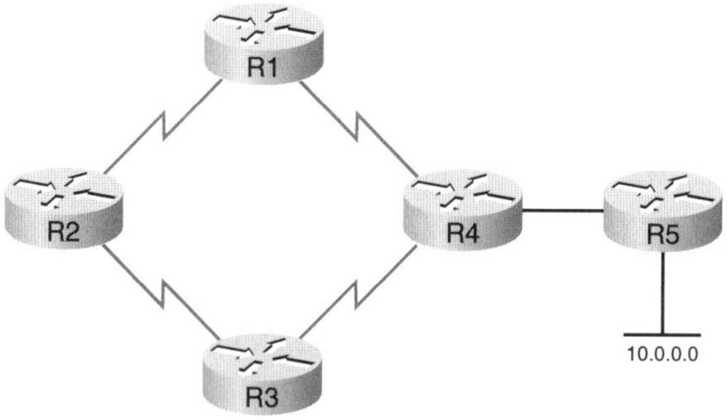

Abbildung 4.28: Lernzielkontrolle, Frage 8

   a) Split-Horizon
   b) Poison Reverse
   c) Route-Poisoning
   d) Holddown-Timer
   e) Maximale Anzahl der Hops

9. Was ermöglicht es RIP, Routing-Schleifen durch Bekanntgabe einer Metrik mit dem Wert »unendlich« zu vermeiden?

   a) Split-Horizon

   b) Route-Poisoning

   c) Holddown-Timer

   d) Maximale Anzahl der Hops

   e) TTL-Feld des IP-Headers

10. Welches Feld im IP-Header stellt sicher, dass Pakete nicht unendlich in einem Netzwerk zirkulieren?

   a) CRC

   b) TOS

   c) TTL

   d) Prüfsumme

11. Ordnen Sie den jeweiligen Mechanismus zur Vermeidung von Routing-Schleifen der entsprechenden Funktionen zu.

   - Split-Horizon:
   - Route-Poisoning:
   - Holddown-Timer
   - Triggered-Updates:

   Funktionen:

   a) Routen, die über eine Schnittstelle erlernt wurden, werden nicht wieder über dieselbe Schnittstelle bekannt gegeben.

   b) Routen, die über eine Schnittstelle erlernt wurden, werden über dieselbe Schnittstelle als nicht erreichbar bekannt gegeben.

   c) Topologieänderungen werden ohne Verzögerung an benachbarte Router übermittelt.

   d) Gewährleistet, dass Topologieänderungen im gesamten Netzwerk bekannt werden können.

4.9 Weiterführende Fragen und Aktivitäten

Die folgenden Fragen setzen ein tieferes Verständnis der in diesem Kapitel behandelten Konzepte voraus und entsprechen dem komplexeren Fragestil, der auch bei der CCNA-Prüfung auftreten kann. Sie finden die Antworten in Anhang A.

1. Erläutern Sie kurz die grundlegenden Funktionsmerkmale von RIP und EIGRP.
2. Erläutern Sie die Konvergenz und ihre Bedeutung.
3. Welche vier Timer verwendet RIP? Wie viele Sekunden sind für die einzelnen Timer vorgesehen? Worin besteht der Zweck der jeweiligen Timer?
4. Welche fünf Techniken setzen Distanzvektor-Protokolle ein, um Routing-Schleifen zu verhindern?

4.10 Weitere Informationen

Das Verstehen des Distanzvektor-Algorithmus ist nicht schwierig. Es gibt zahlreiche Bücher und Online-Ressourcen, die zeigen, wie Algorithmen wie der Bellman-Ford-Algorithmus in der Netzwerktechnik eingesetzt werden. Es gibt zudem eine Reihe von Websites, die erklären, wie diese Algorithmen funktionieren. Rufen Sie einige dieser Ressourcen auf und machen Sie sich mit der Funktionsweise des Algorithmus vertraut.

Hier einige Lesevorschläge:

- Radia Perlman: »Interconnections, Bridges, Routers, Switches, and Internetworking Protocols«
- Alex Zinin: »Cisco IP Routing«
- Christian Huitema: »Routing the Internet«

Lernziele

Wenn Sie dieses Kapitel gelesen haben, sollten Sie in der Lage sein, die folgenden Fragen zu beantworten:

- Worin bestehen Funktionen, Eigenschaften und Betriebsmerkmale des RIPv1-Protokolls?
- Sind Sie in der Lage, ein Gerät für RIPv1 zu konfigurieren?
- Können Sie RIPv1 auf korrekten Betrieb hin überprüfen?
- Wie führt RIPv1 die automatische Routenzusammenfassung durch?
- Können Sie Default-Routen, die in einem gerouteten, RIPv1 implementierenden Netzwerk verbreitet werden, konfigurieren und überprüfen sowie ein entsprechendes Troubleshooting durchführen?
- Worin bestehen die empfohlenen Techniken zur Lösung von RIPv1-Problemen?

Schlüsselbegriffe

In diesem Kapitel werden die folgenden Schlüsselbegriffe vorgestellt. Die entsprechenden Definitionen finden Sie im Glossar.

XNS ▪ automatische Routenzusammenfassung ▪ Boundary-Router ▪ nichtzusammenhängendes Netzwerk

Kapitel 5

RIPv1

Im Laufe der Jahre wurden die Routing-Protokolle weiterentwickelt, um die Anforderungen komplexer Netzwerke zu erfüllen. Das erste Protokoll war dabei RIP (Routing Information Protocol). Auch heute noch ist RIP in weiten Kreisen beliebt, denn es ist einfach aufgebaut und wird von sehr vielen Geräten unterstützt.

Abbildung 5.1 zeigt die verbreitetsten IP-Routing-Protokolle, wobei die in diesem Buch behandelten Protokolle hervorgehoben sind. Beachten Sie, dass RIPv1 (RIP Version 1) ein klassenbezogenes Distanzvektor-Protokoll ist.

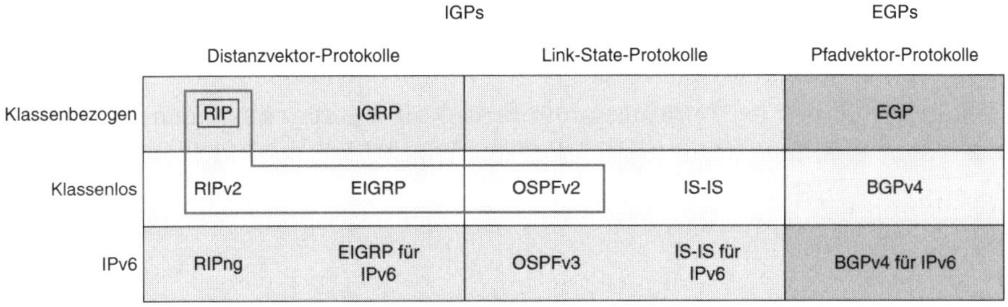

Abbildung 5.1: Übersicht über die Routing-Protokolle

Aus zwei Gründen ist es für Sie wichtig, RIP und seine Betriebsweise zu kennen:

- RIP wird auch heute noch eingesetzt. Unter Umständen müssen Sie ein Netzwerk konfigurieren, das groß genug ist, um ein Routing-Protokoll zu benötigen, aber auch einfach genug, um RIP effizient zu nutzen.
- Die Vertrautheit mit vielen grundlegenden Funktionen von RIP wird es Ihnen erleichtern, RIP mit anderen Protokollen zu vergleichen. Zu verstehen, wie RIP funktioniert, und seine Implementierung zu kennen, wird Ihnen das Erlernen anderer Routing-Protokolle einfacher machen.

Dieses Kapitel behandelt die Grundlagen zu RIPv1: historische Anmerkungen, Eigenschaften, Betrieb, Konfiguration, Überprüfung und Troubleshooting. Sie finden im gesamten Kapitel zahlreiche Packet Tracer-Aktivitäten, mit denen Sie das Erlernte üben können. Der »Routing Protocols and Concepts, CCNA Exploration Labs and Study Guide« und das Online-Curriculum umfassen drei Praxisübungen und eine Packet Tracer Skills-Übung, um Ihre Kenntnisse und Fähigkeiten in der Netzwerktechnik um RIPv1 zu erweitern.

5.1 RIPv1: Ein klassenbezogenes Distanzvektor-Protokoll

RIPv1 ist ein Distanzvektor-Protokoll für IPv4. Außerdem ist RIPv1 auch ein klassenbezogenes Routing-Protokoll. In diesem Kapitel wollen wir zunächst die Einschränkungen klassenbezogener Protokolle behandeln. Klassenlose Protokolle werden dagegen Gegenstand von Kapitel 6, »VLSM und CIDR«, und Kapitel 7, »RIPv2«, sein. Wir werden klassenlose und klassenbezogene Protokolle dann auch einander vergleichend gegenüberstellen.

5.1.1 Entstehung und Entwicklung

RIP ist das älteste Distanzvektor-Protokoll. Zwar fehlt RIP die Ausgereiftheit fortgeschrittener Routing-Protokolle, doch sind seine Einfachheit und sein auch heute noch weit verbreiteter Einsatz Beweis genug für seine Langlebigkeit. RIP ist also keineswegs ein Protokoll auf dem absteigenden Ast. Es gibt sogar eine RIP-Variante für IPv6 namens RIPng (»Next Generation«).

Abbildung 5.2 vergleicht die historische Entwicklung von RIP und anderen Netzwerkprotokollen.

RIP wurde bei der Firma Xerox aus einem älteren Protokoll entwickelt, das GWINFO (Gateway Information Protocol) hieß. Im Zuge der Entwicklung von XNS (Xerox Network System) wurde dann aus GWINFO das Protokoll RIP. Dieses gewann im Laufe der Zeit immer mehr an Bedeutung, nachdem es als Daemon namens *routed* in der BSD (Berkeley Software Distribution) implementiert wurde. Andere Anbieter entwarfen eigene, jeweils leicht abweichende RIP-Implementierungen. Angesichts der Notwendigkeit einer Standardisierung des Protokolls verfasste Charles Hedrick im Jahr 1988 den RFC 1058, in welchem er das vorhandene Protokoll dokumentierte und einige Verbesserungen beschrieb. RFC 1058 kann unter der Adresse *http://www.ietf.org/rfc/rfc1058.txt* heruntergeladen werden. Seitdem wurde RIP durch die Varianten RIPv2 (1994) und RIPng (1997) verbessert.

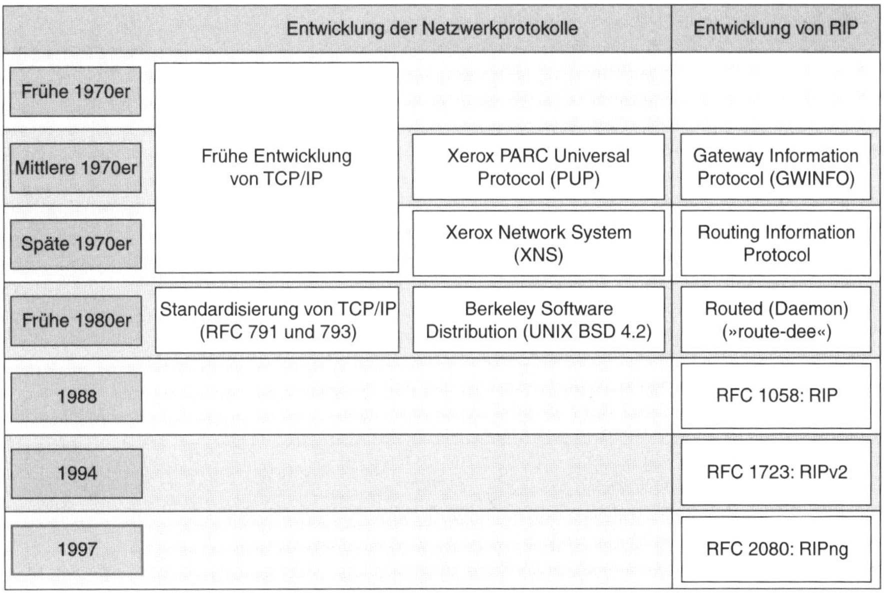

Abbildung 5.2: RIP im historischen Kontext

ANMERKUNG

Die erste Version von RIP wird häufig als RIPv1 bezeichnet, um sie von RIPv2 (RIP Version 2) zu unterscheiden. Nichtsdestoweniger weisen beide Versionen viele gemeinsame Merkmale auf. Wenn wir im Folgenden Eigenschaften beschreiben, die sich auf beide Versionen beziehen, ist allgemein von RIP die Rede. Eigenschaften, die versionsspezifisch sind, werden hingegen mit RIPv1 bzw. RIPv2 in Verbindung gebracht. RIPv2 werden wir ausführlich in Kapitel 7 behandeln.

5.1.2 Eigenschaften und Nachrichtenformat von RIPv1

RIPv1 ist ein Routing-Protokoll und ist wie andere Protokolle durch ein Format mit Feldern gekennzeichnet, die bestimmte Daten enthalten. Beispielsweise hat das IP-Protokoll Felder für Informationen wie die Absender- und die Ziel-IP-Adresse. Routing-Protokolle haben ebenfalls Felder für spezielle Daten. Eines dieser Felder bei RIPv1 ist das IP-Adressfeld, das die IP-Adresse eines Netzwerks enthält. Mithilfe der Angaben in diesen Feldern geben die Router ihre Routing-Informationen weiter. Die Untersuchung dieser Felder kann dabei helfen, einige der Geheimnisse zu lösen, die das Protokoll und seinen Betrieb umgeben.

Eigenschaften von RIP

Wie in Kapitel 4, »Distanzvektor-Protokolle«, beschrieben, hat RIP die folgenden Eigenschaften:

- RIP ist ein Distanzvektor-Protokoll.
- RIP verwendet die Anzahl der Hops als einzige Metrik zur Pfadauswahl.
- Bekannt gegebene Routen, bei denen die Anzahl der Hops größer als 15 ist, werden als nicht erreichbar betrachtet.
- Routing-Updates werden alle 30 Sekunden gesendet.

Abbildung 5.3 zeigt eine gekapselte RIPv1-Nachricht.

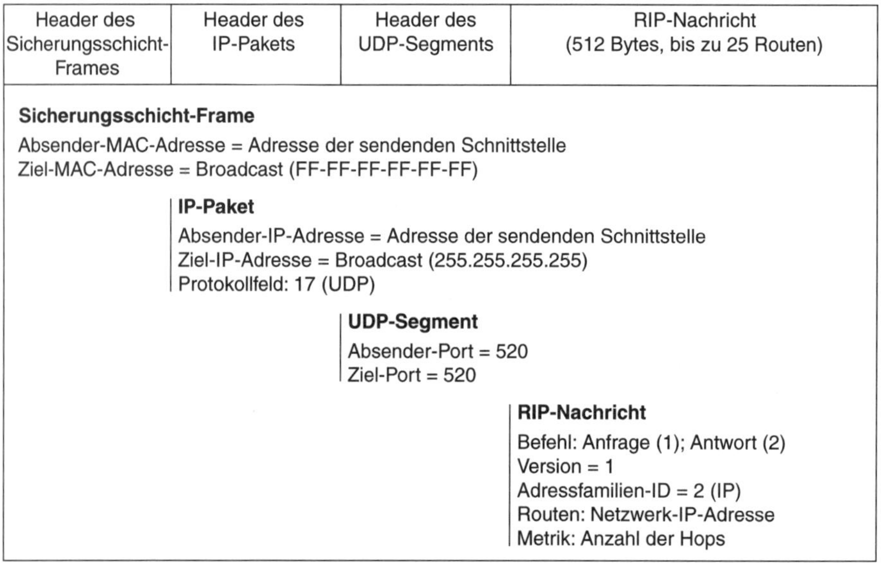

Abbildung 5.3: Gekapselte RIPv1-Nachricht

Der Datenteil einer RIP-Nachricht wird in einem UDP-Segment (User Datagram Protocol) gekapselt, für das Absender- und Ziel-Port jeweils den Wert 520 haben. Der IP-Header und die Sicherungsschicht-Header ergänzen die Broadcast-Zieladressen, bevor die Nachricht über alle für RIP konfigurierten Schnittstellen gesendet wird.

RIP-Nachrichtenformat: Der Header

Abbildung 5.4 zeigt die Details einer RIPv1-Nachricht. Tabelle 5.1 führt die wichtigsten Felder der Nachricht auf und beschreibt sie.

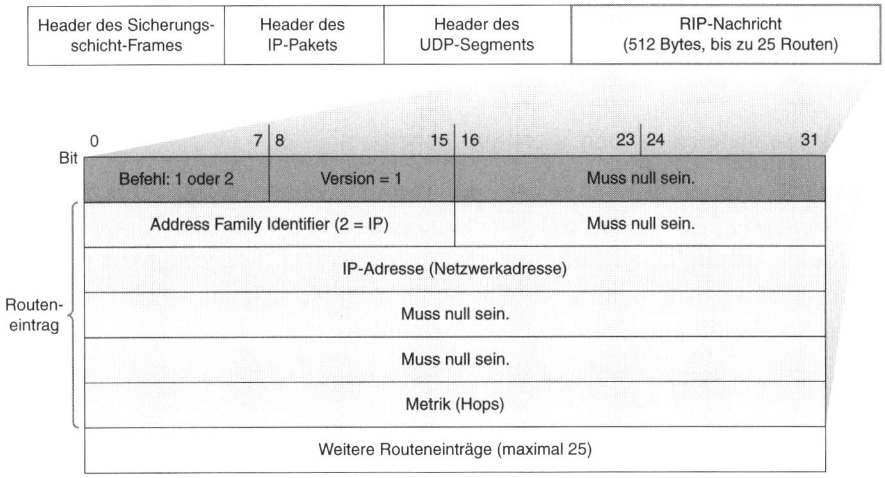

Abbildung 5.4: Nachrichtenformat bei RIPv1

Tabelle 5.1: Beschreibung der Felder einer RIPv1-Nachricht

Feld	**Beschreibung**
Command (Befehl)	1 bei Anfragen, 2 bei Antworten
Version	1 bei RIPv1, 2 bei RIPv2
Address Family Identifier (Adressfamilienkennung)	2 bei IP (0, wenn eine Anfrage sich auf die gesamte IP-Routing-Tabelle bezieht)
IP Address (IP-Adresse)	Adresse der Zielroute; kann eine Netzwerk-, Subnetz- oder Hostadresse sein
Metric (Metrik)	Anzahl der Hops zwischen 1 und 16; der sendende Router erhöht den Metrikwert, bevor er die Nachricht sendet

Im 4-Byte-Header (in der Abbildung blau hervorgehoben) sind drei Felder spezifiziert. Das Befehlsfeld gibt den Nachrichtentyp an (siehe nächsten Abschnitt). Das Versionsfeld hat bei RIPv1 den Wert 1, während das dritte Feld mit *Must be Zero* (»Muss null sein«) gekennzeichnet ist. Derartige Felder bieten Raum für zukünftige Erweiterungen des Protokolls.

RIP-Nachrichtenformat: Der Routeneintrag

Der Routeneintrag enthält drei Felder:

- Kennung der Adressfamilie (2 bei IP; 0, wenn eine Anfrage sich auf die gesamte IP-Routing-Tabelle bezieht)
- IP-Adresse
- Metrik

Dieser Routeneintrag stellt eine Zielroute mit der zugehörigen Metrik dar. Ein RIP-Update kann bis zu 25 Routeneinträge enthalten. Abzüglich der IP- oder UDP-Header beträgt die maximale Größe des Datagramms 512 Bytes.

Warum so viele Felder den Wert null haben

RIP wurde früher als IP entwickelt und für andere Netzwerkprotokolle (wie XNS) verwendet. Auch BSD hatte einen gewissen Einfluss. Ursprünglich wurde der zusätzliche Raum mit der Absicht geschaffen, zukünftig größere Adressräume zu unterstützen. Wie Sie in Kapitel 7 sehen werden, benutzt RIPv2 die Mehrzahl dieser »leeren« Felder.

5.1.3 Betrieb von RIP

Die folgenden Abschnitte stellen die grundsätzlichen Betriebsprinzipien von RIPv1 vor. Im weiteren Verlauf werden wir diese Schritte dann einzeln und ausführlich beschreiben.

RIP-Anfragen und -Antworten

RIP verwendet zwei Nachrichtentypen, die im Befehlsfeld angegeben sind: Anfragen und Antworten. Abbildung 5.5 zeigt die Prinzipien von Anfragen und Antworten bei RIPv1.

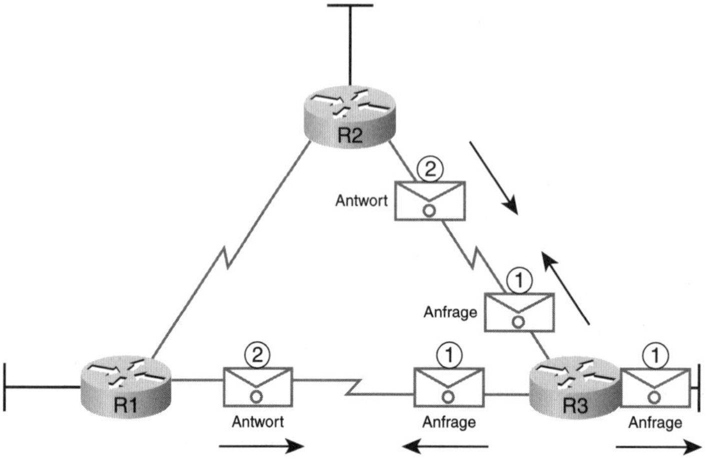

Abbildung 5.5: RIP-Anfragen und -Antworten (Beispiel)

Alle Schnittstellen, für die RIP konfiguriert ist, senden bei Aktivierung eine Nachricht mit der Aufforderung an alle RIP-Nachbarn, ihre vollständigen Routing-Tabellen zu übermitteln. Eine Antwortnachricht wird dann von den Nachbarn zurückgeschickt, die für RIP aktiviert sind. Wenn der anfragende Router die Antworten erhält, wertet er alle Routeneinträge aus. Ist eine

Route neu, dann installiert der empfangende Router diese in der Routing-Tabelle. Befindet sich die Route hingegen bereits in der Tabelle, wird der vorhandene Eintrag ersetzt, falls der neue Eintrag eine bessere Metrik aufweist. Danach versendet der erste Router ein Triggered-Update über alle RIP-fähigen Schnittstellen, das seine eigene Routing-Tabelle enthält, damit die RIP-Nachbarn über gegebenenfalls vorhandene neue Routen informiert werden.

IP-Adressklassen und klassenbezogenes Routing

Wie Sie bereits wissen, wurden IP-Adressen für Hosts ursprünglich in die drei Klassen A, B und C unterteilt. Jeder Klasse wurde dabei eine Standardsubnetzmaske zugewiesen (siehe Abbildung 5.6). Um zu verstehen, wie RIP funktioniert, muss man diese Subnetzmasken für die einzelnen Klassen kennen.

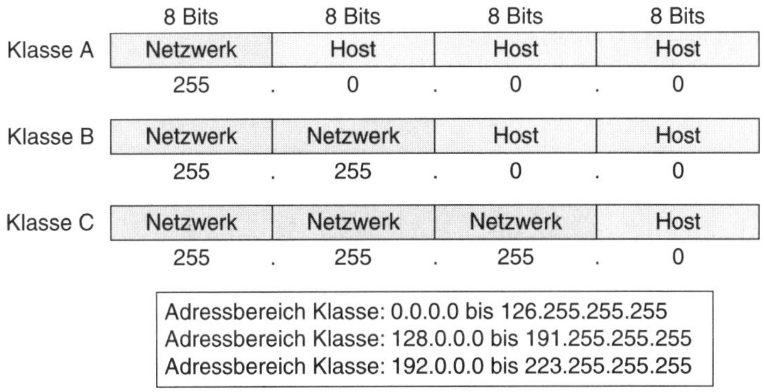

Abbildung 5.6: Standardsubnetzmasken für Adressklassen

RIP ist ein klassenbezogenes Protokoll. Vielleicht ist Ihnen weiter oben in der Beschreibung des Formats aufgefallen, dass RIPv1 keine Angaben zu Subnetzmasken im Update sendet. Aus diesem Grund verwendet ein Router entweder die Subnetzmaske, die für eine lokale Schnittstelle konfiguriert ist, oder wendet die Standardsubnetzmaske für die betreffende Adressklasse an. Aufgrund dieser Einschränkung müssen RIPv1-Netzwerke zusammenhängend sein und können auch VLSM nicht verwenden.

Die IP-Adressierung werden wir ausführlich in Kapitel 6 behandeln.

5.1.4 Administrative Distanz

Wie in Kapitel 3, »Einführung in die dynamischen Routing-Protokolle«, bereits angemerkt, bezeichnet die administrative Distanz (AD) die Vertrauenswürdigkeit oder Priorität der Routenquelle. RIP hat per Definition eine administrative Distanz von 120. Im Vergleich zu anderen IGPs ist RIP damit das Routing-Protokoll mit der geringsten Priorität: IS-IS, OSPF, IGRP und EIGRP weisen jeweils kleinere Default-Werte für die AD auf.

Denken Sie stets daran, dass Sie die administrative Distanz mit den Befehlen `show ip route` (Listing 5.1) oder `show ip protocols` (Listing 5.2) ermitteln können.

Listing 5.1: AD-Werte in der Ausgabe von »show ip route«

```
R3# show ip route

Codes: C - connected, S - static, I - IGRP, R - RIP, M - mobile, B - BGP
D - EIGRP, EX - EIGRP external, O - OSPF, IA - OSPF inter area
N1 - OSPF NSSA external type 1, N2 - OSPF NSSA external type 2
E1 - OSPF external type 1, E2 - OSPF external type 2, E - EGP
i - IS-IS, L1 - IS-IS level-1, L2 - IS-IS level-2, ia - IS-IS inter area
* - candidate default, U - per-user static route, o - ODR
P - periodic downloaded static route

Gateway of last resort is not set

R    192.168.1.0/24 [120/1] via 192.168.6.2, 00:00:05, Serial0/0/0
R    192.168.2.0/24 [120/1] via 192.168.6.2, 00:00:05, Serial0/0/0
                    [120/1] via 192.168.4.2, 00:00:05, Serial0/0/1
R    192.168.3.0/24 [120/1] via 192.168.4.2, 00:00:05, Serial0/0/1
C    192.168.4.0/24 is directly connected, Serial0/0/1
C    192.168.5.0/24 is directly connected, FastEthernet0/0
C    192.168.6.0/24 is directly connected, Serial0/0/0
```

Listing 5.2: AD-Werte in der Ausgabe von »show ip protocols«

```
R3# show ip protocols

Routing Protocol is "rip"
  Sending updates every 30 seconds, next due in 22 seconds
  Invalid after 180 seconds, hold down 180, flushed after 240
  Outgoing update filter list for all interfaces is
  Incoming update filter list for all interfaces is
  Redistributing: rip
  Default version control: send version 1, receive any version
    Interface Send  Recv  Triggered RIP  Key-chain
    FastEthernet0/0 1     1 2
    Serial0/0/0 1      1 2
    Serial0/0/1 1      1 2
  Automatic network summarization is in effect
  Routing for Networks:
    192.168.4.0
    192.168.5.0
    192.168.6.0
```

Listing 5.2: AD-Werte in der Ausgabe von »show ip protocols« (Forts.)

```
Routing Information Sources:
  Gateway         Distance      Last Update
  192.168.6.2          120      00:00:10
  192.168.4.2          120      00:00:18
Distance: (default is 120)
```

5.2 RIPv1-Basiskonfiguration

Die folgenden Abschnitte stellen die erste von drei Topologien vor, die in diesem Kapitel verwendet werden.

5.2.1 RIPv1: Szenario A

Abbildung 5.7 zeigt die Topologie mit drei Routern, die wir bereits in Kapitel 2, »Statisches Routing«, verwendet haben. Physisch ist die Topologie identisch, nur müssen keine PCs an die LANs angeschlossen sein. Logisch hingegen ist das Adressierungsschema ein anderes: Diese Topologie verwendet fünf Klasse-C-Netzwerkadressen. Tabelle 5.2 zeigt die Schnittstellenadressen der einzelnen Router.

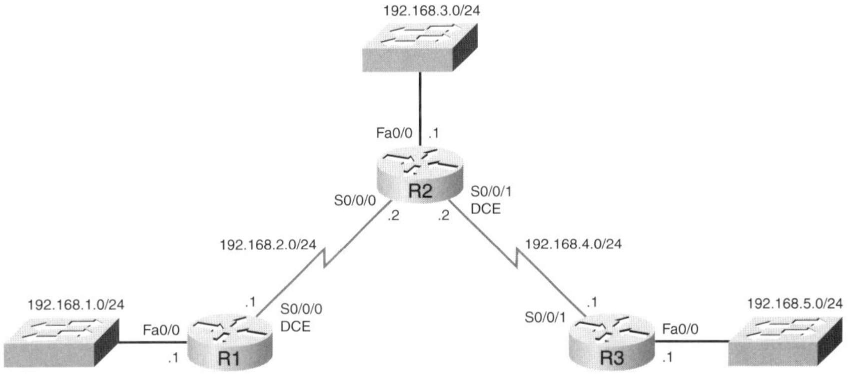

Abbildung 5.7: RIP-Topologie: Szenario A

Tabelle 5.2: Adresstabelle für Szenario A

Gerät	Schnittstelle	IP-Adresse	Subnetzmaske
R1	Fa0/0	192.168.1.1	255.255.255.0
	S0/0/0	192.168.2.1	255.255.255.0
R2	Fa0/0	192.168.3.1	255.255.255.0
	S0/0/0	192.168.2.2	255.255.255.0
	S0/0/1	192.168.4.2	255.255.255.0
R3	Fa0/0	192.168.5.1	255.255.255.0
	S0/0/1	192.168.4.1	255.255.255.0

Packet Tracer Aktivität

IP-Adressen für Router-Schnittstellen konfigurieren (5.2.1)

In dieser Packet Tracer-Aktivität konfigurieren und aktivieren Sie alle Schnittstellen für Szenario A. Ausführliche Anweisungen entnehmen Sie der Aktivität selbst. Zur Durchführung der Aktivität verwenden Sie Packet Tracer und die Datei *e2-521.pka* auf der Begleit-CD-ROM zu diesem Buch.

5.2.2 RIP mit »router rip« aktivieren

Um ein dynamisches Routing-Protokoll zu aktivieren, wechseln Sie in den globalen Konfigurationsmodus und geben den Befehl `router` ein. Wie Listing 5.3 zeigt, erscheint, wenn Sie nach dem Befehl ein Leer- und darauf ein Fragezeichen eingeben, eine Liste aller vorhandenen vom IOS unterstützten Routing-Protokolle.

Listing 5.3: Konfigurationsmodus auf dem IP-Router

```
R1# conf t

Enter configuration commands, one per line.  End with CNTL/Z.
R1(config)# router ?

  bgp Border Gateway Protocol (BGP)
  egp Exterior Gateway Protocol (EGP)
  eigrp Enhanced Interior Gateway Routing Protocol (EIGRP)
  igrp Interior Gateway Routing Protocol (IGRP)
  isis ISO IS-IS
  iso-igrp IGRP for OSI networks
  mobile Mobile routes
  odr On Demand stub Routes
  ospf Open Shortest Path First (OSPF)
  rip Routing Information Protocol (RIP)

R1(config)# router rip

R1(config-router)#
```

Um den Router-Konfigurationsmodus für RIP zu aktivieren, geben Sie `router rip` am Prompt des globalen Konfigurationsmodus ein. Beachten Sie, dass der Prompt nun wie folgt geändert wird und so den Router-Konfigurationsmodus signalisiert:

```
R1(config-router)#
```

Dieser Befehl startet den RIP-Prozess nicht direkt, sondern bietet Zugriff auf die Einstellungen zur Konfiguration des Routing-Protokolls. Routing-

Updates werden erst gesendet, nachdem weitere Befehle konfiguriert wurden.

Wenn Sie den RIP-Routing-Prozess auf einem Gerät entfernen müssen, geben Sie die negierte Form des Befehls ein: `no router rip`. Dieser Befehl beendet den RIP-Prozess und löscht alle vorhandenen RIP-Konfigurationsbefehle.

5.2.3 Netzwerke angeben

Wenn Sie in den RIP-Router-Konfigurationsmodus wechseln, wird RIP auf dem Router aktiviert. Allerdings muss der Router noch wissen, welche lokalen Schnittstellen er zur Kommunikation mit anderen Routern verwenden muss und welche lokal angeschlossenen Netzwerke er diesen Routern bekannt geben soll. Um das RIP-Routing in einem Netzwerk zu aktivieren, verwenden Sie den Befehl `network` im Router-Konfigurationsmodus und geben dann die klassenbezogenen Netzwerkadressen aller direkt angeschlossenen Netzwerke ein:

```
Router(config-router)# network directly-connected-classful-network-address
```

Der Befehl `network` führt die folgenden Funktionen aus:

- Er aktiviert RIP auf allen Schnittstellen, die zu einem bestimmten Netzwerk gehören. Zugehörige Schnittstellen senden und empfangen ab diesem Zeitpunkt RIP-Updates.
- Er gibt das angegebene Netzwerk in RIP-Routing-Updates bekannt, die alle 30 Sekunden an andere Router gesendet werden.

Anmerkung

Wenn Sie eine Subnetzadresse eingeben, konvertiert das IOS diese automatisch in eine klassenbezogene Netzwerkadresse. Geben Sie beispielsweise den Befehl `network 192.168.1.32` ein, wandelt der Router diesen in `network 192.168.1.0` um.

Listing 5.4 zeigt den Befehl `network`, wie er auf allen drei Routern für die direkt angeschlossenen Netzwerke konfiguriert wird. Beachten Sie, dass nur klassenbezogene Netzwerke eingegeben wurden.

Listing 5.4: RIP mit dem Befehl »network« aktivieren

```
R1(config)# router rip
R1(config-router)# network 192.168.1.0
R1(config-router)# network 192.168.2.0
```

Listing 5.4: RIP mit dem Befehl »network« aktivieren (Forts.)

```
R2(config)# router rip
R2(config-router)# network 192.168.2.0
R2(config-router)# network 192.168.3.0
R2(config-router)# network 192.168.4.0
```

```
R3(config)# router rip
R3(config-router)# network 192.168.4.0
R3(config-router)# network 192.168.5.0
```

Was geschieht, wenn Sie zum Befehl `network` eine Subnetzadresse oder eine Schnittstellen-IP-Adresse statt der klassenbezogenen Netzwerkadresse für die RIP-Konfiguration eingeben?

```
R3(config)# router rip
R3(config-router)# network 192.168.4.0
R3(config-router)# network 192.168.5.1
```

Hier wurde eine Schnittstellen-IP-Adresse statt der klassenbezogenen Netzwerkadresse angegeben. Sie sehen, dass das IOS keine Fehlermeldung ausgibt. Es korrigiert vielmehr die Eingabe und gibt die klassenbezogene Netzwerkadresse ein:

```
R3# show running-config

!
router rip
network 192.168.4.0
network 192.168.5.0
!
```

Packet Tracer
Aktivität

RIP-Routing in einem Netzwerk konfigurieren (5.2.3)

In dieser Packet Tracer-Aktivität üben Sie das Konfigurieren des RIP-Routings auf allen drei Routern in der Topologie. Ausführliche Anweisungen entnehmen Sie der Aktivität selbst. Zur Durchführung der Aktivität verwenden Sie Packet Tracer und die Datei *e2-523.pka* auf der Begleit-CD-ROM zu diesem Buch.

5.3 Überprüfung und Troubleshooting

Es ist wichtig, die Routing-Konfiguration überprüfen und ein entsprechendes Troubleshooting durchführen zu können. Die Überprüfung des Routings unmittelbar nach Abschluss der Konfiguration ermöglicht das Beseitigen potenzieller Probleme, bevor diese sichtbar werden.

Um das Routing zu überprüfen, verwenden Sie zuallererst die Befehle `show ip route` und `show ip protocols`. Falls Sie das Problem mit diesen beiden Befehlen nicht eingrenzen können, geben Sie den Befehl `debug ip rip` ein, um genau zu sehen, was geschieht. Diese drei Befehle werden wir nachfolgend in der Reihenfolge behandeln, die für die Überprüfung und das Troubleshooting einer Routing-Protokollkonfiguration am naheliegendsten ist. Vergessen Sie, bevor Sie einen Router (ob statisch oder dynamisch) konfigurieren, niemals, mit dem Befehl `show ip interface brief` zu überprüfen, ob alle erforderlichen Schnittstellen den Status *up/up* haben.

5.3.1 RIP mit »show ip route« überprüfen

Das Untersuchen der Routing-Tabelle stellt eine einfache Möglichkeit dar festzustellen, ob das Routing-Protokoll und die Befehle korrekt konfiguriert wurden. Prüfen Sie die Routing-Tabelle auf alle Routen, die darin vorhanden sein sollten, und auch auf solche, die *nicht* darin enthalten sein sollten.

Listing 5.5 zeigt die Routing-Tabellen von R1, R2 und R3 mithilfe des Befehls `show ip route`.

Listing 5.5: RIP-Konvergenz mit »show ip route« überprüfen

```
R1# show ip route

Codes: C - connected, S - static, I - IGRP, R - RIP, M - mobile, B - BGP
<Ausgabe unterdrückt>

Gateway of last resort is not set

R    192.168.4.0/24 [120/1] via 192.168.2.2, 00:00:02, Serial0/0/0
R    192.168.5.0/24 [120/2] via 192.168.2.2, 00:00:02, Serial0/0/0
C    192.168.1.0/24 is directly connected, FastEthernet0/0
C    192.168.2.0/24 is directly connected, Serial0/0/0
R    192.168.3.0/24 [120/1] via 192.168.2.2, 00:00:02, Serial0/0/0

R2# show ip route

Codes: C - connected, S - static, I - IGRP, R - RIP, M - mobile, B - BGP
<Ausgabe unterdrückt>

Gateway of last resort is not set

C    192.168.4.0/24 is directly connected, Serial0/0/1
R    192.168.5.0/24 [120/1] via 192.168.4.1, 00:00:12, Serial0/0/1
R    192.168.1.0/24 [120/1] via 192.168.2.1, 00:00:24, Serial0/0/0
C    192.168.2.0/24 is directly connected, Serial0/0/0
C    192.168.3.0/24 is directly connected, FastEthernet0/0
```

Listing 5.5: RIP-Konvergenz mit »show ip route« überprüfen (Forts.)

```
R3# show ip route

Codes: C - connected, S - static, I - IGRP, R - RIP, M - mobile, B - BGP
<Ausgabe unterdrückt>

Gateway of last resort is not set

C    192.168.4.0/24 is directly connected, Serial0/0/1
C    192.168.5.0/24 is directly connected, FastEthernet0/0
R    192.168.1.0/24 [120/2] via 192.168.4.2, 00:00:08, Serial0/0/1
R    192.168.2.0/24 [120/1] via 192.168.4.2, 00:00:08, Serial0/0/1
R    192.168.3.0/24 [120/1] via 192.168.4.2, 00:00:08, Serial0/0/1
```

Der Befehl `show ip route` überprüft, ob Routen, die von RIP-Nachbarn empfangen wurden, in einer Routing-Tabelle installiert wurden. RIP-Routen werden durch ein `R` in der Ausgabe gekennzeichnet. Da dieser Befehl die gesamte Routing-Tabelle einschließlich der direkt angeschlossenen und der statischen Routen anzeigt, bietet es sich an, ihn zur Überprüfung der Konvergenz zu verwenden. Wenn Sie den Befehl ausführen, werden bestimmte Routen unter Umständen nicht sofort angezeigt, da Netzwerke eine gewisse Zeit benötigen, um zu konvergieren. Sofern das Routing jedoch auf allen Routern korrekt konfiguriert wurde, zeigt `show ip route`, dass jeder Router über eine vollständige Routing-Tabelle verfügt, das heißt, in jedes Netzwerk der Topologie ist eine Route vorhanden.

In der weiter oben in Abbildung 5.7 gezeigten Topologie sehen Sie, dass fünf Netzwerke vorhanden sind. Jeder Router listet fünf Netzwerke in der Routing-Tabelle auf; aus diesem Grund kann man konstatieren, dass alle drei Router konvergiert haben, denn jeder Router verfügt über eine Route in jedes in der Topologie enthaltene Netzwerk.

Um die Ausgabe von `show ip route` besser verstehen zu können, wollen wir uns eine von R1 erlernte RIP-Route genauer ansehen und die Ausgabe in der Routing-Tabelle interpretieren:

```
R    192.168.5.0/24 [120/2] via 192.168.2.2, 00:00:23, Serial0/0/0
```

Das Auflisten der Routen mit dem Code `R` ist eine Möglichkeit, schnell zu überprüfen, ob RIP auf diesem Router ausgeführt wird. Ist RIP nicht konfiguriert, so sehen Sie keine RIP-Routen.

Als Nächstes sind die Remote-Netzwerkadresse und die Subnetzmaske (192.168.5.0/24) zu sehen. Der AD-Wert (120 für RIP) und die Distanz zum Netzwerk (zwei Hops) erscheinen in Klammern.

Die IP-Adresse des nächsten Hops des bekannt gebenden Routers (R2 unter 192.168.2.2) wird ebenso angezeigt wie die Zeit, die seit dem letzten Update vergangen ist (23 Sekunden).

Abschließend wird die Ausgangsschnittstelle ausgegeben, die dieser Router für Daten verwendet, die an das Remote-Netzwerk gerichtet sind (Serial 0/0/0).

Tabelle 5.3 listet die einzelnen Elemente der Ausgabe und ihre Beschreibungen auf.

Tabelle 5.3: Route interpretieren

Ausgabe	Beschreibung
`R`	Kennzeichnet RIP als Routenquelle.
`192.168.5.0`	Gibt die Adresse des Remote-Netzwerks an.
`/24`	Gibt die für dieses Netzwerk verwendete Subnetzmaske an.
`[120/2]`	Zeigt die administrative Distanz (120) und die Metrik (2 Hops).
`via 192.168.2.2,`	Gibt die Adresse des nächsten Hops (R2) an, an den an das Remote-Netzwerk gerichtete Daten weitergeleitet werden.
`00:00:23,`	Gibt an, wie viel Zeit seit dem letzten Routing-Update vergangen ist (hier 23 Sekunden). Das nächste Update wird in sieben Sekunden erfolgen.
`Serial0/0/0`	Gibt die lokale Schnittstelle an, über die das Remote-Netzwerk erreicht werden kann.

5.3.2 RIP mit »show ip protocols« überprüfen

Ein weiterer nützlicher Befehl zur Überprüfung von RIP und anderen Routing-Protokollen ist `show ip protocols`. Falls ein Netzwerk in der Routing-Tabelle fehlt, kontrollieren Sie die Routing-Konfiguration mit `show ip protocols`.

Der Befehl zeigt das Routing-Protokoll an, das gegenwärtig auf dem Router konfiguriert ist. Mithilfe dieser Ausgabe lassen sich die meisten RIP-Parameter überprüfen und so sicherstellen, dass

- das RIP-Routing konfiguriert ist,
- die vorgesehenen Schnittstellen RIP-Updates senden und empfangen,
- der Router die korrekten Netzwerke bekannt gibt,
- RIP-Nachbarn Updates senden.

Zudem ist der Befehl auch nützlich, wenn es darum geht, den Betrieb anderer Routing-Protokolle wie EIGRP und OSPF zu überprüfen.

Abbildung 5.8 zeigt die Ausgabe des Befehls `show ip protocols` an, wobei die einzelnen Teile der Ausgabe nummeriert sind. Die auf die Abbildung folgenden Beschreibungen entsprechen den Zahlen in der Abbildung.

```
    R2#show ip protocols
①  -Routing Protocol is "rip"
②    Sending updates every 30 seconds, next due in 23 seconds
      Invalid after 180 seconds, hold down 180, flushed after 240
③    Outgoing update filter list for all interfaces is not set
      Incoming update filter list for all interfaces is not set
      Redistributing: rip
④    Default version control: send version 1, receive any version
        Interface             Send  Recv  Triggered RIP  Key-chain
        FastEthernet0/0       1     1 2
        Serial0/0/0           1     1 2
        Serial0/0/1           1     1 2
⑤    Automatic network summarization is in effect
      Maximum path: 4
⑥    Routing for Networks:
        192.168.2.0
        192.168.3.0
        192.168.4.0
⑦    Routing Information Sources:
        Gateway         Distance      Last Update
        192.168.2.1          120      00:00:18
        192.168.4.1          120      00:00:22
      Distance: (default is 120)
```

Abbildung 5.8: Ausgabe von »show ip protocols« interpretieren

1. Die erste Zeile der Ausgabe zeigt an, ob das RIP-Routing auf Router R2 konfiguriert wurde und ausgeführt wird. Wie Sie im Abschnitt »RIPv1-Basiskonfiguration« weiter oben in diesem Kapitel gesehen haben, wird mindestens eine aktive Schnittstelle mit zugehörigem `network`-Befehl benötigt, bevor das RIP-Routing aktiviert wird.

2. Dies sind die Timer, die angeben, wann die nächsten Updates von diesem Router gesendet werden. In der Abbildung wird dies in 23 Sekunden der Fall sein.

3. Diese Angabe bezieht sich auf die Filterung der Updates und die Routen zur Redistribution, sofern diese auf dem Router konfiguriert ist. Filter und Redistribution sind Themen der CCNP-Kurse.

4. Dieser Abschnitt der Ausgabe enthält Informationen dazu, welche RIP-Version gegenwärtig konfiguriert ist und welche Schnittstellen an den RIP-Updates teilnehmen.

5. An dieser Stelle wird gezeigt, dass Router R2 zurzeit eine Routenzusammenfassung an den Grenzen des klassenbezogenen Netzwerks vornimmt und dabei standardmäßig bis zu vier gleichwertige Routen für den Lastausgleich verwendet. Wir werden im Verlauf des Kapitels noch auf das Thema der automatischen Zusammenfassung von Routen eingehen.

6. Als Nächstes werden die mit dem Befehl `network` konfigurierten klassenbezogenen Netzwerke konfiguriert. Dies sind die Netzwerke, die R2 in seine RIP-Updates aufnimmt.

7. Hier sind die RIP-Nachbarn – als `Routing Information Sources` (Routing-Datenquellen) bezeichnet – aufgelistet. `Gateway` nennt die IP-Adresse des benachbarten Routers, der R2 Updates sendet, `Distance` ist die AD, die R2 für von diesem Nachbarn gesendete Updates verwendet, und `Last Update` gibt den Zeitraum (in Sekunden) an, der seit dem letzten Update verstrichen ist.

5.3.3 RIP mit »debug ip rip« überprüfen

Der `debug`-Befehl ist ein nützliches Tool, um Netzwerkprobleme zu diagnostizieren und zu beseitigen, denn er bietet fortlaufend Informationen in Echtzeit. Da die Debug-Ausgabe im CPU-Prozess eine hohe Priorität erhält, kann dieser Befehl im Extremfall das System zum Ausfall bringen. Aus diesem Grund sollten Sie `debug`-Befehle nur für das Troubleshooting bestimmter Probleme verwenden. Zudem ist es am besten, `debug`-Befehle nur dann einzusetzen, wenn das Datenaufkommen gering und wenig Benutzer im Netzwerk sind.

Die meisten Fehler in der RIP-Konfiguration basieren auf einer falschen oder fehlenden Konfiguration der `network`-Anweisung oder der Konfiguration nichtzusammenhängender Netzwerke in einer klassenbezogenen Umgebung. Wie Abbildung 5.9 zeigt, ist `debug ip rip` gut geeignet, die Ursache bei Problemen mit RIP-Updates zu ermitteln.

Dieser Befehl zeigt RIP-Routing-Updates an, wenn sie gesendet oder empfangen werden. Da die Updates periodisch erfolgen, müssen Sie auf die nächste Update-Runde warten, bis eine Ausgabe erfolgt

Die folgende Liste bezieht sich auf die Zahlen in Abbildung 5.9.

1. Zunächst sehen Sie ein Update, das von R1 kommend über die Schnittstelle Serial 0/0/0 eingeht. Beachten Sie, dass R1 nur eine einzige Route zum Netzwerk 192.168.1.0 sendet. Andere Routen werden nicht gesendet, weil dies der Split-Horizon-Regel widerspräche. R1 darf keine Netzwerke, die er zuvor von R2 erlernt hat, an R2 zurückschicken.

```
   R2#debug ip rip
   RIP protocol debugging is on
①{ RIP: received v1 update from 192.168.2.1 on Serial0/0/0
         192.168.1.0 in 1 hops
②{ RIP: received v1 update from 192.168.4.1 on Serial0/0/1
         192.168.5.0 in 1 hops
 ⎧ RIP: sending  v1 update to 255.255.255.255 via FastEthernet0/0
 ⎪        (192.168.3.1)
 ⎪ RIP: build update entries
③⎨       network 192.168.1.0 metric 2
 ⎪       network 192.168.2.0 metric 1
 ⎪       network 192.168.4.0 metric 1
 ⎩       network 192.168.5.0 metric 2
 ⎧ RIP: sending  v1 update to 255.255.255.255 via Serial0/0/1
 ⎪        (192.168.4.2)
④⎨ RIP: build update entries
 ⎪       network 192.168.1.0 metric 2
 ⎪       network 192.168.2.0 metric 1
 ⎩       network 192.168.3.0 metric 1
 ⎧ RIP: sending  v1 update to 255.255.255.255 via Serial0/0/0
 ⎪        (192.168.2.2)
⑤⎨ RIP: build update entries
 ⎪       network 192.168.3.0 metric 1
 ⎪       network 192.168.4.0 metric 1
 ⎩       network 192.168.5.0 metric 2
⑥{ R2#undebug all
   All possible debugging has been turned off
```

Abbildung 5.9: Ausgabe von »debug ip rip« interpretieren

2. Das nächste Update, das empfangen wird, stammt von R3. Auch hier sendet R3 aufgrund der Split-Horizon-Regel nur eine Route: die in das Netzwerk 192.168.5.0.
3. R2 sendet seine eigenen Updates. Zunächst erstellt R2 ein Update, das über die Schnittstelle FastEthernet 0/0 gesendet wird. Dieses Update enthält die gesamte Routing-Tabelle mit Ausnahme des Netzwerks 192.168.3.0, das an FastEthernet 0/0 angeschlossen ist.
4. Als Nächstes erstellt R2 ein Update, das an R3 gesendet wird. Es sind drei Routen enthalten.
5. Schließlich erstellt R2 ein Update, das an R1 gesendet wird. Es sind drei Routen enthalten. R2 gibt wegen der Split-Horizon-Regel weder das Netzwerk, das R2 und R1 miteinander teilen, noch das Netzwerk 192.168.5.0 bekannt.

ANMERKUNG

Würden Sie weitere 30 Sekunden warten, dann können Sie sehen, dass sich die gesamte Debug-Ausgabe in der Abbildung wiederholt, weil RIP alle 30 Sekunden periodische Updates sendet.

6. Um die Überwachung von RIP-Updates auf R2 zu beenden, geben Sie den Befehl `no debug ip rip` oder einfach `undebug all` ein, wie es in der Abbildung gezeigt ist.

Wenn Sie die Debug-Ausgabe noch einmal durchgehen, werden Sie feststellen, dass RIP auf R2 vollständig funktionsfähig ist. Sehen Sie noch eine Möglichkeit, das RIP-Routing auf R2 zu optimieren? Muss R2 Updates über FastEthernet 0/0 versenden? Im nächsten Abschnitt sehen Sie, wie wir unnötige Updates vermeiden können.

5.3.4 Passive Schnittstellen

Router weisen unter Umständen Schnittstellen auf, die nicht mit einem anderen Router verbunden sind und über die folglich auch keine Updates gesendet werden müssen. Sie können eine Schnittstelle mit dem Befehl `passive-interface` so konfigurieren, dass hierüber keine Updates gesendet werden.

Netzwerkbeeinträchtigung durch unnötige RIP-Updates

Wie wir im obigen Beispiel gesehen haben, sendet R2 Updates über die Schnittstelle FastEthernet 0/0 auch dann, wenn kein RIP-Router im betreffenden LAN vorhanden ist. Es gibt für R2 keine Möglichkeit, dies festzustellen. Deswegen sendet der Router alle 30 Sekunden sein Update. Das Versenden unnötiger Updates in einem LAN wirkt sich auf dreierlei Weise negativ auf das Netzwerk aus:

- Bei der Übertragung dieser Updates wird Bandbreite vergeudet. Da RIPv1-Updates immer als Broadcasts gesendet werden, leiten Switches die Updates über alle Ports weiter.
- Alle Geräte im LAN müssen das RIPv1-Update bis zur jeweiligen Transportschicht verarbeiten, wo das Update dann verworfen wird.
- Das Bekanntgeben von Updates in einem Broadcast-Netzwerk stellt ein Sicherheitsrisiko dar. RIP-Updates können mit einem Paket-Sniffer abgefangen werden. Routing-Updates lassen sich modifizieren und dann an den Router zurücksenden. Hierdurch werden falsche Metriken in die Routing-Tabelle eingetragen, was zu einer Fehlleitung der Daten führt.

Unnötige RIP-Updates unterbinden

Vielleicht glauben Sie nun, dass Sie die Updates unterbinden können, indem Sie das Netzwerk 192.168.3.0 mit dem Befehl `no network 192.168.3.0` aus der Konfiguration entfernen – aber dann würde R2 dieses LAN nicht als Route in Updates bekannt geben, die an R1 und R3 gesendet werden. Die korrekte Lösung besteht in der Verwendung des Befehls `passive-interface`, denn dieser verhindert die Übertragung von Routing-Updates über eine Router-Schnittstelle, gibt aber trotzdem das daran angeschlossene Netzwerk gegenüber den anderen Routern bekannt. Sie geben den Befehl im Router-Konfigurationsmodus ein:

```
Router(config-router)# passive-interface interface-type interface-number
```

Dieser Befehl beendet die Übertragung von Routing-Updates über die angegebene Schnittstelle. Dennoch wird das Netzwerk, zu dem die betreffende Schnittstelle gehört, weiterhin in Routing-Updates bekannt gegeben, die über die anderen Schnittstellen gesendet werden.

In Listing 5.6 wird auf R2 zunächst der Befehl `passive-interface` konfiguriert, um Routing-Updates über FastEthernet 0/0 zu unterbinden, da im betreffenden LAN keine RIP-Nachbarn vorhanden sind. Der Befehl `show ip protocols` wird dann verwendet, um die passive Schnittstelle zu überprüfen.

Listing 5.6: Updates mit dem Befehl »passive-interface« unterbinden

```
R2(config)# router rip
R2(config-router)# passive-interface FastEthernet 0/0
R2(config-router)# end
R2# show ip protocols

Routing Protocol is "rip"
  Sending updates every 30 seconds, next due in 14 seconds
  Invalid after 180 seconds, hold down 180, flushed after 240
  Outgoing update filter list for all interfaces is
  Incoming update filter list for all interfaces is
  Redistributing: rip
  Default version control: send version 1, receive any version
    Interface             Send  Recv  Triggered RIP  Key-chain
    Serial0/0/0            1     1 2
    Serial0/0/1            1     1 2
  Automatic network summarization is in effect
  Routing for Networks:
    192.168.2.0
    192.168.3.0
    192.168.4.0
  Passive Interface(s):
    FastEthernet0/0
  Routing Information Sources:
    Gateway         Distance      Last Update
    192.168.2.1          120      00:00:27
    192.168.4.1          120      00:00:23
Distance: (default is 120)
```

Beachten Sie, dass das Interface nicht mehr unter `Interface`, sondern in einem neuen Abschnitt namens `Passive Interface(s)` geführt wird. Sie stellen ferner fest, dass das Netzwerk 192.168.3.0 nach wie vor unter `Routing for Networks:` aufgeführt ist; das heißt, es ist als Routeneintrag weiterhin in RIP-Updates enthalten, die an R1 und R3 gesendet werden.

Alle Routing-Protokolle unterstützen den Befehl `passive-interface`: Seine zielgerichtete Verwendung im Rahmen der normalen Konfigurationsarbeiten wird von Ihnen erwartet.

Passive Schnittstellen in RIP konfigurieren (5.3.4)

Packet Tracer **Aktivität**

In dieser Packet Tracer-Aktivität überprüfen Sie das RIP-Routing und unterbinden RIP-Updates mit dem Befehl `passive-interface`. Ausführliche Anweisungen entnehmen Sie der Aktivität selbst. Zur Durchführung der Aktivität verwenden Sie Packet Tracer und die Datei *e2-534.pka* auf der Begleit-CD-ROM zu diesem Buch.

5.4 Automatische Zusammenfassung

Weniger Routen in einer Routing-Tabelle bedeutet, dass die zur Weiterleitung eines Pakets erforderliche Route schneller gefunden werden kann. Die Zusammenfassung von Routen zu einer einzelnen Route heißt *Routenzusammenfassung* oder *Aggregation*. Einige Routing-Protokolle wie RIP fassen Routen auf bestimmten Routern automatisch zusammen. Wie RIP diese automatische Zusammenfassung durchführt, beschreiben wir in den folgenden Abschnitten.

5.4.1 RIPv1: Szenario B

Betrachten Sie zur Veranschaulichung der automatischen Zusammenfassung die in Abbildung 5.10 gezeigte RIP-Topologie.

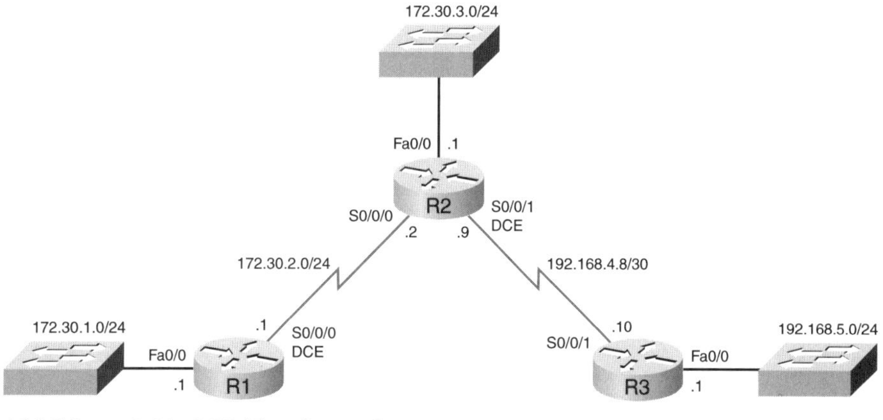

Abbildung 5.10: RIP-Topologie: Szenario B

Szenario B ist eine Modifikation von Szenario A, in der die folgenden Änderungen vorgenommen wurden:

- Es werden drei klassenbezogene Netzwerke verwendet:
  - 172.30.0.0/16
  - 192.168.4.0/24
  - 192.168.5.0/24
- Das Netzwerk 172.30.0.0/16 ist in drei Subnetze unterteilt:
  - 172.30.1.0/24
  - 172.30.2.0/24
  - 172.30.3.0/24
- Die folgenden Geräte sind Bestandteil der klassenbezogenen Netzwerkadresse 172.30.0.0/16:
  - Alle Schnittstellen von R1
  - S0/0/0 und Fa0/0 auf R2
- Das Netzwerk 192.168.4.0/24 ist als einzelnes Subnetz 192.168.4.8/30 konfiguriert.

Tabelle 5.4 zeigt das Adressierungsschema für diese geänderte Topologie.

Tabelle 5.4: Adresstabelle für Szenario B

Gerät	Schnittstelle	IP-Adresse	Subnetzmaske
R1	Fa0/0	172.30.1.1	255.255.255.0
	S0/0/0	172.30.2.1	255.255.255.0
R2	Fa0/0	172.30.3.1	255.255.255.0
	S0/0/0	172.30.2.2	255.255.255.0
	S0/0/1	192.168.4.9	255.255.255.252
R3	Fa0/0	192.168.5.1	255.255.255.0
	S0/0/1	192.168.4.10	255.255.255.252

Die Listings 5.7, 5.8 und 5.9 zeigen die Konfigurationsänderungen auf den Routern R1, R2 und R3 im Vergleich zu Szenario A.

Listing 5.7: Konfigurationsänderungen auf R1

```
R1(config)# interface fa0/0
R1(config-if)# ip address 172.30.1.1 255.255.255.0
R1(config-if)# interface S0/0/0
R1(config-if)# ip address 172.30.2.1 255.255.255.0
R1(config-if)# no router rip
R1(config)# router rip
R1(config-router)# network 172.30.1.0
R1(config-router)# network 172.30.2.0
R1(config-router)# passive-interface FastEthernet 0/0
R1(config-router)# end
R1# show run

<Ausgabe unterdrückt>
!
router rip
 passive-interface FastEthernet0/0
 network 172.30.0.0
!
<Ausgabe unterdrückt>
```

Listing 5.8: Konfigurationsänderungen auf R2

```
R2(config)# interface S0/0/0
R2(config-if)# ip address 172.30.2.2 255.255.255.0
R2(config-if)# interface fa0/0
R2(config-if)# ip address 172.30.3.1 255.255.255.0
R2(config-if)# interface S0/0/1
R2(config-if)# ip address 192.168.4.9 255.255.255.252
R2(config-if)# no router rip
R2(config)# router rip
R2(config-router)# network 172.30.0.0
R2(config-router)# network 192.168.4.8
R2(config-router)# passive-interface FastEthernet 0/0
R2(config-router)# end
R2# show run

<Ausgabe unterdrückt>
!
router rip
 passive-interface FastEthernet0/0
 network 172.30.0.0
 network 192.168.4.0
!
<Ausgabe unterdrückt>
```

Listing 5.9: Konfigurationsänderungen auf R3

```
R3(config)# interface fa0/0
R3(config-if)# ip address 192.168.5.1 255.255.255.0
R3(config-if)# interface S0/0/1
R3(config-if)# ip address 192.168.4.10 255.255.255.252
R3(config-if)# no router rip
R3(config)# router rip
R3(config-router)# network 192.168.4.0
R3(config-router)# network 192.168.5.0
R3(config-router)# passive-interface FastEthernet 0/0
R3(config-router)# end
R3# show run

<Ausgabe unterdrückt>
!
router rip
 passive-interface FastEthernet0/0
 network 192.168.4.0
 network 192.168.5.0
!
<Ausgabe unterdrückt>
```

Beachten Sie, dass die Befehle `no shutdown` und `clock rate` nicht erforderlich sind, da sie bereits für Szenario A konfiguriert wurden. Da allerdings neue Netzwerke hinzugefügt wurden, wurde der RIP-Routing-Prozess mit dem Befehl `no router rip` zunächst entfernt und dann neu aktiviert.

In der Konfiguration für R1 (Listing 5.7) sehen wir, dass beide Subnetze mit dem Befehl `network` konfiguriert wurden. Technisch gesehen ist diese Konfiguration falsch, weil RIPv1 die klassenbezogene Netzwerkadresse und nicht das Subnetz in seinen Updates sendet. Aus diesem Grund hat das IOS die Konfiguration auf die korrekte klassenbezogene Konfiguration umgestellt, wie Sie der Ausgabe von `show run` entnehmen können.

In der Konfiguration für R2 (Listing 5.8) sehen wir, dass das Subnetz 192.168.4.8 mit dem Befehl `network` konfiguriert wurde. Auch hier wird dies durch das IOS geändert: In der laufenden Konfiguration erscheint 192.168.4.0.

Die Routing-Konfiguration für R3 (Listing 5.9) ist korrekt: Sie entspricht dem, was im Router-Konfigurationsmodus eingegeben wurde.

Anmerkung

Bei Beurteilungs- und Zertifizierungsprüfungen gilt die Eingabe einer Subnetzadresse anstelle einer klassenbezogenen Netzwerkadresse in einem `network`-Befehl als falsche Antwort, auch wenn das Cisco IOS die erforderlichen Änderungen vornimmt.

5.4.2 Boundary-Router und automatische Zusammenfassung

Wie Sie wissen, ist RIP ein klassenbezogenes Routing-Protokoll, das Netzwerke mithilfe der Klassengrenzen automatisch zusammenfasst. In Abbildung 5.11 sehen Sie, dass R2 über Schnittstellen in mehr als nur einem größeren klassenbezogenen Netzwerk verfügt. Dies macht R2 zu einem Boundary-Router (Grenz-Router) in RIP. Die Schnittstellen Serial 0/0/0 und FastEthernet 0/0 von R2 befinden sich innerhalb der Grenze 172.30.0.0, die Schnittstelle Serial 0/0/1 hingegen innerhalb der Grenze 192.168.4.0.

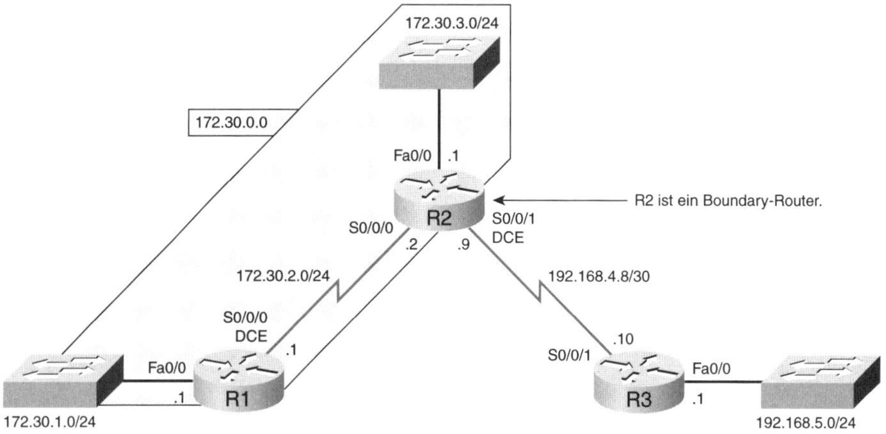

Abbildung 5.11: Boundary-Router

Da Boundary-Router RIP-Subnetze aus einem größeren Netzwerk zu einem anderen zusammenfassen, werden Updates für die Netzwerke 172.30.1.0, 172.30.2.0 und 172.30.3.0 automatisch zu 172.30.0.0 summiert, wenn sie über die Schnittstelle Serial 0/0/1 von R2 gesendet werden.

In den nächsten beiden Abschnitten untersuchen wir, wie Boundary-Router diese Zusammenfassung durchführen.

5.4.3 RIP-Updates verarbeiten

Klassenbezogene Routing-Protokolle wie RIPv1 transportieren die Subnetzmaske nicht im Routing-Update. Die Routing-Tabelle hingegen enthält RIPv1-Routen, die sowohl die Netzwerkadresse als auch die Subnetzmaske angeben. Wie also kann ein Router, der RIPv1 ausführt, ermitteln, welche Subnetzmaske er auf eine Route anwenden soll, wenn er diese zu seiner Routing-Tabelle hinzufügt? Der folgende Abschnitt erläutert diesen Vorgang.

Regeln für die Verarbeitung von RIPv1-Updates

Die folgenden beiden Regeln bestimmen, wie RIPv1-Updates ablaufen:

- Falls ein Routing-Update und die Schnittstelle, über die es empfangen wird, zum selben Netzwerk gehören, wird die Subnetzmaske der Schnittstelle auf das Netzwerk im Routing-Update angewendet.
- Falls ein Routing-Update und die Schnittstelle, über die es empfangen wird, zu unterschiedlichen Netzwerken gehören, wird die klassenbezogene Subnetzmaske des Netzwerks auf das Netzwerk im Routing-Update angewendet.

Beispiel für die Verarbeitung von RIPv1-Updates

In Listing 5.10 empfängt R2 ein Update von R1 und trägt das Netzwerk in die Routing-Tabelle ein.

Listing 5.10: Ein Boundary-Router empfängt RIP-Updates.

```
R2# debug ip rip

RIP protocol debugging is on
RIP: received v1 update from 172.30.2.1 on Serial0/0/0
      172.30.1.0 in 1 hops
<Ausgabe unterdrückt>
R2# undebug all

All possible debugging has been turned off
R2# show ip route

<Ausgabe unterdrückt>

Gateway of last resort is not set

     172.30.0.0/24 is subnetted, 3 subnets
R       172.30.1.0 [120/1] via 172.30.2.1, 00:00:18, Serial0/0/0
C       172.30.2.0 is directly connected, Serial0/0/0
C       172.30.3.0 is directly connected, FastEthernet0/0
     192.168.4.0/30 is subnetted, 1 subnets
C       192.168.4.8 is directly connected, Serial0/0/1
R    192.168.5.0/24 [120/1] via 192.168.4.10, 00:00:16, Serial0/0/1
```

Woher weiß R2, dass dieses Subnetz die Maske /24 (255.255.255.0) hat?

- R2 hat dieses Update auf einer Schnittstelle empfangen, die zum selben klassenbezogenen Netzwerk (172.30.0.0) gehört wie das eingehende Update für 172.30.1.0.

- Die IP-Adresse, über die R2 die Nachricht `172.30.1.0 in 1 hops` empfangen hat, ist die der Schnittstelle Serial 0/0/0 mit der IP-Adresse 172.30.2.2 und der Subnetzmaske 255.255.255.0 (/24).
- R2 verwendet seine eigene Subnetzmaske für diese Schnittstelle und wendet sie auf dieses und auf alle anderen Subnetze von 172.30.0.0 an, die er über diese Schnittstelle empfängt – in diesem Fall also auch 172.30.1.0.
- Das Subnetz 172.30.1.0 /24 wurde zur Routing-Tabelle hinzugefügt.

Router, die RIPv1 ausführen, sind auf die Verwendung derselben Subnetzmaske für alle Subnetze im selben klassenbezogenen Netzwerk beschränkt.

Wie Sie jedoch in späteren Kapiteln erfahren werden, gestatten klassenlose Routing-Protokolle wie RIPv2 einem übergeordneten (klassenbezogenen) Netzwerk die Verwendung verschiedener Subnetzmasken für unterschiedliche Subnetzmasken; dies wird als VLSM (Variable Length Subnet Masking) bezeichnet.

5.4.4 Mit »debug« die automatische Zusammenfassung untersuchen

Um die von einem Router gesendeten und empfangenen Netzwerkadressen zu überprüfen, können Sie den Befehl `debug ip rip` verwenden. Danach können Sie durch Untersuchung der Routing-Tabellen die Subnetzmaske ermitteln, die der empfangende Router auf die RIPv1-Routen anwendet.

Listing 5.11 zeigt noch einmal die Ausgabe von `debug ip rip` auf R2.

Listing 5.11: Zusätzliche »debug«-Ausgabe auf R2

```
R2# debug ip rip

RIP protocol debugging is on
RIP: sending  v1 update to 255.255.255.255 via Serial0/0/0 (172.30.2.2)
RIP: build update entries
      network 172.30.3.0 metric 1
      network 192.168.4.0 metric 1
      network 192.168.5.0 metric 2
RIP: sending  v1 update to 255.255.255.255 via Serial0/0/1 (192.168.4.9)
RIP: build update entries
      network 172.30.0.0 metric 1
R2# undebug all

All possible debugging has been turned off
```

Wenn Boundary-Router R2 ein Update sendet, schließt er die Netzwerkadresse und die zugehörige Metrik mit ein. Ist der Routeneintrag für ein Update vorgesehen, das an ein anderes klassenbezogenes Netzwerk gesendet wird, dann wird die Netzwerkadresse in der Route zur klassenbezogenen (übergeordneten) Netzwerkadresse zusammengefasst. Genau dies tut R2 für 192.168.4.0 und 192.168.5.0. Diese klassenbezogenen Netzwerke sendet er an R1.

R2 kennt außerdem Routen in die Subnetze 172.30.1.0/24, 172.30.2.0/24 und 172.30.3.0/24. Im Routing-Update, das R2 über Serial 0/0/1 an R3 sendet, wird nur eine Summenroute in Form der klassenbezogenen Netzwerkadresse 172.30.0.0 übermittelt.

Falls der Routeneintrag für ein Update vorgesehen ist, das innerhalb des übergeordneten Netzwerks versendet wird, wird die Subnetzmaske der ausgehenden Schnittstelle verwendet, um die bekannt zu gebende Netzwerkadresse zu bestimmen. R2 sendet das Subnetz 172.30.3.0 an R1 und verwendet dabei die Subnetzmaske für Serial 0/0/0 zur Bestimmung der bekannt zu gebenden Subnetzmaske.

R1 empfängt das Update für 172.30.3.0 über die Schnittstelle Serial 0/0/0, die die Schnittstellenadresse 172.30.2.1/24 hat. Da sowohl das Routing-Update als auch die Schnittstelle zum selben übergeordneten Netzwerk gehören, wendet R1 die Maske /24 auf die Route 172.30.3.0 an.

Vergleichen Sie die Routing-Tabellen für R1 und R3 in den Listings 5.12 und 5.13.

Listing 5.12: Routing-Tabelle auf R1

```
R1# show ip route

<Ausgabe unterdrückt>

Gateway of last resort is not set

     172.30.0.0/24 is subnetted, 3 subnets
C       172.30.1.0 is directly connected, FastEthernet0/0
C       172.30.2.0 is directly connected, Serial0/0/0
R       172.30.3.0 [120/1] via 172.30.2.2, 00:00:17, Serial0/0/0
R    192.168.4.0/24 [120/1] via 172.30.2.2, 00:00:17, Serial0/0/0
R    192.168.5.0/24 [120/2] via 172.30.2.2, 00:00:17, Serial0/0/0
```

Listing 5.13: Routing-Tabelle auf R3

```
R3# show ip route

<Ausgabe unterdrückt>

Gateway of last resort is not set

R    172.30.0.0/16 [120/1] via 192.168.4.9, 00:00:15, Serial0/0/1
     192.168.4.0/30 is subnetted, 1 subnets
C       192.168.4.8 is directly connected, Serial0/0/1
C    192.168.5.0/24 is directly connected, FastEthernet0/0
```

Beachten Sie, dass R2 über drei Routen für das übergeordnete Netzwerk 172.30.0.0 verfügt, das mit der Maske /24 (255.255.255.0) in Subnetze unterteilt wurde. R3 kennt nur eine Route in dieses Netzwerk, und das Netzwerk wurde *nicht* unterteilt. In seiner Routing-Tabelle führt R3 das übergeordnete Netzwerk. Allerdings wäre es ein Fehler anzunehmen, dass R3 nicht über vollständige Konnektivität verfügt: R3 sendet alle Pakete, die an die Netzwerke 172.30.1.0/24, 172.30.2.0/24 und 172.30.3.0/24 gerichtet sind, an R2, weil alle drei Netzwerke zu 172.30.0.0/16 gehören und über R2 erreichbar sind.

5.4.5 Vor- und Nachteile der automatischen Zusammenfassung

Die automatische Zusammenfassung bietet sowohl Vor- als auch Nachteile. Klassenbezogene Routing-Protokolle wie RIPv1 gestatten Ihnen keine Änderung dieses Verhaltens. Klassenlose Routing-Protokolle wie RIPv2 hingegen ermöglichen Ihnen das Abschalten der automatischen Zusammenfassung. An dieser Stelle wollen wir zunächst die Vor- und Nachteile der automatischen Zusammenfassung untersuchen.

Vorteile der automatischen Zusammenfassung

Wie Sie bei R2 in Listing 5.11 gesehen haben, fasst RIP Updates zwischen klassenbezogenen Netzwerken automatisch zusammen. Weil das Update 172.30.0.0 über eine Schnittstelle (Serial 0/0/1) in einem anderen klassenbezogenen Netzwerk (192.168.4.0) gesendet wurde, sendet RIP nur ein einziges Update für das gesamte klassenbezogene Netzwerk statt eines Updates für jedes der unterschiedlichen Subnetze. Dieser Prozess ähnelt dem, was Sie gemacht haben, als Sie die verschiedenen statischen Routen zu einer einzigen Route zusammengefasst haben.

Warum ist die automatische Zusammenfassung ein Vorteil? Dafür gibt es mehrere Gründe:

- Kleinere Routing-Updates werden empfangen und gesendet, das heißt, es wird weniger Bandbreite für Routing-Updates zwischen R2 und R3 benötigt.
- R3 verfügt unabhängig davon, wie viele Subnetze vorhanden sind oder wie die Subnetzbildung erfolgt, über nur eine Route für das Netzwerk 172.30.0.0/16. Die Verwendung einer einzelnen Route beschleunigt den Lookup-Vorgang in der Routing-Tabelle für R3.

Gibt es auch Nachteile bei der automatischen Zusammenfassung? In der Tat – und zwar dann, wenn nichtzusammenhängende Netzwerke in der Topologie konfiguriert sind.

Nachteil der automatischen Zusammenfassung

Abbildung 5.12 zeigt eine Topologie mit nichtzusammenhängenden Netzwerken. Wir werden gleich erklären, was das ist.

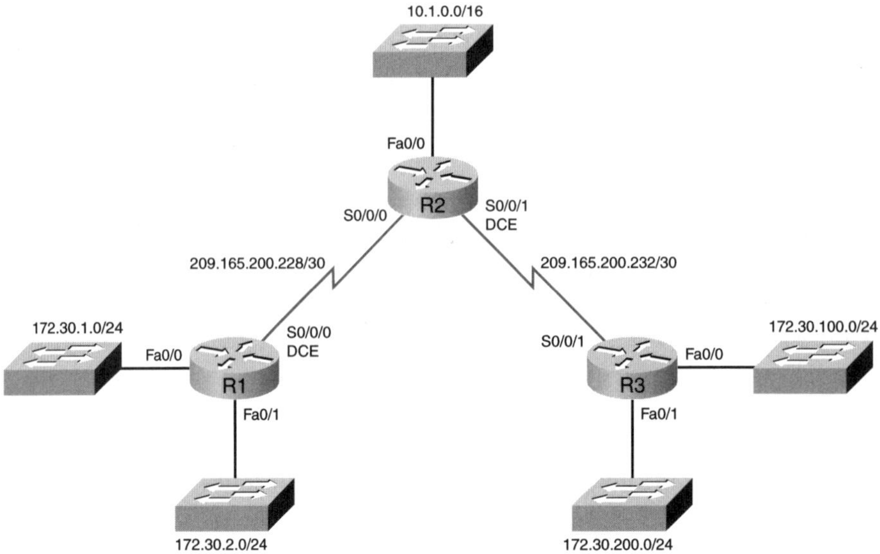

Abbildung 5.12: Nichtzusammenhängende Topologie

Wie Sie Tabelle 5.5 entnehmen können, wurde das Adressierungsschema geändert.

Tabelle 5.5: Adressierungsschema für eine nichtzusammenhängende Topologie

Gerät	Schnittstelle	IP-Adresse	Subnetzmaske
R1	Fa0/0	172.30.1.1	255.255.255.0
	Fa0/1	172.30.2.1	255.255.255.0
	S0/0/0	209.165.200.229	255.255.255.252
R2	Fa0/0	10.1.0.1	255.255.0.0
	S0/0/0	209.165.200.230	255.255.255.252
	S0/0/1	209.165.200.233	255.255.255.252
R3	Fa0/0	172.30.100.1	255.255.255.0
	Fa0/0	172.30.200.1	255.255.255.0
	S0/0/1	209.165.200.234	255.255.255.252

Diese Topologie wird verwendet, um einen wesentlichen Nachteil klassenbezogener Routing-Protokolle wie RIPv1 zu veranschaulichen: die fehlende Unterstützung für nichtzusammenhängende Netzwerke.

Klassenbezogene Routing-Protokolle senden keine Subnetzmasken in ihren Routing-Updates. Netzwerke werden über Grenzen übergeordneter Netzwerke hinweg automatisch zusammengefasst, weil der empfangende Router nicht in der Lage ist, die Maske der Route zu bestimmen. Grund hierfür ist die Tatsache, dass die empfangende Schnittstelle eine andere Maske haben kann als die in Routen der Subnetze.

Beachten Sie in Abbildung 5.12, dass R1 und R3 Subnetze des übergeordneten Netzwerks 172.30.0.0/16 enthalten, R2 hingegen nicht. Im Wesentlichen sind R1 und R3 Boundary-Router für 172.30.0.0/16, weil sie durch ein anderes klassenbezogenes Netzwerk (209.165.200.0/24) voneinander getrennt sind. Diese Trennung schafft ein nichtzusammenhängendes Netzwerk, da zwei Gruppen von Subnetzen von 172.30.0.0/24 durch mindestens ein anderes klassenbezogenes Netzwerk voneinander getrennt sind. 172.30.0.0/16 ist ein nichtzusammenhängendes Netzwerk.

Nichtzusammenhängende Topologien konvergieren nicht mit RIPv1

Listing 5.14 zeigt die RIP-Konfigurationen der einzelnen Router basierend auf der in Abbildung 5.12 gezeigten Topologie.

Listing 5.14: RIP-Konfiguration für die nichtzusammenhängende Topologie

```
R1(config)# router rip
R1(config-router)# network 172.30.0.0
R1(config-router)# network 209.165.200.0
```

Listing 5.14: RIP-Konfiguration für die nichtzusammenhängende Topologie (Forts.)

```
R2(config)# router rip
R2(config-router)# network 10.0.0.0
R2(config-router)# network 209.165.200.0
```

```
R3(config)# router rip
R3(config-router)# network 172.30.0.0
R3(config-router)# network 209.165.200.0
```

Die RIPv1-Konfiguration ist korrekt, aber es ist nicht möglich, alle Netzwerke in diesem nichtzusammenhängenden Netzwerk zuzuordnen. Um zu verstehen, warum dies so ist, müssen wir uns vergegenwärtigen, dass ein Router nur übergeordnete Netzwerkadressen über Schnittstellen bekannt gibt, die nicht zur bekannt gegebenen Route gehören. Folglich gibt R1 weder 172.30.1.0 noch 172.30.2.0 gegenüber R2 über das Netzwerk 209.165.200.0 bekannt. Auch R3 gibt weder 172.30.100.0 noch 172.30.200.0 gegenüber R2 über das Netzwerk 209.165.200.0 bekannt. Beide Router geben jedoch das übergeordnete Netzwerk 172.30.0.0 bekannt, bei dem es sich um eine Summenroute nach R3 handelt.

Was sind die Folgen? Ohne Einbeziehung der Subnetzmaske in das Routing-Update kann RIPv1 keine spezifischen Routing-Informationen bekannt geben, die es Routern erlauben, korrekt auf Subnetze von 172.30.0.0/24 zu routen.

Untersuchen Sie die Routing-Tabellen für R1, R2 und R3 in den Listings 5.15, 5.16 und 5.17.

Listing 5.15: Routing-Tabelle auf R1

```
R1# show ip route

<Ausgabe unterdrückt>

Gateway of last resort is not set

R    10.0.0.0/8 [120/1] via 209.165.200.230, 00:00:26, Serial0/0/0
     172.30.0.0/24 is subnetted, 3 subnets
R       172.30.0.0 [120/2] via 209.165.200.230, 00:00:26, Serial0/0/0
C       172.30.1.0 is directly connected, FastEthernet0/0
C       172.30.2.0 is directly connected, FastEthernet0/1
     209.165.200.0/30 is subnetted, 2 subnets
C       209.165.200.228 is directly connected, Serial0/0/0
R       209.165.200.232 [120/1] via 209.165.200.230, 00:00:26, Serial0/0/0
```

Listing 5.16: Routing-Tabelle auf R2

```
R2# show ip route

<Ausgabe unterdrückt>

Gateway of last resort is not set

     10.0.0.0/16 is subnetted, 1 subnets
C       10.1.0.0 is directly connected, FastEthernet0/0
R    172.30.0.0/16 [120/1] via 209.165.200.234, 00:00:14, Serial0/0/1
                   [120/1] via 209.165.200.229, 00:00:19, Serial0/0/0
     209.165.200.0/30 is subnetted, 2 subnets
C       209.165.200.228 is directly connected, Serial0/0/0
C       209.165.200.232 is directly connected, Serial0/0/1
```

Listing 5.17: Routing-Tabelle auf R3

```
R3# show ip route

<Ausgabe unterdrückt>

Gateway of last resort is not set

R    10.0.0.0/8 [120/1] via 209.165.200.233, 00:00:24, Serial0/0/1
     172.30.0.0/24 is subnetted, 3 subnets
R       172.30.0.0 [120/2] via 209.165.200.233, 00:00:22, Serial0/0/1
C       172.30.100.0 is directly connected, FastEthernet0/0
C       172.30.200.0 is directly connected, FastEthernet0/1
     209.165.200.0/30 is subnetted, 2 subnets
R       209.165.200.228 [120/1] via 209.165.200.233, 00:00:24, Serial0/0/1
C       209.165.200.232 is directly connected, Serial0/0/1
```

- R1 verfügt über keine Routen in die LANs, die an R3 angeschlossen sind.
- R3 verfügt über keine Routen in die LANs, die an R1 angeschlossen sind.
- R2 verfügt über zwei gleichwertige Routen in das Netzwerk 172.30.0.0.
- R2 führt einen Lastausgleich für Daten durch, die an ein Subnetz von 172.30.0.0 gerichtet sind: Die Hälfte der Daten erhält R1, die andere Hälfte R3. Die Verteilung erfolgt unabhängig davon, ob die Daten an eines der an sie angeschlossenen LANs gerichtet sind.

In Kapitel 7 werden Sie eine neue Version dieser Topologie sehen. Diese werden wir verwenden, um den Unterschied zwischen klassenbezogenem und klassenlosem Routing zu erläutern.

Packet Tracer
Aktivität

Automatische Routenzusammenfassung in RIP (5.4.5)

In dieser Packet Tracer-Aktivität implementieren Sie das Adressierungsschema von Szenario B und untersuchen die Vor- und Nachteile der automatischen Zusammenfassung. Ausführliche Anweisungen entnehmen Sie der Aktivität selbst. Zur Durchführung der Aktivität verwenden Sie Packet Tracer und die Datei *e2-545.pka* auf der Begleit-CD-ROM zu diesem Buch.

5.5 Default-Routen und RIPv1

Default-Routen werden von Routern verwendet, um alle Routen darzustellen, die nicht in der Routing-Tabelle spezifiziert sind. Eine Default-Route wird meist verwendet, um Routen darzustellen, die nicht in das lokal administrierte Netzwerk, sondern beispielsweise ins Internet führen.

5.5.1 RIPv1: Szenario C

Abbildung 5.13 zeigt eine geänderte Topologie für Szenario C, das die Verwendung einer Default-Route veranschaulichen und zeigen soll, wie diese von RIPv1 an andere Router weitergegeben wird.

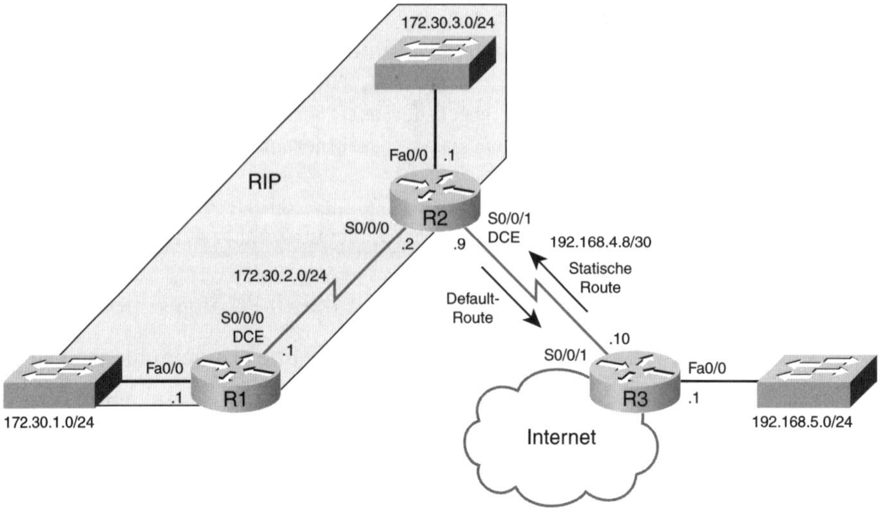

Abbildung 5.13: RIP-Topologie: Szenario C

RIP war das erste dynamische Routing-Protokoll und wurde in frühen Implementierungen zwischen Kunden und Internetprovidern sowie auch zwischen den Providern eingesetzt. In modernen Netzwerken hingegen müssen Kunden nicht mehr unbedingt Routing-Updates mit ihren Providern austauschen. Router am Kundenstandort, die mit einem Provider verbunden sind, benötigen nicht für jede Route im Internet einen eigenen Eintrag. Stattdessen arbeiten diese Router mit einer Default-Route, die den gesamten Datenverkehr an den Router des ISP sendet, falls der Router selbst keine andere Route zum Empfänger kennt. Der ISP konfiguriert für Adressen im Kundennetzwerk eine statische Route, die auf dieses Netzwerk zeigt.

In Szenario C ist R3 ein Provider mit Zugriff auf das Internet (dies wird durch die Wolke veranschaulicht). R3 und R2 tauschen keine RIP-Updates aus. Stattdessen verwendet R2 eine Default-Route, um das LAN an R3 und alle anderen Ziele zu erreichen, die nicht in seiner Routing-Tabelle aufgeführt sind. R3 setzt eine statische Summenroute ein, um die Subnetze 172.30.1.0, 172.30.2.0 und 172.30.3.0 zu erreichen.

Um die Topologie vorzubereiten, können Sie die Adressierung so lassen, wie sie ist; sie entspricht der in Szenario B verwendeten. Die folgenden Schritte müssen Sie allerdings noch durchführen.

Listing 5.18 zeigt die Konfigurationsbefehle, die in den folgenden Schritten verwendet werden:

1. Deaktivieren Sie das RIP-Routing für das Netzwerk 192.168.4.0 an R2. Schritt für Schritt
2. Konfigurieren Sie auf R2 eine statische Default-Route, um Daten, für die keine Route gespeichert ist, an R3 zu senden.
3. Deaktivieren Sie das RIP-Routing auf R3.
4. Konfigurieren Sie auf R3 eine statische Route zu den Subnetzen von 172.30.0.0.

Listing 5.18: Konfigurationsänderungen auf R2 und R3

```
R2(config)# router rip
R2(config-router)# no network 192.168.4.0
R2(config-router)# exit
R2(config)# ip route 0.0.0.0 0.0.0.0 serial 0/0/1

R3(config)# no router rip
R3(config)# ip route 172.30.0.0 255.255.252.0 serial 0/0/1
```

Die Listings 5.19, 5.20 und 5.21 zeigen die neuen Routing-Tabellen für R1, R2 und R3.

Listing 5.19: Routing-Tabelle auf R1

```
R1# show ip route

<Ausgabe unterdrückt>

Gateway of last resort is not set

     172.30.0.0/24 is subnetted, 3 subnets
C       172.30.1.0 is directly connected, FastEthernet0/0
C       172.30.2.0 is directly connected, Serial0/0/0
R       172.30.3.0 [120/1] via 172.30.2.2, 00:00:05, Serial0/0/0
```

Listing 5.20: Routing-Tabelle auf R2

```
R2# show ip route

<Ausgabe unterdrückt>

Gateway of last resort is 0.0.0.0 to network 0.0.0.0

     172.30.0.0/24 is subnetted, 3 subnets
R       172.30.1.0 [120/1] via 172.30.2.1, 00:00:03, Serial0/0/0
C       172.30.2.0 is directly connected, Serial0/0/0
C       172.30.3.0 is directly connected, FastEthernet0/0
     192.168.4.0/30 is subnetted, 1 subnets
C       192.168.4.8 is directly connected, Serial0/0/1
S*   0.0.0.0/0 is directly connected, Serial0/0/1
```

Listing 5.21: Routing-Tabelle auf R3

```
R3# show ip route

<Ausgabe unterdrückt>

Gateway of last resort is not set

     172.30.0.0/22 is subnetted, 1 subnets
S       172.30.0.0 is directly connected, Serial0/0/1
     192.168.4.0/30 is subnetted, 1 subnets
C       192.168.4.8 is directly connected, Serial0/0/1
C    192.168.5.0/24 is directly connected, FastEthernet0/0
```

5.5.2 Default-Route in RIPv1 verbreiten

Um Internetkonnektivität zu allen anderen Netzwerken in der RIP-Routing-Domäne zu vermitteln, muss die statische Default-Route allen anderen Routern, die das dynamische Routing-Protokoll verwenden, mitgeteilt werden. Sie könnten auf R1 eine statische Default-Route konfigurieren, die auf R2 zeigt, aber dieser Ansatz ist nicht skalierbar: Jedes Mal, wenn Sie einen neuen Router zur RIP-Routing-Domäne hinzufügen, müssten Sie eine weitere statische Default-Route konfigurieren. Warum lassen wir dies nicht das Routing-Protokoll für uns erledigen?

In vielen Routing-Protokollen (einschließlich RIP) können Sie den Befehl `default-information originate` im Router-Konfigurationsmodus verwenden, um festzulegen, dass dieser Router als Quelle für Default-Informationen dient, die die statische Default-Route in RIP-Updates verbreitet. In Listing 5.22 wurde dieser Befehl auf R2 konfiguriert. Beachten Sie in der Ausgabe von `debug ip rip`, dass nun eine Quad-Zero-Route als statische Default-Route an R1 gesendet wird.

Listing 5.22: Ausbreitung der Default-Route konfigurieren

```
R2(config)# router rip
R2(config-router)# default-information originate
R2(config-router)# end
R2# debug ip rip

RIP protocol debugging is on
RIP: sending v1 update to 255.255.255.255 via Serial0/0/0 (172.30.2.2)
RIP: build update entries
        subnet 0.0.0.0 metric 1
        subnet 172.30.3.0 metric 1
R2# undebug all

All possible debugging has been turned off
```

In der Routing-Tabelle von R1 (Listing 5.23) sehen Sie, dass es eine prädestinierte Default-Route gibt, die durch den Code `R*` gekennzeichnet wird. Das Cisco IOS verwendet das Konzept der *prädestinierten Default-Routen*, wobei eine oder mehrere Routen manuell oder automatisch als für die Default-Route prädestiniert gekennzeichnet werden. Welche Default-Route tatsächlich in der Routing-Tabelle installiert wird, hängt von Faktoren wie der administrativen Distanz des Anwärters ab. Eine statische Route beispielsweise hat Vorrang vor einer Default-Route, die über ein dynamisches Routing-Protokoll erlernt wurde.

Listing 5.23: Ausbreitung der Default-Route überprüfen

```
R1# show ip route

<Ausgabe unterdrückt>
       * - candidate default, U - per-user static route, o - ODR

Gateway of last resort is 172.30.2.2 to network 0.0.0.0

      172.30.0.0/24 is subnetted, 3 subnets
C        172.30.2.0 is directly connected, Serial0/0/0
R        172.30.3.0 [120/1] via 172.30.2.2, 00:00:16, Serial0/0/0
C        172.30.1.0 is directly connected, FastEthernet0/0
R*    0.0.0.0/0 [120/1] via 172.30.2.2, 00:00:16, Serial0/0/0
```

Die statische Default-Route auf R2 wurde R1 in einem RIP-Update mitgeteilt. R1 hat Konnektivität zum LAN an R3 und zu allen Zielen im Internet.

Packet Tracer
☐ **Aktivität**

Default-Route in RIP verbreiten (5.5.2)

In dieser Packet Tracer-Aktivität implementieren Sie Szenario C mit statischem und Default-Routing und konfigurieren R2 so, dass er eine Default-Route verbreitet. Ausführliche Anweisungen entnehmen Sie der Aktivität selbst. Zur Durchführung der Aktivität verwenden Sie Packet Tracer und die Datei *e2-552.pka* auf der Begleit-CD-ROM zu diesem Buch.

5.6 Zusammenfassung

RIPv1 ist ein klassenbezogenes Distanzvektor-Protokoll. Es handelt sich um eines der ersten Protokolle, die für das Routing von IP-Paketen entwickelt wurden. RIP verwendet die Anzahl der Hops als Metrik; ein Metrikwert von 16 Hops bedeutet, dass das Ziel nicht erreichbar ist. Folglich kann RIP nur dort verwendet werden, wo die Netzwerke nicht mehr als 15 Router voneinander entfernt sind.

RIP-Nachrichten werden in einem UDP-Segment gekapselt, wobei als Absender- und Ziel-Port jeweils 520 verwendet wird. RIP-Router senden ihre vollständigen Routing-Tabellen alle 30 Sekunden an ihre Nachbarn. Ausgenommen sind hiervon Routen, die unter die Split-Horizon-Regel fallen.

RIP wird auf einem Router mit dem Befehl `router rip` im globalen Konfigurationsmodus aktiviert. Der Befehl `network` dient der Angabe der Schnittstellen am Router, die für RIP aktiviert werden sollen, und nennt gleichzeitig die klassenbezogene Netzwerkadresse für das direkt angeschlossene Netzwerk. Außerdem ermöglicht der Befehl es der Schnittstelle, RIP-Updates zu senden und zu empfangen, und gibt das Netzwerk in solchen Updates anderen Routern bekannt.

Der Befehl `debug ip rip` kann verwendet werden, um RIP-Updates anzuzeigen, die vom Router gesendet und empfangen werden. Um das Versenden von RIP-Updates über eine Schnittstelle (z. B. in ein LAN, in dem keine weiteren Router vorhanden sind) zu verhindern, wird der Befehl `passive-interface` verwendet.

RIP-Einträge werden in der Routing-Tabelle mit dem Quellcode `R` angezeigt und haben eine administrative Distanz von 120. Default-Routen werden in RIP durch Konfiguration einer statischen Default-Route und durch die Verwendung des Befehls `default-information originate` verbreitet.

RIPv1 fasst Subnetze automatisch zu den jeweiligen klassenbezogenen Adressen zusammen, falls ein Update über eine Schnittstelle gesendet wird, die sich in einem anderen klassenbezogenen Netzwerk befindet als die in Subnetze unterteilte Adresse der Route. Weil RIPv1 ein klassenbezogenes Routing-Protokoll ist, ist die Subnetzmaske nicht im Routing-Update enthalten. Wenn ein Router ein RIPv1-Routing-Update empfängt, muss RIP die Subnetzmaske der betreffenden Route bestimmen. Gehört die Route zum selben übergeordneten klassenbezogenen Netzwerk wie das Update, dann wendet RIPv1 die Subnetzmaske der empfangenden Schnittstelle an. Gehört die Route hingegen zu einem anderen übergeordneten klassenbezogenen Netzwerk als die empfangende Schnittstelle, dann wendet RIPv1 die Default-Subnetzmaske an.

Mit dem Befehl `show ip protocols` lassen sich Angaben zu allen Routing-Protokollen anzeigen, die auf dem Router aktiviert sind. In Bezug auf RIP zeigt der Befehl Timer-Informationen, den Status der automatischen Routenzusammenfassung, die RIP unterstützenden Netzwerke an diesem Router und weitere Informationen an.

Da RIPv1 ein klassenbezogenes Routing-Protokoll ist, werden nichtzusammenhängende Netzwerke oder VLSM nicht unterstützt. Diese beiden Themen werden in Kapitel 7 behandelt.

5.7 Aktivitäten und Übungen

Die Aktivitäten und Übungen im Begleitbuch »Routing Protocols and Concepts, CCNA Exploration Labs and Study Guide« (ISBN 978-1-58713-204-9) ermöglichen ein praxisbezogenes Üben der folgenden in diesem Kapitel vorgestellten Themen.

Übungen

Übung 5.1: RIP-Grundkonfiguration (5.6.1)

In dieser Übung werden Sie die Konfigurations- und Überprüfungsbefehle bearbeiten, die in diesem Kapitel beschrieben wurden. Die Bearbeitung erfolgt auf der Basis der drei Szenarien. Sie werden das RIP-Routing konfigurieren, Ihre Konfigurationen überprüfen, das Problem der nichtzusammenhängenden Netzwerke untersuchen, die automatische Routenzusammenfassung beobachten und eine Default-Route konfigurieren und mit RIP verbreiten.

Übung 5.2: Fortgeschrittene RIP-Konfiguration (5.6.2)

In dieser Übung erhalten Sie zunächst eine Netzwerkadresse, die Sie in Subnetze unterteilen müssen, um die Adressierung des Netzwerks abzuschließen, das im Topologiediagramm gezeigt ist. Es wird eine Kombination aus RIPv1 und statischem Routing benötigt, damit Hosts in den Netzwerken, die nicht direkt angeschlossen sind, miteinander kommunizieren können.

Übung 5.3: Troubleshooting bei RIP (5.6.3)

In dieser Übung laden Sie zunächst Konfigurationsskripte auf die einzelnen Router. Diese Skripte enthalten Fehler, die eine erfolgreiche Ende-zu-Ende-Kommunikation über das Netzwerk verhindern. Sie müssen auf jedem Router ein Troubleshooting durchführen, um die Konfigurationsfehler zu ermitteln, und die Konfigurationen dann mit den entsprechenden Befehlen korrigieren. Wenn Sie alle Fehler behoben haben, sollten alle Hosts im Netzwerk in der Lage sein, miteinander zu kommunizieren.

Packet Tracer Companion

Viele Praxisübungen enthalten Aktivitäten mit Packet Tracer, in denen Sie diese Software zur Simulation der Übung verwenden können. Lesen Sie im »Routing Protocols and Concepts, CCNA Exploration Labs and Study Guide« (ISBN 978-1-58713-204-9) die Praxisübungen mit Packet Tracer.

5.8 Lernzielkontrolle

Beantworten Sie die folgenden Fragen, um Ihren Kenntnisstand bezüglich der in diesem Kapitel beschriebenen Themen und Konzepte zu überprüfen. Die Antworten finden Sie in Anhang A, »Antworten zu den Lernzielkontrollen und weiterführenden Fragen«.

1. Welche Aussage zum Befehl `debug ip rip` ist zutreffend?
   a) Er durchsucht die laufende Konfiguration und zeigt mögliche Fehler in der RIP-Konfiguration an.
   b) Er zeigt RIP-Routing-Updates an, sobald sie gesendet oder empfangen werden.
   c) Er erkennt automatisch Routing-Schleifen.
   d) Er zeigt den Verlauf der RIP-Updates in den letzten 90 Sekunden an.
2. Welches Problem behebt der Befehl `passive-interface`?
   a) Er verhindert Verwirrung, wenn sowohl RIPv1 als auch RIPv2 in einem Netzwerk bekannt gegeben werden.
   b) Er verhindert eine Vergeudung der Bandbreite und die Verarbeitung nicht benötigter Updates.
   c) Er vermeidet Routing-Schleifen.
   d) Er verhindert, dass Updates ohne Passwort versendet werden.
3. Wann wird ein Router in RIP als Boundary-Router bezeichnet?
   a) Wenn er sich am Rand eines autonomen Systems befindet.
   b) Wenn ein Router mehrere Schnittstellen in mehr als einem klassenbezogenem Netzwerk aufweist.
   c) Wenn er RIP und EIGRP gleichzeitig ausführt.
   d) Wenn er durch den Administrator als Boundary-Router konfiguriert wurde.
4. Welcher Befehl wird bei RIP verwendet, um Default-Routen gegenüber Nachbarn bekannt zu geben?
   a) `network 0.0.0.0`
   b) `ip summary-address rip address mask`
   c) `ip default-network address`
   d) `default-information originate`

5. Welcher Befehl erstellt eine prädestinierte Default-Route auf einem RIP-Router?

   a) `default-information originate`

   b) `ip default-network 0.0.0.0`

   c) `ip default-gateway 192.168.0.1`

   d) `ip route 0.0.0.0 0.0.0.0 serial0/0/0`

6. Betrachten Sie Abbildung 5.14. Alle Router führen RIPv1 aus. Die Schnittstellen aller Router sind aktiv und stabil. Benutzer im Netzwerk 10.16.1.0 können nicht auf Dienste im Netzwerk 10.16.1.64 zugreifen. Was könnte Ursache dieses Problems sein?

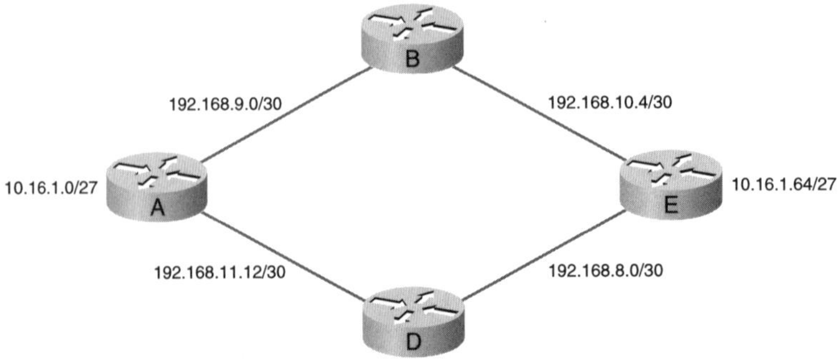

Abbildung 5.14: Lernzielkontrolle, Frage 6

   a) Der RIP-Holddown-Timer auf Router A verhindert das Einbinden des Netzwerks 10.16.1.64 in Routing-Updates.

   b) Das Netzwerk verwendet VLSM, was RIPv1 nicht zulässt.

   c) Die Subnetze von 10.16.1.x sind nichtzusammenhängend.

   d) Die Schnittstellen der Router A und B müssen als passive Schnittstellen konfiguriert werden.

7. Wie bestimmt ein Router, der RIPv1 ausführt, die Subnetzmaske der Routen, die er in Routing-Updates empfängt?

   a) Die Subnetzmaske ist Bestandteil des Routing-Updates.

   b) Der Router fordert die Subnetzmaske beim sendenden Router an.

   c) Der Router verwendet die Subnetzmaske der lokalen Schnittstelle oder die Default-Subnetzmaske für die Adressklasse im Routing-Update.

d) Der Router berechnet die Subnetzmaske basierend auf der Subnetzbildung variabler Länge in seiner eigenen Konfiguration.

e) Der Router verwendet standardmäßig die Maske 255.255.255.0 für alle Updates.

8. Betrachten Sie die folgende Ausgabe. Wie groß ist die administrative Distanz der Route in das Netzwerk 172.30.3.0?

```
<Ausgabe unterdrückt>
C       172.30.1.0 is directly connected, FastEthernet0/0
C       172.30.2.0 is directly connected, Serial0/0/0
R       172.30.3.0 [120/1] via 172.30.2.2, 00:00:05, Serial0/0/0
<Ausgabe unterdrückt>
```

a) 0

b) 1

c) 12

d) 24

e) 120

9. Worin besteht der Zweck des Befehls `network`, wenn RIP als Routing-Protokoll konfiguriert wird?

a) Er benennt die Netzwerke, die an die benachbarten Router angeschlossen sind.

b) Er unterbindet die Verwendung der Netzwerke für statische Routen.

c) Er benennt alle Zielnetzwerke, die der Router in seiner Routing-Tabelle installieren darf.

d) Er benennt die direkt angeschlossenen Netzwerke, die in die RIP-Routing-Updates eingeschlossen werden.

10. Um das korrekte Routing in einem Netzwerk sicherzustellen, sollte der Administrator stets die Router-Konfiguration überprüfen, um zu gewährleisten, dass die erforderlichen Routen vorhanden sind. Ordnen Sie die Befehle den entsprechenden Funktionen zu.

Befehle:

- `debug ip rip`
- `show ip protocols`
- `show running-config`
- `show ip route`
- `show interfaces`

Funktionen:

a) Zeigt aktuelle Konfigurationsinformationen zu aktivierten Routing-Protokollen und Schnittstellen an.

b) Überprüft, ob die Schnittstellen aktiv und betriebsbereit sind.

c) Zeigt die Netzwerke an, die in den Updates bekannt gegeben werden, sobald diese gesendet bzw. empfangen werden.

d) Zeigt, ob das Routing-Protokoll ausgeführt wird und die korrekten Netzwerke bekannt gegeben werden.

e) Überprüft, ob die empfangenen Routen in der Routing-Tabelle installiert wurden.

11. Welches sind die wichtigsten Eigenschaften von RIPv1?

12. Betrachten Sie Abbildung 5.15. HQ verfügt über Verbindungen zu drei Zweigstellen-Routern (BR1, BR2 und BR3) sowie über einen ISP zum Internet. RIPv1 wird zwischen HQ und den Zweigstellen-Routern konfiguriert. Geben Sie die Befehle an, die zur Konfiguration des RIPv1-Routings auf dem Router BR1 erforderlich sind.

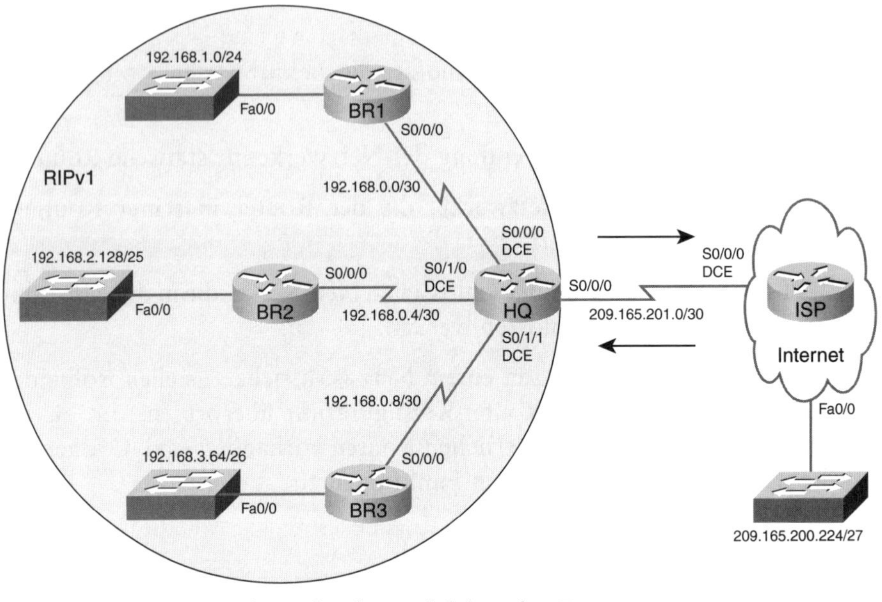

Abbildung 5.15: Topologie für die nachfolgenden Fragen

13. Geben Sie die drei Befehle an, mit denen eine RIP-Konfiguration getestet und ein Troubleshooting durchgeführt wird.

14. Worin besteht der Zweck des Befehls `passive-interface`? Wie sieht die Konfiguration für den in Abbildung 5.15 gezeigten Router BR1 einschließlich des Router-Prompts für diesen Befehl aus?

15. Warum sollte man kein dynamisches Routing-Protokoll konfigurieren, um Updates mit seinem ISP auszutauschen?

5.9 Weiterführende Fragen und Aktivitäten

Die folgenden Fragen setzen ein tieferes Verständnis der in diesem Kapitel behandelten Themen voraus und entsprechen dem komplexeren Fragestil, der auch bei der CCNA-Prüfung auftreten kann. Sie finden die Antworten in Anhang A.

1. Wie sieht die vollständige Routing-Konfiguration für HQ in Abbildung 5.15 einschließlich RIPv1, Default-Routing und Verteilung der Default-Route an die Zweigstellen-Router aus?

2. Das Netzwerk in Abbildung 5.15 ist nicht vollständig konvergiert. Bestimmen Sie lediglich unter Verwendung der folgenden Ausgabe von `show ip route` das Problem und schlagen Sie entweder eine Lösung oder aber den nächsten Schritt zur Bestimmung der Problemursache vor.

```
HQ# show ip route

<Ausgabe unterdrückt>

Gateway of last resort is 0.0.0.0 to network 0.0.0.0

     192.168.0.0/30 is subnetted, 3 subnets
C       192.168.0.0 is directly connected, Serial0/0/1
C       192.168.0.4 is directly connected, Serial0/1/0
C       192.168.0.8 is directly connected, Serial0/1/1
R    192.168.1.0/24 [120/1] via 192.168.0.2, 00:00:04, Serial0/0/1
R    192.168.2.0/24 [120/1] via 192.168.0.6, 00:00:22, Serial0/1/0
     209.165.201.0/30 is subnetted, 1 subnets
C       209.165.201.0 is directly connected, Serial0/0/0
S*   0.0.0.0/0 is directly connected, Serial0/0/0
```

```
BR1# show ip route

<Ausgabe unterdrückt>

Gateway of last resort is 192.168.0.1 to network 0.0.0.0

     192.168.0.0/30 is subnetted, 3 subnets
C       192.168.0.0 is directly connected, Serial0/0/0
R       192.168.0.4 [120/1] via 192.168.0.1, 00:00:05, Serial0/0/0
R       192.168.0.8 [120/1] via 192.168.0.1, 00:00:05, Serial0/0/0
C    192.168.1.0/24 is directly connected, FastEthernet0/0
R    192.168.2.0/24 [120/2] via 192.168.0.1, 00:00:05, Serial0/0/0
R*   0.0.0.0/0 [120/1] via 192.168.0.1, 00:00:05, Serial0/0/0
```

```
BR2# show ip route

<Ausgabe unterdrückt>

Gateway of last resort is 192.168.0.5 to network 0.0.0.0

     192.168.0.0/30 is subnetted, 3 subnets
R       192.168.0.0 [120/1] via 192.168.0.5, 00:00:06, Serial0/0/0
C       192.168.0.4 is directly connected, Serial0/0/0
R       192.168.0.8 [120/1] via 192.168.0.5, 00:00:06, Serial0/0/0
R    192.168.1.0/24 [120/2] via 192.168.0.5, 00:00:01, Serial0/0/0
     192.168.2.0/25 is subnetted, 1 subnets
C       192.168.2.128 is directly connected, FastEthernet0/0
R*   0.0.0.0/0 [120/1] via 192.168.0.5, 00:00:06, Serial0/0/0
```

```
BR3# show ip route

<Ausgabe unterdrückt>

Gateway of last resort is 192.168.0.9 to network 0.0.0.0

     192.168.0.0/30 is subnetted, 3 subnets
R       192.168.0.0 [120/1] via 192.168.0.9, 00:00:08, Serial0/0/0
R       192.168.0.4 [120/1] via 192.168.0.9, 00:00:08, Serial0/0/0
C       192.168.0.8 is directly connected, Serial0/0/0
R    192.168.1.0/24 [120/2] via 192.168.0.9, 00:00:02, Serial0/0/0
R    192.168.2.0/24 [120/2] via 192.168.0.9, 00:00:08, Serial0/0/0
R*   0.0.0.0/0 [120/1] via 192.168.0.9, 00:00:08, Serial0/0/0
```

3. Welcher statische Routenbefehl beim ISP fasst alle Netzwerke zusammen, die über HQ zugänglich sind (aber keine anderen)?
4. Erstellen und konfigurieren Sie mithilfe von Packet Tracer die in Abbildung 5.15 gezeigte Topologie.

5.10 Weitere Informationen

RFCs (Requests for Comments) sind ein Serie von Dokumenten, die der IETF (Internet Engineering Task Force) unterbreitet werden und Vorschläge für Internetstandards, Beschreibungen neuer Konzepte, Informationen und manchmal sogar nur Humoriges enthalten. RFC 1058 ist der Original-RFC für RIP, das von Charles Hedrick verfasst wurde.

RFCs lassen sich von verschiedenen Websites herunterladen, so etwa unter *http://www.ietf.org/rfc.html.* Lesen Sie RFC 1058 vollständig, zumindest aber auszugsweise. Ein Großteil der Informationen wird Ihnen mittlerweile vertraut sein; anderes werden Sie noch nicht kennen.

Lernziele

Wenn Sie dieses Kapitel gelesen haben, sollten Sie in der Lage sein, die folgenden Fragen zu beantworten:

- Welche Unterschiede bestehen zwischen der klassenbezogenen und der klassenlosen IP-Adressierung?
- Was ist VLSM, und welche Vorteile bietet die klassenlose IP-Adressierung?
- Welche Rolle spielt CIDR bei der effizienten Nutzung der knappen IPv4-Adressen?

Schlüsselbegriffe

In diesem Kapitel werden die folgenden Schlüsselbegriffe vorgestellt.
Die entsprechenden Definitionen finden Sie im Glossar.

klassenbezogene IP-Adressierung ▪ nichtzusammenhängende Adresszuordnung ▪ Supernetz ▪ private Adressierung ▪ höherwertige Bits ▪ Zusammenfassung von Präfixen ▪ Netzwerkpräfix ▪ zusammenhängend ▪ Supernetzbildung

Kapitel 6

VLSM und CIDR

Vor 1981 verwendeten IP-Adressen nur die ersten acht Bits zur Angabe des Netzanteils der Adresse, wodurch das Internet (das damals ARPANET hieß) auf 256 Netzwerke beschränkt war. Sehr bald aber wurde offenbar, dass dieser Adressraum wohl nicht ausreichen würde.

Deswegen wurde die 32 Bits umfassende IPv4-Adresse in RFC 791 so abgeändert, dass drei verschiedene Netzwerkgrößen oder -klassen unterstützt wurden:

- Klasse-A-Adressen verwendeten acht Bits für den Netzanteil der Adresse.
- Klasse-B-Adressen verwendeten 16 Bits für den Netzanteil der Adresse.
- Klasse-C-Adressen verwendeten 24 Bits für den Netzanteil der Adresse.

Dieses Format heißt klassenbezogene IP-Adressierung.

Diese erste Entwicklung der klassenbezogenen Adressierung löste das Problem der Beschränkung auf 256 Netzwerke zumindest vorläufig. Eine Dekade später wurde jedoch klar, dass der IP-Adressraum erneut im Begriff war, zu Ende zu gehen. Deswegen führte die IETF (Internet Engineering Task Force) CIDR (Classless Interdomain Routing) ein, das in Verbindung mit VLSM (Variable Length Subnet Masking) Einsparungen des Adressraumes ermöglichte.

Mit der Einführung von CIDR und VLSM konnten Internetprovider nun Teile klassenbezogener Netzwerke unterschiedlichen Kunden zuweisen. Parallel zu dieser nichtzusammenhängenden Adresszuordnung durch die Provider erfolgte die Entwicklung klassenloser Routing-Protokolle. Zum Vergleich: Klassenbezogene Routing-Protokolle führen Zusammenfassungen immer innerhalb der klassenbezogenen Grenzen durch und senden keine Subnetzmasken in ihren Routing-Updates. Klassenlose Protokolle hingegen schließen die Subnetzmasken in ihre Routing-Updates ein und müssen keine Zusammenfassung durchführen. In diesem Kurs behandeln wir die klassenlosen Routing-Protokolle RIPv2 (Routing Information Protocol Version 2), EIGRP (Enhanced Interior Gateway Routing Protocol) und OSPF (Open Shortest Path First).

Mit der Einführung von VLSM und CIDR mussten Netzwerkadministratoren neue Kenntnisse zur Subnetzbildung erwerben. VLSM ist mit einfachen Worten gesagt die Unterteilung eines Subnetzes in kleinere Subnetze. Wie Sie in diesem Kapitel erfahren werden, können Subnetze über mehrere Ebenen hinweg unterteilt werden. Zusätzlich zur Subnetzbildung wurde es möglich, eine große Anzahl klassenbezogener Netzwerke zu einer Summenroute – einem Supernetz – zusammenzufassen. In diesem Zusammenhang wiederholen wir in diesem Kapitel auch die Zusammenfassung von Routen.

6.1 Klassenbezogene und klassenlose Adressierung

Eine Möglichkeit, Routing-Protokolle zu charakterisieren, ist ihre Einteilung in klassenbezogene und klassenlose Protokolle. Dieser Umstand ist Folge der Entwicklung von der klassenbezogenen zur klassenlosen IPv4-Adressierung. Als die Verwendung klassenloser Adressen einsetzte, mussten die entsprechenden Routing-Protokolle geändert oder sogar erst entwickelt werden, um die Subnetzmaske in das Routing-Update zu integrieren. Die folgenden Abschnitte beschreiben noch einmal die klassenbezogene und klassenlose Adressierung und stellen dann klassenlose Routing-Protokolle vor.

6.1.1 Klassenbezogene IP-Adressierung

Abbildung 6.1 zeigt das exponentielle Wachstum der Hosts im Internet von 1992 bis 2006.

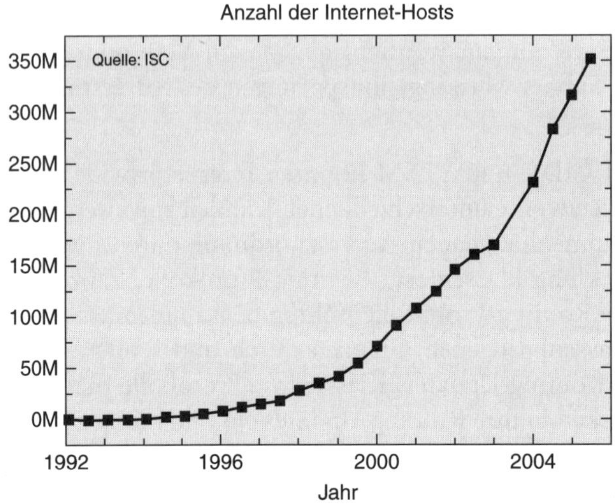

Abbildung 6.1: Wachstum des Internets von 1992 bis 2006
(Quelle: http://en.wikipedia.org/wiki/Image:Number_of_internet_hosts.svg)

Anmerkung

Das ISC (Internet Software Consortium) überwacht die Anzahl der Hosts im Internet. Weitere Informationen zur Zählung der Hosts durch das ISC finden Sie in »ISC Domain Survey: Number of Internet Hosts« (*http://www.isc.org/index.pl?/ops/ds/host-count-history.php*).

Als das ARPANET 1969 in Betrieb genommen wurde, konnte niemand voraussehen, dass sich aus den bescheidenen Anfängen dieses Forschungsprojekts eines Tages so etwas wie das Internet entwickeln würde. Erst 1989 war aus dem ARPANET das geworden, was wir heute als Internet bezeichnen. In den darauffolgenden Jahren wuchs die Anzahl der Hosts im Internet exponentiell: von 159.000 im Oktober 1989 auf mehr als 72 Millionen am Ende des Jahrtausends. Im Januar 2007 gab es bereits über 433 Millionen Hosts im Internet.

Wären VLSM und die CIDR-Notation (RFC 1519 aus dem Jahr 1993), die NAT (Network Address Translation, RFC 1631, 1994) und die private Adressierung (RFC 1918, 1996) nicht eingeführt worden, wäre der 32-Bit-Adressraum von IPv4 heute erschöpft.

Höherwertige Bits

IPv4-Adressen wurden ursprünglich basierend auf den Klassen zugewiesen (siehe Tabelle 6.1).

Tabelle 6.1: Höherwertige Bits

Adressklasse	Höherwertige Bits	Start	Ende
Klasse A	0	0.0.0.0	127.255.255.255
Klasse B	10	128.0.0.0	191.255.255.255
Klasse C	110	192.0.0.0	223.255.255.255
Multicast-Adressen	1110	224.0.0.0	239.255.255.255
Experimentierbereich	1111	240.0.0.0	255.255.255.255

In der ursprünglichen IPv4-Spezifikation (RFC 791, *http://www.ietf.org/rfc/rfc791.txt*) aus dem Jahr 1981 wurden Klassen eingeführt, um drei verschiedene Netzwerkgrößen für große, mittelgroße und kleine Organisationen bereitstellen zu können. Infolgedessen wurden für die Adressen der Klassen A, B und C bestimmte Formate bei den höherwertigen Bits definiert. Höherwertige Bits sind die links stehenden Bits einer 32-Bit-Adresse.

Aus Tabelle 6.1 gehen die folgenden Details hervor:

- Klasse-A-Adressen beginnen mit dem Bit 0. Folglich gehören alle Adressen zwischen 0.0.0.0 und 127.255.255.255 zur Klasse A. Die Adresse 0.0.0.0 ist für das Default-Routing, die Adresse 127.0.0.0 für Loopback-Tests reserviert.
- Klasse-B-Adressen beginnen mit der Bitfolge 10. Folglich gehören alle Adressen zwischen 128.0.0.0 und 191.255.255.255 zur Klasse B.
- Klasse-C-Adressen beginnen mit der Bitfolge 110. Klasse-C-Adressen liegen im Bereich zwischen 192.0.0.0 und 223.255.255.255.

Die verbleibenden Adressen wurden für das Multicasting und für eine zukünftige Verwendung reserviert. Multicast-Adressen beginnen mit der Bitfolge 1110. Sie dienen der Bildung einer Zahl von Hosts, die Bestandteil einer Multicast-Gruppe sind. Auf diese Weise lässt sich die Anzahl der von Hosts zu verarbeitenden Pakete reduzieren, was insbesondere für Broadcast-Medien wichtig ist. In diesem Kurs werden wir später sehen, dass die Routing-Protokolle RIPv2, EIGRP und OSPF Multicast-Adressen einsetzen.

IP-Adressen, die mit der Folge 1111 beginnen, sind für eine zukünftige Verwendung reserviert.

Anmerkung

Wenn Sie sich die Zuordnung einzelner Multicast-Adressen ansehen wollen, besuchen Sie die Seite »Internet Multicast Addresses« (*http://www.iana.org/assignments/multicast-addresses*).

Struktur der klassenbezogenen IPv4-Adressen

Netz- und Hostbits wurden in RFC 790 (das gemeinsam mit RFC 791 veröffentlicht wurde) spezifiziert. Abbildung 6.2 zeigt, wie die Subnetzmaske eines Netzwerks basierend auf seiner Klasse bestimmt wird.

	1. Oktett	2. Oktett	3. Oktett	4. Oktett	Subnetzmaske
Klasse A	Netzwerk	Host	Host	Host	255.0.0.0 or /8
Klasse B	Netzwerk	Netzwerk	Host	Host	255.255.0.0 or /16
Klasse C	Netzwerk	Netzwerk	Netzwerk	Host	255.255.255.0 or /24

Abbildung 6.2: Klassenbasierte Subnetzmaske

Tabelle 6.2 zeigt die Anzahl der Netzwerke, die pro Klasse verfügbar sind, sowie die Anzahl der Hosts pro Netzwerk.

Tabelle 6.2: Anzahl der Netzwerke und Hosts je Netzwerk für die einzelnen Klassen

Adressklasse	Bereich 1. Oktett	Anzahl möglicher Netzwerke	Anzahl der Hosts pro Netzwerk
Klasse A	0 bis 127	128 (2 sind reserviert)	16.777.214
Klasse B	128 bis 191	16.384	65.534
Klasse C	192 bis 223	2.097.152	254

Klasse-A-Netzwerke verwendeten das erste Oktett zur Netzwerkzuweisung. Dieses lässt sich in die klassenbezogene Subnetzmaske 255.0.0.0 übersetzen. Da nur sieben Bits im ersten Oktett übrig bleiben (da ja das erste immer 0 sein muss), ergaben sich $2^7 = 128$ Netzwerke.

Die 24 Bits im Hostanteil einer Klasse-A-Adresse unterstützten über 16 Millionen eindeutige Hostadressen. Vor Einführung von CIDR und VLSM erhielt eine Organisation jeweils eine vollständige klassenbezogene Netzwerkadresse zugewiesen. Aber was soll eine einzige Organisation mit 16 Millionen Adressen tun? Nun können Sie sich ein Bild von der verheerenden Vergeudung des Adressraums machen, die in den frühen Tagen des Internets stattfand, als Unternehmen Klasse-A-Adressen erhielten. Einige Firmen und Regierungsbehörden setzen heute noch Klasse-A-Adressen ein. So verwendet beispielsweise der amerikanische Mischkonzern General Electric die Adresse 3.0.0.0/8, Apple Computer besitzt 17.0.0.0/8 und der Postdienstleister U.S. Postal Service nutzt 56.0.0.0/8. (Weiter unten finden Sie einen Link, der Sie zu einer Auflistung aller von der IANA zugeordneten Adressen bringt.)

Klasse B war nicht viel besser: RFC 790 spezifizierte die ersten beiden Oktette als Netzanteil der Adresse. Da für die ersten beiden Bits bereits die Folge 10 festgelegt war, verblieben 14 Bits in diesen Oktetten zur Netzwerkadressierung, was 16.384 Klasse-B-Adressen ergab. Da jede Klasse-B-Netzwerkadresse 16 Bits im Hostanteil enthält, ließen sich jeweils 65.534 Hosts ansteuern. (Zur Erinnerung: Zwei Adressen waren als Netzwerk- bzw. Broadcast-Adressen reserviert.) Alle 65.000 Adressen wurden seinerzeit nur von den größten Organisationen und Behörden verwendet. Wie bei Klasse A wurde auch hier viel Adressraum verschwendet.

Doch es kam noch schlimmer: Klasse-C-Adressen waren allzu oft zu klein! RFC 790 spezifizierte die ersten drei Oktette als Netzanteil der Adresse. Da die ersten drei Bits 110 lauten mussten, blieben 21 Bits zur Zuweisung von Netzwerkadressen für über zwei Millionen Klasse-C-Netzwerke. Allerdings enthält jedes Klasse-C-Netzwerk nur acht Bits im Hostanteil, was 254 Adressen entsprach.

Anmerkung

Die folgenden Links bieten Hintergrundwissen zur Beschreibung der klassenbezogenen IPv4-Struktur und zur Verknappung des IPv4-Adressraums:

- »A Brief History of the Internet« (*http://www.isoc.org/internet/history/brief.shtml*)
- »Internet Protocol v4 Address Space« (*http://www.iana.org/assignments/ipv4-address-space*)

6.1.2 Klassenbezogene Routing-Protokolle

Nachdem wir die Fakten zur klassenbezogenen Adressierung betrachtet haben, wollen wir noch einmal einen Blick auf die klassenbezogenen Routing-Updates werfen. Sie wissen bereits, dass klassenbezogene Routing-Protokolle die Subnetzmaske nicht in das Routing-Update einfügen.

Die Verwendung klassenbezogener IP-Adressen hatte zur Folge, dass die Subnetzmaske einer Netzwerkadresse anhand des Wertes des ersten Oktetts oder – genauer gesagt – der ersten drei Bits der Adresse ermittelt werden konnte. Routing-Protokolle wie RIPv1 mussten lediglich die Netzwerkadressen bekannter Routen verbreiten – die Subnetzmaske mussten sie nicht in das Routing-Update integrieren. Aus diesem Grund konnte der Router, der das Routing-Update empfing, die Subnetzmaske einfach bestimmen, indem er den Wert des ersten Oktetts in der Netzwerkadresse untersuchte oder die Maske der Eingangsschnittstelle auf in Subnetze unterteilte Routen anwendete. Die Subnetzmaske wurde direkt auf die Netzwerkadresse bezogen.

Abbildung 6.3 veranschaulicht, wie das klassenbezogene Routing die Subnetzmaske für ein gegebenes Netzwerk bestimmt.

In der Abbildung weiß R1, dass das Subnetz 172.16.1.0 zum selben übergeordneten klassenbezogenen Netzwerk gehört wie die Ausgangsschnittstelle. Aus diesem Grund sendet er ein RIP-Update an R2, das das Subnetz 172.16.1.0 enthält. Wenn R2 das Update empfängt, wendet es die Subnetzmaske der empfangenden Schnittstelle (/24) auf das Update an, da dieses zum selben übergeordneten Netzwerk gehört wie die Schnittstelle. R2 fügt 172.16.1.0 mit der Maske /24 zur eigenen Routing-Tabelle hinzu.

Wenn R2 jedoch Updates an R3 schickt, fasst er die Subnetze 172.16.1.0/24, 172.16.2.0/24 und 172.16.3.0/24 zum übergeordneten klassenbezogenen Netzwerk 172.16.0.0 zusammen. Da R3 dieses Update über eine andere übergeordnete Netzwerkadresse als 172.16.0.0 erhält, wendet er die klassenbezogene Maske für Klasse-B-Netzwerke (/16) an.

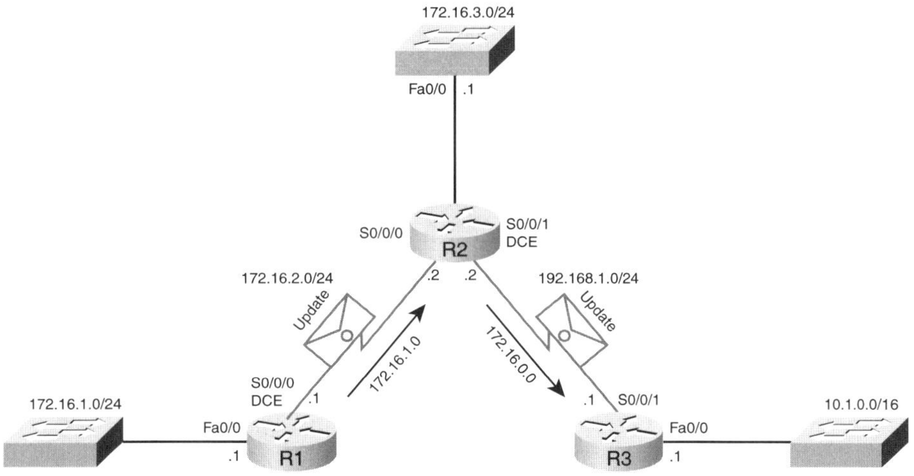

Abbildung 6.3: Klassenbezogene Routing-Updates

6.1.3 Klassenlose IP-Adressierung

Die obigen Abschnitte beschreiben die klassenbezogene Adressierung sowie klassenbezogene Routing-Protokolle. Nun wollen wir einen Blick auf die Entwicklung der klassenlosen Adressierung und der klassenlosen Routing-Protokolle werfen.

Der Schritt zur klassenlosen Adressierung

Im Jahr 1992 wuchs bei den Mitgliedern der IETF die Sorge über das explosionsartige Wachstum des Internets und die beschränkte Skalierbarkeit der Internet-Routing-Tabellen. Man befürchtete, dass der 32 Bits umfassende IPv4-Adressraum früher oder später zu Ende gehen würde. Die Klasse-B-Adressen gingen derart schnell zur Neige, dass innerhalb von zwei Jahren keine solchen Adressen mehr vergeben werden konnten (RFC 1519). Grund hierfür war die Tatsache, dass jede Firma, die IP-Adressraum beantragte und erhielt, eine vollständige Netzwerkadresse zugewiesen bekam – entweder eine Klasse-B-Adresse mit 65.534 Hostadressen oder eine Klasse-C-Adresse mit 254 Hostadressen. Eine wesentliche Ursache des Problems war das Fehlen von Flexibilität. Es gab keine Klasse für mittelgroße Organisationen, die zwar mehrere tausend, aber nicht gleich 65.000 IP-Adressen benötigten.

1993 führte die IETF dann das klassenlose domänenübergreifende Routing ein: CIDR (RFC 1517) war geboren. CIDR ermöglichte

- eine effizientere Nutzung des IPv4-Adressraums,
- die Zusammenfassung von Präfixen zur Verringerung der Größe der Routing-Tabellen.

Für CIDR-kompatible Router ist die Adressklasse nicht von Belang. Der Netzanteil der Adresse wird mithilfe der Subnetzmaske bestimmt, die auch als Netzwerkpräfix oder Präfixlänge bezeichnet wird (/8, /19 usw.). Grundlage für die Netzwerkadresse ist also nicht mehr die Adressklasse.

Nun konnten ISPs den Adressraum effizienter zuweisen, indem sie beliebige Präfixlängen verwendeten: /8, /9, /10 usw. Sie waren also nicht mehr auf die Subnetzmasken /8, /16 oder /24 beschränkt. IP-Adressblöcke konnten einem Netzwerk nun auf der Basis der Kundenanforderungen zugewiesen werden. Das konnten einige hundert, aber auch mehrere tausend Hosts sein.

CIDR und Routenzusammenfassung

CIDR weist IP-Adressen mithilfe von VLSM Subnetzen entsprechend den individuellen Anforderungen zu. Diese Form der Reservierung ermöglicht das Auftreten der Grenze zwischen Netz- und Hostanteil an jedem Bit in der Adresse. Netzwerke können auf diese Weise in immer kleinere Subnetze unterteilt werden.

In dem Maße, wie das Internet in den frühen 1990er-Jahren wuchs, nahm auch die Größe der Routing-Tabellen zu, die auf den Internet-Routern unter klassenbezogener IP-Adressierung verwaltet wurden. CIDR erlaubte nun eine Präfixzusammenfassung, die Sie heute als Routenzusammenfassung (oder auch Routensummierung) kennen: In Kapitel 2, »Statisches Routing«, haben Sie erfahren, wie Sie eine statische Route für mehrere Netzwerke erstellen. Internet-Routing-Tabellen konnten nun von derselben Form der Routenzusammenfassung profitieren. Die Möglichkeit, Routen zusammenzufassen, führt zur Verkleinerung der Internet-Routing-Tabellen. Abbildung 6.4 veranschaulicht ein einfaches Beispiel dieser Funktionalität.

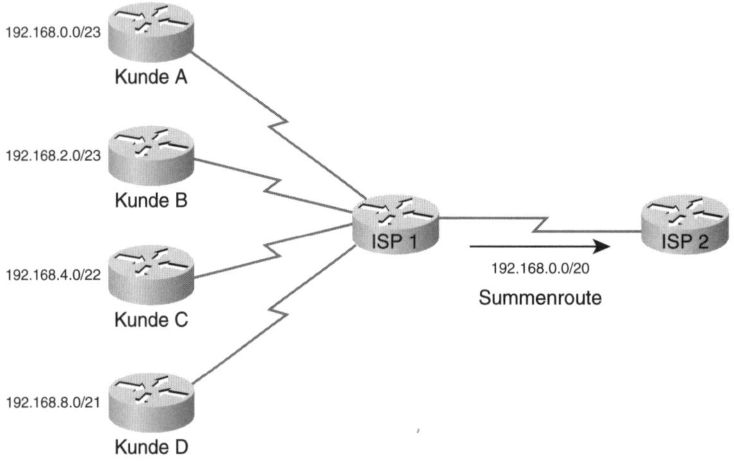

Abbildung 6.4: CIDR zur Zusammenfassung von Routen (Beispiel)

Beachten Sie in der Abbildung, dass ISP1 vier Kunden hat, die einen jeweils anderen Anteil des IP-Adressraumes benötigen. Allerdings lässt sich der gesamte Adressraum der Kunden zu einem Advertisement an ISP2 zusammenfassen. Die zusammengefasste Route 192.168.0.0/20 enthält alle Netzwerke, die den Kunden A, B, C und D gehören. Diese Ausprägung der Route heißt *Supernetzroute*. Ein Supernetz fasst mehrere Netzwerkadressen mit einer Maske zusammen, die kleiner ist als die klassenbezogene Maske.

Das Verbreiten von VLSM und Supernetzrouten erfordert das Vorhandensein eines klassenlosen Routing-Protokolls, weil sich die Subnetzmaske nicht mehr aus dem Wert des ersten Oktetts ableiten lässt. Die Subnetzmaske muss nun also mit der Netzwerkadresse verknüpft werden. Klassenlose Routing-Protokolle integrieren die Subnetzmaske mit der Netzwerkadresse in Routing-Updates.

6.1.4 Klassenlose Routing-Protokolle

Zu den klassenlosen Routing-Protokollen gehören RIPv2, EIGRP, OSPF, IS-IS und BGP. Diese Routing-Protokolle integrieren die Subnetzmaske mit der Netzwerkadresse in ihre Routing-Updates. Klassenlose Routing-Protokolle sind erforderlich, wenn die Maske nicht vorausgesetzt oder über den Wert des ersten Oktetts abgeleitet werden kann.

In Abbildung 6.5 etwa lassen sich die Netzwerke 172.16.0.0/16, 172.17.0.0/16, 172.18.0.0/16 und 172.19.0.0/16 zum Supernetz 172.16.0.0/14 zusammenfassen.

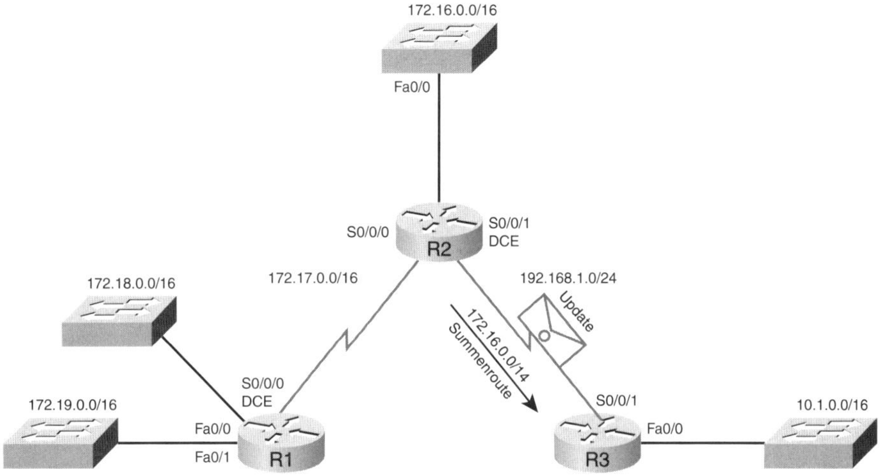

Abbildung 6.5: Klassenloses Routing

Wenn R2 die Summenroute 172.16.0.0 ohne die Maske /14 sendet, kann R3 lediglich die klassenbezogene Standardmaske /16 anwenden. In einem Szenario mit einem klassenbezogenen Protokoll erkennt R3 die Netzwerke 172.17.0.0/16, 172.18.0.0/16 und 172.19.0.0/16 nicht.

Anmerkung

Mithilfe eines klassenbezogenen Routing-Protokolls kann R2 diese einzelnen Netzwerke durchaus ohne Zusammenfassung senden, doch gehen die Vorteile der Zusammenfassung dadurch verloren.

Klassenbezogene Routing-Protokolle können keine Supernetzrouten senden, weil der empfangende Router die klassenbezogene Default-Maske auf die Netzwerkadresse im Routing-Update anwenden wird. Wenn Ihre Topologie ein klassenbezogenes Routing-Protokoll enthalten sollte, würde R3 nur die Route 172.16.0.0/16 in der Routing-Tabelle installieren.

Anmerkung

Wenn eine Supernetzroute – etwa als statische Route – Bestandteil einer Routing-Tabelle wird, schließt ein klassenbezogenes Routing-Protokoll sie nicht in seine Updates ein.

Bei einem klassenlosen Routing-Protokoll gibt R2 das Netzwerk 172.16.0.0 gemeinsam mit der Maske /14 gegenüber R3 bekannt. R3 kann dann die Supernetzroute 172.16.0.0/14 in seiner Routing-Tabelle installieren und so die Erreichbarkeit der Netzwerke 172.16.0.0/16, 172.17.0.0/16, 172.18.0.0/16 und 172.19.0.0/16 gewährleisten.

6.2 VLSM

Im Kurs »Netzwerkgrundlagen« wurde beschrieben, wie VLSM Ihnen die Verwendung unterschiedlicher Masken für die einzelnen Subnetze ermöglicht. Wenn eine Netzwerkadresse in Subnetze unterteilt wird, können diese Subnetze weiter unterteilt werden. Wie Sie wahrscheinlich bereits wissen, ist VLSM nichts anderes als eine Subnetzbildung für Subnetze. Man könnte auch von einer Subsubnetzbildung sprechen.

6.2.1 VLSM im Einsatz

Abbildung 6.6 zeigt, dass das Netzwerk 10.0.0.0/8 mit der Subnetzmaske /16 in Subnetze unterteilt wurde, was die Bildung von 256 Subnetzen ermöglicht: 10.0.0.0/16, 10.1.0.0/16, 10.2.0.0/16 ... 10.255.0.0/16. In diesem Beispiel wurde 10.0.0.0/8 in die vier Subnetze 10.0.0.0/16, 10.1.0.0/16, 10.2.0.0/16 und 10.3.0.0/16 unterteilt.

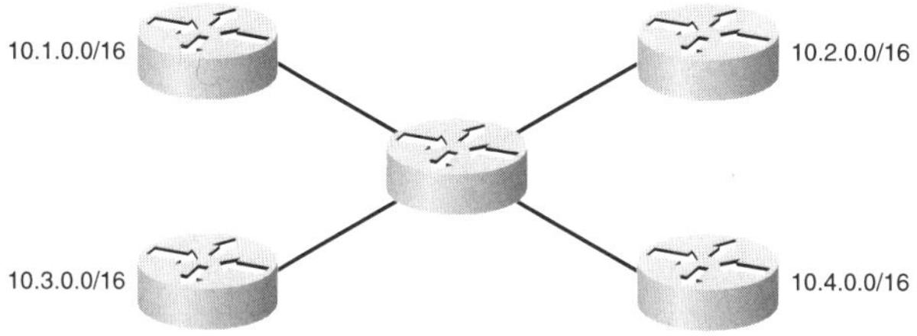

Abbildung 6.6: VLSM: Erste Runde der Subnetze

Jedes dieser /16-Subnetze kann in weitere Subnetze unterteilt werden. So wird beispielsweise das Subnetz 10.1.0.0/16 in Abbildung 6.7 mit der Maske /24 in weitere Subnetze unterteilt.

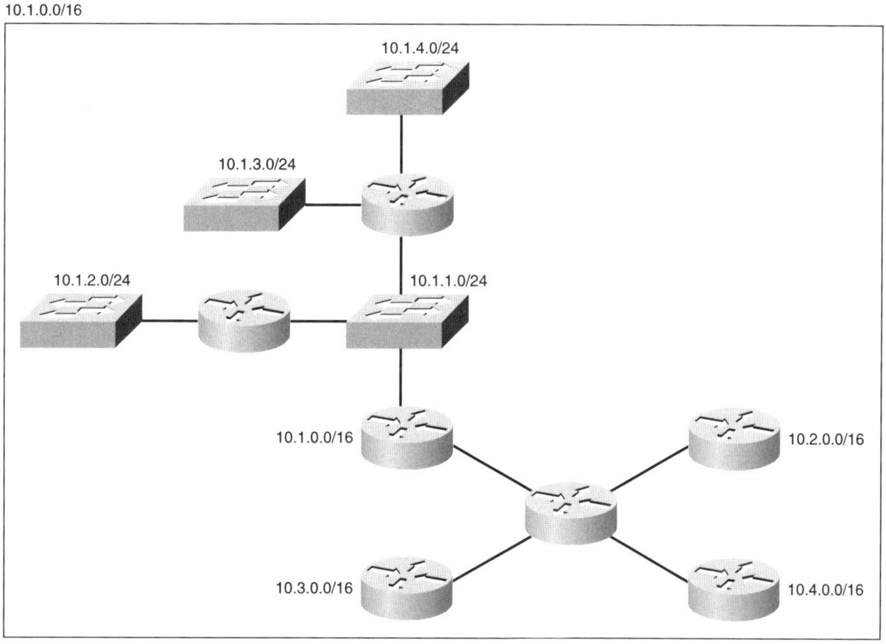

Abbildung 6.7: VLSM: Ein Subnetz in Subnetze unterteilen

Die Bildung von Subnetzen aus 10.1.0.0/16 mit der Maske /24 ermöglicht die Erstellung der folgenden Subnetze: 10.1.1.0/24, 10.1.2.0/24, 10.1.3.0/24 … 10.1.255.0/24.

Abbildung 6.8 zeigt, dass das Subnetz 10.2.0.0/16 ebenfalls mit der Maske /24 in neue Subnetze unterteilt wird. Ferner werden das Subnetz 10.3.0.0/16 mit der Maske /28 und das Subnetz 10.4.0.0/16 mit der Maske /20 unterteilt.

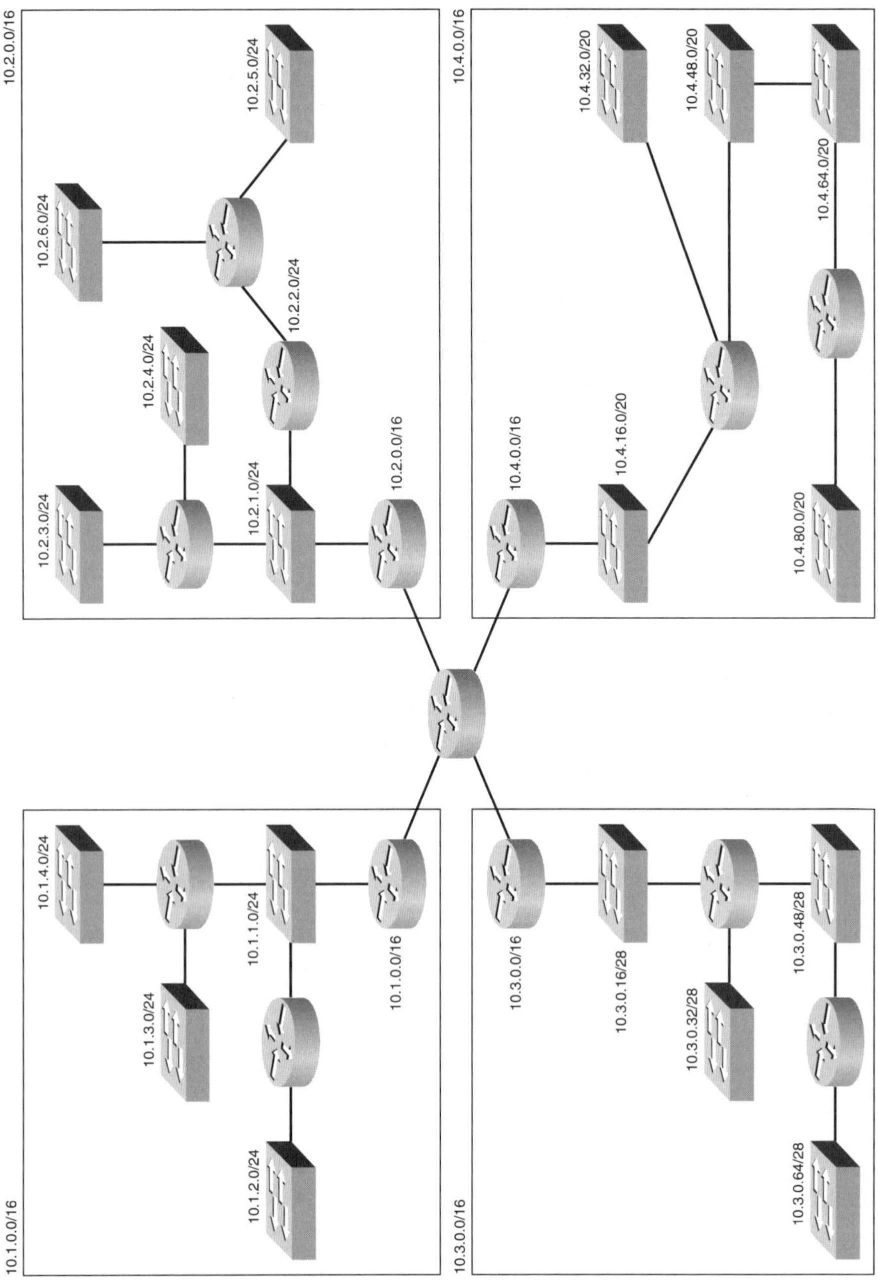

Abbildung 6.8: VLSM: Weitere Subnetzebenen hinzufügen

Einzelne Hostadressen werden dann aus den Adressen der »Subsubnetze« hinzugefügt. So zeigt die Abbildung beispielsweise das Subnetz 10.1.0.0/16, das in /24-Subnetze unterteilt ist. Die Adresse 10.1.4.10 wäre nun ein Mitglied des spezifischeren Subnetzes 10.1.4.0/24.

6.2.2 VLSM und IP-Adressen

Eine andere Möglichkeit, die VLSM-Subnetze anzuzeigen, ist das Auflisten des Subnetzes und seiner Subsubnetze. Das Netzwerk 10.0.0.0/8 in Abbildung 6.9 verwenden wir als Ausgangsadressraum.

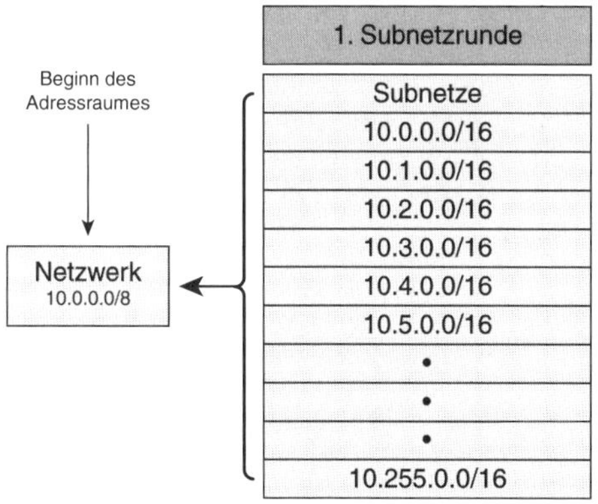

Abbildung 6.9: Subnetzbildung im Subnetz: Erste Runde

Das Netzwerk 10.0.0.0/8 wird bei der ersten Subnetzbildung mit der Maske /16 unterteilt. Sie wissen bereits, dass das Borgen von acht Bits (von /8 bis /16) 256 Subnetze erstellt. Beim klassenbezogenen Routing ist damit das Ende der Fahnenstange erreicht: Sie können nur eine Maske für alle Ihre Netzwerke auswählen. VLSM und klassenloses Routing hingegen bieten mehr Flexibilität bei der Erstellung zusätzlicher Netzwerkadressen. – Sie können hier eine Maske verwenden, die Ihren Bedürfnissen entspricht.

Für das Subnetz 10.1.0.0/16 (Abbildung 6.10) werden acht weitere Bits geborgt, um 256 Subnetze mit der Maske /24 zu erstellen.

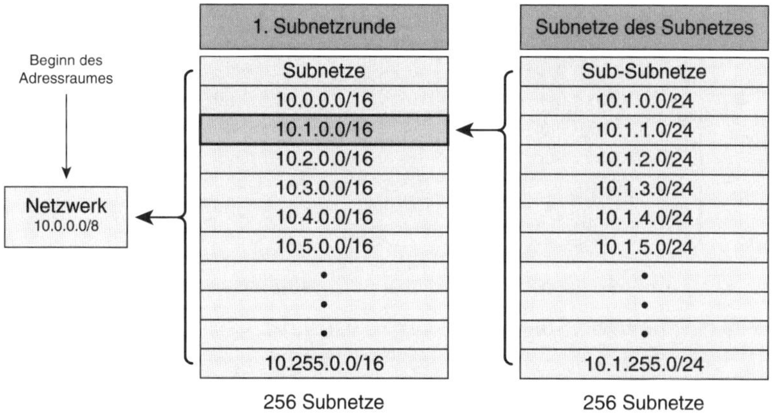

Abbildung 6.10: Subnetzbildung im Subnetz: 10.1.0.0/16

Diese Maske ermöglicht die Verwendung von 254 Hostadressen je Subnetz. Die Subnetze von 10.1.0.0/24 bis 10.1.255.0/24 sind Subnetze des Subnetzes 10.1.0.0/16.

Das Subnetz 10.2.0.0/16 wurde zudem mit der Maske /24 weiter unterteilt (Abbildung 6.11).

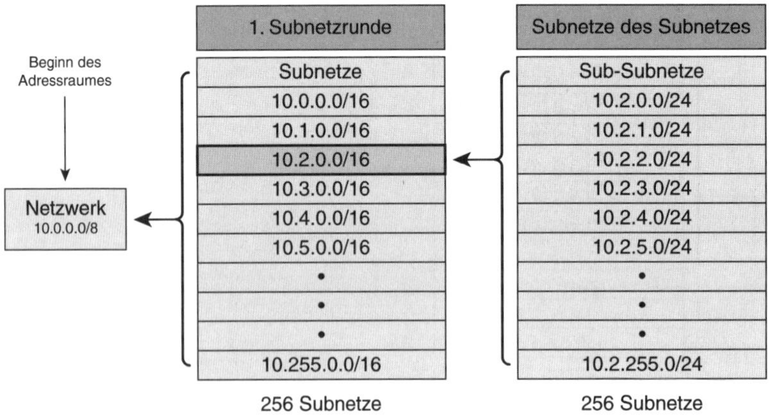

Abbildung 6.11: Subnetzbildung im Subnetz: 10.2.0.0/16

Die Subnetze von 10.2.0.0/24 bis 10.2.255.0/24 sind Subnetze des Subnetzes 10.2.0.0/16.

Das Subnetz 10.3.0.0/16 wurde zudem mit der Maske /28 weiter unterteilt (Abbildung 6.12).

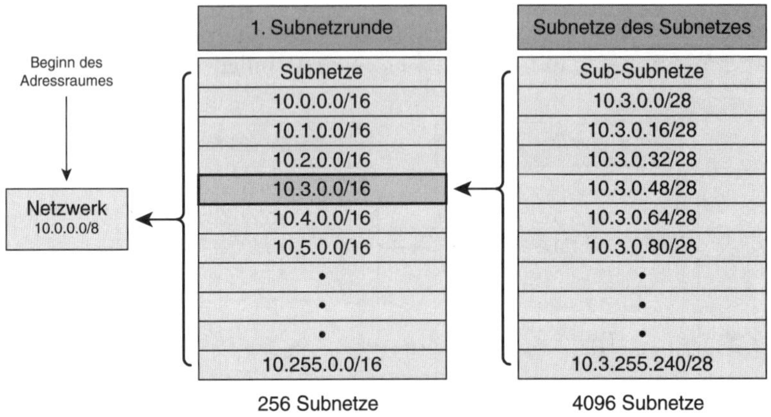

Abbildung 6.12: Subnetzbildung im Subnetz: 10.3.0.0/16

Diese Maske ermöglicht die Verwendung von 14 Hostadressen je Subnetz. Zwölf Bits werden geborgt, wodurch 4.096 Subnetze zwischen 10.3.0.0/28 und 10.3.255.240/28 entstehen.

Das Subnetz 10.4.0.0/16 wurde zudem mit der Maske /20 weiter unterteilt (Abbildung 6.13).

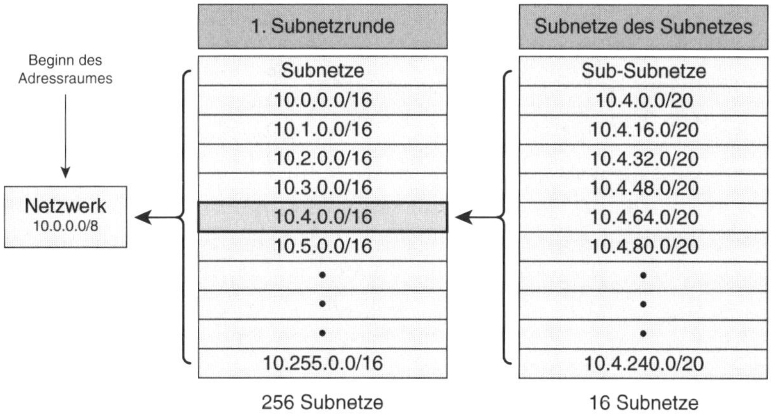

Abbildung 6.13: Subnetzbildung im Subnetz: 10.4.0.0/16

Diese Maske ermöglicht die Verwendung von 4.094 Hostadressen je Subnetz. Vier Bits werden geborgt, wodurch 16 Subnetze zwischen 10.4.0.0/20 und 10.4.240.0/20 entstehen. Diese /20-Subnetze sind groß genug, um noch weiter unterteilt zu werden, was noch mehr Netzwerke ermöglicht.

6.3 CIDR

CIDR (Classless Interdomain Routing) ist ein präfixbasierter Standard zur Interpretation von IP-Adressen. CIDR ermöglicht Routing-Protokollen die Zusammenfassung mehrerer Netzwerke (d. h. eines Adressblocks) zu einer einzelnen Route. Bei CIDR werden IP-Adressen in Form von vier Oktetten geschrieben, die durch Punkte getrennt werden; diesen folgt ein Schrägstrich und eine Zahl, welche die Subnetzmaske darstellt (Schrägstrichnotation). Ein Beispiel wäre 172.16.1.0/24.

6.3.1 Zusammenfassung von Routen

Wie Sie bereits gelernt haben, ist die Zusammenfassung von Routen (auch *Routensummierung* genannt) ein Vorgang, bei dem eine zusammenhängende Zahl von Adressen in Form einer einzigen Adresse mit einer weniger spezifischen, kürzeren Subnetzmaske bekannt gegeben wird. Sie wissen auch, dass CIDR eine Form der Routenzusammenfassung und synonym mit dem Begriff Supernetzbildung ist.

Mit der Routenzusammenfassung, die von klassenbezogenen Routing-Protokollen wie RIPv1 durchgeführt wird, sollten Sie bereits vertraut sein. RIPv1 fasst Subnetze zu einer einzelnen übergeordneten klassenbezogenen Netzwerkadresse zusammen, wenn das RIPv1-Update über eine Schnittstelle gesendet wird, die zu einem anderen klassenbezogenen Netzwerk gehört. Beispielsweise würde RIPv1 die Subnetze von 10.0.0.0/24 (10.0.0.0/24 bis 10.255.255.0/24) als 10.0.0.0/8 zusammenfassen.

CIDR ignoriert die Beschränkung auf die klassenbezogenen Grenzen und ermöglicht eine Zusammenfassung mit Masken, die kleiner sind als die vorgegebene klassenbezogene Maske. Diese Form der Routenzusammenfassung dient zur Reduzierung der Einträge in Routing-Updates und der Anzahl der Einträge in den lokalen Routing-Tabellen. Außerdem wird der Bandbreitenbedarf für Routing-Updates verringert, was wiederum die Lookups in der Routing-Tabelle beschleunigt.

Nur klassenlose Routing-Protokolle können Supernetze verbreiten. Klassenlose Routing-Protokolle integrieren sowohl die Netzwerkadresse als auch die Subnetzmaske in das Routing-Update. Supernetze können von klassenbezogenen Routing-Protokollen jedoch nicht in die Routing-Updates integriert werden, weil sich keine Maske anwenden lässt, die kleiner ist als die vorgegebene klassenbezogene Maske. Eine statische Route kann zur Konfiguration einer Supernetzroute verwendet werden, weil die Netzwerkadresse und die Maske direkt auf dem Router konfiguriert werden.

Abbildung 6.14 zeigt eine einzelne statische Route mit der Adresse 172.16.0.0 und der Maske 255.248.0.0, die alle klassenbezogenen Netzwerke zwischen 172.16.0.0/16 und 172.23.0.0/16 zusammenfasst.

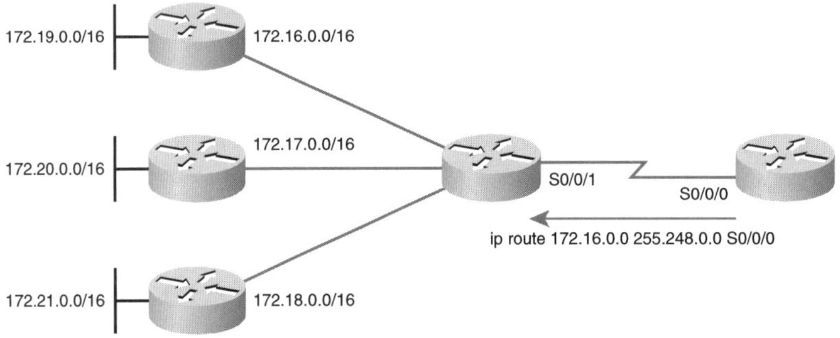

Abbildung 6.14: Zusammenfassung von Routen

Zwar werden 172.22.0.0/16 und 172.23.0.0/16 in der Grafik nicht gezeigt, doch sind auch sie in der Summenroute enthalten. Beachten Sie, dass die Maske /13 (255.248.0.0) kleiner ist als die vorgegebene klassenbezogene Maske /16 (255.255.0.0).

Anmerkung

Sie wissen vielleicht noch, dass ein Supernetz stets eine zusammenfassende Route ist; umgekehrt ist eine solche zusammenfassende Route jedoch nicht immer ein Supernetz.

Ein Router kann sowohl einen spezifischen Routeneintrag als auch eine Summenroute benutzen, die sich beide auf dasselbe Netzwerk beziehen. Nehmen wir an, Router X habe eine spezifische Route nach 172.22.0.0/16 über Serial 0/0/1 sowie eine über Serial 0/0/0 verlaufende Summenroute nach 172.16.0.0/13. Pakete mit der IP-Adresse 172.22.*n*.*n* entsprechen beiden Routeneinträgen. Pakete, die an 172.22.0.0 gerichtet sind, werden jedoch in jedem Fall über Serial 0/0/1 gesendet, da mit 16 Bits eine höhere Übereinstimmung erzielt wird als mit den 13 Bits der Summenroute 172.16.0.0/13.

6.3.2 Zusammenfassung von Routen berechnen

Die Berechnung der Routenzusammenfassung und der Supernetze ist identisch mit dem Prozess, den Sie in Kapitel 2 bereits kennengelernt haben. Aus diesem Grund ist das folgende Beispiel lediglich als kurze Wiederholung aufzufassen.

Die Zusammenfassung von Netzwerken zu einer einzelnen Adresse und Maske erfolgt in drei Schritten (siehe Abbildung 6.15).

Betrachten Sie die folgenden vier Netzwerke:

- 172.20.0.0/16
- 172.21.0.0/16
- 172.22.0.0/16
- 172.23.0.0/16

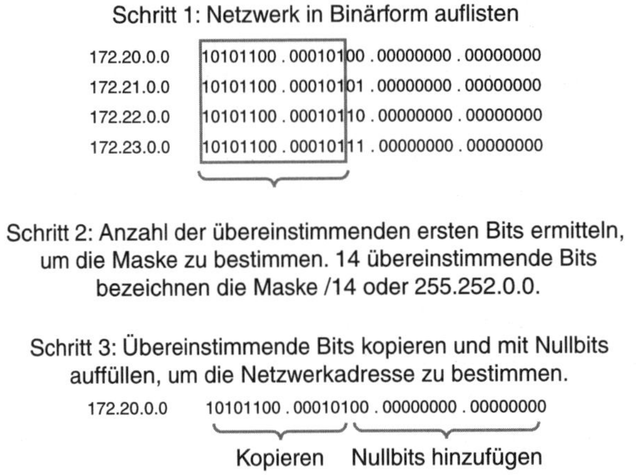

Abbildung 6.15: Routenzusammenfassung berechnen

Die Schritte zur Zusammenfassung dieser Netzwerke sind die folgenden:

Schritt für Schritt

1. Notieren Sie die Netzwerke im Binärformat. Die Abbildung zeigt alle vier Netzwerke in Binärform.

2. Ermitteln Sie links beginnend die übereinstimmenden Bits, um die Maske für die Summenroute zu bestimmen. In der Abbildung sehen Sie, dass die ersten 14 Bits übereinstimmen. Dies ist das Präfix (die Subnetzmaske) der Summenroute: /14 oder 255.252.0.0.

3. Kopieren Sie die übereinstimmenden Bits und füllen Sie dann mit Nullbits auf, um die zusammenfassende Netzwerkadresse zu ermitteln. Die Abbildung zeigt, dass diese Vorgehensweise die Netzwerkadresse 172.20.0.0 zum Ergebnis hat. Die vier Netzwerke 172.20.0.0/16, 172.21.0.0/16, 172.22.0.0/16 und 172.23.0.0/16 lassen sich zu einer einzelnen Netzwerkadresse 172.20.0.0/14 zusammenfassen.

6.4 Zusammenfassung

CIDR (Classless Interdomain Routing) wurde 1993 eingeführt und ersetzte das frühere IP-Adressprinzip der klassenbezogenen Netzwerke. CIDR ermöglichte eine effizientere Nutzung des IPv4-Adressraumes und die Präfixzusammenfassung, die auch als Routenzusammenfassung oder als Supernetzbildung bekannt ist.

Bei CIDR sind die Adressklassen A, B und C bedeutungslos. Die Netzwerkadresse wurde nun nicht mehr über den Wert des ersten Oktetts, sondern mithilfe einer Präfixlänge (Subnetzmaske) bestimmt. Der Adressraum – also die Anzahl der Hosts in einem Netzwerk – war nun mit einem bestimmten Präfix verknüpft, das von der Zahl der Hosts abhing, die im betreffenden Netzwerk benötigt wurden.

CIDR ermöglicht die Supernetzbildung. Ein Supernetz ist eine Gruppe übergeordneter Netzwerkadressen, die zu einer einzelnen Netzwerkadresse mit einer Maske zusammengefasst werden, die kleiner ist als die der vorgegebenen klassenbezogenen Maske.

CIDR weist IP-Adressen nicht nach der Klasse, sondern mithilfe von VLSM Subnetzen entsprechend den individuellen Anforderungen zu. Netzwerke können dank VLSM auf diese Weise in immer kleinere und kleinere Subnetze unterteilt werden. VLSM ist einfach gesagt die Unterteilung eines Subnetzes in kleinere Subnetze.

Die Verbreitung von CIDR-Supernetzen oder VLSM-Subnetzen erfordert ein klassenloses Routing-Protokoll. Klassenlose Routing-Protokolle integrieren die Subnetzmaske mit der Netzwerkadresse in Routing-Updates. Zu ihnen gehören RIPv2, EIGRP, OSPF, IS-IS und BGP.

Die Bestimmung der Summenroute und der Subnetzmaske für eine Gruppe von Netzwerken erfolgt in drei einfachen Schritten. Der erste Schritt besteht darin, die Netzwerke im Binärformat zu notieren. Danach zählen Sie links beginnend die Anzahl der übereinstimmenden Bits. Dies ist das Präfix (die Subnetzmaske) der Summenroute. Der dritte Schritt besteht darin, die übereinstimmenden Bits zu kopieren und dann mit binären Nullen aufzufüllen, um die zusammenfassende Netzwerkadresse zu ermitteln. Diese Netzwerkadresse und die Subnetzmaske können nun als Summenroute für diese Netzwerkgruppe verwendet werden. Summenrouten können sowohl von statischen Routen als auch von klassenlosen Routing-Protokollen eingesetzt werden. Klassenbezogene Routing-Protokolle können Routen dagegen nur auf die vorgegebene klassenbezogene Maske zusammenfassen.

Die klassenlosen Routing-Protokolle und ihre Fähigkeit zur Unterstützung von CIDR-Supernetzen, VLSM und nichtzusammenhängenden Netzwerken werden in den folgenden Kapiteln beschrieben.

6.5 Aktivitäten und Übungen

Die Aktivitäten und Übungen im Begleitbuch »Routing Protocols and Concepts, CCNA Exploration Labs and Study Guide« (ISBN 978-1-58713-204-9) ermöglichen ein praxisbezogenes Üben der folgenden in diesem Kapitel vorgestellten Themen:

Übungen

Aktivität 6.1: Grundlegende VLSM-Berechnung und Adressdesign (6.4.1)

Bei dieser Aktivität verwenden Sie die Netzwerkadresse 192.168.1.0/24, um daraus Subnetze zu bilden und das IP-Adressierungsschema für eine gegebene Topologie aufzustellen. Hierbei wird VLSM eingesetzt, damit die Adressierungsanforderungen unter Verwendung des Netzwerks 192.168.1.0/24 erfüllt werden können.

Aktivität 6.2: Fortgeschrittene VLSM-Berechnung und Adressdesign (6.4.2)

Bei dieser Aktivität verwenden Sie die Netzwerkadresse 172.16.0.0/16, um daraus Subnetze zu bilden und das IP-Adressierungsschema für eine gegebene Topologie aufzustellen. Hierbei wird VLSM eingesetzt, damit die Adressierungsanforderungen unter Verwendung des Netzwerks 172.16.0.0/16 erfüllt werden können.

Aktivität 6.3: Troubleshooting eines VLSM-Adressdesigns (6.4.3)

Bei dieser Aktivität wurde die Netzwerkadresse 172.16.128.0/17 zur IP-Adressierung eines Netzwerks verwendet. Mit VLSM wurde die Adresse in nicht korrekter Weise in Subnetze unterteilt. Sie müssen die Fehler bei den Adressen der einzelnen Subnetze ermitteln und nach Bedarf die korrekten zuzuweisenden Adressen bestimmen.

Aktivität 6.4: Einfache Routenzusammenfassung (6.4.4)

Bei dieser Aktivität wird ein Netzwerk vorgegeben, das bereits in Subnetze unterteilt und adressiert ist. Ihre Aufgabe besteht darin, die Summenrouten zu ermitteln, die verwendet werden können, um die Anzahl der Einträge in den Routing-Tabellen zu verringern.

Aktivität 6.5: Fortgeschrittene Routenzusammenfassung (6.4.5)

Bei dieser Aktivität wird ein Netzwerk vorgegeben, das bereits in Subnetze unterteilt und adressiert ist. Ihre Aufgabe besteht darin, die Summenrouten zu ermitteln, die verwendet werden können, um die Anzahl der Einträge in den Routing-Tabellen zu verringern.

Aktivität 6.6: Troubleshooting bei der Routenzusammenfassung (6.4.6)

In dieser Aktivität ist die IP-Adressierung eines Netzwerks bereits abgeschlossen. Mit VLSM wurde der Adressraum in Subnetze unterteilt. Die Summenrouten sind jedoch nicht korrekt. Sie müssen die Fehler bei den Summenrouten ermitteln und nach Bedarf die korrekten Summenrouten bestimmen.

Packet Tracer Companion

Viele Praxisübungen enthalten Aktivitäten mit Packet Tracer, in denen Sie diese Software zur Simulation der Übung verwenden können. Lesen Sie im »Routing Protocols and Concepts, CCNA Exploration Labs and Study Guide« (ISBN 978-1-58713-204-9) die Praxisübungen mit Packet Tracer.

6.6 Lernzielkontrolle

Beantworten Sie die folgenden Fragen, um Ihren Kenntnisstand bezüglich der in diesem Kapitel beschriebenen Themen und Konzepte zu überprüfen. Die Antworten finden Sie in Anhang A, »Antworten zu Lernzielkontrollen und weiterführenden Fragen«.

1. Geben Sie für jedes der folgenden Protokolle an, ob es VLSM unterstützt (schreiben Sie »VLSM« oder »kein VLSM«).
   - RIPv1:
   - EIGRP:
   - IGRP:
   - IS-IS:
   - OSPF:
   - RIPv2:
2. Geben Sie für jede der folgenden Definitionen an, ob sie VLSM oder die Routenzusammenfassung beschreibt.
   - Fasst mehrere IP-Netzwerkadressen zu einer IP-Adresse zusammen:
   - Möglichkeit der Angabe einer anderen Subnetzmaske für dieselbe Netzwerkadresse und verschiedene Subnetze:
   - Wird für die Supernetzbildung verwendet:
   - Spart Adressraum ein:
   - Wird zur Reduzierung der Anzahl der Routeneinträge in einer Routing-Tabelle verwendet:

3. Welche zwei Methoden gestatteten die weitere Verwendung von IPv4-Adressen und sorgten so dafür, dass die Implementierung von IPv6 verschoben werden konnte?
   a) Die Subnetzbildung erhielt eine variable Länge.
   b) Der IPv4-Adressbereich wurde erweitert.
   c) Private Adressen wurden in Verbindung mit der Adressübersetzung verwendet.
   d) Klassenbezogenes Routing wurde implementiert.
   e) IPv4 wurde für alle Hosts zugunsten von IPv6 fallengelassen.
   f) Die Supernetzbildung wurde implementiert.
4. Die folgenden Subnetzmasken wurden für die Verwendung mit dem Netzwerk 192.168.16.0 ausgewählt:
   - 255.255.255.252
   - 255.255.255.240
   - 255.255.255.192

   Welche der folgenden Anweisungen beschreibt die effizienteste Nutzung für diese Masken? Wählen Sie drei Antworten aus.
   a) Verwenden Sie die Maske /30 für Point-to-Point-Verbindungen wie etwa WAN-Verbindungen.
   b) Verwenden Sie die Maske /30 für Subnetze mit vier oder mehr Hosts.
   c) Verwenden Sie die Maske /28 für kleine Subnetze mit bis zu 14 Hosts.
   d) Verwenden Sie die Maske /26 für größere Subnetze mit bis zu 62 Hosts.
   e) Verwenden Sie die Maske /25 für Subnetze mit bis zu 30 Hosts.
   f) Verwenden Sie die Maske /24 für Point-to-Point-Verbindungen wie etwa WAN-Verbindungen.
5. Wie viele Oktette werden zur Bezeichnung des Netzanteils einer Adresse verwendet, wenn Sie ein klassenbezogenes Klasse-A-Adressschema verwenden?
   a) 1
   b) 2
   c) 3
   d) 4

6. Ordnen Sie das VLSM-Subnetz der Netzwerkgröße zu, für die es am geeignetsten ist. Jede Antwort darf nur einmal verwendet werden.

   VLSM-Subnetze:

   - 172.16.64.0/18
   - 172.16.16.64/30
   - 172.16.128.0/19
   - 172.16.18.0/24
   - 172.16.5.128/26

   Anzahl der Hosts:

   a) 2

   b) 60

   c) 250

   d) 8000

   e) 16,000

7. Ein Netzwerktechniker fasst zwei Routengruppen A und B auf Router R1 zusammen. Welche Routenzusammenfassung funktioniert für alle Subnetze?

   Gruppe A:

   - 192.168.0.0/30
   - 192.168.0.4/30
   - 192.168.0.8/30
   - 192.168.0.16/29

   Gruppe B:

   - 192.168.4.0/30
   - 192.168.5.0/30
   - 192.168.6.0/30
   - 192.168.7.0/29

   a) 192.168.0.0/23

   b) 192.168.0.0/22

   c) 192.168.0.0/21

   d) 192.168.0.0/28

8. Wie viele Bits werden im IPv4-Adressraum verwendet?
   a) 8
   b) 12
   c) 16
   d) 30
   e) 32
   f) 64
9. Geben Sie für die folgenden klassenbezogenen Netzwerkadressen an, ob es sich um eine Klasse-A- oder eine Klasse-B-Adresse handelt.
   - 191.254.45.0: Klasse
   - 123.90.78.45: Klasse
   - 128.44.0.23: Klasse
   - 129.68.11.45: Klasse
   - 126.0.0.0: Klasse
   - 125.33.23.56: Klasse
10. Betrachten Sie Abbildung 6.16. Der Netzwerkadministrator möchte die Anzahl der Einträge in der Routing-Tabelle von Router R1 minimieren. Was sollte der Administrator im Netzwerk implementieren?

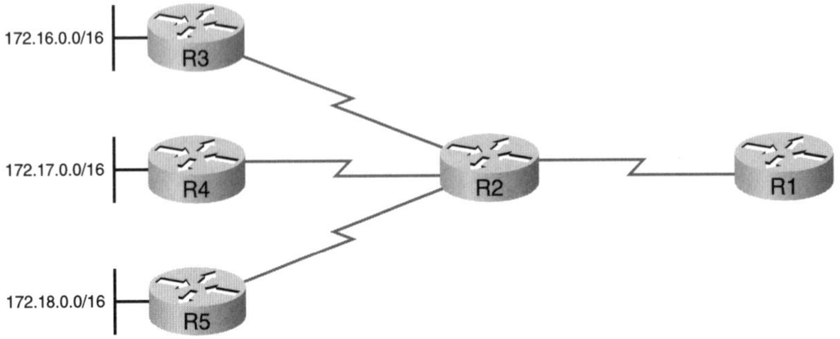

Abbildung 6.16: Lernzielkontrolle, Frage 10

   a) VLSM
   b) CIDR
   c) private IP-Adressen
   d) klassenbezogenes Routing

11. Was unterscheidet ein klassenloses von einem klassenbezogenen Routing-Protokoll?
12. Welche Vorteile bietet die Verwendung eines klassenlosen Routing-Protokolls?
13. Wie bestimmt ein klassenbezogenes Routing-Protokoll die Subnetzmaske eines Routing-Updates?
14. Warum hat die IETF die Adresszuordnung CIDR eingeführt?
15. Welcher Begriff definiert den Prozess, bei dem Subnetze in weitere Subnetze unterteilt werden?

6.7 Weiterführende Fragen und Aktivitäten

Die folgenden Fragen setzen ein tieferes Verständnis der in diesem Kapitel behandelten Konzepte voraus und entsprechen dem komplexeren Fragestil, der auch bei der CCNA-Prüfung auftreten kann. Sie finden die Antworten in Anhang A.

1. Das Netzwerk 172.16.0.0/16 ist mit der Maske /24 in Subnetze unterteilt. Wie könnten Sie das Subnetz 172.16.10.0/24 so in drei gleiche Subnetze unterteilen, dass in jedem Subnetz die maximale Anzahl von Hosts unterstützt wird?
2. 172.16.10.0/24 verwendet die folgenden /28-Subnetze für LANs:
   - 172.16.10.16/28
   - 172.16.10.32/28
   - 172.16.10.48/28
   - 172.16.10.64/28
   - 172.16.10.80/28
   - 172.16.10.96/28
   - 172.16.10.112/28
   - 172.16.10.128/28
   - 172.16.10.144/28
   - 172.16.10.160/28
   - 172.16.10.176/28
   - 172.16.10.192/28
   - 172.16.10.240/28

Der Netzwerkadministrator möchte ein /28-Subnetz zuweisen und dieses mit der Maske /30 weiter unterteilen, um alle seriellen Point-to-Point-Verbindungen im Netzwerk mit einer Adresse zu versorgen. Welche /28-Subnetze können verwendet werden?

3. Was ist Supernetzbildung? Was wird benötigt, um eine Supernetzroute zu verbreiten?

4. Fassen Sie die folgenden Netzwerke zusammen:
   - 192.168.68.0/24
   - 192.168.96.0/24
   - 192.168.80.0/24

Packet Tracer Skills

Lesen Sie in »Routing Protocols and Concepts, CCNA Exploration Labs and Study Guide« (ISBN 1-58713-204-4) Hinweise zur Durchführung der Packet Tracer Skills Integration Challenge für dieses Kapitel.

6.8 Weitere Informationen

RFC 1519: Classless Inter-Domain Routing (CIDR)

RFCs (Requests for Comments) sind ein Serie von Dokumenten, die der IETF (Internet Engineering Task Force) unterbreitet werden und Vorschläge für Internetstandards, Beschreibungen neuer Konzepte, Informationen und manchmal sogar nur Humoriges enthalten.

RFCs lassen sich von verschiedenen Websites herunterladen, so etwa unter *http://www.ietf.org/rfc.html.* Lesen Sie RFC 1058 möglichst vollständig, zumindest aber auszugsweise, um mehr zur Einführung von CIDR zu erfahren.

Internet-Core-Router

Im Abschnitt »Weitere Informationen« von Kapitel 3, »Einführung in die dynamischen Routing-Protokolle«, haben Sie auf Routen-Server zugegriffen, um BGP-Routen im Internet anzuzeigen. Eine solche Website ist *http://www.traceroute.org.*

Rufen Sie einen der Routen-Server auf und zeigen Sie mit dem Befehl `show ip route` die Routing-Tabelle eines Internet-Routers an. Beachten Sie, wie viele Routen auf einem solchen Internet-Core-Router vorhanden sind. Im März 2007 waren dies über 200.000 Routen. Viele davon sind Summenrouten und Supernetze. Zeigen Sie mit dem Befehl `show ip route 207.62.187.0` eines dieser Supernetze an.

CAIDA

Eine interessante Anlaufstelle ist *http://www.caida.org*, die Website der CAIDA (Cooperative Association for Internet Data Analysis). Nach eigenen Angaben vermittelt CAIDA Tools und Analysen, die die Errichtung und Pflege einer robusten, skalierbaren globalen Internetinfrastruktur fördern. Die CAIDA arbeitet mit zahlreichen Sponsoren zusammen, darunter auch Cisco Systems. Auch wenn Sie den Eindruck haben, dass Sie einen großen Teil der dort vermittelten Informationen nicht verstehen, werden Sie inzwischen doch eine ganze Menge von Begriffen und Konzepten wiedererkennen.

Lernziele

Wenn Sie dieses Kapitel gelesen haben, sollten Sie in der Lage sein, die folgenden Fragen zu beantworten:

- Worin bestehen die Einschränkungen von RIPv1 als klassenbezogenem Routing-Protokoll?
- Welches sind die grundlegenden Konfigurationsbefehle zur Anwendung von RIPv2, und wie werten Sie klassenlose RIPv2-Routing-Updates aus?
- Wie analysieren Sie die Router-Ausgabe, um die RIPv2-Unterstützung für VLSM und CIDR zu erkennen?
- Welche Befehle werden verwendet, um RIPv2 zu überprüfen und häufig auftretende Probleme zu identifizieren?
- Welche Befehle werden für die Konfiguration, die Überprüfung und das Troubleshooting von RIPv2 verwendet?

Schlüsselbegriffe

In diesem Kapitel werden die folgenden Schlüsselbegriffe vorgestellt. Die entsprechenden Definitionen finden Sie im Glossar.

nichtzusammenhängendes Netzwerk ▪ Redistribution ▪ Loopback-Schnittstelle ▪ Nullroute ▪ ICMP

Kapitel 7

RIPv2

Abbildung 7.1 zeigt die wichtigsten IP-Routing-Protokolle, wobei die in diesem Buch behandelten Protokolle hervorgehoben sind. Beachten Sie, dass RIPv2 (RIP Version 2) ein klassenloses Distanzvektor-Protokoll ist.

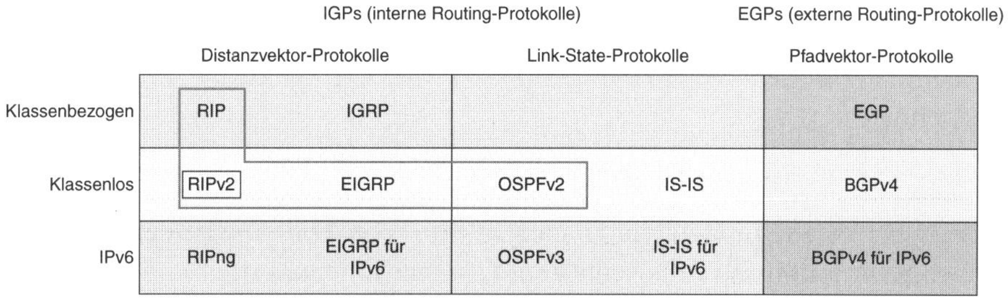

Abbildung 7.1: Klassifizierung der Routing-Protokolle

RIPv2 (Routing Information Protocol Version 2) ist in RFC 1723 definiert. Es handelt sich hierbei um das erste klassenlose Protokoll, das in diesem Buch behandelt wird. Zwar ist RIPv2 ein für manche Umgebungen durchaus geeignetes Protokoll, doch hat die Nutzung im Vergleich zu anderen Routing-Protokollen wie EIGRP (Enhanced Interior Gateway Routing Protocol), OSPF (Open Shortest Path First) und IS-IS (Intermediate System-to-Intermediate System) abgenommen, denn diese bieten umfangreichere Funktionen und sind besser skalierbar.

Nichtsdestoweniger werden beide RIP-Versionen nach wie vor in bestimmten Situationen eingesetzt. Zwar fehlen RIP die Fähigkeiten vieler später entwickelter Protokolle, doch seine Einfachheit und die Verwendung in zahlreichen Betriebssystemen prädestinieren es für kleinere homogene Netzwerke, in denen Unterstützung für Geräte unterschiedlicher Anbieter benötigt wird (vor allem in UNIX-Umgebungen).

Auch dann, wenn Sie eigentlich gar nicht beabsichtigen, RIPv2 zu verwenden, ist es perfekt geeignet, um die Unterschiede zwischen einem klassenbezogenen Protokoll (RIPv1) und einem klassenlosen Protokoll (RIPv2) zu erläutern. Dieses Kapitel legt den Schwerpunkt eher auf diese Unterschiede als auf die Details der RIPv2-Implementierung. Die wesentliche Beschränkung von RIPv1 besteht darin, dass es sich um ein klassenbezogenes Protokoll handelt. Wie Sie wissen, transportieren die klassenbezogenen Routing-Protokolle in Routing-Updates nur die Netzwerkadresse ohne die dazugehörige Subnetzmaske. Dies kann zu Problemen bei nichtzusammenhängenden Adressierungen in Subnetzen oder Netzwerken führen, die VLSM verwenden. Da RIPv2 ein klassenloses Routing-Protokoll ist, werden Subnetzmasken hier in die Updates eingefügt, was die Kompatibilität von RIPv2 mit modernen Routing-Umgebungen verbessert.

RIPv2 stellt eigentlich eher eine Optimierung der Funktionen und Erweiterungen von RIPv1 als ein vollkommen neues Protokoll dar. Es bietet die folgenden Merkmale:

- Die Adressen der nächsten Hops sind in den Routing-Updates enthalten.
- Beim Versenden von Routing-Updates werden Multicast-Adressen verwendet.
- Es gibt eine Authentifizierungsoption.

Wie RIPv1 ist auch RIPv2 ein Distanzvektor-Protokoll. Die beiden RIP-Versionen weisen deshalb eine Reihe gemeinsamer Eigenschaften und Beschränkungen auf:

- Verwendung des Holddown-Timers und anderer Timer, um Routing-Schleifen zu verhindern
- Verwendung von Split-Horizon und Split-Horizon mit Poison-Reverse zur Vermeidung von Routing-Schleifen
- Verwendung von Triggered-Updates zur Beschleunigung der Konvergenz bei Topologieänderungen
- Anzahl der Hops als Metrik, wobei 16 Hops ein nicht erreichbares Netzwerk bezeichnen

7.1 Beschränkungen von RIPv1

Abbildung 7.2 zeigt die Topologie, die in diesem Kapitel verwendet wird. Die Listings 7.1, 7.2 und 7.3 stellen die Startkonfigurationen der einzelnen Router dar. Dieses Szenario ähnelt der Routing-Domäne mit drei Routern, die am Ende von Kapitel 5, »RIPv1«, verwendet wurde. Sie wissen bereits, dass die Router R1 und R3 über Subnetze verfügen, die Bestandteil des Klasse-B-Netzwerks 172.30.0.0/16 sind. Des weiteren sind R1 und R3 über Subnetze des Klasse-C-Netzwerks 209.165.200.0/24 mit R2 verbunden.

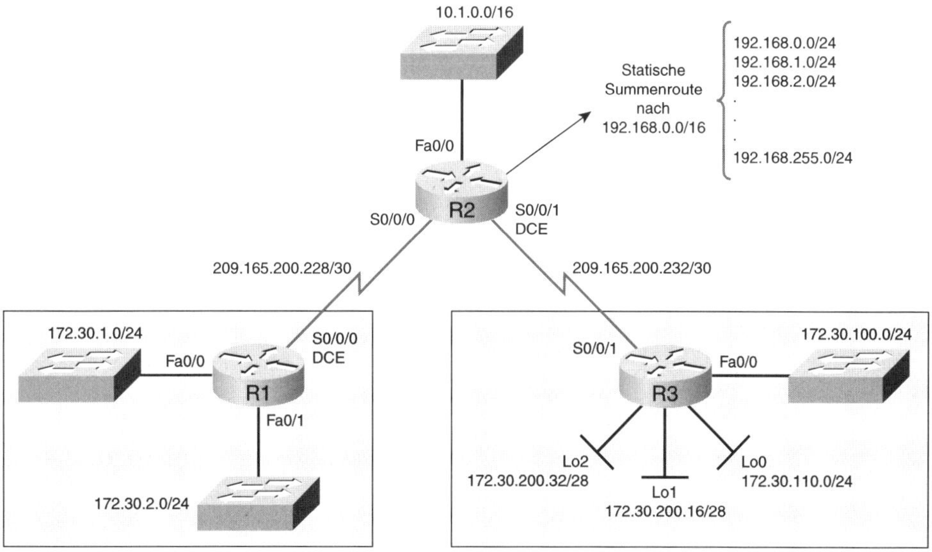

Abbildung 7.2: RIPv2-Topologie

Tabelle 7.1: Adresstabelle für RIPv2

Gerät	Schnittstelle	IP-Adresse	Subnetzmaske
R1	Fa0/0	172.30.1.1	255.255.255.0
	Fa0/1	172.30.2.1	255.255.255.0
	S0/0/0	209.165.200.230	255.255.255.252
R2	Fa0/0	10.1.0.1	255.255.0.0
	S0/0/0	209.165.200.229	255.255.255.252
	S0/0/1	209.165.200.233	255.255.255.252
R3	Fa0/0	172.30.100.1	255.255.255.0
	Lo0	172.30.110.1	255.255.255.0
	Lo1	172.30.200.17	255.255.255.240
	Lo2	172.30.200.33	255.255.255.240
	S0/0/1	209.165.200.234	255.255.255.252

Listing 7.1: Startkonfiguration von R1

```
R1# show startup-config

Building configuration...

Current configuration : 434 bytes
!
```

Listing 7.1: Startkonfiguration von R1

```
<Ausgabe teilweise unterdrückt>
!
hostname R1
!
!
!
interface FastEthernet0/0
 ip address 172.30.1.1 255.255.255.0
!
interface FastEthernet0/1
 ip address 172.30.2.1 255.255.255.0
!
interface Serial0/0/0
 description Link to R2
 ip address 209.165.200.230 255.255.255.252
 clock rate 64000
!
end
```

Listing 7.2: Startkonfiguration von R2

```
R2# show startup-config

Building configuration...

Current configuration : 502 bytes
!
<Ausgabe teilweise unterdrückt>
!
hostname R2
!
!
!
interface FastEthernet0/0
 ip address 10.1.0.1 255.255.0.0
!
interface Serial0/0/0
 description Link to R1
 ip address 209.165.200.229 255.255.255.252
!
interface Serial0/0/1
 description Link to R3
 ip address 209.165.200.233 255.255.255.252
 clock rate 64000
!
end
```

Listing 7.3: Startkonfiguration von R3

```
R3# show startup-config

Building configuration...

Current configuration : 646 bytes
!
<Ausgabe teilweise unterdrückt>
!
hostname R3
!
!
!
interface FastEthernet0/0
 ip address 172.30.100.1 255.255.255.0
!
interface Serial0/0/1
 description Link to R2
 ip address 209.165.200.234 255.255.255.252
!
interface Loopback0
 ip address 172.30.110.1 255.255.255.0
!
interface Loopback1
 ip address 172.30.200.17 255.255.255.240
!
interface Loopback2
 ip address 172.30.200.33 255.255.255.240
!
end
```

Die Topologie in Abbildung 7.2 ist ein Beispiel für ein nichtzusammenhängendes Netzwerk. In einem nichtzusammenhängenden Netzwerk ist eine klassenbezogene übergeordnete Netzwerkadresse (z. B. 172.30.0.0/16) durch ein oder mehrere andere klassenbezogene Netzwerke getrennt. In unserem Fall ist 172.30.0.0/16 durch die Netzwerke 209.165.200.228/30 und 209.165.200.232/30 getrennt. Wie Sie im Zusammenhang mit RIPv1 gesehen haben, enthalten klassenbezogene Routing-Protokolle nicht genügend Routing-Informationen, um in nichtzusammenhängenden Netzwerken ein geeignetes Routing durchführen zu können. Im weiteren Verlauf werden wir das Problem der klassenbezogenen Routing-Protokolle und der nichtzusammenhängenden Netzwerke näher untersuchen und beschreiben, wie ein klassenloses Routing-Protokoll dieses Problem lösen kann.

7.1.1 Die Summenroute

Beachten Sie in Abbildung 7.2, dass R2 über eine statische Summenroute in das Netzwerk 192.168.0.0/16 verfügt. Konzept und Konfiguration statischer Summenrouten wurden in Kapitel 2, »Statisches Routing«, behandelt. Sie können Informationen zu statischen Routen auch in Routing-Updates einbringen. Diese Vorgehensweise heißt Redistribution und wird im weiteren Verlauf dieses Kapitels noch behandelt. An dieser Stelle muss lediglich festgehalten werden, dass diese Summenroute Probleme mit RIPv1 verursachen kann, weil 192.168.0.0/16 keine klassenbezogene Adresse ist und – wie die Topologie zeigt – alle /24-Versionen von 192.168.0.0/16 enthält.

7.1.2 VLSM

Wenn Sie sich die Kapitel-Topologie und Abbildung 7.3 ansehen, werden Sie feststellen, das R1 und R3 an VLSM-Netzwerke angeschlossen sind. Sowohl auf R1 als auch auf R3 sind /24-Subnetze des Netzwerks 172.30.0.0/16 konfiguriert. Vier dieser /24-Subnetze sind zugewiesen: zwei an R1 (172.30.1.0/24 und 172.30.2.0/24) und zwei weitere an R3 (172.30.100.0/24 und 172.30.110.0/24).

	Subnetz	Netzwerk	Hostbereich	Broadcast-Adresse
	0	172.30.0.0	172.30.0.1 bis 172.30.0.254	172.30.0.255
Zugeordnet an R1 Fa0/0	1	172.30.1.0	172.30.1.1 bis 172.30.1.254	172.30.1.255
Zugeordnet an R1 Fa0/1	2	172.30.2.0	172.30.2.1 bis 172.30.2.254	172.30.2.255
	3	172.30.3.0	172.30.3.1 bis 172.30.3.254	172.30.3.255
	4	172.30.4.0	172.30.4.1 bis 172.30.4.254	172.30.4.255
	.			
Zugeordnet an R3 Fa0/0	100	172.30.100.0	172.30.100.1 bis 172.30.100.254	172.30.100.255
	.			
Zugeordnet an R3 Lo0	110	172.30.110.0	172.30.110.1 bis 172.30.110.254	172.30.110.255
	.			
In weitere Subnetze unterteilt	200	172.30.200.0	172.30.200.1 bis 172.30.200.254	172.30.200.255
	.			
	255	172.30.255.0	172.30.255.1 bis 172.30.255.254	172.30.255.255

256 /24 Subnetze

	Subnetz	Netzwerk	Hostbereich	Broadcast-Adresse
	0	172.30.200.0	172.30.200.1 bis 172.30.200.14	172.30.200.15
Zugeordnet an R3 Lo1	1	172.30.200.16	172.30.200.17 bis 172.30.200.30	172.30.200.31
Zugeordnet an R3 Lo2	2	172.30.200.32	172.30.200.33 bis 172.30.200.46	172.30.200.47
	3	172.30.200.48	172.30.200.49 bis 172.30.200.62	172.30.200.63
	.			
	15	172.30.200.240	172.30.200.241 bis 172.30.200.254	172.30.200.255

16 /28 Subnetze

Abbildung 7.3: VLSM-Adressierungsschema für die Topologie

Auf R3 wurde die Adresse 172.30.200.0/24 in weitere Subnetze unterteilt, wobei die ersten vier Bits für Subnetze und die letzten vier Bits für Hosts verwendet wurden. Dies führt uns zur Maske 255.255.255.240 bzw. /28. Die Konfiguration auf R3 umfasst zwei dieser Subnetze: 172.30.200.16/28 und 172.30.200.32/28.

7.1.3 Private Adressen nach RFC 1918

Sie sollten RFC 1918 und die Gründe für die private Adressierung bereits kennen. Alle Listings im Curriculum verwenden grundsätzlich private IP-Adressen für die interne Adressierung.

Tabelle 7.2 zeigt die RFC 1918-kompatiblen Adressen. Wenn ein Internetprovider IP-Daten über WAN-Verbindungen routet oder netzwerkinterne Benutzer auf externe Websites zugreifen wollen, muss eine öffentliche IP-Adresse verwendet werden.

Tabelle 7.2: Private Adressen nach RFC 1918

Klasse	Präfix und Maske	Adressbereich
A	10.0.0.0/8	10.0.0.0 bis 10.255.255.255
B	172.16.0.0/12	172.16.0.0 bis 172.31.255.255
C	192.168.0.0/16	192.168.0.0 bis 192.168.255.255

7.1.4 IP-Beispieladressen bei Cisco

Beachten Sie, dass die WAN-Verbindungen zwischen R1, R2 und R3 öffentliche IP-Adressen verwenden. Diese Adressen sind zwar keine privaten Adressen nach RFC 1918, doch hat Cisco einige öffentliche Adressräume erworben, um Beispiele veranschaulichen zu können. Tabelle 7.3 führt diese IP-Beispieladressen auf.

Tabelle 7.3: IP-Beispieladressen bei Cisco

Präfix und Maske	Adressbereich
209.165.200.224/27	209.165.200.224 bis 209.165.200.255
209.165.201.0/27	209.165.201.0 bis 209.165.201.31
209.165.202.128/27	209.165.202.128 bis 209.165.202.159

7.1.5 Loopback-Schnittstellen

Beachten Sie, dass R3 Loopback-Schnittstellen (Lo0, Lo1 und Lo2) verwendet. Eine Loopback-Schnittstelle ist eine rein softwarebasierte Schnittstelle, die zur Emulation einer echten Schnittstelle verwendet wird. Ihr kann eine IP-Adresse zugewiesen werden. Loopback-Schnittstellen erfüllen zudem bei einigen Routing-Protokollen (z. B. OSPF) bestimmte Funktionen; wir werden später in diesem Kapitel darauf zurückkommen. An Loopback-Schnittstellen lassen sich `ping`-Befehle senden, und das Subnetz kann auch in Routing-Updates bekannt gegeben werden. Aus diesem Grund sind Loopback-Schnittstellen ideal zur Simulation mehrerer Netzwerke, die an denselben Router angeschlossen sind. In unserem Beispiel benötigt R3 keine vier LAN-Schnittstellen, um mehrere Subnetze und VLSM zu demonstrieren. Stattdessen verwenden wir Loopback-Schnittstellen.

7.1.6 Beschränkungen der RIPv1-Topologie

Listing 7.4 zeigt die RIPv1-Konfiguration aller drei Router. Beachten Sie, dass die `network`-Anweisungen die klassenbezogenen Netzwerkadressen verwenden. R2 enthält zwei Befehle, die einer Erläuterung bedürfen.

Listing 7.4: RIPv1-Konfiguration aller drei Router

```
R1(config)# router rip
R1(config-router)# network 172.30.0.0
R1(config-router)# network 209.165.200.0
```

```
R2(config)# ip route 192.168.0.0 255.255.0.0 null0
R2(config)# router rip
R2(config-router)# redistribute static
R2(config-router)# network 10.0.0.0
R2(config-router)# network 209.165.200.0
```

```
R3(config)# router rip
R3(config-router)# network 172.30.0.0
R3(config-router)# network 209.165.200.0
```

Statische Routen und Nullrouten

Der erste Befehl, der erklärt werden muss, ist die statische Route von R2 in das Netzwerk 192.168.0.0/16:

```
R2(config)# ip route 192.168.0.0 255.255.0.0 Null0
```

Sie wissen bereits, dass CIDR eine Routenzusammenfassung ermöglicht: Eine einzelne übergeordnete Route mit einer Subnetzmaske, die kleiner ist als die klassenbezogene Maske, kann zur Darstellung vieler untergeordneter Routen verwendet werden. Dies verringert die Anzahl der Einträge in der Routing-Tabelle. Die statische Route auf R2 verwendet die Maske /16 zur Zusammenfassung aller 256 Netzwerke zwischen 192.168.0.0/24 und 192.168.255.0/24.

Der von der statischen Summenroute 192.168.0.0/16 dargestellte Adressraum ist eigentlich nicht vorhanden. Um die statische Route zu simulieren, verwenden wir eine Nullroute als Ausgangsschnittstelle. Sie müssen keine Befehle eingeben, um die Schnittstelle der Nullroute zu erstellen oder zu konfigurieren. Sie ist immer online, leitet aber Daten weder weiter noch empfängt sie welche. Daten, die an die Nullroute gesendet werden, werden verworfen. Für unsere Zwecke dient die Nullroute als Ausgangsschnittstelle unserer statischen Route. Aus Kapitel 2 wissen Sie bereits, dass eine statische Route über eine aktive Ausgangsschnittstelle verfügen muss, um in der Routing-Tabelle installiert werden zu können. Die Verwendung der Nullroute erlaubt es R2, die statische Route in RIP bekannt zu geben, obwohl Netzwerke, die zur Summenroute 192.168.0.0/16 gehören, eigentlich gar nicht existieren.

Routenumverteilung

Der zweite Befehl, der erläutert werden muss, ist `redistribute static`:

```
R2(config-router)# redistribute static
```

Bei der Redistribution werden Routen aus einer Routenquelle (Routing-Protokoll oder statische Route) an ein Routing-Protokoll übermittelt. Routen können nun in diesem dynamischen Routing-Protokoll weiter verteilt werden. In unserer Topologie soll der RIPv1-Prozess auf R2 die statische Route 192.168.0.0/16 weiter bekannt machen, indem sie in RIPv1 importiert und dann über RIPv1 an R1 und R3 übermittelt wird. Wir werden sehen, ob das gelingt, und wenn nicht, warum nicht.

Konnektivität überprüfen und testen

Um zu testen, ob die Topologie vollständige Konnektivität bietet, überprüfen wir zunächst mit `show ip interface brief`, ob die beiden seriellen Verbindungen auf R2 den Status *up* haben. Listing 7.5 zeigt die Ausgabe des Befehls auf R2.

Listing 7.5: Schnittstellenstatus für R2

```
R2# show ip interface brief

Interface            IP-Address      OK? Method Status                Protocol
FastEthernet0/0      10.1.0.1        YES manual up                    up
Serial0/0/0          209.165.200.229 YES manual up                    up
FastEthernet0/1      unassigned      YES unset  administratively down down
Serial0/0/1          209.165.200.233 YES manual up                    up
```

Wenn eine Verbindung ausfällt, zeigen die Felder `Status` und/oder `Protocol` den Status `down` in der Ausgabe. Ist die Verbindung hingegen online, erscheint – wie hier gezeigt – der Status `up`. R2 verfügt über direkte Konnektivität zu R1 und R3 über serielle Verbindungen.

Aber kann R2 denn nun erfolgreich `ping`-Befehle an R1 und R3 absetzen? Gibt es Konnektivitätsprobleme bei einem klassenbezogenen Protokoll und den nichtzusammenhängenden Subnetzen von 172.30.0.0? Wir werden die Kommunikation zwischen den Routern mit dem `ping`-Befehl testen.

Die Ausgabe von Listing 7.6 zeigt, wie R2 versucht, `ping`-Befehle an die Schnittstelle 172.30.1.1 auf R1 und die Schnittstelle 172.30.100.1 auf R3 zu senden. Immer, wenn R2 einen solchen Befehl an eines der Subnetze von 172.30.0.0 auf R1 oder R3 sendet, sind nur ca. 50 Prozent der ICMP-Nachrichten (Internet Control Message Protocol) erfolgreich.

Listing 7.6: Teils erfolgreiche »ping«-Befehle von R2 an die Subnetze von 172.30.0.0/16

```
R2# ping 172.30.1.1

Type escape sequence to abort.
Sending 5, 100-byte ICMP Echos to 172.30.1.1, timeout is 2 seconds:
!U!.!
Success rate is 60 percent (3/5), round-trip min/avg/max = 28/29/32 ms

R2#ping 172.30.100.1
Type escape sequence to abort.
Sending 5, 100-byte ICMP Echos to 172.30.100.1, timeout is 2 seconds:
!U!.!
Success rate is 60 percent (3/5), round-trip min/avg/max = 28/28/28 ms
R2#
```

Die Ausgabe in Listing 7.7 zeigt, dass R1 via `ping` 10.1.0.1, nicht aber die Schnittstelle 172.30.100.1 auf R3 erreichen kann.

Listing 7.7: Pings von R1 an das LAN an R3 schlagen fehl.

```
R1# ping 10.1.0.1

Type escape sequence to abort.
Sending 5, 100-byte ICMP Echos to 10.1.0.1, timeout is 2 seconds:
!!!!!
Success rate is 100 percent (5/5), round-trip min/avg/max = 28/28/28 ms

R1# ping 172.30.100.1

Type escape sequence to abort.
Sending 5, 100-byte ICMP Echos to 172.30.100.1, timeout is 2 seconds:
.....
Success rate is 0 percent (0/5)
R1#
```

Die Ausgabe in Listing 7.8 zeigt, dass R3 via `ping` 10.1.0.1, nicht aber die Schnittstelle 172.30.1.1 auf R1 erreichen kann.

Listing 7.8: Pings von R3 an das LAN an R1

```
R3# ping 10.1.0.1

Type escape sequence to abort.
Sending 5, 100-byte ICMP Echos to 10.1.0.1, timeout is 2 seconds:
!!!!!
Success rate is 100 percent (5/5), round-trip min/avg/max = 28/28/28 ms

R3#ping 172.30.1.1
Type escape sequence to abort.
Sending 5, 100-byte ICMP Echos to 172.30.1.1, timeout is 2 seconds:
.....
Success rate is 0 percent (0/5)
R3#
```

Wie Sie sehen, gibt es offenbar ein Problem bei der Kommunikation mit den nichtzusammenhängenden Subnetzen von 172.30.0.0. In den folgenden Abschnitten untersuchen wir die Routing-Tabellen und -Updates, um dieses Problem genauer zu analysieren, und werden dann versuchen, es zu lösen.

Packet Tracer
Aktivität

Routen in nichtzusammenhängenden Netzwerken konfigurieren (7.1.2)

In dieser Aktivität wiederholen Sie, wie RIP in dem in diesem Abschnitt gezeigten Netzwerk mit nichtzusammenhängenden Subnetzen konfiguriert wird. Da Packet Tracer weder die Redistribution statischer Routen noch Nullrouten unterstützt, sind diese Konfigurationen nicht enthalten. Ausführliche Anweisungen entnehmen Sie der Aktivität selbst. Zur Durchführung der Aktivität verwenden Sie Packet Tracer und die Datei *e2-712.pka* auf der Begleit-CD-ROM zu diesem Buch.

7.1.7 Nichtzusammenhängende Netzwerke bei RIPv1

Wie Sie wissen, ist RIPv1 ein klassenbezogenes Routing-Protokoll: Es schließt die Subnetzmasken nicht in seine Routing-Updates ein – aus der RIPv1-Nachricht in Abbildung 7.4 ist das ersichtlich. Aus diesem Grund ist RIPv1 nur in der Lage, zusammenhängende Netzwerke zu unterstützen. VLSM und CIDR bleiben ebenfalls außen vor. Aber vielleicht gibt es noch Raum, um das RIPv1-Nachrichtenformat so zu erweitern, dass die Subnetzmaske einbezogen werden kann; könnte dies eine Unterstützung nichtzusammenhängender Netzwerke ermöglichen? Wie müssten Sie das Format der in der Abbildung gezeigten Nachricht ändern, um die Subnetzmaske einschließen zu können?

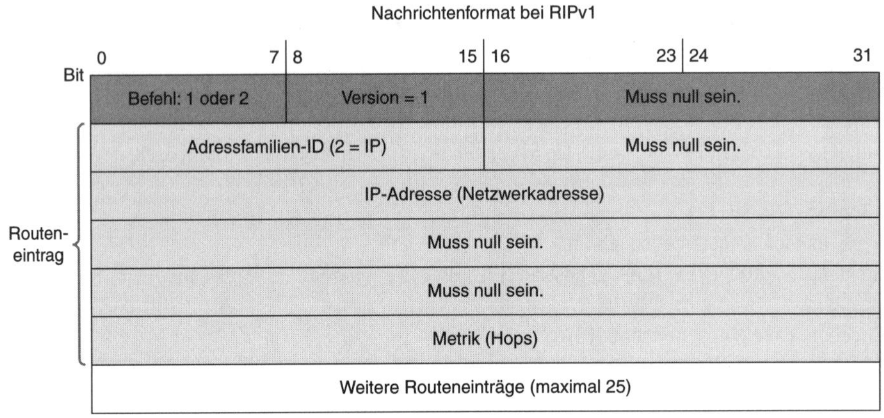

Abbildung 7.4: Nachrichtenformat bei RIPv1

Da die Subnetzmaske nicht im Update enthalten ist, müssen RIPv1 und andere klassenbezogene Routing-Protokolle Netzwerke an den Grenzen der übergeordneten Netzwerke zusammenfassen. Wie Sie Abbildung 7.5 entnehmen können, fasst RIPv1 die 172.30.0.0-Subnetze der Router R1 und R3 zur klassenbezogenen Netzwerkadresse 172.30.0.0 zusammen, wenn Routing-Updates an R2 gesendet werden.

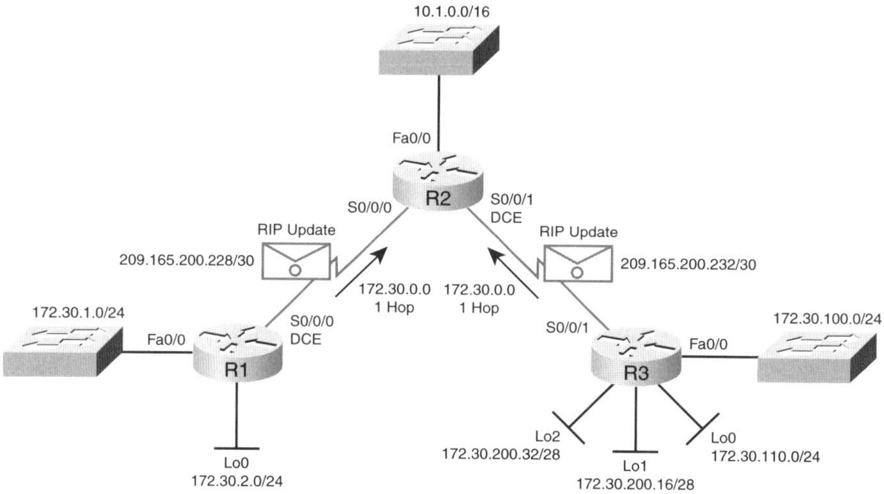

Abbildung 7.5: Automatische Zusammenfassung

Routing-Tabellen untersuchen

Wie Sie weiter oben gesehen haben, erhält R2 inkonsistente Ergebnisse, wenn er versucht, Pings an eine Adresse in einem der Subnetze von 172.30.0.0 zu senden.

Listing 7.9 zeigt, dass R2 über zwei gleichwertige Routen in das Netzwerk 172.30.0.0/16 verfügt: Sowohl R1 als auch R3 senden ein RIPv1-Update für das Netzwerk 172.30.0.0 mit einer Metrik von einem Hop an R2. Da R1 und R3 ihre einzelnen Subnetze automatisch zusammengefasst haben, enthält die Routing-Tabelle von R2 nur die klassenbezogene Adresse des übergeordneten Netzwerks 172.30.0.0, der dann die Klasse-B-Subnetzmaske /16 hinzugefügt wird.

Listing 7.9: R2 nimmt gleichwertige Routen für 172.30.0.0/16 über R1 und R3 an.

```
R2# show ip route

!Codeausgabe unterdrückt

Gateway of last resort is not set

R     172.30.0.0/16 [120/1] via 209.165.200.230, 00:00:09, Serial0/0/0
                    [120/1] via 209.165.200.234, 00:00:11, Serial0/0/1
      209.165.200.0/30 is subnetted, 2 subnets
C        209.165.200.232 is directly connected, Serial0/0/1
C        209.165.200.228 is directly connected, Serial0/0/0
      10.0.0.0/16 is subnetted, 1 subnets
C        10.1.0.0 is directly connected, FastEthernet0/0
S     192.168.0.0/16 is directly connected, Null0
```

Sie können den Inhalt der Routing-Updates bei deren Versand und Empfang mit dem Befehl `debug ip rip` untersuchen (Listing 7.10).

Listing 7.10: Ausgabe des Befehls »debug ip rip« auf R2

```
R2# debug ip rip

RIP protocol debugging is on

RIP: received v1 update from 209.165.200.230 on Serial0/0/0
     172.30.0.0 in 1 hops
RIP: received v1 update from 209.165.200.234 on Serial0/0/1
     172.30.0.0 in 1 hops
R2#
RIP: sending v1 update to 255.255.255.255 via Serial0/0/0 (209.165.200.229)
RIP: build update entries
        network 10.0.0.0 metric 1
        subnet 209.165.200.232 metric 1
RIP: sending v1 update to 255.255.255.255 via Serial0/0/1 (209.165.200.233)
RIP: build update entries
        network 10.0.0.0 metric 1
        subnet 209.165.200.228 metric 1
R2#
```

Beachten Sie, dass R2 zwei gleichwertige Routen mit einer Metrik von je einem Hop nach 172.30.0.0 empfängt: eine über Serial 0/0/0 von R1 und eine zweite über Serial 0/0/1 von R3. Beachten Sie außerdem, dass die Subnetzmaske zur Netzwerkadresse nicht im Update enthalten ist.

Wie sieht es mit R1 und R3 aus? Empfangen sie die 172.30.0.0-Subnetze des jeweils anderen Routers?

Listing 7.11 zeigt, dass R1 eigene Routen nach 172.30.0.0 hat: 172.30.2.0/24 und 172.30.1.0/24. Doch R1 schickt diese Subnetze nicht an R2. R3 hat eine ähnliche Routing-Tabelle. Sowohl R1 als auch R3 sind Boundary-Router und senden in ihren RIPv1-Routing-Updates nur das zusammengefasste Netzwerk 172.30.0.0 an R2. Folglich kennt R2 nur das klassenbezogene Netzwerk 172.30.0.0/16 und hat von den Subnetzen in 172.30.0.0 keine Kenntnis.

Listing 7.11: Ausgabe des Befehls »show ip route« auf R1

```
R1# show ip route

!Codeausgabe unterdrückt
```

Listing 7.11: Ausgabe des Befehls »show ip route« auf R1 (Forts.)

```
Gateway of last resort is not set

     172.30.0.0/24 is subnetted, 2 subnets
C       172.30.2.0 is directly connected, Loopback0
C       172.30.1.0 is directly connected, FastEthernet0/0
     209.165.200.0/30 is subnetted, 2 subnets
R       209.165.200.232 [120/1] via 209.165.200.229, 00:00:16, Serial0/0/0
C       209.165.200.228 is directly connected, Serial0/0/0
R    10.0.0.0/8 [120/1] via 209.165.200.229, 00:00:16, Serial0/0/0
R1#
```

Wenn Sie noch einmal die Ausgabe von `debug ip rip` in Listing 7.10 zur Hand nehmen, werden Sie feststellen, dass R2 das Netzwerk 172.30.0.0 nicht in die Updates an R1 oder R3 einschließt. Warum? Weil die Split-Horizon-Regel hier Anwendung findet: R2 hat die Route 172.30.0.0/16 über die beiden Schnittstellen Serial 0/0/0 und Serial 0/0/1 erlernt. Und weil R2 das Netzwerk über diese Schnittstellen erlernt hat, schließt es das betreffende Netzwerk nicht in die Updates ein, die über diese Schnittstellen versendet werden.

Wie klassenbezogene Routing-Protokolle Subnetzmasken bestimmen

Abbildung 7.6 zeigt die klassenbezogenen Grenzen der Kapitel-Topologie.

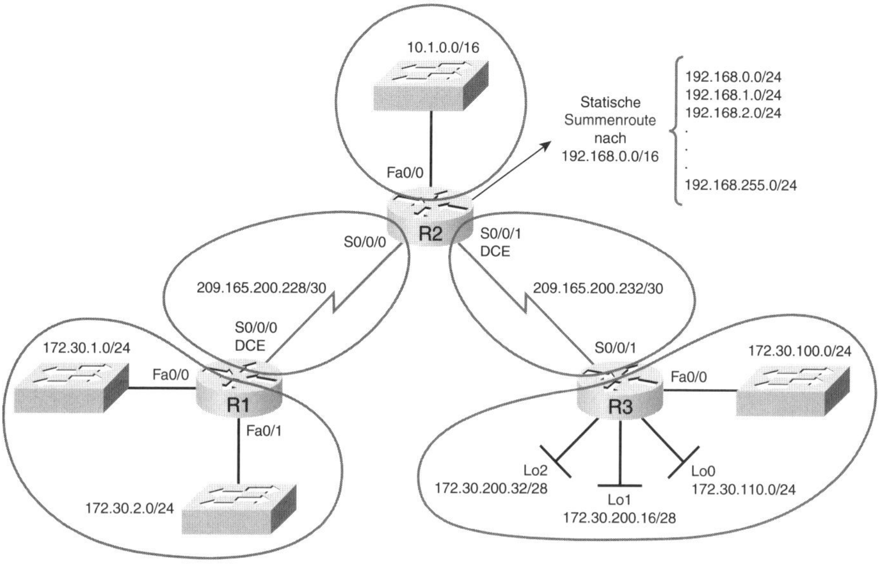

Abbildung 7.6: Klassenbezogene Grenzen in der Kapitel-Topologie

Sie wissen noch, warum R1 eine Summenroute und keine Subnetze sendet? RIPv1 ist, wie Sie ebenfalls wissen, ein klassenbezogenes Routing-Protokoll. Die Routen 172.30.1.0/24 und 172.30.2.0/24 stehen in der Routing-Tabelle von R1. Weil aber das Update über eine Schnittstelle an ein anderes klassenbezogenes Netzwerk (209.165.200.0) gesendet wird, fasst RIPv1 diese Subnetze zur Klasse-B-Adresse 172.30.0.0 zusammen.

Sie erinnern sich, wie RIPv1 auf R2 die Subnetzmaske für das Update für 172.30.0.0 von R1 und R3 bestimmt? Wenn man R1 als Beispiel verwendet, empfängt R2 das Update für 172.30.0.0 über seine Schnittstelle Serial 0/0/0, deren IP-Adresse aus dem Netzwerk 209.165.200.228 stammt. Weil dies eine andere übergeordnete Netzwerkadresse aus dem Update für 172.30.0.0 ist, wendet RIPv1 die klassenbezogene Maske (/16) auf die Route an.

R2 kennt zwei Routen in das Netzwerk 172.30.0.0/16, kann aber nicht zwischen separaten Subnetzen unterscheiden. Wenn Router R2 Pakete mit einer Ziel-IP-Adresse weiterleitet, die zu diesem Netzwerk 172.30.0.0/16 gehört, verfügt er nicht über genügend Informationen, um festzustellen, welche Ausgangsschnittstelle er für welches Subnetz verwenden soll. In diesem Fall enthält die Routing-Tabelle zwei gleichwertige Pfade für das Netzwerk 172.30.0.0/16 und führt einen Lastausgleich durch. Wir werden den Lastausgleich in Kapitel 8, »Die Routing-Tabelle unter der Lupe«, ausführlich behandeln. An dieser Stelle wollen wir es zunächst einmal als gegeben ansehen, dass unerwartete Ergebnisse auftreten werden. Abhängig von den weiteren Konfigurationseinstellungen auf dem Router ist es möglich, dass die Pakete, die an das Netzwerk 172.30.0.0 gerichtet sind, abwechselnd den beiden Schnittstellen zugewiesen werden. So würden dann einige in das Subnetz 172.30.1.0/24 gerichtete Pakete an R1, die übrigen hingegen an R2 gesendet. Das bedeutet jedoch, dass einige Pakete ihr Ziel erreichen, während andere dies nicht tun. Genau dieses Verhalten haben wir in Listing 7.6 erkannt: Einige Pings schlugen fehl, andere waren erfolgreich.

7.1.8 Die fehlende VLSM-Unterstützung in RIPv1

Da RIPv1 die Subnetzmaske in den Routing-Updates nicht sendet, kann es VLSM nicht unterstützen. Auf dem Router R3 sind die folgenden VLSM-Subnetze konfiguriert, die alle Mitglieder des Klasse-B-Netzwerks 172.30.0.0/16 sind:

- 172.30.100.0/**24** (FastEthernet 0/0)
- 172.30.110.0/**24** (Loopback 0)
- 172.30.200.16/**28** (Loopback 1)
- 172.30.200.32/**28** (Loopback 2)

Wie Sie bei den Updates für 172.30.0.0/16 von R1 und R3 auf R2 gesehen haben, fasst RIPv1 die Subnetze entweder an den klassenbezogenen Grenzen zusammen oder verwendet die Subnetzmaske der ausgehenden Schnittstelle, um zu ermitteln, welche Subnetze bekannt gegeben werden müssen.

Um zu veranschaulichen, wie RIPv1 die Subnetzmaske der Ausgangsschnittstelle verwendet, wird ein Router R4 vorübergehend zur Topologie hinzugefügt und über die Schnittstelle FastEthernet 0/0 im Netzwerk 172.30.100.0/24 mit R3 verbunden (Abbildung 7.7).

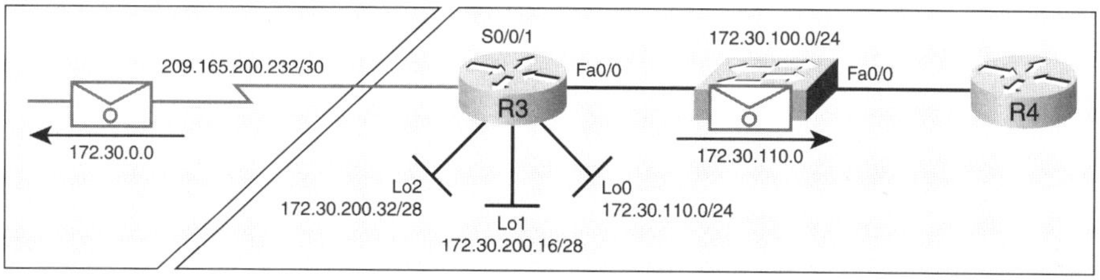

Abbildung 7.7: RIPv1-Updates innerhalb und über klassenbezogene Grenzen hinweg

Beachten Sie in der Ausgabe von `debug ip rip` für R3 in Listing 7.12, dass das einzige Subnetz von 172.30.0.0, das in den RIPv1-Updates enthalten ist, welche die Schnittstelle FastEthernet 0/0 in Richtung R4 verlassen, 172.30.110.0 ist.

Listing 7.12: Ausgabe des Befehls »debug ip rip« auf R3

```
R3# debug ip rip

RIP protocol debugging is on
R3#
RIP: sending v1 update to 255.255.255.255 via FastEthernet0/0 (172.30.100.1)
RIP: build update entries
        network 10.0.0.0 metric 2
        subnet 172.30.110.0 metric 1
        network 209.165.200.0 metric 1
RIP: sending v1 update to 255.255.255.255 via Serial0/0/1 (209.165.200.234)
RIP: build update entries
        network 172.30.0.0 metric 1
```

Warum schließt RIPv1 auf R3 nicht die anderen Subnetze 172.30.200.16/28 und 172.30.200.32/28 in die Updates an R4 mit ein? Wenn RIPv1 auf R3 seine Subnetze von 172.30.0.0 über die Ausgangsschnittstelle FastEthernet 0/0 sendet, werden nur diejenigen 172.30.0.0-Subnetze mit derselben Subnetzmaske wie die Ausgangsschnittstelle eingeschlossen. Die

Subnetze 172.30.200.16/28 und 172.30.200.32/28 in der Routing-Tabelle von R3 haben nicht dieselbe Subnetzmaske /24 wie FastEthernet 0/0, das heißt, sie werden nicht eingeschlossen; lediglich das Subnetz 172.30.110.0 in der Routing-Tabelle von R3 hat die Maske /24. Aus diesem Grund müssen alle Subnetze dieselbe Subnetzmaske verwenden, falls ein klassenbezogenes Routing-Protokoll im Netzwerk implementiert wird.

Beachten Sie außerdem, dass R3 das vollständige klassenbezogene Netzwerk 172.30.0.0 über Serial 0/0/1 versendet.

7.1.9 Die fehlende CIDR-Unterstützung in RIPv1

Die bisherigen Beschreibungen in diesem Kapitel sollten Ihnen aus Kapitel 5 mehr oder minder vertraut sein. Es gibt allerdings einen Aspekt, den wir noch gar nicht besprochen haben.

Listing 7.13 zeigt die Konfiguration einer statischen Route in das Netzwerk 192.168.0.0/16 auf R2 und weist RIP mit dem Befehl `redistribute static` an, diese Route in seine Updates einzubinden. Diese statische Route ist eine Summenroute für die 192.168.0.0/24-Subnetze, d. h. die Subnetze zwischen 192.168.0.0/24 und 192.168.255.0/24.

Listing 7.13: Konfiguration und Umverteilung einer statischen Summenroute auf R2

```
R2(config)# ip route 192.168.0.0 255.255.0.0 null0
R2(config)# router rip
R2(config-router)# redistribute static
R2(config-router)# network 10.0.0.0
R2(config-router)# network 209.165.200.0
R2(config-router)# exit
```

In Listing 7.14 sehen Sie, dass die statische Route in die Routing-Tabelle von R2 eingefügt wurde.

Listing 7.14: Routing-Tabelle von R2

```
R2# show ip route

!Codeausgabe unterdrückt

Gateway of last resort is not set

R     172.30.0.0/16 [120/1] via 209.165.200.230, 00:00:09, Serial0/0/0
                    [120/1] via 209.165.200.234, 00:00:11, Serial0/0/1
      209.165.200.0/30 is subnetted, 2 subnets
C        209.165.200.232 is directly connected, Serial0/0/1
```

Listing 7.14: Routing-Tabelle von R2 (Forts.)

```
C        209.165.200.228 is directly connected, Serial0/0/0
     10.0.0.0/16 is subnetted, 1 subnets
C        10.1.0.0 is directly connected, FastEthernet0/0
S    192.168.0.0/16 is directly connected, Null0
```

Wenn Sie sich nun die Routing-Tabelle für R1 in Listing 7.15 ansehen, werden Sie feststellen, dass R1 diese Route nach 192.168.0.0/16 anders als erwartet nicht in den RIP-Updates von R2 empfängt.

Listing 7.15: Routing-Tabelle von R1

```
R1# show ip route

!Codeausgabe unterdrückt

Gateway of last resort is not set

     172.30.0.0/24 is subnetted, 2 subnets
C       172.30.2.0 is directly connected, FastEthernet0/1
C       172.30.1.0 is directly connected, FastEthernet0/0
     209.165.200.0/30 is subnetted, 2 subnets
R       209.165.200.232 [120/1] via 209.165.200.229, 00:00:16, Serial0/0/0
C       209.165.200.228 is directly connected, Serial0/0/0
R    10.0.0.0/8 [120/1] via 209.165.200.229, 00:00:16, Serial0/0/0
```

Wenn Sie nun `debug ip rip` auf R2 einsetzen (Listing 7.16), werden Sie bemerken, dass RIPv1 die Route nach 192.168.0.0/16 weder in die RIP-Updates an R1 noch die an R3 einfügt. Können Sie sich vorstellen, warum diese Route nicht eingefügt wird? Betrachten Sie die Route 192.168.0.0/16. Welche Klasse hat die Route: A, B oder C? Welche Maske wird in dieser statischen Route verwendet? Entspricht sie der Klasse? Oder ist die Maske in der statischen Route kleiner als die klassenbezogene Maske?

Listing 7.16: Die »debug ip rip«-Ausgabe auf R2 zeigt, dass 192.168.0.0/16 nicht an R1 und R3 gesendet wird.

```
R2# debug ip rip

RIP protocol debugging is on
<Ausgabe teilweise unterdrückt>
RIP: received v1 update from 209.165.200.230 on Serial0/0/0
     172.30.0.0 in 1 hops
RIP: received v1 update from 209.165.200.234 on Serial0/0/1
     172.30.0.0 in 1 hops
R2#
```

Listing 7.16: Die »debug ip rip«-Ausgabe auf R2 zeigt, dass 192.168.0.0/16 nicht an R1 und R3 gesendet wird. (Forts.)

```
RIP: sending v1 update to 255.255.255.255 via Serial0/0/0 (209.165.200.229)
RIP: build update entries
        network 10.0.0.0 metric 1
        subnet 209.165.200.232 metric 1
RIP: sending v1 update to 255.255.255.255 via Serial0/0/1 (209.165.200.233)
RIP: build update entries
        network 10.0.0.0 metric 1
        subnet 209.165.200.228 metric 1
R2#
```

Wir haben die statische Route 192.168.0.0 mit der Maske /16 konfiguriert. Dies sind weniger Bits als die klassenbezogene Klasse-C-Maske /24. Da die Maske weder der Klasse noch einem Subnetz der Klasse entspricht, schließt RIPv1 diese Route nicht in die an andere Router gesendeten Updates mit ein.

RIPv1 und andere klassenbezogene Routing-Protokolle können CIDR-Routen nicht unterstützen, bei denen es sich um Summenrouten mit einer Subnetzmaske handelt, die kleiner ist als die klassenbezogene Maske der Route. RIPv1 ignoriert diese Supernetze in der Routing-Tabelle und schließt sie auch nicht in die Updates an andere Router ein. Grund hierfür ist, dass der empfangende Router nur die größere klassenbezogene Maske auf das Update anwenden könnte, nicht jedoch die kürzere Maske /16.

ANMERKUNG

Wäre die statische Route 192.168.0.0 mit der Maske /24 oder einer größeren Maske konfiguriert worden, so wäre sie in die RIP-Updates eingeschlossen worden. Die empfangenden Router würden dann die klassenbezogene Maske /24 auf dieses Update anwenden.

Wie in Kapitel 6, »VLSM und CIDR«, beschrieben, ermöglicht es CIDR den Netzwerken, Masken ohne Berücksichtigung der Klasse zu verwenden (daher stammt der Begriff *klassenlos*). Das Netzwerk 192.168.0.0 hätte also eine der Masken /8, /10, /20, /24, /30 oder auch irgendeine andere Maske haben können. CIDR gestattet zudem eine Zusammenfassung von Routen mit einer Subnetzmaske, die alle zusammenzufassenden Routen enthält – und zwar auch dann, wenn die Maske kleiner als eine klassenbezogene Maske ist; diesen Punkt haben wir in Kapitel 6 bereits erörtert.

Ausbleibende Konvergenz mit Befehlen überprüfen (7.1.5)

Packet Tracer Aktivität

In dieser Packet Tracer-Aktivität im Simulationsmodus sehen Sie, dass Updates bei RIPv1 nicht über klassenbezogene Netzwerkgrenzen übertragen werden. Verifizieren Sie im Echtzeitmodus das Ausbleiben der Konvergenz mithilfe der Befehle `show ip route`, `ping` und `debug ip rip`. Ausführliche Anweisungen entnehmen Sie der Aktivität selbst. Zur Durchführung der Aktivität verwenden Sie Packet Tracer und die Datei *e2-715.pka* auf der Begleit-CD-ROM zu diesem Buch.

7.2 RIPv2 konfigurieren

Die Konfiguration von RIPv2 ähnelt der von RIPv1 stark; es wird lediglich ein einziger zusätzlicher Befehl verwendet, den wir im nächsten Abschnitt erläutern: `version 2`. Zwar verwendet RIPv2 dieselben grundlegenden Konfigurationsbefehle wie RIPv1, doch unterscheiden sich die Auswirkungen bei RIPv2, da hierbei sowohl CIDR als auch VLSM im Netzwerk verwendet werden können.

7.2.1 RIPv2 aktivieren und überprüfen

RIPv2 ist in RFC 1723 definiert. Wie Version 1 wird RIPv2 in ein UDP-Segment (UDP = User Datagram Protocol) gekapselt und kann über Port 520 bis zu 25 Routen übertragen. Abbildung 7.8 zeigt die Nachrichtenformate von RIPv1 und RIPv2. Zwar weist RIPv2 prinzipiell dasselbe Format wie RIPv1 auf, doch wurden zwei wesentliche Erweiterungen hinzugefügt.

Die erste wichtige Erweiterung im RIPv2-Format ist das Subnetzmaskenfeld, das das Einfügen einer 32-Bit-Maske in den RIP-Routeneintrag gestattet. Infolgedessen ist der empfangende Router beim Bestimmen der Subnetzmasken für eine Route nicht mehr von der Subnetzmaske der eingehenden Schnittstelle oder der klassenbezogenen Maske abhängig.

Die zweite Erweiterung ist die Adresse des nächsten Hops. Sie wird verwendet, um einen besseren nächsten Hop als die Adresse des sendenden Routers zu ermitteln (sofern ein solcher vorhanden ist). Wenn das Feld nur aus Nullen besteht (0.0.0.0), ist die Adresse des sendenden Routers der beste nächste Hop. Detaillierte Informationen zur Verwendung der Adresse des nächsten Hops sind nicht Gegenstand dieses Kurses; Beispiele finden Sie jedoch in RFC 1722, »RIP Version 2 Protocol Applicability Statement«, oder im Buch »Routing TCP/IP, Volume 1« von Jeff Doyle.

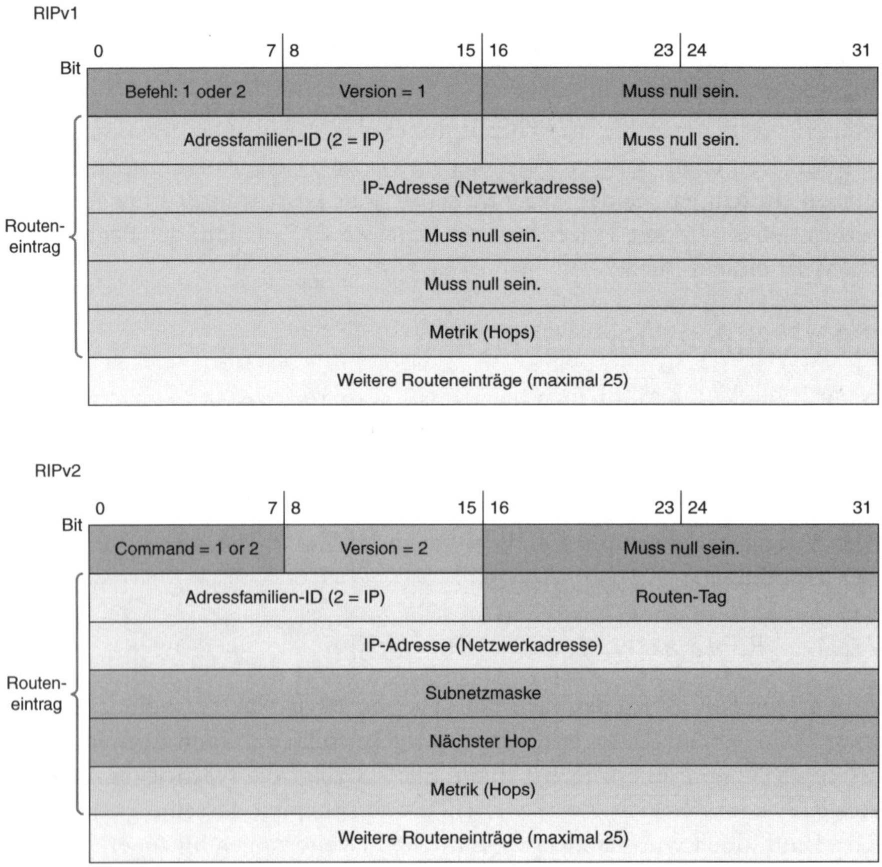

Abbildung 7.8: Nachrichtenformate von RIPv1 und RIPv2 im Vergleich

Wenn ein RIP-Prozess auf einem Cisco-Router konfiguriert wird, läuft zunächst einmal RIPv1. Der Router sendet zwar nur RIPv1-Nachrichten, kann aber sowohl RIPv1- als auch RIPv2-Nachrichten empfangen und verarbeiten. Ein RIPv1-Router ignoriert die RIPv2-spezifischen Felder im Routen-Eintrag dann einfach.

In Listing 7.17 wird mit dem Befehl `show ip protocols` festgestellt, dass R2 zwar für RIPv1 konfiguriert ist, aber RIP-Nachrichten für beide Versionen empfängt.

Listing 7.17: Der Befehl »show ip protocols« auf R2 verifiziert den Versand von RIPv1-Updates, kann aber sowohl RIPv1- als auch RIPv2-Updates empfangen.

```
R2# show ip protocols

Routing Protocol is "rip"
  Sending updates every 30 seconds, next due in 1 seconds
  Invalid after 180 seconds, hold down 180, flushed after 240
  Outgoing update filter list for all interfaces is
  Incoming update filter list for all interfaces is
  Redistributing: static, rip
  Default version control: send version 1, receive any version
    Interface             Send  Recv  Triggered RIP  Key-chain
    Serial0/0/0           1     1 2
    Serial0/0/1           1     1 2
  Automatic network summarization is in effect
  <Ausgabe unterdrückt>
```

Interessanterweise ignoriert jedoch ein Router, der für RIPv2 konfiguriert ist, RIPv1-Updates. Die Schnittstellenbefehle `ip rip send` und `ip rip receive` können verwendet werden, um die Kompatibilität zwischen den beiden Versionen zu erzwingen.

Beachten Sie in Listing 7.18 den Befehl `version 2`, der zur Umstellung von RIP auf Version 2 verwendet wird. Dieser Befehl sollte auf allen Routern in der Routing-Domäne eingesetzt werden. Der RIP-Prozess schließt die Subnetzmaske nun in alle Updates ein, wodurch RIPv2 zum klassenlosen Routing-Protokoll wird.

Listing 7.18: RIP mit dem Befehl »version 2« als klassenloses Routing-Protokoll

```
R1(config)# router rip
R1(config-router)# version 2
```

```
R2(config)# router rip
R2(config-router)# version 2
```

```
R3(config)# router rip
R3(config-router)# version 2
```

Wie Sie der Ausgabe in Listing 7.19 entnehmen können, werden von einem Router mit Version 2 nur RIPv2-Nachrichten gesendet und empfangen.

Listing 7.19: Der Befehl »show ip protocols« auf R2 zum Überprüfen des Versands und Empfangs von RIPv2-Updates (nicht aber RIPv1-Updates)

```
R2# show ip protocols

Routing Protocol is "rip"
  Sending updates every 30 seconds, next due in 1 seconds
  Invalid after 180 seconds, hold down 180, flushed after 240
  Outgoing update filter list for all interfaces is
  Incoming update filter list for all interfaces is
  Redistributing: static, rip
  Default version control: send version 2, receive version 2
    Interface             Send  Recv  Triggered RIP  Key-chain
    Serial0/0/0           2     2
    Serial0/0/1           2     2
  Automatic network summarization is in effect
  <Ausgabe unterdrückt>
```

Das normale Verhalten von RIPv1 lässt sich entweder mit dem Befehl `version 1` oder mit `no version` im Router-Konfigurationsmodus wiederherstellen (Listing 7.20).

Listing 7.20: Zurücksetzen auf RIPv1

```
R1(config)# router rip
R1(config-router)# version 1

!or

R1(config)# router rip
R1(config-router)# no version
```

```
R2(config)# router rip
R2(config-router)# version 1

!or

R2(config)# router rip
R2(config-router)# no version
```

```
R3(config)# router rip
R3(config-router)# version 1

!or

R3(config)# router rip
R3(config-router)# no version
```

7.2.2 Automatische Zusammenfassung und RIPv2

Da RIPv2 ein klassenloses Protokoll ist, sollte man das Vorhandensein der einzelnen Subnetze von 172.30.0.0 in den Routing-Tabellen erwarten. Wenn Sie allerdings die Routing-Tabelle für R2 in Listing 7.21 untersuchen, steht dort nach wie vor die Summenroute 172.30.0.0/16 mit den beiden gleichwertigen Pfaden: Die Router R1 und R3 enthalten noch immer nicht die 172.30.0.0-Subnetze des anderen Routers.

Listing 7.21: RIPv2 fasst nach wie vor an den klassenbezogenen Grenzen zusammen.

```
R2# show ip route

!Codeausgabe unterdrückt

Gateway of last resort is not set

R    172.30.0.0/16 [120/1] via 209.165.200.230, 00:00:28, Serial0/0/0
                   [120/1] via 209.165.200.234, 00:00:18, Serial0/0/1
     209.165.200.0/30 is subnetted, 2 subnets
C       209.165.200.232 is directly connected, Serial0/0/1
C       209.165.200.228 is directly connected, Serial0/0/0
     10.0.0.0/16 is subnetted, 1 subnets
C       10.1.0.0 is directly connected, FastEthernet0/0
S    192.168.0.0/16 is directly connected, Null0
```

Der einzige Unterschied zwischen RIPv1 und RIPv2 besteht bislang darin, dass R1 und R3 jeweils eine Route nach 192.168.0.0/16 besitzen (Listing 7.22). Diese Route ist die auf R2 konfigurierte statische Route, die von RIP verbreitet wurde.

Listing 7.22: R1 verfügt nun über eine Summenroute nach 192.168.0.0/16.

```
R1# show ip route

!Codeausgabe unterdrückt

Gateway of last resort is not set

     172.30.0.0/24 is subnetted, 2 subnets
C       172.30.2.0 is directly connected, Loopback0
C       172.30.1.0 is directly connected, FastEthernet0/0
     209.165.200.0/30 is subnetted, 2 subnets
R       209.165.200.232 [120/1] via 209.165.200.229, 00:00:04, Serial0/0/0
C       209.165.200.228 is directly connected, Serial0/0/0
R    10.0.0.0/8 [120/1] via 209.165.200.229, 00:00:04, Serial0/0/0
R    192.168.0.0/16 [120/1] via 209.165.200.229, 00:00:04, Serial0/0/0
```

Was also geschieht hier gerade? Um zu untersuchen, welche RIPv2-Routen gesendet und empfangen werden, benutzen wir den Befehl `debug ip rip`. Listing 7.23 zeigt die Ausgabe von `debug ip rip` auf R1. Beachten Sie, dass RIPv2 sowohl die Netzwerkadresse als auch die Subnetzmaske sendet.

Listing 7.23: Die Ausgabe von »debug ip rip« zeigt, dass die Subnetzmaske nun gesendet wird, die klassenbezogene Routenzusammenfassung jedoch weiterhin angewendet wird.

```
R1# debug ip rip

RIP protocol debugging is on
R1#
RIP: sending v2 update to 224.0.0.9 via Serial0/0/0 (209.165.200.230)
RIP: build update entries
        172.30.0.0/16 via 0.0.0.0, metric 1, tag 0
R1#
<Ausgabe unterdrückt>
RIP: received v2 update from 209.165.200.229 on Serial0/0/0
     10.0.0.0/8 via 0.0.0.0 in 1 hops
     192.168.0.0/16 via 0.0.0.0 in 1 hops
     209.165.200.232/30 via 0.0.0.0 in 1 hops
<Ausgabe unterdrückt>
R1#
```

Beachten Sie hingegen in Listing 7.23, dass die gesendete Route die zusammengefasste klassenbezogene Netzwerkadresse 172.30.0.0/16 ist – nicht die einzelnen Adressen 172.30.1.0/24 und 172.30.2.0/24.

Standardmäßig fasst RIPv2 Netzwerke ebenso wie RIPv1 automatisch an den übergeordneten Netzwerkgrenzen zusammen. Sowohl R1 als auch R3 fassen also ihre Subnetze von 172.30.0.0 jeweils zur Klasse-B-Adresse 172.30.0.0 zusammen, wenn sie Updates über ihre Schnittstellen in den Netzwerken 209.165.200.228 bzw. 209.165.200.232 senden. Der Befehl `show ip protocols` in Listing 7.24 zeigt, dass die automatische Zusammenfassung von Netzwerken angewendet wird.

Listing 7.24: Der Befehl »show ip protocols« auf R1 zeigt, dass die automatische Zusammenfassung angewendet wird.

```
R1# show ip protocols

Routing Protocol is "rip"
  Sending updates every 30 seconds, next due in 20 seconds
  Invalid after 180 seconds, hold down 180, flushed after 240
  Outgoing update filter list for all interfaces is not set
  Incoming update filter list for all interfaces is not set
```

Listing 7.24: Der Befehl »show ip protocols« auf R1 zeigt, dass die automatische Zusammenfassung angewendet wird. (Forts.)

```
  Redistributing: rip
  Default version control: send version 2, receive version 2
    Interface             Send  Recv  Triggered RIP  Key-chain
    FastEthernet0/0       2     2
    FastEthernet0/1       2     2
    Serial0/1/0           2     2
  Automatic network summarization is in effect
  <Ausgabe unterdrückt>
```

Die einzige Änderung, die sich aus dem Befehl `version 2` ergibt, besteht darin, dass R2 nun das Netzwerk 192.168.0.0/16 in den Updates berücksichtigt: RIPv2 schließt die Maske 255.255.0.0 mit der Netzwerkadresse 192.168.0.0 in das Update ein. Sowohl R1 als auch R3 empfangen diese umverteilte statische Route über RIPv2 und tragen sie in ihre Routing-Tabellen ein.

Anmerkung

Sie wissen bereits, dass die Route 192.168.0.0/16 nicht mit RIPv1 verteilt werden konnte, weil die Subnetzmaske kleiner als die klassenbezogene Maske war. Da die Maske nicht Bestandteil der RIPv1-Updates ist, gibt es für RIPv1 keine Möglichkeit, die Maske zu ermitteln.

7.2.3 Automatische Zusammenfassung in RIPv2 deaktivieren

Wie Sie in Listing 7.25 sehen, verwenden Sie zur Änderung des Default-Verhalten von RIPv2 bezüglich der automatischen Zusammenfassung den Befehl `no auto-summary` im Router-Konfigurationsmodus. Dieser Befehl ist bei RIPv1 ungültig: Das Cisco IOS unterbindet zwar seine Konfiguration nicht, doch hat er keine Auswirkungen. Sie müssen also zunächst stets `version 2` konfigurieren, bevor das IOS die Vorgehensweise beim Versand von RIP-Updates ändert.

Listing 7.25: Autosummierung mit dem RIP-Konfigurationsbefehl »no auto-summary« deaktivieren

```
R2(config)# router rip
R2(config-router)# no auto-summary
```

```
R3(config)# router rip
R3(config-router)# no auto-summary
```

```
R1(config)# router rip
R1(config-router)# no auto-summary
```

Nach Deaktivierung der automatischen Routenzusammenfassung fasst RIPv2 auf den Boundary-Routern keine Netzwerke mehr an den klassenbezogenen Adressgrenzen zusammen. Vielmehr schließt RIPv2 nun alle Subnetze und die zugehörigen Masken in seine Routing-Updates ein. Der Befehl `show ip protocols` in Listing 7.26 zeigt, dass die automatische Zusammenfassung von Netzwerken nicht mehr angewendet wird.

Listing 7.26: Der Befehl »show ip protocols« auf R1 zeigt, dass die automatische Zusammenfassung nicht angewendet wird.

```
R1# show ip protocols

Routing Protocol is "rip"
  Sending updates every 30 seconds, next due in 11 seconds
  Invalid after 180 seconds, hold down 180, flushed after 240
  Outgoing update filter list for all interfaces is not set
  Incoming update filter list for all interfaces is not set
  Redistributing: rip
  Default version control: send version 2, receive version 2
    Interface             Send  Recv  Triggered RIP  Key-chain
    FastEthernet0/0       2     2
    FastEthernet0/1       2     2
    Serial0/1/0           2     2
  Automatic network summarization is not in effect
  <Ausgabe unterdrückt>
```

7.2.4 RIPv2-Updates überprüfen

Sie benutzen jetzt das klassenlose Routing-Protokoll RIPv2 und haben die automatische Zusammenfassung deaktiviert; was sollte nun Ihrer Meinung nach in den Routing-Tabellen erscheinen?

Die Routing-Tabelle für R2 in Listing 7.27 enthält die einzelnen Subnetze für 172.30.0.0/16. Beachten Sie, dass nun keine einzelne Summenroute mit zwei gleichwertigen Pfaden mehr vorhanden ist; jede Kombination aus Subnetz und Maske verfügt nun über einen eigenen Eintrag mit Angabe der Ausgangsschnittstelle und der Adresse des nächsten Hops, über den das Subnetz erreicht werden kann.

Listing 7.27: Vollständig konvergierte Routing-Tabelle von R2 mit den 172.30.0.0/16-Subnetzen

```
R2# show ip route

!Codeausgabe unterdrückt
```

Listing 7.27: Vollständig konvergierte Routing-Tabelle von R2 mit den 172.30.0.0/16-Subnetzen (Forts.)

```
Gateway of last resort is not set

     172.30.0.0/16 is variably subnetted, 6 subnets, 2 masks
R       172.30.200.32/28 [120/1] via 209.165.200.234, 00:00:09, Serial0/0/1
R       172.30.200.16/28 [120/1] via 209.165.200.234, 00:00:09, Serial0/0/1
R       172.30.2.0/24 [120/1] via 209.165.200.230, 00:00:03, Serial0/0/0
R       172.30.1.0/24 [120/1] via 209.165.200.230, 00:00:03, Serial0/0/0
R       172.30.100.0/24 [120/1] via 209.165.200.234, 00:00:09, Serial0/0/1
R       172.30.110.0/24 [120/1] via 209.165.200.234, 00:00:09, Serial0/0/1
     209.165.200.0/30 is subnetted, 2 subnets
C       209.165.200.232 is directly connected, Serial0/0/1
C       209.165.200.228 is directly connected, Serial0/0/0
     10.0.0.0/16 is subnetted, 1 subnets
C       10.1.0.0 is directly connected, FastEthernet0/0
S    192.168.0.0/16 is directly connected, Null0
```

Die Routing-Tabelle auf R1 (Listing 7.28) enthält alle Subnetze für 172.30.0.0/16 einschließlich jener von R3.

Listing 7.28: Vollständig konvergierte Routing-Tabelle von R1 mit den 172.30.0.0/16-Subnetzen

```
R1# show ip route

!Codeausgabe unterdrückt

Gateway of last resort is not set

     172.30.0.0/16 is variably subnetted, 6 subnets, 2 masks
R       172.30.200.32/28 [120/2] via 209.165.200.229, 00:00:01, Serial0/0/0
R       172.30.200.16/28 [120/2] via 209.165.200.229, 00:00:01, Serial0/0/0
C       172.30.2.0/24 is directly connected, Loopback0
C       172.30.1.0/24 is directly connected, FastEthernet0/0
R       172.30.100.0/24 [120/2] via 209.165.200.229, 00:00:01, Serial0/0/0
R       172.30.110.0/24 [120/2] via 209.165.200.229, 00:00:01, Serial0/0/0
     209.165.200.0/30 is subnetted, 2 subnets
R       209.165.200.232 [120/1] via 209.165.200.229, 00:00:02, Serial0/0/0
C       209.165.200.228 is directly connected, Serial0/0/0
     10.0.0.0/16 is subnetted, 1 subnets
R       10.1.0.0 [120/1] via 209.165.200.229, 00:00:02, Serial0/0/0
R    192.168.0.0/16 [120/1] via 209.165.200.229, 00:00:02, Serial0/0/0
```

Die Routing-Tabelle auf R3 (Listing 7.29) schließlich enthält alle Subnetze für 172.30.0.0/16 einschließlich jener von R1. Das Netzwerk hat konvergiert.

Listing 7.29: Vollständig konvergierte Routing-Tabelle von R3 mit den 172.30.0.0/16-Subnetzen

```
R3# show ip route

!Codeausgabe unterdrückt

Gateway of last resort is not set

     172.30.0.0/16 is variably subnetted, 6 subnets, 2 masks
C       172.30.200.32/28 is directly connected, Loopback2
C       172.30.200.16/28 is directly connected, Loopback1
R       172.30.2.0/24 [120/2] via 209.165.200.233, 00:00:01, Serial0/0/1
R       172.30.1.0/24 [120/2] via 209.165.200.233, 00:00:01, Serial0/0/1
C       172.30.100.0/24 is directly connected, FastEthernet0/0
C       172.30.110.0/24 is directly connected, Loopback0
     209.165.200.0/30 is subnetted, 2 subnets
C       209.165.200.232 is directly connected, Serial0/0/1
R       209.165.200.228 [120/1] via 209.165.200.233, 00:00:02, Serial0/0/1
     10.0.0.0/16 is subnetted, 1 subnets
R       10.1.0.0 [120/1] via 209.165.200.233, 00:00:02, Serial0/0/1
R    192.168.0.0/16 [120/1] via 209.165.200.233, 00:00:02, Serial0/0/1
```

In Listing 7.30 können wir mit dem Befehl `debug ip rip` feststellen, dass das klassenlose Routing-Protokoll RIPv2 tatsächliche Routing-Updates sendet und empfängt, die einzelne Routen mit den jeweiligen Subnetzmasken anstelle von Summenrouten mit klassenbezogenen Masken enthalten. Beachten Sie bitte, dass jeder Routeneintrag nun die Subnetzmaske in Schrägstrichnotation enthält.

Listing 7.30: R2 sendet und empfängt Angaben zu Subnetzmasken.

```
R2# debug ip rip

 RIP protocol debugging is on
<Ausgabe teilweise unterdrückt>
R2#
RIP: received v2 update from 209.165.200.234 on Serial0/0/1
     172.30.100.0/24 via 0.0.0.0 in 1 hops
     172.30.110.0/24 via 0.0.0.0 in 1 hops
     172.30.200.16/28 via 0.0.0.0 in 1 hops
     172.30.200.32/28 via 0.0.0.0 in 1 hops
```

Listing 7.30: R2 sendet und empfängt Angaben zu Subnetzmasken. (Forts.)

```
R2#
RIP: sending v2 update to 224.0.0.9 via Serial0/0/0 (209.165.200.229)
RIP: build update entries
        10.1.0.0/16 via 0.0.0.0, metric 1, tag 0
        172.30.100.0/24 via 0.0.0.0, metric 2, tag 0
        172.30.110.0/24 via 0.0.0.0, metric 2, tag 0
        172.30.200.16/28 via 0.0.0.0, metric 2, tag 0
        172.30.200.32/28 via 0.0.0.0, metric 2, tag 0
        192.168.0.0/16 via 0.0.0.0, metric 1, tag 0
        209.165.200.232/30 via 0.0.0.0, metric 1, tag 0
R2#
```

Ferner sehen Sie, dass bei einem Update, das auf einer Schnittstelle empfangen wird, zunächst die Metrik erhöht wird, bevor es über eine andere Schnittstelle weitergeleitet wird. So wird beispielsweise das Update für das Netzwerk 172.30.100.0/24, das auf Serial 0/0/1 empfangen wird und als Metrik einen Hop angibt, beim Weiterversand über andere Schnittstellen wie Serial 0/0/0 mit der Metrik 2 (also zwei Hops) versehen:

```
RIP: received v2 update from 209.165.200.234 on Serial0/0/1
     172.30.100.0/24 via 0.0.0.0 in 1 hops
RIP: sending v2 update to 224.0.0.9 via Serial0/0/0 (209.165.200.229)
      172.30.100.0/24 via 0.0.0.0, metric 2, tag 0
```

Beachten Sie ferner, dass die Updates über die Multicast-Adresse 224.0.0.9 gesendet werden. RIPv1 dagegen sendet Updates als Broadcast an 255.255.255.255. Die Verwendung einer Multicast-Adresse bietet eine Reihe von Vorteilen. Deren Einzelheiten sind nicht Gegenstand dieses Buches, doch lässt sich grundsätzlich festhalten, dass Multicasts weniger Bandbreite im Netzwerk benötigen. Außerdem nehmen Multicast-Updates weniger Prozessorleistung auf Geräten in Anspruch, die nicht RIP-fähig sind. Unter RIPv2 verwirft jedes Gerät, das nicht RIP-konfiguriert ist, den Frame in der Sicherungsschicht. Bei Broadcast-Updates unter RIPv1 hingegen müssen alle Gerät in einem Broadcast-Netzwerk (wie beispielsweise Ethernet) RIP-Updates bis hinauf zur Transportschicht verarbeiten, wo das Gerät am Ende dann feststellen muss, dass das Paket an einen Prozess gerichtet ist, der nicht existiert.

Packet Tracer
☐ Aktivität

RIPv2 konfigurieren (7.2.4)

RIPv2 ist eine aktualisierte Version, die VLSM und CIDR unterstützt, indem sie Angaben zu Subnetzmasken in den Routing-Updates überträgt. Allerdings besteht das normale Verhalten von RIPv2 darin, Routen an klassenbezogenen Grenzen zu Summenrouten zusammenzufassen. In dieser Aktivität werden Sie mit Packet Tracer RIPv2 konfigurieren und die automatische Zusammenfassung in dem in diesem Abschnitt vorgestellten nichtzusammenhängenden Subnetzen deaktivieren. Danach werden Sie die Änderungen bei laufendem Betrieb des Netzwerks überprüfen. Zur Durchführung der Aktivität verwenden Sie Packet Tracer und die Datei *e2-724.pka* auf der Begleit-CD-ROM zu diesem Buch.

7.3 VLSM und CIDR

Klassenlose Routing-Protokolle wie RIPv2 fügen die Subnetzmaske in das Routing-Update ein. Insofern unterstützen solche Protokolle sowohl VLSM als auch CIDR.

7.3.1 RIPv2 und VLSM

Da klassenlose Routing-Protokolle wie RIPv2 sowohl die Netzwerkadresse als auch die Subnetzmaske übertragen, müssen sie diese Netzwerke nicht an den übergeordneten Netzwerkgrenzen zu klassenbezogenen Adressen zusammenfassen. Deswegen unterstützen solche Protokolle auch VLSM. Router, die RIPv2 verwenden, müssen folglich nicht mehr die Maske der Eingangsschnittstelle verwenden, um die Subnetzmaske im Routen-Advertisement zu ermitteln: Netzwerk und Maske sind explizit in jedem Routing-Update enthalten.

In Netzwerken, die ein VLSM-Adressierungssystem verwenden, muss ein klassenloses Routing-Protokoll eingesetzt werden, damit alle Netzwerke mit ihren korrekten Subnetzmasken verbreitet werden. In Abbildung 7.9 haben wir zeitweilig einen Router R4 hinzugefügt, um zu veranschaulichen, wie RIPv2 innerhalb einer klassenbezogenen Grenze funktioniert. Zwar wird diese Grenze der Vollständigkeit halber angezeigt, doch bei deaktivierter automatischer Zusammenfassung ignoriert RIPv2 diese klassenbezogene Grenze. Wie Sie wissen, sendet R3 bei RIPv1 nur diejenigen Routen von 172.30.0.0 an R4, die dieselbe Maske wie die Ausgangsschnittstelle FastEthernet 0/0 aufweisen. Da die Schnittstelle die Adresse 172.30.100.1 mit der Maske /24 hat, würde RIPv1 nur die Subnetze aus 172.30.0.0 mit der Maske /24 einschließen. Es gibt nur eine Route, die diese Bedingung erfüllt: 172.30.110.0.

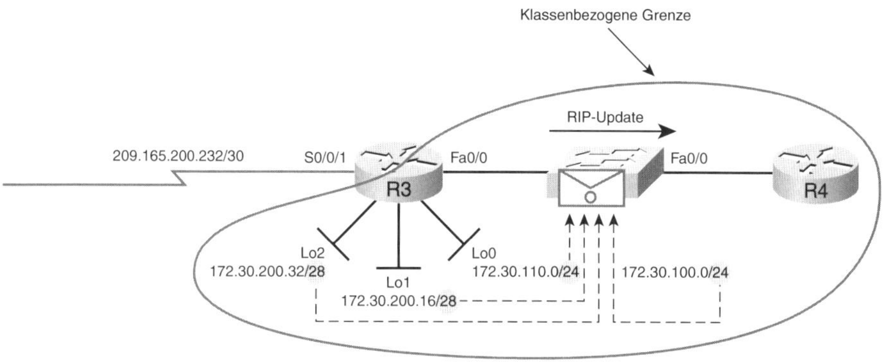

Abbildung 7.9: RIPv2-Updates innerhalb klassenbezogener Grenzen

Bei RIPv2 hingegen kann R3 alle Subnetze von 172.30.0.0 in seine Routing-Updates an R4 einschließen (vgl. Listing 7.31), denn RIPv2 schließt die korrekte Subnetzmaske für die Netzwerkadresse in das Update ein.

In der in Listing 7.31 gezeigten `debug`-Ausgabe sehen Sie, dass RIPv2 die Netzwerke und ihre Subnetzmasken in die Updates einschließt.

Listing 7.31: »debug ip rip«-Ausgabe mit in den Updates eingeschlossenen Angaben zu Netzwerken und Subnetzmasken

```
R3# debug ip rip

RIP: sending v2 update to 224.0.0.9 via FastEthernet0/0 (172.30.100.1)
RIP: build update entries
        10.1.0.0/16 via 0.0.0.0, metric 2, tag 0
        172.30.1.0/24 via 0.0.0.0, metric 3, tag 0
        172.30.2.0/24 via 0.0.0.0, metric 3, tag 0
        172.30.110.0/24 via 0.0.0.0, metric 1, tag 0
        172.30.200.16/28 via 0.0.0.0, metric 1, tag 0
        172.30.200.32/28 via 0.0.0.0, metric 1, tag 0
        192.168.0.0/16 via 0.0.0.0, metric 2, tag 0
        209.165.200.228/30 via 0.0.0.0, metric 2, tag 0
        209.165.200.232/30 via 0.0.0.0, metric 1, tag 0
```

7.3.2 RIPv2 und CIDR

Eine der Zielsetzungen von CIDR besteht laut RFC 1519 darin, »einen Mechanismus zur Zusammenfassung von Routing-Informationen bereitzustellen«. Dieses Ziel schließt das Konzept der Supernetzbildung mit ein. Ein *Supernetz* ist ein Block zusammenhängender klassenbezogener Netzwerke, die als einzelnes Netzwerk adressiert werden. Auf R2 haben wir ein Supernetz konfiguriert: eine statische Route in ein einzelnes Netzwerk, das zur Darstellung mehrerer Netzwerke oder Subnetze verwendet wird.

Supernetze weisen Masken auf, die kleiner sind als die klassenbezogene Maske (hier /16 statt der klassenbezogenen Maske /24). Damit das Supernetz in ein Routing-Update eingeschlossen wird, muss das Routing-Protokoll in der Lage sein, diese Maske zu übertragen. Es muss sich also um ein klassenloses Routing-Protokoll wie RIPv2 handeln.

Die auf R2 konfigurierte statische Route enthält tatsächlich eine Maske, die kleiner ist als die klassenbezogene Maske:

```
R2(config)# ip route 192.168.0.0 255.255.0.0 Null0
```

In einer klassenbezogenen Umgebung würde die Netzwerkadresse 192.168.0.0 mit der Klasse-C-Maske /24 (255.255.255.0) dargestellt. In modernen Netzwerken verbinden Sie Netzwerkadressen jedoch nicht mehr mit klassenbezogenen Masken. In diesem Beispiel hat das Netzwerk 192.168.0.0 die Maske /16 (255.255.0.0). Diese Route könnte eine Anzahl von 192.168.0.0/24-Netzwerken oder eine beliebige Anzahl verschiedener Adressbereiche darstellen. Die einzige Möglichkeit, diese Route in ein dynamisches Routing-Update einzuschließen, besteht in der Verwendung eines klassenlosen Routing-Protokolls, das die Maske /16 einschließt.

Bei der Verwendung des Befehls `debug ip rip` (Listing 7.32) können Sie erkennen, dass dieses CIDR-Supernetz im von R2 gesendeten Routing-Update enthalten ist. Die automatische Zusammenfassung muss weder bei RIPv2 noch bei anderen klassenlosen Routing-Protokollen deaktiviert werden, damit Supernetze in die Updates eingeschlossen werden.

Listing 7.32: »debug ip rip«-Ausgabe auf R2, die zeigt, dass das Supernetz im Routing-Update enthalten ist

```
R2# debug ip rip

RIP protocol debugging is on
R2#
RIP: sending v2 update to 224.0.0.9 via Serial0/0/0 (209.165.200.229)
RIP: build update entries
       10.1.0.0/16 via 0.0.0.0, metric 1, tag 0
       172.30.100.0/24 via 0.0.0.0, metric 2, tag 0
       172.30.110.0/24 via 0.0.0.0, metric 2, tag 0
       172.30.200.16/28 via 0.0.0.0, metric 2, tag 0
       172.30.200.32/28 via 0.0.0.0, metric 2, tag 0
       192.168.0.0/16 via 0.0.0.0, metric 1, tag 0
       209.165.200.232/30 via 0.0.0.0, metric 1, tag 0
<Ausgabe unterdrückt>
R2#
```

Die Routing-Tabelle für R1 in Listing 7.33 zeigt, dass die Supernetzroute von R2 empfangen wurde.

Listing 7.33: Routing-Tabelle von R1 mit der Route in das Supernetz 192.168.0.0/16

```
R1# show ip route

!Codeausgabe unterdrückt

Gateway of last resort is not set

     172.30.0.0/16 is variably subnetted, 6 subnets, 2 masks
R       172.30.200.32/28 [120/2] via 209.165.200.229, 00:00:01, Serial0/0/0
R       172.30.200.16/28 [120/2] via 209.165.200.229, 00:00:01, Serial0/0/0
C       172.30.2.0/24 is directly connected, Loopback0
C       172.30.1.0/24 is directly connected, FastEthernet0/0
R       172.30.100.0/24 [120/2] via 209.165.200.229, 00:00:01, Serial0/0/0
R       172.30.110.0/24 [120/2] via 209.165.200.229, 00:00:01, Serial0/0/0
     209.165.200.0/30 is subnetted, 2 subnets
R       209.165.200.232 [120/1] via 209.165.200.229, 00:00:02, Serial0/0/0
C       209.165.200.228 is directly connected, Serial0/0/0
     10.0.0.0/16 is subnetted, 1 subnets
R       10.1.0.0 [120/1] via 209.165.200.229, 00:00:02, Serial0/0/0
R    192.168.0.0/16 [120/1] via 209.165.200.229, 00:00:02, Serial0/0/0
```

7.4 RIPv2 überprüfen und Troubleshooting durchführen

In vielen Fällen ist die Konfiguration eines Routing-Protokolls eine recht unkomplizierte Angelegenheit; die Auswirkungen und Ergebnisse dieser Konfigurationsbefehle zu verstehen, kann wesentlich anspruchsvoller sein. Aus diesem Grund behandeln wir die Protokolle sehr ausführlich. Auf diese Weise wollen wir Ihnen Kenntnisse und Tools vermitteln, mit denen Sie die Protokolle überprüfen und Troubleshootings durchführen können.

7.4.1 Befehle für Überprüfung und Troubleshooting

Es gibt unterschiedliche Möglichkeiten für die Überprüfung und das Troubleshooting bei RIPv2. Viele der Befehle, die für RIPv2 eingesetzt werden, können auch bei anderen Routing-Protokollen für dieselben Zwecke eingesetzt werden.

Am besten beginnen wir bei den Grundlagen:

- Stellen Sie sicher, dass alle Verbindungen (Schnittstellen) aktiv und betriebsbereit sind.
- Überprüfen Sie die Verkabelung.
- Vergewissern Sie sich, dass jeder Schnittstelle die korrekte IP-Adresse und Subnetzmaske zugewiesen wurden.
- Entfernen Sie alle Konfigurationsbefehle, die nicht mehr benötigt werden oder von anderen Befehlen ersetzt wurden.

Der Befehl »show ip route«

Der Befehl `show ip route` (Listing 7.34) ist der erste Befehl, mit dem die Netzwerkkonvergenz überprüft wird. Wenn Sie die Routing-Tabelle untersuchen, halten Sie Ausschau nach Routen, die Ihrer Meinung nach in der Tabelle vorhanden sein sollten, sowie solche, die dort *nicht* vorhanden sein sollten.

Listing 7.34: Konvergenz mit »show ip route« überprüfen

```
R1# show ip route

!Codeausgabe unterdrückt

Gateway of last resort is not set

     172.30.0.0/16 is variably subnetted, 6 subnets, 2 masks
R       172.30.200.32/28 [120/2] via 209.165.200.229, 00:00:01, Serial0/0/0
R       172.30.200.16/28 [120/2] via 209.165.200.229, 00:00:01, Serial0/0/0
C       172.30.2.0/24 is directly connected, Loopback0
C       172.30.1.0/24 is directly connected, FastEthernet0/0
R       172.30.100.0/24 [120/2] via 209.165.200.229, 00:00:01, Serial0/0/0
R       172.30.110.0/24 [120/2] via 209.165.200.229, 00:00:01, Serial0/0/0
     209.165.200.0/30 is subnetted, 2 subnets
R       209.165.200.232 [120/1] via 209.165.200.229, 00:00:02, Serial0/0/0
C       209.165.200.228 is directly connected, Serial0/0/0
     10.0.0.0/16 is subnetted, 1 subnets
R       10.1.0.0 [120/1] via 209.165.200.229, 00:00:02, Serial0/0/0
R    192.168.0.0/16 [120/1] via 209.165.200.229, 00:00:02, Serial0/0/0
```

Der Befehl »show ip interface brief«

Wenn ein Netzwerk in der Routing-Tabelle fehlt, liegt das häufig daran, dass eine Schnittstelle ausgefallen oder fehlkonfiguriert ist. Der Befehl `show ip interface brief` (Listing 7.35) erlaubt das schnelle Überprüfen der Zustände aller Schnittstellen.

Listing 7.35: Schnittstellenstatus mit dem Befehl »show ip interface brief« überprüfen

```
R1# show ip interface brief

Interface          IP-Address       OK? Method Status           Protocol
FastEthernet0/0    172.30.1.1       YES NVRAM  up               up
FastEthernet0/1    172.30.2.1       YES NVRAM  up               up
Serial0/0/0        209.165.200.230  YES NVRAM  up               up
Serial0/0/1        unassigned       YES NVRAM  down             down
```

Der Befehl »show ip protocols«

Der Befehl `show ip protocols` (Listing 7.36) überprüft verschiedene kritische Elemente: den Aktivierungsstatus und die Version von RIP, den Status der automatischen Routenzusammenfassung und die Netzwerke, die in den `network`-Befehlen aufgeführt sind. Der Abschnitt `Routing Information Sources` am Ende der Ausgabe zeigt die RIP-Nachbarn, von denen der Router gegenwärtig Updates erhält.

Listing 7.36: Konfiguration der Routing-Protokolle mit dem Befehl »show ip protocols« überprüfen

```
R1# show ip protocols

Routing Protocol is "rip"
  Sending updates every 30 seconds, next due in 29 seconds
  Invalid after 180 seconds, hold down 180, flushed after 240
  Outgoing update filter list for all interfaces is not set
  Incoming update filter list for all interfaces is not set
  Redistributing: rip
  Default version control: send version 2, receive version 2
    Interface            Send  Recv  Triggered RIP  Key-chain
    FastEthernet0/0      2     2
    FastEthernet0/1      2     2
    Serial0/0/0          2     2
  Automatic network summarization is not in effect
  Maximum path: 4
  Routing for Networks:
    172.30.0.0
    209.165.200.0
  Routing Information Sources:
    Gateway         Distance      Last Update
    209.165.200.229      120      00:00:18
  Distance: (default is 120)
```

Der Befehl »debug ip rip«

Wie im bisherigen Kapitel bereits mehrfach veranschaulicht, ist `debug ip rip` (Listing 7.37) ein exzellenter Befehl zur Untersuchung der Inhalte von Routing-Updates, die von einem Router gesendet und empfangen werden. Es kann vorkommen, dass eine Route von einem Router empfangen, aber nicht zur Routing-Tabelle hinzugefügt wird. Ein Grund dafür kann darin bestehen, dass für das bekannt gegebene Netzwerk bereits eine statische Route konfiguriert ist. Standardmäßig haben statische Routen eine niedrigere administrative Distanz als dynamische Routing-Protokolle und erhalten deswegen Vorrang in der Routing-Tabelle.

Listing 7.37: RIP-Betrieb mit »debug ip rip« überwachen

```
R1# debug ip rip

RIP protocol debugging is on
R1#
RIP: sending v2 update to 224.0.0.9 via FastEthernet0/1 (172.30.2.1)
RIP: build update entries
        10.1.0.0/16 via 0.0.0.0, metric 2, tag 0
        172.30.1.0/24 via 0.0.0.0, metric 1, tag 0
        172.30.100.0/24 via 0.0.0.0, metric 3, tag 0
        172.30.110.0/24 via 0.0.0.0, metric 3, tag 0
        172.30.200.16/28 via 0.0.0.0, metric 3, tag 0
        172.30.200.32/28 via 0.0.0.0, metric 3, tag 0
        192.168.0.0/16 via 0.0.0.0, metric 2, tag 0
        209.165.200.228/30 via 0.0.0.0, metric 1, tag 0
        209.165.200.232/30 via 0.0.0.0, metric 2, tag 0
R1#
RIP: received v2 update from 209.165.200.229 on Serial0/0/0
     10.1.0.0/16 via 0.0.0.0 in 1 hops
     172.30.100.0/24 via 0.0.0.0 in 2 hops
     172.30.110.0/24 via 0.0.0.0 in 2 hops
     172.30.200.16/28 via 0.0.0.0 in 2 hops
     172.30.200.32/28 via 0.0.0.0 in 2 hops
     192.168.0.0/16 via 0.0.0.0 in 1 hops
     209.165.200.232/30 via 0.0.0.0 in 1 hops
R1#
RIP: sending v2 update to 224.0.0.9 via FastEthernet0/0 (172.30.1.1)
RIP: build update entries
        10.1.0.0/16 via 0.0.0.0, metric 2, tag 0
        172.30.2.0/24 via 0.0.0.0, metric 1, tag 0
        172.30.100.0/24 via 0.0.0.0, metric 3, tag 0
        172.30.110.0/24 via 0.0.0.0, metric 3, tag 0
        172.30.200.16/28 via 0.0.0.0, metric 3, tag 0
        172.30.200.32/28 via 0.0.0.0, metric 3, tag 0
```

Listing 7.37: RIP-Betrieb mit »debug ip rip« überwachen (Forts.)

```
        192.168.0.0/16 via 0.0.0.0, metric 2, tag 0
        209.165.200.228/30 via 0.0.0.0, metric 1, tag 0
        209.165.200.232/30 via 0.0.0.0, metric 2, tag 0
R1#
RIP: sending v2 update to 224.0.0.9 via Serial0/0/0 (209.165.200.230)
RIP: build update entries
        172.30.1.0/24 via 0.0.0.0, metric 1, tag 0
        172.30.2.0/24 via 0.0.0.0, metric 1, tag 0
```

Der Befehl »ping«

Eine einfache Möglichkeit, die Konnektivität für Hin- und Rückweg (Round-Trip-Konnektivität) zu überprüfen, besteht in der Verwendung des `ping`-Befehls (Listing 7.38). Ist die Ende-zu-Ende-Konnektivität nicht gegeben, dann sollten Sie zunächst `ping`-Befehle an die lokalen Schnittstellen senden. Sind diese erfolgreich, dann schicken Sie weitere Pings an die Schnittstellen der Remote-Router in den direkt angeschlossenen Netzwerken. Gelingt dies, dann senden Sie `ping`-Befehle nach und nach an immer weiter entfernte Router. Erhalten Sie dann den ersten fehlgeschlagenen `ping`-Befehl, so untersuchen Sie die beiden betreffenden sowie alle dazwischen liegenden Router, um festzustellen, wo und warum der Ping fehlschlägt.

Listing 7.38: Round-Trip-Konnektivität mit »ping« überprüfen

```
R2# ping 172.30.2.1

Type escape sequence to abort.
Sending 5, 100-byte ICMP Echos to 172.30.2.1, timeout is 2 seconds:
!!!!!
Success rate is 100 percent (5/5), round-trip min/avg/max = 28/28/28 ms
```

```
R2#ping 172.30.100.1

Type escape sequence to abort.
Sending 5, 100-byte ICMP Echos to 172.30.100.1, timeout is 2 seconds:
!!!!!
Success rate is 100 percent (5/5), round-trip min/avg/max = 28/28/28 ms

R1# ping 172.30.100.1

Type escape sequence to abort.
Sending 5, 100-byte ICMP Echos to 172.30.100.1, timeout is 2 seconds:
!!!!!
Success rate is 100 percent (5/5), round-trip min/avg/max = 56/56/60 ms
```

Listing 7.38: Round-Trip-Konnektivität mit »ping« überprüfen (Forts.)

```
R3# ping 172.30.1.1

Type escape sequence to abort.
Sending 5, 100-byte ICMP Echos to 172.30.1.1, timeout is 2 seconds:
!!!!!
Success rate is 100 percent (5/5), round-trip min/avg/max = 56/56/60 ms
```

Der Befehl »show running-config«

`show running-config` ist der letzte Befehl, den Sie zur Überprüfung und für das Troubleshooting Ihrer Konfiguration verwenden können. Normalerweise sind andere Befehle effizienter und bieten mehr Informationen als eine einfache Auflistung der aktuellen Konfiguration. Allerdings können Sie mit `show running-config` alle gegenwärtig konfigurierten Befehle überprüfen (siehe Listing 7.39).

Listing 7.39: Konfiguration aller Komponenten mit »show running-config« überprüfen

```
R1# show running-config

Building configuration...
!
hostname R1
!
interface FastEthernet0/0
 ip address 172.30.1.1 255.255.255.0
!
interface FastEthernet0/1
 ip address 172.30.2.1 255.255.255.0
!
interface Serial0/0/0
 ip address 209.165.200.230 255.255.255.252
 clock rate 64000
!
router rip
 version 2
 network 172.30.0.0
 network 209.165.200.0
 no auto-summary
!
<Ausgabe teilweise unterdrückt>
!
end
```

7.4.2 Häufig auftretende RIPv2-Probleme

Beim Troubleshooting von RIPv2-spezifischen Problemen gibt es verschiedene Bereiche, die untersucht werden sollten:

- **Version.** Ein guter Ausgangspunkt für das Troubleshooting in einem Netzwerk, in dem RIP ausgeführt wird, besteht darin, zu überprüfen, ob der Befehl `version 2` auf allen Routern konfiguriert ist. Zwar können RIPv1 und RIPv2 mithilfe zusätzlicher Befehle, die nicht Gegenstand dieses Kurses sind, miteinander verbunden werden, doch unterstützt RIPv1 weder die nichtzusammenhängenden Netzwerke noch VLSM oder CIDR-Supernetzrouten. Es ist immer empfehlenswert, dasselbe Routing-Protokoll auf allen Routern zu verwenden, sofern es keinen bestimmten Grund gibt, dies nicht zu tun.
- `network`-**Befehle.** Eine weitere potenzielle Ursache von Problemen können fehlende oder fehlkonfigurierte `network`-Befehle sein. Sie wissen bereits, dass dieser Befehl zweierlei tut:
  - Er erlaubt es dem Routing-Protokoll, Updates über jede lokale Schnittstelle zu senden und zu empfangen, die zum betreffenden Netzwerk gehört.
  - Er schließt das konfigurierte Netzwerk in seine Routing-Updates an die benachbarten Router ein.

  Wenn ein `network`-Befehl fehlt oder falsch konfiguriert ist, schlagen Routing-Updates auf einer Schnittstelle fehl bzw. werden gar nicht erst gesendet oder empfangen.
- **Automatische Zusammenfassung.** Sofern einzelne Subnetze und nicht nur Summenrouten gesendet werden müssen oder sollen, sollten Sie sicherstellen, dass die automatische Zusammenfassung mit dem Befehl `no auto-summary` deaktiviert wurde.

7.4.3 Authentifizierung

Die meisten Routing-Protokolle senden ihre Routing-Updates und andere Routing-Informationen via IP (d. h. in IP-Paketen). Eine bemerkenswerte Ausnahme ist das in den CCNP-Kursen behandelte IS-IS. Ein Sicherheitsaspekt besteht bei allen Routing-Protokollen in der Möglichkeit, ungültige Routing-Updates zu akzeptieren. Die Quelle dieser ungültigen Routing-Updates könnte ein Angreifer sein, der in böser Absicht versucht, das Netzwerk zu stören. Auch könnte ein Hacker Pakete abfangen, indem er den Router über Updates dazu bringt, Pakete zunächst über seine oder von ihm kompromittierte Geräte zu senden. Eine weitere Ursache ungültiger Updates ist ein fehlkonfigurierter Router oder womöglich ein Host-Computer, der das Routing-Protokoll ausführt, ohne dass dies dem Benutzer bewusst ist.

In Abbildung 7.10 etwa verbreitet R1 eine Default-Route an alle anderen Router in der Routing-Domäne. Allerdings wurde versehentlich der Router R4 zum Netzwerk hinzugefügt, der ebenfalls eine Default-Route bekannt gibt. Insofern könnten einige Router Daten an R4 statt an das korrekte Default-Gateway R1 senden. Diese Pakete landen dann in »schwarzen Löchern« und werden nie wiedergesehen.

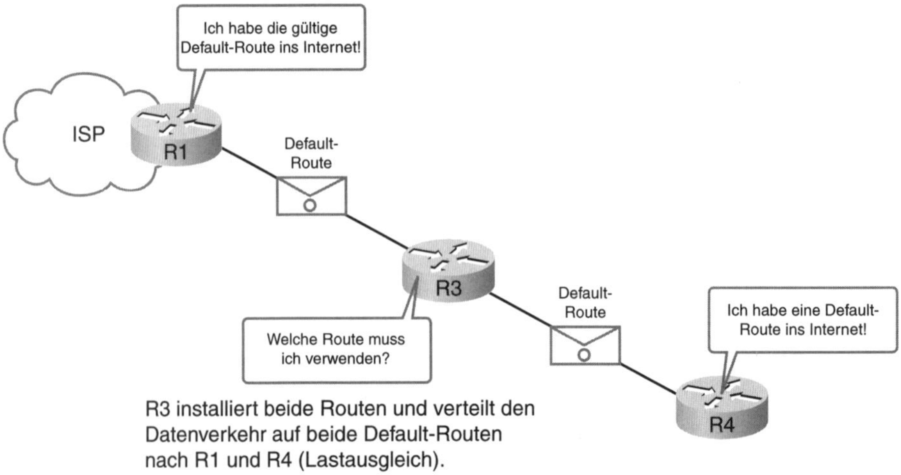

Abbildung 7.10: Warum die Authentifizierung von Routing-Informationen wichtig ist

In jedem Fall bietet es sich an, die Routing-Informationen zu authentifizieren. RIPv2, EIGRP, OSPF, IS-IS und BGP können so konfiguriert werden, dass sie die Routing-Daten verschlüsseln und authentifizieren. Diese Praxis verbirgt den Inhalt der Routing-Informationen, und Router nehmen Routing-Daten dann nur von solchen anderen Routern entgegen, auf denen dasselbe Passwort oder dieselben Authentifizierungsdaten konfiguriert wurden.

Anmerkung

Die Befehle zur Konfiguration der Authentifizierung für Routing-Protokolle werden in einem anderen Kurs behandelt.

Beschädigte Routing-Tabellen (7.4.3)

Packet Tracer
Aktivität

Diese Aktivität legt den Schwerpunkt auf die Frage, wie Internetprovider statische Routen verwenden, um mit ihren Kunden zu kommunizieren, und wie diese Kunden über die Default-Route mit ihren Providern kommunizieren. Die Aktivität zeigt, wie der Area-Border-Router eine Default-Route erstellt und diese an alle anderen Router in der Routing-Domäne weitergibt. Nachdem das Netzwerk eingerichtet wurde, wird ein neuer Router R4 zum Netzwerk hinzugefügt; dieser verfügt jedoch über eine fehlerhafte Default-Route, die nicht zum Provider führt. Sie werden sich die Einträge der Routing-Tabelle ansehen, um festzustellen, welche Auswirkungen diese auf Ihr Netzwerk hat, und die Antworten auf gesendete `ping`-Befehle untersuchen. Anfangs sind alle Schnittstellen mit den korrekten Adressen konfiguriert. RIP wird als Routing-Protokoll konfiguriert. Zur Durchführung der Aktivität verwenden Sie Packet Tracer und die Datei *e2-743.pka* auf der Begleit-CD-ROM zu diesem Buch.

7.5 Zusammenfassung

Die klassenlose IP-Adressierung wird mit VLSM und CIDR implementiert. Die Subnetzmaske wird nicht mehr fest anhand des ersten Oktetts der IP-Adresse bestimmt. Da die Subnetzmaske nicht automatisch von einem Router ermittelt werden kann, indem er die Netzwerkadresse überprüft, erfordert die klassenlose IP-Adressierung, dass die Subnetzmaske in allen Routing-Updates enthalten ist. Klassenlose Routing-Protokolle integrieren die Subnetzmaske mit der Netzwerkadresse in Routing-Updates.

Weil die Subnetzmaske im Update enthalten ist, können klassenlose Routing-Protokolle wie RIPv2, EIGRP und OSPF zum Aufbau von Netzwerken mit nichtzusammenhängendem Adressschema und mit VLSM verwendet werden. Der Einschluss der Subnetzmaske ermöglicht zudem die Weitergabe von CIDR-Supernetzen. Dies sind Summenrouten mit einer Maske, die kleiner ist als die klassenbezogene Maske.

RIPv1 ist ein klassenbezogenes Routing-Protokoll, während RIPv2 ein klassenloses Protokoll ist. Die Konfiguration von RIPv2 erfordert das Hinzufügen des Befehls `version 2`. Die automatische Routenzusammenfassung ist bei RIPv2 standardmäßig aktiviert. Mit dem Befehl `no auto-summary` lässt sich diese automatische Zusammenfassung von Subnetzen zur klassenbezogenen Netzwerkadresse an den Boundary-Routern jedoch deaktivieren.

Mit den Befehlen `show ip route`, `show ip protocols`, `show ip interface brief`, `show running-config`, `ping` und `debug ip rip` lässt sich RIP überprüfen bzw. ein Troubleshooting durchführen.

Die Kapitel 9, »EIGRP«, und 11, »OSPF«, werden im weiteren Verlauf des Buches die klassenlosen Routing-Protokolle EIGRP und OSPF beschreiben.

7.6 Aktivitäten und Übungen

Die Aktivitäten und Übungen im Begleitbuch »Routing Protocols and Concepts, CCNA Exploration Labs and Study Guide« (ISBN 978-1-58713-204-9) ermöglichen ein praxisbezogenes Üben der folgenden in diesem Kapitel vorgestellten Themen.

Übungen

Übung 7.1: Grundlegende RIPv2-Konfiguration (7.5.1)

In dieser Übung arbeiten Sie mit einem nichtzusammenhängenden Netzwerk, das mithilfe von VLSM in Subnetze unterteilt ist. Wie Sie in diesem Kapitel (aber auch in Kapitel 5) gesehen haben, kann dies problematisch sein, wenn das verwendete Routing-Protokoll nicht genügend Informationen übermittelt, um die einzelnen Subnetze zu unterscheiden. Um dieses Problem zu lösen, konfigurieren Sie RIPv2 als klassenloses Routing-Protokoll zur Vermittlung von Subnetzmaskeninformationen in den Routing-Updates.

Übung 7.2: Fortgeschrittene RIPv2-Konfiguration (7.5.2)

In dieser Übung erhalten Sie eine Netzwerkadresse, die Sie mithilfe von VLSM in Subnetze unterteilen müssen, um die Adressierung des Netzwerks zu vervollständigen. Es wird eine Kombination aus RIPv2 und statischem Routing benötigt, damit Hosts in den Netzwerken, die nicht direkt miteinander verbunden sind, untereinander und mit dem Internet kommunizieren können.

Übung 7.3: RIPv2-Troubleshooting (7.5.3)

In dieser Übung laden Sie zunächst Konfigurationsdateien auf die einzelnen Router. Diese enthalten Fehler, die eine erfolgreiche Ende-zu-Ende-Kommunikation über das Netzwerk verhindern. Nach dem Laden der fehlerhaften Konfiguration müssen Sie auf jedem Router ein Troubleshooting durchführen, um die Konfiguration dann mit den entsprechenden Befehlen zu korrigieren. Wenn Sie alle Fehler behoben haben, sollten alle Hosts im Netzwerk in der Lage sein, miteinander zu kommunizieren.

Packet Tracer Companion

Viele Praxisübungen enthalten Aktivitäten mit Packet Tracer, in denen Sie diese Software zur Simulation der Übung verwenden können. Lesen Sie im »Routing Protocols and Concepts, CCNA Exploration Labs and Study Guide« (ISBN 978-1-58713-204-9) Praxisübungen mit Packet Tracer.

7.7 Lernzielkontrolle

Beantworten Sie die folgenden Fragen, um Ihren Kenntnisstand bezüglich der in diesem Kapitel beschriebenen Themen und Konzepte zu überprüfen. Die Antworten finden Sie in Anhang A, »Antworten zu den Lernzielkontrollen und weiterführenden Fragen«.

1. Wie deaktivieren Sie die automatische Routenzusammenfassung in RIPv2?

   a) `Router(config)#` **`no auto-summary`**

   b) `Router(config-router)#` **`no auto-summary`**

   c) `Router(config-if)#` **`no auto-summary`**

   d) Von der Deaktivierung der automatischen Routenzusammenfassung wird abgeraten.

2. Welche der folgenden Aussagen beschreibt ein nichtzusammenhängend adressiertes Netzwerk?

   a) Ein klassenbezogenes Netzwerk, das Subnetze enthält, die durch ein oder mehrere andere klassenbezogene Netzwerke voneinander getrennt sind

   b) Ein klassenbezogenes Netzwerk mit VLSM

   c) Ein in Subnetze unterteiltes Netzwerk mit einer Maske, die kleiner ist als die klassenbezogene Maske

3. Wann sollten sie die automatische Routenzusammenfassung in RIPv2 deaktivieren? (Wählen Sie alle zutreffenden Antworten aus.)

   a) Wenn Sie die Größe der Routing-Tabellen minimieren wollen

   b) Wenn Sie nichtzusammenhängende Netzwerke verwenden

   c) Wenn Sie VLSM verwenden

   d) Wenn es notwendig ist, einzelne Subnetze zu verbreiten

4. Welche wichtige Eigenschaft besitzt ein klassenloses Routing-Protokoll?

   a) Die Fähigkeit, eine nicht zusammengefasste Subnetzadresse zu senden

   b) Die Fähigkeit, die Subnetzmaske in das Routing-Update einzubinden

   c) Das Versenden von Routing-Updates als Link-State-Advertisements

   d) Das Verwenden einer anderen Metrik als der Anzahl der Hops

5. Worin besteht das Standardverhalten von RIPv2 in Bezug auf die automatische Routenzusammenfassung?

   a) Die automatische Routenzusammenfassung ist bei RIPv2 standardmäßig aktiviert.

   b) Die automatische Routenzusammenfassung ist bei RIPv2 standardmäßig deaktiviert.

   c) Es gibt keine automatische Routenzusammenfassung in RIPv2. Die Zusammenfassung kann nur manuell erfolgen.

6. Trifft folgende Aussage zu oder nicht? RIPv2 enthält keine Subnetzmaske im Routing-Update, wenn das Netzwerk zusammengefasst wurde.

   a) Die Aussage ist zutreffend.

   b) Die Aussage ist nicht zutreffend.

7.8 Weiterführende Fragen und Aktivitäten

Die folgenden Fragen setzen ein tieferes Verständnis der in diesem Kapitel behandelten Konzepte voraus und entsprechen dem komplexeren Fragestil, der auch bei der CCNA-Prüfung auftreten kann. Sie finden die Antworten in Anhang A.

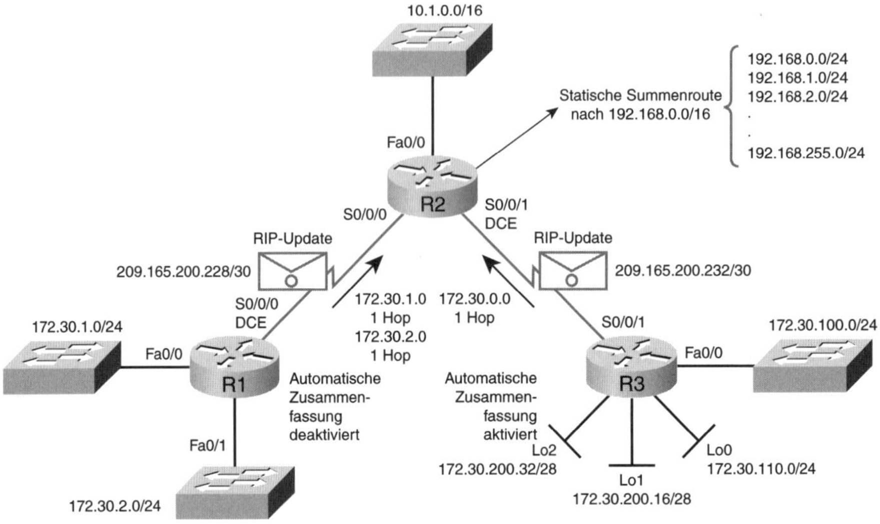

Abbildung 7.11: Topologie für die weiterführenden Fragen in Kapitel 7

1. Alle Router in Abbildung 7.11 führen RIPv2 aus. Auf R1 ist die automatische Routenzusammenfassung deaktiviert, auf R3 hingegen ist sie noch aktiv. Welche Routen von 172.30.0.0 werden Ihrer Meinung nach in der Routing-Tabelle von R2 erscheinen? (Wählen Sie alle zutreffenden Antworten aus.)

   a) 172.30.0.0/16

   b) 172.30.1.0/24

   c) 172.30.2.0/24

   d) 172.30.100.0/24

   e) 172.30.110.0/24

   f) 172.30.200.16/28

   g) 172.30.200.32/28

2. Wird in Abbildung 7.11 ein an 172.30.1.10 gerichtetes Paket von Router R2 korrekt an Router R1 weitergeleitet?

3. RouterX führt das klassenbezogene Routing-Protokoll RIPv1 aus. In die Routing-Tabelle von RouterX sind VLSM-Subnetze eingetragen, die alle Bestandteil des Netzwerks 10.0.0.0/8 sind. Welche Subnetze von 10.0.0.0 werden von RouterX in Updates über die Schnittstelle mit der Adresse 10.10.10.1/24 gesendet?

   a) Alle Subnetze von 10.0.0.0, jedoch ohne Subnetzmasken

   b) Alle Subnetze von 10.0.0.0 einschließlich der Subnetzmasken

   c) Nur die Subnetze von 10.0.0.0 mit der Maske /24. Die Subnetzmaske wird nicht mit übertragen.

   d) Nur die Subnetze von 10.0.0.0, die die Maske /24 aufweisen. Die Subnetzmaske wird mit übertragen.

   e) Das gesamte zusammengefasste Netzwerk 10.0.0.0. Die Subnetzmaske wird nicht mit übertragen.

4. RouterX führt das klassenbezogene Routing-Protokoll RIPv1 aus. In die Routing-Tabelle von RouterX sind VLSM-Subnetze eingetragen, die alle Bestandteil des Netzwerks 10.0.0.0/8 sind. Welche Subnetze von 10.0.0.0 werden von RouterX in Updates über die Schnittstelle mit der Adresse 192.168.1.1/24 gesendet?
   a) Alle Subnetze von 10.0.0.0, jedoch ohne Subnetzmasken
   b) Alle Subnetze von 10.0.0.0 einschließlich der Subnetzmasken
   c) Nur die Subnetze von 10.0.0.0, die die Maske /24 aufweisen. Die Subnetzmaske wird nicht mit übertragen.
   d) Nur die Subnetze von 10.0.0.0, die die Maske /24 aufweisen. Die Subnetzmaske wird mit übertragen.
   e) Das gesamte zusammengefasste Netzwerk 10.0.0.0. Die Subnetzmaske wird nicht mit übertragen.
5. Welcher Befehl wird in beiden RIP-Versionen zur Bekanntgabe einer statischen Default-Route verwendet?
6. Betrachten Sie die folgende Ausgabe. Pakete, die über R2 an Hosts im Netzwerk 172.30.0.0/16 geroutet werden, erreichen nicht immer ihr Ziel: Einige werden empfangen, andere kommen nicht an. Welches Problem liegt aller Wahrscheinlichkeit nach vor? Worin besteht die Lösung, wenn als Routing-Protokoll RIPv1 verwendet wird? Worin, wenn als Routing-Protokoll RIPv2 verwendet wird?

```
R2# show ip route

!Codeausgabe unterdrückt

Gateway of last resort is not set

R    172.30.0.0/16 [120/1] via 209.165.200.230, 00:00:09, Serial0/0/0
                   [120/1] via 209.165.200.234, 00:00:11, Serial0/0/1
     209.165.200.0/30 is subnetted, 2 subnets
C       209.165.200.232 is directly connected, Serial0/0/1
C       209.165.200.228 is directly connected, Serial0/0/0
     10.0.0.0/16 is subnetted, 1 subnets
C       10.1.0.0 is directly connected, FastEthernet0/0
S    192.168.0.0/16 is directly connected, Null0
```

7.9 Weitere Informationen

RFCs (Requests for Comments) sind ein Serie von Dokumenten, die der IETF (Internet Engineering Task Force) unterbreitet werden und Vorschläge für Internetstandards, Beschreibungen neuer Konzepte, Informationen und manchmal sogar nur Humoriges enthalten. RFC 1723 ist der RFC für RIPv2.

RFCs lassen sich von verschiedenen Websites herunterladen, so etwa unter *http://www.ietf.org/rfc.html*. Lesen Sie RFC 1723 vollständig, zumindest aber auszugsweise, um mehr zu RIPv2 zu erfahren.

Erstellen Sie mit Packet Tracer zwei nichtzusammenhängende adressierte klassenbezogene Netzwerke. Jedes dieser Netzwerke enthält Router und Subnetze, wobei ein Netzwerk VLSM verwendet. Fügen Sie zwischen diesen beiden Gruppen nichtzusammenhängender Netzwerke einen weiteren Router hinzu, der diese miteinander verbindet. Achten Sie darauf, dass sich jeweils ein anderes klassenbezogenes Netzwerk zwischen diesem Router und dem anderen, nichtzusammenhängendem Netzwerk befindet.

Untersuchen Sie mit diesem Szenario die Probleme mit RIPv1 und stellen Sie fest, wie sich diese mithilfe von RIPv2 lösen lassen.

Lernziele

Wenn Sie dieses Kapitel gelesen haben, sollten Sie in der Lage sein, die folgenden Fragen zu beantworten:

- Welche verschiedenen Arten von Routen sind in der Routing-Tabelle enthalten?
- Was versteht man unter dem Lookup-Prozess?
- Wie würden Sie das typische Routing-Verhalten in einem gerouteten Netzwerk beschreiben?

Schlüsselbegriffe

In diesem Kapitel werden die folgenden Schlüsselbegriffe vorgestellt. Die entsprechenden Definitionen finden Sie im Glossar.

Level-1-Route ▪ übergeordnete Level-1-Route ▪ Level-2-Route ▪ untergeordnete Level-2-Route

Kapitel 8

Die Routing-Tabelle unter der Lupe

In den vorherigen Kapiteln haben wir die Routing-Tabelle mit dem Befehl `show ip route` überprüft. Wir haben gesehen, wie direkt verbundene, statische und dynamische Routen zur Routing-Tabelle hinzugefügt und aus ihr gelöscht wurden.

Für Sie als Netzwerkadministrator ist es wichtig, die Routing-Tabelle im Detail zu kennen, um Netzwerkprobleme behandeln zu können. Das Verständnis des Aufbaus der Routing-Tabelle und des Lookup-Vorgangs wird Sie bei der Diagnostizierung von Problemen mit der Routing-Tabelle unterstützen; welches Routing-Protokoll eingesetzt wird, ist dabei zunächst erst einmal zweitrangig. Stellen Sie sich beispielsweise vor, die Routing-Tabelle enthielte alle erwarteten Routen, und trotzdem erfolgte die Paketweiterleitung nicht wie vorgesehen. Wenn Sie dann wissen, wie Sie den Lookup-Prozess einer Ziel-IP-Adresse für ein Paket nachvollziehen, können Sie feststellen, ob das Paket wie erwartet weitergeleitet, ob und warum es an eine andere Stelle geleitet oder ob es verworfen wurde.

Dieses Kapitel nimmt die Routing-Tabelle unter die Lupe. Der erste Teil legt den Schwerpunkt auf den Aufbau der IP-Routing-Tabelle. Sie untersuchen das Format der Routing-Tabelle und lernen Level-1- und Level-2-Routen kennen. Der zweite Teil des Kapitels analysiert den Lookup-Vorgang der Routing-Tabelle. In diesem Kapitel lernen Sie klassenbezogenes und klassenloses Routing-Verhalten kennen, wofür die Befehle `no ip classless` und `ip classless` verwendet werden.

Zahlreiche Elemente von Aufbau und Lookup-Prozess bei Routing-Tabellen werden in diesem Kapitel nicht in aller Ausführlichkeit beschrieben; wenn Sie Interesse haben, mehr über dieses Thema und die internen Abläufe der Cisco-IOS-Software hinsichtlich des Routings zu lesen, empfehle ich Ihnen aufs Neue den Titel »Cisco IP Routing« von Alex Zinin.[1]

---

1. Zinin, Alex: »Cisco IP Routing: Packet Forwarding and Intra-domain Routing Protocols«. Addison-Wesley, 2002.

Anmerkung

Dieses Buch ist keine Einstiegslektüre in den Bereich der Routing-Protokolle, sondern eine umfassende Beschreibung von Protokollen, Prozessen und Algorithmen, die vom Cisco IOS verwendet werden.

8.1 Aufbau der Routing-Tabelle

Der Aufbau und das Format der Routing-Tabelle scheinen oberflächlich betrachtet sehr verständlich. Wenn Sie diese Struktur kennen, können Sie die Routing-Tabelle einfacher überprüfen und Routing-Probleme leichter analysieren, da Sie dann auch wissen, wie der Lookup-Vorgang abläuft. Sie werden in Kürze genau wissen, was das Cisco IOS tut, wenn es nach einer Route sucht.

8.1.1 Übungstopologie

Um den Aufbau der Routing-Tabelle und den Lookup-Prozess verstehen zu können, verwenden wir als Grundlage ein simples Netzwerk mit drei Routern (Abbildung 8.1).

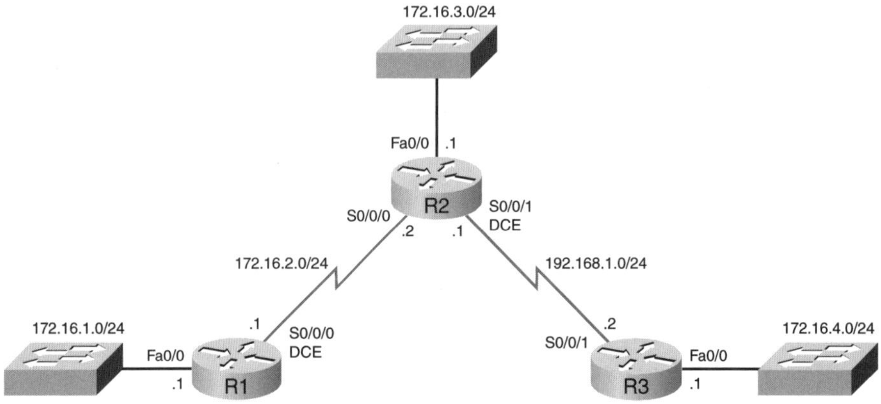

Abbildung 8.1: Übungstopologie

Die Router R1 und R2 sind beide mit dem Netzwerk 172.16.0.0/16 verbunden, das in /24-Subnetze unterteilt ist. R2 und R3 werden durch das Netzwerk 192.168.1.0/24 miteinander verbunden. Beachten Sie, dass R3 ebenfalls über ein Subnetz 172.16.4.0/24 verfügt, das mit dem Netzwerk 172.16.0.0, an das R1 und R2 angeschlossen sind, nicht verbunden ist; es handelt sich also um ein nichtzusammenhängend adressiertes Netzwerk. Die

Auswirkungen dieser Tatsache werden wir im weiteren Verlauf dieses Kapitels behandeln, wenn wir uns den Lookup-Prozess ansehen.

Die Schnittstellenkonfiguration von R1 und R3 erscheinen in den Listings 8.1 bzw. 8.2. Die Schnittstellen von R2 konfigurieren wir später.

Listing 8.1: Konfiguration von R1

```
R1(config)#interface FastEthernet0/0
R1(config-if)#ip address 172.16.1.1 255.255.255.0
R1(config-if)#no shutdown
R1(config-if)#interface Serial0/0/0
R1(config-if)#ip address 172.16.2.1 255.255.255.0
R1(config-if)#clock rate 64000
R1(config-if)#no shutdown
R1(config-if)#end
R1#copy run start
```

Listing 8.2: Konfiguration von R3

```
R3(config)#interface FastEthernet0/0
R3(config-if)#ip address 172.16.4.1 255.255.255.0
R3(config-if)#no shutdown
R3(config-if)#interface Serial0/0/1
R3(config-if)#ip address 192.168.1.2 255.255.255.0
R3(config-if)#no shutdown
R3(config-if)#end
R3#copy run start
```

8.1.2 Einträge in Routing-Tabellen

Die exemplarische Routing-Tabelle in Listing 8.3 umfasst Routeneinträge aus den folgenden Quellen:

- direkt angeschlossene Netzwerke
- statische Routen
- dynamische Routing-Protokolle

Listing 8.3: Exemplarische Routing-Tabelle

```
Router#show ip route
Codes: C - connected, S - static, I - IGRP, R - RIP, M - mobile,
<Ausgabe unterdrückt>

Gateway of last resort is not set
```

Listing 8.3: Exemplarische Routing-Tabelle (Forts.)

```
     172.16.0.0/24 is subnetted, 4 subnets
S       172.16.4.0 is directly connected, Serial0/0/1
R       172.16.1.0 [120/1] via 172.16.2.1, 00:00:08, Serial0/0/0
C       172.16.2.0 is directly connected, Serial0/0/0
C       172.16.3.0 is directly connected, FastEthernet0/0
     10.0.0.0/16 is subnetted, 1 subnets
S       10.1.0.0 is directly connected, Serial0/0/1
C    192.168.1.0/24 is directly connected, Serial0/0/1
S    192.168.100.0/24 is directly connected, Serial0/0/1
```

Die Quelle der Route – direkt angeschlossenes Netzwerk, statische oder dynamische Route – hat keine Auswirkungen auf den Aufbau der Routing-Tabelle. Die Ausgabe in Listing 8.3 zeigt eine exemplarische Routing-Tabelle mit direkt angeschlossenen, statischen und dynamischen Routen. Beachten Sie, dass die 172.16.0.0/24-Subnetze eine Kombination aller drei Routenquellentypen aufweisen.

Anmerkung

Die Routing-Tabellenhierarchie im Cisco IOS wurde ursprünglich mit dem klassenbezogenen Routing-Schema implementiert. Zwar umfasst die Routing-Tabelle sowohl die klassenbezogene als auch die klassenlose Adressierung, doch ist die Gesamtstruktur nach wie vor um dieses klassenbezogene Schema herum aufgebaut.

8.1.3 Level-1-Routen

Die Schnittstellen der Router R1 und R3 wurden bereits mit IP-Adressen und Subnetzmasken konfiguriert. Wir werden nun die Schnittstellen auf R2 konfigurieren und dann mit `debug ip routing` den Routing-Tabellenprozess betrachten, mit dem diese Einträge ergänzt werden.

Listing 8.4 zeigt, was geschieht, wenn für die Schnittstelle Serial 0/0/1 auf R2 die Adresse 192.168.1.1/24 konfiguriert wird.

Listing 8.4: Level-1-Route zur Routing-Tabelle hinzufügen

```
R2#debug ip routing
IP routing debugging is on
R2#conf t
R2(config)#interface serial 0/0/1
R2(config-if)#ip address 192.168.1.1 255.255.255.0
```

Listing 8.4: Level-1-Route zur Routing-Tabelle hinzufügen (Forts.)

```
R2(config-if)#clock rate 64000
R2(config-if)#no shutdown
R2(config-if)#
00:11:06: %LINK-3-UPDOWN: Interface Serial0/0/1, changed state to up
R2(config-if)#
RT: add 192.168.1.0/24 via 0.0.0.0, connected metric [0/0]
RT: interface Serial0/0/1 added to routing table
R2(config-if)#end
R2#undebug all
All possible debugging has been turned off
```

Sobald `no shutdown` eingegeben wird, zeigt die Ausgabe des Befehls `debug ip routing`, dass diese Route zur Routing-Tabelle hinzugefügt wurde.

In Listing 8.5 zeigt `show ip route` das direkt angeschlossene Netzwerk in der Routing-Tabelle an, die gerade auf R2 hinzugefügt wurde.

Listing 8.5: Überprüfen, ob die Route in der Routing-Tabelle vorhanden ist

```
R2#show ip route
Codes: C - connected, S - static, I - IGRP, R - RIP, M - mobile, B - BGP
<Ausgabe unterdrückt>

Gateway of last resort is not set

C    192.168.1.0/24 is directly connected, Serial0/0/1
```

Die Cisco-IP-Routing-Tabelle ist keine flache Datenbank, sondern hat vielmehr eine hierarchische Struktur, mit der der Lookup-Prozess beim Suchen nach Routen und beim Weiterleiten von Paketen beschleunigt wird. Innerhalb dieser Struktur gibt es also mehrere Ebenen oder *Levels*. Der Einfachheit halber wollen wir alle Routen einer von zwei Ebenen zuordnen: Level 1 oder Level 2.

Um Level 1 und Level 2 besser verstehen zu können, sehen wir uns den folgenden Eintrag in der Routing-Tabelle genauer an:

```
C    192.168.1.0/24 is directly connected, Serial0/0/1
```

Eine Level-1-Route ist eine Route mit einer Subnetzmaske, die gleich der oder kleiner als die klassenbezogene Maske der Netzwerkadresse ist. 192.168.1.0/24 ist eine Level-1-Route, weil die Subnetzmaske der klassenbezogenen Maske des Netzwerks entspricht. /24 ist die klassenbezogene Maske für Klasse-C-Netzwerke wie dem Netzwerk 192.168.1.0.

Eine Level-1-Route kann die folgenden Funktionen erfüllen:

- **Default-Route.** Eine Default-Route ist eine statische Route mit der Adresse 0.0.0.0/0.
- **Supernetzroute.** Eine Supernetzroute ist eine Netzwerkadresse mit einer Maske, die kleiner ist als die klassenbezogene Maske.
- **Netzwerkroute.** Eine Netzwerkroute ist eine Route, deren Subnetzmaske der klassenbezogenen Maske entspricht. Es kann sich hierbei auch um eine übergeordnete Route handeln. Übergeordnete Routen behandeln wir im nächsten Abschnitt.

Die Quelle der Level-1-Route kann ein direkt angeschlossenes Netzwerk, eine statische Route oder ein dynamisches Routing-Protokoll sein.

Abbildung 8.2 zeigt den Anfang eines Diagramms, das wir in diesem Kapitel immer wieder verwenden werden. Hier stellt die Abbildung Beispiele für Level-1-Routen dar.

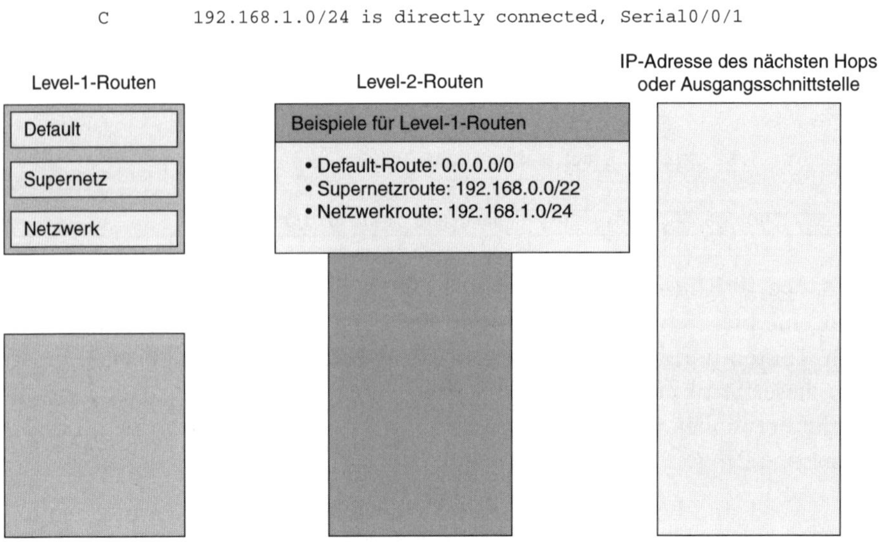

Abbildung 8.2: Routing-Tabellen: Level-1-Routen

Die Level-1-Route 192.168.1.0/24 kann außerdem als ultimative Route betrachtet werden (Abbildung 8.3).

```
C       192.168.1.0/24 is directly connected, Serial0/0/1
```

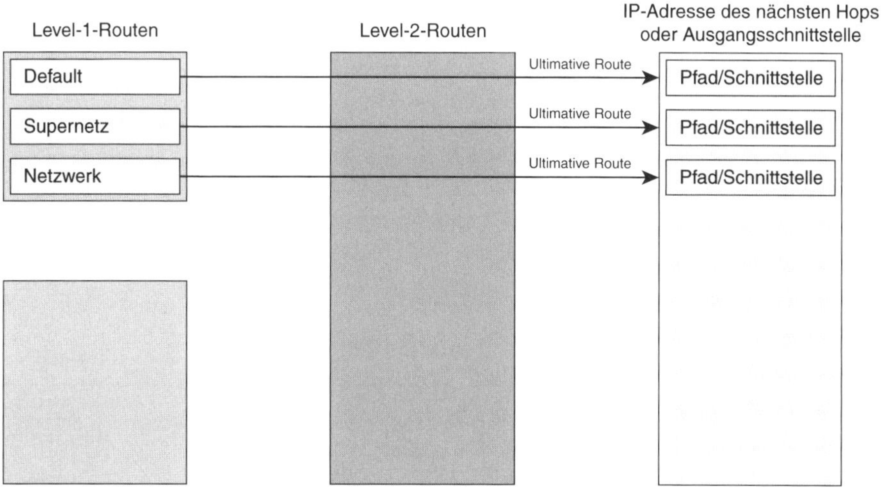

Abbildung 8.3: Routing-Tabellen: Level-1-Routen als ultimative Routen

Eine ultimative Route ist eine Route, die mindestens eines der beiden folgenden Elemente enthält:

- Eine IP-Adresse für den nächsten Hop (d. h. einen anderen Pfad)
- Eine Ausgangsschnittstelle

Das direkt angeschlossene Netzwerk 192.168.1.0/24 ist eine Level-1-Route, denn sie verfügt über eine Subnetzmaske, die mit der klassenbezogenen Maske identisch ist. Dieselbe Route ist auch eine ultimative Route, weil sie die Ausgangsschnittstelle Serial 0/0/1 umfasst:

```
C    192.168.1.0/24 is directly connected, Serial0/0/1
```

Wie wir im nächsten Abschnitt erfahren werden, sind auch Level-2-Routen ultimative Routen.

8.1.4 Über- und untergeordnete Routen in klassenbezogenen Netzwerken

Im vorherigen Abschnitt wurde eine Level-1-Route gezeigt, die auch eine ultimative Route war. Hier nun wollen wir eine andere Form der Level-1-Route betrachten: eine übergeordnete Route. Listing 8.6 zeigt die Konfiguration der Schnittstelle 172.16.3.1/24 auf R2 und die Ausgabe des Befehls `show ip route`.

Listing 8.6: Über- und untergeordnete Routen

```
R2(config)#interface fastethernet 0/0
R2(config-if)#ip address 172.16.3.1 255.255.255.0
R2(config-if)#no shutdown
R2(config-if)#end
R2#show ip route
Codes: C - connected, S - static, I - IGRP, R - RIP, M - mobile,
<Text unterdrückt>

Gateway of last resort is not set

     172.16.0.0/24 is subnetted, 1 subnets
C       172.16.3.0 is directly connected, FastEthernet0/0
C    192.168.1.0/24 is directly connected, Serial0/0/1
```

Beachten Sie, dass es eigentlich zwei zusätzliche Einträge in der Routing-Tabelle gibt, die im Listing auch hervorgehoben sind. Als das Subnetz 172.16.3.0 zur Routing-Tabelle hinzugefügt wurde, wurde eine weitere Route (nämlich 172.16.0.0) eine Zeile darüber hinzugefügt. Dieser erste Eintrag enthält weder die IP-Adresse eines nächsten Hops noch eine Ausgangsschnittstelle. Eine solche Route heißt übergeordnete Level-1-Route.

Unter dieser übergeordneten Route finden wir eingezogen den zweiten Eintrag 172.16.3.0; dies ist die untergeordnete Route. Aber warum wurden zwei Einträge statt nur eines einzigen hinzugefügt?

Betrachten Sie Abbildung 8.4. Es gibt zwei Einträge, weil eine übergeordnete Level-1-Route eine Netzwerkroute ist, die weder eine IP-Adresse für den nächsten Hop noch eine Ausgangsschnittstelle für ein Netzwerk enthält. Eine übergeordnete Route ist eigentlich eine Art Überschrift, die das Vorhandensein von Level-2-Routen signalisiert – diese werden auch *untergeordnete Routen* genannt.

Eine übergeordnete Level-1-Route wird jedes Mal dann automatisch erstellt, wenn ein Subnetz zur Routing-Tabelle hinzugefügt wird. Anders formuliert, wird eine solche Route angelegt, wenn eine Route mit einer Maske in die Routing-Tabelle eingetragen wird, die größer ist als die klassenbezogene Maske. Das Subnetz 172.16.3.0 ist die untergeordnete Level-2-Route der übergeordneten Route 172.16.0.0. In diesem Fall wurde die übergeordnete Level-1-Route wie folgt automatisch erstellt:

```
172.16.0.0/24 is subnetted, 1 subnets
```

```
        172.16.0.0/24 is subnetted, 1 subnets
C       172.16.3.0 is directly connected, FastEthernet0/0
```

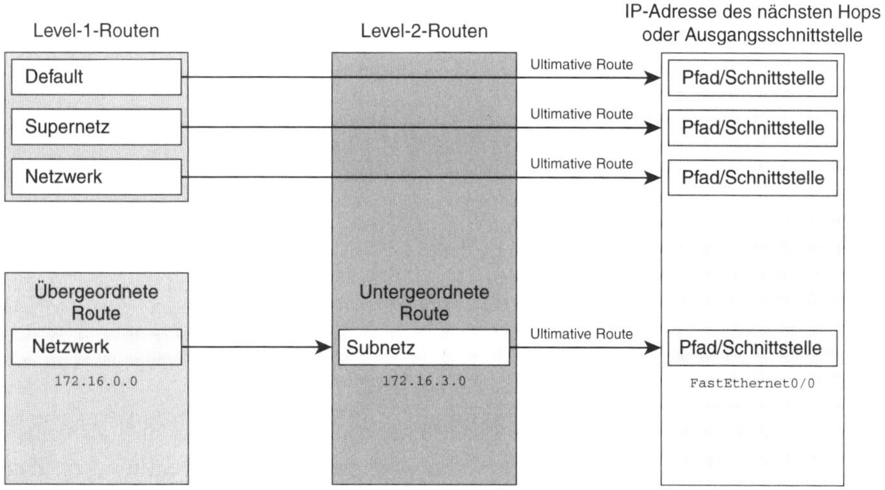

Abbildung 8.4: Routing-Tabellen: Beziehung von über- und untergeordneten Routen

Eine Level-2-Route ist eine Route, die ein Subnetz einer klassenbezogenen Netzwerkadresse ist. Wie bei der Level-1-Route kann die Quelle einer Level-2-Route ein direkt angeschlossenes Netzwerk, eine statische Route oder ein dynamisches Routing-Protokoll sein. In diesem Fall ist die Level-2-Route die eigentliche Subnetzroute, die zum Netzwerk hinzugefügt wurde, als wir die Schnittstelle Fast Ethernet 0/0 konfigurierten.

Anmerkung

Sie wissen bereits, dass die Hierarchie der Routing-Tabelle im Cisco IOS einem klassenbezogenen Routing-Schema folgt. Eine übergeordnete Level-1-Route ist die klassenbezogene Netzwerkadresse der Subnetzroute. Dies ist auch dann der Fall, wenn ein klassenloses Routing-Protokoll die Quelle der Subnetzroute ist.

Analysieren Sie anhand von Abbildung 8.5 die Routing-Tabelleneinträge für die übergeordnete Level-1- und die untergeordnete Level-2-Route (Subnetz) wie nachfolgend beschrieben.

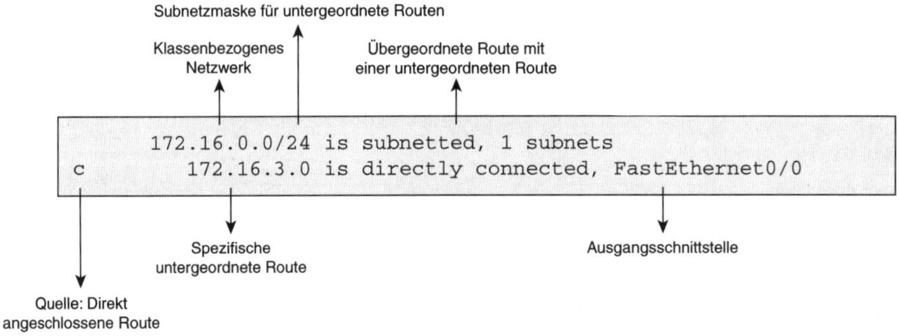

Abbildung 8.5: Details zu über- und untergeordneten Routen

Übergeordnete Level-1-Route

Die übergeordnete Route in Abbildung 8.5 enthält die folgenden Angaben:

- **172.16.0.0.** Die klassenbezogene Netzwerkadresse unseres Subnetzes. Zur Erinnerung: Die Routing-Tabelle hat eine klassenbezogene Struktur.
- **/24.** Die Subnetzmaske für alle untergeordneten Routen. Falls die untergeordneten Routen VLSM-Masken verwenden, wird die Subnetzmaske aus der übergeordneten Route aus- und in die einzelnen untergeordneten Routen eingeschlossen. Wir kommen später darauf zurück.
- **is subnetted, 1 subnets.** Dieser Teil der Route gibt an, dass es sich um eine klassenbezogene übergeordnete Route handelt, die in diesem Fall über genau eine untergeordnete Route (ein Subnetz) verfügt.

Untergeordnete Level-2-Route

Der zweite Eintrag in Abbildung 8.5 lautet 172.16.3.0. Dies ist die eigentliche Route in unser direkt angeschlossenes Netzwerk. Diese untergeordnete Level-2-Route enthält die folgenden Informationen:

- **C.** Routencode eines direkt angeschlossenen Netzwerks
- **172.16.3.0.** Der eigentliche Routeneintrag
- **is directly connected.** Neben dem Routencode `C` können Sie dieser Angabe entnehmen, dass es sich hierbei um ein direkt angeschlossenes Netzwerk mit der administrativen Distanz 0 handelt.
- **FastEthernet 0/0.** Ausgangsschnittstelle zur Weiterleitung von Paketen, die dieser spezifischen Route entsprechen

Die untergeordnete Level-2-Route ist der konkrete Eintrag für das Subnetz 172.16.3.0/24. Beachten Sie, dass die Subnetzmaske nicht gemeinsam mit der untergeordneten Level-2-Route aufgeführt ist. Die Subnetzmaske für diese untergeordnete Route ist /24; diese Maske ist in der übergeordneten Route 172.16.0.0 enthalten.

Eine untergeordnete Level-2-Route enthält die Routenquelle und die Netzwerkadresse der Route. Untergeordnete Level-2-Routen gelten außerdem als ultimative Routen, weil sie die IP-Adresse des nächsten Hops oder eine Ausgangsschnittstelle enthalten.

Listing 8.7 zeigt die Konfiguration der Schnittstelle Serial 0/0/0 von R2.

Listing 8.7: Eine weitere untergeordnete Route hinzufügen

```
R2(config)#interface serial 0/0/0
R2(config-if)#ip address 172.16.2.2 255.255.255.0
R2(config-if)#no shutdown
R2(config-if)#end
R2#show ip route
Codes: C - connected, S - static, I - IGRP, R - RIP, M - mobile,
<Text unterdrückt>

Gateway of last resort is not set

     172.16.0.0/24 is subnetted, 2 subnets
C       172.16.2.0 is directly connected, Serial0/0/0
C       172.16.3.0 is directly connected, FastEthernet0/0
C    192.168.1.0/24 is directly connected, Serial0/0/1
```

Die Routing-Tabelle zeigt zwei untergeordnete Routen für dieselbe übergeordnete Route 172.16.0.0/24. Sowohl 172.16.2.0 als auch 172.16.3.0 sind Mitglieder derselben übergeordneten Route, denn sie gehören zum klassenbezogenen Netzwerk 172.16.0.0/16.

Da die beiden untergeordneten Routen dieselbe Subnetzmaske aufweisen, behält die übergeordnete Route die Maske /24 bei, zeigt aber nun zwei Subnetze an. Die Rolle der übergeordneten Route untersuchen wir, wenn wir den Lookup-Prozess beschreiben.

Abbildung 8.6 zeigt die Beziehung zwischen der übergeordneten Level-1-Route und den untergeordneten Level-2-Routen unter Verwendung des Beispiels aus der Routing-Tabelle.

```
        172.16.0.0/24 is subnetted, 1 subnets
C       172.16.2.0 is directly connected, Serial0/0/0
C       172.16.3.0 is directly connected, FastEthernet0/0
```

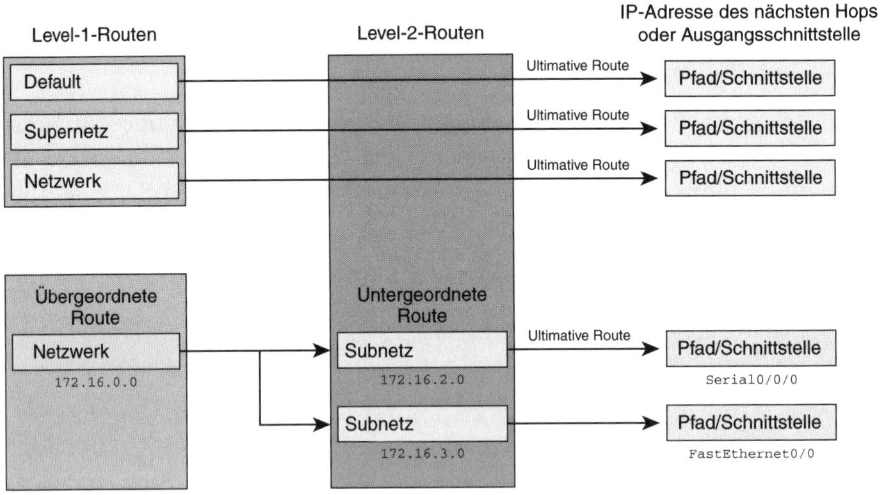

Abbildung 8.6: Routing-Tabellen: Beziehung von über- und untergeordneten Routen

ANMERKUNG

Wenn nur eine einzige untergeordnete Level-2-Route vorhanden ist und diese entfernt wird, wird die übergeordnete Level-1-Route automatisch gelöscht. Eine übergeordnete Level-1-Route ist nur vorhanden, wenn es mindestens eine untergeordnete Level-2-Route gibt.

8.1.5 Über- und untergeordnete Routen: Klassenlose Netzwerke

Die folgende Beschreibung bezieht sich auf die in Abbildung 8.7 gezeigte RouterX-Topologie.

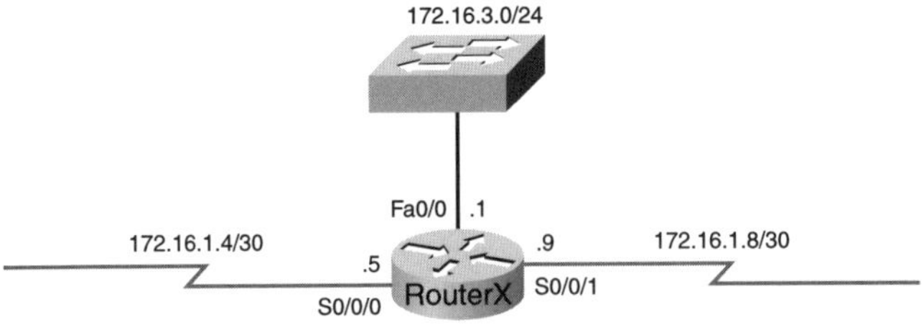

Abbildung 8.7: Über- und untergeordnete Route mit VLSM

Anhand von RouterX mit der gezeigten VLSM-Konfiguration können wir die Auswirkungen von VLSM auf die Routing-Tabelle untersuchen. RouterX hat drei direkt angeschlossene Netzwerke. Alle drei Subnetze gehören zum klassenbezogenen Netzwerk 172.16.0.0/16 und sind deswegen untergeordnete Level-2-Routen.

Beachten Sie in Listing 8.8, dass die untergeordneten Routen anders als beim Beispiel zu klassenbezogenen Netzwerken nicht dieselbe Subnetzmaske verwenden. In diesem Fall benutzen wir im Netzwerk ein Adressierungsschema mit VLSM.

Listing 8.8: Über- und untergeordneten Route mit VLSM

```
RouterX#show ip route
Codes: C - connected, S - static, I - IGRP, R - RIP, M - mobile, B - BGP
<Ausgabe unterdrückt>

Gateway of last resort is not set

     172.16.0.0/16 is variably subnetted, 3 subnets, 2 masks
C       172.16.1.4/30 is directly connected, Serial0/0/0
C       172.16.1.8/30 is directly connected, Serial0/0/1
C       172.16.3.0/24 is directly connected, FastEthernet0/0
RouterX#
```

Immer wenn zwei oder mehr untergeordnete Routen mit unterschiedlichen Subnetzmasken zum selben klassenbezogenen Netzwerk gehören, stellt die Routing-Tabelle den Eintrag etwas anders dar: Das übergeordnete Netzwerk hat das Attribut `is variably subnetted`.

Obwohl die Beziehung zwischen über- und untergeordneten Routen eine klassenbezogene Struktur verwendet, um Netzwerke und ihre Subnetze darzustellen, kann dieses Format sowohl mit klassenbezogener als auch klassenloser Adressierung verwendet werden. Unabhängig von dem durch das Netzwerk verwendeten Adressierungsschema (klassenlos oder klassenbezogen) verwendet die Struktur der Routing-Tabelle stets ein klassenbezogenes Schema.

Abbildung 8.8 zeigt die Details der Beziehung zwischen über- und untergeordneten Routen in einer klassenlosen Umgebung.

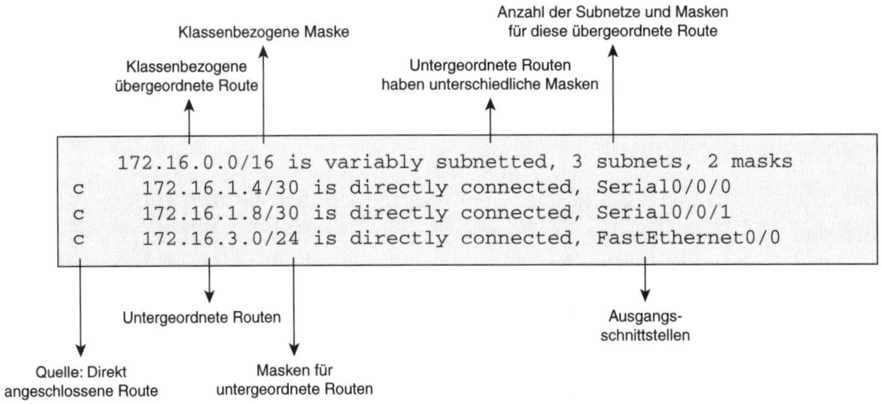

Abbildung 8.8: Details zu über- und untergeordneten Routen in einer klassenlosen Umgebung

Im Vergleich zum klassenbezogenen Beispiel weiter oben treten hier mehrere Unterschiede bei dieser übergeordneten Route und ihren untergeordneten Routen zutage. Zunächst einmal enthält die übergeordnete Route 172.16.0.0 nun die klassenbezogene Maske /16. Im weiter oben in Abbildung 8.5 gezeigten Beispiel wurde die klassenbezogene Maske nicht angezeigt.

Beachten Sie außerdem, dass die übergeordnete Route die untergeordneten Routen als `variably subnetted` ausweist. Wie beim klassenbezogenen Beispiel zeigt die übergeordnete Route die Anzahl der Subnetze an (`3 subnets`), schließt hier aber zusätzlich die Anzahl der verschiedenen Masken der untergeordneten Routen (`2 masks`) mit ein.

Der letzte Unterschied zwischen klassenbezogenen und klassenlosen Netzwerken liegt bei den untergeordneten Routen. Jede untergeordnete Route enthält nun die Subnetzmaske der betreffenden Route. Im Beispiel ohne VLSM aus Abbildung 8.5 nutzten beide untergeordneten Routen dieselbe Subnetzmaske, und die übergeordnete Route zeigte diese gemeinsame Subnetzmaske an. Bei VLSM werden die verschiedenen Subnetzmasken mit den jeweiligen untergeordneten Routen angezeigt.

Die übergeordnete Route in Abbildung 8.8 enthält die folgenden Angaben:

- **`172.16.0.0`.** Die übergeordnete Route, d. h. die klassenbezogene Netzwerkadresse mit allen untergeordneten Routen
- **`/16`.** Die klassenbezogene Subnetzmaske der übergeordneten Route
- **`variably subnetted`.** Besagt, dass die untergeordneten Routen variabel in Subnetze unterteilt und für dieses klassenbezogene Netzwerk mehrere Masken vorhanden sind.

- `3 subnets, 2 masks`. Gibt die Anzahl der Subnetze und der unterschiedlichen Subnetzmasken für untergeordnete Routen dieser übergeordneten Route an.

Wenn wir eine der untergeordneten Routen aus Abbildung 8.8 als Beispiel nehmen, sehen wir die folgenden Informationen:

- `C`. Routenquelle eines direkt angeschlossenen Netzwerks
- `172.16.1.4`. Der eigentliche Routeneintrag
- `/30`. Subnetzmaske für diese spezifische Route
- `is directly connected`. Neben dem Routencode `C` können Sie dieser Angabe entnehmen, dass es sich hierbei um ein direkt angeschlossenes Netzwerk mit der administrativen Distanz 0 handelt.
- `Serial0/0/0`. Ausgangsschnittstelle zur Weiterleitung von Paketen, die dieser spezifischen Route entsprechen

Warum also verwendet Cisco das klassenbezogene Routing-Tabellenformat? Wir wollen uns den Lookup-Prozess in der Routing-Tabelle einmal genauer ansehen.

8.2 Der Lookup-Prozess

Nachdem Sie nun die Struktur der Routing-Tabelle kennengelernt haben, wollen wir im folgenden Abschnitt zeigen, wie der Lookup-Prozess in der Routing-Tabelle funktioniert. Wenn ein Router ein Paket an einer seiner Schnittstellen empfängt, wird im Zuge des Lookup-Prozesses die Ziel-IP-Adresse des eingehenden Pakets mit den Einträgen in der Routing-Tabelle verglichen. Die Route in der Tabelle mit der größten Übereinstimmung zur Ziel-IP-Adresse des Pakets wird verwendet, um das Paket dann über die betreffende Schnittstelle weiterzuleiten.

8.2.1 Schritte beim Lookup-Prozess

Kehren wir noch einmal zur weiter oben in Abbildung 8.1 gezeigten Topologie zurück. Hier ist das klassenbezogene Protokoll RIPv1 konfiguriert. Wir haben uns bewusst für ein klassenbezogenes Routing-Protokoll für unsere nicht zusammenhängenden 172.16.0.0-Subnetze entschieden. Warum wir dies getan haben, wird im weiteren Verlauf deutlich werden.

Listing 8.9 zeigt die RIP-Konfiguration aller drei Router. Die Listings 8.10, 8.11 und 8.12 stellen die entsprechenden Routing-Tabellen dar.

Listing 8.9: RIPv1-Konfiguration

```
R1(config)#router rip
R1(config-router)#network 172.16.0.0
```

```
R2(config)#router rip
R2(config-router)#network 172.16.0.0
R2(config-router)#network 192.168.1.0
```

```
R3(config)#router rip
R3(config-router)#network 172.16.0.0
R3(config-router)#network 192.168.1.0
```

Listing 8.10: Routing-Tabelle von R1

```
R1#show ip route
Codes: C - connected, S - static, I - IGRP, R - RIP, M - mobile, B - BGP
       <Ausgabe unterdrückt>

Gateway of last resort is not set

     172.16.0.0/24 is subnetted, 3 subnets
C       172.16.1.0 is directly connected, FastEthernet0/0
C       172.16.2.0 is directly connected, Serial0/0/0
R       172.16.3.0 [120/1] via 172.16.2.2, 00:00:25, Serial0/0/0
R    192.168.1.0/24 [120/1] via 172.16.2.2, 00:00:25, Serial0/0/0
```

Listing 8.11: Routing-Tabelle von R2

```
R2#show ip route
Codes: C - connected, S - static, I - IGRP, R - RIP, M - mobile, B - BGP
       <Ausgabe unterdrückt>

Gateway of last resort is not set

     172.16.0.0/24 is subnetted, 3 subnets
R       172.16.1.0 [120/1] via 172.16.2.1, 00:00:07, Serial0/0/0
C       172.16.2.0 is directly connected, Serial0/0/0
C       172.16.3.0 is directly connected, FastEthernet0/0
C    192.168.1.0/24 is directly connected, Serial0/0/1
```

Listing 8.12: Routing-Tabelle von R3

```
R3#show ip route
Codes: C - connected, S - static, I - IGRP, R - RIP, M - mobile, B - BGP
       <Ausgabe unterdrückt>

Gateway of last resort is not set
```

Listing 8.12: Routing-Tabelle von R3 (Forts.)

```
     172.16.0.0/24 is subnetted, 1 subnets
C       172.16.4.0 is directly connected, FastEthernet0/0
C    192.168.1.0/24 is directly connected, Serial0/0/1
```

Wie man es bei diesem Adressierungssystem in Verbindung mit einem klassenbezogenen Protokoll erwarten würde, gibt es Probleme mit der Erreichbarkeit. Weder R1 noch R2 verfügen über eine Route nach 172.16.4.0. Zudem kennt R3 keine Route in eines der Subnetze 172.16.1.0/24, 172.16.2.0/24 oder 172.16.3.0/24.

R1 und R2 enthalten das Subnetz 172.16.4.0 an R3 nicht, weil R3 nur eine Summenroute für 172.16.0.0 mit einer Metrik von einem Hop gesendet hat. Da R2 bereits über direkt angeschlossene Schnittstellen verfügt, die Bestandteil dieses Netzwerks 172.16.0.0 sind, fügt er keine RIP-Summenroute zu seiner Routing-Tabelle hinzu. Derselbe Vorgang tritt bei R3 auf: R3 empfängt nur eine Summenroute nach 172.16.0.0 von R2.

Wir wollen genauer untersuchen, wie die Router die besten Routen für das Versenden von Paketen ermitteln und warum klassenbezogene Routing-Protokolle nur bei zusammenhängend adressierten Netzwerken funktionieren. Dabei werden wir die folgenden Fragen beantworten:

- Was geschieht, wenn ein Router ein IP-Paket empfängt, die Ziel-IP-Adresse untersucht und diese mit der Routing-Tabelle vergleicht?
- Wie entscheidet der Router, welche Route in der Routing-Tabelle die beste ist (also die größte Übereinstimmung erzielt)?
- Welche Auswirkungen hat die Subnetzmaske auf den Lookup-Prozess?
- Wie entscheidet der Router, ob ein Supernetz oder eine Default-Route verwendet werden soll, falls keine andere passende Route gefunden wurde?

Wir wollen mit der Beantwortung dieser Fragen beginnen, indem wir zunächst die einzelnen Schritte des Lookup-Prozesses betrachten.

Der Lookup-Prozess

Versuchen Sie, die Schritte des Lookup-Prozesses anhand der Abbildungen 8.9 bis 8.19 nachzuvollziehen. Sie brauchen die einzelnen Schritte jetzt noch nicht vollständig zu verstehen; dies wird einfacher sein, wenn wir uns in den nachfolgenden Abschnitten ein paar Beispiele ansehen.

1. Der Router untersucht Level-1-Routen einschließlich Netzwerk- und Supernetzrouten auf Übereinstimmung mit der Zieladresse aus dem IP-Paket (Abbildung 8.9) hin.

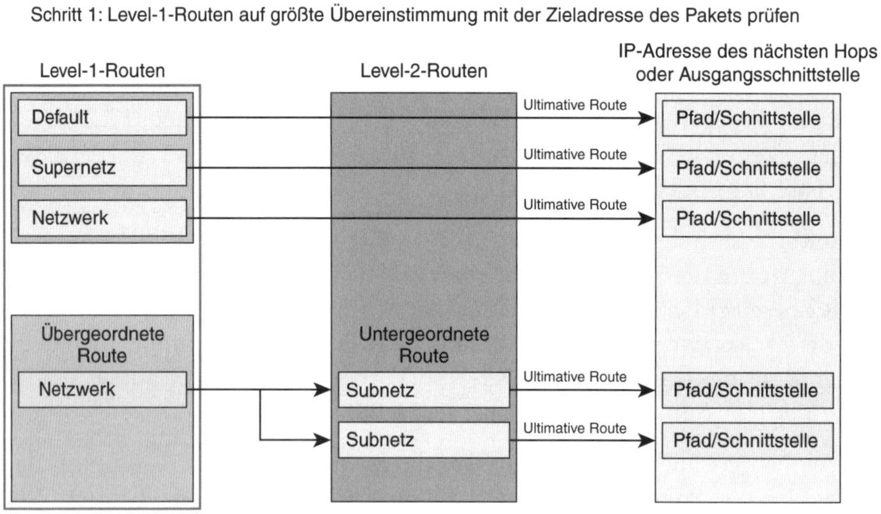

Abbildung 8.9: Lookup-Prozess, Schritt 1

1a. Wenn die beste Route eine ultimative Level-1-Route ist – ein klassenbezogenes Netzwerk, ein Supernetz oder die Default-Route –, so wird diese Route zur Weiterleitung des Pakets verwendet (Abbildung 8.10).

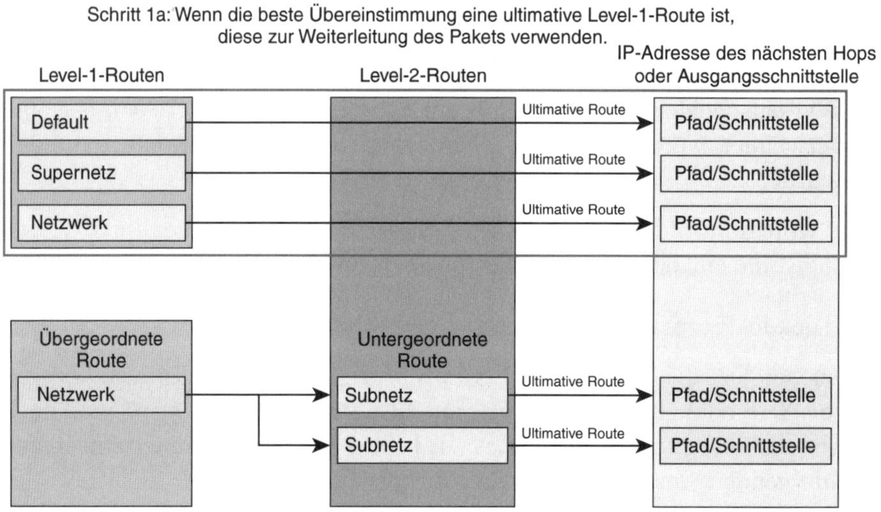

Abbildung 8.10: Lookup-Prozess, Schritt 1a

1b. Ist die beste Route eine übergeordnete Level-1-Route, so fahren Sie bei Schritt 2 fort (Abbildung 8.11).

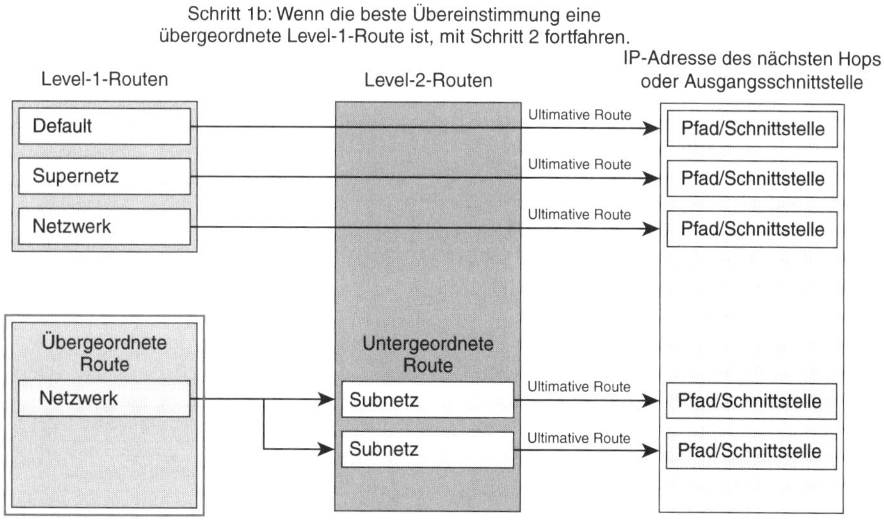

Abbildung 8.11: Lookup-Prozess, Schritt 1b

2. Der Router untersucht untergeordnete Routen (Subnetzrouten) der übergeordneten Route auf die größte Übereinstimmung (Abbildung 8.12) hin.

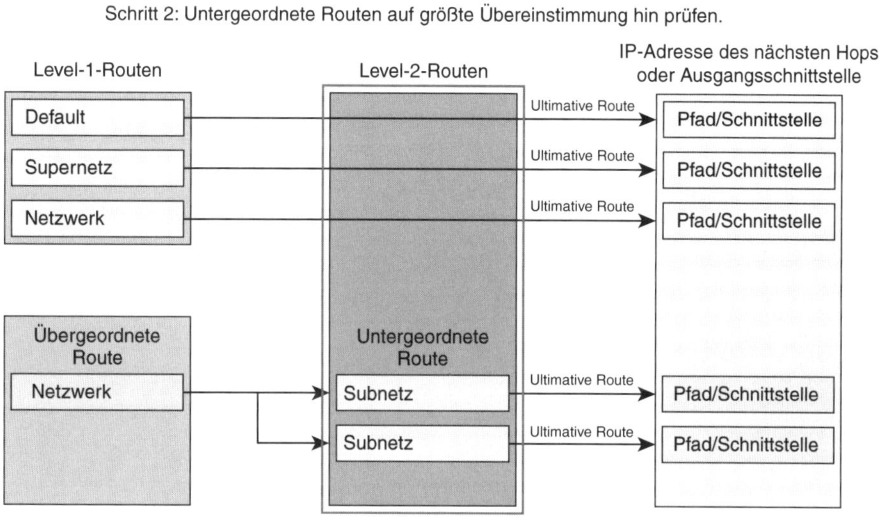

Abbildung 8.12: Lookup-Prozess, Schritt 2

2a. Liegt eine Übereinstimmung mit einer untergeordneten Level-2-Route vor, dann wird das Subnetz zur Weiterleitung des Pakets verwendet (Abbildung 8.13).

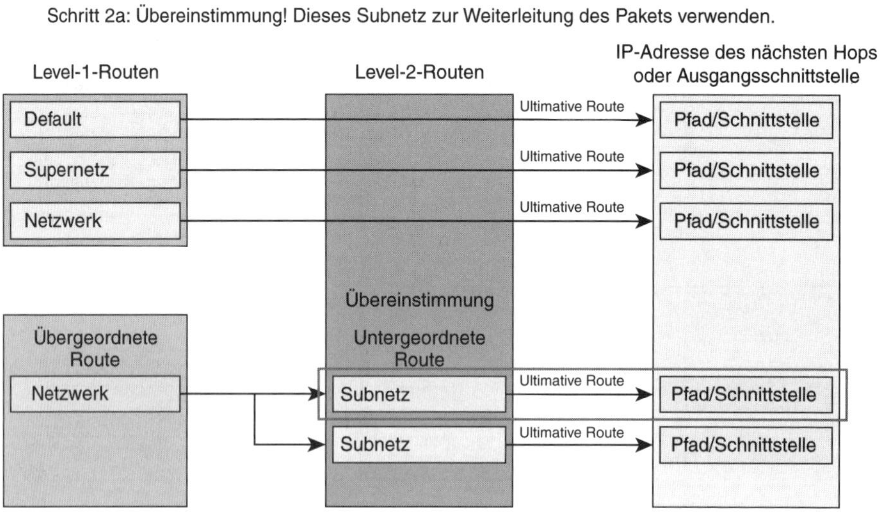

Abbildung 8.13: Lookup-Prozess, Schritt 2a

2b. Liegt keine Übereinstimmung mit einer der untergeordneten Level-2-Routen vor, dann fahren Sie bei Schritt 3 fort (Abbildung 8.14).

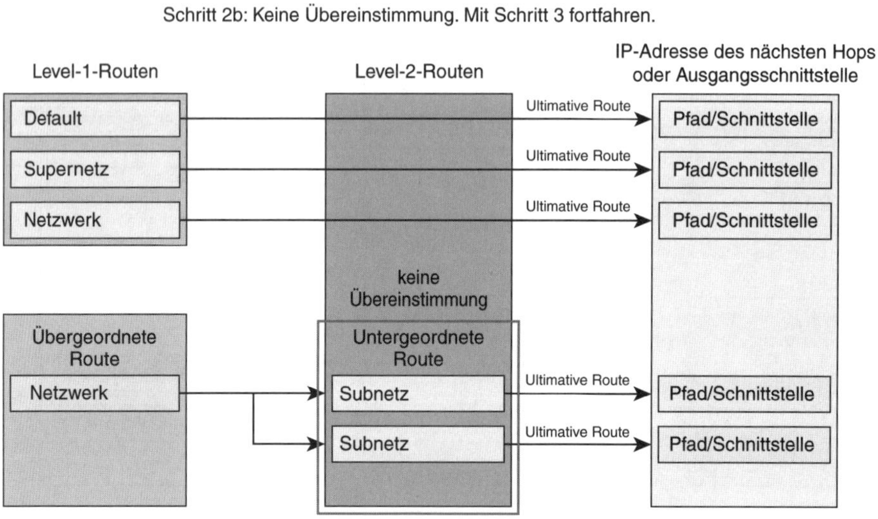

Abbildung 8.14: Lookup-Prozess, Schritt 2b

3. Benutzt der Router klassenbezogenes oder klassenloses Routing-Verhalten (Abbildung 8.15)?

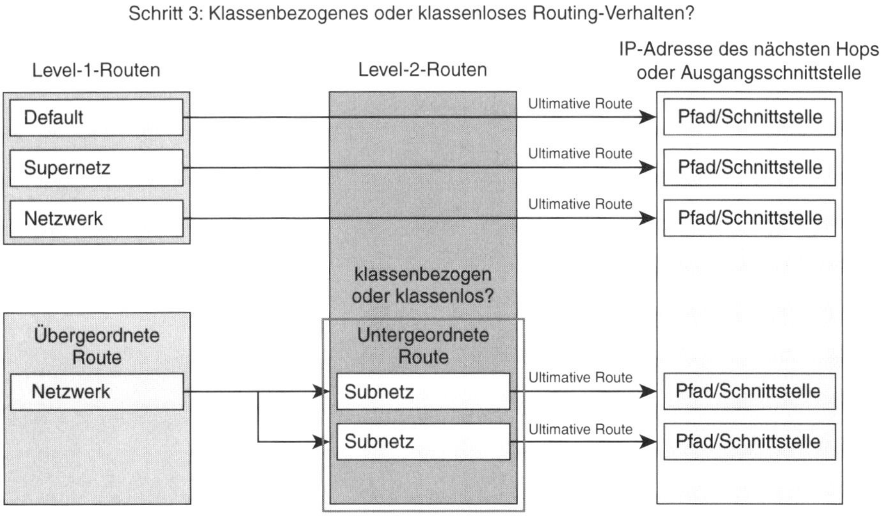

Abbildung 8.15: Lookup-Prozess, Schritt 3

3a. Wird *klassenbezogenes* Routing-Verhalten verwendet, dann wird der Lookup-Prozess beendet und das Paket verworfen (Abbildung 8.16).

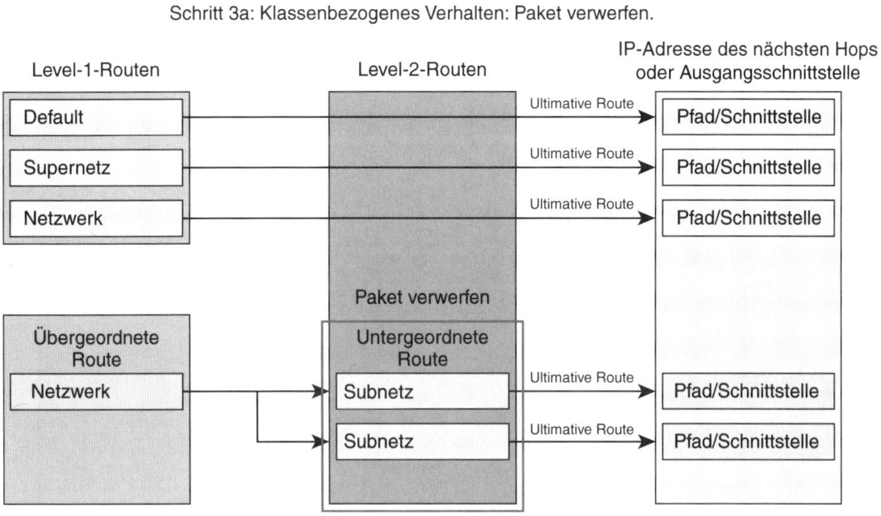

Abbildung 8.16: Lookup-Prozess, Schritt 3a

3b. Wird *klassenloses* Routing-Verhalten verwendet, dann werden die Level-1-Supernetzrouten in der Routing-Tabelle nach einer Übereinstimmung durchsucht (Abbildung 8.17). Dies umfasst auch die Default-Route, soweit vorhanden.

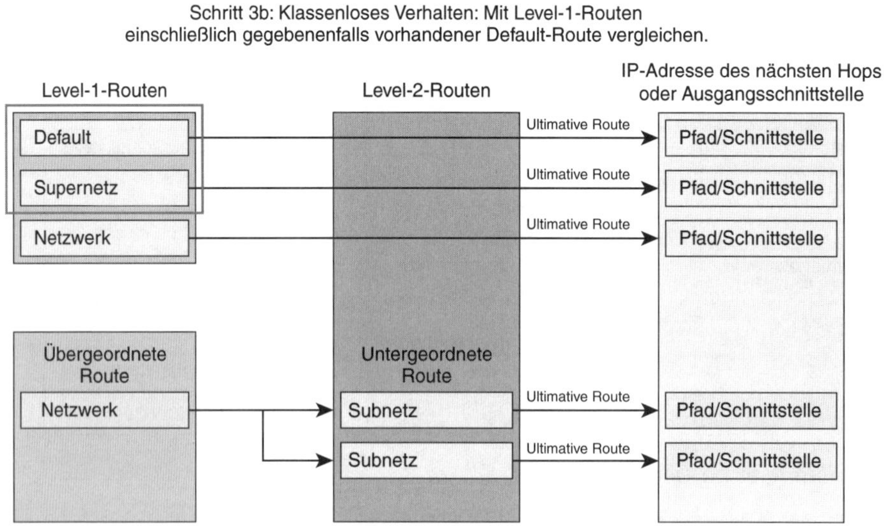

Abbildung 8.17: Lookup-Prozess, Schritt 3b

4. Liegt nun eine bessere Übereinstimmung mit einer Level-1-Supernetz- oder Default-Route vor, dann wird diese Route zur Weiterleitung des Pakets verwendet (Abbildung 8.18).

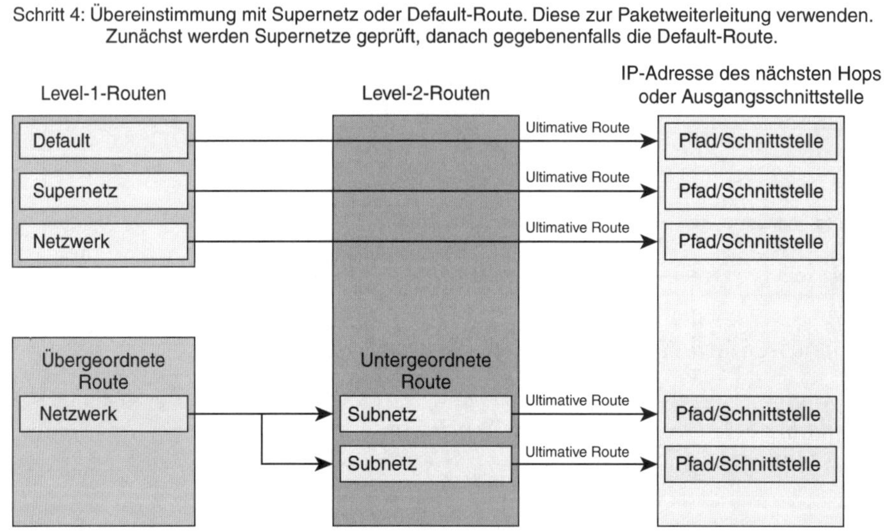

Abbildung 8.18: Lookup-Prozess, Schritt 4

5. Liegt keine Übereinstimmung mit einer der Routen in der Routing-Tabelle vor, dann verwirft der Router das Paket (Abbildung 8.19).

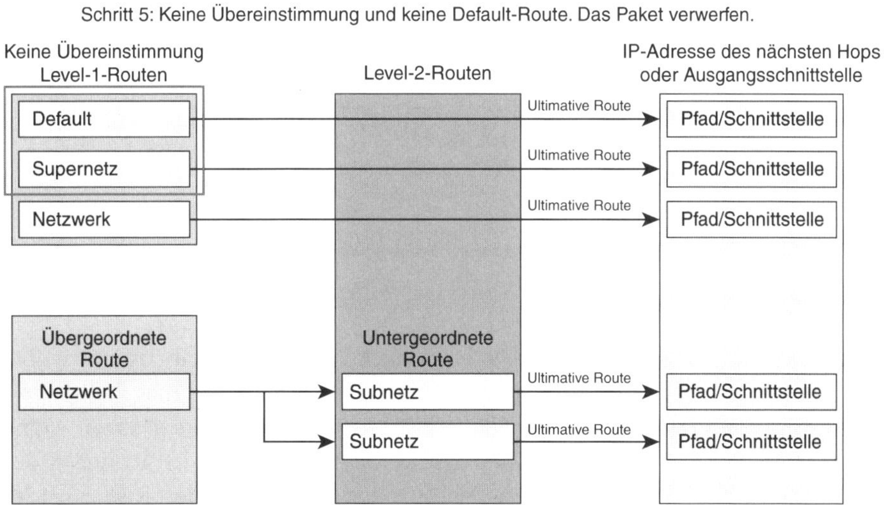

Abbildung 8.19: Lookup-Prozess, Schritt 5

Klassenbezogenes und klassenloses Routing-Verhalten werden wir in einem späteren Abschnitt behandeln.

ANMERKUNG

> Eine Route, die nur eine IP-Adresse für den nächsten Hop, nicht jedoch eine Ausgangsschnittstelle angibt, muss in eine Route mit einer Ausgangsschnittstelle aufgelöst werden. Ein rekursiver Lookup der IP-Adresse des nächsten Hops wird so lange ausgeführt, bis die Route in eine Ausgangsschnittstelle aufgelöst werden kann.

8.2.2 Längste Übereinstimmung: Level-1-Netzwerkrouten

Wie genau bestimmt der Lookup-Prozess, ob die Ziel-IP-Adresse des Pakets einer Route in der Routing-Tabelle entspricht? Was geschieht, wenn mehrere eingetragene Routen passen? Sehen wir es uns an.

Die längste Übereinstimmung

Bislang haben wir stets den Begriff der *besten* Übereinstimmung im Zusammenhang mit Routen-Lookups verwendet. Diese beste Übereinstimmung wird auch als *längste* Übereinstimmung bezeichnet. Wir wollen die Topologie für einen Moment unbeachtet lassen und uns Abbildung 8.20 ansehen. Diese zeigt, dass Route 3 (172.16.0.0/26) die längste Übereinstimmung aufweist. Was aber heißt »längste Übereinstimmung«?

Empfänger des IP-Pakets	172.16.0.10	10101100.00010000.00000000.00001010
Route 1	172.16.0.0/12	10101100.00010000.00000000.00000000
Route 2	172.16.0.0/18	10101100.00010000.00000000.00000000
Route 3	172.16.0.0/26	10101100.00010000.00000000.00000000

Längste Übereinstimmung mit der Empfängeradresse des IP-Pakets

Abbildung 8.20: Die bevorzugte Route weist die längste Übereinstimmung auf.

Zunächst stellt sich die Frage, was eigentlich eine Übereinstimmung ist. Damit eine Übereinstimmung zwischen der Ziel-IP-Adresse eines Pakets und einer Route in der Routing-Tabelle vorliegt, muss – von links gesehen – eine Mindestanzahl der Bits bei der IP-Adresse des Pakets und der Route in der Routing-Tabelle übereinstimmen. Mit der Subnetzmaske der Route in der Routing-Tabelle wird diese Mindestanzahl der Bits bestimmt. (Vergessen Sie nicht, dass ein IP-Paket zwar die IP-Adresse, nicht aber die Subnetzmaske enthält.)

Die beste oder längste Übereinstimmung ist diejenige Route in der Routing-Tabelle, die von links gesehen die größte Anzahl übereinstimmender Bits mit der Ziel-IP-Adresse des Pakets aufweist. Diese Route ist immer die bevorzugte Route. Die Bits der Subnetzmaske geben nicht nur die Mindestanzahl der übereinstimmenden Bits an, sondern diese Bits sind die einzigen, die bei der Prüfung auf Übereinstimmung überhaupt berücksichtigt werden.

Das in Abbildung 8.20 gezeigte Paket ist an die Adresse 172.16.0.10 gerichtet. Viele mögliche Routen könnten diesem Paket entsprechen. Wir sehen in Abbildung 8.20 drei mögliche Routen, die für dieses Paket geeignet wären: 172.16.0.0/12, 172.16.0.0/18 und 172.16.0.0/26. Von diesen drei Routen weist 172.16.0.0/26 die längste Übereinstimmung auf. Noch einmal: Damit diese Routen als geeignet betrachtet werden, muss zumindest die von der Subnetzmaske der Route vorgegebene Anzahl Bits übereinstimmen.

Erwähnenswert ist, dass Abbildung 8.20 ein ungewöhnliches Beispiel ist, das lediglich das Konzept der längsten Übereinstimmung verdeutlichen soll. In diesem Fall würden 172.16.0.0/12 und 172.16.0.0/18 gar nicht berücksichtigt, da die längste Übereinstimmung immer 172.16.0.0/26 ist. Grund hierfür ist die Tatsache, dass alle drei Routen dieselben 32 Bits aufweisen. Sind mehrere Routen mit derselben Netzwerkadresse, aber unterschiedlich dimensionierten Subnetzmasken vorhanden, verwendet der Lookup-Prozess immer die Route mit der größeren Maske. In diesem Fall wäre dies mithin die Route 172.16.0.0/26.

Beispiel: Ultimative Level-1-Route

Welche Subnetzmaske zur Bestimmung der längsten Übereinstimmung verwendet wird, ist nicht immer offensichtlich. Wir wollen dieses Verhalten anhand verschiedener Beispiele einmal genauer untersuchen.

In Abbildung 8.21 sendet PC1 einen `ping`-Befehl an 192.168.1.2, die serielle Schnittstelle von R3.

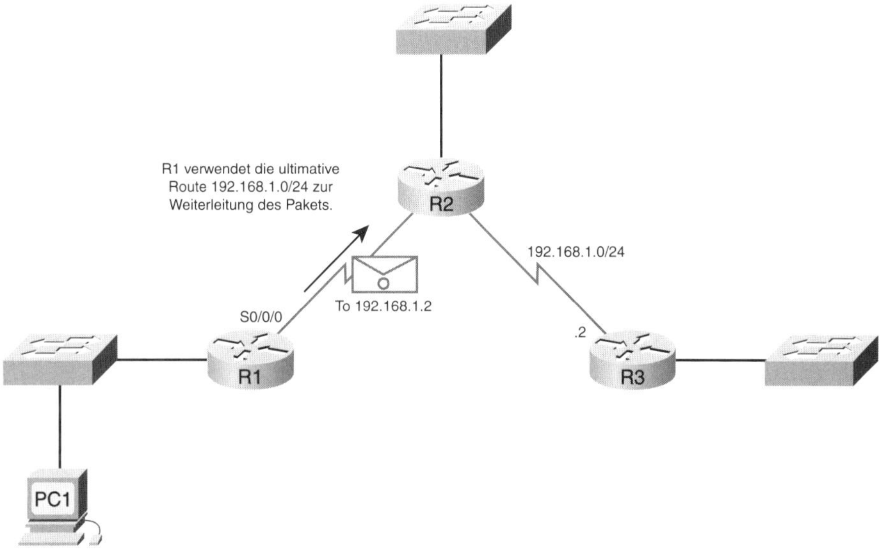

Abbildung 8.21: Beispiel: Ultimative Level-1-Route

R1 empfängt das Paket. Listing 8.13 zeigt die Routing-Tabelle für R1.

Listing 8.13: Routing-Tabelle von R1

```
R1#show ip route
Codes: C - connected, S - static, I - IGRP, R - RIP, M - mobile, B - BGP
       <Ausgabe teilweise unterdrückt>

Gateway of last resort is not set

     172.16.0.0/24 is subnetted, 3 subnets
C       172.16.1.0 is directly connected, FastEthernet0/0
C       172.16.2.0 is directly connected, Serial0/0/0
R       172.16.3.0 [120/1] via 172.16.2.2, 00:00:25, Serial0/0/0
R    192.168.1.0/24 [120/1] via 172.16.2.2, 00:00:25, Serial0/0/0
```

Sie erinnern sich noch an den ersten Teil von Schritt 1 im Lookup-Prozess? Abbildung 8.22 veranschaulicht anhand dieses Schrittes den Lookup-Prozess für das Paket an 192.168.2.1.

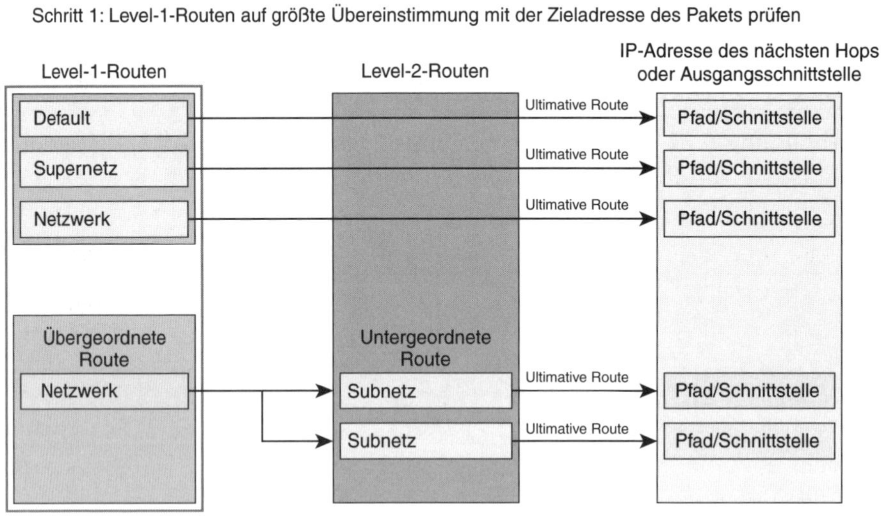

Abbildung 8.22: Lookup-Prozess, Schritt 1

Der Router prüft zunächst die Level-1-Routen auf die beste Übereinstimmung hin. In unserem Beispiel liegt eine Übereinstimmung zwischen der Ziel-IP-Adresse 192.168.1.2 und der Level-1-Route 192.168.1.0/24 vor:

```
R    192.168.1.0/24 [120/1] via 172.16.2.2, 00:00:25, Serial0/0/0
```

Schritt 1a in Abbildung 8.23 zeigt, dass R1 diese Route verwendet und das Paket über die Schnittstelle Serial 0/0/0 weiterleitet.

Warum liegt eine Übereinstimmung mit der Level-1-Route 192.168.1.0/24, nicht aber mit einem der Subnetze von 172.16.0.0 vor? Scheinbar ist dies naheliegend: Natürlich würde der Router 192.168.1.0/24 verwenden. Doch der Lookup-Prozess vergleicht 32-Bit-Adressen mit den 32 Bit umfassenden Einträgen und sucht nach der längsten Übereinstimmung.

Der vom Cisco IOS zum Durchsuchen der Routing-Tabelle verwendete Algorithmus ist nicht Gegenstand dieses Kapitels. Wichtig ist hingegen, dass Sie verstehen, warum ein Routeneintrag zur Ziel-IP-Adresse eines Pakets passt oder nicht.

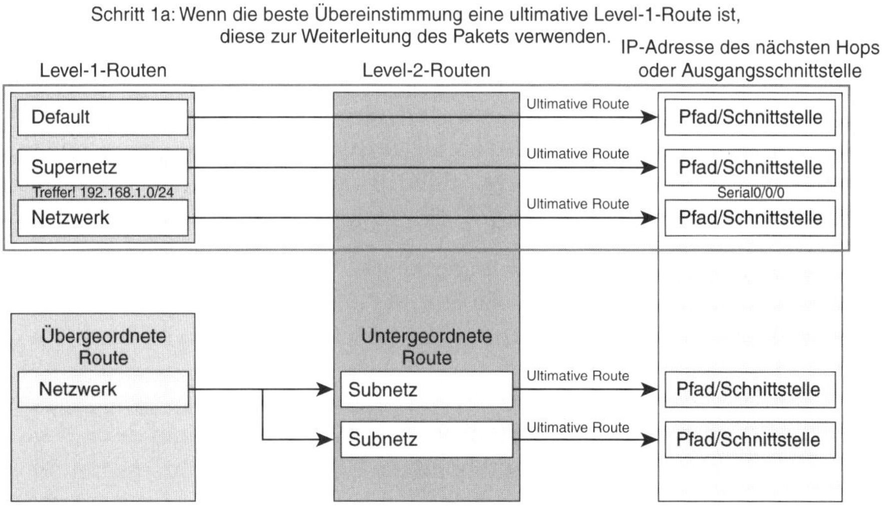

Abbildung 8.23: Lookup-Prozess, Schritt 1a

Warum gibt es keine Übereinstimmung mit einem der Subnetze von 172.16.0.0/24 in der Routing-Tabelle? Betrachten Sie Abbildung 8.24.

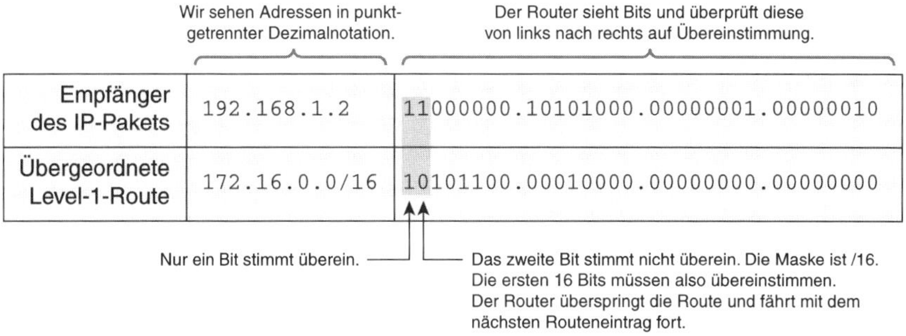

Abbildung 8.24: Übergeordnete Level-1-Route 172.16.0.0/16

172.16.0.0/24 ist eine übergeordnete Route der drei Subnetze (d. h. der untergeordneten Routen). Bevor eine untergeordnete Route auf Übereinstimmung hin geprüft wird, muss mindestens eine Übereinstimmung zwischen der Ziel-IP-Adresse des Pakets und der klassenbezogenen Adresse der übergeordneten Route – 172.16.0.0/16 – vorliegen.

Aber entsprechen denn mindestens die ersten 16 Bits der übergeordneten Route den 16 führenden Bits der Ziel-IP-Adresse 192.168.1.2 des Pakets? Nun, offensichtlich tun sie dies nicht. In Abbildung 8.24 sehen Sie jedoch, dass der Router tatsächlich das erste Bit überprüft und eine Übereinstimmung feststellt. Der Router fährt dann mit dem zweiten Bit fort. Da hier keine Übereinstimmung vorliegt, durchsucht der Lookup-Prozess nun andere Routeneinträge.

Jetzt wollen wir sehen, wie der Router eine Übereinstimmung zwischen der Ziel-IP-Adresse 192.168.1.2 des Pakets und der nächsten Route in der Routing-Tabelle – der ultimativen Route 192.168.1.0/24 – feststellt:

```
R    192.168.1.0/24 [120/1] via 172.16.2.2, 00:00:25, Serial0/0/0
```

Die Route 192.168.1.0 ist eine ultimative Level-1-Route und enthält deswegen die Subnetzmaske /24. In Abbildung 8.25 sehen Sie, dass zumindest die ersten 24 Bits übereinstimmen.

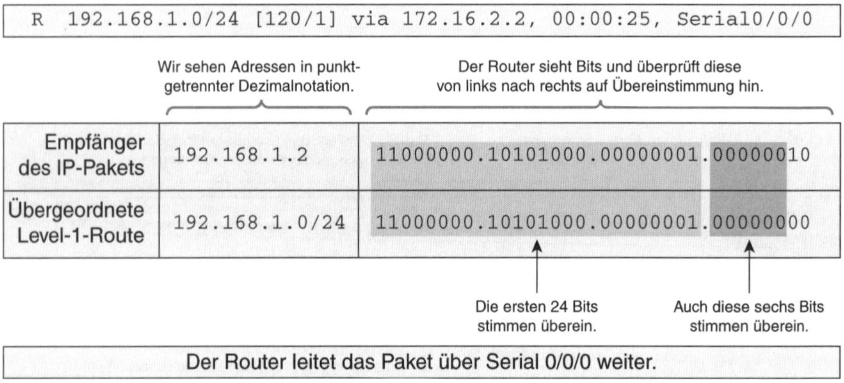

Abbildung 8.25: Ultimative Level-1-Route 192.168.1.0/24

Aus der Abbildung geht hervor, dass nicht nur die ersten 24, sondern sogar die ersten 30 Bits übereinstimmen. Ist das denn wichtig? Wie wir später sehen werden, können Situationen auftreten, in denen in der Routing-Tabelle mehrere passende Routen für dieselbe Ziel-IP-Adresse vorhanden sind. Welche davon soll die bevorzugte sein? Nun, es handelt es sich um diejenige mit der größten Anzahl passender Bits, d. h. der längsten Übereinstimmung.

In diesem Beispiel liegt eine Übereinstimmung zwischen der Ziel-IP-Adresse 192.168.1.0 und der Level-1-Route 192.168.1.0/24 vor. Da nachfolgend keine längere und spezifischere Übereinstimmung mehr gefunden werden kann, wird das Paket über die Ausgangsschnittstelle Serial 0/0/0 weitergeleitet.

Anmerkung

Vergessen Sie nicht, dass der Lookup-Prozess einen rekursiven Lookup für jede Route durchführen muss, die nur eine IP-Adresse für den nächsten Hop, nicht aber eine Ausgangsschnittstelle enthält. Weitere Informationen hierzu finden Sie in Kapitel 2, »Statisches Routing«.

8.2.3 Längste Übereinstimmung: Übergeordnete Level-1- und untergeordnete Level-2-Routen

Nun wollen wir uns ansehen, was geschieht, wenn eine Übereinstimmung mit einer übergeordneten Level-1-Route vorliegt.

Beachten Sie zunächst in Listing 8.14, dass eine übergeordnete Route weder eine Adresse für den nächsten Hop noch eine Ausgangsschnittstelle enthält, sondern nur einen »Header« für die untergeordneten Level-2-Routen, also die Subnetze.

Listing 8.14: Übergeordnete Level-1- und untergeordnete Level-2-Routen

```
R1#show ip route
Codes: C - connected, S - static, I - IGRP, R - RIP, M - mobile, B - BGP
       <Ausgabe unterdrückt>

Gateway of last resort is not set

     172.16.0.0/24 is subnetted, 3 subnets
C       172.16.1.0 is directly connected, FastEthernet0/0
C       172.16.2.0 is directly connected, Serial0/0/0
R       172.16.3.0 [120/1] via 172.16.2.2, 00:00:25, Serial0/0/0
R    192.168.1.0/24 [120/1] via 172.16.2.2, 00:00:25, Serial0/0/0
```

Die Subnetzmaske für untergeordnete Routen – /24 in Listing 8.14 – wird in der übergeordneten Route 172.16.0.0 für Subnetze angezeigt, die dieselbe Subnetzmaske verwenden.

Bevor untergeordnete Level-2-Routen auf eine Übereinstimmung hin geprüft werden, muss eine Übereinstimmung zwischen der klassenbezogenen Adresse der übergeordneten Level-1-Route und der Ziel-IP-Adresse des Pakets vorhanden sein.

Beispiel: Übergeordnete Level-1- und untergeordnete Level-2-Routen

In Abbildung 8.26 sendet PC1 einen `ping`-Befehl an PC2 unter 172.16.3.10. R1 empfängt das Paket und leitet es an R2 weiter. Wir wollen einmal sehen, wie R1 in der Routing-Tabelle nach einer Route sucht.

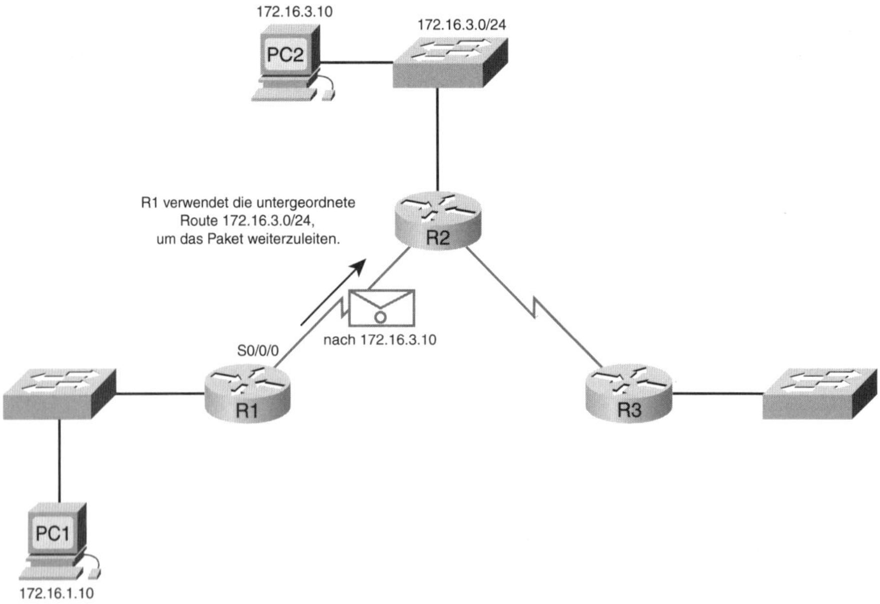

Abbildung 8.26: Beispiel: Übergeordnete Level-1- und untergeordnete Level-2-Routen

1b. Betrachten Sie Abbildung 8.27. Die erste Übereinstimmung erfolgt mit der übergeordneten Level-1-Route 172.16.0.0. Sie wissen bereits, dass die klassenbezogene Maske der übergeordneten Route bei Nicht-VLSM-Subnetzen nicht angezeigt wird. Bevor untergeordnete Routen (Subnetze) auf eine Übereinstimmung hin geprüft werden, muss eine Übereinstimmung mit der klassenbezogenen Adresse der übergeordneten Route vorhanden sein. In diesem Beispiel müssen, weil 172.16.0.0 eine Klasse-B-Adresse ist, die 16 führenden Bits übereinstimmen. (Die vollständigen Schritte des Lookup-Prozesses wurden bereits weiter oben in diesem Kapitel beschrieben.)

    Da der erste Routeneintrag eine übergeordnete Level-1-Route ist, die der Zieladresse entspricht (Schritt 1b des Lookup-Prozesses), fährt der Prozess mit Schritt 2 fort.

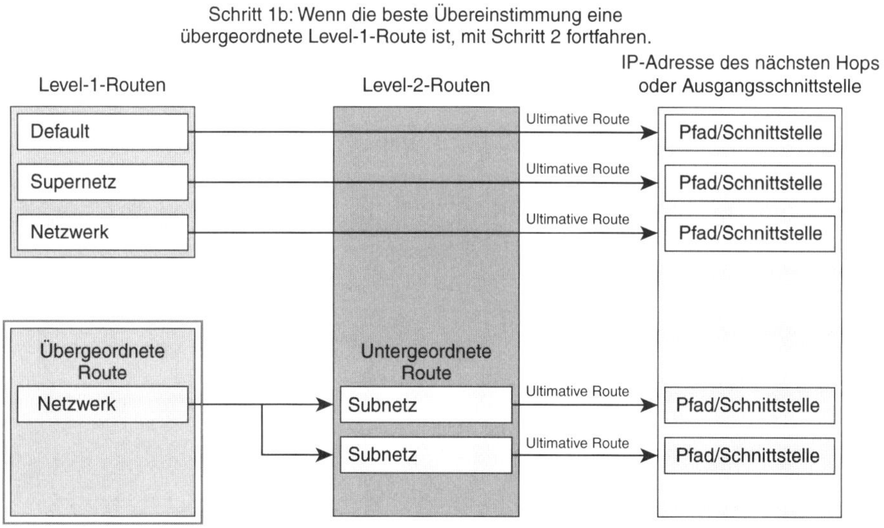

Abbildung 8.27: Lookup-Prozess, Schritt 1b

2. Betrachten Sie Abbildung 8.28. Da eine Übereinstimmung mit der übergeordneten Route vorliegt, werden die untergeordneten Level-2-Routen auf Übereinstimmung hin geprüft. Diesmal allerdings wird tatsächlich die Subnetzmaske /24 für die Mindestanzahl der ersten übereinstimmenden Bits zugrunde gelegt.

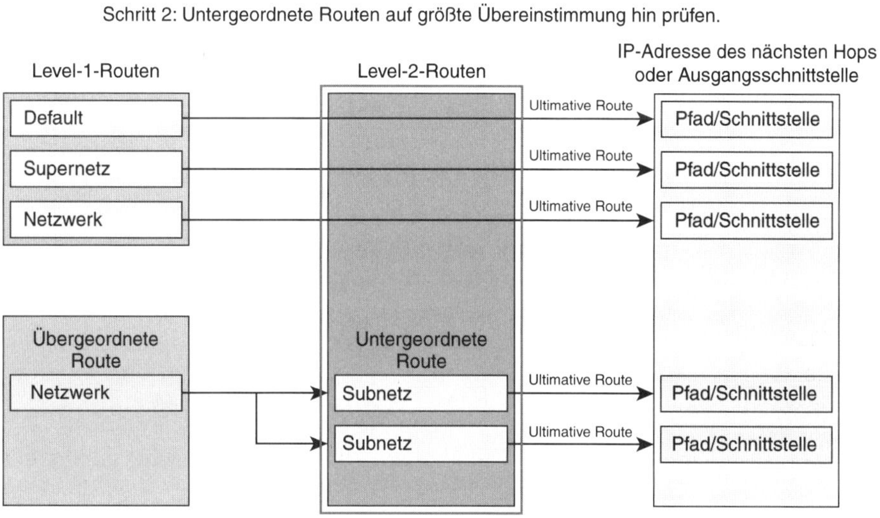

Abbildung 8.28: Lookup-Prozess, Schritt 2

2a. Betrachten Sie Abbildung 8.29. Der Lookup-Prozess durchsucht die untergeordneten Routen nach einer Übereinstimmung. In diesem Fall müssen mindestens 24 Bits übereinstimmen.

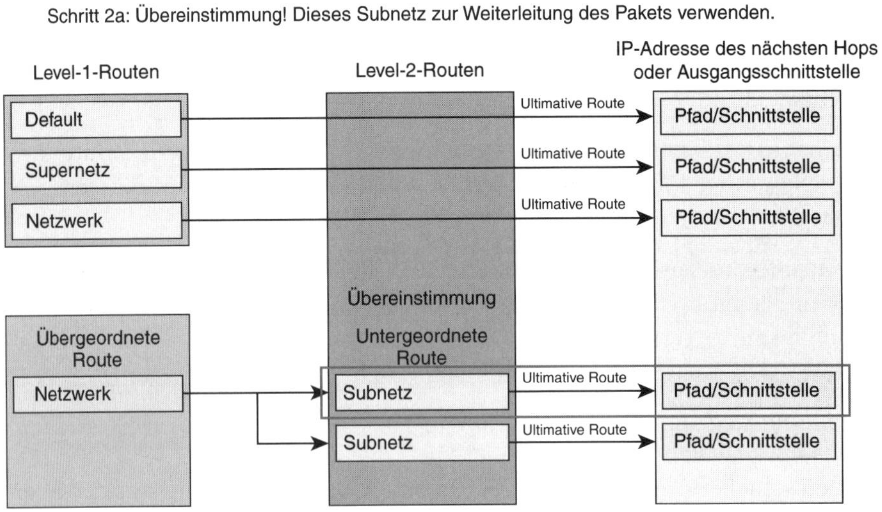

Abbildung 8.29: Lookup-Prozess, Schritt 2a

In Abbildung 8.30 erkennen wir, wie der Router die Übereinstimmung mit einer der untergeordneten Level-2-Routen ermittelt.

Empfänger des IP-Pakets	172.16.3.10	10101100.00010000.00000011.00001010
Übergeordnete Level-1-Route	172.16.0.0/16	10101100.00010000.00000000.00000000
Untergeordnete Level-2-Route	172.16.2.0/24	10101100.00010000.00000010.00000000
Untergeordnete Level-2-Route	172.16.2.0/24	10101100.00010000.00000010.00000000
Untergeordnete Level-2-Route	172.16.3.0/24	10101100.00010000.00000011.00000000

172.16.3.0/24 weist die längste Übereinstimmung auf.

Abbildung 8.30: Untergeordnete Level-2-Route 172.16.3.0/24

Zunächst prüft der Router die übergeordnete Route auf Übereinstimmung hin. In diesem Beispiel müssen die 16 führenden Bits der IP-Adresse mit denen der übergeordneten Route übereinstimmen. Diese ersten 16 Bits müssen einander entsprechen, weil dies die klassenbezogene Maske der übergeordneten Route (/16) ist.

Liegt eine Übereinstimmung mit der übergeordneten Route vor, dann prüft der Router die Route 172.16.1.0. Untergeordnete Routen werden nur untersucht, falls eine Übereinstimmung mit der klassenbezogenen Maske der übergeordneten Route vorhanden ist.

Bei der Überprüfung des ersten Subnetzes 172.16.1.0 wird festgestellt, dass das 23. Bit nicht übereinstimmt; aus diesem Grund wird, weil die ersten 24 Bits nicht identisch sind, die Route abgewiesen.

Die nächste überprüfte Route ist 172.16.2.0/24. Auch diese Route wird abgewiesen, weil das 24. Bit nicht übereinstimmt: Alle 24 Bits müssen identisch sein.

Der Router überprüft nun die letzte untergeordnete Route für 172.16.3.0/24 und findet eine Übereinstimmung, da hier die 24 führenden Bits jeweils gleich sind. Der Routing-Tabellenprozess verwendet diese Route 172.16.3.0/24 also zur Weiterleitung des Pakets mit der Ziel-IP-Adresse 172.16.3.10 über die Ausgangsschnittstelle Serial 0/0/0:

```
R    172.16.3.0 [120/1] via 172.16.2.2, 00:00:25, Serial0/0/0
```

Falls diese untergeordnete Route keine Ausgangsschnittstelle, sondern nur die IP-Adresse des nächsten Hops enthält, müsste diese in eine Ausgangsschnittstelle aufgelöst werden. Der Lookup-Prozess muss dann von vorne beginnen, wobei die Routing-Tabelle diesmal nach der IP-Adresse des nächsten Hops durchsucht wird.

Was geschieht, wenn der Router keine Route kennt? Nun, in diesem Szenario würde das Paket verworfen.

Beispiel: Lookup-Prozess mit VLSM

Wie stellt sich die Sachlage eigentlich bei unserer (in Abbildung 8.31 noch einmal gezeigten) RouterX-Topologie dar, die ein VLSM-Adressierungsschema verwendet? Wirkt sich diese Änderung auf den Lookup-Prozess aus?

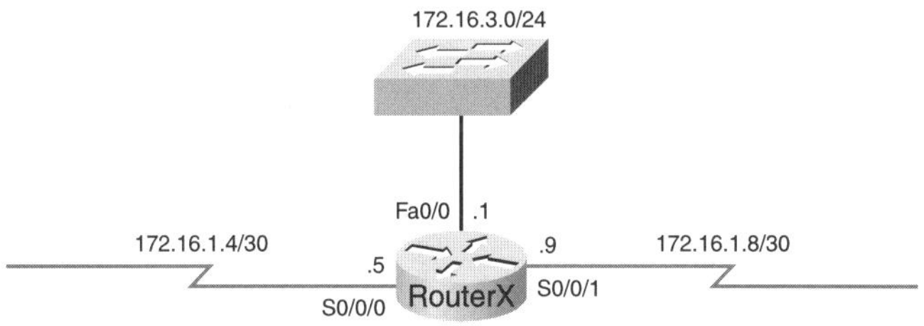

Abbildung 8.31: Lookup-Prozess mit VLSM

In Listing 8.15 erkennen wir, wie der Router die Übereinstimmung mit einer der untergeordneten VLSM-Level-2-Routen ermittelt.

Listing 8.15: Routing-Tabelle von RouterX

```
RouterX#show ip route
Codes: C - connected, S - static, I - IGRP, R - RIP, M - mobile, B - BGP
<Ausgabe unterdrückt>

Gateway of last resort is not set

     172.16.0.0/16 is variably subnetted, 3 subnets, 2 masks
C       172.16.1.4/30 is directly connected, Serial0/0/0
C       172.16.1.8/30 is directly connected, Serial0/0/1
C       172.16.3.0/24 is directly connected, FastEthernet0/0
RouterX#
```

Die Verwendung von VLSM hat keine Auswirkungen auf den Lookup-Prozess. Bei VLSM wird die klassenbezogene Maske /16 mit der übergeordneten Level-1-Route angezeigt (im Beispiel 172.16.0.0/16).

Wie bei Netzwerken ohne VLSM werden, wenn eine Übereinstimmung zwischen der Ziel-IP-Adresse des Pakets und der klassenbezogenen Maske der übergeordneten Level-1-Route besteht, die untergeordneten Level-2-Routen durchsucht.

Der einzige Unterschied bei VLSM besteht darin, dass untergeordnete Routen ihre eigenen spezifischen Subnetzmasken anzeigen. Diese Subnetzmasken werden verwendet, um die Anzahl der führenden Bits festzulegen, die in der Ziel-IP-Adresse des Pakets übereinstimmen müssen. Damit beispielsweise eine Übereinstimmung mit der untergeordneten Route 172.16.1.4 erzielt wird, müssen mindestens die ersten 30 Bits übereinstimmen, da die Subnetzmaske /30 lautet.

8.3 Routing-Verhalten

Was geschieht, wenn eine Übereinstimmung zwischen der Ziel-IP-Adresse des Pakets und einer übergeordneten Level-1-Route, aber keine mit einer der untergeordneten Level-2-Routen besteht? Man könnte eigentlich davon ausgehen, dass der Lookup-Prozess in der Routing-Tabelle nach einer weniger spezifischen Übereinstimmung sucht; Sie werden aber feststellen, dass dies je nach Router-Konfiguration der Fall sein kann, aber nicht muss.

8.3.1 Klassenbezogenes und klassenloses Routing-Verhalten

Der nächste Schritt im Lookup-Prozess (Schritt 3) wertet das Routing-Verhalten aus. Dieses Verhalten beeinflusst den Vorgang der Suche nach der bevorzugten Route mithilfe der Befehle `no ip classless` oder `ip classless` (siehe Abbildung 8.32).

Routenquellen
- Direkt angeschlossene Netzwerke
- Statische Routen
- Klassenbezogene Routing-Protokolle
  - RIPv1
  - IGRP
- Klassenlose Routing-Protokolle
  - RIPv2
  - EIGRP
  - OSPF
  - IS-IS

Routing-Verhalten
- Klassenbezogen
  - `no ip classless`
- Klassenlos
  - `ip classless`

- Über das Routing-Verhalten werden Informationen in der Routing-Tabelle gefunden.
- Nur eine von beiden Arten des Routing-Verhaltens kann eingesetzt werden.

- Routenquellen (einschließlich der Routing-Protokolle) werden zur Erstellung der Routing-Tabelle verwendet.
- Mehrere Quellen und Routing-Protokolle können eingesetzt werden.

Abbildung 8.32: Routing-Protokolle versus Routing-Verhalten

Klassenbezogenes und klassenloses Routing-Verhalten sind nicht identisch mit klassenlosen bzw. klassenbezogenen Protokollen. Routing-Protokolle beeinflussen, wie die Routing-Tabelle mit Daten gefüllt wird, während das Routing-Verhalten bestimmt, wie die Routing-Tabelle nach dem Auffüllen mit Daten durchsucht wird. In Abbildung 8.32 sind die Routenquellen (einschließlich der klassenbezogenen und klassenlosen Routing-Protokolle) die Eingaben, mit denen die Routing-Tabelle gefüllt wird. Das mit den Befehlen `ip classless` oder `no ip classless` festgelegte Routing-Verhalten bestimmt dagegen, wie der Lookup-Prozess bei Schritt 3 fortfährt.

Wie Sie der Abbildung entnehmen können, sind Routing-Protokolle und Routing-Verhalten vollständig voneinander getrennt. Die Routing-Tabelle kann mit Routen eines klassenlosen Routing-Protokolls wie RIPv2 gefüllt werden und trotzdem ein klassenbezogenes Routing-Verhalten an den Tag legen, weil der Befehl `no ip classless` konfiguriert wurde.

Topologieänderungen

Abbildung 8.33 zeigt eine geänderte Topologie, die RIPv1 zwischen R1 und R2 sowie statische Routen zwischen R2 und R3 einsetzt.

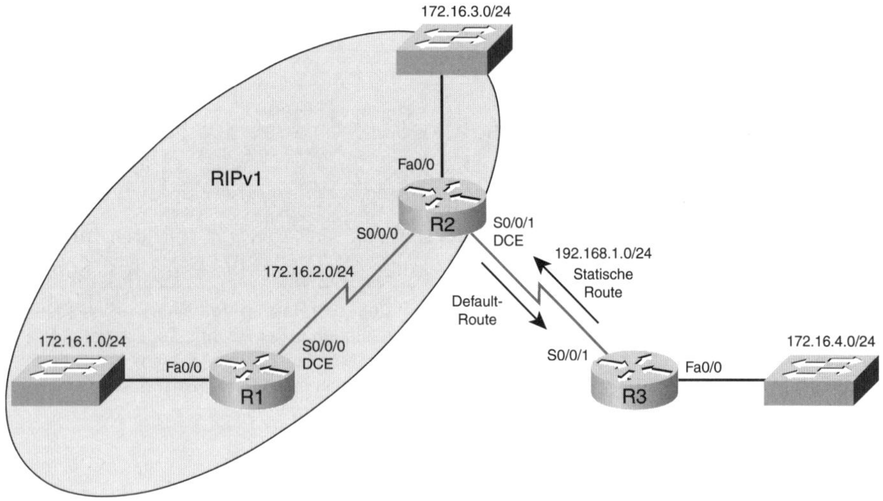

Abbildung 8.33: Geänderte Topologie

In Kapitel 7, »RIPv2«, haben wir erfahren, dass klassenbezogene Routing-Protokolle wie RIPv1 nur zusammenhängend adressierte Netzwerke unterstützen. Zwar weist unsere vorliegende Topologie nichtzusammenhängende Netzwerke auf, doch können wir zum Erreichen dieser Netzwerke statische Routen konfigurieren.

Listing 8.16 zeigt die Konfigurationsänderungen für R2.

Listing 8.16: Konfiguration von R2

```
R2(config)#ip route 0.0.0.0 0.0.0.0 s0/0/1
R2(config)#router rip
R2(config-router)#default-information originate
R2(config-router)#no network 192.168.1.0
R2(config-router)#end
R2#show ip route
Codes: C - connected, S - static, I - IGRP, R - RIP, M - mobile, B - BGP
<Ausgabe unterdrückt>
       * - candidate default, U - per-user static route, o - ODR
<Ausgabe unterdrückt>

Gateway of last resort is 0.0.0.0 to network 0.0.0.0
```

Listing 8.16: Konfiguration von R2 (Forts.)

```
     172.16.0.0/24 is subnetted, 3 subnets
R       172.16.1.0 [120/1] via 172.16.2.1, 00:00:00, Serial0/0/0
C       172.16.2.0 is directly connected, Serial0/0/0
C       172.16.3.0 is directly connected, FastEthernet0/0
C    192.168.1.0/24 is directly connected, Serial0/0/1
S*   0.0.0.0/0 is directly connected, Serial0/0/1
```

Zunächst fügen wir eine statische Quad-Zero-Route auf R2 ein, um den Default-Verkehr an R3 senden zu können. Danach ergänzen wir den RIP-Routing-Prozess mit dem Befehl `default-information originate`, damit R2 die Default-Route an R1 sendet. Auf diese Weise wird es R1 und R2 möglich, alle anderen Netzwerke zu erreichen – auch 172.16.4.0/24 auf R3. Schließlich geben wir den Befehl `no network 192.168.1.0` ein, damit keine RIP-Updates mehr mit R3 ausgetauscht werden.

Listing 8.17 zeigt die Konfigurationsänderungen für R3. Wir entfernen das RIP-Routing auf R3 und fügen eine statische Route auf R3 hinzu, um für das übergeordnete Netzwerk 172.16.0.0/16 bestimmte Daten an R2 senden zu können, denn dieses Netzwerk hat keinen passenden Eintrag mehr in der Routing-Tabelle.

Listing 8.17: Konfiguration von R3

```
R3(config)#ip route 172.16.0.0 255.255.0.0 s0/0/1
R3(config)#no router rip
R3(config-router)#end
R3#show ip route
Codes: C - connected, S - static, I - IGRP, R - RIP, M - mobile, B - BGP
<Ausgabe unterdrückt>

Gateway of last resort is not set

     172.16.0.0/16 is variably subnetted, 2 subnets, 2 masks
C       172.16.4.0/24 is directly connected, FastEthernet0/0
S       172.16.0.0/16 is directly connected, Serial0/0/1
C    192.168.1.0/24 is directly connected, Serial0/0/1
```

Wir werden die Konnektivität noch nicht an dieser Stelle, sondern erst in den folgenden Abschnitten testen.

8.3.2 Klassenbezogenes Routing-Verhalten mit »no ip classless«

Nun wollen wir uns auf Schritt 3 des Lookup-Prozesses konzentrieren: Was passiert nach Schritt 2b, wenn keine Übereinstimmung mit einer der untergeordneten Level-2-Routen der übergeordneten Route gefunden werden kann? Später werden wir ein konkretes Beispiel betrachten.

Wie Sie aus dem vorigen Abschnitt wissen, untersucht der Router in den Schritten 1 und 2 Level-1- und untergeordnete Routen, um die beste Übereinstimmung mit der Zieladresse des IP-Pakets zu finden. Nehmen wir nun an, es gäbe keine Übereinstimmung, und setzen unsere Wiederholung des Lookup-Prozesses mit Schritt 3 fort.

Die Schritte 3 und 3a in den Abbildungen 8.34 und 8.35 zeigen, wie das klassenbezogene Routing-Verhalten sich auf den Lookup-Prozess auswirkt.

3. Betrachten Sie Abbildung 8.34. Benutzt der Router klassenbezogenes oder klassenloses Routing-Verhalten?

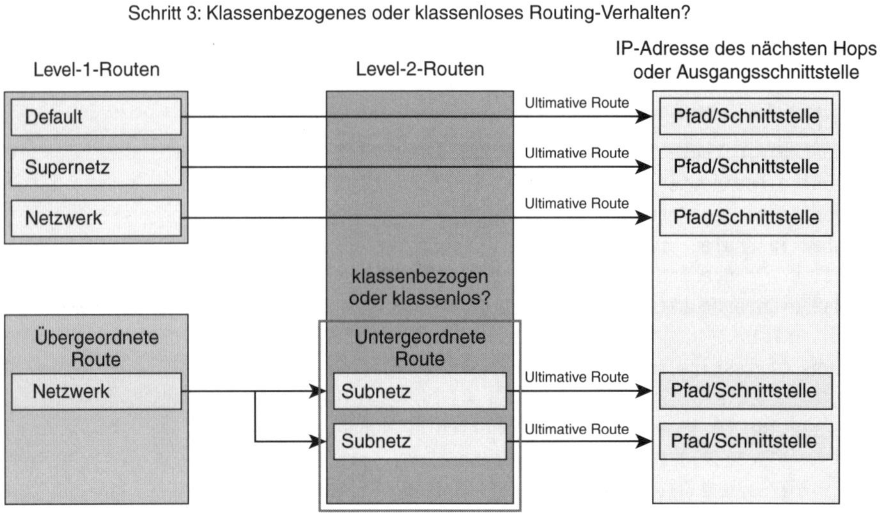

Abbildung 8.34: Lookup-Prozess, Schritt 3

3a. Betrachten Sie Abbildung 8.35. Wird klassenbezogenes Routing-Verhalten verwendet, dann wird der Lookup-Prozess beendet und das Paket verworfen.

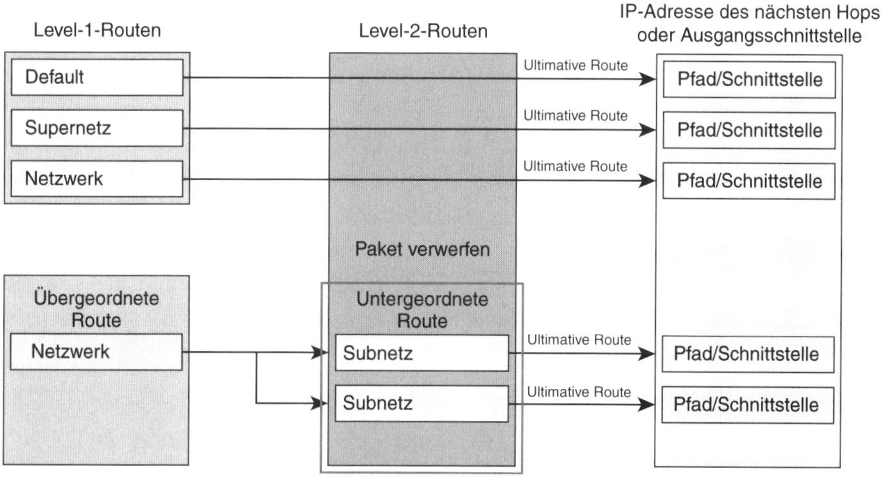

Abbildung 8.35: Lookup-Prozess, Schritt 3a

ANMERKUNG

Bei klassenbezogenem Routing-Verhalten erreicht der Vorgang Schritt 4 nie.

Vor dem Cisco IOS Release 11.3 war `no ip classless` das Default-Verhalten von Cisco-Routern. Der Befehl `no ip classless` bedeutet, dass der Lookup-Prozess standardmäßig Lookups in der klassenbezogenen Routing-Tabelle verwendet. Wir werden dies in den folgenden Abschnitten erklären.

Die Befehle `no ip classless` und `ip classless` sind globale Konfigurationsbefehle und können durch Eingabe von `show running-config` angezeigt werden. Seit dem Cisco IOS Release 11.3 hingegen ist der Befehl `ip classless` das Default-Verhalten: Hierdurch wird ein klassenloser Lookup-Prozess implementiert.

Worin bestehen die Auswirkungen des klassenbezogenen Routing-Verhaltens, wenn auf allen Routern der Befehl `no ip classless` konfiguriert ist?

```
R1(config)#no ip classless
2(config)#no ip classless
3(config)#no ip classless
```

Wir wollen untersuchen, was geschieht, wenn der Router das klassenbezogene Routing-Verhalten verwendet (das heißt, wenn der Befehl `no ip classless` konfiguriert wurde).

8.3.3 Der Suchvorgang beim klassenbezogenen Routing-Verhalten

Schritt 3a unseres Lookup-Prozesses besagt, dass, wenn klassenbezogenes Routing-Verhalten aktiv ist (`no ip classless`), der Prozess nicht mit dem Durchsuchen von Level-1-Routen in der Tabelle fortfährt. Falls ein Paket keiner untergeordneten Route der Netzwerkroute entspricht, verwirft der Router das Paket. Betrachten wir ein Beispiel.

Beispiel: Klassenbezogenes Routing-Verhalten auf R2

In diesem Beispiel (Abbildung 8.36) empfängt R2 ein Paket, das an PC3 unter 172.16.4.10 weitergeleitet werden soll.

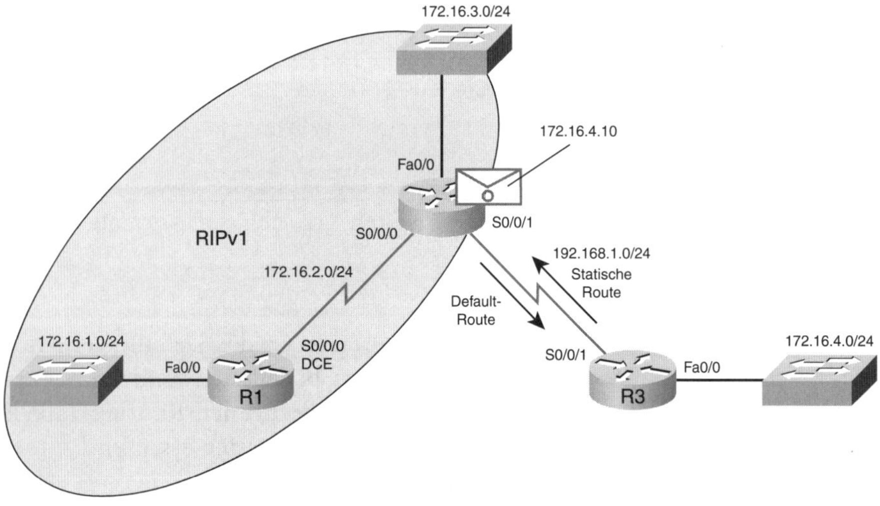

Abbildung 8.36: R2 empfängt Daten für 172.16.4.10.

Betrachten wir die Routing-Tabelle für R2 in Listing 8.18.

Listing 8.18: Routing-Tabelle von R2

```
R2#show ip route
Codes: C - connected, S - static, I - IGRP, R - RIP, M - mobile, B - BGP
       <Ausgabe unterdrückt>

Gateway of last resort is 0.0.0.0 to network 0.0.0.0

     172.16.0.0/24 is subnetted, 3 subnets
R       172.16.1.0 [120/1] via 172.16.2.1, 00:00:12, Serial0/0/0
C       172.16.2.0 is directly connected, Serial0/0/0
C       172.16.3.0 is directly connected, FastEthernet0/0
C    192.168.1.0/24 is directly connected, Serial0/0/1
S*   0.0.0.0/0 is directly connected, Serial0/0/1
```

Der Routing-Prozess durchsucht die Tabelle in Listing 8.18 und findet eine 16-Bit-Übereinstimmung mit der übergeordneten Route 172.16.0.0 (vgl. Abbildung 8.37).

Empfänger stimmt mit der übergeordneten Route überein.
R2 überprüft nun die untergeordneten Routen.

Empfänger des IP-Pakets	172.16.4.10	10101100.00010000.00000100.00001010
Übergeordnete Level-1-Route	172.16.0.0/16	10101100.00010000.00000000.00000000
Untergeordnete Level-2-Route	172.16.1.0/24	10101100.00010000.00000001.00000000
Untergeordnete Level-2-Route	172.16.2.0/24	10101100.00010000.00000010.00000000
Untergeordnete Level-2-Route	172.16.3.0/24	10101100.00010000.00000011.00000000

Abbildung 8.37: Beispiel: Übergeordnete Level-1- und untergeordnete Level-2-Routen

Gemäß Schritt 1b des Routing-Prozesses werden, sofern eine Übereinstimmung in der übergeordneten Route vorliegt, die untergeordneten Routen überprüft.

Nun wollen wir uns den tatsächlichen Vorgang des Bitvergleichs ansehen, der bei der Überprüfung der untergeordneten Routen stattfindet.

Beachten Sie, dass bei keiner dieser untergeordneten Routen die ersten 24 Bits den 24 führenden Bits der Ziel-IP-Adresse 172.16.4.10 entsprechen.

Der höchste Wert sind 21 gleiche erste Bits. Es gibt also keine Übereinstimmung mit untergeordneten Level-2-Routen.

Was also geschieht als Nächstes? Router R2 verwirft das Paket.

Wie Abbildung 8.38 zeigt, sucht R2 nicht über die untergeordneten Routen hinaus nach kürzeren Übereinstimmungen, denn er verwendet klassenbezogenes Routing-Verhalten (`no ip classless`).

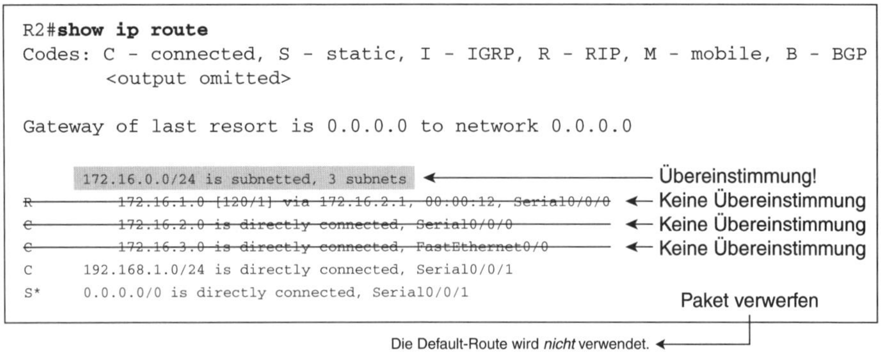

Abbildung 8.38: R2 verwirft das Paket.

Der Routing-Tabellenprozess verwendet weder die Default-Route 0.0.0.0/0 noch irgendeine andere Route.

Ein häufig auftretender Fehler besteht darin anzunehmen, dass eine Default-Route *immer* verwendet wird, falls der Router keine bessere Route kennt. In unserem Beispiel wird die Default-Route von R2 weder untersucht noch verwendet, obwohl sie eine Übereinstimmung erzielen würde. Dies ist ein häufig überraschendes Ergebnis, wenn ein Netzwerkadministrator den Unterschied zwischen klassenbezogenem und klassenlosem Routing-Verhalten nicht begriffen hat.

ANMERKUNG

In Kapitel 9, »EIGRP«, werden wir ein weiteres Beispiel zeigen, in dem das Verstehen des Lookup-Prozesses Ihnen bei der Beantwortung der Frage helfen wird, warum eine Default-Route – auch bei klassenlosem Routing-Verhalten – nicht verwendet wird.

Warum agiert das klassenbezogene Routing-Verhalten auf diese Weise? Die grundsätzliche Idee dieses Routing-Verhaltens stammt aus der Zeit, als alle Netzwerke klassenbezogen waren. In der Frühzeit des Internets erhielt eine

Organisation stets eine vollständige Klasse-A-, -B- oder -C-Adresse. Und eine Organisation, die eine solche klassenbezogene Netzwerkadresse erhalten hatte, war auch für die Administration alle Subnetze dieser Adresse zuständig. Alle Router, die zur Organisation gehörten, kannten alle Subnetze in diesem übergeordneten Netzwerk: Stand ein Subnetz nicht in der Routing-Tabelle, dann existierte es auch nicht. Wie Sie in Kapitel 6, »VLSM und CIDR«, gelernt haben, werden IP-Adressen heute jedoch nicht mehr auf diese Weise vergeben.

8.3.4 Klassenloses Routing-Verhalten mit »ip classless«

In Cisco IOS Release 11.3 änderte Cisco die Default-Einstellung hin zum klassenlosen Routing-Verhalten. Der Befehl `ip classless` wird nun standardmäßig konfiguriert. Mit dem Befehl `show running-config` zeigen Sie das Routing-Verhalten an. Klassenloses Routing-Verhalten bedeutet, dass der Routing-Prozess nicht mehr davon ausgeht, dass alle Subnetze eines klassenbezogenen Netzwerks nur innerhalb der untergeordneten Routen dieses Netzwerks erreicht werden können. Das klassenlose Routing-Verhalten funktioniert bei nichtzusammenhängenden Netzwerken und CIDR-Supernetzen.

In diesem Abschnitt untersuchen wir zunächst die Auswirkungen des klassenlosen Routing-Verhaltens. Auf allen Routern wird der Befehl `ip classless` konfiguriert:

```
R1(config)#ip classless
R2(config)#ip classless
R3(config)#ip classless
```

Wir werden beschreiben, was mit einem Paket geschieht, wenn eine Übereinstimmung mit einer übergeordneten Level-1-Route auftritt, nicht aber eine Übereinstimmung mit irgendeiner der untergeordneten Level-2-Routen oder Subnetze. Dies bringt uns zu Schritt 3b: dem klassenlosen Routing-Verhalten.

Wie Sie aus dem vorigen Abschnitt wissen, untersucht der Router in den Schritten 1 und 2 Level-1- und untergeordnete Level-2-Routen, um die beste Übereinstimmung mit der Zieladresse des IP-Pakets zu finden. Nehmen wir nun an, es gäbe keine Übereinstimmung, und setzen unsere Wiederholung des Lookup-Prozesses mit Schritt 3 fort.

Der Lookup-Prozess

Folgen Sie den Schritten in der Abbildung, um den Lookup-Prozess nachzuvollziehen:

3. Betrachten Sie Abbildung 8.39. Benutzt der Router klassenbezogenes oder klassenloses Routing-Verhalten?

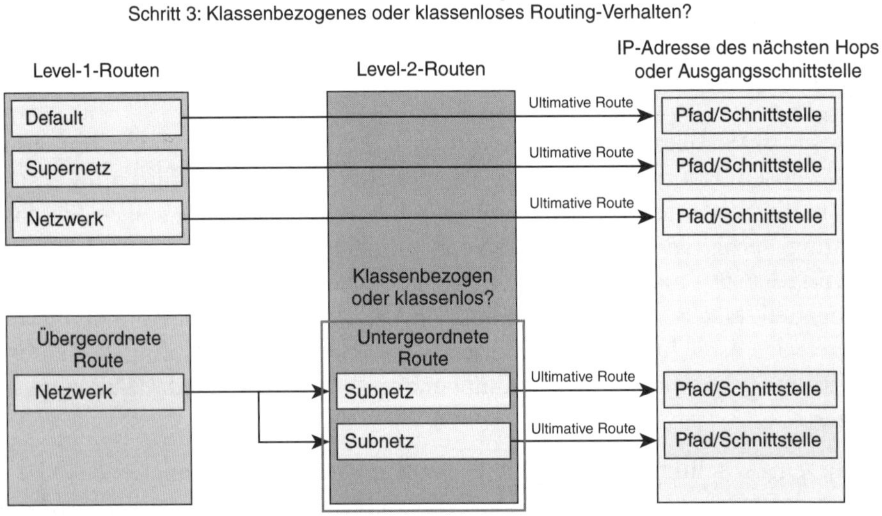

Abbildung 8.39: Lookup-Prozess, Schritt 3

a) Betrachten Sie Abbildung 8.40. Wird klassenbezogenes Routing-Verhalten verwendet, dann wird der Lookup-Prozess beendet und das Paket verworfen.

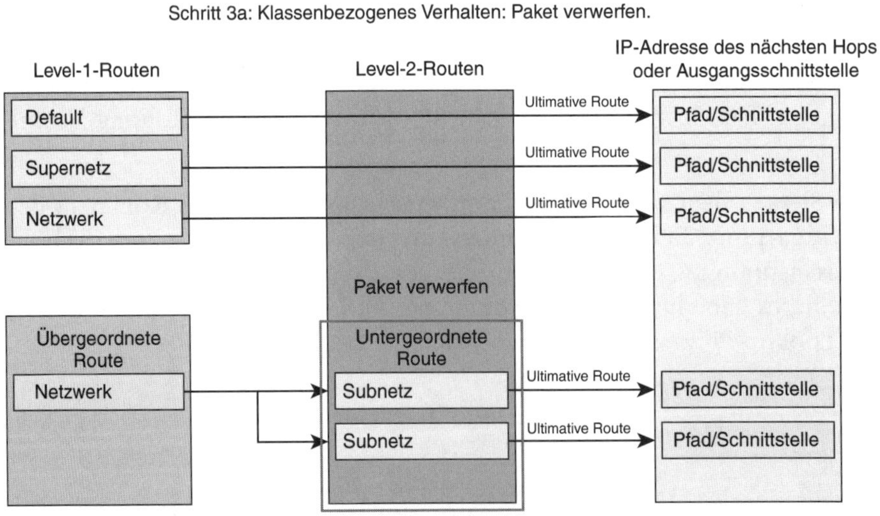

Abbildung 8.40: Lookup-Prozess, Schritt 3a

b) Betrachten Sie Abbildung 8.41. Wird klassenloses Routing-Verhalten verwendet, dann werden die Level-1-Supernetzrouten in der Routing-Tabelle nach einer Übereinstimmung hin durchsucht. Dies umfasst auch die Default-Route, soweit vorhanden.

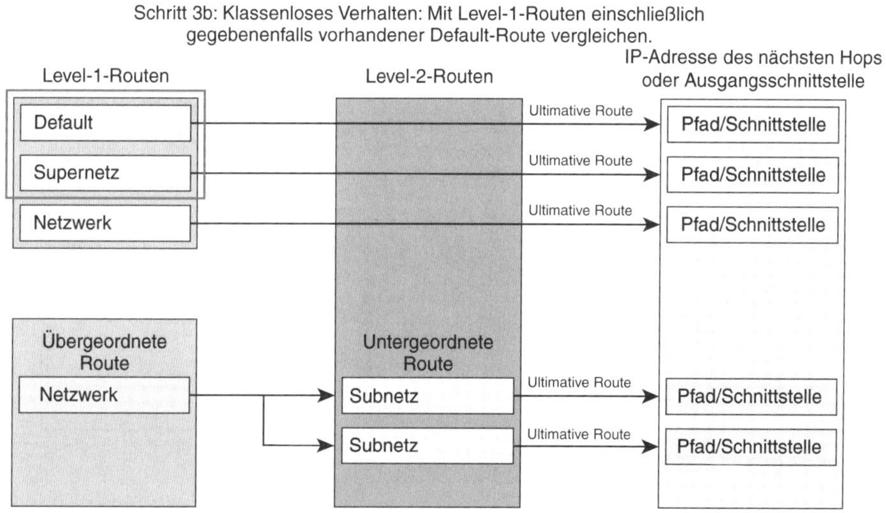

Abbildung 8.41: Lookup-Prozess, Schritt 3b

4. Betrachten Sie Abbildung 8.42. Liegt nun eine bessere Übereinstimmung mit einer Level-1-Supernetz- oder Default-Route vor, wird diese Route zur Weiterleitung des Pakets verwendet.

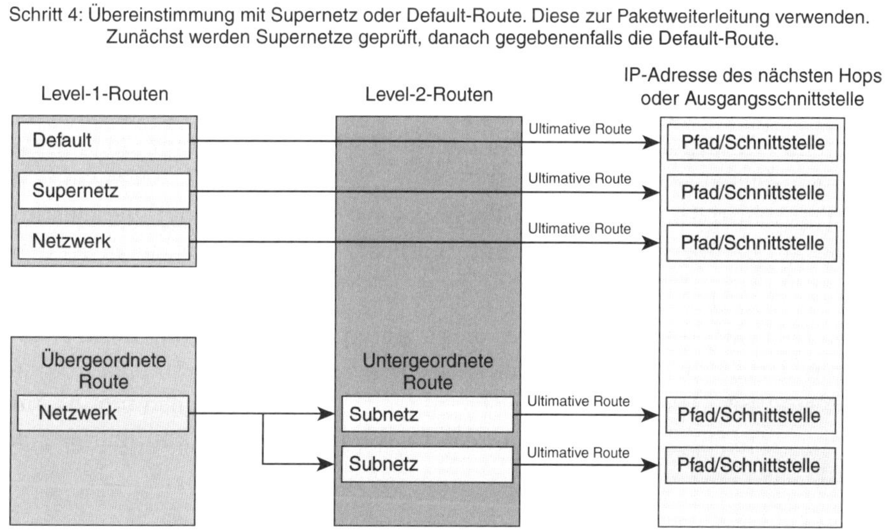

Abbildung 8.42: Lookup-Prozess, Schritt 4

5. Betrachten Sie Abbildung 8.43. Liegt keine Übereinstimmung mit einer der Routen in der Routing-Tabelle vor, verwirft der Router das Paket.

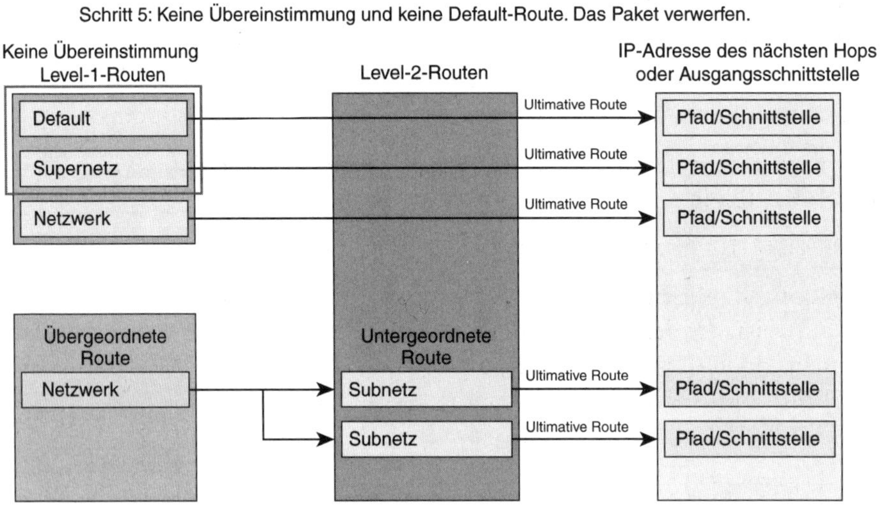

Abbildung 8.43: Lookup-Prozess, Schritt 5

8.3.5 Der Suchvorgang beim klassenlosen Routing-Verhalten

Sehen wir uns unsere Beispiel-Topologie aus Abbildung 8.36 noch einmal an. Betrachten Sie den Bitvergleich, der erfolgt, wenn das klassenlose Routing-Verhalten aktiv ist.

Beispiel: Klassenloses Routing-Verhalten auf R2

Betrachten wir die Routing-Tabelle für R2 weiter oben in Listing 8.18. Erneut empfängt R2 ein Paket, das an PC3 (172.16.4.10) adressiert ist. Ebenso wie zuvor beim klassenbezogenen Routing-Verhalten durchsucht der Router die Routing-Tabelle und findet eine 16-Bit-Übereinstimmung mit der übergeordneten Route 172.16.0.0 (vgl. Abbildung 8.37 weiter oben). Gemäß Schritt 1b des Routing-Prozesses werden, falls eine Übereinstimmung in der übergeordneten Route vorliegt, die untergeordneten Routen überprüft.

Auch hier entsprechen bei keiner dieser untergeordneten Routen die ersten 24 Bits den 24 führenden Bits der Ziel-IP-Adresse 172.16.4.10. Der höchste Wert sind 21 gleiche erste Bits. Es gibt also keine Übereinstimmung mit untergeordneten Level-2-Routen. Wäre `no ip classless` konfiguriert, so würde das Paket verworfen.

Da wir allerdings hier das klassenlose Routing-Verhalten (`ip classless`) einsetzen, durchsucht der Router die Routing-Tabelle über diese übergeordnete Route und die ihr untergeordneten Routen hinaus. Der Routing-Prozess sucht weiter nach einer Route mit einer Subnetzmaske, die weniger als die 16 Bits der vorherigen übergeordneten Route mit der IP-Adresse gemeinsam hat, das heißt, es werden andere Routen in der Routing-Tabelle auf eine Übereinstimmung hin geprüft, auch wenn diese weniger Bits umfasst.

Die nächste Route in der in Listing 8.18 gezeigten Routing-Tabelle ist 192.168.1.0/24:

```
C    192.168.1.0/24 is directly connected, Serial0/0/1
```

Abbildung 8.44 zeigt, dass die Route 192.168.1.0/24 keine 24 führenden Bits aufweist, die der Ziel-IP-Adresse entsprechen. Das mag zwar offensichtlich sein, doch dürfen Sie nicht vergessen, dass der Router jedes Netzwerk überprüft, bis er eine Übereinstimmung findet oder das Paket verwirft.

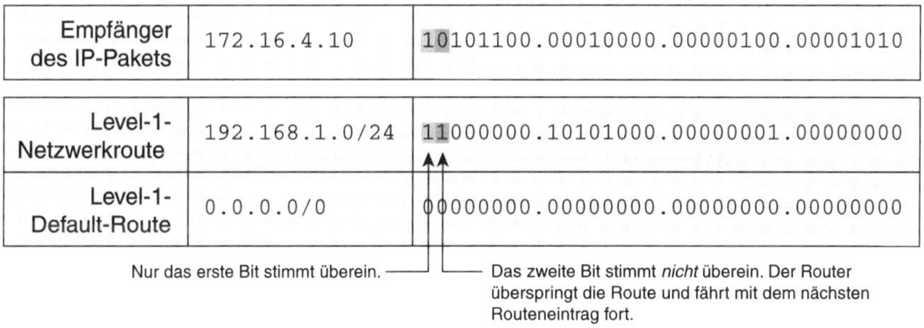

Abbildung 8.44: Klassenloses Routing-Verhalten: Route 192.168.1.0/24 überprüfen

Wie sieht es mit der Default-Route aus? Wie viele Bits müssen hier übereinstimmen?

```
S*    0.0.0.0/0 is directly connected, Serial0/0/1
```

In Abbildung 8.45 sehen Sie, dass die Maske /0 ist, das heißt, null oder gar keine Bits müssen übereinstimmen. Eine Default-Route weist die niedrigste Bitübereinstimmung auf. Beim klassenlosen Routing-Verhalten wird die Default-Route immer verwendet, falls keine andere Route passt.

Die Maske /0 bedeutet, dass keine Bits übereinstimmen müssen, damit die Default-Route verwendet wird. R2 verwendet die Default-Route und leitet das Paket weiter.

Empfänger des IP-Pakets	172.16.4.10	10101100.00010000.00000100.00001010

Level-1-Netzwerkroute	192.168.1.0/24	11000000.10101000.00000001.00000000
Level-1-Default-Route	0.0.0.0/0	00000000.00000000.00000000.00000000

Abbildung 8.45: Klassenloses Routing-Verhalten: Übereinstimmung der Default-Route

In diesem Fall verwendet der Router die Default-Route, weil sie die beste Übereinstimmung erzielt (Abbildung 8.46). Das Paket wird über die Schnittstelle Serial 0/0/1 weitergeleitet.

```
R3#show ip route
Codes: C - connected, S - static, I - IGRP, R - RIP, M - mobile, B - BGP
       D - EIGRP, EX - EIGRP external, O - OSPF, IA - OSPF inter area
       N1 - OSPF NSSA external type 1, N2 - OSPF NSSA external type 2
       E1 - OSPF external type 1, E2 - OSPF external type 2, E - EGP
       i - IS-IS, L1 - IS-IS level-1, L2 - IS-IS level-2, ia - IS-IS
inter area
       * - candidate default, U - per-user static route, o - ODR
       P - periodic downloaded static route

Gateway of last resort is not set

     172.16.0.0/16 is variably subnetted, 2 subnets, 2 masks      Übereinstimmung!
C       172.16.4.0/24 is directly connected, FastEthernet0/0      Keine Übereinstimmung
S       172.16.0.0/16 is directly connected, Serial0/0/1          Übereinstimmung bei
C    192.168.1.0/24 is directly connected, Serial0/0/1            untergeordneter Route!
```

R3 leitet das Paket über die untergeordnete Route von 172.16.0.0/16 weiter.

Abbildung 8.46: Lookup in der Routing-Tabelle von R3 für zurückgesendete Daten

Klassenbezogene Route auf R3

Was macht R3 mit den an PC2 (172.16.2.10) zurückgesendeten Daten? Betrachten wir die Routing-Tabelle für R3 in Abbildung 8.46.

Beachten Sie, dass sowohl die Subnetzroute 172.16.4.0/24 als auch die klassenbezogene Netzwerkroute 172.16.0.0/16 untergeordnete Level-2-Routen der Route 172.16.0.0/16 sind. Wenn Routen sowohl für die Subnetze eines klassenbezogenen Netzwerks als auch eine Route für dieses klassenbezogene Netzwerk selbst vorhanden sind, wird die klassenbezogene Route ebenso wie die Subnetze als untergeordnete Level-2-Route eingestuft.

Warum gibt es zwei Routen für 172.16.0.0/16 in dieser Routing-Tabelle? Die erste Route 172.16.0.0/16 ist eine übergeordnete Route, die automatisch erstellt wurde, als die untergeordnete Route 172.16.4.0/24 zur Routing-Tabelle hinzugefügt wurde.

Die statische Route 172.16.0.0/16 ist etwas interessanter. Gäbe es keine übergeordnete Route 172.16.0.0/16 (und damit auch keine untergeordnete Route 172.16.4.0/24), so wäre diese statische Route eine ultimative Level-1-Route. Da aber eine übergeordnete Route 172.16.0.0/16 vorhanden ist, wird die statische Route 172.16.0.0/16 als untergeordnete Route dieser Route 172.16.0.0/16 hinzugefügt. Wie Sie wissen, will der Routing-Tabellenprozess die beste Route auswählen, d. h. die mit der längsten Übereinstimmung. Indem man die statische Route 172.16.0.0/16 zur untergeordneten Route von 172.16.4.0/24 macht, wird sichergestellt, dass die untergeordnete Route 172.16.4.0/24 auf die längeren 24 Bits hin geprüft wird, bevor die statische Route 172.16.0.0/16 in Betracht gezogen wird.

In diesem Fall verwendet R3 die untergeordnete Route 172.16.0.0/16 und leitet die Daten über Serial 0/0/1 an R2 zurück.

Klassenbezogenes und klassenloses Routing-Verhalten in der Praxis

Sie wissen bereits, dass das klassenlose und das klassenbezogene Routing-Verhalten separat von den klassenlosen und klassenbezogenen Routing-Protokollen zu betrachten sind. Auf einem Router, der ein klassenloses Routing-Protokoll wie RIPv2 verwendet, kann nichtsdestoweniger das klassenbezogene Routing-Verhalten (`no ip classless`) konfiguriert werden. Umgekehrt kann auf einem Router, der ein klassenbezogenes Routing-Protokoll wie RIPv1 verwendet, durchaus das klassenlose Routing-Verhalten (`ip classless`) konfiguriert werden.

In modernen Netzwerken wird die Verwendung des klassenlosen Routing-Verhaltens empfohlen, damit nach Bedarf auch Supernetz- und Default-Routen eingesetzt werden können.

8.4 Zusammenfassung

Kenntnisse zum Aufbau der Routing-Tabelle und zum Lookup-Prozess stellen ein wichtiges Werkzeug zur Überprüfung von Netzwerken und zum Troubleshooting dar. Zu wissen, welche Routen in der Routing-Tabelle enthalten sein sollten und welche nicht, ist eine entscheidende Fähigkeit, wenn Routing-Probleme zu beheben sind.

Die Cisco-Routing-Tabelle ist klassenbezogen strukturiert, das heißt, sie verwendet die klassenbezogenen Default-Adressen zur Organisierung von Routeneinträgen. Die Quelle eines Routeneintrags kann ein direkt angeschlossenes Netzwerk, eine statische oder eine über ein dynamisches Routing-Protokoll erlernte Route sein.

In diesem Kapitel haben Sie gelernt, dass es Level-1- und Level-2-Routen gibt. Eine Level-1-Route ist entweder eine ultimative oder eine übergeordnete Route. Eine ultimative Level-1-Route ist eine Route mit einer Subnetzmaske, die gleich der oder kleiner als die klassenbezogene Default-Maske des Netzwerks ist. So ist beispielsweise eine über RIP erlernte Route mit der Netzwerkadresse 192.168.1.0 und der Netzwerkmaske /24 eine ultimative Level-1-Route, weil sie eine Ausgangsschnittstelle umfasst. Diese Routen sind in der Routing-Tabelle als einzelner Routeneintrag aufgeführt:

```
R    192.168.1.0/24 [120/1] via 172.16.2.2, 00:00:25, Serial0/0/0
```

Ein anderer Level-1-Routentyp ist die übergeordnete Route. Eine übergeordnete Level-1-Route wird immer dann automatisch erstellt, wenn eine Subnetzroute zur Routing-Tabelle hinzugefügt wird. Die Subnetzroute heißt dann untergeordnete Level-2-Route. Die übergeordnete Route ist ein Header für untergeordnete Level-2-Routen. Hier folgt ein Beispiel für eine übergeordnete Level-1-Route und eine untergeordnete Level-2-Route:

```
     172.16.0.0/24 is subnetted, 1 subnets
R       172.16.1.0 [120/1] via 172.16.2.1, 00:00:07, Serial0/0/0
```

Die Subnetzmaske der untergeordneten Routen wird in der übergeordneten Route angezeigt, sofern nicht VLSM verwendet wird. Bei VLSM zeigt die übergeordnete Route die klassenbezogene Default-Maske, und die Subnetzmaske wird in die einzelnen VLSM-Routeneinträge eingeschlossen.

Ferner wurde der Lookup-Prozess in der Routing-Tabelle in diesem Kapitel vorgestellt. Wenn ein Paket vom Router empfangen wird, sucht er nach der längsten Übereinstimmung mit einer der Routen in der Routing-Tabelle. Die längste Übereinstimmung ist die in der Routing-Tabelle gespeicherte Route mit der größten Anzahl führender Bits, die mit den entsprechenden Bits der Ziel-IP-Adresse des Pakets identisch sind. Die mit der Netzwerkadresse in der Routing-Tabelle verknüpfte Subnetzmaske definiert die Mindestanzahl von Bits, die bei dieser Route einander entsprechen müssen, damit eine Übereinstimmung erkannt wird.

Bevor untergeordnete Level-2-Routen (Subnetze) auf eine Übereinstimmung hin geprüft werden, muss zunächst eine Übereinstimmung mit der übergeordneten Level-1-Route vorhanden sein. Die klassenbezogene Maske der übergeordneten Route bestimmt, wie viele Bits bei dieser übergeordneten Route übereinstimmen müssen. Wenn eine Übereinstimmung mit der übergeordneten Route vorliegt, werden die untergeordneten Routen auf Übereinstimmung hin geprüft.

Was aber geschieht, wenn eine Übereinstimmung mit der übergeordneten, nicht aber mit einer dieser untergeordneten Route vorhanden ist? Wenn der Router das klassenbezogene Routing-Verhalten verwendet, werden keine weiteren Routen durchsucht, sondern das Paket wird verworfen. Das klassenbezogene Routing-Verhalten war das normale Verhalten auf Cisco-Routern vor Cisco IOS Release 11.3. Es kann mit dem Befehl `no ip classless` aktiviert werden.

In Cisco IOS Release 11.3 wurde die Default-Einstellung hin zum klassenlosen Routing-Verhalten geändert. Wenn eine Übereinstimmung mit einer übergeordneten, nicht aber mit einer der zugehörigen untergeordneten Routen vorhanden ist, sucht der Routing-Tabellenprozess nach weiteren Routen in der Tabelle, wobei auch eine Default-Route und – sofern vorhanden – eine Supernetzroute berücksichtigt werden. Um klassenloses Routing-Verhalten zu implementieren, verwenden Sie den Befehl `ip classless`.

Routen in Netzwerke werden aus unterschiedlichen Quellen zur Routing-Tabelle hinzugefügt: direkt angeschlossene Netzwerke, statische Routen, klassenbezogene dynamische Routing-Protokolle und auch klassenlose Routing-Protokolle. Der Lookup-Prozess – das klassenbezogene oder klassenlose Routing-Verhalten – ist unabhängig von der Routenquelle. Eine Routing-Tabelle kann also Routen über ein klassenbezogenes Routing-Protokoll wie RIPv1 erlernt haben und trotzdem das klassenlose Routing-Verhalten (`no ip classless`) für Lookups verwenden.

8.5 Aktivitäten und Übungen

Die Aktivitäten und Übungen im Begleitbuch »Routing Protocols and Concepts, CCNA Exploration Labs and Study Guide« (ISBN 978-1-58713-204-9) ermöglichen ein praxisbezogenes Üben der folgenden in diesem Kapitel vorgestellten Themen:

Übung 8.1: Lookup-Prozess in der Routing-Tabelle untersuchen (8.4.1)

Übungen

In dieser Übung untersuchen Sie das klassenlose und klassenbezogene Routing-Verhalten.

Übung 8.2: Weiterführende Übung zu »show ip route« (8.4.2)

In dieser Übung bestimmen Sie die Topologie eines Netzwerks mithilfe der Ausgabe des Befehls `show ip route`.

Packet Tracer Companion

Viele Praxisübungen enthalten Aktivitäten mit Packet Tracer, in denen Sie diese Software zur Simulation der Übung verwenden können. Lesen Sie im »Routing Protocols and Concepts, CCNA Exploration Labs and Study Guide« (ISBN 978-1-58713-204-9) Praxisübungen mit Packet Tracer.

8.6 Lernzielkontrolle

Beantworten Sie die folgenden Fragen, um Ihren Kenntnisstand bezüglich der in diesem Kapitel beschriebenen Themen und Konzepte zu überprüfen. Die Antworten finden Sie in Anhang A, »Antworten zu den Lernzielkontrollen und weiterführenden Fragen«.

1. Betrachten Sie die folgende Ausgabe. Welche drei Arten von Routen werden in dieser Routing-Tabelle angezeigt? Wählen Sie drei Antworten aus.

```
<Ausgabe unterdrückt>
     10.0.0.0/16 is subnetted, 1 subnets
S       10.1.0.0 is directly connected, Serial0/0/1
     172.16.0.0/24 is subnetted, 4 subnets
R       172.16.1.0 [120/1] via 172.16.2.1, 00:00:12, Serial0/0/0
S       172.16.2.0 is directly connected, Serial0/0/0
C       172.16.3.0 is directly connected, FastEthernet0/0
R       172.16.4.0 [120/1] via 172.16.2.1, 00:00:12, Serial0/0/1
C    192.168.1.0/24 is directly connected, Serial0/0/1
<Ausgabe unterdrückt>
```

   a) Für diesen Router lokale Netzwerke

   b) Die Default-Route dieses Routers

   c) Statische Routen auf diesem Router

   d) Mobile Routen

   e) Routen, die mithilfe dynamischer Routing-Protokolle erlernt wurden

   f) Routen, die von einem Nicht-Cisco-Router erlernt wurden

2. Anhand welcher Eigenschaft kann bestimmt werden, ob eine Route eine ultimative Route ist?

   a) Die Route zeigt eine Subnetzmaske an.

   b) Die Route ist eine übergeordnete Route.

   c) Die Route wurde von einem Administrator konfiguriert.

   d) Die Route enthält eine Ausgangsschnittstelle.

3. Betrachten Sie die folgende Ausgabe. Welche zwei Routen sind übergeordnete Routen? Wählen Sie zwei Antworten aus.

```
<Ausgabe unterdrückt>
     10.0.0.0/16 is subnetted, 1 subnets
S       10.1.0.0 is directly connected, Serial0/0/1
     172.16.0.0/24 is subnetted, 4 subnets
R       172.16.1.0 [120/1] via 172.16.2.1, 00:00:12, Serial0/0/0
S       172.16.2.0 is directly connected, Serial0/0/0
```

```
C       172.16.3.0 is directly connected, FastEthernet0/0
R       172.16.4.0 [120/1] via 172.16.2.1, 00:00:12, Serial0/0/1
C    192.168.1.0/24 is directly connected, Serial0/0/1
<Ausgabe unterdrückt>
```

a) 172.16.0.0/24

b) 172.16.4.0

c) 172.16.1.0

d) 10.0.0.0/16

e) 192.168.1.0/24

f) 192.168.100.0/24

4. Router R1 wurde mit den Befehlen `ip classless` und `ip route 0.0.0.0 0.0.0.0 s0/0/0` konfiguriert. Wie reagiert R1 auf ein Paket, das mit einer übergeordneten Route, nicht aber mit einer der dieser Route untergeordneten Routen übereinstimmt?

   a) Er leitet das Paket über die übergeordnete Route mit der längsten Übereinstimmung weiter.

   b) Er leitet das Paket über die Default-Route weiter.

   c) Er sendet das Paket unter Angabe der ICMP-Meldung *Destination Unreachable* an die Absenderadresse zurück.

   d) Er verwirft das Paket.

5. Welcher Vorgang aktiviert das klassenbezogene Routing-Verhalten auf einem Router?

   a) Das Konfigurieren von RIPv1 oder IGRP

   b) Das Konfigurieren eines Link-State-Protokolls

   c) Die ausschließliche Verwendung klassenbezogener Netzwerkmasken in allen Netzwerken

   d) Das Absetzen des Befehls `no ip classless`

6. Welche Route ist beim Lookup-Prozess die bevorzugte Route?

   a) Die ultimative Route

   b) Die längste Übereinstimmung bei den führenden Bits

   c) Die kürzeste Präfixlänge

   d) Die erste Route, die in eine Ausgangsschnittstelle aufgelöst werden kann

7. Welcher Schritt ist der nächste im Lookup-Prozess, wenn ein Paket einer übergeordneten Level-1-Route in der Routing-Tabelle entspricht?

    a) Der Router verwirft das Paket, weil Level-1-Routen eine Ausgangsschnittstelle benötigen.

    b) Der Router sucht nach der untergeordneten Level-2-Route mit einer Ausgangsschnittstelle.

    c) Der Router sendet das Paket über alle Schnittstellen mit Ausnahme derjenigen, über die es empfangen wurde.

    d) Der Router sendet eine ARP-Anfrage an alle angeschlossenen Netzwerke, um die Schnittstelle zu finden, an die der Empfänger angeschlossen ist.

8. Welche Aufgabe haben die Befehle `ip classless` und `no ip classless`?

    a) Sie bestimmen das Verhalten des Routing-Prozesses in Bezug auf Adress-Lookups.

    b) Sie geben an, ob der Router Subnetzmasken in Routing-Updates akzeptiert oder nicht.

    c) Sie beschränken die Verwendung klassenbezogener oder klassenloser Routing-Protokolle.

    d) Sie ermöglichen dem Router die Annahme oder Nichtannahme von VLSM für die Schnittstellenadressen.

9. Router R1 wurde mit den Befehlen `no ip classless` und `ip route 0.0.0.0 0.0.0.0 s0/0/0` konfiguriert. Was tut R1 mit einem Paket, das mit einer übergeordneten Route, nicht aber mit einer der dieser Route untergeordneten Routen übereinstimmt?

    a) Er leitet das Paket über die übergeordnete mit der längsten Übereinstimmung weiter.

    b) Er leitet das Paket über die Default-Route weiter.

    c) Er sendet das Paket unter Angabe der ICMP-Meldung *Destination Unreachable* an die Absenderadresse zurück.

    d) Er verwirft das Paket.

10. Betrachten Sie die folgende Ausgabe. Router C läuft unter Cisco IOS Release 12.3. Der Router empfängt ein Paket mit der Zieladresse 172.16.1.130. Welche Route verwendet Router C zur Weiterleitung des Pakets?

```
RouterC#show ip route
<Ausgabe unterdrückt>

Gateway of last resort is 0.0.0.0 to network 0.0.0.0

     172.16.0.0/13 is subnetted, 1 subnets
S       172.16.0.0 is directly connected, FastEthernet0/0
     172.16.0.0/16 is variably subnetted, 3 subnets, 2 masks
R       172.16.0.0/24 [120/3] via 172.16.1.1, 00:00:12, FastEthernet0/0
C       172.16.1.0/25 is directly connected, FastEthernet0/0
     172.17.0.0/25 is subnetted, 1 subnets
C       172.17.1.0 is directly connected, FastEthernet0/1
S*   0.0.0.0/0 is directly connected, FastEthernet0/0
```

a) `C    172.16.1.0/25 is directly connected, FastEthernet0/0`

b) `172.16.0.0/16 is variably subnetted, 3 subnets, 2 masks`

c) `R    172.16.0.0/24 [120/3] via 172.16.1.1, 00:00:12, FastEthernet0/0`

d) `172.16.0.0/13 is subnetted, 1 subnet`

e) `S    172.16.0.0 is directly connected, FastEthernet0/0`

f) Keine. Der Router verwirft das Paket.

11. Was macht eine Level-1- oder Level-2-Route zur ultimativen Route?

12. Wann wird die Subnetzmaske bei der untergeordneten Route und nicht bei der übergeordneten Route angezeigt?

13. Konfiguriert der Netzwerkadministrator die übergeordnete Route?

14. Kann es übergeordnete Routen ohne untergeordnete Routen geben?

15. Was muss übereinstimmen, damit zwei beliebige untergeordnete Level-2-Routen auf Übereinstimmung hin geprüft werden?

16. Wodurch wird bestimmt, wie viele Bits zwischen der Ziel-IP-Adresse eines Pakets und einer Route in der Routing-Tabelle übereinstimmen müssen?

17. Welches ist gegenwärtig das Default-Verhalten auf Cisco-Routern, und mit welchem Befehl lässt es sich ändern?

8.7 Weiterführende Fragen und Aktivitäten

Die folgenden Fragen setzen ein tieferes Verständnis der in diesem Kapitel behandelten Konzepte voraus und entsprechen dem komplexeren Fragestil, der auch bei der CCNA-Prüfung auftreten kann. Sie finden die Antworten in Anhang A.

Die folgende Ausgabe dient der Beantwortung der Fragen 1–4:

```
     172.16.0.0/24 is subnetted, 3 subnets
R       172.16.1.0 [120/1] via 172.16.2.1, 00:00:00, Serial0/0/0
C       172.16.2.0 is directly connected, Serial0/0/0
C       172.16.3.0 is directly connected, FastEthernet0/0
     172.30.0.0/16 is variably subnetted, 3 subnets, 2 masks
R       172.30.1.4/30 [120/1] via 172.16.2.1, 00:00:00, Serial0/0/0
R       172.30.1.8/30 [120/1] via 172.16.2.1, 00:00:00, Serial0/0/0
R       172.30.3.0/24 [120/1] via 172.16.2.1, 00:00:00, Serial0/0/0
C    192.168.1.0/24 is directly connected, Serial0/0/1
S*   0.0.0.0/0 is directly connected, Serial0/0/1
```

1. Welche der Routen sind untergeordnete Level-2-Routen, und welche Route ist ihre übergeordnete Level-1-Route?
2. Welche Route muss übereinstimmen, damit die Routen 172.16.1.0, 172.16.2.0 und 172.16.3.0 auf Übereinstimmung hin geprüft werden können? Wie viele Bits müssen bei dieser Route übereinstimmen, damit die Subnetze überprüft werden?
3. Was würde, wenn der Befehl `no ip classless` auf diesem Router konfiguriert worden wäre, mit einem Paket mit der Ziel-IP-Adresse 172.16.4.5 geschehen? Welche Route würde es gegebenenfalls verwenden? Würden die untergeordneten Routen einer übergeordneten Level-1-Route auf Übereinstimmung hin geprüft werden?
4. Was würde, wenn der Befehl `ip classless` auf diesem Router konfiguriert worden wäre, mit einem Paket mit der Ziel-IP-Adresse 172.16.4.5 geschehen? Welche Route würde es gegebenenfalls verwenden? Würden die untergeordneten Routen einer übergeordneten Level-1-Route auf Übereinstimmung hin geprüft werden?

8.8 Weitere Informationen

Eine hervorragende Quelle zum Aufbau der Routing-Tabelle und zum Lookup-Prozess ist Alex Zinins Buch »Cisco IP Routing«. Die dortigen Beschreibungen sind ausführlicher als die Abhandlungen im vorliegenden Kapitel. Interessant ist in Zinins Buch insbesondere Kapitel 4, »Routing Table Maintenance«. Dort werden die folgenden Themen behandelt:

- Vergleich von Routenquellen
- Darstellung von Routing-Daten und Schnittstellen
- Aufbau der Routing-Tabelle
- Auswahl der Routenquelle
- Initialisierung der Routing-Tabelle
- Asynchrone Tabellenpflege
- Auflösbarkeit von Routen
- Verarbeitung dynamischer Routen
- Verarbeitung statischer Routen
- Manuelle Bereinigung der Routing-Tabelle
- Auswahl der Default-Route

Lernziele

Wenn Sie dieses Kapitel gelesen haben, sollten Sie in der Lage sein, die folgenden Fragen zu beantworten:

- Wie sehen Vergangenheit und Entwicklung von EIGRP aus?
- Welche Eigenschaften und Funktionen hat EIGRP?
- Welche Befehle werden zur Grundkonfiguration von EIGRP verwendet, und worin besteht ihr jeweiliger Zweck?
- Wie wird die zusammengesetzte Metrik bei EIGRP berechnet?
- Welche Konzepte und Funktionen stehen hinter DUAL?
- Welche zusätzlichen Befehle können in der Konfiguration von EIGRP verwendet werden, und worin besteht ihr jeweiliger Zweck?

Schlüsselbegriffe

In diesem Kapitel werden die folgenden Schlüsselbegriffe vorgestellt. Die entsprechenden Definitionen finden Sie im Glossar.

schleifenlos ▪ Holddown-Timer ▪ TLV ▪ Holdtime ▪ Loopback-Adresse ▪ autonomes System ▪ Nachbarn ▪ Wildcard-Maske ▪ FDDI ▪ Token Ring ▪ Referenzbandbreite ▪ Successor ▪ FD ▪ FS ▪ Feasibility-Bedingung ▪ RD ▪ Topologiedatenbank ▪ passiver Zustand ▪ aktiver Zustand ▪ Null0-Summenroute

Kapitel 9

EIGRP

EIGRP (Enhanced Interior Gateway Routing Protocol) ist ein klassenloses Distanzvektor-Protokoll (vgl. Abbildung 9.1), das 1992 mit Cisco IOS Release 9.21 veröffentlicht wurde. Wie der Name bereits sagt, ist EIGRP eine Erweiterung des IGRP-Protokolls (Interior Gateway Routing Protocol). Beide Protokolle sind proprietäre Cisco-Protokolle und können nur auf Cisco-Routern eingesetzt werden.

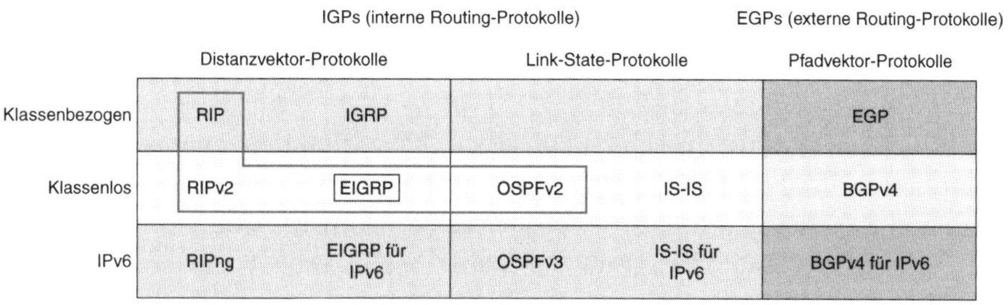

Abbildung 9.1: Klassifizierung der Routing-Protokolle

Der wesentliche Zweck der Entwicklung von EIGRP durch Cisco bestand darin, eine klassenlose Version von IGRP zu erstellen. EIGRP bietet verschiedene Eigenschaften, die nicht unbedingt bei anderen Distanzvektor-Protokollen wie RIPv1, RIPv2 oder IGRP zu finden sind. Hierzu gehören die folgenden:

- RTP (Reliable Transport Protocol)
- Beschränkte Updates
- DUAL (Diffusing Update Algorithm)
- Herstellen von Nachbarschaften
- Nachbar- und Topologietabellen

Obwohl EIGRP wie ein Link-State-Protokoll agieren kann, ist es doch ein Distanzvektor-Protokoll.

ANMERKUNG

Gelegentlich findet man zur Definition von EIGRP den Begriff *Hybrid-Protokoll.* Dieser Begriff ist jedoch irreführend, weil EIGRP kein Hybrid aus Distanzvektor- und Link-State-Protokollen ist, sondern ausschließlich ein Distanzvektor-Protokoll. Aus diesem Grund wird der Begriff bei Cisco nicht mehr zur Bezeichnung von EIGRP eingesetzt.

ANMERKUNG

Es gibt noch ein zweites Protokoll mit dem Namen RTP: Real-Time Transport Protocol. Dies ist ein anderes Protokoll, das zur Bereitstellung von Audio- und Videodaten über Netzwerke verwendet wird.

In diesem Kapitel erfahren Sie, wie Sie EIGRP konfigurieren und Ihre EIGRP-Konfiguration mit neuen `show`-Befehlen überprüfen. Ferner werden wir sehen, mit welcher Formel EIGRP diese zusammengesetzte Metrik berechnet.

Das RTP-Protokoll ist ausschließlich in EIGRP vorhanden. Dieses Schicht-4-Protokoll stellt je nach Bedarf die zuverlässige oder unzuverlässige Auslieferung von Paketen in ähnlicher Form wie TCP (Transmission Control Protocol) und UDP (User Datagram Protocol) bereit. Außerdem stellt EIGRP Beziehungen mit direkt verbundenen Routern her, die ebenfalls EIGRP-fähig sind. Nachbarbeziehungen werden verwendet, um den Status dieser Nachbarn zu verfolgen. RTP und das Verfolgen der Nachbarschaftsbeziehungen bereiten die Bühne für das Arbeitspferd von EIGRP: DUAL (Diffusing Update Algorithm).

Als Berechnungs-Engine, die EIGRP antreibt, sitzt DUAL im Zentrum des Routing-Protokolls und garantiert schleifenlose Pfade und Backup-Pfade in der gesamten Routing-Domäne. Sie erfahren, wie genau DUAL eine Route zur Installation in der Routing-Tabelle auswählt und wie es mit potenziellen Backup-Routen verfährt.

Genauso wie RIPv2 kann EIGRP mit klassenbezogenem oder klassenlosem Routing-Verhalten betrieben werden. In diesem Kapitel erfahren Sie, wie Sie die automatische Routenzusammenfassung deaktivieren und nachfolgend Netzwerke manuell zusammenfassen, um die Größe der Routing-Tabellen zu verringern. Schließlich lernen Sie noch, wie man bei EIGRP das Default-Routing einsetzt.

9.1 Einführung in EIGRP

Dieser Abschnitt stellt die Begriffe und Konzepte vor, die von EIGRP verwendet werden. Auf die einzelnen Komponenten werden wir im weiteren Verlauf dieses Kapitels noch ausführlich eingehen.

9.1.1 EIGRP: Ein erweitertes Distanzvektor-Protokoll

Auch wenn EIGRP als *erweitertes* Distanzvektor-Protokoll beschrieben wird, ist es in erster Linie zunächst einmal ein Distanzvektor-Protokoll. Dies kann unter Umständen zu Verwirrung führen. Um die Erweiterungen von EIGRP würdigen zu können und Verwirrungen zu vermeiden, müssen Sie zunächst einen Blick auf den Vorgänger IGRP werfen.

IGRP – die Wurzeln von EIGRP

Cisco entwickelte das proprietäre IGRP-Protokoll 1985, um einige Einschränkungen von RIPv1 zu beseitigen; hierzu gehörten beispielsweise die Anzahl der Hops als einzige Metrik und die Beschränkung der Netzwerkgröße auf 15 Hops.

Anstelle der Anzahl der Hops verwenden sowohl IGRP als auch EIGRP eine Metrik, die sich aus Bandbreite, Latenz, Zuverlässigkeit und Last zusammensetzt. Standardmäßig werten beide Protokolle nur die Bandbreite und die Latenz aus. Da IGRP jedoch ein klassenbezogenes Routing-Protokoll ist, das den Bellman-Ford-Algorithmus und periodische Updates verwendet, ist sein Nutzen in modernen Netzwerken in vielerlei Hinsicht eingeschränkt.

Deswegen erweiterte Cisco IGRP um den DUAL-Algorithmus und weitere Eigenschaften. Die Befehlssätze bei IGRP und EIGRP sind sich ähnlich – in vielen Fällen sind die Befehle sogar identisch. Dies ermöglicht eine einfache Migration von IGRP auf EIGRP. Seit den Cisco IOS Releases 12.2(13)T und 12.2(R1s4)S wird IGRP nicht mehr unterstützt.

Auch wenn wir in diesem Kapitel recht ausführlich darauf eingehen werden, wollen wir bereits vorab einige der Unterschiede zwischen einem traditionellen Distanzvektor-Protokoll wie RIP und IGRP und dem erweiterten Distanzvektor-Protokoll EIGRP untersuchen.

Tabelle 9.1 fasst die wesentlichen Unterschiede zwischen einem traditionellen Protokoll wie RIP einerseits und EIGRP andererseits zusammen.

Tabelle 9.1: Traditionelle Distanzvektor-Protokolle und EIGRP im Vergleich

Traditionelle Distanzvektor-Protokolle	EIGRP
Verwendet den Bellman-Ford- oder den Ford-Fulkerson-Algorithmus.	Verwendet DUAL.
Lässt Routeneinträge veralten und verwendet periodische Updates.	Lässt Routeneinträge nicht veralten und verwendet auch keine periodischen Updates.
Überwacht nur die besten Routen, d. h. den jeweils besten Pfad in ein Zielnetzwerk.	Führt eine von der Routing-Tabelle separate Topologietabelle, die den besten Pfad und schleifenlose Backup-Pfade enthält.
Wenn eine Route ausfällt, muss der Router auf ein aktualisiertes Routing-Update warten.	Wenn eine Route ausfällt, verwendet DUAL einen Backup-Pfad, sofern ein solcher in der Topologietabelle vorhanden ist.
Langsame Konvergenz aufgrund der Holddown-Timer	Schnellere Konvergenz aufgrund des Fehlens von Holddown-Timern und eines Systems der koordinierten Routenberechnung

Der Algorithmus

Traditionelle Distanzvektor-Protokolle verwenden Varianten der Bellman-Ford- oder des Ford-Fulkerson-Algorithmus. Solche Protokolle – beispielsweise RIP und IGRP – lassen einzelne Routeneinträge ungültig werden und müssen deswegen regelmäßig Updates ihrer Routing-Tabellen austauschen.

EIGRP verwendet DUAL. EIGRP ist zwar ein Distanzvektor-Protokoll, doch implementiert es mit DUAL Eigenschaften, die nicht Bestandteil traditioneller Distanzvektor-Protokolle sind. EIGRP sendet beispielsweise keine periodischen Updates, und die Routeneinträge werden auch nicht ungültig. Stattdessen verwendet EIGRP das schlanke Hello-Protokoll, um den Status der Verbindungen mit seinen Nachbarn zu überwachen. Nur Veränderungen in den Routing-Daten – zum Beispiel ein Ausfall oder das Hinzukommen einer Verbindung – bewirken Routing-Updates. EIGRP-Routing-Updates sind nach wie vor Distanzvektoren, die an direkt angeschlossene Nachbarn übertragen werden.

Pfadermittlung

Traditionelle Distanzvektor-Protokolle wie RIP und IGRP überwachen nur die bevorzugten Routen, d. h. die besten Pfade in ein Zielnetzwerk. Falls die Route nicht mehr verfügbar ist, wartet der Router auf ein weiteres Routing-Update mit einem Pfad in dieses Remote-Netzwerk.

DUAL führt eine Topologietabelle, die von der Routing-Tabelle getrennt ist und sowohl den besten Pfad zu einem Zielnetzwerk als auch alle gegebenenfalls vorhandenen Backup-Pfade enthält, die DUAL als schleifenlos ermittelt hat. Schleifenlos bedeutet, dass der Nachbar keine Route in das Zielnetzwerk kennt, die über den vorliegenden Router führt.

Im weiteren Verlauf dieses Kapitels werden Sie sehen, dass eine Route, die von DUAL als gültiger schleifenloser Backup-Pfad anerkannt werden soll, die sogenannte Feasibility-Bedingung erfüllen muss. Ein Backup-Pfad, der diese Bedingung erfüllt, ist garantiert schleifenlos. Da EIGRP ein Distanzvektor-Protokoll ist, sind schleifenlose Backup-Pfade in ein Zielnetzwerk möglich, die die Feasibility-Bedingung nicht erfüllen. Diese Pfade werden deswegen von DUAL nicht als gültige schleifenlose Backup-Pfade in die Topologietabelle eingetragen.

Wenn eine Route ausfällt, durchsucht DUAL die Topologietabelle nach einem gültigen Backup-Pfad. Ist ein solcher vorhanden, dann wird die Route sofort in die Routing-Tabelle eingetragen. Andernfalls führt DUAL einen Netzwerkerkennungsprozess aus, um festzustellen, ob ein Backup-Pfad vorhanden ist, der die Feasibility-Bedingung zuvor nicht erfüllt hat. Diese Bedingung prüft auf die Möglichkeit von Routing-Schleifen. Wir werden diesen Vorgang im Verlauf dieses Kapitels ausführlicher behandeln.

Konvergenz

Traditionelle Distanzvektor-Protokolle wie RIP und IGRP setzen periodische Updates ein. Aufgrund des unzuverlässigen Wesens dieser Updates sind solche Distanzvektor-Protokolle anfällig für Routing-Schleifen und das Count-to-Infinity-Problem. RIP und IGRP versuchen diese Probleme mithilfe verschiedener Mechanismen zu umgehen. Hierzu gehören Holddown-Timer, die zu langen Konvergenzzeiten führen.

EIGRP verwendet keine Holddown-Timer, sondern schleifenlose Pfade werden über ein System von Routenberechnungen ermittelt, die auf koordinierte Weise zwischen den Routern ausgeführt werden. Wie dies genau geschieht, ist nicht Gegenstand dieses Kurses; das Ergebnis jedoch ist eine schnellere Konvergenz als bei traditionellen Distanzvektor-Protokollen.

9.1.2 Nachrichtenformat bei EIGRP

Abbildung 9.2 zeigt exemplarisch eine gekapselte EIGRP-Nachricht.

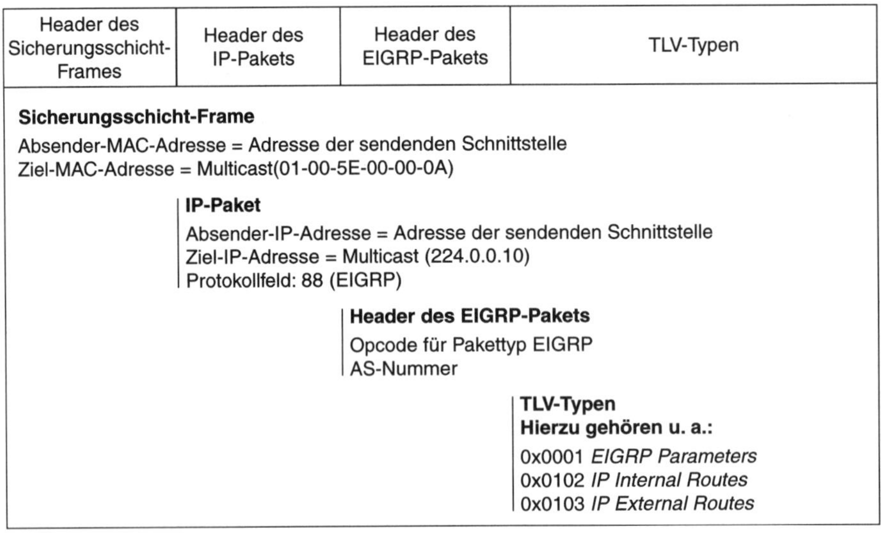

Abbildung 9.2: Gekapselte EIGRP-Nachricht

Der Datenanteil einer EIGRP-Nachricht wird in einem Paket gekapselt. Dieses Datenfeld heißt TLV (Type/Length/Value, Typ/Länge/Wert). Wie Abbildung 9.2 zeigt, heißen die für diesen Kurs relevanten TLVs *EIGRP Parameters*, *IP Internal Routes* und *IP External Routes* (EIGRP-Parameter, IP Interne Routen und IP Externe Routen).

Der EIGRP-Paket-Header ist unabhängig vom Typ in jedem EIGRP-Paket enthalten. Dieser Header und das TLV-Feld werden dann in ein IP-Paket gekapselt. Das Protokollfeld im Header des IP-Pakets hat zur Kennzeichnung von EIGRP den Wert 88, während als Zieladresse die Multicast-Adresse 224.0.0.10 festgelegt ist. Wenn das EIGRP-Paket in einen Ethernet-Frame gekapselt wird, ist die Ziel-MAC-Adresse ebenfalls eine Multicast-Adresse: 01-00-5E-00-00-0A.

Anmerkung

Viele Felder der folgenden Beschreibung von EIGRP-Nachrichten sind nicht Kursbestandteil. Es werden zwar alle Felder aufgezeigt, um Ihnen einen korrekten Eindruck vom EIGRP-Nachrichtenformat zu vermitteln, doch werden nur die für den CCNA-Kandidaten relevanten Felder beschrieben.

EIGRP-Pakete können je nach Pakettyp und Situation Multicast- oder Broadcast-Nachrichten sein. Dies ist jedoch ebenfalls nicht Gegenstand dieses Buches, sondern wird im CCNP behandelt.

Jede EIGRP-Nachricht enthält den Header (Abbildung 9.3).

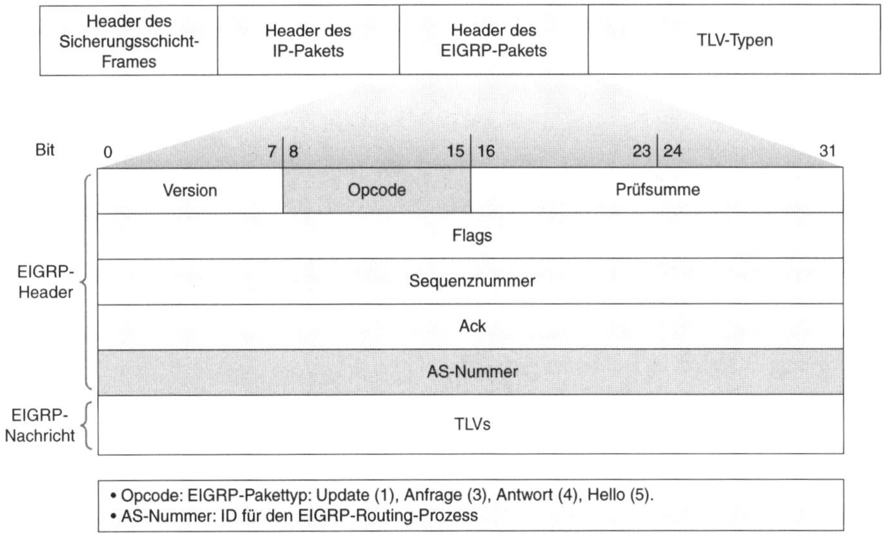

Abbildung 9.3: Der EIGRP-Paket-Header

Die für uns wichtigen Felder sind das Opcode-Feld und das ASN-Feld (Autonomous System Number, Nummer des autonomen Systems). Opcode legt den EIGRP-Pakettyp fest und hat einen der folgenden Werte:

- Update
- Query (Abfrage)
- Reply (Antwort)
- Hello

Die AS-Nummer gibt den EIGRP-Routing-Prozess an. Anders als bei RIP können Cisco-Router mehrere EIGRP-Instanzen ausführen. Die AS-Nummer dient zum Nachverfolgen mehrerer EIGRP-Instanzen. Wir werden EIGRP-Pakettypen im weiteren Verlauf dieses Kapitels behandeln.

Abbildung 9.4 zeigt, dass das EIGRP-TLV-Feld im EIGRP-Paket-Header gekapselt ist.

Diese EIGRP-Parameternachricht enthält die Wertigkeiten, die EIGRP für seine zusammengesetzte Metrik verwendet. Standardmäßig werden nur die Bandbreite und die Latenz gewichtet. Beide werden gleichwertig gewichtet, weswegen sowohl das Feld K1 (für die Bandbreite) als auch das Feld K3 (für die Latenz) den Wert 1 aufweisen. Die anderen K-Werte sind auf 0 festgelegt. Wir werden im Verlauf des Kapitels noch auf das Thema Metrikberechnung eingehen.

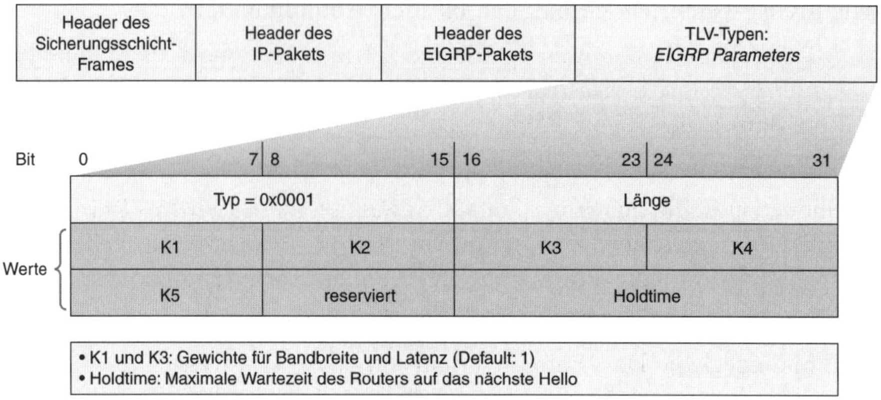

Abbildung 9.4: EIGRP Parameters-TLV

Die Holdtime gibt an, wie lang der EIGRP-Nachbar, der diese Nachricht erhält, warten soll, bis er den sendenden Router als ausgefallen betrachtet. Auch auf die Holdtime werden wir im weiteren Verlauf dieses Kapitels eingehen.

Abbildung 9.5 zeigt die *IP Internal Routes*-Nachricht, mit der EIGRP-Routen in einem AS bekannt gegeben werden.

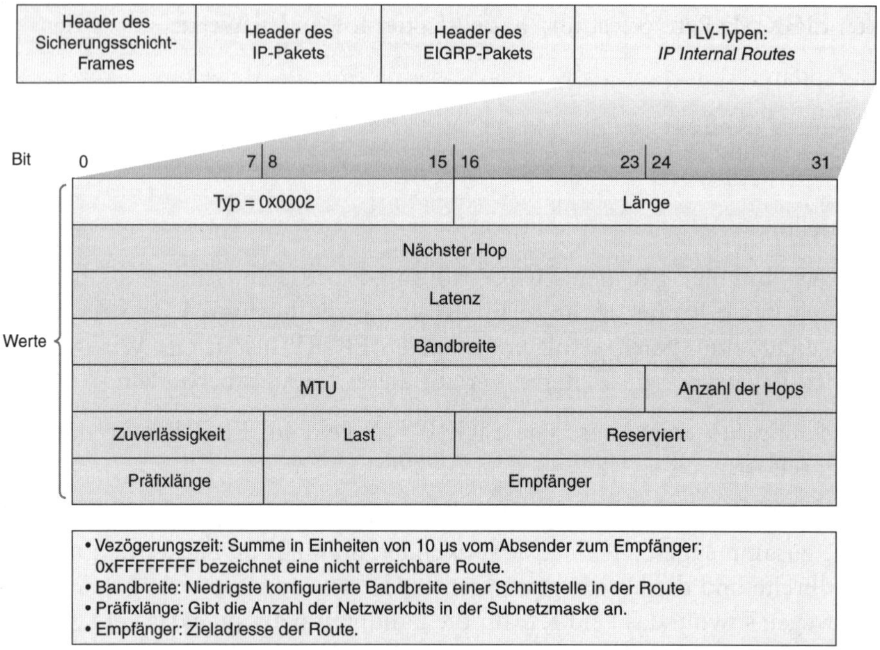

Abbildung 9.5: IP Internal Routes-TLV

Wichtige Felder für uns sind:

- **Metrikfelder (Latenz und Bandbreite).** Die Latenz wird als Summe der Latenzen vom Absender bis zum Empfänger berechnet und in Einheiten von zehn Mikrosekunden angegeben. Die Bandbreite ist die niedrigste konfigurierte Bandbreite einer Schnittstelle auf der Route.
- **Subnetzmaskenfeld (Präfixlänge).** Die Subnetzmaske wird als Präfixlänge oder als Anzahl der Netzwerkbits in der Subnetzmaske angegeben. Beispielsweise hat die Präfixlänge der Subnetzmaske 255.255.255.0 den Wert 24, da 24 die Anzahl der Netzwerkbits ist.
- **Empfängerfeld.** Das Empfängerfeld enthält die Adresse des Zielnetzwerks. Zwar erscheinen in dieser Abbildung nur 24 Bits, doch kann die Länge des Feldes je nach Größe des Netzanteils an der 32 Bit langen Netzwerkadresse variieren. Beispielsweise lautet beim Netzwerk 10.1.0.0/16 der Netzanteil 10.1. Deswegen speichert das Empfängerfeld die ersten 16 Bits. Da die Mindestlänge dieses Feldes 24 Bits beträgt, wird das Feld – falls erforderlich – mit Nullen aufgefüllt. Ist eine Netzwerkadresse länger als 24 Bits (z. B. 192.168.1.32/27), so wird das Empfängerfeld um weitere 32 Bits (auf insgesamt 56 Bits) erweitert; die unbenutzten Bits werden dann wiederum mit Nullen aufgefüllt.

Abbildung 9.6 zeigt die Nachricht *IP External Routes*, die verwendet wird, wenn externe Routen in den EIGRP-Routing-Prozess importiert werden.

In diesem Kapitel werden wir eine statische Default-Route in EIGRP importieren und weiter verteilen. Beachten Sie, dass die untere Hälfte des *IP External-TLV* alle Felder enthält, die vom *IP Internal-TLV* verwendet werden.

Anmerkung

In der Literatur wird häufig fälschlicherweise angegeben, dass die MTU (Maximum Transmission Unit) eine von EIGRP verwendete Metrik ist. Die MTU ist ausdrücklich keine Metrik, die EIGRP verwendet. Sie ist in den Routing-Updates enthalten, dient jedoch nicht zur Bestimmung der Metrik.

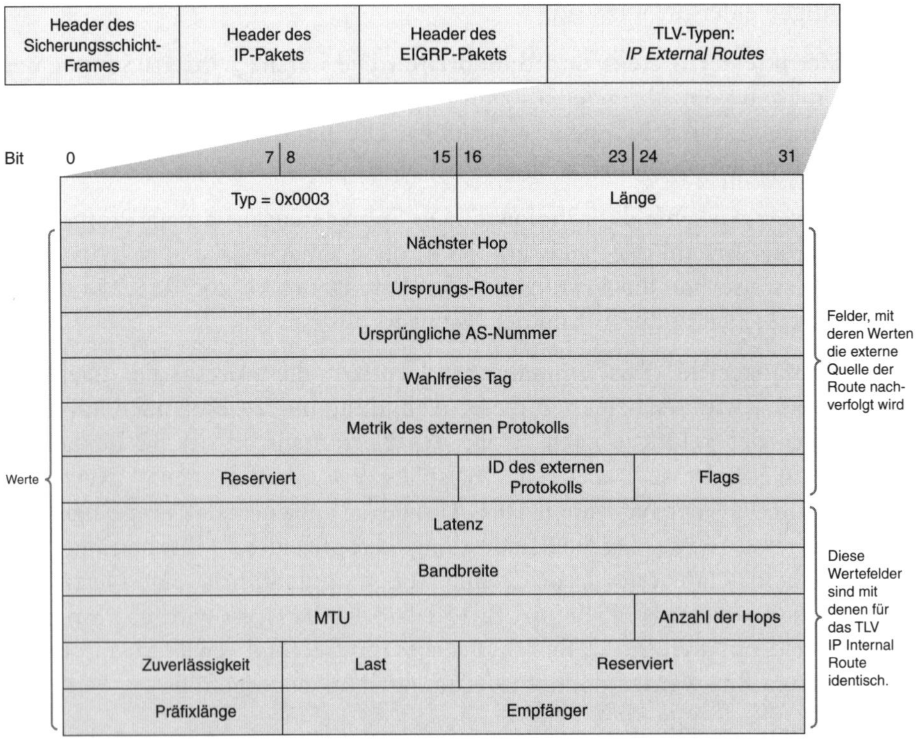

Abbildung 9.6: IP External Routes-TLV

9.1.3 Protokollabhängige Module

EIGRP hat die Fähigkeit, verschiedene Protokolle zu routen, so etwa IP, IPX (Internetwork Packet Exchange) und AppleTalk. Hierzu kommen PDMs (Protocol-Dependent Modules, protokollabhängige Module) zum Einsatz, wie sie in Abbildung 9.7 gezeigt werden.

PDMs sind für die spezifischen Routing-Aufgaben des jeweiligen Vermittlungsschichtprotokolls zuständig. Hierzu gehören beispielsweise folgende:

- Das IP-EIGRP-Modul ist für das Senden und Empfangen von EIGRP-Paketen, die in IP gekapselt sind, und für die Verwendung von DUAL zur Erstellung und Pflege der IP-Routing-Tabelle verantwortlich. Wie Sie in Abbildung 9.7 sehen können, verwendet EIGRP verschiedene EIGRP-Pakete und arbeitet mit separaten Nachbarschafts-, Topologie- und Routing-Tabellen für jedes Protokoll der Vermittlungsschicht.
- Das IPX-EIGRP-Modul ist für den Austausch von Routing-Informationen zu IPX-Netzwerken mit anderen IPX-EIGRP-Routern zuständig. IPX-EIGRP und AppleTalk-EIGRP sind nicht Gegenstand dieses Kurses.

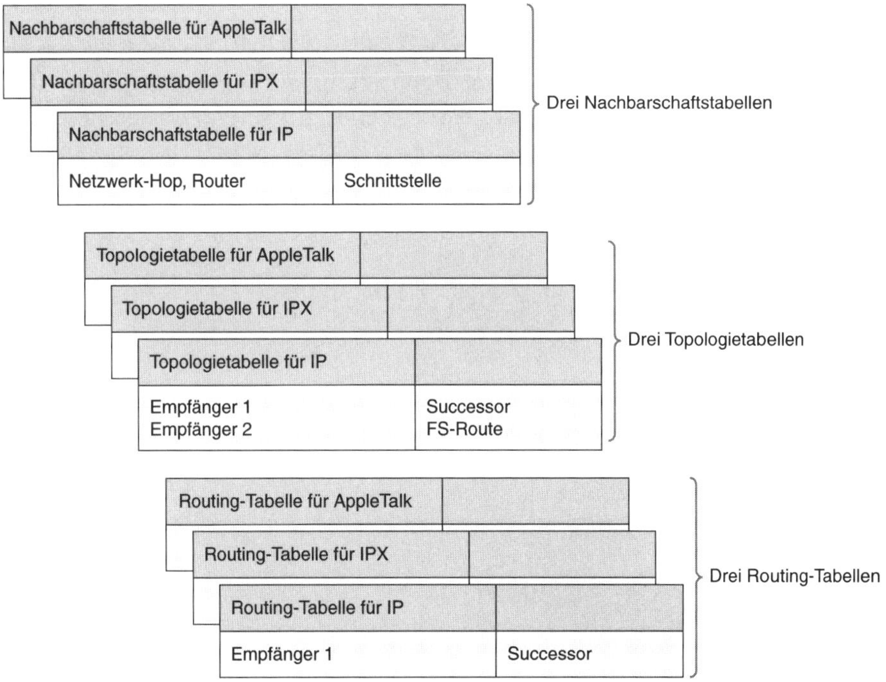

Abbildung 9.7: Protokollabhängige Module bei EIGRP

9.1.4 RTP und EIGRP-Pakettypen

RTP (Reliable Transport Protocol) ist das von EIGRP für die Auslieferung und den Empfang von EIGRP-Paketen verwendete Protokoll. EIGRP wurde als von der Vermittlungsschicht unabhängiges Routing-Protokoll entworfen. Aus diesem Grund kann es die Dienste von UDP oder TCP nicht verwenden, da IPX und AppleTalk keine Protokolle der TCP/IP-Protokollfamilie einsetzen. Abbildung 9.8 zeigt die Arbeitsweise von RTP.

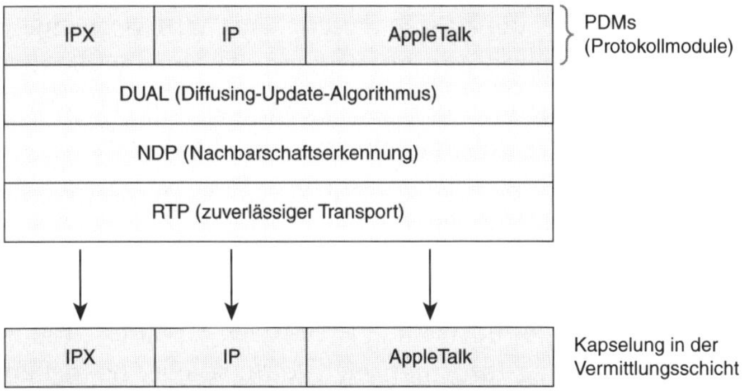

Abbildung 9.8: EIGRP ersetzt TCP durch RTP.

RTP ermöglicht sowohl die zuverlässige als auch die unzuverlässige Zustellung von EIGRP-Paketen – ähnlich wie TCP bzw. UDP. Zuverlässiges RTP erfordert das Zurücksenden einer Bestätigung vom Empfänger an den Absender. Ein unzuverlässiges RTP-Paket benötigt keine Bestätigung.

RTP kann Pakete entweder als Unicast oder als Multicast senden. Multicast-EIGRP-Pakete verwenden die reservierte Multicast-Adresse 224.0.0.10.

EIGRP-Pakettypen

EIGRP verwendet insgesamt fünf Pakettypen, die teils auch paarweise auftreten.

Abbildung 9.9 zeigt ein EIGRP-Hello-Paket, das zwischen EIGRP-Nachbarn übertragen wird.

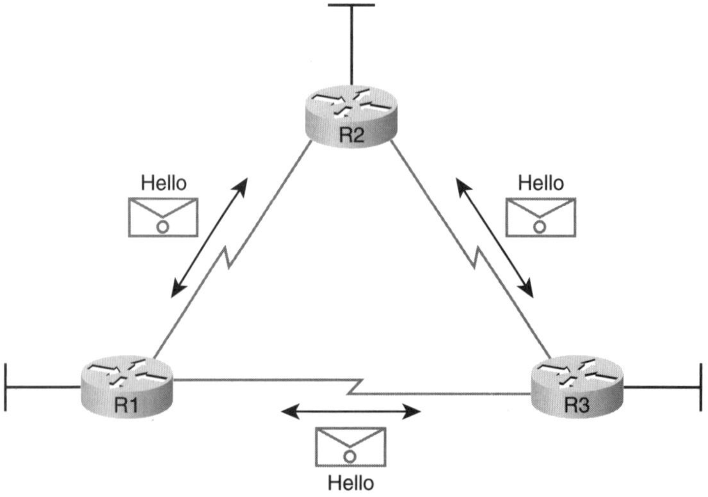

Abbildung 9.9: EIGRP-Hello-Paket

Hello-Pakete werden von EIGRP zur Entdeckung von Nachbarn und zur Bildung von Nachbarschaftsbeziehungen mit diesen Nachbarn verwendet. EIGRP-Hello-Pakete sind Multicasts und verwenden die unzuverlässige Auslieferung, das heißt, es wird vom Empfänger keine Antwort erwartet. Wir werden EIGRP-Hello-Pakete in einem späteren Kapitel behandeln.

In Abbildung 9.10 werden Update-Pakete von EIGRP zur Verbreitung von Routing-Daten eingesetzt.

Anders als RIP sendet EIGRP keine periodischen Updates. Update-Pakete werden nur dann übertragen, falls es notwendig ist. EIGRP-Updates enthalten lediglich die benötigten Routing-Informationen (d. h. solche, bei denen sich Änderungen ergeben haben) und werden auch nur an die jeweils relevanten Router gesendet.

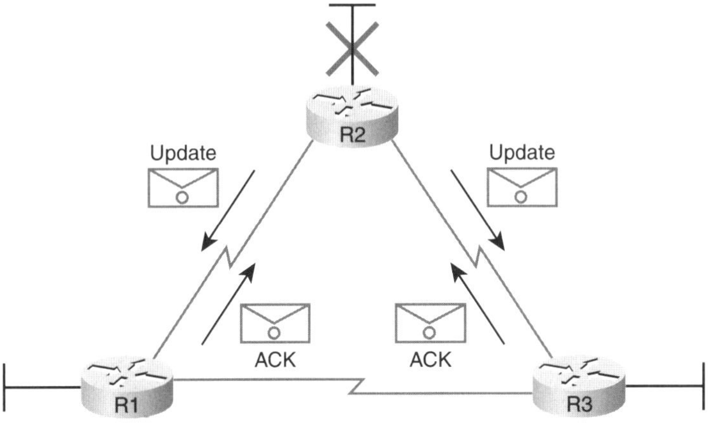

Abbildung 9.10: EIGRP-Update- und Bestätigungspakete

EIGRP-Update-Pakete verwenden die zuverlässige Auslieferung. Update-Pakete werden als Multicast gesendet, wenn sie von mehreren Routern benötigt werden; braucht nur ein einzelner Router das Update, so erfolgt der Versand als Unicast. In Abbildung 9.10 werden die Updates als Unicasts übertragen, weil es sich hier um Point-to-Point-Verbindungen handelt.

ACK-Pakete (Acknowledgment, Bestätigung) werden von EIGRP gesendet, wenn die zuverlässige Auslieferung verwendet wird. RTP setzt die zuverlässige Auslieferung für EIGRP-Update-, -Abfrage- und -Antwortpakete ein. Die ACK-Pakete werden stets als unzuverlässiger Unicast gesendet. EIGRP-Bestätigungspakete verwenden also die unzuverlässige Auslieferung.

In Abbildung 9.10 hat Router R2 die Konnektivität zu dem LAN verloren, das an seine Fast Ethernet-Schnittstelle angeschlossen ist. R2 sendet sofort ein Triggered-Update an R1 und R3 und nennt darin die ausgefallene Route. R1 und R3 antworten jeweils mit einer Bestätigung.

Abbildung 9.11 zeigt von DUAL beim Durchsuchen von Netzwerken und für andere Aufgaben verwendeten Abfrage- und Antwortpakete.

Abfragen und Antworten verwenden die zuverlässige Auslieferung. Abfragen können Multicasts oder Unicasts sein, während Antworten stets Unicasts sind. DUAL werden wir in einem späteren Abschnitt behandeln. Abfrage- und Antwortpakete werden im CCNP ausführlich behandelt.

In Abbildung 9.11 hat R2 die Konnektivität zum LAN verloren und sendet Abfragen an alle EIGRP-Nachbarn auf der Suche nach möglichen Routen in dieses LAN. Da Abfragen die zuverlässige Auslieferung verwenden, muss der empfangende Router eine EIGRP-Bestätigung zurückschicken. (Um dieses Beispiel einfach zu halten, wurden die Bestätigungen in der Abbildung weggelassen.)

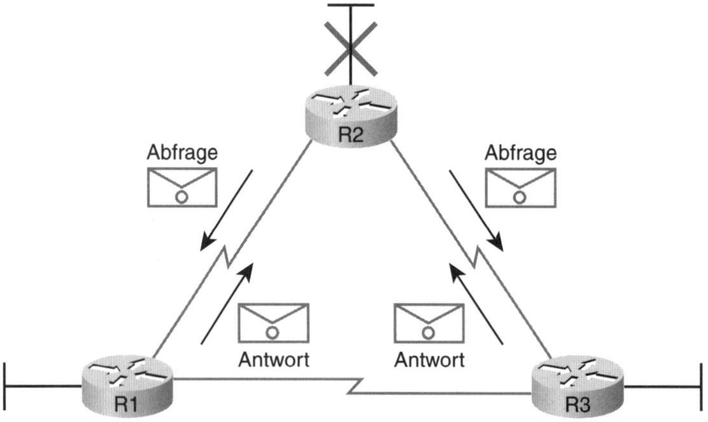

Abfragepaket:
- Wird von DUAL bei der Suche nach Netzwerken und für andere Aufgaben verwendet.

Antwortpaket:
- Wird automatisch zur Beantwortung des ACK-Pakets gesendet.
- Wird automatisch gesendet, wenn zuverlässiges RTP verwendet wird.

Abbildung 9.11: EIGRP-Abfrage- und Antwortpakete

Alle Nachbarn müssen unabhängig vom Vorhandensein einer Route in das ausgefallene Netzwerk eine Antwort zurückschicken. Da Antworten ebenfalls die zuverlässige Auslieferung verwenden, müssen Router wie R2 eine Bestätigung senden.

ANMERKUNG

Sie fragen sich vielleicht, warum R2 eine Abfrage für ein Netzwerk sendet, von dem er weiß, dass es ausgefallen ist. Im Grunde genommen jedoch ist nur die Schnittstelle, an die das Netzwerk angeschlossen ist, ausgefallen. Ein anderer Router könnte also durchaus mit genau diesem LAN verbunden sein. Aus diesem Grund sucht R2 nach einem solchen Router, bevor er das Netzwerk vollständig aus seiner Datenbank entfernt.

9.1.5 Das Hello-Protokoll

Bevor EIGRP-Pakete zwischen Routern ausgetauscht werden können, muss EIGRP zunächst seine Nachbarn entdecken. EIGRP-Nachbarn sind andere Router in gemeinsamen, direkt angeschlossenen Netzwerken, auf denen EIGRP ausgeführt wird.

EIGRP-Router verwenden Hello-Pakete, um Nachbarn zu entdecken und Nachbarschaftsbeziehungen mit benachbarten Routern herzustellen. In den meisten Netzwerken werden alle fünf Sekunden EIGRP-Hello-Pakete gesendet. In NBMA-Netzwerken (Non-Broadcast Multi-Access) wie X.25, Frame Relay und ATM-Schnittstellen mit T1-Zugangsleitungen (1,544 MBit/s) oder langsamer werden Hellos alle 60 Sekunden als Unicast übertragen. Ein EIGRP-Router geht davon aus, dass, solange er Hello-Pakete von einem Nachbarn empfängt, dieser Nachbar und seine Routen verlässlich sind.

Die Holdtime sagt dem Router, wie lange er maximal auf den Empfang des nächsten Hello-Pakets warten soll, bevor er den Nachbarn als unerreichbar deklariert. Standardmäßig beträgt die Holdtime das Dreifache des Hello-Intervalls (15 Sekunden in den meisten Netzwerken, 180 Sekunden in langsamen NBMA-Netzwerken). Wenn die Holdtime abläuft, deklariert EIGRP die Route als ausgefallen, und DUAL sucht nach einem neuen Pfad wahlweise in der Topologietabelle oder durch Versenden von Abfragen.

Tabelle 9.2 zeigt die Default-Intervalle für Hello-Pakete und die Holdtimes für EIGRP.

Tabelle 9.2: Default-Intervalle für Hello-Pakete sowie Holdtimes bei EIGRP

Bandbreite	Beispielverbindung	Default-Intervall	Default-Holdtime
≤ 1,544 MBit/s	Multipoint-Frame Relay	60 Sekunden	180 Sekunden
> 1,544 MBit/s	T1, Ethernet	5 Sekunden	15 Sekunden

9.1.6 Beschränkte EIGRP-Updates

EIGRP verwendet für seine Update-Pakete die Begriffe *Teil-Update* und *beschränktes Update*. Anders als RIP sendet EIGRP keine periodischen Updates. Stattdessen übermittelt EIGRP seine Updates nur dann, wenn sich die Metrik einer Route ändert.

Der Begriff *Teil-Update* beschreibt, dass das Update nur die Informationen zu geänderten Routen enthält. Diese inkrementellen Updates sendet EIGRP anstelle des Gesamtinhalts der Routing-Tabelle, falls sich der Status eines Empfängers ändert.

Der Begriff *beschränktes Update* bezeichnet die Verbreitung von Teil-Updates nur an diejenigen Router, die von der Änderung tatsächlich betroffen sind. Die Verbreitung der Teil-Updates wird also automatisch auf diejenigen Router beschränkt (engl. *bounded*), welche die geänderten Informationen benötigen.

Indem nur notwendige Routing-Informationen nur an diejenigen Router gesendet werden, die diese Informationen benötigen, minimiert EIGRP die für die EIGRP-Pakete erforderliche Bandbreite.

9.1.7 Eine Einführung in DUAL

DUAL (Diffusing Update Algorithm) ist der Konvergenzalgorithmus, den EIGRP statt des Bellman-Ford- und des Ford-Fulkerson-Algorithmus einsetzt, die von anderen Routing-Protokollen wie RIP benutzt werden. DUAL basiert auf Forschungen, die am SRI International mithilfe von Berechnungen durchgeführt wurden, die erstmals von E. W. Dijkstra und C. S. Scholten vorgelegt worden waren. Die bedeutendsten Arbeiten mit DUAL wurden von J. J. Garcia-Luna-Aceves durchgeführt.

Routing-Schleifen – auch vorübergehende – können sich extrem nachteilig auf die Leistungsfähigkeit im Netzwerk auswirken. Distanzvektor-Protokolle wie RIP verhindern Routing-Schleifen mithilfe von Holddown-Timern und Split-Horizon. Zwar verwendet auch EIGRP diese beiden Techniken, setzt sie aber etwas anders ein; der wichtigste Ansatz zur Vermeidung von Routing-Schleifen ist bei EIGRP der DUAL-Algorithmus.

Die Abbildungen 9.12 bis 9.15 zeigen die Abfolge der von DUAL verwendeten EIGRP-Updates, Abfragen, Antworten und Bestätigungen, wenn eine Veränderung in der Topologie auftritt.

1. Ein direkt an R2 angeschlossenes Netzwerk fällt aus. R2 sendet eine EIGRP-Update-Nachricht an seine Nachbarn, der zu entnehmen ist, dass das Netzwerk ausgefallen ist (Abbildung 9.12).

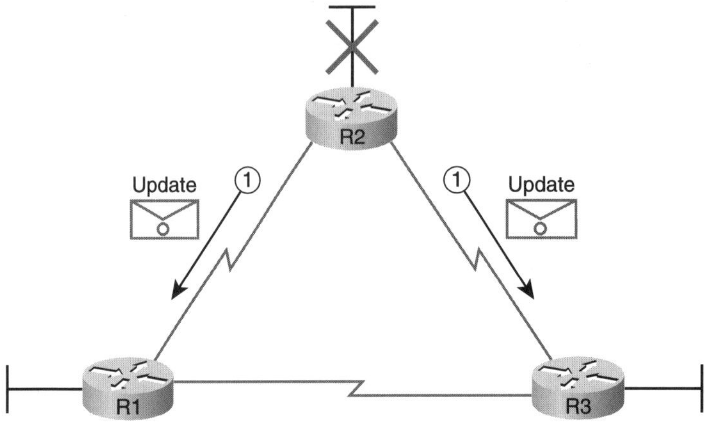

Abbildung 9.12: Abläufe bei DUAL: R2 sendet ein Update.

2. R1 und R3 senden eine EIGRP-Bestätigung zurück, die angibt, dass sie das Update von R2 empfangen haben (Abbildung 9.13).

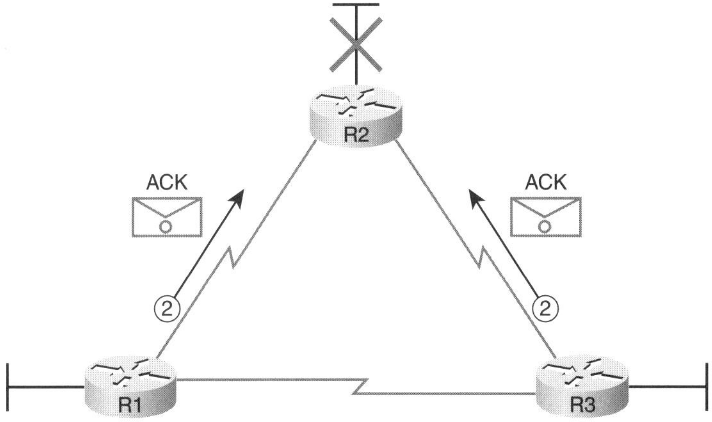

Abbildung 9.13: Abläufe bei DUAL: R1 und R3 senden Antworten.

3. R2 verfügt über keine EIGRP-Backup-Route, die als FS-Route (Feasible Successor) infrage kommt. (Wir werden gleich auf die Frage eingehen, was das ist.) Deswegen sendet R2 eine EIGRP-Abfrage an seine Nachbarn und fragt an, ob diese über eine Route in das ausgefallene Netzwerk verfügen.
4. R1 und R3 senden eine EIGRP-Bestätigung zurück, die angibt, dass sie die Abfrage von R2 empfangen haben (Abbildung 9.14).

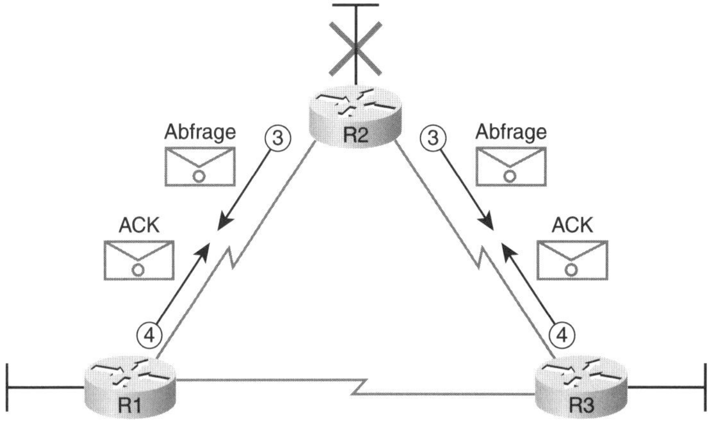

Abbildung 9.14: Abläufe bei DUAL: R2 sendet Abfragen, und R1 und R3 senden Bestätigungen.

5. R1 und R3 senden eine EIGRP-Antwortnachricht als Reaktion auf die von R2 erhaltene Abfrage. In diesem Fall würde die Abfrage besagen, dass der Router keine Route in dieses Netzwerk kennt.

6. R2 sendet eine Bestätigung darüber zurück, dass die Antwort erhalten wurde (Abbildung 9.15).

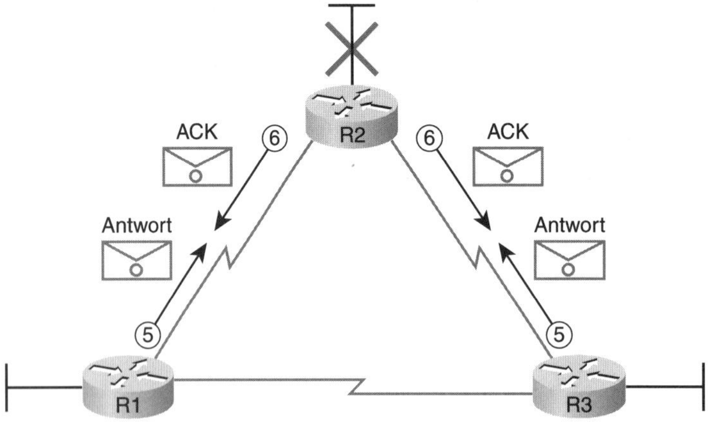

Abbildung 9.15: Abläufe bei DUAL: R1 und R3 senden Antworten, und R2 sendet eine Bestätigung.

Mithilfe von DUAL wird die Schleifenfreiheit jeder Instanz im Rahmen einer Routenberechnung gewährleistet. Auf diese Weise können Router, die an einer Topologieänderung beteiligt sind, sich gleichzeitig synchronisieren. Router, die nicht von diesen Änderungen betroffen sind, werden dagegen gar nicht erst bei der Neuberechnung berücksichtigt. Dieser Ansatz ermöglicht es, kürzere Konvergenzzeiten als bei jedem anderen Distanzvektor-Protokoll zu erzielen.

Der Entscheidungsprozess für alle Routenberechnungen wird von der DUAL-FSM (Finite State Machine, endlicher Automat) durchgeführt. Allgemein betrachtet ist ein endlicher Automat ein Verhaltensmodell, das aus einer endlichen Anzahl von Zuständen, Übergängen zwischen diesen Zuständen und Ereignissen oder Aktionen besteht, die diese Übergänge auslösen.

Die DUAL-FSM verfolgt alle Routen nach, verwendet ihre Metrik zur Auswahl optimaler schleifenloser Pfade und fügt die ausgewählten Routen mit den geringsten Kosten in die Routing-Tabelle ein. Wir werden die DUAL-FSM im weiteren Verlauf dieses Kapitels behandeln.

Weil die Neuberechnung durch DUAL prozessorintensiv sein kann, ist es von Vorteil, sie möglichst zu vermeiden. Aus diesem Grund führt DUAL eine

Liste mit Backup-Routen, die bereits als schleifenlos ausgewiesen wurden. Wenn die Hauptroute in der Routing-Tabelle ausfällt, wird die beste Backup-Route sofort zur Routing-Tabelle hinzugefügt.

9.1.8 Administrative Distanz

Wie Sie aus Kapitel 3, »Einführung in die dynamischen Routing-Protokolle«, bereits wissen, bezeichnet die administrative Distanz (AD) die Vertrauenswürdigkeit oder Priorität der Routenquelle. EIGRP hat per Definition einen AD-Wert von 90 für interne und von 170 für aus einer externen Quelle importierte Routen (z. B. Default-Routen). Im Vergleich mit anderen IGPs wird EIGRP aufgrund des niedrigen AD-Wertes vom Cisco IOS bevorzugt eingesetzt.

Beachten Sie in Tabelle 9.3, dass EIGRP über einen dritten AD-Wert (5) für Summenrouten verfügt. Wir werden später erfahren, wie EIGRP die Summenrouten konfiguriert.

Tabelle 9.3: Administrative Standarddistanzen

Routenquelle	**AD**
angeschlossen	0
statisch	1
EIGRP-Summenroute	5
BGP extern	20
EIGRP intern	**90**
IGRP	100
OSPF	110
IS-IS	115
RIP	120
EIGRP extern	**170**
BGP intern	200

9.1.9 Authentifizierung

Wie bei anderen Routing-Protokollen lässt sich auch bei EIGRP eine Authentifizierung konfigurieren. RIPv2, EIGRP, OSPF, IS-IS und BGP können so konfiguriert werden, dass sie die Routing-Daten verschlüsseln und authentifizieren.

Es wird stets empfohlen, übertragene Routing-Informationen zu authentifizieren. Diese Praxis stellt sicher, dass Router Routing-Daten nur von anderen Routern akzeptieren, auf denen dasselbe Passwort oder andere Authentifizierungsinformationen konfiguriert wurden.

Anmerkung

Wenn die Authentifizierung auf einem Router konfiguriert wird, authentifiziert der Router die Quelle jedes empfangenen Routing-Pakets. Allerdings wird die Routing-Tabelle des Routers hierbei nicht verschlüsselt.

Wie in früheren Kapiteln bereits angemerkt, werden wir die Konfiguration der Authentifizierung bei Routing-Protokollen in einem späteren Kurs behandeln.

9.2 Grundlegende EIGRP-Konfiguration

Dieser Abschnitt behandelt die Grundlagen der EIGRP-Konfiguration. Es gibt zahlreiche Ähnlichkeiten mit den Befehlen, die zur Konfiguration anderer Routing-Protokolle wie etwa RIP verwendet werden.

9.2.1 EIGRP-Netzwerktopologie

Abbildung 9.16 zeigt die aus früheren Kapiteln bekannte Topologie, in der nun der Router eines Internetproviders (ISP) hinzugefügt wurde. Tabelle 9.4 zeigt das Adressierungsschema.

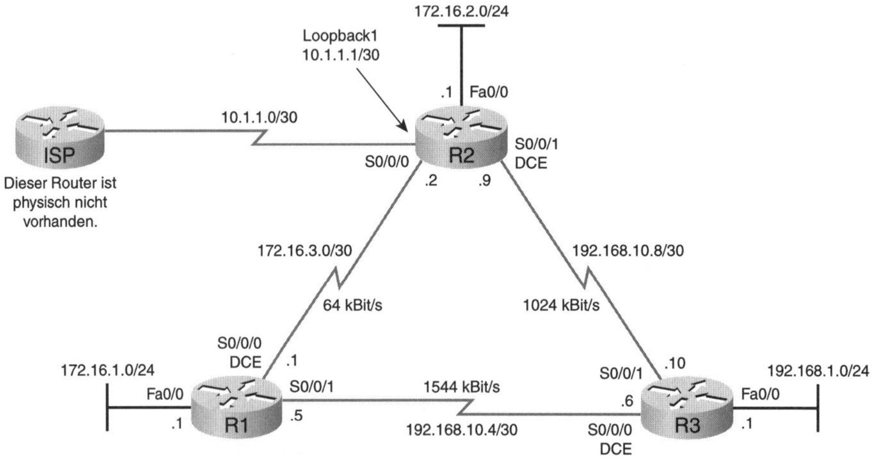

Abbildung 9.16: EIGRP-Topologie

Tabelle 9.4: Adresstabelle für EIGRP

Gerät	Schnittstelle	IP-Adresse	Subnetzmaske
R1	Fa0/0	172.16.1.1	255.255.255.0
	S0/0/0	172.16.3.1	255.255.255.252
	S0/0/1	192.168.10.5	255.255.255.252
R2	Fa0/0	172.16.2.1	255.255.255.0
	S0/0/0	172.16.3.2	255.255.255.252
	S0/0/1	192.168.10.9	255.255.255.252
	Lo1	10.1.1.1	255.255.255.252
R3	Fa0/0	192.168.1.1	255.255.255.0
	S0/0/0	192.168.10.6	255.255.255.252
	S0/0/1	192.168.10.10	255.255.255.252

Beachten Sie, dass die Router R1 und R2 über Subnetze verfügen, die Bestandteil des Klasse-B-Netzwerks 172.16.0.0/16 sind. Die Tatsache, dass 172.16.0.0 eine Klasse-B-Adresse ist, ist vor allem deswegen relevant, weil EIGRP – ähnlich wie RIP – Routen automatisch an den klassenbezogenen Grenzen zusammenfasst.

Die Listings 9.1, 9.2 und 9.3 stellen die Startkonfigurationen der Router R1, R2 und R3 dar.

Listing 9.1: Startkonfiguration von R1

```
R1#show startup-config

<Ausgabe teilweise unterdrückt>
!
hostname R1
!
interface FastEthernet0/0
 ip address 172.16.1.1 255.255.255.0
!
interface Serial0/0/0
 ip address 172.16.3.1 255.255.255.252
 clock rate 64000
!
interface Serial0/0/1
ip address 192.168.10.5 255.255.255.252
!
end
```

Listing 9.2: Startkonfiguration von R2

```
R2#show startup-config

<Ausgabe teilweise unterdrückt>
!
hostname R2
!
interface Loopback1
 ip address 10.1.1.1 255.255.255.252
 description Simulated ISP
!
interface FastEthernet0/0
 ip address 172.16.2.1 255.255.255.0
!
interface Serial0/0/0
 ip address 172.16.3.2 255.255.255.252
!
interface Serial0/0/1
 ip address 192.168.10.9 255.255.255.252
 clockrate 64000
!
end
```

Listing 9.3: Startkonfiguration von R3

```
R3#show startup-config

<Ausgabe teilweise unterdrückt>
!
hostname R3
!
interface FastEthernet0/0
 ip address 192.168.1.1 255.255.255.0
!
interface Serial0/0/0
 ip address 192.168.10.6 255.255.255.252
 clockrate 64000
!
interface Serial0/0/1
 ip address 192.168.10.10 255.255.255.252
!
end
```

Beachten Sie, dass der ISP-Router in unseren Konfigurationen nicht physisch vorhanden ist; die Verbindung zwischen R2 und ISP wird durch eine Loopback-Schnittstelle auf R2 dargestellt. Die Verwendung einer Loopback-Schnittstelle zur Darstellung der Verbindung mit dem Provider ermöglicht eine Konfiguration dieses Szenarios mit nur drei Routern. Aus Kapitel 7, »RIPv2«, wissen Sie bereits, dass eine Loopback-Schnittstelle zur Darstellung einer Schnittstelle auf einem Router verwendet werden kann, der über keine wirkliche physische Verbindung zu diesem Netzwerk verfügt. Die Erreichbarkeit der in Routing-Updates enthaltenen Loopback-Adressen lässt sich mit dem `ping`-Befehl verifizieren.

Anmerkung

Loopback-Schnittstellen erfüllen zudem bei einigen Routing-Protokollen bestimmte Funktionen; wir werden in Kapitel 11, »OSPF«, darauf zurückkommen.

9.2.2 Autonome Systeme und Prozess-IDs

Dieser Abschnitt behandelt den Unterschied zwischen einem AS und einer Prozess-ID.

Autonomes System

Ein autonomes System ist eine Ansammlung von Netzwerken, die zusammen von derselben Entität (Funktionseinheit) administriert werden und im Internet eine gemeinsame Routing-Policy darstellen. In Abbildung 9.17 werden die Unternehmen A, B, C und D gemeinsam von ISP1 administriert. Man sagt, ISP1 gebe »eine gemeinsame Routing-Policy« für diese Unternehmen vor, wenn er Routen gegenüber ISP2 bekannt gibt.

Die Richtlinien zur Erstellung, Auswahl und Registrierung eines autonomen Systems sind in RFC 1930 festgelegt. AS-Nummern werden von der IANA (Internet Assigned Numbers Authority) und den RIRs (Regional Internet Registries) zugewiesen, die auch für die Vergabe von IP-Adressraum zuständig sind. Die lokale RIR weist einer Entität eine AS-Nummer aus dem Block zu, den sie von der IANA erhalten hat. Vor 2007 waren AS-Nummern 16-Bit-Zahlen im Bereich zwischen 0 und 65.535. Inzwischen werden 32-Bit-Zahlen zugewiesen, was die Anzahl der verfügbaren AS-Nummern auf mehr als vier Milliarden erhöht.

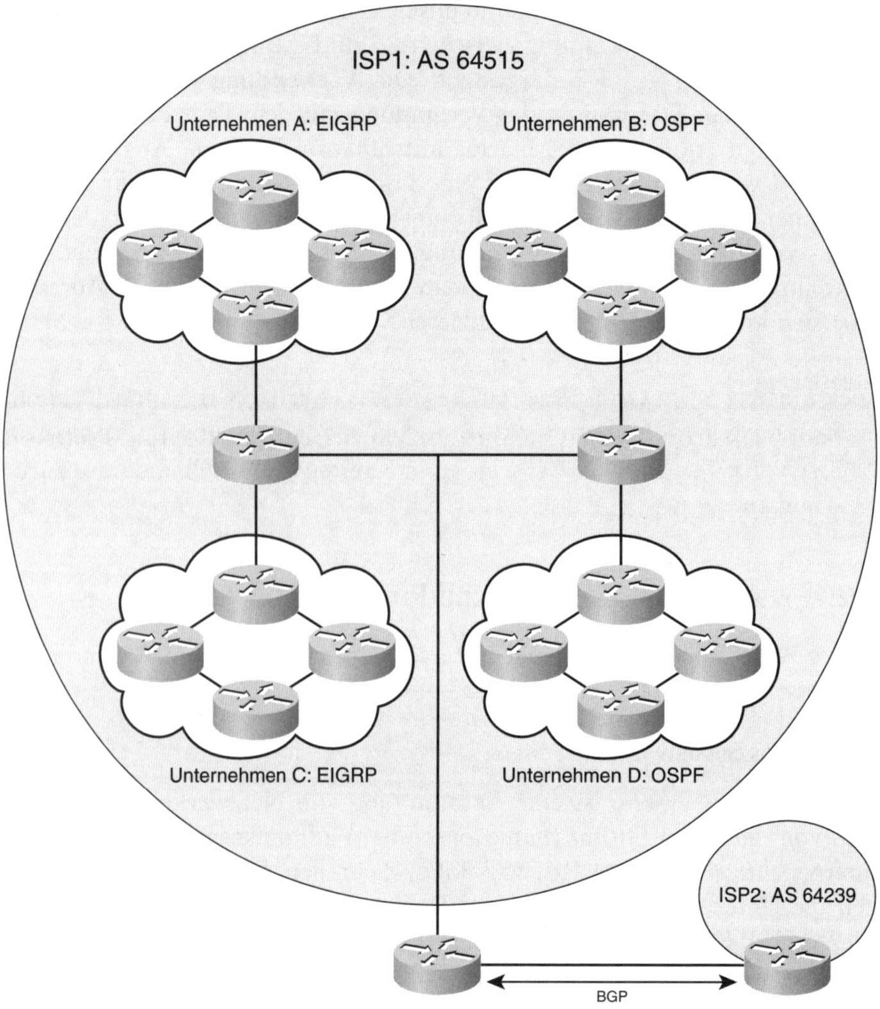

Abbildung 9.17: Autonome Systeme

Wer braucht eine AS-Nummer? Gewöhnlich handelt es sich um Internetprovider, Internet-Backbone-Provider und große Einrichtungen, die mit anderen Entitäten verbunden sind, welche ebenfalls über eine AS-Nummer verfügen. Diese Provider und Institutionen verwenden BGP als externes Routing-Protokoll zur Verbreitung der Routing-Daten. BGP ist das einzige Routing-Protokoll, das tatsächlich AS-Nummern in seiner Konfiguration verwendet.

Die überwiegende Mehrzahl der Unternehmen und Einrichtungen in IP-Netzwerken jedoch benötigt keine AS-Nummer, da sie gemeinsam von einer größeren Entität wie etwa einem ISP administriert werden. Diese Unternehmen verwenden interne Routing-Protokolle wie RIP, EIGRP, OSPF und IS-IS zum Routen von Paketen innerhalb ihrer Netzwerke. Es handelt sich hierbei jeweils um eines der vielen separaten Netzwerke, die im autonomen System des Providers enthalten sind. Der Provider ist dabei für das Routing sowohl innerhalb des autonomen Systems als auch zwischen dem eigenen und anderen autonomen Systemen zuständig.

Prozess-ID

Sowohl EIGRP als auch OSPF verwenden eine Prozess-ID zur Darstellung einer Instanz des betreffenden Routing-Protokolls:

```
Router(config)#router eigrp autonomous-system
```

Zwar bezeichnet EIGRP den Parameter als AS-Nummer (*autonomous-system*), doch fungiert er im Grunde genommen wie eine Prozess-ID. Diese Zahl hat nichts mit einer AS-Nummer entsprechend der Beschreibung weiter oben zu tun, sondern kann einen beliebigen 16-Bit-Wert annehmen:

```
Router(config)#router eigrp 1
```

Die Zahl 1 bezeichnet den betreffenden EIGRP-Prozess, der auf diesem Router ausgeführt wird.

Um Nachbarschaftsbeziehungen herzustellen, verlangt EIGRP die Konfiguration derselben Prozess-ID auf allen Routern in der Routing-Domäne (Abbildung 9.18). In der Regel wird für jedes Routing-Protokoll nur eine einzelne Prozess-ID auf einem Router konfiguriert.

ANMERKUNG

RIP verwendet keine Prozess-IDs, weswegen nur eine RIP-Instanz unterstützt werden kann. Sowohl EIGRP als auch OSPF unterstützen hingegen mehrere Instanzen des jeweiligen Protokolls, auch wenn diese Form der Mehrfachimplementierung eines Protokolls nur selten erforderlich ist und auch nicht empfohlen wird.

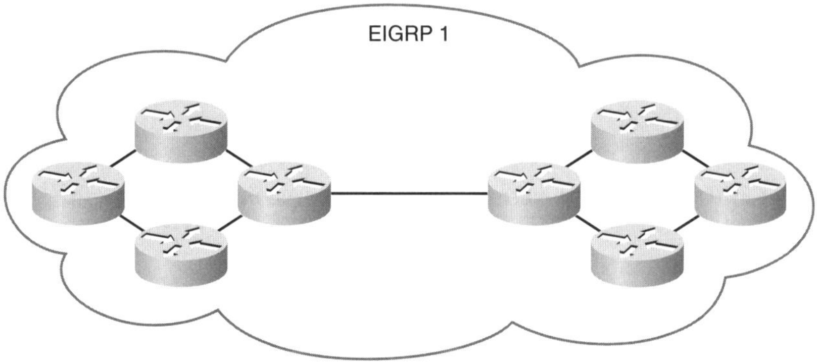

Abbildung 9.18: Einzelne Prozess-IDs

9.2.3 Der Befehl »router eigrp«

Der globale Konfigurationsbefehl `router eigrp` *`autonomous-system`* aktiviert EIGRP. Dabei hat der Parameter *`autonomous-system`* einen Wert zwischen 1 und 65.535, der vom Netzwerkadministrator vergeben wird. Dies ist die eigentliche Prozess-ID; sie ist wichtig, weil alle Router in dieser EIGRP-Routing-Domäne dieselbe Prozess-ID verwenden müssen.

Wie Sie der Ausgabe in Listing 9.4 entnehmen können, ist EIGRP auf allen drei Routern aktiviert und verwendet die Prozess-ID 1.

Listing 9.4: EIGRP-Routing aktivieren

```
R1(config)#router eigrp 1
R1(config-router)#
```

```
R2(config)#router eigrp 1
R2(config-router)#
```

```
R3(config)#router eigrp 1
R3(config-router)#
```

9.2.4 Der Befehl »network«

Der Befehl `network` hat bei EIGRP dieselbe Funktion wie bei anderen IGPs:

- Auf jeder Schnittstelle auf diesem Router, deren Netzwerkadresse der Angabe im `network`-Befehl entspricht, werden Versand und Empfang von EIGRP-Updates aktiviert.
- Das betreffende Netzwerk (oder Subnetz) wird bei EIGRP-Routing-Updates berücksichtigt.

Der Befehl `network` wird im Router-Konfigurationsmodus abgesetzt:

```
Router(config-router)#network network-address
```

`network-address` ist dabei die klassenbezogene Netzwerkadresse der Schnittstelle. Eine einzelne klassenbezogene `network`-Anweisung, die die beiden Subnetze 172.16.1.0/24 und 172.16.3.0/30 umfasst, wird auf R1 abgesetzt:

```
R1(config-router)#network 172.16.0.0
```

Wenn EIGRP auf R2 konfiguriert wird, sendet DUAL eine Benachrichtigung an die Konsole, die besagt, dass eine Nachbarschaftsbeziehung mit einem anderen EIGRP-Router eingerichtet wurde:

```
R2(config-router)#network 172.16.0.0
%DUAL-5-NBRCHANGE: IP-EIGRP 1: Neighbor 172.16.3.1 (Serial0/0) is up: new
adjacency
```

Diese neue Nachbarschaftsbeziehung wird automatisch hergestellt, da R1 und R2 denselben EIGRP-Routing-Prozess (1) verwenden und Updates in das Netzwerk 172.16.0.0 senden.

Der Befehl »network« mit einer Wildcard-Maske

Standardmäßig wird, wenn der Befehl `network` mit einer klassenbezogenen Netzwerkadresse wie beispielsweise 172.16.0.0 abgesetzt wird, EIGRP auf allen Schnittstellen des Routers aktiviert, die zu dieser klassenbezogenen Netzwerkadresse gehören. Es kann allerdings vorkommen, dass der Netzwerkadministrator EIGRP nicht für alle Schnittstellen in einem Netzwerk aktivieren will. Um EIGRP so zu konfigurieren, dass nur bestimmte Subnetze bekannt gegeben werden, wird der Befehl `network` mit der Option *wildcard-mask* verwendet:

```
Router(config-router)#network network-address [wildcard-mask]
```

Eine Wildcard-Maske können Sie sich als Gegenteil einer Subnetzmaske vorstellen. Die Inversion der Subnetzmaske 255.255.255.252 lautet 0.0.0.3. Um die Inversion der Subnetzmaske zu berechnen, ziehen Sie sie von 255.255.255.255 ab:

```
   255.255.255.255
 - 255.255.255.252  Subnetzmaske abziehen
   ---------------
     0.  0.  0.  3  Wildcard-Maske
```

Auf R2 werden das Subnetz 192.168.10.8 und die Wildcard-Maske 0.0.0.3 konfiguriert:

```
R2(config-router)#network 192.168.10.8 0.0.0.3
```

Einige Versionen des Cisco IOS gestatten auch die Eingabe der Subnetzmaske. So könnten Sie beispielsweise Folgendes eingeben:

```
R2(config-router)#network 192.168.10.8 255.255.255.252
```

Allerdings konvertiert das Cisco IOS den Befehl in das Wildcard-Maskenformat; dies kann mit dem Befehl `show running-config` (Listing 9.5) nachgewiesen werden.

Listing 9.5: EIGRP-Konfiguration mit »show running-config« überprüfen

```
R2#show running-config
<Ausgabe teilweise unterdrückt>
!
router eigrp 1
 network 172.16.0.0
 network 192.168.10.8 0.0.0.3
 auto-summary
!
```

ANMERKUNG

Der Befehl `passive-interface` sollte bei EIGRP nicht verwendet werden. Bei Konfiguration dieses Befehls beendet EIGRP den Versand von Hello-Paketen über die betreffende Schnittstelle. Wenn dies geschieht, kann der Router an dieser Schnittstelle keine EIGRP-Nachbarschaftsbeziehungen mehr bilden und deswegen Routing-Updates weder senden noch empfangen.

Listing 9.6 zeigt die Konfiguration von R3. Sobald das klassenbezogene Netzwerk 192.168.10.0 konfiguriert ist, stellt R3 Nachbarschaftsbeziehungen mit R1 und R2 her.

Listing 9.6: EIGRP-Konfiguration für R3

```
R3(config)#router eigrp 1
R3(config-router)#network 192.168.10.0
%DUAL-5-NBRCHANGE: IP-EIGRP 1: Neighbor 192.168.10.5 (Serial0/0/0) is up: new
adjacency
R3(config-router)#
%DUAL-5-NBRCHANGE: IP-EIGRP 1: Neighbor 192.168.10.9 (Serial0/0/1) is up: new
adjacency
R3(config-router)#network 192.168.1.0
```

9.2.5 EIGRP überprüfen

Bevor Updates von EIGRP gesendet oder empfangen werden können, müssen die Router zunächst Nachbarschaftsbeziehungen mit ihren Nachbarn herstellen. EIGRP-Router stellen Nachbarschaftsbeziehungen mit benachbarten Routern her, indem sie EIGRP-Hello-Pakete austauschen.

Mit dem Befehl `show ip eigrp neighbors` zeigen Sie die Nachbarschaftstabelle an und überprüfen, ob EIGRP Nachbarschaftsbeziehungen hergestellt hat. Auf jedem Router sollten Sie die IP-Adresse des benachbarten Routers und die Schnittstelle sehen, die der Router verwendet, um diesen EIGRP-Nachbarn zu erreichen. Abbildung 9.19 zeigt, wie der Befehl `show ip eigrp neighbors` verwendet wird, um zu kontrollieren, ob R2 die notwendigen Nachbarschaftsbeziehungen mit R1 und R3 hergestellt hat. Wenn Sie denselben Befehl auf R1 und R3 eingäben, würden Sie feststellen, dass jeder Router zwei Nachbarn in seiner Nachbarschaftstabelle auflistet.

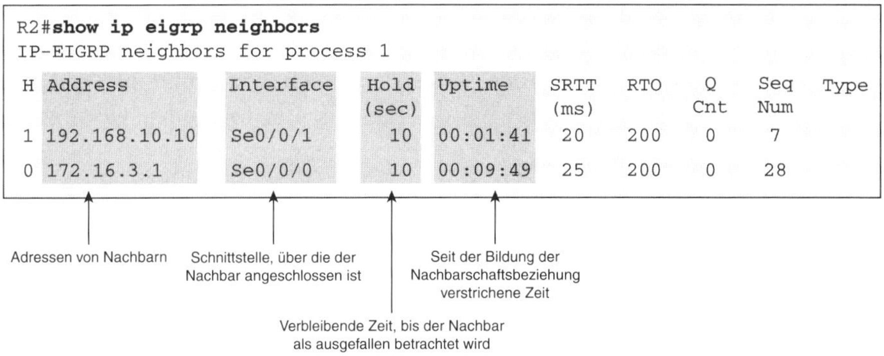

Abbildung 9.19: Nachbarschaftstabelle

Die Ausgabe von `show ip eigrp neighbors` umfasst Folgendes:

- **`H`.** Diese Spalte führt die Nachbarn in der erlernten Reihenfolge auf.
- **`Address`.** IP-Adresse des Nachbarn
- **`Interface`.** Lokale Schnittstelle, über die das Hello-Paket empfangen wurde
- **`Hold`.** Die aktuelle Holdtime. Sobald ein Hello-Paket empfangen wird, wird dieser Wert für die betreffende Schnittstelle auf die maximale Holdtime zurückgesetzt und zählt dann auf null herunter. Sobald null erreicht wird, wird der Nachbar als ausgefallen betrachtet.
- **`Uptime`.** Zeit, die verstrichen ist, seit der betreffende Nachbar zur Nachbarschaftstabelle hinzugefügt wurde.
- **`SRTT` und `RTO`.** SRTT (Smooth Round Trip Timer) und RTO (Retransmit Interval) werden von RTP zur Steuerung zuverlässiger EIGRP-Pakete verwendet. Sie werden in den CCNP-Kursen ausführlicher behandelt.
- **`Q Cnt`.** Bezeichnet die Anzahl der Warteschlangen und sollte stets 0 sein. Ist dies nicht der Fall, dann bedeutet dies, dass EIGRP-Pakete auf den Versand warten. Der Parameter wird in den CCNP-Kursen behandelt.
- **`Seq Num`.** Die Sequenznummer dient zum Nachverfolgen von Updates, Abfragen und Antwortpaketen. Sequenznummern werden in den CCNP-Kursen behandelt.

Der Befehl `show ip eigrp neighbors` ist sehr nützlich zur Überprüfung von EIGRP und zum Troubleshooting. Wenn, nachdem ein Router die Nachbarschaftsbeziehungen hergestellt hat, ein Nachbar nicht aufgeführt ist, überprüfen Sie die lokale Schnittstelle mit dem Befehl `show ip interface brief`, um sicherzustellen, dass diese aktiviert ist. Ist die Schnittstelle aktiv, dann senden

Sie einen ping-Befehl an die IP-Adresse des Nachbarn. Schlägt dieser Befehl fehl, so bedeutet dies, dass die Schnittstelle des Nachbarn ausgefallen ist und aktiviert werden muss. Erkennt EIGRP den Nachbarn nicht, obwohl der ping-Befehl erfolgreich ist, dann untersuchen Sie die folgenden Konfigurationen:

- Ist auf beiden Routern dieselbe EIGRP-Prozess-ID konfiguriert?
- Ist das direkt angeschlossene Netzwerk in den network-Ausgaben aufgeführt?
- Wurde unpassenderweise der Befehl passive-interface konfiguriert? Bei einer Konfiguration dieses Befehls beendet EIGRP den Versand von Hello-Paketen über die betreffende Schnittstelle.

Wie bei RIP können Sie mit show ip protocols auch hier überprüfen, ob EIGRP aktiviert ist (Listing 9.7).

Listing 9.7: Der Befehl »show ip protocols«

```
R1#show ip protocols
Routing Protocol is "eigrp 1"
  Outgoing update filter list for all interfaces is not set
  Incoming update filter list for all interfaces is not set
  Default networks flagged in outgoing updates
  Default networks accepted from incoming updates
  EIGRP metric weight K1=1, K2=0, K3=1, K4=0, K5=0
  EIGRP maximum hopcount 100
  EIGRP maximum metric variance 1
  Redistributing: eigrp 1
  Automatic network summarization is in effect
  Automatic address summarization:
    192.168.10.0/24 for FastEthernet0/0, Serial0/0/0
      Summarizing with metric 2169856
    172.16.0.0/16 for Serial0/0/1
      Summarizing with metric 28160
  Maximum path: 4
  Routing for Networks:
    172.16.0.0
    192.168.10.0
  Routing Information Sources:
    Gateway         Distance      Last Update
    (this router)         90      00:03:29
    192.168.10.6          90      00:02:09
    Gateway         Distance      Last Update
    172.16.3.2            90      00:02:12
  Distance: internal 90 external 170
```

Der Befehl `show ip protocols` zeigt je nach Routing-Protokoll unterschiedliche Arten der Ausgabe.

Beachten Sie, dass die Ausgabe die von EIGRP verwendete Prozess-ID angibt:

```
Routing Protocol is "eigrp 1"
```

Sie wissen bereits, dass die Prozess-ID auf allen Routern gleich sein muss, damit EIGRP Nachbarschaftsbeziehungen herstellen und Routing-Informationen weitergeben kann.

Auch die interne und die externe administrative Distanz werden angezeigt:

```
Distance: internal 90 external 170
```

9.2.6 Routing-Tabelle untersuchen

Eine andere Möglichkeit zu überprüfen, ob EIGRP und andere Funktionen des Routers korrekt konfiguriert sind, besteht darin, die Routing-Tabellen mit dem Befehl `show ip route` zu untersuchen.

Die Listings 9.8, 9.9 und 9.10 stellen die Routing-Tabellen der Router R1, R2 und R3 dar.

Listing 9.8: Routing-Tabelle von R1

```
R1#show ip route
Codes: C - connected, S - static, I - IGRP, R - RIP, M - mobile, B - BGP
       D - EIGRP, EX - EIGRP external, O - OSPF, IA - OSPF inter area
       N1 - OSPF NSSA external type 1, N2 - OSPF NSSA external type 2
<Ausgabe unterdrückt>

Gateway of last resort is not set

     192.168.10.0/24 is variably subnetted, 3 subnets, 2 masks
D       192.168.10.0/24 is a summary, 00:03:50, Null0
C       192.168.10.4/30 is directly connected, Serial0/0/1
D       192.168.10.8/30 [90/2681856] via 192.168.10.6, 00:02:43, Serial0/0/1
     172.16.0.0/16 is variably subnetted, 4 subnets, 3 masks
D       172.16.0.0/16 is a summary, 00:10:52, Null0
C       172.16.1.0/24 is directly connected, FastEthernet0/0
D       172.16.2.0/24 [90/2172416] via 172.16.3.2, 00:10:47, Serial0/0/0
C       172.16.3.0/30 is directly connected, Serial0/0/0
D    192.168.1.0/24 [90/2172416] via 192.168.10.6, 00:02:31, Serial0/0/1
```

Listing 9.9: Routing-Tabelle von R2

```
R2#show ip route
<Ausgabe unterdrückt>

Gateway of last resort is not set

     192.168.10.0/24 is variably subnetted, 3 subnets, 2 masks
D       192.168.10.0/24 is a summary, 00:04:13, Null0
D       192.168.10.4/30 [90/2681856] via 192.168.10.10, 00:03:05, Serial0/0/1
C       192.168.10.8/30 is directly connected, Serial0/0/1
     172.16.0.0/16 is variably subnetted, 4 subnets, 3 masks
D       172.16.0.0/16 is a summary, 00:04:07, Null0
D       172.16.1.0/24 [90/2172416] via 172.16.3.1, 00:11:11, Serial0/0/0
C       172.16.2.0/24 is directly connected, FastEthernet0/0
C       172.16.3.0/30 is directly connected, Serial0/0/0
     10.0.0.0/30 is subnetted, 1 subnets
C       10.1.1.0 is directly connected, Loopback1
D    192.168.1.0/24 [90/2172416] via 192.168.10.10, 00:02:54, Serial0/0/1
```

Listing 9.10: Routing-Tabelle von R3

```
R3#show ip route
<Ausgabe unterdrückt>

Gateway of last resort is not set

     192.168.10.0/24 is variably subnetted, 3 subnets, 2 masks
D       192.168.10.0/24 is a summary, 00:03:11, Null0
C       192.168.10.4/30 is directly connected, Serial0/0/0
C       192.168.10.8/30 is directly connected, Serial0/0/1
D    172.16.0.0/16 [90/2172416] via 192.168.10.5, 00:03:23, Serial0/0/0
                   [90/2172416] via 192.168.10.9, 00:03:23, Serial0/0/1
C    192.168.1.0/24 is directly connected, FastEthernet0/0
```

Standardmäßig fasst EIGRP Routen automatisch an den klassenbezogenen Netzwerkgrenzen zusammen. Sie können die automatische Routenzusammenfassung genauso wie bei RIPv2 mit dem Befehl `no auto-summary` deaktivieren.

Beachten Sie, dass EIGRP-Routen in der Routing-Tabelle mit einem `D` (für DUAL) gekennzeichnet sind.

Denken Sie daran, dass EIGRP, weil es ein klassenloses Routing-Protokoll ist, das die Subnetzmaske im Routing-Update versendet, auch VLSM und CIDR unterstützt. Sie können der Routing-Tabelle für R1 entnehmen, dass das übergeordnete Netzwerk 172.16.0.0/16 variabel in Subnetze unterteilt ist; die drei untergeordneten Routen verwenden die Masken /24 bzw. /30.

Die Summenroute Null0

Listing 9.11 zeigt die Routing-Tabelle für R2, wobei zwei Einträge hervorgehoben sind. Beachten Sie, dass EIGRP automatisch eine Summenroute nach Null0 für die klassenbezogenen Netzwerke 192.168.10.0/24 und 172.16.0.0/16 eingetragen hat.

Listing 9.11: Routing-Tabelle von R2 mit Null0-Summenrouten

```
R2#show ip route
<Ausgabe unterdrückt>

Gateway of last resort is not set

     192.168.10.0/24 is variably subnetted, 3 subnets, 2 masks
D       192.168.10.0/24 is a summary, 00:04:13, Null0
D       192.168.10.4/30 [90/2681856] via 192.168.10.10, 00:03:05, Serial0/0/1
C       192.168.10.8/30 is directly connected, Serial0/0/1
     172.16.0.0/16 is variably subnetted, 4 subnets, 3 masks
D       172.16.0.0/16 is a summary, 00:04:07, Null0
D       172.16.1.0/24 [90/2172416] via 172.16.3.1, 00:11:11, Serial0/0/0
C       172.16.2.0/24 is directly connected, FastEthernet0/0
C       172.16.3.0/30 is directly connected, Serial0/0/0
     10.0.0.0/30 is subnetted, 1 subnets
C       10.1.1.0 is directly connected, Loopback1
D    192.168.1.0/24 [90/2172416] via 192.168.10.10, 00:02:54, Serial0/0/1
```

Aus Kapitel 7 wissen wir bereits, dass Null0 keine echte Schnittstelle ist. Beachten Sie, dass die Summenrouten als Quelle Null0 angeben; das liegt daran, dass diese Routen für Advertisement-Zwecke verwendet werden. Die Routen 192.168.10.0/24 und 172.16.0.0/16 stellen eigentlich keinen Pfad dar, über den die übergeordneten Netzwerke zu erreichen wären. Wenn ein Paket zu keiner der untergeordneten Level-2-Routen passt, wird es an die Schnittstelle Null0 übertragen. Anders formuliert: Wenn das Paket zwar der Level-1-Route (d. h. der klassenbezogenen Netzwerkadresse), aber keinem der Subnetze entspricht, wird es verworfen.

Anmerkung

EIGRP fügt automatisch eine Summenroute Null0 als untergeordnete Route ein, falls die beiden folgenden Bedingungen erfüllt sind:

- Es gibt mindestens ein Subnetz, das via EIGRP erlernt wurde.
- Die automatische Zusammenfassung ist aktiviert.

Sie werden feststellen, dass die Summenroute Null0 entfernt wird, sobald die automatische Zusammenfassung deaktiviert wird.

Routing-Tabelle von R3

Aus der Routing-Tabelle für R3 (Listing 9.12) geht hervor, dass sowohl R1 als auch R2 das Netzwerk 172.16.0.0/16 automatisch zusammenfassen und es als einzelnes Routing-Update übermitteln. R1 und R2 geben die einzelnen Subnetze aufgrund der automatischen Zusammenfassung nicht bekannt. Wir werden die automatische Zusammenfassung später deaktivieren. Da R3 von R1 und R2 zwei gleichwertige Routen für 172.16.0.0/16 erhält, werden beide in die Routing-Tabelle eingefügt.

Listing 9.12: Routing-Tabelle von R3 mit zusammengefasster Route 172.16.0.0/16

```
R3#show ip route
<Ausgabe unterdrückt>

Gateway of last resort is not set

     192.168.10.0/24 is variably subnetted, 3 subnets, 2 masks
D       192.168.10.0/24 is a summary, 00:03:11, Null0
C       192.168.10.4/30 is directly connected, Serial0/0/0
C       192.168.10.8/30 is directly connected, Serial0/0/1
D    172.16.0.0/16 [90/2172416] via 192.168.10.5, 00:03:23, Serial0/0/0
                   [90/2172416] via 192.168.10.9, 00:03:23, Serial0/0/1
C    192.168.1.0/24 is directly connected, FastEthernet0/0
```

Packet Tracer
Aktivität

EIGRP-Routing konfigurieren und überprüfen (9.2.6)

In dieser Packet Tracer-Aktivität üben Sie das Konfigurieren und Überprüfen des EIGRP-Routings. Ausführliche Anweisungen entnehmen Sie der Aktivität selbst. Zur Durchführung der Aktivität verwenden Sie Packet Tracer und die Datei *e2-926.pka* auf der Begleit-CD-ROM zu diesem Buch.

9.3 Die Berechnung der EIGRP-Metrik

Aus Kapitel 5, »RIPv1«, wissen wir, dass RIP die Anzahl der Hops als Metrik verwendet. Zwar schließt auch EIGRP die Anzahl der Hops in die Routing-Updates ein, doch ist diese nicht Bestandteil der zusammengesetzten Metrik von EIGRP. Dieser Abschnitt untersucht die in der EIGRP-Metrik verwendeten Werte und beschreibt, wie EIGRP die Berechnung durchführt, an deren Ende die in der Routing-Tabelle angezeigte Metrik steht.

9.3.1 Die zusammengesetzte Metrik und die K-Werte

EIGRP verwendet die folgenden Werte in seiner zusammengesetzten Metrik zur Berechnung des bevorzugten Pfades in ein Netzwerk:

- Bandbreite
- Latenz
- Zuverlässigkeit
- Last

Anmerkung

Wie bereits weiter oben in diesem Kapitel erwähnt, ist die MTU zwar Bestandteil der Routing-Updates, gehört aber nicht zu den von EIGRP und IGRP verwendeten Metriken. Standardmäßig werden nur die Bandbreite und die Latenz zur Metrikberechnung verwendet. Cisco rät von der Verwendung von Zuverlässigkeit und Last ab, sofern der Administrator keinen bedeutsamen Grund sieht, dies zu tun.

Die zusammengesetzte Metrik

Abbildung 9.20 zeigt die Formel für die Zusammensetzung der von EIGRP verwendeten Metrik. Diese Formel umfasst die Werte K1 bis K5, die auch als *EIGRP-Metrikgewichte* bezeichnet werden. Standardmäßig haben K1 und K3 den Wert 1, während K2, K4 und K5 den Wert 0 aufweisen. Folge hiervon ist, dass normalerweise nur Bandbreiten- und Latenzwerte bei der Berechnung der zusammengesetzten Metrik verwendet werden.

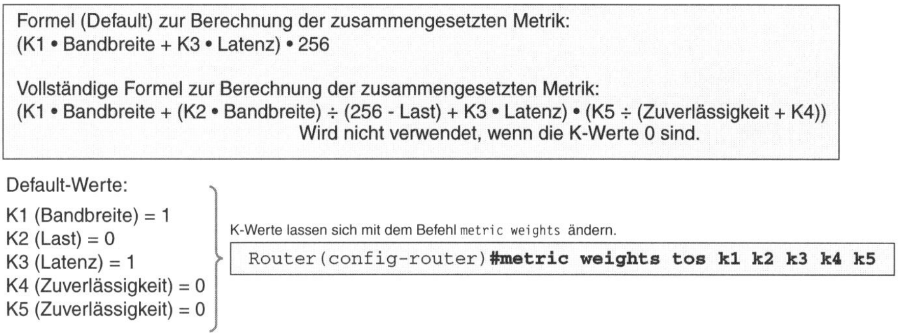

Abbildung 9.20: Die zusammengesetzte EIGRP-Metrik

Die Voreinstellungen der K-Werte können mit dem folgenden EIGRP-Router-Befehl geändert werden:

```
Router(config-router)#metric weights tos k1 k2 k3 k4 k5
```

ANMERKUNG

Das Ändern der Metrik ist nicht Gegenstand dieses Kurses, doch ist ihre Bedeutung für das Herstellen von Nachbarschaftsbeziehungen hoch. Wir werden darauf in einem späteren Abschnitt eingehen. Der Wert `tos` (Type of Service, Diensttyp) stammt noch von IGRP und wurde nie implementiert. Er ist stets 0.

K-Werte verifizieren

Mit dem Befehl `show ip protocols` können Sie die K-Werte überprüfen. Wie das bei Router R1 geht, zeigt Listing 9.13. Beachten Sie, dass die K-Werte auf R1 die Default-Werte aufweisen. Noch einmal: Vom Ändern dieser Werte wird abgeraten, sofern der Netzwerkadministrator nicht einen sehr guten Grund dafür hat.

Listing 9.13: K-Werte mit »show ip protocols« überprüfen

```
R1#show ip protocols
Routing Protocol is "eigrp 1"
  Outgoing update filter list for all interfaces is not set
  Incoming update filter list for all interfaces is not set
  Default networks flagged in outgoing updates
  Default networks accepted from incoming updates
  EIGRP metric weight K1=1, K2=0, K3=1, K4=0, K5=0
  EIGRP maximum hopcount 100
  EIGRP maximum metric variance 1
  Redistributing: eigrp 1
  Automatic network summarization is in effect
  Automatic address summarization:
    192.168.10.0/24 for FastEthernet0/0, Serial0/0/0
      Summarizing with metric 2169856
    172.16.0.0/16 for Serial0/0/1
      Summarizing with metric 28160
  Maximum path: 4
  Routing for Networks:
    172.16.0.0
    192.168.10.0
  Routing Information Sources:
    Gateway         Distance      Last Update
    (this router)         90      00:03:29
    192.168.10.6          90      00:02:09
```

Listing 9.13: K-Werte mit »show ip protocols« überprüfen (Forts.)

```
    Gateway         Distance      Last Update
    172.16.3.2            90      00:02:12
  Distance: internal 90 external 170
```

9.3.2 EIGRP-Metriken

Die zusammengesetzte EIGRP-Metrik umfasst die Parameter Bandbreite, Latenz, Zuverlässigkeit und Last. Dieser Abschnitt behandelt, wie diese Schnittstellenwerte angezeigt werden und zu interpretieren sind.

Metrikwerte untersuchen

Inzwischen kennen Sie die Default-Werte für die K-Werte. Mithilfe des Befehls `show interface` können Sie die tatsächlichen Werte untersuchen, die für die Bandbreite, Latenz, Zuverlässigkeit und Last bei der Berechnung der Routing-Metrik verwendet werden.

Die Ausgabe in Listing 9.14 hebt die Werte hervor, die in der zusammengesetzten Metrik für die Schnittstelle Serial 0/0/0 auf R1 verwendet werden.

Listing 9.14: Metrikwerte mit dem Befehl »show interface« überprüfen

```
R1#show interface serial 0/0/0
Serial0/0/0 is up, line protocol is up
  Hardware is GT96K Serial
  Description: Link to R2
  Internet address is 172.16.3.1/30
  MTU 1500 bytes, BW 1544 Kbit, DLY 20000 usec,
     reliability 255/255, txload 1/255, rxload 1/255
  Encapsulation HDLC, loopback not set
  Keepalive set (10 sec)
  Last input 00:00:00, output 00:00:01, output hang never
  Last clearing of "show interface" counters 3d22h
  Input queue: 0/75/0/0 (size/max/drops/flushes); Total output drops: 0
  Queueing strategy: fifo
  Output queue: 0/40 (size/max)
  5 minute input rate 0 bits/sec, 0 packets/sec
  5 minute output rate 0 bits/sec, 0 packets/sec
     112522 packets input, 7303722 bytes, 0 no buffer
     Received 40016 broadcasts, 0 runts, 0 giants, 0 throttles
     0 input errors, 0 CRC, 0 frame, 0 overrun, 0 ignored, 0 abort
     112601 packets output, 7280131 bytes, 0 underruns
     0 output errors, 0 collisions, 2 interface resets
     0 output buffer failures, 0 output buffers swapped out
     12 carrier transitions
     DCD=up  DSR=up  DTR=up  RTS=up  CTS=up
```

Bandbreite

Die Bandbreite ist ein statischer Wert, der von einigen Routing-Protokollen wie EIGRP und OSPF zur Berechnung der Metrik verwendet wird. Sie wird in kBit/s angegeben:

```
MTU 1500 bytes, BW 1544 Kbit, DLY 20000 usec,
   reliability 255/255, txload 1/255, rxload 1/255
```

Die meisten seriellen Schnittstellen verwenden die vorgegebene Bandbreite von 1.544 kBit/s. Dies entspricht der Bandbreite einer T1-Verbindung. Es gibt allerdings auch Schnittstellen mit einer anderen Default-Bandbreite. Sie sollten den Bandbreitenwert immer mit dem Befehl `show interfaces` überprüfen.

Der Wert der Bandbreite kann die tatsächliche physische Bandbreite der Schnittstelle wiedergeben, muss es aber nicht. Die Änderung des Bandbreitenwertes hat keine Änderung der tatsächlichen Verbindungsbandbreite zur Folge. Unterscheidet sich die tatsächliche Bandbreite der Verbindung von der Default-Bandbreite, dann sollten Sie den Bandbreitenwert ändern. Wie das geht, werden wir später erfahren.

Latenz

Die *Latenz* beschreibt den Zeitraum, den das Paket benötigt, um eine Route zu durchlaufen. Als Metrik ist die Latenz (angegeben mit `DLY`) ein statischer Wert, der auf dem Typ der Verbindung basiert, an die die Schnittstelle angeschlossen ist. Er wird in Mikrosekunden angegeben:

```
MTU 1500 bytes, BW 1544 Kbit, DLY 20000 usec,
   reliability 255/255, txload 1/255, rxload 1/255
```

Die Latenz wird nicht dynamisch gemessen, das heißt, der Router verfolgt nicht, wie lange Pakete tatsächlich benötigen, um den Empfänger zu erreichen. Der Latenzwert ist – wie auch die Bandbreite – ein Default-Wert, der vom Netzwerkadministrator geändert werden kann.

Tabelle 9.5 zeigt die Standardlatenzen für verschiedene Schnittstellen. Beachten Sie, dass der Default-Wert bei seriellen Schnittstellen 20.000 µs und bei Fast Ethernet-Schnittstellen 100 µs beträgt.

Tabelle 9.5: Default-Werte in Mikrosekunden

Medium	Latenz (in µs)
100M ATM	100
Fast Ethernet	100
FDDI	**100**

Tabelle 9.5: Default-Werte in Mikrosekunden (Forts.)

Medium	Latenz (in µs)
HSSI	20.000
16M Token Ring	630
Ethernet	1.000
T1 (Serial Default)	**20.000**
512K	20.000
DS0	20.000
56K	20.000

Zuverlässigkeit

Die *Zuverlässigkeit* ist ein Maß für die Ausfallwahrscheinlichkeit der Verbindung oder ihre Fehlerhäufigkeit. Anders als die Latenz wird die Zuverlässigkeit dynamisch mit einem Wert zwischen 0 und 255 gemessen. Dabei beschreibt der Wert 1 eine minimale Zuverlässigkeit, während 255 für hundertprozentig zuverlässige Verbindungen verwendet wird. Die Zuverlässigkeit wird auf der Basis eines gewichteten Durchschnittswertes für fünf Minuten berechnet, um unmittelbare Auswirkungen hoher (oder auch niedriger) Fehlerraten zu vermeiden:

```
MTU 1500 bytes, BW 1544 Kbit, DLY 20000 usec,
   reliability 255/255, txload 1/255, rxload 1/255
```

Ausgedrückt wird die Zuverlässigkeit als Bruchteil von 255; je höher der Wert, desto zuverlässiger ist die Verbindung. Folglich beschreibt `255/255` eine Zuverlässigkeit von 100 Prozent, eine Verbindung mit dem Wert `234/255` wäre zu 91,8 Prozent zuverlässig usw.

Sie dürfen dabei nicht vergessen, dass EIGRP die Zuverlässigkeit standardmäßig *nicht* zur Metrikberechnung berücksichtigt.

Last

Die *Last* spiegelt das Datenaufkommen auf der Verbindung wider. Wie die Zuverlässigkeit wird sie dynamisch gemessen und hat einen Wert zwischen 0 und 255:

```
MTU 1500 bytes, BW 1544 Kbit, DLY 20000 usec,
   reliability 255/255, txload 1/255, rxload 1/255
```

Ähnlich wie die Zuverlässigkeit wird die Last als Bruchteil von 255 ausgedrückt. Allerdings ist in diesem Fall ein niedrigerer Lastwert wünschenswerter, weil er ein geringeres Datenaufkommen auf der Verbindung signalisiert.

Folglich bezeichnet `1/255` eine Verbindung mit minimaler Belastung. Eine Verbindung mit dem Wert `40/255` hat eine Auslastung von 16 Prozent, und der Wert `255/255` bezeichnet eine vollständig ausgelastete Leitung.

Die Last wird für ausgehende Daten (`txload`) und eingehende Daten (`rxload`) separat angezeigt. Dieser Wert wird auf der Basis eines gewichteten Durchschnittswertes für fünf Minuten berechnet, um unmittelbare Auswirkungen einer hohen (oder auch niedrigen) Auslastung zu vermeiden.

Sie dürfen dabei nicht vergessen, dass EIGRP die Last standardmäßig *nicht* zur Metrikberechnung berücksichtigt.

9.3.3 Der Befehl »bandwidth«

Bei den meisten seriellen Verbindungen hat die Bandbreitenmetrik den Wert 1.544 kBit/s. Da sowohl EIGRP als auch OSPF die Bandbreite standardmäßig bei der Metrikberechnung berücksichtigen, ist ein korrekter Wert für die Bandbreite unabdingbar, um mit zutreffenden Routing-Informationen arbeiten zu können. Was aber tun Sie, falls die tatsächliche Bandbreite der Verbindung nicht mit der vorgegebenen Bandbreite der Schnittstelle übereinstimmt?

Hier kommt der Befehl `bandwidth` ins Spiel, mit dem Sie die Bandbreitenmetrik ändern können:

```
Router(config-if)#bandwidth kilobits
```

Mit dem Befehl `no bandwidth` können Sie den Vorgabewert wiederherstellen.

In der Kapitel-Topologie, die wir oben in Abbildung 9.16 vorgestellt haben, hat die Verbindung zwischen R1 und R2 eine Bandbreite von 64 kBit/s, während die Verbindung zwischen R2 und R3 eine Bandbreite von 1.024 kBit/s aufweist. Listing 9.15 zeigt die Konfigurationsbefehle, mit denen auf den drei Routern die Bandbreite der jeweiligen seriellen Schnittstellen geändert wird.

Listing 9.15: Der Befehl »bandwidth«

```
R1(config)#inter s 0/0/0
R1(config-if)#bandwidth 64
```

```
R2(config)#inter s 0/0/0
R2(config-if)#bandwidth 64
R2(config)#inter s 0/0/1
R2(config-if)#bandwidth 1024
```

```
R3(config)#inter s 0/0/1
R3(config-if)#bandwidth 1024
```

Die Änderung können Sie mit dem Befehl `show interface` überprüfen (Listing 9.16). Sie dürfen nicht vergessen, die Bandbreitenmetrik auf beiden Seiten der Verbindung zu ändern, um ein geeignetes Routing in beide Richtungen zu ermöglichen.

Listing 9.16: Den Bandbreitenwert überprüfen

```
R2#show interface serial 0/0/0
Serial0/0/0 is up, line protocol is up
  Hardware is PowerQUICC Serial
  Internet address is 172.16.3.2/30
  MTU 1500 bytes, BW 64 Kbit, DLY 20000 usec,
     reliability 255/255, txload 1/255, rxload 1/255
  Encapsulation HDLC, loopback not set
<Ausgabe teilweise unterdrückt>
R2#show interface serial 0/0/1
Serial0/0/1 is up, line protocol is up
  Hardware is PowerQUICC Serial
  Internet address is 192.168.10.9/30
  MTU 1500 bytes, BW 1024 Kbit, DLY 20000 usec,
     reliability 255/255, txload 1/255, rxload 1/255
  Encapsulation HDLC, loopback not set
```

Anmerkung

> Anfänger im Bereich Netzwerktechnik und Cisco IOS gehen oft fälschlicherweise davon aus, dass mit dem Befehl `bandwidth` die physische Bandbreite der Verbindung geändert wird. Deswegen sei hier klargestellt, dass der Befehl nur die Bandbreiten*metrik* ändert, die von Routing-Protokollen wie EIGRP und OSPF verwendet wird. Manchmal ändert ein Netzwerkadministrator den Bandbreitenwert, um die Auswahl der ausgehenden Schnittstelle besser steuern zu können.

9.3.4 EIGRP-Metrik berechnen

Abbildung 9.21 zeigt die von EIGRP verwendete zusammengesetzte Metrik. Wenn Sie die Default-Werte für K1 und K3 verwenden, können Sie diese Berechnung vereinfachen: Die Metrik basiert dann auf der geringsten Bandbreite und der Summe aller Latenzen.

Formel (Default) zur Berechnung der zusammengesetzten Metrik:
(K1 • Bandbreite + K3 • Latenz) • 256

Da K1 und K3 gleich 1 sind, vereinfacht sich die Formel auf: Bandbreite + Latenz.

Bandbreite: Geschwindigkeit der langsamsten Verbindung auf der Route zum Empfänger
Latenz: Summe der Latenzen aller Verbindungen auf der Route zum Empfänger

```
Slowest bandwidth:             (10,000,000/bandwidth kbps) * 256
Plus the sum of the delays:  + (sum of delay/10) * 256
                             = EIGRP metric
```

```
R2#show ip route
<output omitted>

D  192.168.1.0/24 [90/3014400] via 192.168.10.10, 00:02:14, Serial0/0/1
```

Abbildung 9.21: EIGRP-Default-Metrik berechnen

Anders formuliert: Durch Untersuchen der Bandbreiten- und Latenzwerte aller ausgehenden Schnittstellen der Route können Sie die EIGRP-Metrik bestimmen:

1. Ermitteln Sie die Verbindung mit der niedrigsten Bandbreite. Diese Bandbreite wird für den Teil *(10.000.000 / Bandbreite) · 256* der Formel verwendet.
2. Ermitteln Sie die Latenzwerte aller ausgehenden Schnittstellen auf dem Weg zum Empfänger.
3. Addieren Sie diese Latenzwerte, teilen Sie sie durch 10 und multiplizieren Sie das Ergebnis mit 256: *(Gesamtlatenz / 10) · 256.*
4. Addieren Sie die beiden erhaltenen Werte, um die EIGRP-Metrik zu ermitteln.

Die für R2 ausgegebene Routing-Tabelle zeigt, dass die Route 192.168.1.0/24 eine EIGRP-Metrik von 3.014.400 aufweist. Wir wollen einmal Schritt für Schritt nachvollziehen, wie dieser Wert zustande kommt.

Bandbreite

Listing 9.17 zeigt einen Auszug der Ausgabe für `show interface` auf den Routern R1 und R3.

Listing 9.17: Geringste Bandbreite ermitteln und Latenzen addieren

```
R2#show inter ser 0/0/1
Serial0/0/1 is up, line protocol is up
  Hardware is PowerQUICC Serial
```

Listing 9.17: Geringste Bandbreite ermitteln und Latenzen addieren (Forts.)

```
  Internet address is 192.168.10.9/30
  MTU 1500 bytes, BW 1024 Kbit, DLY 20000 usec,
     reliability 255/255, txload 1/255, rxload 1/255
  Encapsulation HDLC, loopback not set
<restliche Ausgabe unterdrückt>
```

```
R3#show inter fa 0/0
FastEthernet0/0 is up, line protocol is up
  Hardware is AmdFE, address is 0002.b9ee.5ee0 (bia 0002.b9ee.5ee0)
  Internet address is 192.168.1.1/24
  MTU 1500 bytes, BW 100000 Kbit, DLY 100 usec,
     reliability 255/255, txload 1/255, rxload 1/255
  Encapsulation ARPA, loopback not set
<restliche Ausgabe unterdrückt>
```

Da EIGRP die langsamste Bandbreite in der Metrikberechnung zugrunde legt, können Sie diesen Wert ermitteln, indem Sie die einzelnen Schnittstellen zwischen R2 und dem Zielnetzwerk 192.168.1.0 untersuchen. Die Schnittstelle Serial 0/0/1 auf R2 hat eine Bandbreite von 1.024 kBit/s, was 1.024.000 Bit/s entspricht. Die Schnittstelle Fast Ethernet 0/0 auf R3 hat eine Bandbreite von 100.000 kBit/s, also 100 MBit/s. Die langsamste Bandbreite ist folglich 1.024 kBit/s; dieser Wert wird in der Berechnung verwendet.

EIGRP teilt den Wert der Referenzbandbreite (10.000.000) durch den Bandbreitenwert in kBit/s. Dies führt dazu, dass höheren Bandbreitenwerte eine niedrigere Metrik und niedrigere Werte eine höhere Metrik ergeben.

Der Wert 10.000.000 wird nun durch 1.024 geteilt. Wenn das Ergebnis keine ganze Zahl ist, wird es abgerundet. Im vorliegenden Fall erhalten wir 10.000.000 ÷ 1024 = 9.765,625. Vor der Multiplikation mit 256 werden die Nachkommastellen abgeschnitten. Der Bandbreitenanteil der zusammengesetzten Metrik beträgt also 2.499.840.

Latenz

Bei Verwendung derselben ausgehenden Schnittstellen und der in Listing 9.17 gezeigten Ausgabe können Sie auch den Latenzwert bestimmen.

EIGRP verwendet die Gesamtlatenz, d. h. die Summe aller Latenzen aller ausgehenden Schnittstellen. Die Schnittstelle Serial 0/0/1 auf R2 hat eine Latenz von 20.000 µs, die Schnittstelle Fast Ethernet 0/0 auf R3 eine Latenz von 100 µs.

Beide Werte werden zunächst durch 10 geteilt und dann addiert: 20.000 ÷ 10 + 100 ÷ 10 = 2.010. Das Ergebnis wird dann mit 256 multipliziert. Der Latenzanteil der zusammengesetzten Metrik beträgt mithin 514.560.

Bandbreite und Latenz addieren

Nun müssen Sie die beiden Werte nur noch addieren: 2.499.840 + 514.560 = 3.014.400. Dieser Wert entspricht dem in der Routing-Tabelle für R2 gezeigten. Er ist das Resultat der geringsten Bandbreite und der Gesamtlatenz.

Listing 9.18 zeigt den Routeneintrag für 192.168.1.0/24 und die zugehörige EIGRP-Metrik 3.014.400.

Listing 9.18: Bandbreite und Latenz addieren

```
R2#show ip route
<Codeausgabe unterdrückt>

Gateway of last resort is not set

     192.168.10.0/24 is variably subnetted, 3 subnets, 2 masks
D       192.168.10.0/24 is a summary, 00:00:15, Null0
D       192.168.10.4/30 [90/21024000] via 192.168.10.10, 00:00:15, Serial0/0/1
C       192.168.10.8/30 is directly connected, Serial0/0/1
     172.16.0.0/16 is variably subnetted, 4 subnets, 3 masks
D       172.16.0.0/16 is a summary, 00:00:15, Null0
D       172.16.1.0/24 [90/40514560] via 172.16.3.1, 00:00:15, Serial0/0/0
C       172.16.2.0/24 is directly connected, FastEthernet0/0
C       172.16.3.0/30 is directly connected, Serial0/0/0
     10.0.0.0/30 is subnetted, 1 subnets
C       10.1.1.0 is directly connected, Loopback1
D    192.168.1.0/24 [90/3014400] via 192.168.10.10, 00:00:15, Serial0/0/1
```

Packet Tracer
☐ **Aktivität**

EIGRP-Metrik berechnen (9.3.4)

Der Zweck dieser Übung ist die Modifikation der EIGRP-Metrikformel. Diese Formel umfasst die Werte K1 bis K5, die auch als EIGRP-Metrikgewichte bezeichnet werden. Standardmäßig haben K1 und K3 den Wert 1, während K2, K4 und K5 den Wert 0 aufweisen. Folge hiervon ist, dass normalerweise nur Bandbreiten- und Latenzwerte bei der Berechnung der zusammengesetzten Metrik berücksichtigt werden. Ausführliche Anweisungen entnehmen Sie der Aktivität selbst. Zur Durchführung der Aktivität verwenden Sie Packet Tracer und die Datei *e2-934.pka* auf der Begleit-CD-ROM zu diesem Buch.

9.4 DUAL

Wie im obigen Abschnitt bereits erwähnt, verwendet EIGRP den DUAL-Algorithmus. In diesem Abschnitt werden wir erfahren, wie DUAL den besten schleifenlosen Pfad sowie schleifenlose Backup-Pfade ermittelt.

9.4.1 DUAL-Konzepte

DUAL ermöglicht

- schleifenlose Pfade,
- schleifenlose, verzögerungsfrei verwendbare Backup-Pfade,
- schnelle Konvergenz,
- minimale Bandbreitennutzung dank beschränkter Updates.

DUAL verwendet verschiedene Termini, die wir in diesem Abschnitt genauer behandeln wollen:

- Successor
- FD (Feasible Distance)
- FS (Feasible Successor)
- RD (Reported Distance)
- Feasibility-Bedingung

Diese Begriffe und Konzepte stehen im Mittelpunkt der DUAL-Mechanismen zur Vermeidung von Schleifen. Wir werden sie im Folgenden genauer behandeln.

9.4.2 Successor und FD

Ein Successor (dt. Nachfolger) ist ein benachbarter Router, der zur Paketweiterleitung verwendet wird und die Route mit den niedrigsten Kosten in das Zielnetzwerk darstellt. Die IP-Adresse eines Successors erscheint in einem Routing-Tabelleneintrag direkt hinter dem Schlüsselwort `via`.

FD (Feasible Distance) ist die niedrigste berechnete Metrik zum Erreichen des Zielnetzwerks. Es handelt sich hierbei um die Metrik, die im Eintrag in der Routing-Tabelle als zweite Zahl in Klammern angegeben ist. Wie bei anderen Routing-Protokollen wird dieser Wert auch als Metrik bezeichnet.

Wenn Sie die Routing-Tabelle für R2 in Listing 9.19 untersuchen, stellen Sie fest, dass der beste Pfad zum Netzwerk 192.168.1.0/24 über den Router R3 verläuft; dieser ist also der Successor der Route. Die FD beträgt 3.014.400, was der im vorigen Abschnitt berechneten Metrik entspricht.

Listing 9.19: Successor und FD

```
R2#show ip route
<Codeausgabe unterdrückt>

Gateway of last resort is not set

     192.168.10.0/24 is variably subnetted, 3 subnets, 2 masks
D       192.168.10.0/24 is a summary, 00:00:15, Null0
D       192.168.10.4/30 [90/21024000] via 192.168.10.10, 00:00:15, Serial0/0/1
C       192.168.10.8/30 is directly connected, Serial0/0/1
     172.16.0.0/16 is variably subnetted, 4 subnets, 3 masks
D       172.16.0.0/16 is a summary, 00:00:15, Null0
D       172.16.1.0/24 [90/40514560] via 172.16.3.1, 00:00:15, Serial0/0/0
C       172.16.2.0/24 is directly connected, FastEthernet0/0
C       172.16.3.0/30 is directly connected, Serial0/0/0
     10.0.0.0/30 is subnetted, 1 subnets
C       10.1.1.0 is directly connected, Loopback1
D    192.168.1.0/24 [90/3014400] via 192.168.10.10, 00:00:15, Serial0/0/1
```

Es erscheinen weitere Successors und FDs in der Routing-Tabelle. Beantworten Sie die folgenden Fragen:

Welche IP-Adresse hat der Successor für das Netzwerk 172.16.1.0/24?

Antwort: 172.16.3.1 (R1)

Welche FD gilt für 172.16.1.0/24?

Antwort: 40.514.560.

9.4.3 FS, Feasibility-Bedingung und RD

Einer der Gründe für die schnelle Konvergenz von DUAL nach einer Änderung in der Topologie ist die Verwendung von Backup-Pfaden zu anderen Routern, den sogenannten FS-Routern (Feasible Successor), ohne dass hierfür eine Neuberechnung erforderlich wird.

Betrachten Sie den FS in Abbildung 9.22.

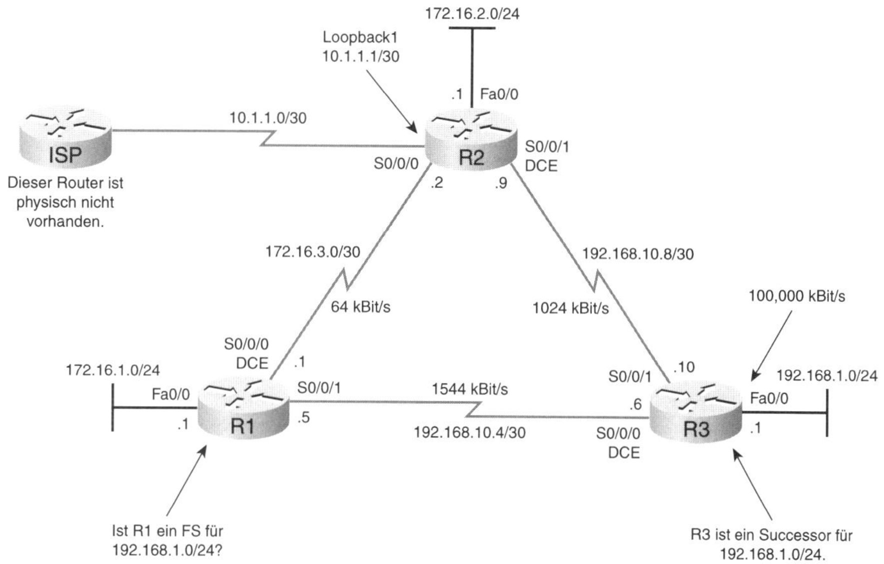

Abbildung 9.22: FS bestimmen

Ein FS (Feasible Successor) ist ein Nachbar, der über einen schleifenlosen Backup-Pfad in dasselbe Netzwerk verfügt wie der Successor, denn er erfüllt die Feasibility-Bedingung. Würde R2 in der Kapitel-Topologie R1 als FS in das Netzwerk 192.168.1.0/24 akzeptieren? Um zum FS zu werden, müsste R1 die Feasibility-Bedingung erfüllen.

Die Feasibility-Bedingung wird erfüllt, wenn die RD (Reported Distance) in ein Netzwerk kleiner ist als die FD des lokalen Routers in dasselbe Zielnetzwerk. Die RD ist nichts anderes als die FD eines EIGRP-Nachbarn in dasselbe Zielnetzwerk. Sie ist die Metrik, die ein Router einem Nachbarn bezüglich seiner eigenen Kosten für den Weg in dieses Netzwerk meldet.

Kann, wenn R3 der Successor ist, der Nachbar R1 die Feasibility-Bedingung für dieses Netzwerk 192.161.0/24 erfüllen? Anders formuliert: Kann, wenn die Verbindung zwischen R2 und R3 ausfällt, R1 sofort als Backup-Pfad ohne Neuberechnung durch DUAL verwendet werden? Zum FS wird R1 nur, wenn er die Feasibility-Bedingung erfüllt (Abbildung 9.23).

Listing 9.20 zeigt den Eintrag für das Netzwerk 192.168.1.0 in der Routing-Tabelle von R1. R1 meldet R2 eine FD von 2.172.416 nach 192.168.1.0/24. Aus der Sicht von R2 ist 2.172.416 die RD von R1; aus der Sicht von R1 ist dieser Wert die FD.

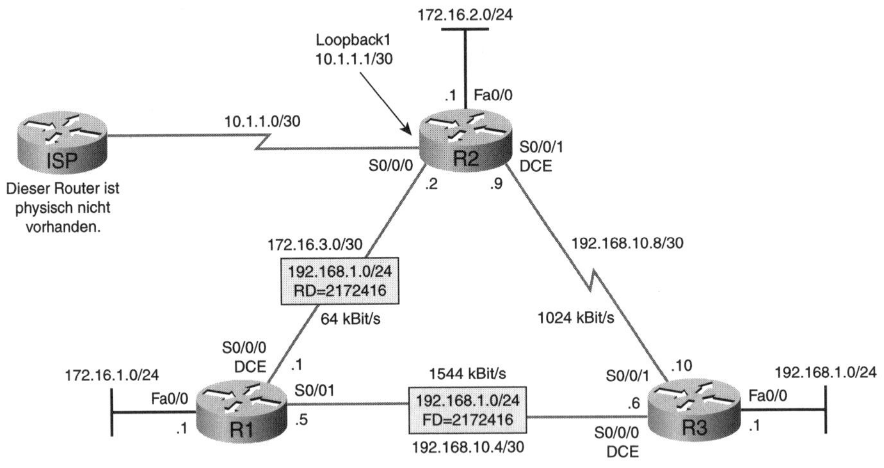

Abbildung 9.23: FS bestimmen

Listing 9.20: Die FD von R1 ist die RD von R2.

```
R1#show ip route
<Ausgabe unterdrückt>

D    192.168.1.0/24 [90/2172416] via 192.168.10.6, 01:12:26, Serial0/0/1
```

R2 untersucht die RD von 2.172.416 von R1. Weil die RD von R1 kleiner ist als die eigene FD von R2 (3.014.400), erfüllt R1 die Feasibility-Bedingung. R1 ist also ab sofort ein FS von R2 für das Netzwerk 192.168.1.0/24.

Warum aber ist R1 nicht Successor, wenn seine RD doch kleiner ist als die FD von R2 für 192.168.1.0/24? Nun, das liegt daran, dass die Gesamtkosten für R2 – seine FD zum Erreichen von 192.168.1.0/24 – über R1 größer sind als über R3. Mit anderen Worten: Die Gesamtkosten für R2 zum Erreichen von 192.168.1.0/24 über R3 sind niedriger als über R1.

9.4.4 Successor und FS in der Topologietabelle

Den Successor, die FD und alle gegebenenfalls vorhandenen FSs mit ihren jeweiligen RDs speichert der Router in seiner EIGRP-Topologietabelle oder Topologiedatenbank. Wie Listing 9.21 zeigt, können Sie die Topologietabelle mithilfe des Befehls `show ip eigrp topology` anzeigen.

Listing 9.21: Der Befehl »show ip eigrp topology«

```
R2#show ip eigrp topology
IP-EIGRP Topology Table for AS(1)/ID(10.1.1.1)
```

Listing 9.21: Der Befehl »show ip eigrp topology« (Forts.)

```
Codes: P - Passive, A - Active, U - Update, Q - Query, R - Reply,
      r - reply Status, s - sia Status

<Ausgabe unterdrückt>
P 192.168.1.0/24, 1 successors, FD is 3014400
         via 192.168.10.10 (3014400/28160), Serial0/0/1
         via 172.16.3.1 (41026560/2172416), Serial0/0/0
P 192.168.10.8/30, 1 successors, FD is 3011840
         via Connected, Serial0/1
<Ausgabe unterdrückt>
```

Die Topologietabelle listet alle von DUAL berechneten Successors und FSs in Zielnetzwerke auf. Abbildung 9.24 veranschaulicht die einzelnen Bestandteile der Ausgabe von `show ip eigrp topology` für das Netzwerk 192.168.1.0/24.

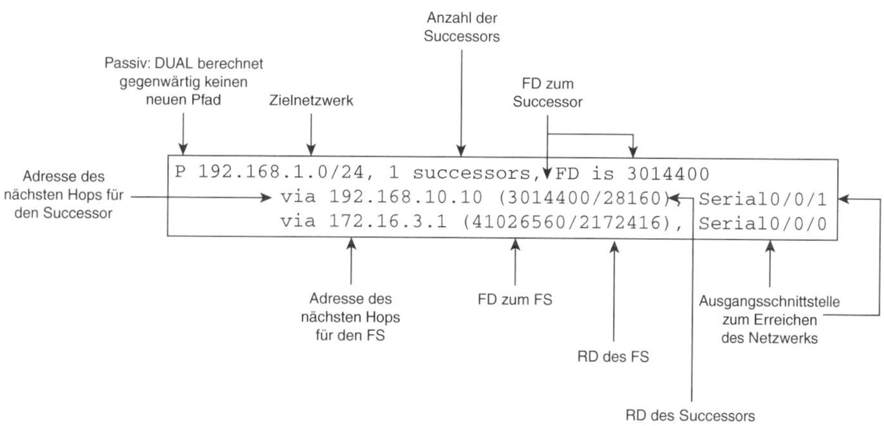

Abbildung 9.24: Tabelleneintrag für 192.168.1.0/24

Es folgt eine detaillierte Beschreibung der einzelnen Bestandteile des in Abbildung 9.24 gezeigten Topologietabelleneintrags.

Die erste Zeile enthält Folgendes:

- **P.** Diese Route befindet sich im passiven Zustand. Wenn DUAL gerade keine Berechnungen zur Bestimmung eines Pfades für ein Netzwerk durchführt, ist die Route stabil; man spricht dann vom passiven Zustand. Berechnet DUAL hingegen einen Pfad neu oder sucht nach einem neuen Pfad, dann befindet sich die Route im aktiven Zustand. Alle Routen in der Topologietabelle sollten sich möglichst im passiven Zustand befinden, damit die Routing-Domäne stabil ist. Wenn die Route im aktiven

Zustand hängt (engl. *Stuck in Active*), dann zeigt DUAL ein `A` an. Hierbei handelt es sich um ein Problem, das in CCNP behandelt wird.

- **`192.168.1.0/24`.** Dies ist das Zielnetzwerk, das ebenfalls in der Routing-Tabelle eingetragen ist.
- **`1 successors`.** Zeigt die Anzahl der Successors für dieses Netzwerk an. Gibt es mehrere gleichwertige Pfade in das betreffende Netzwerk, so sind auch mehrere Successors vorhanden.
- **`FD is 3014400`.** Dies ist die FD, d. h. die EIGRP-Metrik zum Erreichen des Zielnetzwerks.

Der erste Eintrag zeigt den Successor:

- **`via 192.168.10.10`.** Dies ist die IP-Adresse des Successors R3. Diese Adresse erscheint in der Routing-Tabelle.
- **`3014400`.** Dies ist die FD nach 192.168.1.0/24. Diese Metrik erscheint in der Routing-Tabelle.
- **`28160`.** Dies ist die RD des Successors, d. h. die Kosten von R3 zum Erreichen dieses Netzwerks.
- **`Serial0/0/1`.** Dies ist die ausgehende Schnittstelle, die zum Erreichen des betreffenden Netzwerks verwendet wird. Auch sie erscheint in der Routing-Tabelle.

Der zweite Eintrag zeigt den FS (R1). Ist kein solcher zweiter Eintrag vorhanden, so gibt es keinen FS.

- **`via 172.16.3.1`.** Dies ist die IP-Adresse des FS R1.
- **`41026560`.** Dies wäre die neue FD von R2 für 192.168.1.0/24, sofern R1 der neue Successor würde.
- **`2172416`.** Dies ist die RD des FS, d. h. die Kosten von R1 zum Erreichen dieses Netzwerks. Der RD-Wert muss kleiner sein als die aktuelle FD in Höhe von 3.014.400, damit die Feasibility-Bedingung erfüllt wird.
- **`Serial0/0/0`.** Dies ist die ausgehende Schnittstelle, die zum Erreichen der Feasibility-Bedingung verwendet wird, falls dieser Router zum Successor würde.

Um detaillierte Informationen zur Metrik eines bestimmten Eintrags in der Topologietabelle anzuzeigen, fügen Sie als optionalen Parameter die Adresse des Netzwerks zum Befehl `show ip eigrp topology` hinzu (Listing 9.22).

Listing 9.22: Optionale Angabe der Netzwerkadresse für den Befehl »show ip eigrp topology«

```
R2#show ip eigrp topology 192.168.1.0
IP-EIGRP topology entry for 192.168.1.0/24
  State is Passive, Query origin flag is 1, 1 Successor(s), FD is 3014400
  Routing Descriptor Blocks:
  192.168.10.10 (Serial0/0/1), from 192.168.10.10, Send flag is 0x0
      Composite metric is (3014400/28160), Route is Internal
      Vector metric:
        Minimum bandwidth is 1024 Kbit
        Total delay is 20100 microseconds
        Reliability is 255/255
        Load is 1/255
        Minimum MTU is 1500
        Hop count is 1
  172.16.3.1 (Serial0/0/0), from 172.16.3.1, Send flag is 0x0
      Composite metric is (41026560/2172416), Route is Internal
      Vector metric:
        Minimum bandwidth is 64 Kbit
        Total delay is 40100 microseconds
        Reliability is 255/255
        Load is 1/255
        Minimum MTU is 1500
        Hop count is 2
```

Vergessen Sie nicht, dass EIGRP ein Distanzvektor-Protokoll ist. Dieser Befehl gibt die vollständige Liste der Distanzvektor-Metriken aus, die EIGRP zur Verfügung stehen, auch wenn EIGRP standardmäßig nur Bandbreite und Latenz verwendet (in Listing 9.22 hervorgehoben). Ferner angezeigt werden weitere Informationen, die im Routing-Update enthalten, aber nicht Bestandteil der zusammengesetzten Metrik sind: die minimale MTU und die Anzahl der Hops.

9.4.5 Kein FS in der Topologietabelle

Um DUAL und seinen Umgang mit Successors und FSs besser verstehen zu können, betrachten Sie die Routing-Tabelle für R1 (Listing 9.23).

Listing 9.23: Routing-Tabelle von R1

```
R1#show ip route
Codes: C - connected, S - static, R - RIP, M - mobile, B - BGP
       <Ausgabe unterdrückt>

Gateway of last resort is not set
```

Listing 9.23: Routing-Tabelle von R1 (Forts.)

```
     192.168.10.0/24 is variably subnetted, 3 subnets, 2 masks
D       192.168.10.0/24 is a summary, 00:45:09, Null0
C       192.168.10.4/30 is directly connected, Serial0/0/1
D       192.168.10.8/30 [90/3523840] via 192.168.10.6, 00:44:56, Serial0/0/1
     172.16.0.0/16 is variably subnetted, 4 subnets, 3 masks
D       172.16.0.0/16 is a summary, 00:46:10, Null0
C       172.16.1.0/24 is directly connected, FastEthernet0/0
D       172.16.2.0/24 [90/40514560] via 172.16.3.2, 00:45:09, Serial0/0/0
C       172.16.3.0/30 is directly connected, Serial0/0/0
D    192.168.1.0/24 [90/2172416] via 192.168.10.6, 00:44:55, Serial0/0/1
```

Die hervorgehobene Route 192.168.1.0/24 zeigt, dass der Successor R3 über 192.168.10.6 mit der FD 2.172.416 ist.

Nun wollen wir die Topologietabelle in Listing 9.24 untersuchen, um festzustellen, ob es FSs für diese Route gibt.

Listing 9.24: Topologietabelle von R1

```
R1#show ip eigrp topology
IP-EIGRP Topology Table for AS(1)/ID(192.168.10.5)

Codes: P - Passive, A - Active, U - Update, Q - Query, R - Reply,
       r - reply Status, s - sia Status

P 192.168.10.0/24, 1 successors, FD is 2169856
        via Summary (2169856/0), Null0
P 192.168.10.4/30, 1 successors, FD is 2169856
        via Connected, Serial0/0/1
P 192.168.1.0/24, 1 successors, FD is 2172416
        via 192.168.10.6 (2172416/28160), Serial0/0/1
P 192.168.10.8/30, 1 successors, FD is 3523840
        via 192.168.10.6 (3523840/3011840), Serial0/0/1
<Ausgabe unterdrückt>
```

Die Topologietabelle zeigt nur den Successor 192.168.10.6. Es gibt keine FSs. Wenn wir uns nun die tatsächliche physische Topologie (das Netzwerkdiagramm) ansehen, wird offenbar, dass es durchaus eine Backup-Route nach 192.168.1.0/24 gibt, die über R2 führt. Warum also ist R2 nicht als FS aufgelistet? Das liegt daran, dass R2 die Feasibility-Bedingung nicht erfüllt.

Zwar zeigt die Topologie eindeutig, dass R2 eine Backup-Route ist, doch verfügt EIGRP nicht über eine Karte der Netzwerktopologie. EIGRP ist ein Distanzvektor-Protokoll und erhält Kenntnisse zum Netzwerk nur über seine Nachbarn.

Aus diesem Grund speichert DUAL die Route über R2 nicht in der Topologietabelle. Sie können allerdings alle möglichen Verbindungen darauf hin überprüfen, ob sie die Feasibility-Bedingung erfüllen. Hierzu ergänzen Sie den Befehl `show ip eigrp topology` um die Option `all-links` (Listing 9.25).

Listing 9.25: R1-Topologietabelle mit allen möglichen vorhandenen Verbindungen

```
R1#show ip eigrp topology all-links
IP-EIGRP Topology Table for AS(1)/ID(192.168.10.5)

Codes: P - Passive, A - Active, U - Update, Q - Query, R - Reply,
       r - reply Status, s - sia Status

P 192.168.10.0/24, 1 successors, FD is 2169856, serno 3
        via Summary (2169856/0), Null0
        via 172.16.3.2 (41024000/3011840), Serial0/0/0
P 192.168.10.4/30, 1 successors, FD is 2169856, serno 1
        via Connected, Serial0/0/1
P 192.168.1.0/24, 1 successors, FD is 2172416, serno 5
        via 192.168.10.6 (2172416/28160), Serial0/0/1
        via 172.16.3.2 (41026560/3014400), Serial0/0/0
P 192.168.10.8/30, 1 successors, FD is 3523840, serno 11
        via 192.168.10.6 (3523840/3011840), Serial0/0/1
<Ausgabe unterdrückt>
```

Der Befehl `show ip eigrp topology all-links` zeigt alle möglichen Pfade in ein Netzwerk an: Successors, FSs und sogar Routen, die nicht FSs sind. Die FD von R1 für 192.168.1.0/24 beträgt 2.172.416 über den Successor R3. Damit R2 als FS in Frage kommt, muss er die Feasibility-Bedingung erfüllen. Die FD von R2 für 192.168.1.0/24 muss also kleiner sein als die aktuelle FD von R1. Wie Sie Listing 9.25 entnehmen können, beträgt die FD von R2 3.014.400, das heißt, sie ist größer als die FD von R1 (2.172.416).

Zwar wirkt R2 wie ein zulässiger Backup-Pfad nach 192.168.1.0/24, doch weiß R1 nicht, dass dieser Pfad *kein* potenzieller Loopback-Pfad zurück zu R1 selbst ist. EIGRP ist ein Distanzvektor-Protokoll ohne die Fähigkeit, eine vollständige, schleifenlose Topologiekarte des Netzwerks zu erstellen. Um garantieren zu können, dass ein Nachbar einen schleifenlosen Pfad hat, verlangt DUAL das Erfüllen der Feasibility-Bedingung durch die Metrik des Nachbarn. Wenn sichergestellt ist, dass die RD des Nachbarn kleiner ist als die eigene FD, kann der Router davon ausgehen, dass sein benachbarter Router nicht Bestandteil der vom Router selbst bekannt gegebenen Route ist; auf diese Weise ist das Entstehen einer Schleife ausgeschlossen.

Bedeutet dies nun, dass R2 nicht verwendet werden kann, falls der Successor ausfällt? Nein. R3 kann verwendet werden, doch kommt es vor dem Hinzufügen dieses Routers zur Routing-Tabelle zu einer längeren Verzögerung. DUAL muss nämlich zunächst einige weitere Bearbeitungsschritte durchführen, die im nächsten Thema erklärt werden.

9.4.6 Die DUAL-FSM

Das Kernstück von EIGRP sind DUAL und die EIGRP-Engine zur Routenberechnung. Der eigentliche Name dieser Technologie lautet DUAL-FSM (Finite State Machine, endlicher Automat). Die FSM enthält die gesamte Logik für die Berechnung und den Vergleich von Routen in einem EIGRP-Netzwerk. Abbildung 9.25 zeigt eine vereinfachte Version der DUAL-FSM.

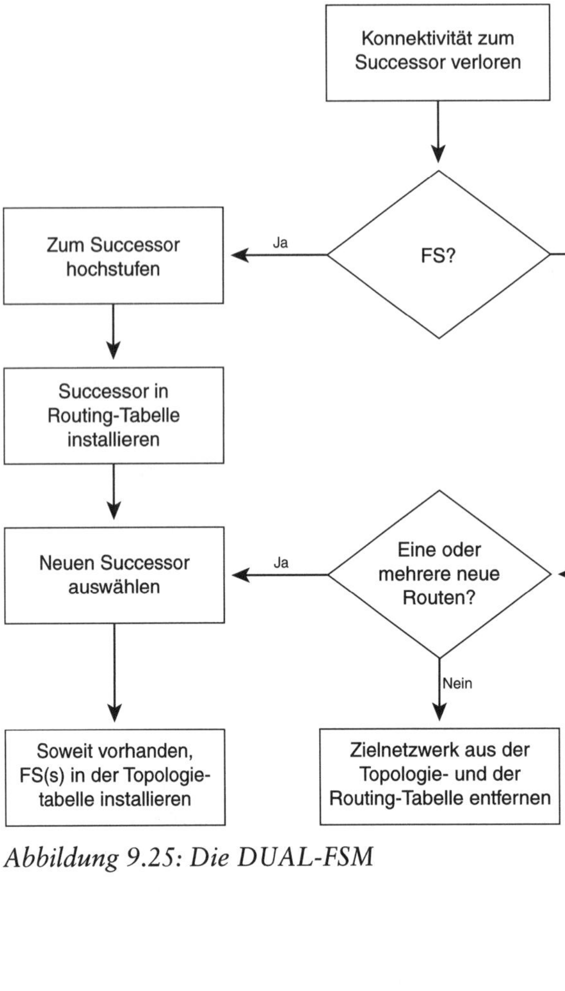

Abbildung 9.25: Die DUAL-FSM

DUAL-FSM

Ein endlicher Automat ist eine abstrakte Maschine und kein mechanisches Gerät mit beweglichen Teilen. Endliche Automaten definieren eine Menge möglicher Zustände, die etwas durchlaufen kann, welche Ereignisse diese Zustände verursachen und welche Ereignisse aus diesen Zuständen resultieren. Entwickler verwenden endliche Automaten, um zu beschreiben, wie ein Gerät, ein Computerprogramm oder ein Routing-Algorithmus auf bestimmte Eingaben reagiert. Endliche Automaten sind nicht Gegenstand dieses Kurses, doch wollen wir das Konzept trotzdem präsentieren, um die Ausgabe der EIGRP-FSM mit dem Befehl `debug eigrp fsm` auszugsweise zu untersuchen. Wir wollen uns mit diesem Befehl einmal ansehen, was DUAL tut, wenn eine Route aus der Routing-Tabelle entfernt wird.

Listing 9.26 zeigt die EIGRP-Topologietabelle für R2.

Listing 9.26: R2-Topologietabelle mit R3 als Successor für 192.168.1.0

```
R2#show ip eigrp topology
IP-EIGRP Topology Table for AS(1)/ID(10.1.1.1)

Codes: P - Passive, A - Active, U - Update, Q - Query, R - Reply,
       r - reply Status, s - sia Status

P 192.168.10.0/24, 1 successors, FD is 3011840
         via Summary (3011840/0), Null0
         via 172.16.3.1 (41024000/2169856), Serial0/0/0
P 192.168.10.4/30, 1 successors, FD is 3523840
         via 192.168.10.10 (3523840/2169856), Serial0/0/1
P 192.168.1.0/24, 1 successors, FD is 3014400
         via 192.168.10.10 (3014400/28160), Serial0/0/1
         via 172.16.3.1 (41026560/2172416), Serial0/0/0
P 192.168.10.8/30, 1 successors, FD is 3011840
         via Connected, Serial0/1
P 172.16.0.0/16, 1 successors, FD is 28160
         via Summary (28160/0), Null0
P 172.16.1.0/24, 1 successors, FD is 40514560
         via 172.16.3.1 (40514560/28160), Serial0/0/0
P 172.16.2.0/24, 1 successors, FD is 28160
         via Connected, FastEthernet0/0
P 172.16.3.0/30, 1 successors, FD is 40512000
         via Connected, Serial0/0
```

Sie wissen aus den obigen Beschreibungen, dass R2 gegenwärtig R3 als Successor für 192.168.1.0/24 verwendet. Außerdem führt R2 zurzeit R1 als FS an. Betrachten wir nun, was geschieht, wenn Sie einen Ausfall der Verbindung zwischen R2 und R3 simulieren (Listing 9.27).

Listing 9.27: DUAL FSM in Aktion: R2 als Successor festlegen

```
R2#debug eigrp fsm
EIGRP FSM Events/Actions debugging is on
R2#conf t
Enter configuration commands, one per line.  End with CNTL/Z.
R2(config)#int s0/0/1
R2(config-if)#shutdown
<Debug-Ausgabe unterdrückt>

DUAL: Find FS for dest 192.168.1.0/24. FD is 3014400, RD is 3014400
DUAL:  192.168.10.10 metric 4294967295/4294967295
DUAL:  172.16.3.1 metric 41026560/2172416 found Dmin is 41026560
DUAL: Removing dest 192.168.1.0/24, nexthop 192.168.10.10
DUAL: RT installed 192.168.1.0/24 via 172.16.3.1

R2(config-if)#end
R2#undebug all
All possible debugging has been turned off

R2#show ip route
<Ausgabe teilweise unterdrückt>

D    192.168.1.0/24 [90/41026560] via 172.16.3.1, 00:08:58, Serial0/0
```

Zunächst aktivieren Sie das DUAL-Debugging mit dem Befehl `debug eigrp fsm`. Danach simulieren Sie einen Leitungsausfall, indem Sie für die Schnittstelle Serial 0/0/1 auf R2 den Befehl `shutdown` absetzen.

Wenn Sie dies auf einem echten Router oder in Packet Tracer tun, sehen Sie alle von DUAL generierten Aktivitäten beim Ausfall einer Verbindung. R2 muss dann alle EIGRP-Nachbarn über den Ausfall informieren und für die Aktualisierung seiner eigenen Routing- und Topologietabellen sorgen. Listing 9.27 zeigt nur einen Teil der `debug`-Ausgabe. Beachten Sie insbesondere, dass die DUAL-FSM nach einem FS für die Route in der EIGRP-Topologietabelle sucht und diesen dort auch findet. Der FS (R1) wird nun Successor und als neuer bester Pfad nach 192.168.1.0/24 in der Routing-Tabelle installiert.

In Listing 9.28 zeigt die Topologietabelle für R2 nun R1 als Successor; neue FSs sind nicht vorhanden.

Listing 9.28: R2-Topologietabelle mit R1 als neuem Successor für 192.168.1.0

```
R2#show ip eigrp topology
IP-EIGRP Topology Table for AS(1)/ID(10.1.1.1)

Codes: P - Passive, A - Active, U - Update, Q - Query, R - Reply,
       r - reply Status, s - sia Status

P 192.168.10.0/24, 1 successors, FD is 41024000
         via 172.16.3.1 (41024000/2169856), Serial0/0
P 192.168.1.0/24, 1 successors, FD is 3014400
         via 172.16.3.1 (41026560/2172416), Serial0/0
P 172.16.1.0/24, 1 successors, FD is 40514560
         via 172.16.3.1 (40514560/28160), Serial0/0
P 172.16.2.0/24, 1 successors, FD is 28160
         via Connected, FastEthernet0/0
P 172.16.3.0/30, 1 successors, FD is 40512000
         via Connected, Serial0/0
```

Wenn Sie den Vorgang auf einem Router oder mit Packet Tracer nachvollzogen haben, vergessen Sie bitte nicht, die Ursprungstopologie wiederherzustellen, indem Sie die Schnittstelle Serial 0/0/1 auf R2 mit dem Befehl `no shutdown` reaktivieren.

Kein FS

Was passiert nun, wenn der Pfad zum Successor ausfällt und keine FSs vorhanden sind? Nun, Sie wissen ja bereits, dass das Fehlen eines FS für DUAL nicht bedeuten muss, dass kein anderer Pfad in das Netzwerk existiert. DUAL verfügt lediglich über keinen garantiert schleifenlosen Backup-Pfad in das Netzwerk, weswegen kein FS zur Topologietabelle hinzugefügt werden konnte. Sind keine FSs in der Topologietabelle vorhanden, so versetzt DUAL das Netzwerk in den aktiven Zustand, das heißt, die Nachbarn werden aktiv nach einem neuen Successor befragt.

Listing 9.29 zeigt die EIGRP-Topologietabelle für R1.

Listing 9.29: R1-Topologietabelle mit R3 als Successor für 192.168.1.0

```
R1#show ip eigrp topology
IP-EIGRP Topology Table for AS(1)/ID(192.168.10.5)

Codes: P - Passive, A - Active, U - Update, Q - Query, R - Reply,
       r - reply Status, s - sia Status

```

Listing 9.29: R1-Topologietabelle mit R3 als Successor für 192.168.1.0 (Forts.)

```
P 192.168.10.0/24, 1 successors, FD is 2169856
        via Summary (2169856/0), Null0
P 192.168.10.4/30, 1 successors, FD is 2169856
        via Connected, Serial0/0/1
P 192.168.1.0/24, 1 successors, FD is 2172416
        via 192.168.10.6 (2172416/28160), Serial0/0/1
P 192.168.10.8/30, 1 successors, FD is 3523840
        via 192.168.10.6 (3523840/3011840), Serial0/0/1
P 172.16.0.0/16, 1 successors, FD is 28160
        via Summary (28160/0), Null0
P 172.16.1.0/24, 1 successors, FD is 28160
        via Connected, FastEthernet0/0
P 172.16.2.0/24, 1 successors, FD is 40514560
        via 172.16.3.2 (40514560/28160), Serial0/0/0
P 172.16.3.0/30, 1 successors, FD is 40512000
        via Connected, Serial0/0/0
```

R1 verwendet gegenwärtig R3 als Successor für 192.168.1.0/24. Allerdings führt R1 R2 nicht als FS, weil R2 die Feasibility-Bedingung nicht erfüllt. Betrachten wir nun, was geschieht, wenn Sie einen Ausfall der Verbindung zwischen R1 und R3 simulieren (Listing 9.30).

Listing 9.30: DUAL FSM in Aktion: Nachbarn auf der Suche nach einem neuen Successor befragen

```
R1#debug eigrp fsm
EIGRP FSM Events/Actions debugging is on
R1#conf t
Enter configuration commands, one per line.  End with CNTL/Z.
R1(config)#int s0/0/1
R1(config-if)#shutdown
<Debug-Ausgabe unterdrückt>

DUAL: Find FS for dest 192.168.1.0/24. FD is 2172416, RD is 2172416
DUAL:   192.168.10.6 metric 4294967295/4294967295
DUAL:   172.16.3.2 metric 41026560/3014400 not found Dmin is 41026560
DUAL: Dest 192.168.1.0/24 entering active state.
DUAL: rcvreply: 192.168.1.0/24 via 172.16.3.2 metric 41026560/3014400
DUAL: Find FS for dest 192.168.1.0/24. FD is 4294967295, RD is 4294967295 found
DUAL: Removing dest 192.168.1.0/24, nexthop 192.168.10.6
DUAL: RT installed 192.168.1.0/24 via 172.16.3.2
```

Listing 9.30: DUAL FSM in Aktion: Nachbarn auf der Suche nach einem neuen Successor befragen (Forts.)

```
R1(config-if)#end
%SYS-5-CONFIG_I: Configured from console by console
R1#undebug all
All possible debugging has been turned off

R1#show ip route
<Ausgabe teilweise unterdrückt>

D    192.168.1.0/24 [90/41026560] via 172.16.3.2, 00:00:17, Serial0/0/0
```

Zunächst aktivieren Sie das DUAL-Debugging mit dem Befehl `debug eigrp fsm`. Danach simulieren Sie einen Leitungsausfall, indem Sie für die Schnittstelle Serial 0/0/1 auf R1 den Befehl `shutdown` absetzen.

Die `debug`-Ausgabe zeigt, dass das Netzwerk 192.168.1.0/24 in den aktiven Zustand versetzt wurde und dass EIGRP-Abfragen an die Nachbarn gesendet werden. R2 antwortet unter Angabe eines Pfades in das betreffende Netzwerk, der zum neuen Successor und in der Routing-Tabelle installiert wird.

Wenn der Successor nicht mehr vorhanden ist und kein FS existiert, versetzt DUAL die Route in den aktiven Zustand. DUAL sendet dann EIGRP-Abfragen an andere Router und sucht so nach einem Pfad in das Netzwerk. Die anderen Router geben EIGRP-Antworten zurück und teilen dem Absender der EIGRP-Abfrage auf diese Weise mit, ob sie einen Pfad in das angeforderte Netzwerk kennen. Enthält keine der EIGRP-Antworten einen Pfad in das Netzwerk, dann verfügt der Absender der Abfrage anschließend nicht mehr über eine Route in dieses Netzwerk.

Empfängt der Absender EIGRP-Antworten, die einen solchen Pfad enthalten, dann wird der bevorzugte Pfad als neuer Successor zur Routing-Tabelle hinzugefügt. Dieser Prozess benötigt mehr Zeit, als wenn DUAL einen FS in seiner Topologie enthält, der das schnelle Hinzufügen einer neuen Route zur Routing-Tabelle ermöglicht.

Anmerkung

> Die DUAL-FSM und die Abläufe bei Abfragen und Antworten sind nicht Gegenstand dieses Kurses.

In Listing 9.31 zeigt die Topologietabelle für R1 nun R2 als Successor; neue FSs sind nicht vorhanden.

Listing 9.31: R1-Topologietabelle mit R2 als neuem Successor für 192.168.1.0

```
R1#show ip eigrp topology
IP-EIGRP Topology Table for AS(1)/ID(192.168.10.5)

Codes: P - Passive, A - Active, U - Update, Q - Query, R - Reply,
       r - reply Status, s - sia Status

P 192.168.10.0/24, 1 successors, FD is 41024000
        via 172.16.3.2 (41024000/3011840), Serial0/0/0
P 192.168.1.0/24, 1 successors, FD is 41026560
        via 172.16.3.2 (41026560/3014400), Serial0/0/0
P 172.16.1.0/24, 1 successors, FD is 28160
        via Connected, FastEthernet0/0
P 172.16.2.0/24, 1 successors, FD is 40514560
        via 172.16.3.2 (40514560/28160), Serial0/0/0
P 172.16.3.0/30, 1 successors, FD is 40512000
        via Connected, Serial0/0/0
```

Wenn Sie den Vorgang auf einem Router oder mit Packet Tracer nachvollzogen haben, vergessen Sie bitte nicht, die Ursprungstopologie wiederherzustellen, indem Sie die Schnittstelle Serial 0/0/1 auf R1 mit dem Befehl `no shutdown` reaktivieren.

Packet Tracer
☐ **Aktivität**

Successors und FS untersuchen (9.4.6)

Der Zweck dieser Aktivität ist die Modifikation der EIGRP-Metrikformel mit dem Ziel, eine Änderung in der Topologie zu bewirken. Wir werden anhand von `debug`-Ausgaben zeigen, wie EIGRP reagiert, wenn ein Nachbar aufgrund unvorhergesehener Umstände ausfällt. Sie werden die Topologieänderungen betrachten und sehen, wie die DUAL-FSM den Successor und die FS-Routen bestimmt. Ausführliche Anweisungen entnehmen Sie der Aktivität selbst. Zur Durchführung der Aktivität verwenden Sie Packet Tracer und die Datei *e2-946.pka* auf der Begleit-CD-ROM zu diesem Buch.

9.5 Weitergehende EIGRP-Konfiguration

Dieser Abschnitt behandelt Befehle zur Routenzusammenfassung unter EIGRP, zum Bekanntgeben einer Default-Route und zur Optimierung der EIGRP-Einstellungen.

9.5.1 Die Summenroute Null0

Die Analyse einer Routing-Tabelle, die EIGRP-Routen enthält, kann verwirrend sein, weil EIGRP automatisch Null0-Summenrouten einschließt. In Listing 9.32 wissen wir bereits, dass die Routing-Tabelle von R1 zwei Routen mit der Ausgangsschnittstelle Null0 enthält.

Listing 9.32: Routing-Tabelle von R1

```
R1#show ip route
Codes: C - connected, S - static, R - RIP, M - mobile, B - BGP
D - EIGRP, EX - EIGRP external, O - OSPF, IA - OSPF inter area
N1 - OSPF NSSA external type 1, N2 - OSPF NSSA external type 2
E1 - OSPF external type 1, E2 - OSPF external type 2
i - IS-IS, su - IS-IS summary, L1 - IS-IS level-1, L2 - IS-IS level-2
ia - IS-IS inter area, * - candidate default, U - per-user static route
o - ODR, P - periodic downloaded static route

Gateway of last resort is not set

     192.168.10.0/24 is variably subnetted, 3 subnets, 2 masks
D       192.168.10.0/24 is a summary, 00:45:09, Null0
C       192.168.10.4/30 is directly connected, Serial0/0/1
D       192.168.10.8/30 [90/3523840] via 192.168.10.6, 00:44:56, Serial0/0/1
     172.16.0.0/16 is variably subnetted, 4 subnets, 3 masks
D       172.16.0.0/16 is a summary, 00:46:10, Null0
C       172.16.1.0/24 is directly connected, FastEthernet0/0
D       172.16.2.0/24 [90/40514560] via 172.16.3.2, 00:45:09, Serial0/0/0
C       172.16.3.0/30 is directly connected, Serial0/0/0
D    192.168.1.0/24 [90/2172416] via 192.168.10.6, 00:44:55, Serial0/0/1
```

Aus Kapitel 7 wissen wir, dass Null0 einfach eine Route ist, die nirgendwohin führt – eine Art Nirwana für Bits. Deswegen verwendet EIGRP die Schnittstelle Null0 standardmäßig, um Pakete zu verwerfen, die der übergeordneten Route, aber keiner der dieser Route untergeordneten Route entsprechen.

Nun könne man meinen, dass, wenn Sie mit `ip classless` klassenloses Routing-Verhalten konfigurieren, EIGRP dieses Paket nicht verwerfen, sondern weiter nach einer Default- oder Supernetzroute suchen würde; beachten Sie jedoch, dass die Summenroute Null0 bei EIGRP einer übergeordneten Route untergeordnet ist. Diese Summenroute Null0 stimmt für alle möglichen Pakete der übergeordneten Route überein, die keiner anderen untergeordneten Route entsprechen. Sogar bei klassenlosem Routing-Verhalten, wo man erwarten würde, dass der Lookup-Prozess auf Supernetze und Default-Routen hin prüft, verwendet EIGRP die Summenroute Null0 und verwirft das Paket, da diese Route für alle Pakete der übergeordneten Route passt, die keine untergeordneten Routen aufweist.

Unabhängig davon, ob klassenbezogenes oder klassenloses Routing-Verhalten verwendet wird, wird die Summenroute Null0 eingesetzt, das heißt, Supernetze und die Default-Route werden nicht benutzt.

In der in Listing 9.32 gezeigten Routing-Tabelle verwirft R1 alle Pakete in das klassenbezogene Netzwerk 172.16.0.0/16, die nicht an eine der untergeordneten Routen 172.16.1.0/24, 172.16.2.0/24 oder 172.16.3.0/24 gerichtet sind. So würde beispielsweise ein Paket an 172.16.4.10 verworfen. Sogar bei konfigurierter Default-Route würde R1 das Paket verwerfen, da es mit der Summenroute Null0 nach 172.16.0.0/16 übereinstimmt:

```
D       172.16.0.0/16 is a summary, 00:46:10, Null0
```

Anmerkung

EIGRP fügt automatisch eine Summenroute Null0 als untergeordnete Route ein, wenn die beiden folgenden Bedingungen erfüllt sind:

- Es gibt mindestens ein Subnetz, das via EIGRP erlernt wurde.
- Die automatische Zusammenfassung ist aktiviert.

Wie RIP fasst EIGRP Routen automatisch an den klassenbezogenen Netzwerkgrenzen zusammen. Sie haben der Ausgabe von `show run` vielleicht schon entnommen, dass EIGRP standardmäßig den Befehl `auto-summary` verwendet. Im nächsten Abschnitt erfahren Sie, dass das Deaktivieren der automatischen Routenzusammenfassung die Summenroute Null00 entfernt und EIGRP das Suchen nach einer Supernetz- oder Default-Route gestattet, wenn für ein Paket keine untergeordnete Route gefunden werden kann.

9.5.2 Automatische Zusammenfassung deaktivieren

Wie RIP fasst EIGRP mit dem Befehl `auto-summary` Routen automatisch an den klassenbezogenen Netzwerkgrenzen zusammen. Sie sehen das Resultat in der Routing-Tabelle für R3 (Listing 9.33).

Listing 9.33: Routing-Tabelle von R3

```
R3#show ip route

     192.168.10.0/24 is variably subnetted, 3 subnets, 2 masks
D       192.168.10.0/24 is a summary, 01:08:35, Null0
C       192.168.10.4/30 is directly connected, Serial0/0/0
C       192.168.10.8/30 is directly connected, Serial0/0/1
D    172.16.0.0/16 [90/2172416] via 192.168.10.5, 01:08:30, Serial0/0/0
C    192.168.1.0/24 is directly connected, FastEthernet0/0
```

Beachten Sie, dass R3 keine Route in eines der Subnetze 172.16.1.0/24, 172.16.2.0/24 oder 172.16.3.0/24 erhält. Sowohl R1 als auch R2 haben diese Subnetze beim Versenden der EIGRP-Updatepakete an R3 automatisch zur klassenbezogenen Route 172.16.0.0/16 zusammengefasst. Das Ergebnis besteht darin, dass R3 genau eine Route an 172.16.0.0/16 kennt, die über R1 führt. R1 wird aufgrund des Bandbreitenunterschieds als Successor ausgewählt.

Es fällt sofort auf, dass diese Route nicht optimal ist: R3 routet alle Pakete, die an 172.16.2.0 gerichtet sind, über R1. R3 weiß dabei nicht, dass R1 die Pakete über eine sehr langsame Verbindung an R2 weiterleiten muss. Die einzige Möglichkeit, wie R3 davon Kenntnis erhält, bestünde darin, R1 und R2 separate Routen für die einzelnen Subnetze von 172.16.0.0/16 senden zu lassen. R1 und R2 müssen also damit aufhören, 172.16.0.0/16 zusammenzufassen.

Wie bei RIPv2 kann die automatische Zusammenfassung mit dem Befehl `no auto-summary` (Listing 9.34) deaktiviert werden. Der Router-Konfigurationsbefehl `eigrp log-neighbor-changes` ist bei einigen IOS-Implementierungen standardmäßig aktiv. Ist dies der Fall, erhalten Sie eine Ausgabe ähnlich der für R1.

Listing 9.34: Automatische Zusammenfassung deaktivieren

```
R1#conf t
R1(config)#router eigrp 1
R1(config-router)#no auto-summary
%DUAL-5-NBRCHANGE: IP-EIGRP(0) 1: Neighbor 172.16.3.2 (Serial0/0/0) is resync:
summary configured
%DUAL-5-NBRCHANGE: IP-EIGRP(0) 1: Neighbor 192.168.10.6 (Serial0/0/1) is resync:
summary configured
%DUAL-5-NBRCHANGE: IP-EIGRP(0) 1: Neighbor 172.16.3.2 (Serial0/0/0) is down:
peer restarted
%DUAL-5-NBRCHANGE: IP-EIGRP(0) 1: Neighbor 172.16.3.2 (Serial0/0/0) is up: new
adjacency
%DUAL-5-NBRCHANGE: IP-EIGRP(0) 1: Neighbor 192.168.10.6 (Serial0/0/1) is down:
peer restarted
%DUAL-5-NBRCHANGE: IP-EIGRP(0) 1: Neighbor 192.168.10.6 (Serial0/0/1) is up: new
adjacency
```

```
R2#conf t
R2(config)#router eigrp 1
R2(config-router)#no auto-summary
```

```
R3#conf t
R3(config)#router eigrp 1
R3(config-router)#no auto-summary
```

DUAL deaktiviert nun alle Nachbarschaftsbeziehungen und stellt sie dann wieder her, damit alle Auswirkungen von `no auto-summary` bemerkbar sind. Nun senden alle EIGRP-Nachbarn sofort eine neue Runde Updates, die nicht automatisch zusammengefasst werden.

Die Listings 9.35, 9.36 und 9.37 stellen die Routing-Tabellen der drei Router dar.

Listing 9.35: Routing-Tabelle von R1 mit deaktivierter automatischer Zusammenfassung

```
R1#show ip route
Codes: C - connected, S - static, R - RIP, M - mobile, B - BGP
       <Ausgabe unterdrückt>

Gateway of last resort is not set

     192.168.10.0/30 is subnetted, 2 subnets
C       192.168.10.4 is directly connected, Serial0/0/1
D       192.168.10.8 [90/3523840] via 192.168.10.6, 00:16:55, Serial0/0/1
     172.16.0.0/16 is variably subnetted, 3 subnets, 2 masks
C       172.16.1.0/24 is directly connected, FastEthernet0/0
D       172.16.2.0/24 [90/3526400] via 192.168.10.6, 00:16:53, Serial0/0/1
C       172.16.3.0/30 is directly connected, Serial0/0/0
D    192.168.1.0/24 [90/2172416] via 192.168.10.6, 00:16:52, Serial0/0/1
```

Listing 9.36: Routing-Tabelle von R2 mit deaktivierter automatischer Zusammenfassung

```
R2#show ip route
Codes: C - connected, S - static, I - IGRP, R - RIP, M - mobile, B - BGP
       <Ausgabe unterdrückt>

Gateway of last resort is not set

     192.168.10.0/30 is subnetted, 2 subnets
D       192.168.10.4 [90/3523840] via 192.168.10.10, 00:15:44, Serial0/0/1
C       192.168.10.8 is directly connected, Serial0/0/1
     172.16.0.0/16 is variably subnetted, 3 subnets, 2 masks
D       172.16.1.0/24 [90/3526400] via 192.168.10.10, 00:15:44, Serial0/0/1
C       172.16.2.0/24 is directly connected, FastEthernet0/0
C       172.16.3.0/30 is directly connected, Serial0/0/0
     10.0.0.0/30 is subnetted, 1 subnets
C       10.1.1.0 is directly connected, Loopback1
D    192.168.1.0/24 [90/3014400] via 192.168.10.10, 00:15:44, Serial0/0/1
```

Listing 9.37: Routing-Tabelle von R3 mit deaktivierter automatischer Zusammenfassung

```
R3#show ip route
Codes: C - connected, S - static, I - IGRP, R - RIP, M - mobile, B - BGP
       <Ausgabe unterdrückt>

Gateway of last resort is not set

     192.168.10.0/30 is subnetted, 2 subnets
C       192.168.10.4 is directly connected, Serial0/0/0
C       192.168.10.8 is directly connected, Serial0/0/1
     172.16.0.0/16 is variably subnetted, 3 subnets, 2 masks
D       172.16.1.0/24 [90/2172416] via 192.168.10.5, 00:00:11, Serial0/0/0
D       172.16.2.0/24 [90/3014400] via 192.168.10.9, 00:00:12, Serial0/0/1
D       172.16.3.0/30 [90/41024000] via 192.168.10.5, 00:00:12, Serial0/0/0
                      [90/41024000] via 192.168.10.9, 00:00:12, Serial0/0/1
C    192.168.1.0/24 is directly connected, FastEthernet0/0
```

Sie sehen in diesen Routing-Tabellen, dass EIGRP nun einzelne Subnetze bekannt macht. Beachten Sie, dass EIGRP jetzt keine Summenroute Null0 mehr einbindet, da die automatische Routenzusammenfassung mit `no auto-summary` deaktiviert wurde. Solange das klassenlose Routing-Verhalten aktiv ist, werden Supernetz- und Default-Routen verwendet, wann immer keine Übereinstimmung mit einer Subnetzroute festgestellt werden kann.

Da Routen nun nicht mehr automatisch zusammengefasst werden, ändern sich auch die EIGRP-Routing- und -Topologietabellen.

Die Listings 9.38, 9.39 und 9.40 stellen die Topologietabellen der drei Router dar.

Listing 9.38: Topologietabelle von R1 mit deaktivierter automatischer Zusammenfassung

```
R1#show ip eigrp topology
IP-EIGRP Topology Table for AS(1)/ID(192.168.10.5)

Codes: P - Passive, A - Active, U - Update, Q - Query, R - Reply,
       r - reply Status, s - sia Status

P 192.168.10.4/30, 1 successors, FD is 2169856
        via Connected, Serial0/0/1
P 192.168.1.0/24, 1 successors, FD is 2172416
        via 192.168.10.6 (2172416/28160), Serial0/0/1
```

Listing 9.38: Topologietabelle von R1 mit deaktivierter automatischer Zusammenfassung (Forts.)

```
P 192.168.10.8/30, 1 successors, FD is 3523840
        via 192.168.10.6 (3523840/3011840), Serial0/0/1
        via 172.16.3.2 (41024000/3011840), Serial0/0/0
P 172.16.1.0/24, 1 successors, FD is 28160
        via Connected, FastEthernet0/0
P 172.16.2.0/24, 1 successors, FD is 3526400
        via 192.168.10.6 (3526400/3014400), Serial0/0/1
        via 172.16.3.2 (40514560/28160), Serial0/0/0
P 172.16.3.0/30, 1 successors, FD is 40512000
        via Connected, Serial0/0/0
```

Listing 9.39: Topologietabelle von R2 mit deaktivierter automatischer Zusammenfassung

```
R2#show ip eigrp topology
IP-EIGRP Topology Table for AS(1)/ID(10.1.1.1)

Codes: P - Passive, A - Active, U - Update, Q - Query, R - Reply,
       r - reply Status, s - sia Status

P 192.168.10.4/30, 1 successors, FD is 3523840
        via 192.168.10.10 (3523840/2169856), Serial0/0/1
        via 172.16.3.1 (41024000/2169856), Serial0/0/0
P 192.168.1.0/24, 1 successors, FD is 3014400
        via 192.168.10.10 (3014400/28160), Serial0/0/1
        via 172.16.3.1 (41026560/2172416), Serial0/0/0
P 192.168.10.8/30, 1 successors, FD is 3011840
        via Connected, Serial0/0/1
P 172.16.1.0/24, 1 successors, FD is 3526400
        via 192.168.10.10 (3526400/2172416), Serial0/0/1
        via 172.16.3.1 (40514560/28160), Serial0/0/0
P 172.16.2.0/24, 1 successors, FD is 28160
        via Connected, FastEthernet0/0
P 172.16.3.0/30, 1 successors, FD is 40512000
        via Connected, Serial0/0/0
```

Listing 9.40: Topologietabelle von R3 mit deaktivierter automatischer Zusammenfassung

```
R3#show ip eigrp topology
IP-EIGRP Topology Table for AS(1)/ID(192.168.10.10)

Codes: P - Passive, A - Active, U - Update, Q - Query, R - Reply,
       r - reply Status, s - sia Status
```

Listing 9.40: Topologietabelle von R3 mit deaktivierter automatischer Zusammenfassung (Forts.)

```
P 192.168.10.4/30, 1 successors, FD is 2169856
        via Connected, Serial0/0/0
P 192.168.1.0/24, 1 successors, FD is 28160
        via Connected, FastEthernet0/0
P 192.168.10.8/30, 1 successors, FD is 3011840
        via Connected, Serial0/0/1
P 172.16.1.0/24, 1 successors, FD is 2172416
        via 192.168.10.5 (2172416/28160), Serial0/0/0
P 172.16.2.0/24, 1 successors, FD is 3014400
        via 192.168.10.9 (3014400/28160), Serial0/0/1
P 172.16.3.0/30, 2 successors, FD is 41024000
        via 192.168.10.9 (41024000/40512000), Serial0/0/1
        via 192.168.10.5 (41024000/40512000), Serial0/0/0
```

Ohne automatische Zusammenfassung enthält die Routing-Tabelle von R3 nun die drei Subnetze 172.16.1.0/24, 172.16.2.0/24 und 172.16.3.0/24. Aber warum umfasst die Routing-Tabelle nun zwei gleichwertige Pfade nach 172.16.3.0/24? Sollte es nicht nur einen besten Pfad geben – den über eine 1.544-MBit/s-Verbindung nach R1 führenden?

Sie wissen, dass EIGRP bei der Berechnung der zusammengesetzten Metrik die Verbindung mit der langsamsten Bandbreite zugrunde legt. Diese langsamste Verbindung ist die 64-kBit/s-Leitung mit dem daran hängenden Netzwerk 172.16.3.0/30. In diesem Beispiel sind die 1.544-kBit/s- und die 1.024-kBit/s-Verbindungen für die Berechnung der Bandbreitenmetrik also irrelevant. Da bei beiden Pfaden Anzahl und Typen der ausgehenden Schnittstellen gleich sind, sind auch die Latenzwerte am Ende identisch. Folglich sind die EIGRP-Metriken beider Pfade gleich, obwohl der über R1 führende Pfad eigentlich der »schnellere« ist.

9.5.3 Manuelle Routenzusammenfassung

EIGRP kann unabhängig davon, ob die automatische Zusammenfassung (engl. *Auto-Summary*) aktiviert ist oder nicht, für die Zusammenfassung von Routen konfiguriert werden. Da EIGRP ein klassenloses Routing-Protokoll ist und die Subnetzmaske in die Routing-Updates einschließt, kann die manuelle Zusammenfassung auch Supernetzrouten enthalten. Zur Erinnerung: Ein Supernetz ist eine Zusammenfassung mehrerer klassenbezogener Netzwerkadressen.

Abbildung 9.26 zeigt die geänderte Topologie.

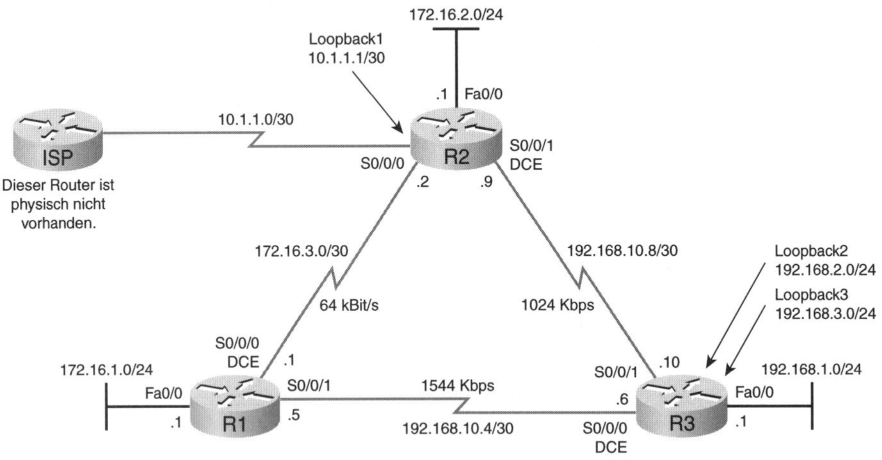

Abbildung 9.26: Angepasste Netzwerktopologie für die manuelle Routenzusammenfassung

Nehmen wir nun an, Sie müssten wie in Listing 9.41 gezeigt über Loopback-Schnittstellen zwei weitere Netzwerke zum Router R3 hinzufügen: 192.168.2.0/24 und 192.168.3.0/24. Ferner konfigurieren Sie Netzwerke im EIGRP-Routing-Prozess mit `network`-Befehlen, damit R3 diese Netzwerke anderen Routern bekannt gibt.

Listing 9.41: Loopbacks auf R3 hinzufügen

```
R3(config)#interface loopback 2
R3(config-if)#ip address 192.168.2.1 255.255.255.0
R3(config-if)#interface loopback 3
R3(config-if)#ip address 192.168.3.1 255.255.255.0
R3(config-if)#router eigrp 1
R3(config-router)#network 192.168.2.0
R3(config-router)#network 192.168.3.0
```

Um zu überprüfen, ob R3 EIGRP-Update-Pakete an R1 und R2 gesendet hat, kontrollieren Sie die Routing-Tabellen. In Listing 9.42 sind nur die relevanten Routen zu sehen.

Listing 9.42: Routen für 192.168 auf R1 und R2

```
R1#show ip route
<Ausgabe beschränkt auf 192.168-Routen>

Gateway of last resort is not set
```

Listing 9.42: Routen für 192.168 auf R1 und R2 (Forts.)

```
D       192.168.1.0/24 [90/2172416] via 192.168.10.6, 02:07:38, Serial0/0/1
D       192.168.2.0/24 [90/2297856] via 192.168.10.6, 00:00:34, Serial0/0/1
D       192.168.3.0/24 [90/2297856] via 192.168.10.6, 00:00:18, Serial0/0/1
```

```
R2#show ip route
<Ausgabe beschränkt auf 192.168-Routen>

Gateway of last resort is not set

D       192.168.1.0/24 [90/3014400] via 192.168.10.10, 02:08:50, Serial0/0/1
D       192.168.2.0/24 [90/3139840] via 192.168.10.10, 00:01:46, Serial0/0/1
D       192.168.3.0/24 [90/3139840] via 192.168.10.10, 00:01:30, Serial0/0/1
```

Die Routing-Tabellen von R1 und R2 zeigen diese zusätzlichen Netzwerke 192.168.2.0/24 und 192.168.3.0/24 in ihren Routing-Tabellen an. Statt nun drei separate Netzwerke zu senden, kann R3 die Netzwerke 192.168.1.0/24, 192.168.2.0/24 und 192.168.3.0/24 zu einer Route zusammenfassen.

EIGRP-Summenroute bestimmen

Zunächst ermitteln Sie, wie die Summenroute dieser drei Netzwerke aussehen muss. Hierzu verwenden Sie die in Kapitel 2, »Statisches Routing«, beschriebene Methode zur Bestimmung statischer Summenrouten:

Schritt für Schritt

1. Notieren Sie die Netzwerke, die Sie zusammenfassen wollen, in binärer Form.
2. Um die Subnetzmaske für die Zusammenfassung zu ermitteln, beginnen Sie links beim ersten Bit.
3. Arbeiten Sie sich nach rechts vor und ermitteln Sie dabei alle aufeinanderfolgenden Bits, die übereinstimmen.
4. Beenden Sie Schritt 3, sobald Sie eine nicht übereinstimmende Bitspalte vorfinden. Hier ist die Grenze der Zusammenfassung.
5. Ermitteln Sie von links gesehen die Anzahl der übereinstimmenden Bits. In unserem Beispiel ist dies 22. Diese Zahl wird unsere Subnetzmaske für die Summenroute: /22 bzw. 255.255.252.0.
6. Um die Netzwerkadresse für die Zusammenfassung zu ermitteln, kopieren Sie die passenden 22 Bits und füllen dann mit Nullen auf, bis Sie 32 Bits erreichen.

Das Ergebnis ist die zusammengefasste Netzwerkadresse und Subnetzmaske für 192.168.0.0/22 (Abbildung 9.27).

```
192.168.1.0: 11000000 . 10101000 . 00000001 . 00000000
192.168.2.0: 11000000 . 10101000 . 00000010 . 00000000
192.168.3.0: 11000000 . 10101000 . 00000011 . 00000000
             <------- 22 übereinstimmende Bits ------>
```

22 übereinstimmende Bits = Subnetzmaske /22 (255.255.252.0)

Abbildung 9.27: Summenroute berechnen

Manuelle Routenzusammenfassung bei EIGRP konfigurieren

Um die manuelle Routenzusammenfassung auf allen Schnittstellen zu aktivieren, die EIGRP-Pakete senden, verwenden Sie den folgenden Befehl:

```
Router(config-if)#ip summary-address eigrp as-number network-address subnet-mask
```

Da R3 über zwei EIGRP-Nachbarn verfügt, wird die manuelle EIGRP-Routenzusammenfassung sowohl auf Serial 0/0/0 als auch auf Serial 0/0/1 konfiguriert (Listing 9.43).

Listing 9.43: Summenrouten für die Verbreitung via EIGRP konfigurieren

```
R3(config)#interface serial 0/0/0
R3(config-if)#ip summary-address eigrp 1 192.168.0.0 255.255.252.0
R3(config-if)#interface serial 0/0/1
R3(config-if)#ip summary-address eigrp 1 192.168.0.0 255.255.252.0
```

Die Listings 9.44 und 9.45 zeigen, dass die Routing-Tabellen von R1 und R2 die einzelnen Netzwerke 192.168.1.0/24, 192.168.2.0/24 und 192.168.3.0/24 nun nicht mehr enthalten. Stattdessen ist die Summenroute 192.168.0.0/22 vorhanden.

Listing 9.44: Routing-Tabelle von R1 mit installierter Summenroute

```
R1#show ip route
<Ausgabe unterdrückt>

Gateway of last resort is not set

 192.168.10.0/30 is subnetted, 2 subnets
C       192.168.10.4 is directly connected, Serial0/0/1
D       192.168.10.8 [90/3523840] via 192.168.10.6, 00:01:34, Serial0/0/1
     172.16.0.0/16 is variably subnetted, 3 subnets, 2 masks
C       172.16.1.0/24 is directly connected, FastEthernet0/0
D       172.16.2.0/24 [90/3526400] via 192.168.10.6, 00:01:12, Serial0/0/1
C       172.16.3.0/30 is directly connected, Serial0/0/0
D    192.168.0.0/22 [90/2172416] via 192.168.10.6, 00:01:11, Serial0/0/1
```

Listing 9.45: Routing-Tabelle von R2 mit installierter Summenroute

```
R2#show ip route
<Ausgabe unterdrückt>

Gateway of last resort is not set

     192.168.10.0/30 is subnetted, 2 subnets
D       192.168.10.4 [90/3523840] via 192.168.10.10, 00:00:23, Serial0/0/1
C       192.168.10.8 is directly connected, Serial0/0/1
     172.16.0.0/16 is variably subnetted, 3 subnets, 2 masks
D       172.16.1.0/24 [90/3526400] via 192.168.10.10, 00:00:23, Serial0/0/1
C       172.16.2.0/24 is directly connected, FastEthernet0/0
C       172.16.3.0/30 is directly connected, Serial0/0/0
     10.0.0.0/30 is subnetted, 1 subnets
C       10.1.1.0 is directly connected, Loopback1
D    192.168.0.0/22 [90/3014400] via 192.168.10.10, 00:00:23, Serial0/0/1
```

Wie Sie in Kapitel 2 gelernt haben, verringern Summenrouten die Gesamtanzahl der Routen in den Routing-Tabellen, was wiederum die Effizienz des Lookup-Prozesses steigert. Summenrouten benötigen außerdem weniger Bandbreite für Routing-Updates, da eine Summenroute schneller gesendet ist als mehrere einzelne Routen.

9.5.4 Die EIGRP-Default-Route

Die Verwendung einer statischen Route 0.0.0.0/0 als Default-Route ist nicht protokollabhängig. Diese Quad-Zero-Route kann als statische Default-Route bei jedem gegenwärtig unterstützten Routing-Protokoll eingesetzt werden. Die statische Default-Route wird normalerweise auf dem Router konfiguriert, der die Verbindung zu einem Netzwerk außerhalb der EIGRP-Routing-Domäne darstellt (d. h. beispielsweise eine Verbindung zu einem Internetprovider). Listing 9.46 zeigt die Konfiguration der statischen Default-Route auf R2.

Listing 9.46: Default-Route in EIGRP konfigurieren und verteilen

```
R2(config)#ip route 0.0.0.0 0.0.0.0 loopback 1
R2(config)#router eigrp 1
R2(config-router)#redistribute static
```

Bei EIGRP muss der Befehl `redistribute static` die statische Default-Route angeben, damit sie in den Routing-Updates enthalten ist. Dieser Befehl weist EIGRP an, diese statische Route in die an die anderen Router gesendeten EIGRP-Updates einzubinden. Das Listing zeigt die Konfiguration der statischen Default-Route und den Befehl `redistribute static` auf dem Router R2.

Anmerkung

Die statische Default-Route verwendet als Ausgangsschnittstelle Loopback1. Grund hierfür ist, dass der ISP-Router in unseren Konfigurationen nicht physisch vorhanden ist. Mithilfe einer Loopback-Schnittstelle können Sie eine Verbindung mit einem anderen Router simulieren.

Die Listings 9.47, 9.48 und 9.49 stellen die Routing-Tabellen der Router R1, R2 und R3 dar. Die Routing-Tabellen enthalten nun eine statische Default-Route sowie ein Gateway of Last Resort.

Listing 9.47: Routing-Tabelle von R1 mit installierter Default-Route

```
R1#show ip route
Codes: C - connected, S - static, R - RIP, M - mobile, B - BGP
       D - EIGRP, EX - EIGRP external, O - OSPF, IA - OSPF inter area
       N1 - OSPF NSSA external type 1, N2 - OSPF NSSA external type 2
       E1 - OSPF external type 1, E2 - OSPF external type 2, E - EGP
       i - IS-IS, L1 - IS-IS level-1, L2 - IS-IS level-2, ia - IS-IS inter area
       * - candidate default, U - per-user static route, o - ODR
       P - periodic downloaded static route

Gateway of last resort is 192.168.10.6 to network 0.0.0.0

     192.168.10.0/30 is subnetted, 2 subnets
C       192.168.10.4 is directly connected, Serial0/0/1
D       192.168.10.8 [90/3523840] via 192.168.10.6, 01:06:01, Serial0/0/1
     172.16.0.0/16 is variably subnetted, 3 subnets, 2 masks
C       172.16.1.0/24 is directly connected, FastEthernet0/0
D       172.16.2.0/24 [90/3526400] via 192.168.10.6, 01:05:39, Serial0/0/1
C       172.16.3.0/30 is directly connected, Serial0/0/0
D*EX 0.0.0.0/0 [170/3651840] via 192.168.10.6, 00:02:14, Serial0/0/1
D    192.168.0.0/22 [90/2172416] via 192.168.10.6, 01:05:38, Serial0/0/1
```

Listing 9.48: Routing-Tabelle von R2 mit installierter Default-Route

```
R2#show ip route
Codes: C - connected, S - static, I - IGRP, R - RIP, M - mobile, B - BGP
       D - EIGRP, EX - EIGRP external, O - OSPF, IA - OSPF inter area
       N1 - OSPF NSSA external type 1, N2 - OSPF NSSA external type 2
       E1 - OSPF external type 1, E2 - OSPF external type 2, E - EGP
       i - IS-IS, L1 - IS-IS level-1, L2 - IS-IS level-2, ia - IS-IS inter area
       * - candidate default, U - per-user static route, o - ODR
       P - periodic downloaded static route
```

Listing 9.48: Routing-Tabelle von R2 mit installierter Default-Route (Forts.)

```
Gateway of last resort is 0.0.0.0 to network 0.0.0.0

     192.168.10.0/30 is subnetted, 2 subnets
D       192.168.10.4 [90/3523840] via 192.168.10.10, 01:03:26, Serial0/0/1
C       192.168.10.8 is directly connected, Serial0/0/1
     172.16.0.0/16 is variably subnetted, 3 subnets, 2 masks
D       172.16.1.0/24 [90/3526400] via 192.168.10.10, 01:03:26, Serial0/0/1
C       172.16.2.0/24 is directly connected, FastEthernet0/0
C       172.16.3.0/30 is directly connected, Serial0/0/0
     10.0.0.0/30 is subnetted, 1 subnets
C       10.1.1.0 is directly connected, Loopback1
S*   0.0.0.0/0 is directly connected, Loopback1
D    192.168.0.0/22 [90/3014400] via 192.168.10.10, 01:03:26, Serial0/0/1
```

Listing 9.49: Routing-Tabelle von R3 mit installierter Default-Route

```
R3#show ip route
Codes: C - connected, S - static, I - IGRP, R - RIP, M - mobile, B - BGP
       D - EIGRP, EX - EIGRP external, O - OSPF, IA - OSPF inter area
       N1 - OSPF NSSA external type 1, N2 - OSPF NSSA external type 2
       E1 - OSPF external type 1, E2 - OSPF external type 2, E - EGP
       i - IS-IS, L1 - IS-IS level-1, L2 - IS-IS level-2, ia - IS-IS inter area
       * - candidate default, U - per-user static route, o - ODR
       P - periodic downloaded static route

Gateway of last resort is 192.168.10.9 to network 0.0.0.0

     192.168.10.0/30 is subnetted, 2 subnets
C       192.168.10.4 is directly connected, Serial0/0/0
C       192.168.10.8 is directly connected, Serial0/0/1
     172.16.0.0/16 is variably subnetted, 3 subnets, 2 masks
D       172.16.1.0/24 [90/2172416] via 192.168.10.5, 01:04:48, Serial0/0/0
D       172.16.2.0/24 [90/3014400] via 192.168.10.9, 01:04:50, Serial0/0/1
D       172.16.3.0/30 [90/41024000] via 192.168.10.5, 01:04:50, Serial0/0/0
                      [90/41024000] via 192.168.10.9, 01:04:50, Serial0/0/1
C    192.168.1.0/24 is directly connected, FastEthernet0/0
C    192.168.2.0/24 is directly connected, Loopback2
C    192.168.3.0/24 is directly connected, Loopback3
D*EX 0.0.0.0/0 [170/3139840] via 192.168.10.9, 00:01:25, Serial0/0/1
D    192.168.0.0/22 is a summary, 01:04:48, Null0
```

In den Routing-Tabellen für R1 und R3 können Sie die Routenquelle und die administrative Distanz für die neue statische Default-Route erkennen. Der Eintrag der statischen Default-Route auf R1 sieht wie folgt aus:

```
D*EX 0.0.0.0/0 [170/3651840] via 192.168.10.6, 00:01:08, Serial0/1
```

- `D`. Diese statische Route wurde über ein EIGRP-Routing-Update erlernt.
- `*`. Die Route ist als Default-Route prädestiniert.
- `EX`. Diese Route ist eine externe EIGRP-Route – in diesem Fall eine statische Route außerhalb der EIGRP-Routing-Domäne.
- `170`. Dies ist die administrative Distanz einer externen EIGRP-Route.

Default-Routen stellen einen Default-Pfad für Pakete bereit, die an Adressen außerhalb der Routing-Domäne gerichtet sind, und minimieren wie Summenrouten die Anzahl der Einträge in der Routing-Tabelle

Anmerkung

Es gibt bei EIGRP noch eine andere Methode, eine Default-Route bekannt zu geben: der Befehl `ip default-network`. Weitere Informationen zu diesem Befehl finden Sie unter *http://www.cisco.com/en/US/tech/tk365/technologies_tech_note09186a0080094374.shtml*.

9.5.5 EIGRP optimieren

Die letzten beiden Themen dieses Kapitels behandeln zwei grundlegende Möglichkeiten, ein Fein-Tuning des EIGRP-Betriebs durchzuführen. Zunächst wenden wir uns der Bandbreitenauslastung bei EIGRP zu, und danach erfahren Sie, wie die Default-Werte für Hellos und Holdtime geändert werden können.

Bandbreitenauslastung bei EIGRP

Standardmäßig verwendet EIGRP nur bis zu 50 Prozent der Bandbreite einer Schnittstelle für EIGRP-Daten. Hierdurch wird verhindert, dass der EIGRP-Prozess eine Verbindung überbeansprucht und nicht genügend Bandbreite für das Routing normaler Daten übrig lässt. Mit dem Befehl `ip bandwidth-percent eigrp` können Sie den Bandbreitenanteil konfigurieren, der von EIGRP auf einer Schnittstelle verwendet werden darf.

```
Router(config-if)#ip bandwidth-percent eigrp as-number percent
```

R1 und R2 teilen sich eine sehr langsame 64-kBit/s-Verbindung. Listing 9.50 zeigt die Beschränkung der von EIGRP verwendeten Bandbreite sowie den Befehl `bandwidth`.

Listing 9.50: Bandbreitenauslastung bei EIGRP

```
R1(config)#interface serial 0/0/0
R1(config-if)#bandwidth 64
R1(config-if)#ip bandwidth-percent eigrp 1 50
```

```
R2(config)#interface serial 0/0/0
R2(config-if)#bandwidth 64
R2(config-if)#ip bandwidth-percent eigrp 1 50
```

Der Befehl `ip bandwidth-percent eigrp` verwendet den angegebenen Bandbreitenwert (oder die Default-Bandbreite) zur Berechnung des EIGRP zugestandenen Anteils. Im Beispiel beschränken Sie EIGRP auf die Verwendung von maximal 50 Prozent der Verbindungsbandbreite. Aus diesem Grund verwendet EIGRP nie mehr als 32 kBit/s der Verbindungsbandbreite für EIGRP-Pakete.

Hello-Intervalle und Holdtimes konfigurieren

Hello-Intervalle und Holdtimes können schnittstellenspezifisch konfiguriert werden und müssen nicht auf allen Routern identisch sein, um Nachbarschaftsbeziehungen herstellen zu können. Der Befehl zur Konfiguration eines anderen Hello-Intervalls lautet:

```
Router(config-if)#ip hello-interval eigrp as-number seconds
```

Wenn Sie das Hello-Intervall ändern, müssen Sie auch die Holdtime auf einen Wert setzen, der mindestens genauso groß ist wie das Hello-Intervall. Andernfalls werden nämlich, weil die Holdtime abläuft, bevor das Hello-Intervall verstrichen ist, die Nachbarschaftsbeziehungen beendet. Der Befehl zur Konfiguration einer anderen Holdtime lautet:

```
Router(config-if)#ip hold-time eigrp as-number seconds
```

Dabei liegt der Wert *seconds* bei Hello-Intervall und Holdtime zwischen 1 und 65.535, das heißt, Sie können das Hello-Intervall auf einen Wert knapp unter 18 Stunden setzen; dies sollte auch für die aufwendigste Einwahlverbindung ausreichend sein. In Listing 9.51 jedoch konfigurieren wir R1 und R2 so, dass sie ein 60-sekündiges Hello-Intervall und eine Holdtime von 180 Sekunden verwenden.

Listing 9.51: Hello-Intervalle und Holdtime ändern

```
R1(config)#int s0/0/0
R1(config-if)#ip hello-interval eigrp 1 60
R1(config-if)#ip hold-time eigrp 1 180
R1(config-if)#end
```

Listing 9.51: Hello-Intervalle und Holdtime ändern (Forts.)

```
R2(config)#int s0/0/0
R2(config-if)#ip hello-interval eigrp 1 60
R2(config-if)#ip hold-time eigrp 1 180
R2(config-if)#end
```

Für beide Befehle kann auch die `no`-Form verwendet werden, um die Default-Werte wiederherzustellen.

9.6 Zusammenfassung

EIGRP ist ein klassenloses Distanzvektor-Protokoll, das 1992 von Cisco Systems freigegeben wurde. Es handelt sich um ein proprietäres Routing-Protokoll, das eine Erweiterung eines anderen proprietären Cisco-Protokolls (IGRP) darstellt. IGRP ist ein klassenbezogenes Distanzvektor-Protokoll, das mittlerweile nicht mehr von Cisco unterstützt wird. EIGRP verwendet in der Routing-Tabelle den Routenquellcode `D` (DUAL). Es hat per Definition einen AD-Wert von 90 für interne und von 170 für aus einer externen Quelle importierte Routen (z. B. Default-Routen).

EIGRP verwendet PDMs und besitzt somit die Fähigkeit, verschiedene Schicht-3-Protokolle wie IP, IPX und AppleTalk zu unterstützen. RTP kommt als Protokoll der Transportschicht zum Einsatz, um EIGRP-Pakete zuzustellen. EIGRP verwendet für EIGRP-Updates, EIGRP-Abfragen und EIGRP-Antworten die zuverlässige Auslieferung, während für Hellos und Bestätigungen eine unzuverlässige Zustellung zum Einsatz kommt. Zuverlässiges RTP bedeutet, dass EIGRP eine Bestätigung zurückgeben muss.

Bevor EIGRP-Updates gesendet werden, muss der Router seine Nachbarn ermitteln. Dies wird mit EIGRP-Hello-Paketen bewerkstelligt. In den meisten Netzwerken werden alle fünf Sekunden EIGRP-Hello-Pakete gesendet. In NBMA-Netzwerken wie X.25, Frame Relay und ATM-Schnittstellen mit T1-Zugriffsverbindungen (1,544 MBit/s) oder langsamer werden Hellos alle 60 Sekunden als Unicast übertragen. Die Holdtime beträgt das Dreifache des Hello-Intervalls (15 Sekunden in den meisten Netzwerken, 180 Sekunden in langsamen NBMA-Netzwerken).

Die Hello- und Holddown-Werte müssen bei zwei Routern nicht übereinstimmen, damit diese Nachbarn werden können. Mit dem Befehl `show ip eigrp neighbors` zeigen Sie die Nachbarschaftstabelle an und überprüfen, ob EIGRP Nachbarschaftsbeziehungen hergestellt hat.

Anders als RIP sendet EIGRP keine periodischen Updates. Vielmehr werden bei EIGRP Teil-Updates und beschränkte Updates gesendet. Ein *Teil-Update* enthält nur die Routenänderungen. *Beschränkt* bezeichnet in diesem Zusammenhang die Tatsache, dass das Update nur an jene Router gesendet wird, die von der Änderung betroffen sind. Die zusammengesetzte EIGRP-Metrik benutzt die Parameter Bandbreite, Latenz, Zuverlässigkeit und Last zur Bestimmung des besten Pfades. Standardmäßig werden nur die Bandbreite und die Latenz verwendet. Diese Berechnung berücksichtigt nur die niedrigste Bandbreite sowie die Gesamtlatenz der Ausgangsschnittstellen vom Router bis zum Zielnetzwerk.

Den Kern von EIGRP bildet der DUAL-Algorithmus. Die DUAL-FSM wird eingesetzt, um den besten Pfad und potenzielle Backup-Pfade in jedes Zielnetzwerk zu bestimmen. Der Successor ist ein benachbarter Router, der zur Paketweiterleitung verwendet wird und die Route mit den niedrigsten Kosten in das Zielnetzwerk darstellt. FD (Feasible Distance) ist die niedrigste berechnete Metrik zum Erreichen des Zielnetzwerks über den Successor. Ein FS (Feasible Successor) ist ein Nachbar, der über einen schleifenlosen Backup-Pfad in dasselbe Netzwerk verfügt wie der Successor und zudem die Feasibility-Bedingung erfüllt. Die Feasibility-Bedingung ist erfüllt, wenn die RD (Reported Distance) in ein Netzwerk kleiner ist als die FD des lokalen Routers in dasselbe Zielnetzwerk. Die RD ist nichts anderes als die FD eines EIGRP-Nachbarn in dasselbe Zielnetzwerk.

EIGRP wird mit dem Befehl `router eigrp` *`autonomous-system`* konfiguriert. Der Parameter *`autonomous-system`* ist eigentlich eine Prozess-ID und muss auf allen Routern in der EIGRP-Routing-Domäne denselben Wert haben. Der Befehl `network` ähnelt dem RIP-Befehl gleichen Namens. Das Netzwerk ist die klassenbezogene Netzwerkadresse der direkt angeschlossenen Schnittstellen am Router. Eine Wildcard-Maske ist ein optionaler Parameter, der verwendet werden kann, um nur bestimmte Schnittstellen einzubeziehen.

Es gibt mehrere Möglichkeiten, eine statische Default-Route mit EIGRP bekannt zu geben. Der Befehl `redistribute static` im EIGRP-Router-Modus wird häufig dazu verwendet.

9.7 Aktivitäten und Übungen

Die Aktivitäten und Übungen im Begleitbuch »Routing Protocols and Concepts, CCNA Exploration Labs and Study Guide« (ISBN 978-1-58713-204-9) ermöglichen ein praxisbezogenes Üben der folgenden in diesem Kapitel vorgestellten Themen:

Übungen

Übung 9.1: Einfache EIGRP-Konfiguration (9.6.1)

In dieser Übung erfahren Sie, wie Sie das Routing-Protokoll EIGRP konfigurieren. Auf dem Router R2 wird eine Loopback-Adresse verwendet, um eine Verbindung mit einem Internetprovider zu simulieren, an den alle Daten, die nicht in das lokale Netzwerk gerichtet sind, gesendet werden. Einige Segmente des Netzwerks wurden mit VLSM in Subnetze unterteilt. EIGRP ist ein klassenloses Routing-Protokoll, mit dem sich Subnetzmasken in den Routing-Updates mitsenden lassen. Dies ermöglicht die Verbreitung von VLSM-Subnetzinformationen im gesamten Netzwerk.

Übung 9.2: Fortgeschrittene EIGRP-Konfiguration (9.6.2)

In dieser Übung erhalten Sie eine Netzwerkadresse, die Sie mithilfe von VLSM in Subnetze unterteilen müssen, um die Adressierung des Netzwerks abzuschließen. Es wird eine Kombination aus EIGRP-Routing und statischem Routing benötigt, damit Hosts in den Netzwerken, die nicht direkt angeschlossen sind, miteinander kommunizieren können. EIGRP muss so konfiguriert werden, dass alle IP-Daten den kürzesten Pfad zur Zieladresse nehmen.

Übung 9.3: Troubleshooting der EIGRP-Konfiguration (9.6.3)

In dieser Übung laden Sie zunächst fehlerhafte Konfigurationsdateien auf die einzelnen Router. Diese Konfigurationen enthalten Fehler, die eine erfolgreiche Ende-zu-Ende-Kommunikation über das Netzwerk verhindern. Sie müssen auf jedem Router ein Troubleshooting durchführen, um die Konfigurationsfehler zu ermitteln, und die Konfigurationen dann mit den entsprechenden Befehlen korrigieren. Wenn Sie alle Fehler behoben haben, sollten alle Hosts im Netzwerk in der Lage sein, miteinander zu kommunizieren.

Packet Tracer Companion

Viele Praxisübungen enthalten Aktivitäten mit Packet Tracer, in denen Sie diese Software zur Simulation der Übung verwenden können. Lesen Sie im »Routing Protocols and Concepts, CCNA Exploration Labs and Study Guide« (ISBN 978-1-58713-204-9) Praxisübungen mit Packet Tracer.

9.8 Lernzielkontrolle

Beantworten Sie die folgenden Fragen, um Ihren Kenntnisstand bezüglich der in diesem Kapitel beschriebenen Themen und Konzepte zu überprüfen. Die Antworten finden Sie in Anhang A, »Antworten zu den Lernzielkontrollen und weiterführenden Fragen«.

1. Was ist der Zweck von EIGRP-PDM?

   a) PDM ist das Schicht-4-Protokoll, mit dem EIGRP Routing-Informationen verbreitet.

   b) PDM ist ein Mechanismus, mit dem EIGRP die Verfügbarkeit der benachbarten Router sicherstellt.

   c) PDM ist die Algorithmus-Engine, mit deren Hilfe EIGRP Routing-Tabellen erstellt.

   d) PDM stellt die modulare Unterstützung für Schicht-3-Protokolle bereit.

   e) PDM ist die Distanz zu einem Empfänger, die von einem benachbarten Router gemeldet wurde.

2. Ordnen Sie die folgenden EIGRP-Begriffe und EIGRP-Konzepte den korrekten Beschreibungen zu:

   - Nachbarschaftstabelle
   - Topologietabelle
   - Routing-Tabelle
   - Successor
   - FS-Router

   Beschreibungen:

   a) Enthält die EIGRP-Routen, die zur Paketweiterleitung verwendet werden

   b) Primäre zu verwendende Route, wie sie von DUAL ausgewählt wurde

   c) Wichtige EIGRP-Datenquelle, die benachbarte Router auflistet

   d) Backup-Pfad in ein Zielnetzwerk

   e) Enthält alle erlernten Routen in alle Zielnetzwerke.

3. Welcher EIGRP-Pakettyp wird zum Entdecken, Überprüfen und Neuentdecken benachbarter Router verwendet?
   a) Bestätigung
   b) Hello
   c) Abfrage
   d) Antwort
4. Wie kennzeichnet DUAL eine ausgefallene EIGRP-Route, falls kein FS in der Topologietabelle gefunden wird?
   a) neuberechnet
   b) passiv
   c) aktiv
   d) ausgefallen
   e) nicht erreichbar
   f) Successor
5. Welche der folgenden Tabellen setzt ein Router ein, auf dem EIGRP ausgeführt wird? Wählen Sie drei Antworten aus.
   a) DUAL-Tabelle
   b) FD-Tabelle
   c) Nachbarschaftstabelle
   d) OSPF-Tabelle
   e) Routing-Tabelle
   f) Topologietabelle
6. Worin besteht der Zweck der EIGRP-Nachbarschafts- und Topologietabellen?
   a) Die Nachbarschafts- und Topologietabellen werden von DUAL zur Erstellung der Routing-Tabelle verwendet.
   b) Die Nachbarschaftstabelle wird an alle benachbarten Router gesendet, die mit ihrer Hilfe die Topologietabellen erstellen.
   c) Die Topologietabelle wird an alle in der Nachbarschaftstabelle aufgeführten Router gesendet.

d) Die Nachbarschaftstabelle wird von DUAL zu Erstellung der Topologietabelle verwendet.

e) Die Nachbarschaftstabelle wird als Broadcast an benachbarte Router gesendet, die Topologietabelle als Broadcast an alle anderen Router.

7. Betrachten Sie Listing 9.52. Was stellt der Wert `255/255` in der Ausgabe dar?

Listing 9.52: Lernzielkontrolle, Frage 7

```
R1#show interface serial 0/0/0
Serial0/0/0 is up, line protocol is up
  Hardware is GT96K Serial
  Description: Link to R2
  Internet address is 172.16.3.1/30
  MTU 1500 bytes, BW 1544 Kbit, DLY 20000 usec,
     reliability 255/255, txload 1/255, rxload 1/255
  Encapsulation HDLC, loopback not set
```

a) Die Häufigkeit, mit der die Verbindung bei 255 Abfragen betriebsbereit war

b) Die Leitungsausfallrate innerhalb von 255 Sekunden

c) Die Wahrscheinlichkeit, dass die Verbindung betriebsbereit bleibt

d) Einen statischen Wert, der die normale Zuverlässigkeit eines Schnittstellentyps darstellt

8. Ordnen Sie die folgenden EIGRP-Begriffe den korrekten Beschreibungen zu:

- FS (Feasible Successor)
- Successor
- FD (Feasible Distance)
- Routing-Tabelle
- Topologietabelle

Definitionen:

a) Ein nutzbarer Backup-Pfad in ein Netzwerk

b) Eine Route, die für die Paketweiterleitung verwendet wird und die Route mit den geringsten Kosten ist

c) Die kleinste berechnete Metrik zum Erreichen des Zielnetzwerks

d) Eine Tabelle, die Successors und FSs enthält

e) Eine Tabelle, die nur Successors enthält

9. Ein Netzwerkadministrator möchte ein EIGRP-Routing-Problem beheben. Welcher Befehl zeigt dem Administrator alle möglichen Pfade zu einem Empfänger an?

   a) `show ip route`

   b) `show ip eigrp topology active`

   c) `show ip eigrp neighbors detail`

   d) `show ip eigrp topology all-links`

   e) `show ip eigrp topology summary`

10. Betrachten Sie Listing 9.53. Welche RD gibt der FS für das Netzwerk 192.168.1.0 bekannt?

Listing 9.53: Lernzielkontrolle, Frage 10

```
R1#show ip eigrp topology

<Ausgabe unterdrückt>

P 192.168.10.0/24, 1 successors, FD is 3011840
        via Summary (3011840/0), Null0
        via 172.16.3.1 (41024000/2169856), Serial0/0/0
P 192.168.10.4/30, 1 successors, FD is 3523840
        via 192.168.10.10 (3523840/2169856), Serial0/0/1
P 192.168.1.0/24, 1 successors, FD is 3014400
        via 192.168.10.10 (3014400/28160), Serial0/0/1
        via 172.16.31 (41026560/2172416), Serial0/0/0
<Ausgabe unterdrückt>
```

   a) 28160

   b) 3014400

   c) 2172416

   d) 41026560

11. Welchen Routing-Algorithmus verwendet EIGRP?

12. Sendet EIGRP periodische Updates?

13. Welcher Befehl ermöglicht es Ihnen zu überprüfen, ob EIGRP Beziehungen mit direkt angeschlossenen Nachbarn hergestellt hat?

14. Welche Metriken unterstützt die zusammengesetzte Metrik von EIGRP? Welche davon werden standardmäßig benutzt?

15. Was versteht man unter der Feasibility-Bedingung?

16. Verwendet EIGRP ähnlich wie RIP die automatische Routenzusammenfassung? Falls ja: Wie lässt sie sich deaktivieren?

9.9 Weiterführende Fragen und Aktivitäten

Die folgenden Fragen setzen ein tieferes Verständnis der in diesem Kapitel behandelten Konzepte voraus und entsprechen dem komplexeren Fragestil, der auch bei der CCNA-Prüfung auftreten kann. Sie finden die Antworten in Anhang A.

1. EIGRP wird mit dem Routermodusbefehl `router eigrp` *`autonomous-system`* aktiviert. Worin bestehen die Anforderungen an den Parameter *`autonomous-system`*?
2. Nachfolgend gezeigt ist die Ausgabe des Befehls `show ip eigrp topology`. Zeigt diese Ausgabe einen FS? Woher können Sie dies sagen?

```
P 192.168.10.4/30, 1 successors, FD is 3523840
        via 192.168.10.10 (3523840/2169856), Serial0/1
        via 172.16.3.1 (41024000/2169856), Serial0/0
```

Unter welchen Bedingungen wird eine Null0-Summenroute manchmal automatisch von EIGRP eingebunden?

9.10 Weitere Informationen

»Routing TCP/IP, Volume I«

Es gibt eine Reihe guter Quellen, um mehr zu DUAL zu erfahren. »Routing TCP/IP, Volume I. Second Edition« von Jeff Doyle und Jennifer Carroll enthält einen exzellenten Abschnitt über DUAL einschließlich zweier Berechnungsbeispiele.

J.J. Garcia-Luna-Aceves

DUAL basiert auf Forschungen, die erstmals von E. W. Dijkstra und C. S. Scholten vorgelegt worden waren. Die bedeutendsten Arbeiten wurden dann von J. J. Garcia-Luna-Aceves durchgeführt. J. J. Garcia-Luna-Aceves hält den Jack-Baskin-Lehrstuhl für Computertechnik an der UCSC (University of California, Santa Cruz) und ist Principal Scientist am PARC (Palo Alto Research Center). Einige der von ihm veröffentlichten Artikel – darunter auch seine Arbeit zu DUAL mit dem Titel »Loop-Free Routing Using Diffusing Computations« aus IEEE/ACM Transactions on Networking, Vol. 1, Nr. 1 vom Februar 1993 – finden Sie online unter *http://www.soe.ucsc.edu/research/ccrg/publications.html*.

Lernziele

Wenn Sie dieses Kapitel gelesen haben, sollten Sie in der Lage sein, die folgenden Fragen zu beantworten:

- Welches sind die grundlegenden Eigenschaften und Funktionen von Link-State-Protokollen?
- Worin bestehen die Vorteile und Voraussetzungen bei Link-State-Protokollen?

Schlüsselbegriffe

In diesem Kapitel werden die folgenden Schlüsselbegriffe vorgestellt. Die entsprechenden Definitionen finden Sie im Glossar.

Link-State-Protokoll ▪ SPF-Algorithmus ▪ LSP (Link-State-Paket) ▪ Link-State-Datenbank

Kapitel 10

Link-State-Protokolle

In Kapitel 3, »Einführung in die dynamischen Routing-Protokolle«, haben wir den Unterschied zwischen Link-State- und Distanzvektor-Protokollen anhand einer Analogie erläutert. Diese besagte, dass Distanzvektor-Protokolle der Verwendung von Hinweisschildern entsprechen, die Sie zu einem Ziel geleiten, denn sie enthalten Informationen zu Entfernung und Richtung (sonst aber nichts). Link-State-Protokolle hingegen ähneln mehr der Nutzung eines Stadtplans. Auf einem solchen Plan sehen Sie alle potenziellen Routen und bestimmen Ihren eigenen bevorzugten Pfad.

Distanzvektor-Protokolle sind deswegen wie Hinweisschilder, weil die Router die Entscheidungen zu den bevorzugten Pfaden basierend auf der Distanz oder Metrik eines Netzwerks treffen müssen. Ebenso wie ein Autofahrer darauf vertraut, dass ein Schild die korrekte Entfernung zur angegebenen Stadt anzeigt, bauen Distanzvektor-Router darauf, dass ein anderer Router die Distanz zum Zielnetzwerk zutreffend angibt.

Link-State-Protokolle verwenden einen anderen Ansatz. Sie ähneln eher einer Straßenkarte, denn sie erstellen eine vollständige topologische Darstellung des Netzwerks, und jeder Router verwendet diese Darstellung, um den kürzesten Pfad in das jeweilige Netzwerk zu ermitteln. Genauso, wie Sie die Route in eine andere Stadt einer Straßenkarte entnehmen können, verwenden Link-State-Router eine Topologie, um den besten Pfad zum Ziel festzustellen.

Router, die ein Link-State-Protokoll ausführen, senden Informationen zum Zustand ihrer Verbindungen an andere Router in der Routing-Domäne. Der Zustand oder Status dieser Verbindungen bezieht sich auf die direkt angeschlossenen Netzwerke und enthält Angaben zum Netzwerktyp und zu allen benachbarten Routern in diesem Netzwerk – daher auch der Name *Link-State-Protokoll.*

Das Ziel besteht letztendlich darin, dass jeder Router alle Link-State-Daten über alle anderen Router in der Routing-Domäne erhält. Mit diesen Angaben kann dann jeder Router seine eigene Topologieübersicht des Netzwerks erstellen und unabhängig den kürzesten Pfad zu jedem Empfänger berechnen.

Das Kapitel stellt die Konzepte der Link-State-Protokolle vor. Diese werden wir in Kapitel 11, »OSPF«, auf das OSPF-Protokoll anwenden.

10.1 Link-State-Routing

Distanzvektor-Protokolle gelten als unkompliziert, während Link-State-Protokolle den zweifelhaften Ruf genießen, sehr komplex – sogar abschreckend – zu sein. Dies trifft aber eigentlich nicht zu: In vielerlei Hinsicht ist der Link-State-Prozess sogar einfacher zu verstehen als die Funktionen des Distanzvektor-Routings.

10.1.1 Link-State-Protokolle

Link-State-Protokolle heißen auch SPF-Protokolle, weil sie auf dem von Edsger Dijkstra entwickelten SPF-Algorithmus (Shortest Path First) basieren. Wir werden diesen Algorithmus in einem späteren Abschnitt ausführlich beschreiben.

Abbildung 10.1 veranschaulicht die IP-Link-State-Protokolle:

- OSPF (Open Shortest Path First)
- IS-IS (Intermediate System-to-Intermediate System)

	IGPs (interne Routing-Protokolle)				EGPs (externe Routing-Protokolle)
	Distanzvektor-Protokolle		Link-State-Protokolle		Pfadvektor-Protokolle
Klassenbezogen	RIP	IGRP			EGP
Klassenlos	RIPv2	EIGRP	OSPFv2	IS-IS	BGPv4
IPv6	RIPng	EIGRP für IPv6	OSPFv3	IS-IS für IPv6	BGPv4 für IPv6

Abbildung 10.1: Klassifizierung der Routing-Protokolle

Link-State-Protokolle gelten als komplexer im Vergleich zu den Distanzvektor-Protokollen. Grundfunktionalität und Konfiguration eines solchen Protokolls sind allerdings nicht komplex. Sogar der Algorithmus selbst ist – wie Sie gleich sehen werden – einfach zu verstehen. Der grundlegende Betrieb von OSPF wird mit dem Befehl `router ospf` *`process-id`* und einer `network`-Anweisung konfiguriert; dies ähnelt anderen Protokollen wie RIP oder EIGRP.

ANMERKUNG

OSPF behandeln wir in Kapitel 11, und IS-IS ist Gegenstand des CCNP-Curriculums. Es gibt auch Link-State-Protokolle für Nicht-IP-Netzwerke. Hierzu gehören DNA Phase V von DEC und NSLP (NetWare Link Services Protocol) von Novell. Diese Protokolle sind weder Gegenstand des CCNA- noch des CCNP-Curriculums.

10.1.2 Einführung in den SPF-Algorithmus

Der von Dijkstra stammende Algorithmus wird meist als SPF-Algorithmus (Shortest Path First) bezeichnet. Dieser Algorithmus summiert die Gesamtkosten jedes einzelnen Pfades vom Absender zum Empfänger. Auch wenn der Dijkstra-Algorithmus diesen Namen trägt, ist es natürlich Sinn und Zweck jedes Routing-Algorithmus, den kürzesten Pfad zu ermitteln.

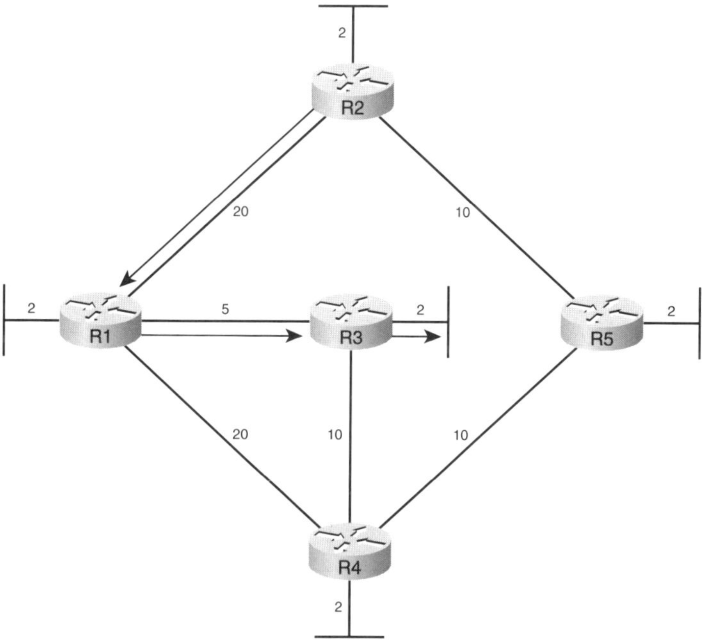

Kürzester Pfad von einem Host im LAN an R2 zu einem Host im LAN an R3:
R2 nach R1 (20) + R1 nach R3 (5) + R3 ins LAN (2) = 27

Abbildung 10.2: SPF-Algorithmus von Dijkstra

In Abbildung 10.2 sind alle Pfade jeweils mit einem beliebigen Kostenwert versehen. Die Kosten des kürzesten Pfades, über den R2 Pakete an das an R3 angeschlossene LAN senden kann, betragen 27 (20 + 5 + 2). Beachten Sie, dass dieser Kostenwert von 27 nicht für alle Router gilt, die das an R3 angeschlossene LAN erreichen wollen. Jeder Router bestimmt seine eigenen Kosten für jedes einzelne Ziel in der Topologie. Anders formuliert: Alle Router berechnen den SPF-Algorithmus und bestimmen die Kosten aus ihrer eigenen Sicht. Diese Aussage wird im Verlauf dieses Kapitels noch klarer werden.

Tabelle 10.1 zeigt die kürzesten Pfade von R1 in die einzelnen LANs sowie die jeweiligen Pfadkosten.

Tabelle 10.1: SPF-Baum für R1

Ziel	Kürzester Pfad	Kosten
LAN R2	R1 nach R2	22
LAN R3	R1 nach R3	7
LAN R4	R1 über R3 nach R4	17
LAN R5	R1 über R3 und R4 nach R5	27

Der kürzeste Pfad ist nicht unbedingt derjenige mit der geringsten Anzahl von Hops. Betrachten Sie beispielsweise den Pfad in das LAN an R5. Man könnte zu der Ansicht gelangen, dass R1 die Daten direkt an R4 statt über R3 senden würde, doch sind die Kosten für das direkte Erreichen von R4 (22) höher als die des Pfades über R3 (17).

Betrachten wir nun die kürzesten Pfade in alle LANs jeweils auf allen Routern (Tabellen 10.2 bis 10.5).

Tabelle 10.2: SPF-Baum für R2

Ziel	Kürzester Pfad	Kosten
LAN R1	R2 nach R1	22
LAN R3	R2 über R1 nach R3	27
LAN R4	R2 über R5 nach R4	22
LAN R5	R2 nach R5	12

Tabelle 10.3: SPF-Baum für R3

Ziel	Kürzester Pfad	Kosten
LAN R1	R3 nach R1	7
LAN R2	R3 über R1 nach R2	27
LAN R4	R3 nach R4	12
LAN R5	R3 über R4 nach R5	22

Tabelle 10.4: SPF-Baum für R4

Ziel	Kürzester Pfad	Kosten
LAN R1	R4 über R3 nach R1	17
LAN R2	R4 über R5 nach R2	22
LAN R3	R4 nach R3	12
LAN R5	R4 nach R5	12

Tabelle 10.5: SPF-Baum für R5

Ziel	Kürzester Pfad	Kosten
LAN R1	R5 über R4 und R3 nach R1	27
LAN R2	R5 nach R2	12
LAN R3	R5 über R4 nach R3	22
LAN R4	R5 nach R4	12

10.1.3 Der Link-State-Routing-Prozess

Wie also arbeitet ein Link-State-Protokoll genau? Die folgende Liste fasst den entsprechenden Prozess zusammen. Alle Router in der Topologie führen diesen universellen Link-State-Routing-Prozess vollständig aus, um den Konvergenzzustand zu erreichen.

1. Jeder Router erlernt seine eigenen Verbindungen, d. h. die direkt angeschlossenen Netzwerke. Zu diesem Zweck werden Schnittstellen mit dem Status *up* erkannt und mit der entsprechenden Schicht-3-Adresse abgelegt.

2. Jeder Router ist dafür verantwortlich, seine Nachbarn in direkt angeschlossenen Netzwerken zu finden. Ähnlich wie bei EIGRP tun Link-State-Router dies, indem sie Hello-Pakete mit anderen Link-State-Routern in direkt angeschlossenen Netzwerke austauschen.

3. Jeder Router erstellt ein LSP (Link-State-Paket), das Angaben zu den Zuständen aller direkt angeschlossenen Verbindungen enthält. Dabei werden alle relevanten Informationen über jeden Nachbarn einbezogen: Nachbar-ID, Verbindungstyp und Bandbreite.
4. Jeder Router flutet das LSP an alle seine Nachbarn. Diese speichern alle empfangenen LSPs in einer Datenbank. Danach fluten die Nachbarn die LSPs an ihre Nachbarn usw., bis alle Router im Bereich die LSPs empfangen haben. Jeder Router speichert eine Kopie jedes von einem Nachbarn empfangenen LSP in einer lokalen Datenbank.
5. Jeder Router konstruiert aus den Daten in der Datenbank eine vollständige Abbildung der Topologie und berechnet den jeweils besten Pfad in alle Zielnetzwerke. Er verfügt so über eine vollständige Darstellung aller Ziele in der Topologie und der Routen, über die diese erreicht werden – ganz wie ein Straßenplan. Der SPF-Algorithmus wird verwendet, um die Abbildung der Topologie zu erstellen und den besten Pfad in jedes Netzwerk zu ermitteln. Alle Router verfügen über eine gemeinsame Darstellung – einen Baum – der Topologie, aber die passenden Pfade in die jeweiligen Netzwerke innerhalb dieser Topologie berechnet jeder Router unabhängig selbst.

Die folgenden Abschnitte behandeln diese verschiedenen Schritte im Detail.

10.1.4 Schritt 1: Direkt angeschlossene Netzwerke erlernen

Die Topologie enthält die Netzwerkadressen aller Verbindungen. Schritt 1 in obiger Liste besagt Folgendes:

> *Jeder Router erlernt seine eigenen Verbindungen, d. h. die direkt angeschlossenen Netzwerke.*

Dies wird auf die in Kapitel 1, »Einführung in das Routing und die Paketweiterleitung«, beschriebene Weise getan. Wenn für eine Router-Schnittstelle eine IP-Adresse und Subnetzmaske konfiguriert wird, wird die Schnittstelle Teil des Netzwerks.

Wenn Sie die Schnittstellen korrekt konfiguriert und aktiviert haben, erlernt der Router seine direkt angeschlossenen Netzwerke (Abbildung 10.3).

Unabhängig vom verwendeten Routing-Protokoll sind diese direkt angeschlossenen Netzwerke nun in der Routing-Tabelle enthalten. In der nachfolgenden Beschreibung werden wir den Link-State-Routing-Prozess schwerpunktmäßig aus der Sicht von R1 erläutern.

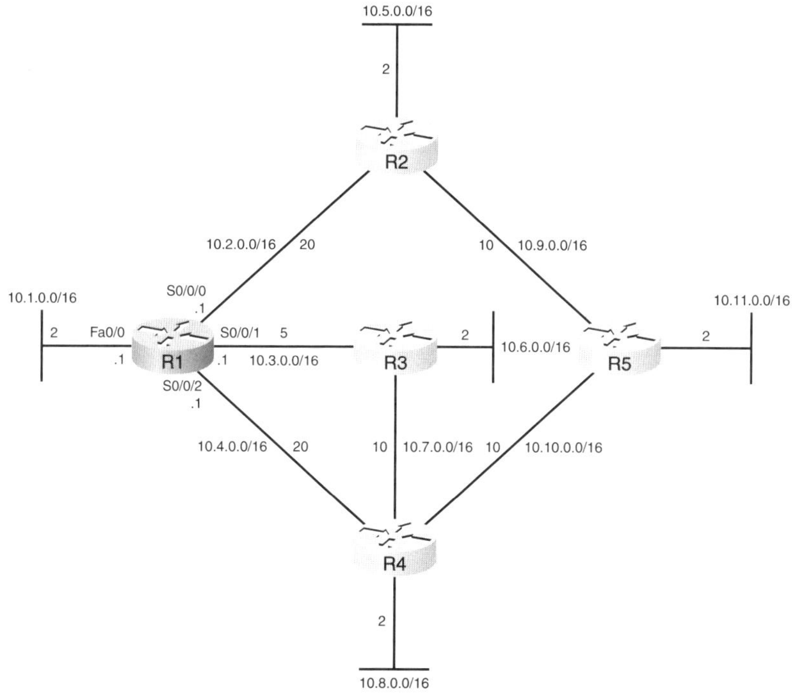

Abbildung 10.3: R1 erlernt direkt angeschlossene Netzwerke.

Verbindungen

Bei Link-State-Protokollen ist der Link eine Schnittstelle an einem Router. Wie bei Distanzvektor-Protokollen und statischen Routen muss die Schnittstelle korrekt mit einer IP-Adresse und einer Subnetzmaske konfiguriert sein, und der Link muss den Status *up* aufweisen, damit er vom Link-State-Protokoll erlernt werden kann. Zudem muss die Schnittstelle in einer `network`-Anweisung enthalten sein, um am Link-State-Routing teilnehmen zu können.

Abbildung 10.4 zeigt die Verbindungen von R1 mit vier direkt angeschlossenen Netzwerken:

- über die Schnittstelle FastEthernet 0/0 mit dem Netzwerk 10.1.0.0/16
- über die Schnittstelle Serial 0/0/0 mit dem Netzwerk 10.2.0.0/16
- über die Schnittstelle Serial 0/0/1 mit dem Netzwerk 10.3.0.0/16
- über die Schnittstelle Serial 0/0/2 mit dem Netzwerk 10.4.0.0/16

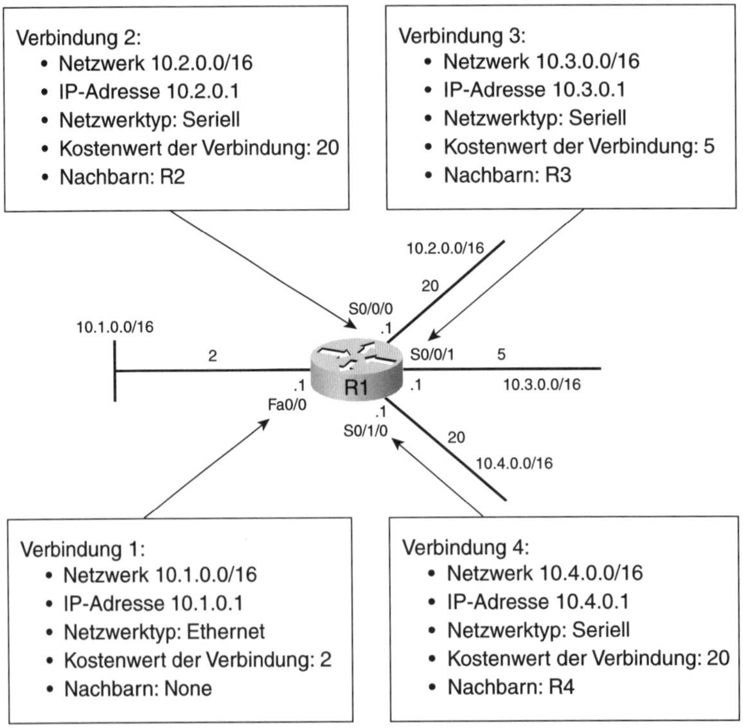

Abbildung 10.4: Link-State-Informationen für R1

Verbindungszustände

Informationen zum Status der Verbindungen eines Routers heißen *Link-States*. Wie Sie Abbildung 10.4 entnehmen können, umfassen diese Angaben unter anderem

- die IP-Adresse und Subnetzmaske der Schnittstelle,
- den Netzwerktyp (z. B. Ethernet oder serielle Point-to-Point-Verbindung),
- die Kosten der Verbindung,
- die Nachbar-Router auf dieser Verbindung.

ANMERKUNG

Anfangs weiß der Router nichts über die Nachbar-Router auf der Verbindung. Informationen zu einem Nachbarn erhält er erst, wenn er von diesem ein Hello-Paket empfängt. Hello-Pakete werden wir im folgenden Abschnitt beschreiben.

Sie werden sehen, dass die Cisco-Implementierung von OSPF als Kosten der Verbindung – also als OSPF-Routing-Metrik – die Bandbreite der Ausgangsschnittstelle benutzt. In diesem Kapitel verwenden wir allerdings zunächst willkürliche Kostenwerte, um die Veranschaulichung nicht zu kompliziert zu machen.

10.1.5 Schritt 2: Hello-Pakete an Nachbarn senden

Der zweite Schritt im Link-State-Prozess lautet:

> *Jeder Router ist dafür verantwortlich, seine Nachbarn in direkt angeschlossenen Netzwerken zu treffen.*

Router, die mit Link-State-Protokollen arbeiten, verwenden ein Hello-Protokoll zur Ermittlung von Nachbarn auf ihren Verbindungen. Ein Nachbar ist jeder angeschlossene Router, auf dem dasselbe Link-State-Protokoll aktiviert ist.

Abbildung 10.5 zeigt, wie R1 Hello-Pakete über seine Verbindungen (Schnittstellen) sendet, um festzustellen, ob Nachbarn vorhanden sind. R2, R3 und R4 beantworten das empfangene Hello-Paket mit eigenen Hello-Paketen, weil auf diesen Routern dasselbe Link-State-Protokoll konfiguriert ist. Mit der Schnittstelle FastEthernet 0/0 sind keine Nachbarn verbunden. Da R1 kein Hello auf dieser Schnittstelle empfängt, werden die Schritte des Link-State-Routing-Prozesses auf dieser Schnittstelle nicht fortgesetzt.

Ähnlich wie EIGRP-Hello-Pakete bilden zwei Link-State-Router, die erkennen, dass sie Nachbarn sind, eine Nachbarschaftsbeziehung. Die kleinen Hello-Pakete werden weiterhin zwischen zwei benachbarten Routern ausgetauscht; sie erfüllen damit eine Art Keepalive-Funktion, indem sie den Zustand des Nachbarn überwachen. Wenn ein Router keine Hello-Pakete mehr von einem Nachbarn empfängt, wird dieser Nachbar als nicht erreichbar betrachtet, und die Nachbarschaftsbeziehung wird beendet. In unserem Beispiel bildet R1 eine Nachbarschaftsbeziehung mit allen drei Routern.

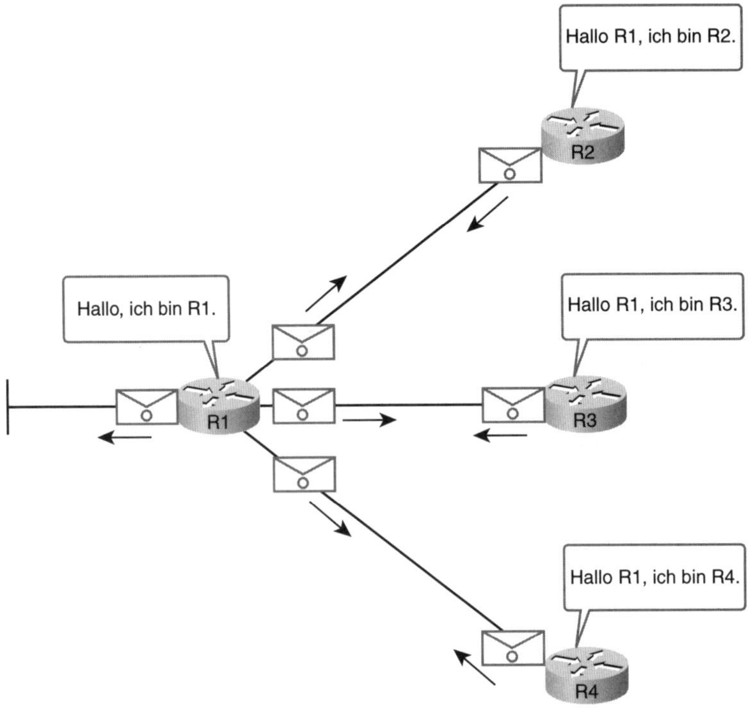

Abbildung 10.5: R1 entdeckt Nachbarn in direkt angeschlossenen Netzwerken.

10.1.6 Schritt 3: Link-State-Pakete erstellen

Wir sind nun beim dritten Schritt im Link-State-Prozess gelandet:

> *Jeder Router erstellt ein LSP (Link-State-Paket), das Angaben zu den Zuständen aller direkt angeschlossenen Verbindungen enthält.*

Nachdem ein Router seine Nachbarschaftsbeziehungen hergestellt hat, kann er seine LSPs erstellen. Diese enthalten Informationen zu seinen Verbindungen. Der Router sendet LSPs nur über Schnittstellen, über die eine Nachbarschaftsbeziehung mit anderen Routern hergestellt wurde. Beachten Sie, dass R1 keine LSPs über seine Ethernet-Schnittstelle sendet. Abbildung 10.6 zeigt eine vereinfachte Version der LSPs auf R1.

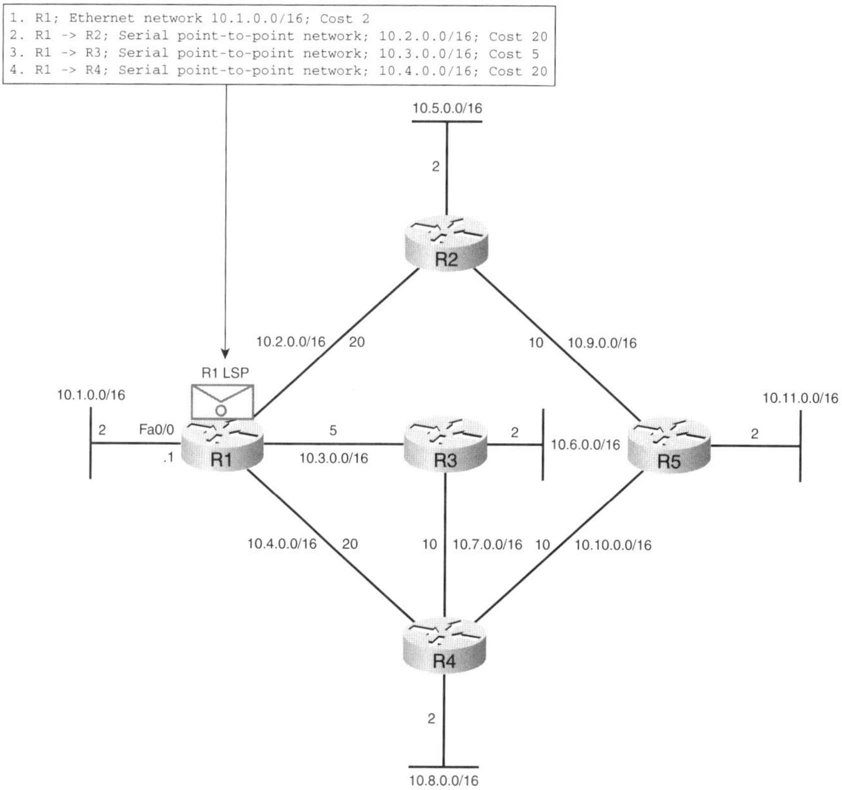

Abbildung 10.6: R1 erstellt ein LSP.

10.1.7 Schritt 4: LSPs an Nachbarn fluten

Der vierte Schritt im Link-State-Prozess lautet:

> *Jeder Router flutet das LSP an alle seine Nachbarn. Diese speichern alle empfangenen LSPs in einer Datenbank.*

Jeder Router flutet seine Link-State-Daten an alle Link-State-Router im Routing-Bereich. Wenn ein Router ein LSP von einem benachbarten Router empfängt, sendet er dieses LSP sofort über alle Schnittstellen mit Ausnahme derjenigen, über die das LSP empfangen wurde. Dieser Prozess führt zum sogenannten Fluten (engl. *Flooding*) der LSPs aller Router im gesamten Routing-Bereich.

Wie Sie Abbildung 10.7 entnehmen können, werden die LSPs von R1 im gesamten Netzwerk geflutet. Wenn ein Router ein LSP empfängt, leitet er es praktisch verzögerungsfrei weiter, ohne zwischenzeitlich Berechnungen durchgeführt zu haben. Das LSP ist deswegen sehr schnell im gesamten Netzwerk präsent.

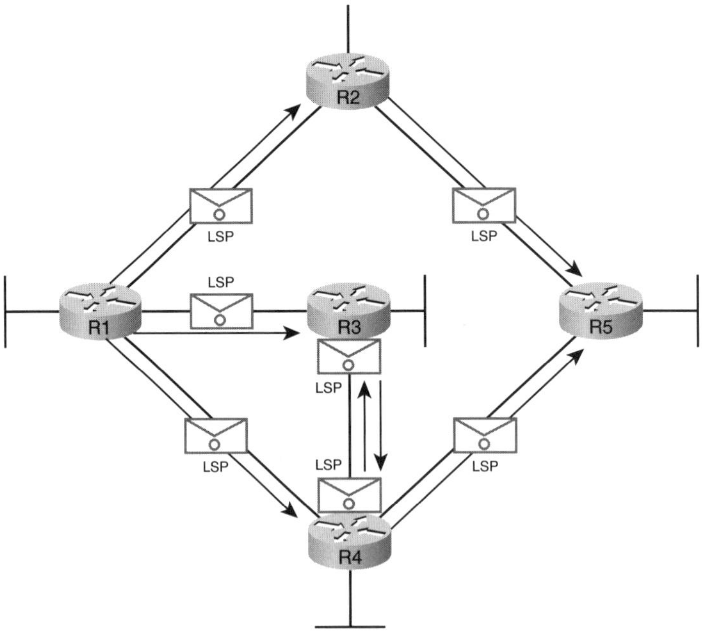

Abbildung 10.7: LSPs von R1 werden an alle Nachbarn geflutet.

Distanzvektor-Protokolle müssen zunächst den Bellman-Ford-Algorithmus ausführen, um die Routing-Updates verarbeiten und weitergeben zu können. Link-State-Protokolle hingegen berechnen den SPF-Algorithmus erst, nachdem das Flooding abgeschlossen ist. Infolgedessen erreichen Link-State-Protokolle die Konvergenz weitaus schneller als Distanzvektor-Protokolle.

Denken Sie daran, dass LSPs anders als Hello-Pakete nicht periodisch gesendet werden müssen. Ein LSP wird nur übermittelt

- beim Start des Routers bzw. des Routing-Protokollprozesses auf diesem Router,
- wenn die Topologie sich ändert, eine Verbindung also ausfällt oder hinzukommt oder eine Nachbarschaftsbeziehung hergestellt oder beendet wird.

Neben den Link-State-Daten sind noch weitere Angaben im LSP enthalten, um die Steuerung des Floodings zu unterstützen. Hierzu gehören etwa Sequenznummern und Gültigkeitsangaben. Diese Daten werden vom Router benutzt, um zu bestimmen, ob er das LSP von einem anderen Router bereits empfangen hat oder das LSP neuere Informationen enthält als die in seiner Link-State-Datenbank enthaltenen. Dieser Prozess gestattet es dem Router, stets mit den aktuellen Daten in seiner Link-State-Datenbank zu arbeiten.

Anmerkung

Wie diese Sequenznummern und Gültigkeitsangaben verwendet werden, ist nicht Gegenstand dieses Curriculums. Weitere Informationen können Sie dem Titel »Routing TCP/IP« von Jeff Doyle entnehmen.

10.1.8 Schritt 5: Link-State-Datenbank erstellen

Der letzte Schritt im Link-State-Prozess lautet:

> *Jeder Router konstruiert aus den Daten in der Datenbank eine vollständige Abbildung der Topologie und berechnet den jeweils besten Pfad in alle Zielnetzwerke.*

Nachdem jeder Router seine eigenen LSPs mithilfe des Link-State-Routings verbreitet hat, verfügt jeder Router über ein LSP von jedem anderen Link-State-Router der Routing-Domäne. Diese LSPs werden in der Link-State-Datenbank gespeichert. Die einzelnen Router in der Routing-Domäne können nun mithilfe des SPF-Algorithmus SPF-Bäume erstellen, wie Sie sie weiter oben gesehen haben.

Tabelle 10.6 zeigt alle Verbindungen, die nun in der Link-State-Datenbank von R1 enthalten sind.

Tabelle 10.6: Link-State-Datenbank für R1

LSPs von R2	Verbunden mit Nachbar R1 über Netzwerk 10.2.0.0/16, Kostenwert 20 Verbunden mit Nachbar R5 über Netzwerk 10.9.0.0/16, Kostenwert 10 Direkt angeschlossen an Netzwerk 10.5.0.0/16, Kostenwert 2
LSPs von R3	Verbunden mit Nachbar R1 über Netzwerk 10.3.0.0/16, Kostenwert 5 Verbunden mit Nachbar R4 über Netzwerk 10.7.0.0/16, Kostenwert 10 Direkt angeschlossen an Netzwerk 10.6.0.0/16, Kostenwert 2
LSPs von R4	Verbunden mit Nachbar R1 über Netzwerk 10.4.0.0/16, Kostenwert 20 Verbunden mit Nachbar R3 über Netzwerk 10.7.0.0/16, Kostenwert 10 Verbunden mit Nachbar R5 über Netzwerk 10.10.0.0/16, Kostenwert 10 Direkt angeschlossen an Netzwerk 10.8.0.0/16, Kostenwert 2

Tabelle 10.6: Link-State-Datenbank für R1 (Forts.)

LSPs von R5	Verbunden mit Nachbar R2 über Netzwerk 10.9.0.0/16, Kostenwert 10 Verbunden mit Nachbar R4 über Netzwerk 10.10.0.0/16, Kostenwert 10 Direkt angeschlossen an Netzwerk 10.11.0.0/16, Kostenwert 2
Verbindungszustände von R1	Verbunden mit Nachbar R2 über Netzwerk 10.2.0.0/16, Kostenwert 20 Verbunden mit Nachbar R3 über Netzwerk 10.3.0.0/16, Kostenwert 5 Verbunden mit Nachbar R4 über Netzwerk 10.4.0.0/16, Kostenwert 20 Direkt angeschlossen an Netzwerk 10.1.0.0/16, Kostenwert 2

Tabelle 10.7 zeigt den SPF-Baum, der sich aus der Berechnung des SPF-Algorithmus ergibt. Diese Tabelle entspricht exakt Tabelle 10.1.

Tabelle 10.7: SPF-Baum für R1

Ziel	Kürzester Pfad	Kosten
LAN R2	R1 nach R2	22
LAN R3	R1 nach R3	7
LAN R4	R1 über R3 nach R4	17
LAN R5	R1 über R3 und R4 nach R5	27

Durch das Flooding hat Router R1 die Link-State-Daten für alle Router in seiner Routing-Area erlernt. Die Abbildung zeigt die Link-State-Daten, die R1 empfangen und in seiner Link-State-Datenbank gespeichert hat. Beachten Sie, dass R1 auch eigene Link-State-Daten in die Link-State-Datenbank einfügt.

Ist die Datenbank komplett, kann R1 mit ihrer Hilfe und dem SPF-Algorithmus die bevorzugten Routen (d. h. die kürzesten Pfade) in jedes Netzwerk berechnen. Beachten Sie, dass R1 den Pfad zwischen sich und R4 zum Erreichen von LANs in der Topologie (einschließlich des direkt mit R4 verbundenen LAN) gar nicht verwendet. Das liegt daran, dass der Pfad über R3 niedrigere Kosten aufweist. Aus dem gleichen Grund verwendet R1 auch den Pfad zwischen R2 und R5 nicht zum Erreichen von R5. Jeder Router in der Topologie bestimmt die kürzesten Pfade aus seiner *eigenen* Perspektive.

Anmerkung

Die Link-State-Datenbank und der SPF-Baum würden diese direkt verbundenen Netzwerke (die in Tabelle 10.6 unterlegt sind) natürlich weiterhin enthalten.

10.1.9 Der SPF-Baum

Sie wissen bereits, dass der von Dijkstra stammende Algorithmus als SPF-Algorithmus (Shortest Path First) bezeichnet wird. Dieser Algorithmus summiert die Gesamtkosten jedes einzelnen Pfades vom Absender zum Empfänger.

Den SPF-Baum erstellen

Abbildung 10.8 zeigt die aktuelle Topologie von R1 zu Beginn der Erstellung des SPF-Baums. Beachten Sie, dass der Baum (also die Topologie) nur die direkt angeschlossenen Netzwerke enthält.

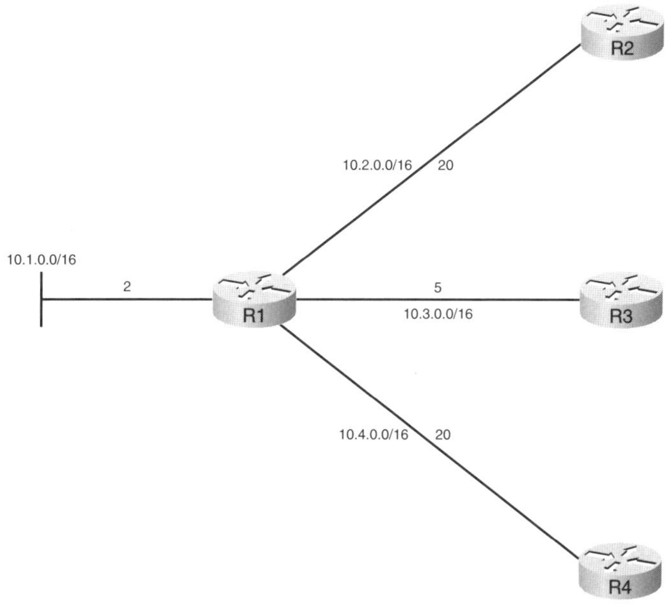

Abbildung 10.8: R1-Verbindungen

Allerdings kann R1 mit den Link-State-Informationen der anderen Router nun damit beginnen, einen SPF-Baum des Netzwerks zu erstellen, wobei er sich selbst als Wurzel dieses Baums betrachtet.

Anmerkung

Der in diesem Abschnitt beschriebene Prozess ist eine vereinfachte, prinzipielle Beschreibung von SPF-Algorithmus und SPF-Baum, um die Vorgänge besser veranschaulichen zu können.

Der SPF-Algorithmus verarbeitet zunächst die folgenden LSP-Daten von R2:

- Verbunden mit Nachbar R1 über Netzwerk 10.2.0.0/16, Kostenwert 20
- Verbunden mit Nachbar R5 über Netzwerk 10.9.0.0/16, Kostenwert 10
- Direkt angeschlossen an Netzwerk 10.5.0.0/16, Kostenwert 2

Abbildung 10.9 zeigt die neuen Verbindungen, die R1 von R2 erlernt hat.

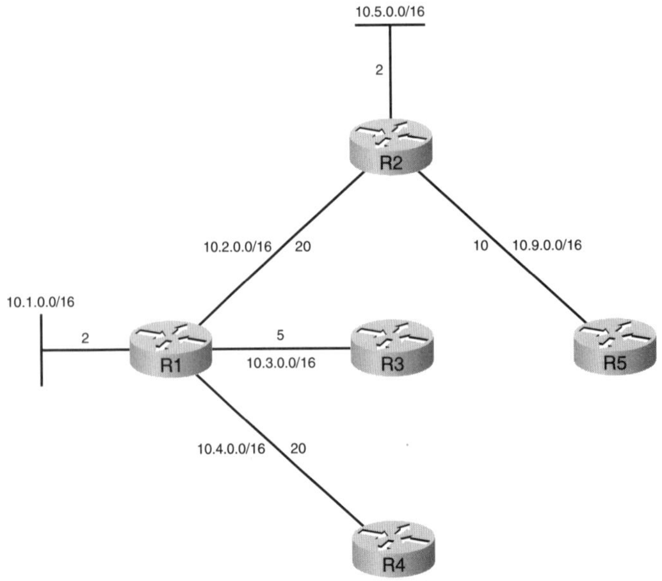

Abbildung 10.9: R1 verarbeitet die LSPs von R2.

R1 kann das erste LSP ignorieren, weil er bereits weiß, dass er mit R2 über das Netzwerk 10.2.0.0/16 mit einem Kostenwert 20 verbunden ist. Dem zweiten LSP entnimmt R1, dass eine Verbindung von R2 zu einem anderen Router R5 über das Netzwerk 10.9.0.0/16 mit dem Kostenwert 10 besteht. Diese Informationen werden zum SPF-Baum hinzugefügt. Mithilfe des dritten LSP erlernt R1, dass an R2 außerdem das Netzwerk 10.5.0.0/16 mit dem Kostenwert 2 und ohne Nachbarn angeschlossen ist. Diese Verbindung wird zum SPF-Baum von R1 hinzugefügt.

Nun verarbeitet der SPF-Algorithmus LSPs von R3 wie folgt:

- Verbunden mit Nachbar R1 über Netzwerk 10.3.0.0/16, Kostenwert 5
- Verbunden mit Nachbar R4 über Netzwerk 10.7.0.0/16, Kostenwert 10
- Direkt angeschlossen an Netzwerk 10.6.0.0/16, Kostenwert 2

Abbildung 10.10 zeigt die neuen Verbindungen, die R1 von R3 erlernt hat.

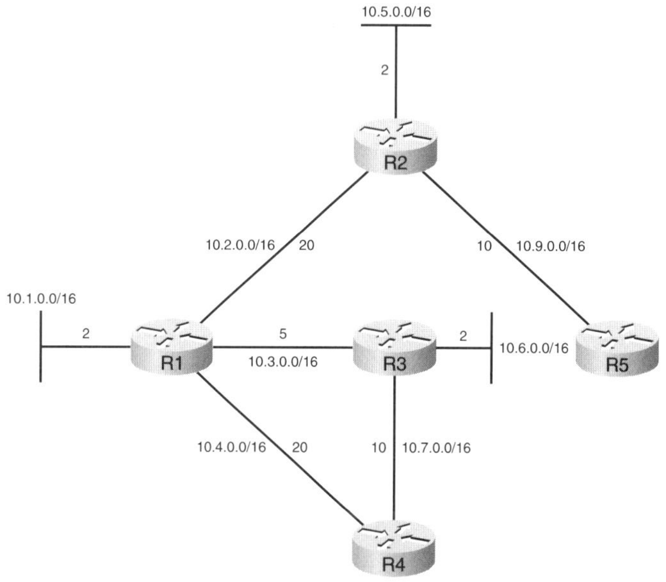

Abbildung 10.10: R1 verarbeitet die LSPs von R3.

R1 kann das erste LSP ignorieren, weil er bereits weiß, dass er mit R3 über das Netzwerk 10.3.0.0/16 mit einem Kostenwert 5 verbunden ist. Dem zweiten LSP entnimmt R1, dass eine Verbindung von R3 zu einem Router R4 über das Netzwerk 10.7.0.0/16 mit dem Kostenwert 10 besteht. Diese Informationen werden zum SPF-Baum hinzugefügt. Mithilfe des dritten LSP erlernt R1, dass an R3 außerdem das Netzwerk 10.6.0.0/16 mit dem Kostenwert 2 und ohne Nachbarn angeschlossen ist. Diese Verbindung wird zum SPF-Baum von R1 hinzugefügt.

Nun verarbeitet der SPF-Algorithmus LSPs von R4 wie folgt:

- Verbunden mit Nachbar R1 über Netzwerk 10.4.0.0/16, Kostenwert 20
- Verbunden mit Nachbar R3 über Netzwerk 10.7.0.0/16, Kostenwert 10
- Verbunden mit Nachbar R5 über Netzwerk 10.10.0.0/16, Kostenwert 10
- Direkt angeschlossen an Netzwerk 10.8.0.0/16, Kostenwert 2

Abbildung 10.11 zeigt die neuen Verbindungen, die R1 von R4 erlernt hat.

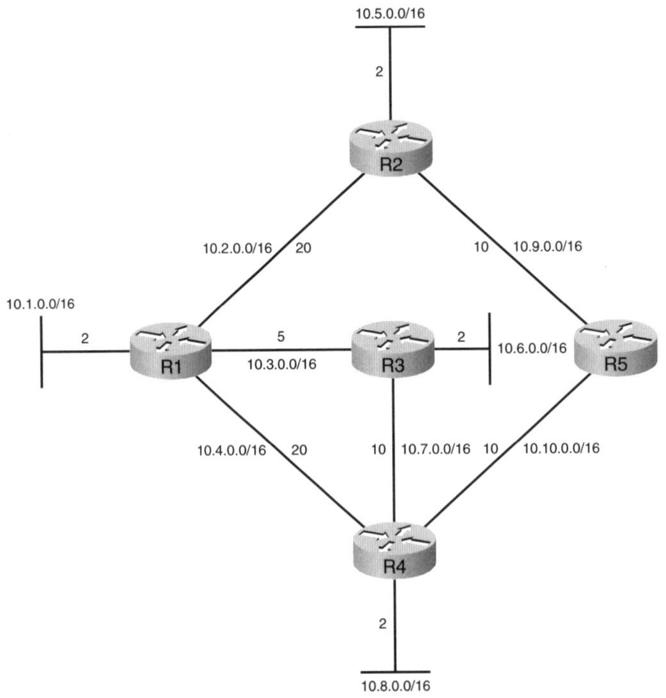

Abbildung 10.11: R1 verarbeitet die LSPs von R4.

R1 kann das erste LSP ignorieren, weil er bereits weiß, dass er mit R4 über das Netzwerk 10.4.0.0/16 mit einem Kostenwert 20 verbunden ist. Ferner kann R1 auch das zweite LSP ignorieren, da er das Netzwerk 10.6.0.0/16 bereits mit dem Kostenwert 10 von R3 erlernt hat.

Allerdings entnimmt R1 dem dritten LSP, dass eine Verbindung von R4 zum Router R5 über das Netzwerk 10.10.0.0/16 mit dem Kostenwert 10 besteht. Diese Informationen werden zum SPF-Baum hinzugefügt. Mithilfe des vierten LSP erlernt R1, dass an R4 außerdem das Netzwerk 10.8.0.0/16 mit dem Kostenwert 2 und ohne Nachbarn angeschlossen ist. Diese Verbindung wird zum SPF-Baum von R1 hinzugefügt.

Abschließend verarbeitet der SPF-Algorithmus LSPs von R5 wie folgt:

- Verbunden mit Nachbar R2 über Netzwerk 10.9.0.0/16, Kostenwert 10
- Verbunden mit Nachbar R4 über Netzwerk 10.10.0.0/16, Kostenwert 10
- Direkt angeschlossen an Netzwerk 10.11.0.0/16, Kostenwert 2

Abbildung 10.12 zeigt die neuen Verbindungen, die R1 von R5 erlernt hat.

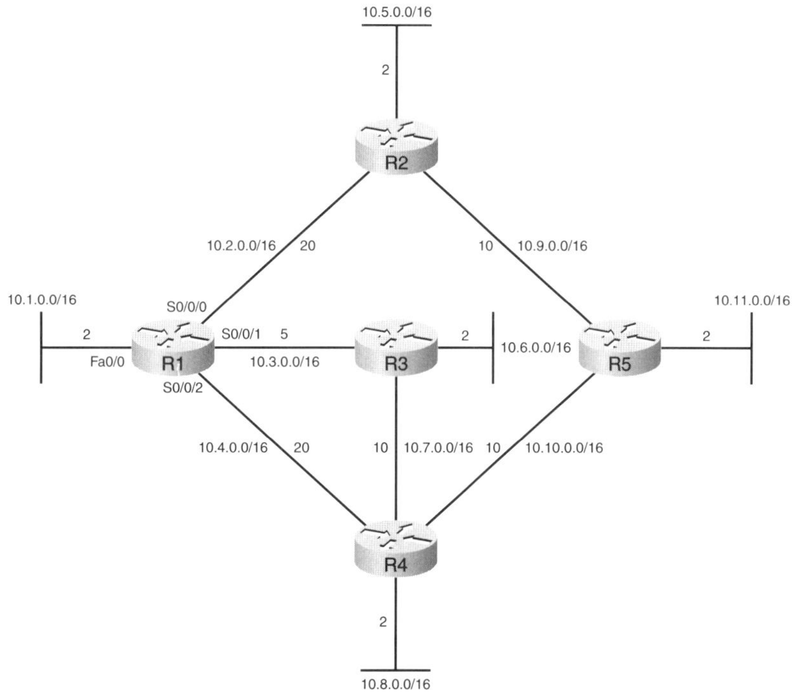

Abbildung 10.12: R1 verarbeitet die LSPs von R5.

R1 kann die ersten beiden LSPs (für die Netzwerke 10.9.0.0/16 und 10.10.0.0/16) ignorieren, weil er diese bereits erlernt und zum SPF-Baum hinzugefügt hat. Mithilfe des dritten LSP erlernt R1, dass an R5 das Netzwerk 10.11.0.0/16 mit dem Kostenwert 2 und ohne Nachbarn angeschlossen ist. Diese Verbindung wird zum SPF-Baum von R1 hinzugefügt.

Den kürzesten Pfad ermitteln

Da alle LSPs mit dem SPF-Algorithmus verarbeitet wurden, konnte R1 den SPF-Baum nun vollständig erstellen. Die Verbindungen 10.4.0.0/16 und 10.9.0.0/16 werden nicht zum Erreichen anderer Netzwerke verwendet, weil Pfade mit niedrigeren Kosten oder kürzere Pfade vorhanden sind. Trotzdem sind diese Netzwerke natürlich Bestandteil des SPF-Baums und werden verwendet, um Geräte in den betreffenden Netzwerken zu erreichen.

Anmerkung

Der eigentliche SPF-Algorithmus bestimmt den kürzesten Pfad eigentlich beim Erstellen des SPF-Baums; wir haben dies jedoch in zwei Schritte unterteilt, um das Verständnis des Algorithmus zu vereinfachen.

Tabelle 10.8 zeigt noch einmal den bekannten SPF-Baum für R1.

Tabelle 10.8: SPF-Baum für R1

Ziel	Kürzester Pfad	Kosten
LAN R2	R1 nach R2	22
LAN R3	R1 nach R3	7
LAN R4	R1 über R3 nach R4	17
LAN R5	R1 über R3 und R4 nach R5	27

Mithilfe dieses Baumes zeigen die Ergebnisse des SPF-Algorithmus die kürzesten Pfade in die jeweiligen Netzwerke. In der Tabelle sind nur die LANs aufgeführt, doch kann SPF auch zur Bestimmung des kürzesten Pfades zu WAN-Verbindungen verwendet werden (vgl. Abbildung 10.12 weiter oben). In diesem Fall ermittelt R1 für die einzelnen Netzwerke die folgenden kürzesten Pfade:

- Netzwerk 10.5.0.0/16 über Schnittstelle Serial 0/0/0 von R2, Kostenwert 2
- Netzwerk 10.6.0.0/16 über Schnittstelle Serial 0/0/1 von R3, Kostenwert 7
- Netzwerk 10.7.0.0/16 über Schnittstelle Serial 0/0/1 von R3, Kostenwert 15
- Netzwerk 10.8.0.0/16 über Schnittstelle Serial 0/0/1 von R3, Kostenwert 17
- Netzwerk 10.9.0.0/16 über Schnittstelle Serial 0/0/0 von R2, Kostenwert 2
- Netzwerk 10.10.0.0/16 über Schnittstelle Serial 0/0/1 von R3, Kostenwert 25
- Netzwerk 10.11.0.0/16 über Schnittstelle Serial 0/0/1 von R3, Kostenwert 27

Jeder Router erstellt seinen eigenen SPF-Baum unabhängig von den anderen Routern. Um das korrekte Routing zu gewährleisten, müssen die Link-State-Datenbanken, die zur Erstellung der Bäume auf den einzelnen Routern verwendet werden, auf allen Routern identisch sein. Wir werden in Kapitel 11 genauer darauf eingehen.

Eine Routing-Tabelle aus dem SPF-Baum erstellen

Mithilfe der mit dem SPF-Algorithmus ermittelten Angaben zum kürzesten Pfad können diese Pfade nun zur Routing-Tabelle hinzugefügt werden.

Die Routing-Tabelle enthält zusätzlich alle direkt angeschlossenen Netzwerke und Routen aus anderen Quellen (z. B. statische Routen). Pakete werden nun auf der Basis dieser Routeneinträge weitergeleitet.

10.2 Link-State-Protokolle implementieren

Kapitel 11 behandelt die Implementierung und Konfiguration des Link-State-Protokolls OSPF. In den folgenden Abschnitten behandeln wir die Vorteile und Anforderungen von Link-State-Protokollen und stellen Vergleiche an.

10.2.1 Vorteile von Link-State-Protokollen

Im Vergleich zu Distanzvektor-Protokollen bieten Link-State-Protokolle verschiedene Vorteile.

Topologieübersicht

Link-State-Protokolle erstellen eine »Übersichtskarte« der Netzwerktopologie: den SPF-Baum. Distanzvektor-Protokolle verfügen nicht über eine solche Übersicht des Netzwerks. Router, die ein Distanzvektor-Protokoll benutzen, arbeiten lediglich mit einer Liste von Netzwerken, welche die Kosten (Distanz) und die nächsten Hops (Richtung) für diese Netzwerke angeben. Da Link-State-Protokolle Verbindungszustände austauschen, kann der SPF-Algorithmus einen SPF-Baum des Netzwerks erstellen. Mithilfe des SPF-Baums kann dann jeder Router unabhängig die kürzesten Pfade in die Netzwerke ermitteln.

Schnelle Konvergenz

Es gibt mehrere Gründe für die schnellere Konvergenz von Link-State-Protokollen im Vergleich zu Distanzvektor-Protokollen. Wenn ein LSP empfangen wird, wird dieses vom Router sofort über alle Schnittstellen mit Ausnahme derjenigen geflutet, über die es empfangen wurde. Ein Router, der ein Distanzvektor-Protokoll verwendet, muss jedes Routing-Update verarbeiten und seine Routing-Tabelle aktualisieren, bevor er das Update über andere Schnittstellen weiterleitet. Dies gilt auch für Triggered-Updates. Mit Link-State-Protokollen lässt sich eine schnellere Konvergenz erzielen. Eine rühmliche Ausnahme ist EIGRP.

Ein weiterer Grund für die schnellere Konvergenz durch Link-State-Protokolle ist das Fehlen eines Holddown-Timers, mit dem Distanzvektor-Protokolle dem Netzwerk Zeit zur Konvergenz geben. Link-State-Protokolle verwenden keinen Holddown-Timer, weil Änderungen in der Topologie mithilfe von LSPs sofort in der gesamten Routing-Domäne geflutet werden.

Durch Ereignisse ausgelöste Updates

Nach dem ersten Fluten der LSPs senden Link-State-Protokolle nur noch dann LSPs, wenn eine Änderung in der Topologie erfolgt. Das LSP enthält nur die Informationen zur betroffenen Verbindung. Anders als einige Distanzvektor-Protokolle senden Link-State-Protokolle keine periodischen Updates.

Anmerkung

OSPF-Router fluten ihre eigenen Verbindungszustände alle 30 Minuten. Dies wird als *Paranoid-Update* bezeichnet und im folgenden Kapitel beschrieben. Auch senden nicht alle Distanzvektor-Protokolle periodische Updates: RIP und IGRP tun es, EIGRP dagegen nicht.

Hierarchischer Aufbau

Link-State-Protokolle wie OSPF und IS-IS verwenden das Konzept der *Areas* (Bereiche). Mehrere Areas bilden einen hierarchischen Aufbau für Netzwerke; so wird die Routenzusammenfassung verbessert, und Routing-Probleme lassen sich innerhalb einer Area besser eingrenzen. Multiarea-OSPF und Multiarea-IS-IS werden in CCNP ausführlich beschrieben.

Die Vorteile von Link-State-Protokollen lassen sich wie folgt zusammenfassen:

- Jeder Router erstellt seine eigene Topologieübersicht des Netzwerks, um die kürzesten Pfade zu ermitteln.
- Das unmittelbare Flooding von LSPs ermöglicht eine schnellere Konvergenz.
- LSPs werden nur gesendet, wenn eine Änderung in der Topologie stattgefunden hat, und enthalten auch nur Informationen zu dieser Änderung.
- Der hierarchische Aufbau wird bei der Implementierung mehrerer Areas verwendet.

10.2.2 Voraussetzungen bei Link-State-Protokollen

Moderne Link-State-Protokolle sind so entworfen, dass die Auswirkungen auf Speicher, Prozessor und Bandbreitenauslastung minimiert werden. Die Konfiguration und Verwendung und mehrerer Areas ermöglicht die Begrenzung der Größe von Link-State-Datenbanken. Mehrere Areas können zudem den Umfang der Link-State-Daten verringern, die in einer Routing-Domäne geflutet werden; LSPs werden nur an jene Router gesendet, die sie auch benötigen.

Tritt beispielsweise eine Änderung in der Topologie auf, dann empfangen nur die Router in der betroffenen Area das LSP und führen den SPF-Algorithmus aus. Dies kann hilfreich sein, um eine instabile Verbindung auf eine bestimmte Area in der Routing-Domäne einzugrenzen. In Abbildung 10.13 gibt es drei verschiedene Routing-Domänen: Area 1, Area 0 und Area 51.

Wenn ein Netzwerk in Area 51 ausfällt, wird das LSP mit den entsprechenden Informationen nur an andere Router in diesem Bereich geflutet, das heißt, nur Router in Area 51 müssen ihre Link-State-Datenbanken aktualisieren, den SPF-Algorithmus erneut ausführen, einen neuen SPF-Baum erstellen und ihre Routing-Tabellen aktualisieren. Router in den anderen Areas hingegen erfahren zwar vom Ausfall der Route, doch erfolgt diese Mitteilung mit einem LSP eines Typs, der im Wesentlichen der Distanzvektor-Methode entspricht und keine Neuausführung des SPF-Algorithmus bewirkt. Router in den anderen Areas können ihre Routing-Tabellen also direkt aktualisieren und benötigen keine Verarbeitungsressourcen zur erneuten Ausführung des SPF-Algorithmus.

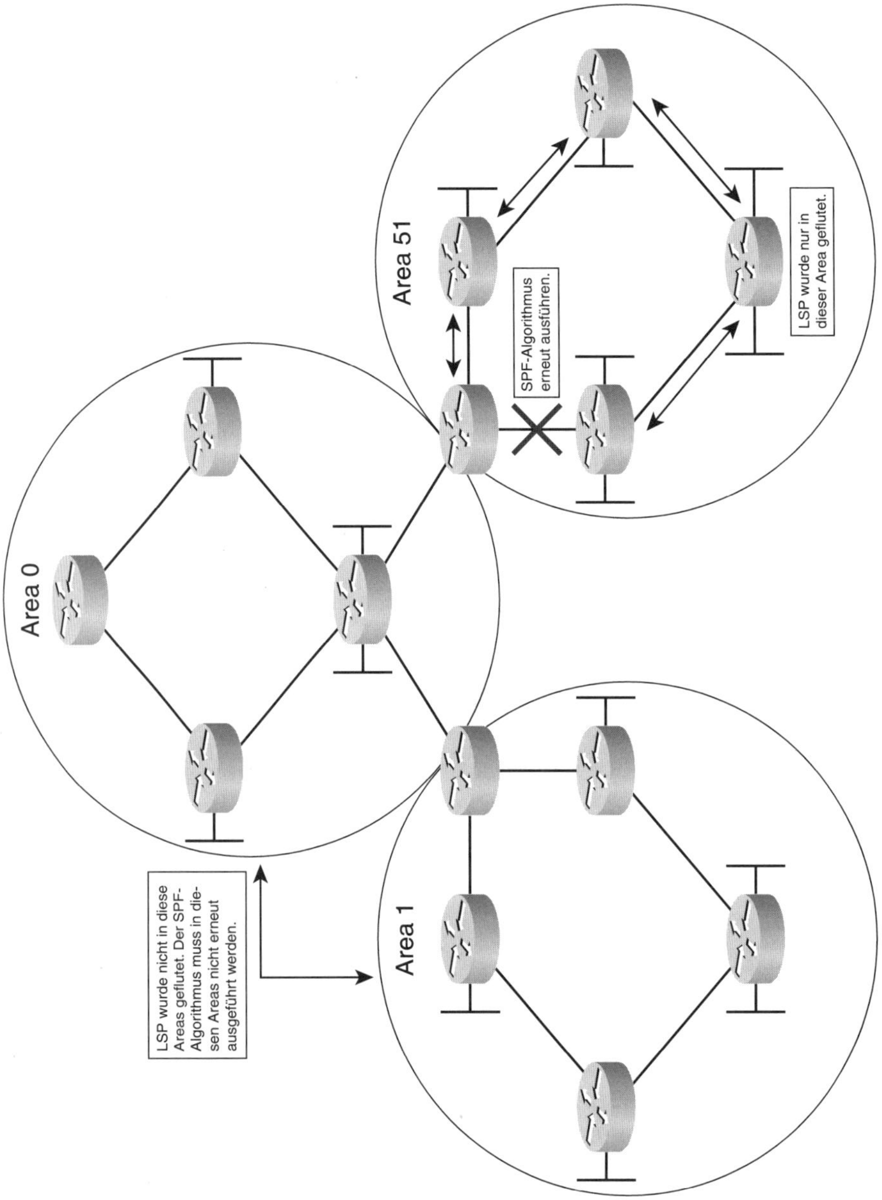

Abbildung 10.13: Mehrere Areas und der SPF-Algorithmus

ANMERKUNG

Multiarea-OSPF und Multiarea-IS-IS werden in Büchern zu Routing-Protokollen des CCNP-Curriculums ausführlich behandelt.

Speicheranforderungen

Link-State-Protokolle benötigen in der Regel mehr Speicher, Prozessorkapazität und gelegentlich auch mehr Bandbreite als Distanzvektor-Protokolle. Die höheren Speicheranforderungen sind auf die Verwendung der Link-State-Datenbanken und die Erstellung des SPF-Baums zurückzuführen.

Prozessoranforderungen

Link-State-Protokolle können auch höhere Anforderungen an die CPU stellen als Distanzvektor-Protokolle. Der SPF-Algorithmus erfordert mehr Prozessorzeit als Distanzvektor-Algorithmen wie der Bellman-Ford-Algorithmus, da Link-State-Protokolle eine vollständige Übersicht der Topologie erstellen.

Bandbreitenanforderungen

Das Fluten von LSPs kann sich negativ auf die im Netzwerk verfügbare Bandbreite auswirken. Dies sollte zwar nur unmittelbar nach dem Router-Start der Fall sein, kann sich aber nichtsdestoweniger in instabilen Netzwerken zu einem Problem auswachsen.

10.2.3 Link-State-Protokolle im Vergleich

Es gibt gegenwärtig zwei für das IP-Routing verwendete Link-State-Protokolle:

- **OSPF (Open Shortest Path First).** OSPF wurde von der OSPF-Arbeitsgruppe der IETF (Internet Engineering Task Force) entwickelt, die noch heute existiert. Die Entwicklung von OSPF begann 1987. Gegenwärtig werden zwei Versionen verwendet:
  - **OSPFv2.** OSPF für IPv4-Netzwerke (RFC 1247 und RFC 2328)
  - **OSPFv3.** OSPF für IPv6-Netzwerke (RFC 2740)

  Entwickelt wurde OSPF in erster Linie von John Moy, dem Autor der meisten RFCs zu OSPF. Sein Buch »OSPF. Anatomy of an Internet Routing Protocol« vermittelt interessante Einsichten in die Entwicklung von OSPF.

- **IS-IS (Intermediate System-to-Intermediate System).** IS-IS wurde von der ISO (International Organization for Standardization) entworfen und ist in ISO 10589 beschrieben. Die erste Implementierung dieses Routing-Protokolls wurde von DEC (Digital Equipment Corporation) realisiert und heißt DECnet Phase V. Radia Perlman war Chefentwickler des IS-IS-Protokolls.

  IS-IS wurde ursprünglich für die OSI- und nicht für die TCP/IP-Protokollsuite entworfen. Das spätere Integrated IS-IS (auch Dual IS-IS genannt) unterstützte dann auch IP-Netzwerke. Zwar gilt IS-IS eigentlich als von Internetprovidern und Netzanbietern bevorzugtes Protokoll, doch wird es mittlerweile zunehmend auch in Unternehmensnetzen eingesetzt.

OSPF und IS-IS weisen eine Menge Ähnlichkeiten, aber auch zahlreiche Unterschiede auf. Die Verfechter dieser beiden Protokolle diskutieren und erörtern die Vorteile »ihres« Routing-Protokolls gegenüber dem jeweils anderen. Beide Protokolle stellen die erforderliche Routing-Funktionalität bereit. Mehr zu IS-IS und OSPF erfahren Sie in CCNP. Sie können dann damit beginnen, sich Gedanken zu machen, welches Protokoll für *Sie* geeigneter zu sein scheint.

ANMERKUNG

OSPF werden wir im nächsten Kapitel behandeln. Multiarea-OSPF und OSPFv3 werden in den Büchern zu Routing-Protokollen des CCNP-Curriculums ausführlich behandelt.

10.3 Zusammenfassung

Link-State-Protokolle heißen auch SPF-Protokolle, weil sie auf dem von Edsger Dijkstra entwickelten SPF-Algorithmus (Shortest Path First) basieren. Es gibt gegenwärtig zwei für IP verwendete Link-State-Protokolle: OSPF und IS-IS.

Der Link-State-Prozess kann wie folgt zusammengefasst werden:

1. Jeder Router erlernt seine eigenen direkt angeschlossenen Netzwerke.
2. Jeder Router ist dafür verantwortlich, seine Nachbarn in direkt angeschlossenen Netzwerken zu finden.
3. Jeder Router erstellt ein LSP (Link-State-Paket), das Angaben zu den Zuständen aller direkt angeschlossenen Verbindungen enthält.
4. Jeder Router flutet das LSP an alle seine Nachbarn. Diese speichern alle empfangenen LSPs in einer Datenbank.

5. Jeder Router konstruiert aus den Daten in der Datenbank eine vollständige Abbildung der Topologie und berechnet den jeweils besten Pfad in alle Zielnetzwerke. Dieser beste Pfad kann dann zur Routing-Tabelle hinzugefügt werden. Ob dies geschieht, hängt unter anderem davon ab, ob dies die einzige Routenquelle ist. Ist dies nicht der Fall, wird die Route, die der Quelle mit der niedrigsten administrativen Distanz entstammt, zur Tabelle hinzugefügt.

Eine Verbindung ist eine Schnittstelle am Router. Der Verbindungszustand umfasst Informationen zu dieser Schnittstelle: die IP-Adresse und Subnetzmaske, den Netzwerktyp, den der Verbindung zugeordneten Kostenwert und gegebenenfalls mit dieser Schnittstelle verbundene Nachbarn.

Jeder Router bestimmt seine eigenen Verbindungszustände und flutet diese Informationen an alle anderen Router in der Area. Im Ergebnis erstellt jeder Router eine LSDB (Link-State-Datenbank), die die Link-State-Informationen zu allen anderen Routern enthält. Die LSDBs sind auf allen Routern identisch. Unter Verwendung der Informationen in der LSDB führt jeder Router den SPF-Algorithmus aus. Der SPF-Algorithmus erstellt einen SPF-Baum, an dessen Wurzel der Router selbst steht. Durch Anbindung der einzelnen Verbindungen aneinander entsteht der SPF-Baum. Nach dessen Fertigstellung kann der Router die aus seiner Sicht jeweils besten Pfade in die im Baum enthaltenen Netzwerke ermitteln. Die Ergebnisse werden dann in der Routing-Tabelle des Routers abgelegt.

Link-State-Protokolle erstellen eine lokale Topologieübersicht des Netzwerks, mit der jeder Router den besten Pfad in ein gegebenes Netzwerk ermitteln kann. Ein neues LSP wird nur gesendet, wenn es tatsächlich zu einer Änderung in der Topologie kommt. Wird eine Verbindung hinzugefügt, entfernt oder geändert, dann flutet der Router das neue LSP an alle anderen Router in derselben Area. Wenn ein Router dieses neue LSP dann empfängt, aktualisiert er seine LSDB, führt den SPF-Algorithmus erneut aus, erstellt wiederum einen SPF-Baum und aktualisiert seine Routing-Tabelle.

Link-State-Protokolle erreichen die Konvergenz in der Regel weitaus schneller als Distanzvektor-Protokolle. Eine rühmliche Ausnahme ist EIGRP. Allerdings brauchen Link-State-Protokolle auch mehr Speicher und stellen höhere Prozessoranforderungen. Bei modernen Routern stellt dies jedoch kein Problem mehr dar.

Im nächsten und letzten Kapitel dieses Kurses werden wir uns das Link-State-Protokoll OSPF genauer ansehen.

10.4 Aktivitäten und Übungen

Die Aktivitäten und Übungen im Begleitbuch »Routing Protocols and Concepts, CCNA Exploration Labs and Study Guide« (ISBN 978-1-58713-204-9) ermöglichen ein praxisbezogenes Üben. Allerdings gibt es zu den Themen in diesem Kapitel weder Praxisübungen noch Aktivitäten – sie werden durch Praxisübungen und Aktivitäten in anderen Kapitel vollständig abgedeckt.

10.5 Lernzielkontrolle

Beantworten Sie die folgenden Fragen, um Ihren Kenntnisstand bezüglich der in diesem Kapitel beschriebenen Themen und Konzepte zu überprüfen. Die Antworten finden Sie in Anhang A, »Antworten zu den Lernzielkontrollen und weiterführenden Fragen«.

1. Welches Routing-Protokoll gilt als Link-State-Protokoll?

   a) RIPv1

   b) RIPv2

   c) EIGRP

   d) IS-IS

   e) BGP

2. Welche der folgenden Mechanismen werden von Link-State-Protokollen verwendet, um Routing-Tabellen zu erstellen und zu pflegen? Wählen Sie drei Antworten aus.

   a) Service-Network-Advertisements

   b) Hello-Pakete

   c) Link-State-Pakete

   d) Routing-Tabellen-Broadcasts

   e) SPF-Algorithmus

   f) Spanning-Tree-Protokoll

3. Bestimmen Sie für jedes Attribut, ob es einem Distanzvektor- oder einem Link-State-Protokoll zuzuordnen ist.
   - hardwareintensiv:
   - Verwendet den Bellman-Ford-Algorithmus:
   - schnelle Konvergenz:
   - Verwendet zeitgesteuerte Updates:
   - Erstellt eine vollständige Topologie:
   - Wird manchmal als *Routing by Rumor* bezeichnet:
   - Verwendet Dijkstras Algorithmus:
4. Worin besteht ein Vorteil von Link-State-Protokollen im Vergleich zu den meisten Distanzvektor-Protokollen?
   a) Fähigkeit zum Routen von IPX
   b) fortlaufende Routenkontrolle mit periodischen Updates
   c) schnellere Konvergenz
   d) niedrige Hardwareanforderungen
5. Warum konvergieren Link-State-Protokolle schneller als die meisten Distanzvektor-Protokolle?
   a) Distanzvektor-Protokolle berechnen anders als Link-State-Protokolle ihre Routing-Tabellen vor dem Versenden von Routing-Updates.
   b) Link-State-Protokolle stellen geringere Anforderungen an Computerressourcen als Distanzvektor-Protokolle.
   c) Link-State-Protokolle senden häufiger Updates als Distanzvektor-Protokolle.
   d) Distanzvektor-Protokolle erhalten mehr Pakete pro Update als Link-State-Protokolle.

6. Betrachten Sie Abbildung 10.14. An welchen Router sendet Router A Hello-Pakete, wenn alle gezeigten Router ein Link-State-Protokoll verwenden?

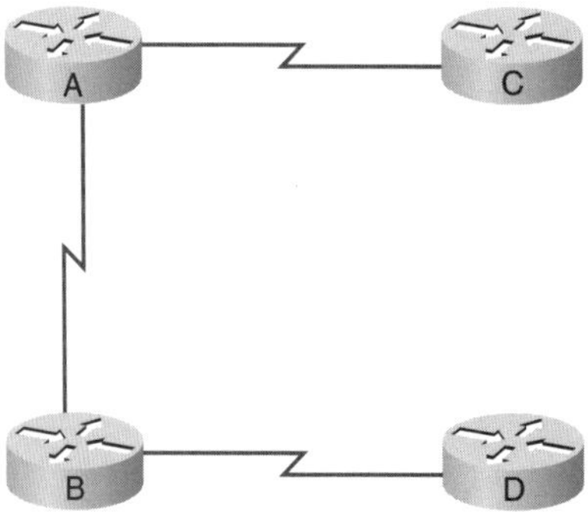

Abbildung 10.14: Lernzielkontrolle, Frage 6

   a) B und C
   b) B, C und D
   c) Nur an den DR
   d) Nur an den BR und den BDR

7. Welche Informationen sind in LSPs enthalten, die von Link-State-Routern an ihre Nachbarn gesendet werden?
   a) Kopie der Routing-Tabelle
   b) Kopie der Topologietabelle
   c) Zustand der direkt angeschlossenen Verbindungen
   d) Aktuelle Version des SPF-Baums

8. Worin besteht ein Nachteil von Link-State-Protokollen im Vergleich zu den meisten Distanzvektor-Protokollen?
   a) langsame Konvergenz
   b) flache Netzwerktopologie
   c) periodische Updates
   d) höhere Prozessoranforderungen

9. Was geschieht als Nächstes, nachdem zwei OSPF-Router Hello-Pakete ausgetauscht und eine Nachbarschaftsbeziehung gebildet haben?
   a) Sie beginnen damit, einander ihre Routing-Tabellen als Broadcasts zuzusenden.
   b) Sie beginnen mit der gegenseitigen Übertragung von LSPs.
   c) Sie verhandeln, um zu bestimmen, welcher Router der Stamm-Router der OSPF-Domäne sein wird.
   d) Sie stellen ihre Hello-Timer ein, um Kollisionen zu vermeiden.
10. Wie erlernt ein Router ein direkt angeschlossenes Netzwerk?
    a) Durch Konfiguration einer statischen Route
    b) Durch Konfiguration eines dynamischen Routing-Protokolls
    c) Durch Konfiguration einer IP-Adresse und Subnetzmaske auf der Schnittstelle
    d) Durch Entdecken einer Broadcast-Adresse auf einer bestimmten Schnittstelle
11. Inwiefern ähnelt ein Distanzvektor-Protokoll einem Straßenschild?
12. Inwiefern ähnelt ein Link-State-Protokoll einem Stadtplan?
13. Welchen Algorithmus verwenden Link-State-Protokolle?
14. Was ist in der Terminologie des Link-State-Routings eine Verbindung?
15. Was ist in der Terminologie des Link-State-Routings ein Verbindungszustand?
16. Was ist in der Terminologie des Link-State-Routings ein Nachbar, und wie werden Nachbarn erkannt?
17. Was erledigt das Flooding beim Link-State-Routing? Was ist Endergebnis dieses Vorgangs?
18. Wo werden LSPs gespeichert und wie werden sie verwendet?

10.6 Weiterführende Fragen und Aktivitäten

Die folgenden Fragen setzen ein tieferes Verständnis der in diesem Kapitel behandelten Konzepte voraus und entsprechen dem komplexeren Fragestil, der auch bei der CCNA-Prüfung auftreten kann. Sie finden die Antworten in Anhang A.

1. Versenden Link-State-Protokolle periodische Updates?
2. Welches sind im Vergleich zu Distanzvektor-Protokollen die Vorteile eines Link-State-Protokolls?
3. Worin bestehen die Voraussetzungen bei der Verwendung von Link-State-Protokollen? Wie lassen sich diese Anforderungen minimieren?
4. Welche zwei Link-State-Protokolle werden gegenwärtig für das IP-Routing verwendet?

10.7 Weitere Informationen

Leseempfehlungen

Das Verstehen des SPF-Algorithmus ist nicht schwierig. Es gibt diverse gute Bücher und Online-Ressourcen, die Dijkstras Algorithmus erläutern und seine Verwendung in der Netzwerktechnik beschreiben. Es gibt zudem eine Reihe von Websites, die erklären, wie diese Algorithmen funktionieren. Rufen Sie einige dieser Ressourcen auf und machen Sie sich mit der Funktionsweise des Algorithmus vertraut.

Hier einige Lesevorschläge:

- Radia Perlman: »Interconnections, Bridges, Routers, Switches, and Internetworking Protocols«
- Alex Zinin: »Cisco IP Routing«
- Christian Huitema: »Routing the Internet«

Eine Analogie

Eine Übung zum besseren Verständnis des SPF-Algorithmus kann auch im Klassenraum mit den Studierenden erfolgen. Dazu wird ein Satz Karteikarten benötigt. Jeder Anwesende erhält vier dieser Karten. Auf die erste Karte schreibt er den eigenen sowie den Namen des Sitznachbarn zu seiner Linken. Sitzt dort niemand, so wird das Wort *Niemand* notiert. Auf die nächste Karte wird die Karte ebenso beschriftet, nur wird diesmal der Name des Sitznachbarn zur Rechten notiert. Die verbleibenden beiden Karten nehmen die

Namen des vor bzw. hinter dem Studenten sitzenden Nachbarn auf. Diese Karteikarten stellen nun Link-State-Daten dar.

Nehmen wir etwa an, Thomas hat vier Karten mit den folgenden Angaben:

- Thomas → Jens
- Thomas → Patricia
- Thomas → Richard
- Thomas → Michael

Nachdem alle Anwesenden ihre Karteikarten ausgefüllt haben, sammelt der Dozent diese ein. Dies ähnelt dem Fluten beim Link-State-Prozess. Der Stapel mit den Karteikarten ist dann quasi die Link-State-Datenbank. In einem Netzwerk würden alle Router mit derselben Link-State-Datenbank arbeiten.

Der Dozent nimmt nun eine Karte nach der anderen und notiert die beiden darauf enthaltenen Namen getrennt durch eine Linie auf der Tafel. Nachdem alle Karteikarten auf die Tafel übertragen wurden, ist das Ergebnis eine Übersicht über die anwesenden Studierenden. Um den Vorgang zu vereinfachen, sollte der Dozent die Namen in etwa so vermerken, wie die Studierenden im Raum sitzen (also etwa so, dass Jens links von Thomas notiert ist usw.). Dies ähnelt dem SPF-Baum, der von einem Link-State-Protokoll erstellt wird.

Mithilfe dieser Topologieübersicht an der Tafel kann der Dozent alle Pfade zu den verschiedenen Anwesenden ausfindig machen.

Lernziele

Wenn Sie dieses Kapitel gelesen haben, sollten Sie in der Lage sein, die folgenden Fragen zu beantworten:

- Wie sehen Entstehung und Entwicklung von OSPF aus?
- Welches sind die grundlegenden Eigenschaften von OSPF?
- Können sie die von OSPF verwendete Metrik beschreiben, ändern und berechnen?
- Was versteht man unter dem DR- und dem BDR-Prozess im Multi-Access-Netzwerk?
- Wie wird der Befehl `default-information originate` in OSPF konfiguriert, um eine Default-Route bekannt zu machen?

Schlüsselbegriffe

In diesem Kapitel werden die folgenden Schlüsselbegriffe vorgestellt. Die entsprechenden Definitionen finden Sie im Glossar.

DBD ▪ LSR ▪ LSU ▪ LSA ▪ LSAck ▪ Multi-Access-Netzwerke ▪ NBMA ▪ DR ▪ BDR ▪ DROther ▪ OSPF-Area ▪ instabile Verbindung ▪ SPF-Schedule-Verzögerung ▪ ASBR

Kapitel 11

OSPF

Das OSPF-Protokoll (Open Shortest Path First) ist ein Link-State-Protokoll, das als Ersatz für das Distanzvektor-Protokoll RIP entwickelt wurde (siehe Abbildung 11.1).

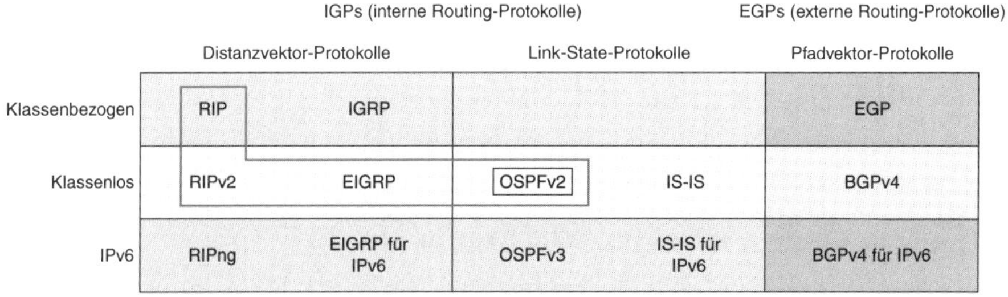

Abbildung 11.1: Klassifizierung der Routing-Protokolle

RIP war in den frühen Tagen von Netzwerktechnik und Internet ein durchaus verwendbares Protokoll, doch die Anzahl der Hops als einzigem Parameter zur Bestimmung der besten Route war schon bald in größeren Netzwerken nicht mehr hinnehmbar; dort wurde eine robustere Lösung benötigt. OSPF ist ein klassenloses Routing-Protokoll, das zur Skalierung das Konzept der Areas verwendet. RFC 2328 definiert die OSPF-Metrik als willkürlich festgelegten Wert, der als *Kosten* bezeichnet wird. Das Cisco IOS verwendet zur Berechnung der OSPF-Kostenmetrik die Bandbreite.

Die wesentlichen Vorteile von OSPF im Vergleich zu RIP sind die schnelle Konvergenz und die Skalierbarkeit zu wesentlich größeren Netzwerkimplementierungen. In diesem letzten Kapitel des Kurses »Routing-Protokolle und -Konzepte« werden Sie die grundlegende Implementierung und Konfiguration von Single-Area-OSPF kennenlernen. Komplexere OSPF-Konfigurationen und -Konzepte sind den CCNP-Kursen vorbehalten.

11.1 Einführung in OSPF

Dieser Abschnitt stellt einige der Konzepte und Protokolle vor, die in diesem Kapitel beschrieben werden. Auf einen Teil davon – z. B. das Hello-Protokoll – werden wir im weiteren Verlauf dieses Kapitels eingehen. Alle Themen werden in wesentlich größerer Ausführlichkeit in CCNP behandelt.

11.1.1 Entstehung von OSPF

Die Entwicklung von OSPF nahm ihren Anfang 1987 mit der Gründung der OSPF-Arbeitsgruppe der IETF (Internet Engineering Task Force). Zu jener Zeit war das Internet in erster Linie ein von der US-Regierung gefördertes Netzwerk für Wissenschaftler und Akademiker.

1989 wurden die Spezifikationen für OSPFv1 in RFC 1131 veröffentlicht. Dort wurden zwei Implementierungen beschrieben: eine zur Ausführung auf Routern und eine zweite für UNIX-Workstations. Aus Letzterer sollte später ein verbreiteter UNIX-Prozess namens GATED werden. OSPFv1 war ein experimentelles Routing-Protokoll, das niemals freigegeben wurde.

1991 dann wurde OSPFv2 von John Moy in RFC 1247 vorgestellt. OSPFv2 enthielt beträchtliche technische Verbesserungen im Vergleich zu OSPFv1. Gleichzeitig arbeitete die ISO (International Organization for Standardization) ihrerseits an einem Link-State-Protokoll: IS-IS (Intermediate System-to-Intermediate System). Die IETF entschied sich für OSPF als empfohlenes IGP.

1998 wurden die OSPFv2-Spezifikationen in RFC 2328 aktualisiert; dies ist nach wie vor der aktuelle RFC für OSPF. Sie finden ihn auf der IETF-Website unter *http://www.ietf.org/rfc/rfc2328*.

Anmerkung

1999 wurde OSPFv3 für IPv6 in RFC 2740 veröffentlicht. Dieser RFC wurde von John Moy, Rob Coltun und Dennis Ferguson verfasst und ist Gegenstand von CCNP.

11.1.2 Kapselung von OSPF-Nachrichten

Der Datenanteil einer OSPF-Nachricht wird in einem Paket gekapselt. Dieses Datenfeld kann einen von fünf OSPF-Pakettypen enthalten. Die einzelnen Typen werden wir gleich näher beschreiben.

Abbildung 11.2 zeigt eine gekapselte OSPF-Nachricht in einem Ethernet-Frame.

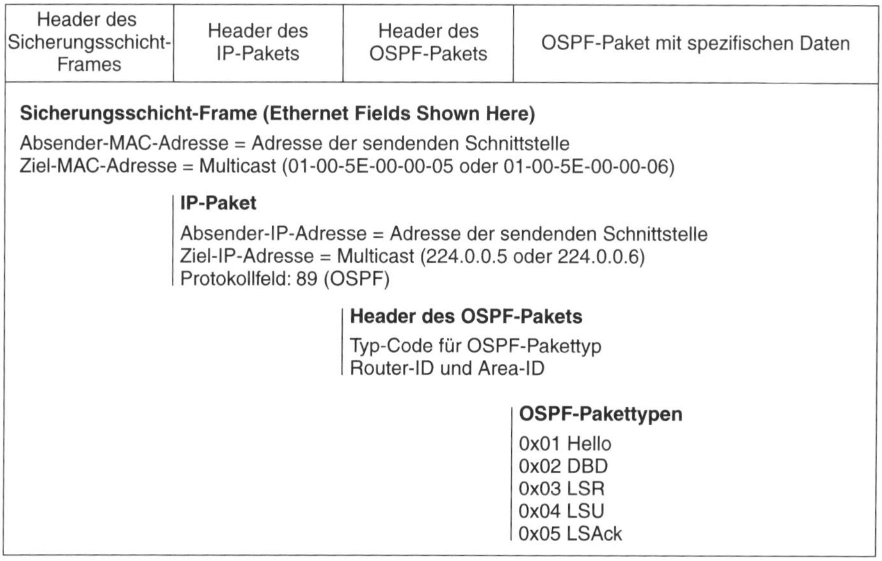

Abbildung 11.2: Gekapselte OSPF-Nachricht

Der OSPF-Paket-Header ist unabhängig vom Typ in jedem OSPF-Paket enthalten. Dieser Header und die je nach Pakettyp verschiedenen Daten werden dann in ein IP-Paket gekapselt. Das Protokollfeld im Header des IP-Pakets hat zur Kennzeichnung von OSPF den Wert 89, während als Zieladresse normalerweise eine von zwei Multicast-Adressen festgelegt ist: 224.0.0.5 oder 224.0.0.6. Wenn das OSPF-Paket in einen Ethernet-Frame gekapselt wird, ist die Ziel-MAC-Adresse ebenfalls eine Multicast-Adresse: 01-00-5E-00-00-05 oder 01-00-5E-00-00-06.

11.1.3 OSPF-Pakettypen

Im vorigen Kapitel haben Sie die LSPs (Link-State-Pakete) kennengelernt. Die folgende Liste beschreibt die fünf verschiedenen OSPF-LSPs. Es handelt sich dabei nur um einen Überblick über die Pakettypen. Einige von ihnen werden wir im weiteren Verlauf noch besprechen, und sie alle werden wesentlich ausführlicher in CCNP behandelt. Jedes Paket erfüllt im OSPF-Routing-Prozess einen bestimmten Zweck:

- **Hello.** Hello-Pakete dienen zur Herstellung und Pflege von Nachbarschaftsbeziehungen mit anderen OSPF-Routern. Wir werden das Hello-Protokoll im nächsten Abschnitt detailliert beschreiben.
- **DBD (Database Description, Datenbankbeschreibung).** Das DBD-Paket enthält eine verkürzte Auflistung der Link-State-Datenbank des sendenden Routers und wird von empfangenden Routern verwendet, um die lokale Link-State-Datenbank abzugleichen.
- **LSR (Link-State-Request).** Empfangende Router können weitere Informationen zu beliebigen Einträgen in der DBD über ein LSR anfordern.
- **LSU (Link-State-Update).** LSU-Pakete werden zur Beantwortung von LSRs und zur Bekanntgabe neuer Informationen verwendet. Sie enthalten sieben Arten von LSAs (Link-State-Advertisements). LSUs und LSAs werden wir im Verlauf des Kapitels kurz skizzieren.
- **LSAck (Link-State-Acknowledgment).** Wenn ein LSU empfangen wird, sendet der Router ein LSAck zur Empfangsbestätigung.

11.1.4 Das Hello-Protokoll

Abbildung 11.3 zeigt den OSPF-Paket-Header und das Hello-Paket. Wir werden die hervorgehobenen Felder im weiteren Verlauf dieses Kapitels behandeln. Hier wollen wir uns zunächst auf die Nutzung des Hello-Pakets konzentrieren.

OSPF-Pakettyp 1 ist das OSPF-Hello-Paket. Hello-Pakete werden verwendet, um

- OSPF-Nachbarn zu entdecken und Nachbarschaftsbeziehungen herzustellen,
- Parameter bekannt zu geben, über die zwei Router sich einig werden müssen, um Nachbarn zu werden,
- den DR (Designated Router) und den BDR (Backup Designated Router) in Multi-Access-Netzwerken wie Ethernet und Frame Relay auszuwählen.

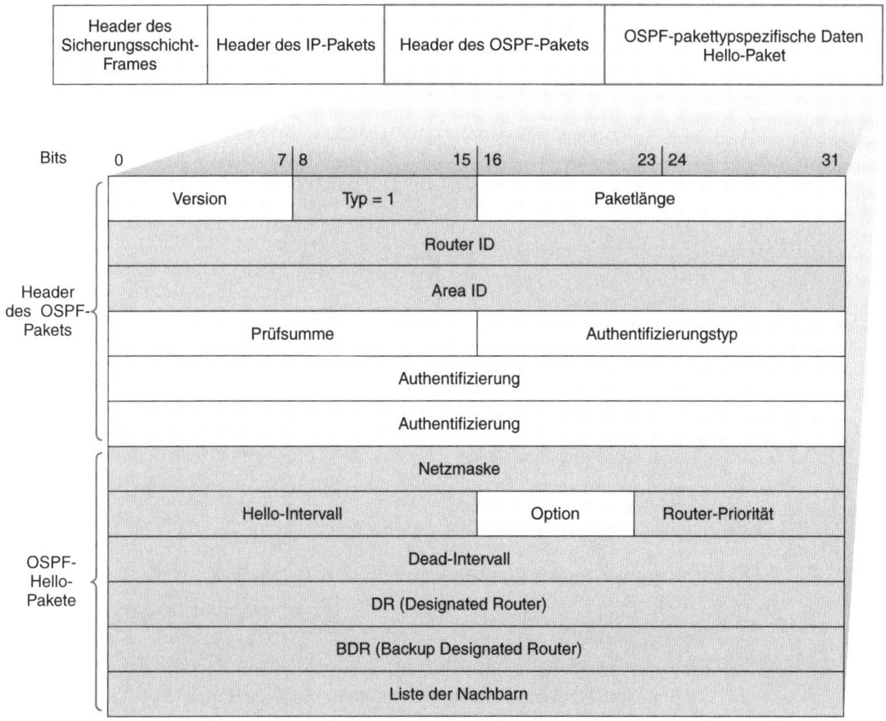

Abbildung 11.3: OSPF-Paket-Header und Hello-Paket

Wichtige in der Abbildung gezeigte Felder sind:

- **Typ.** Der OSPF-Pakettyp: Hello (Typ 1), DBD (Typ 2), LSR (Typ 3), LSU (Typ 4), LSAck (Typ 5)
- **Router-ID.** ID des sendenden Routers
- **Area-ID.** Area, aus der das Paket stammt
- **Netzmaske.** Die mit der sendenden Schnittstelle verknüpfte Subnetzmaske
- **Hello-Intervall.** Intervall zwischen den Hello-Paketen des sendenden Routers (in Sekunden)
- **Router-Priorität.** Wird bei der Wahl von DR und BDR verwendet (siehe unten).
- **DR (Designated Router).** Router-ID des DR (soweit vorhanden)
- **BDR (Backup Designated Router).** Router-ID des BDR (soweit vorhanden)
- **Nachbarliste.** Auflistung der OSPF-Router-IDs benachbarter Router

Nachbarschaftsbeziehungen herstellen

Damit ein OSPF-Router seine Verbindungszustände an andere Router fluten kann, muss er zunächst feststellen, ob weitere OSPF-Nachbarn mit einer seiner Schnittstellen verbunden sind. In Abbildung 11.4 senden die OSPF-Router Hello-Pakete an alle OSPF-fähigen Schnittstellen, um zu bestimmen, ob diese mit Nachbarn verbunden sind.

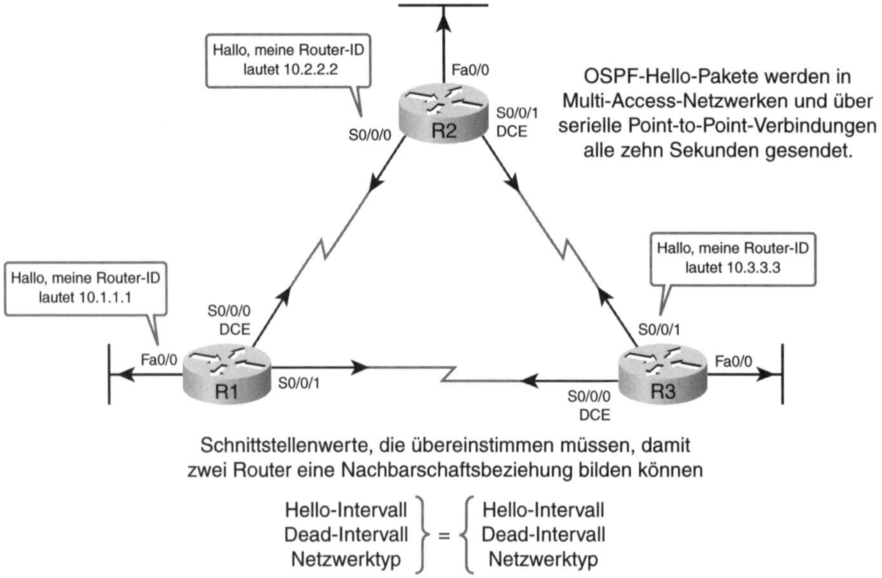

Abbildung 11.4: Das Hello-Protokoll

Die Informationen im OSPF-Hello-Paket enthalten die OSPF-Router-ID des Routers, der das Paket sendet. (Die Router-ID werden wir im Verlauf dieses Kapitels noch behandeln.) Wenn nun ein Router ein OSPF-Hello-Paket auf einer Schnittstelle empfängt, wird offensichtlich, dass ein anderer OSPF-Router an diese Schnittstelle angebunden ist. OSPF stellt dann eine Nachbarschaftsbeziehung mit dem Nachbarn her. Auch wenn die Router noch nicht als benachbart gelten können, wissen zu diesem Zeitpunkt doch beide, dass der andere OSPF-Router da ist. In der Abbildung beispielsweise stellt R1 Nachbarschaftsbeziehungen mit R2 und R3 her.

Eine vollständige Nachbarschaftsbeziehung wird hergestellt, nachdem die beteiligten Router alle erforderlichen LSUs ausgetauscht haben und ihre Link-State-Datenbanken identisch sind. Die Abläufe im Einzelnen werden in den CCNP-Kursen behandelt.

Hello- und Dead-Intervalle bei OSPF

Damit zwei Router eine OSPF-Nachbarschaftsbeziehung aufnehmen können, müssen sie sich über drei Werte einig werden: das Hello-Intervall, das Dead-Intervall und den Netzwerktyp. Das OSPF-Hello-Intervall zeigt an, wie oft ein OSPF-Router seine Hello-Pakete überträgt. Standardmäßig werden OSPF-Hello-Pakete alle zehn Sekunden in Multi-Access- und Point-to-Point-Segmente, jedoch nur alle 30 Sekunden in NBMA-Netzwerken (Non-Broadcast Multi-Access) wie X.25, Frame Relay und ATM gesendet.

In den meisten Fällen werden OSPF-Hello-Pakete als Multicast an die reservierte Adresse 224.0.0.5 (mit der Bezeichnung *ALLSPFRouters*) gesendet. Der Quell-Router kann Prozessorzeit und Netzwerkbandbreite einsparen, indem er ein Paket an alle Empfänger sendet, statt an jeden Empfänger separat ein Paket zu übertragen. Die empfangenden Geräte sparen dann Prozessorzeit, indem sie Pakete ignorieren, die nicht an sie gerichtet sind. Da durch das Multicasting sowohl Prozessorleistung als auch Bandbreite eingespart werden, ist dies der bevorzugte Weg in Broadcast-Netzwerken wie Ethernet. So gestattet es die Verwendung einer Multicast-Adresse einem Gerät, das Paket zu ignorieren, wenn die Annahme von OSPF-Paketen auf seiner Schnittstelle nicht aktiviert ist. Hierdurch wird Prozessorzeit bei Nicht-OSPF-Geräten eingespart.

Das Dead-Intervall ist der Zeitraum (in Sekunden), für den der Router auf den Empfang eines Hello-Pakets wartet, bevor er den Nachbarn als »ausgefallen« deklariert. Cisco verwendet hierfür standardmäßig das Vierfache des Hello-Intervalls. Bei Multi-Access- und Point-to-Point-Segmenten beträgt der Zeitraum 40 Sekunden, bei NBMA-Netzwerken 120 Sekunden.

Falls das Dead-Intervall abläuft, bevor der Router ein Hello-Paket empfängt, entfernt OSPF diesen Nachbarn aus der Link-State-Datenbank. Der Router flutet die Link-State-Informationen zum »ausgefallenen« Nachbarn an alle OSPF-fähigen Schnittstellen.

Netzwerktypen werden wir im weiteren Verlauf dieses Kapitels behandeln.

ANMERKUNG

Zu beachten ist außerdem, dass, bevor zwei Router eine OSPF-Nachbarschaftsbeziehung herstellen können, die entsprechenden Schnittstellen beider Router Bestandteil desselben Netzwerks sein und auch dieselbe Subnetzmaske aufweisen müssen.

DR und BDR wählen

Um das Aufkommen von OSPF-Daten in Multi-Access-Netzwerken verringern zu können, wählt OSPF einen DR (Designated Router, designierter Router) und einen BDR (Backup Designated Router, designierter Reserve-Router). Der DR ist zuständig für die Aktualisierung aller anderen OSPF-Router (diese heißen DROthers), falls eine Änderung im Multi-Access-Netzwerk auftritt. Der BDR hingegen überwacht den DR und übernimmt dessen Aufgaben, sollte dieser ausfallen.

In Abbildung 11.4 sind R1, R2 und R3 über Point-to-Point-Verbindungen miteinander verbunden. Aus diesem Grund erfolgt keine Auswahl von DR und BDR. Wir werden den Prozess der Auswahl von DR und BDR in einem späteren Abschnitt beschreiben, wenn wir diese Topologie auf ein Multi-Access-Netzwerk umstellen.

Anmerkung

Das Hello-Paket sowie die übrigen OSPF-Pakete werden in CCNP ausführlicher behandelt.

11.1.5 OSPF-LSUs

LSUs sind von OSPF für Routing-Updates verwendete Pakete. Ein LSU-Paket kann elf Typen von LSAs enthalten (Abbildung 11.5).

Die Unterscheidung zwischen LSUs und LSAs ist manchmal etwas verwirrend. Es gibt durchaus Fälle, in denen die Begriffe austauschbar sind. Ein LSU enthält ein oder mehrere LSAs, und beide Begriffe beziehen sich auf die von OSPF-Routern verbreiteten Link-State-Daten.

Anmerkung

Die verschiedenen LSA-Typen werden in CCNP behandelt.

11.1.6 Der OSPF-Algorithmus

Abbildung 11.6 zeigt in einer Übersicht den in Kapitel 10, »Link-State-Protokolle«, beschriebenen OSPF-Prozess, bei dem Link-State-Daten erfasst werden, um die Routing-Tabelle auszufüllen.

Typ	Paketname	Beschreibung
1	Hello	Entdeckt Nachbarn und bildet Nachbarschaftsbeziehungen zwischen diesen.
2	DBD	Überprüft die Datenbanksynchronisierung zwischen Routern.
3	LSR	Fordert spezifische Link-State-Datensätze zu Verbindungszuständen zwischen Routern an.
4	LSU	Sendet spezifische Link-State-Datensätze.
5	LSAck	Bestätigt die anderen Pakettypen.

LSA-Typ	Beschreibung
1	Router-LSAs
2	Netzwerk-LSAs
3 oder 4	Summen-LSAs
5	AS-externe LSAs
6	Multicast-OSPF-LSAs
7	Definiert für Areas, die nicht unbedingt Stubs sind
8	LSAs für externe BGP-Attribute
9, 10, 11	Opaque LSAs (für spezielle Daten)

Die Akronyme LSA und LSU werden häufig synonym verwendet.

Ein LSU enthält ein oder mehrere LSAs.

LSAs enthalten Routeninformationen zu Zielnetzwerken.

Die Eigenschaften von LSAs werden in CCNP behandelt.

Abbildung 11.5: LSUs enthalten LSAs

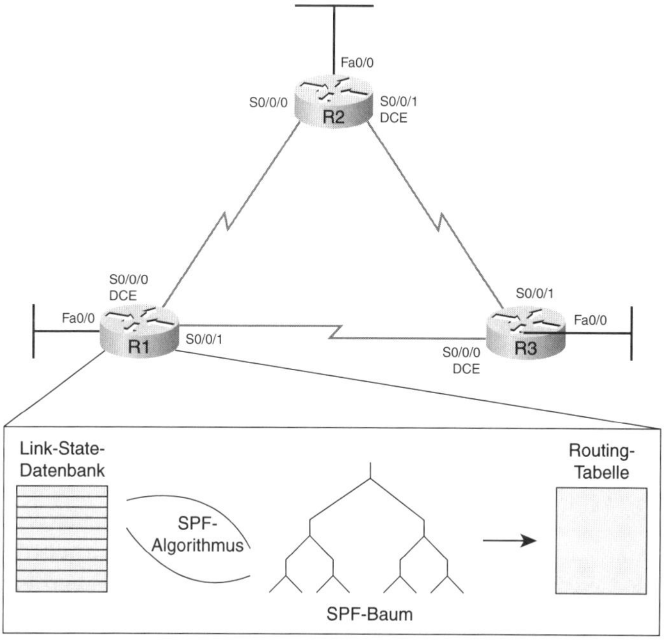

Abbildung 11.6: OSPF verwendet den SPF-Algorithmus von Dijkstra.

Jeder OSPF-Router führt eine Link-State-Datenbank, welche die von allen anderen Routern empfangenen LSAs enthält. Wenn ein Router alle LSAs empfangen und seine lokale Link-State-Datenbank erstellt hat, verwendet OSPF den SPF-Algorithmus von Dijkstra zur Erstellung eines SPF-Baums. Mithilfe dieses Baums wird dann die Routing-Tabelle mit den besten Pfaden im Netzwerk aufgefüllt.

11.1.7 Administrative Distanz

Wie Sie aus Kapitel 3, »Einführung in die dynamischen Routing-Protokolle«, bereits wissen, bezeichnet die administrative Distanz (AD) die Vertrauenswürdigkeit oder Priorität der Routenquelle. OSPF hat eine Default-AD von 110. Wie Sie Tabelle 11.1 entnehmen können, wird OSPF gegenüber IS-IS und RIP bevorzugt.

Tabelle 11.1: Administrative Standarddistanzen

Routenquelle	AD
angeschlossen	0
statisch	1
EIGRP-Summenroute	5
BGP extern	20
EIGRP intern	90
IGRP	100
OSPF	**110**
IS-IS	115
RIP	120
EIGRP extern	170
BGP intern	200

11.1.8 Authentifizierung

Wie in früheren Kapiteln bereits angemerkt, werden wir die Konfiguration der Authentifizierung bei Routing-Protokollen in einem späteren Kurs behandeln. Wie bei anderen Routing-Protokollen lässt sich auch bei OSPF eine Authentifizierung konfigurieren.

Es wird stets empfohlen, übertragene Routing-Informationen zu authentifizieren. RIPv2, EIGRP, OSPF, IS-IS und BGP können so konfiguriert werden, dass sie die Routing-Daten verschlüsseln und authentifizieren. Diese Praxis stellt sicher, dass Router Routing-Daten nur von anderen Routern akzeptieren, auf denen dasselbe Passwort oder andere Authentifizierungsinformationen konfiguriert wurden.

ANMERKUNG

Die Routing-Tabelle des Routers wird hierbei nicht verschlüsselt.

11.2 Grundlegende OSPF-Konfiguration

Dieser Abschnitt behandelt die Grundlagen der OSPF-Konfiguration. Wie Sie sehen werden, unterscheiden sich die verwendeten Befehle nicht besonders von jenen, die Sie bereits bei anderen Routing-Protokollen kennengelernt haben. Im weiteren Verlauf dieses Kapitels werden Sie mehr zur Berechnung der OSPF-Metrik und zu anderen OSPF-Prozessen erfahren, die für das Verständnis, die Implementierung und das Troubleshooting bei OSPF wesentlich sind.

11.2.1 Übungstopologie

Abbildung 11.7 zeigt die Topologie, die in diesem Kapitel verwendet wird. Beachten Sie, dass das Adressierungsschema nicht zusammenhängend ist. OSPF ist ein klassenloses Routing-Protokoll. Deswegen werden wir im Rahmen der OSPF-Konfiguration auch die Subnetzmaske konfigurieren. Wie Sie wissen, wird hierdurch das Problem der nichtzusammenhängenden Adressierung beseitigt. Ferner sei darauf hingewiesen, dass es in dieser Topologie drei serielle Verbindungen unterschiedlicher Bandbreite gibt und jeder Router über mehrere Pfade in die jeweiligen Remote-Netzwerke verfügt.

Tabelle 11.2 zeigt das Adressierungsschema für diese geänderte Topologie. Die Listings 11.1, 11.2 und 11.3 stellen die Startkonfigurationen der Router R1, R2 und R3 dar.

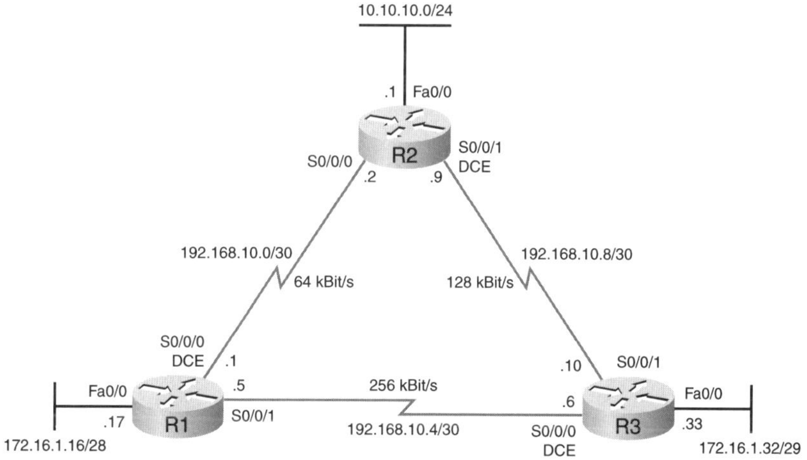

Abbildung 11.7: OSPF-Topologie

Tabelle 11.2: Adresstabelle für OSPF

Gerät	Schnittstelle	IP-Adresse	Subnetzmaske
R1	Fa0/0	172.16.1.17	255.255.255.240
	S0/0/0	192.168.10.1	255.255.255.252
	S0/0/1	192.168.10.5	255.255.255.252
R2	Fa0/0	10.10.10.1	255.255.255.0
	S0/0/0	192.168.10.2	255.255.255.252
	S0/0/1	192.168.10.9	255.255.255.252
R3	Fa0/0	172.16.1.33	255.255.255.248
	S0/0/0	192.168.10.6	255.255.255.252
	S0/0/1	192.168.10.10	255.255.255.252

Listing 11.1: Startkonfiguration von R1

```
R1#show startup-config

Current configuration : 1344 bytes
!
<Ausgabe teilweise unterdrückt>
!
hostname R1
!
!
!
interface FastEthernet0/0
 description R1 LAN
 ip address 172.16.1.17 255.255.255.240
!
interface Serial0/0/0
 description Link to R2
 ip address 192.168.10.1 255.255.255.252
 clock rate 64000
!
interface Serial0/0/1
 description Link to R3
 ip address 192.168.10.5 255.255.255.252
!
end
```

Listing 11.2: Startkonfiguration von R2

```
R2#show startup-config

Current configuration : 1343 bytes
```

Listing 11.2: Startkonfiguration von R2 (Forts.)

```
!
<Ausgabe teilweise unterdrückt>
!
hostname R2
!
!
!
interface FastEthernet0/0
 description R2 LAN
 ip address 10.10.10.1 255.255.255.0
!
interface Serial0/0/0
 description Link to R1
 ip address 192.168.10.2 255.255.255.252
!
interface Serial0/0/1
 description Link to R3
 ip address 192.168.10.9 255.255.255.252
 clock rate 64000
!
end
```

Listing 11.3: Startkonfiguration von R3

```
R3#show startup-config

Current configuration : 1342 bytes
!
<Ausgabe teilweise unterdrückt>
!
hostname R3
!
interface FastEthernet0/0
 description R3 LAN
 ip address 172.16.1.33 255.255.255.248
!
interface Serial0/0/0
 description Link to R1
 ip address 192.168.10.6 255.255.255.252
 clockrate 64000
!
interface Serial0/0/1
 description Link to R2
 ip address 192.168.10.10 255.255.255.252
!
end
```

Der Befehl `clock rate` in diesen Konfigurationen dient lediglich dazu, ein Taktsignal für die serielle Verbindung bereitzustellen. Dies geschieht ausschließlich in diesem Testfeld und muss nicht unbedingt repräsentativ für die tatsächliche Bandbreite der Verbindung sein.

Die aktuellen Konfigurationen enthalten den Befehl `interface bandwidth` nicht, das heißt, der Bandbreitenwert der seriellen Schnittstellen ist jeweils auf den Default-Wert von 1.544 kBit/s festgelegt.

11.2.2 Der Befehl »router ospf«

OSPF wird mit dem globalen Konfigurationsbefehl `router ospf` *`process-id`* aktiviert:

```
R1(config)#router ospf 1
R1(config-router)#
```

Dabei hat der Parameter *`process-id`* einen Wert zwischen 1 und 65.535, der vom Netzwerkadministrator vergeben wird. Die Prozess-ID hat lokale Bedeutung, das heißt, sie muss nicht mit den IDs anderer OSPF-Router übereinstimmen, um Nachbarschaftsbeziehungen mit diesen Routern herstellen zu können. Dies ist ein Unterschied zu EIGRP: Die Prozess-ID (bzw. AS-Nummer) bei EIGRP muss bei zwei EIGRP-Routern identisch sein, damit diese eine Nachbarschaftsbeziehung herstellen können.

In unserer Topologie aktivieren Sie OSPF auf allen drei Routern und verwenden dabei jeweils die Prozess-ID 1. Dies tun wir aus Konsistenzgründen.

11.2.3 Der Befehl »network«

Der Befehl `network` hat bei OSPF dieselbe Funktion wie bei anderen IGPs:

- Auf jeder Schnittstelle des Routers, deren Netzwerkadresse der Angabe im `network`-Befehl entspricht, werden Versand und Empfang von OSPF-Paketen aktiviert.
- Das betreffende Netzwerk (oder Subnetz) wird bei OSPF-Routing-Updates berücksichtigt.

Der Befehl `network` wird im Router-Konfigurationsmodus abgesetzt:

```
Router(config-router)#network network-address wildcard-mask area area-id
```

Bei OSPF wird dieser Befehl – ähnlich wie bei EIGRP – mit einer Kombination von Netzwerkadresse und Wildcard-Maske verwendet. Anders als bei EIGRP ist die Wildcard-Maske bei OSPF jedoch zwingend erforderlich. Mithilfe von Netzwerkadresse und Wildcard-Maske wird oder werden die Schnittstelle(n) bezeichnet, auf der oder denen OSPF aktiviert wird.

Wie bei EIGRP kann die Wildcard-Maske als »Gegenteil« einer Subnetzmaske konfiguriert werden. So befindet sich beispielsweise die Schnittstelle FastEthernet 0/0 von R1 im Netzwerk 172.16.1.16/28. Die Subnetzmaske dieser Schnittstelle ist /28 oder 255.255.255.240. Durch Invertierung der Subnetzmaske gelangen wird zur Wildcard-Maske:

```
  255.255.255.255
- 255.255.255.240  Subnetzmaske abziehen
  ---------------
    0.  0.  0. 15  Wildcard-Maske
```

Anmerkung

Wie bei EIGRP gestatten auch hier einige Versionen des Cisco IOS die einfache Eingabe der Subnetzmaske anstelle der Wildcard-Maske. Die Konvertierung nimmt das Cisco IOS in diesem Fall selbst vor.

Der Parameter `area` *`area-id`* bezeichnet die OSPF-Area. Eine OSPF-Area ist eine Gruppe von Routern, die Link-State-Informationen gemeinsam verwenden. Alle OSPF-Router in derselben Area müssen dieselben Link-State-Daten in ihren Link-State-Datenbanken enthalten. Dies wird dadurch erreicht, dass die Router ihre eigenen Verbindungszustände an alle anderen Router in der Area senden. In diesem Kapitel konfigurieren wir alle OSPF-Router in derselben Area. Dies bezeichnet man als *Single-Area-OSPF.*

Ein OSPF-Netzwerk kann auch in mehreren Areas konfiguriert werden. Die Aufteilung großer OSPF-Netzwerke in mehrere Areas bietet eine Reihe von Vorteilen, darunter etwa kleinere Link-State-Datenbanken und die Möglichkeit, Probleme mit Netzwerkinstabilitäten auf eine Area einzugrenzen. Multi-Area-OSPF wird in CCNP behandelt.

Falls alle Router sich in derselben OSPF-Area befinden, müssen die `network`-Befehle mit derselben Area-ID auf allen Routern konfiguriert werden. Zwar lässt sich jede beliebige ID verwenden, doch wird empfohlen, bei Single-Area-OSPF die Area-ID 0 zu verwenden. Diese Konvertierung erleichtert das Vorgehen, wenn im Netzwerk später doch noch weitere Areas eingerichtet werden sollen und Area 0 dann zur Backbone-Area wird.

Listing 11.4 zeigt den Befehl `network`, wie er auf allen drei Routern OSPF konfiguriert. Zu diesem Zeitpunkt sollten alle Router in der Lage sein, erfolgreich `ping`-Befehle in alle Netzwerke zu senden.

Listing 11.4: OSPF-Netzwerke konfigurieren

```
R1(config)#router ospf 1
R1(config-router)#network 172.16.1.16 0.0.0.15 area 0
```

Listing 11.4: OSPF-Netzwerke konfigurieren (Forts.)

```
R1(config-router)#network 192.168.10.0 0.0.0.3 area 0
R1(config-router)#network 192.168.10.4 0.0.0.3 area 0
```

```
R2(config)#router ospf 1
R2(config-router)#network 10.10.10.0 0.0.0.255 area 0
R2(config-router)#network 192.168.10.0 0.0.0.3 area 0
R2(config-router)#network 192.168.10.8 0.0.0.3 area 0
```

```
R3(config)#router ospf 1
R3(config-router)#network 172.16.1.32 0.0.0.7 area 0
R3(config-router)#network 192.168.10.4 0.0.0.3 area 0
R3(config-router)#network 192.168.10.8 0.0.0.3 area 0
```

11.2.4 Die OSPF-Router-ID

Die OSPF-Router-ID spielt bei OSPF eine wichtige Rolle. Dieser Abschnitt beschreibt die Bestimmung und Konfiguration der Router-ID. Im weiteren Verlauf dieses Kapitels werden Sie dann erfahren, wie die Router-ID im DR- und BDR-Prozess verwendet wird.

Router-ID bestimmen

Die OSPF-Router-ID wird zur eindeutigen Kennzeichnung eines Routers in der OSPF-Routing-Domäne verwendet. Eine Router-ID ist schlicht eine IP-Adresse. Cisco-Router leiten die Router-ID basierend auf drei Kriterien und mit den folgenden Prioritäten ab:

1. Es wird die mit dem OSPF-Befehl `router-id` konfigurierte Adresse verwendet.
2. Falls keine Router-ID konfiguriert wurde, wählt der Router die höchste IP-Adresse aus, die einer seiner Loopback-Schnittstellen zugewiesen ist.
3. Falls keine Loopback-Schnittstellen konfiguriert wurden, wählt der Router die höchste aktive IP-Adresse einer seiner physischen Schnittstellen aus.

Die höchste aktive IP-Adresse

Wenn der Befehl `router-id` auf einem Router nicht konfiguriert wurde und keine Loopback-Schnittstellen vorhanden sind, wird als Router-ID die höchste aktive IP-Adresse einer seiner Schnittstellen verwendet. Die betreffende Schnittstelle muss nicht für OSPF konfiguriert, das heißt, nicht in einem der `network`-Befehle für OSPF enthalten sein. Allerdings muss die Schnittstelle aktiv sein, sprich den Status *up* aufweisen.

Können Sie unter Verwendung dieser Kriterien die Router-IDs für R1, R2 und R3 in Abbildung 11.7 und der IP-Adressen in Tabelle 11.2 ermitteln?

Router-ID überprüfen

Da wir auf unseren drei Routern weder Router-IDs noch Loopback-Schnittstellen konfiguriert haben, wird die Router-ID jeweils nach dem dritten oben genannten Kriterium bestimmt: der höchsten aktiven IP-Adresse auf einer der physischen Schnittstellen des Routers. Aus der Abbildung gehen die Router-IDs eindeutig hervor:

- **R1:** 192.168.10.5 (ist höher als 172.16.1.17 und 192.168.10.1)
- **R2:** 192.168.10.9 (ist höher als 10.10.10.1 und 192.168.10.2)
- **R3:** 192.168.10.10 (ist höher als 172.16.1.33 und 192.168.10.6)

Ein Befehl, mit dem Sie die aktuelle Router-ID überprüfen können, ist `show ip protocols`. Einige Cisco-IOS-Versionen zeigen die Router-ID nicht an (siehe Listing 11.5). In solchen Fällen können Sie sie jedoch mit den Befehlen `show ip ospf` oder `show ip ospf interface` verifizieren.

Listing 11.5: Router-ID mit »show ip protocols« überprüfen

```
R1#show ip protocols
Routing Protocol is „ospf 1"
  Outgoing update filter list for all interfaces is not set
  Incoming update filter list for all interfaces is not set
  Router ID 192.168.10.5
  Number of areas in this router is 1. 1 normal 0 stub 0 nssa
<Ausgabe unterdrückt>

R2#show ip protocols
Routing Protocol is „ospf 1"
  Outgoing update filter list for all interfaces is not set
  Incoming update filter list for all interfaces is not set
  Router ID 192.168.10.9
  Number of areas in this router is 1. 1 normal 0 stub 0 nssa
<Ausgabe unterdrückt>

R3#show ip protocols
Routing Protocol is „ospf 1"
  Outgoing update filter list for all interfaces is not set
  Incoming update filter list for all interfaces is not set
  Router ID 192.168.10.10
  Number of areas in this router is 1. 1 normal 0 stub 0 nssa
<Ausgabe unterdrückt>
```

Loopback-Adresse

Wenn keine Router-ID, wohl aber Loopback-Schnittstellen konfiguriert wurden, wählt der Router die höchste IP-Adresse aus, die einer seiner Loopback-Schnittstellen zugewiesen ist. Eine Loopback-Schnittstelle ist eine virtuelle Schnittstelle, die bei der Konfiguration automatisch in den Status *up* versetzt wird. Die Befehle zur Konfiguration einer Loopback-Schnittstelle kennen Sie bereits:

```
Router(config)#interface loopback number
Router(config-if)#ip address ip-address subnet-mask
```

Auf allen drei Routern wurden Loopback-Adressen konfiguriert, um die OSPF-Router-IDs zu repräsentieren. Abbildung 11.8 zeigt die zur Topologie hinzugefügten Loopback-Schnittstellen, Listing 11.6 die Konfiguration der Loopback-Schnittstelle auf allen drei Routern.

Listing 11.6: Loopback-Konfigurationen

```
R1(config)#interface loopback 0
R1(config-if)#ip address 10.1.1.1 255.255.255.255
```

```
R2(config)#interface loopback 0
R2(config-if)#ip address 10.2.2.2 255.255.255.255
```

```
R3(config)#interface loopback 0
R3(config-if)#ip address 10.3.3.3 255.255.255.255
```

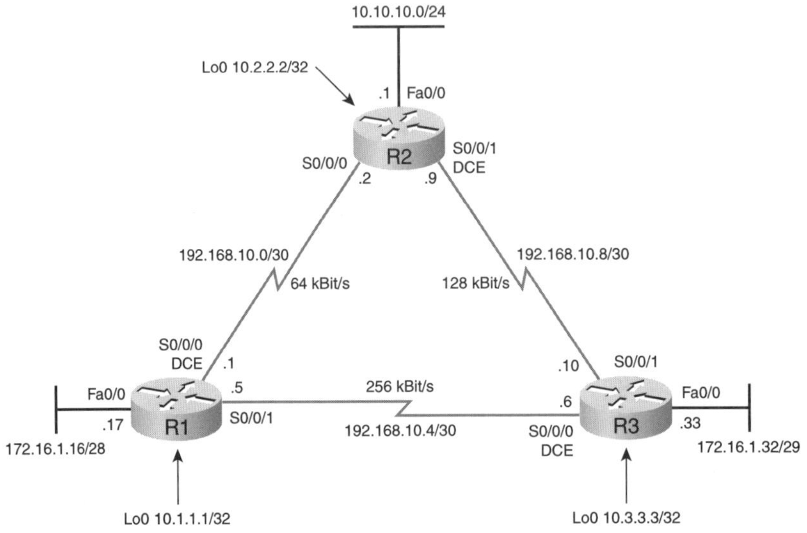

Abbildung 11.8: Topologie mit Loopback-Schnittstellen

Der Vorteil der Verwendung einer Loopback-Schnittstelle besteht darin, dass sie – anders als physische Schnittstellen – nicht ausfallen kann. Es gibt keine echten Kabel oder Nachbargeräte, auf die die Loopback-Schnittstelle angewiesen ist, um den Status *up* aufrechtzuerhalten. Aus diesem Grund führt die Verwendung einer Loopback-Schnittstelle als Router-ID zur erforderlichen Stabilität des OSPF-Prozesses. Da der OSPF-Befehl `router-id`, den wir gleich behandeln werden, eine noch relativ neue Ergänzung im Cisco IOS ist, ist die Verwendung von Loopback-Schnittstellen zur Konfiguration von OSPF-Router-IDs noch sehr verbreitet.

Der OSPF-Befehl »router-id«

Der Befehl `router-id` wurde mit Cisco IOS Release 12.0(T) eingeführt und hat bei der Bestimmung der Router-ID Vorrang vor den IP-Adressen von Loopback- und physischen Schnittstellen. Die Befehlssyntax sieht wie folgt aus:

```
Router(config)#router ospf process-id
Router(config-router)#router-id ip-address
```

Router-ID ändern

Die Router-ID wird ausgewählt, wenn OSPF mit dem ersten `network`-Befehl konfiguriert wird. Wird erst anschließend der Befehl `router-id` konfiguriert oder die Loopback-Adresse festgelegt, so wird die Router-ID von der Schnittstelle mit der höchsten aktiven IP-Adresse abgeleitet.

Die Router-ID kann durch die IP-Adresse aus einem nachfolgend eingegebenen Befehl `router-id` nur geändert werden, indem entweder der Router neu geladen oder aber der folgende Befehl eingesetzt wird:

```
Router#clear ip ospf process
```

ANMERKUNG

> Zum Ändern einer Router-ID durch die IP-Adresse einer neuen Loopback- oder einer physischen Schnittstelle kann das Neuladen des Routers erforderlich sein.

Doppelt vorhandene Router-IDs

Wenn zwei Router dieselbe Router-ID in einer OSPF-Domäne verwenden, funktioniert das Routing unter Umständen nicht korrekt. Ist die Router-ID auf zwei benachbarten Routern gleich, kann keine Nachbarschaftsbeziehung hergestellt werden.

In diesem Fall zeigt das Cisco IOS eine Meldung der folgenden Art an:

```
%OSPF-4-DUP_RTRID1: Detected router with duplicate router ID
```

Um das Problem zu beheben, konfigurieren Sie alle Router so, dass die OSPF-Router-IDs jeweils eindeutig sind.

Da einige Cisco-IOS-Versionen den Befehl `router-id` nicht unterstützen, verwenden wir die Loopback-Adressen zur Konfiguration der Router-IDs. Die IP-Adresse einer Loopback-Schnittstelle ersetzt die aktuelle Router-ID eines OSPF-Routers gewöhnlich nur dann, wenn der Router neu geladen wird. In Listing 11.7 wurden die Router neu gestartet. Mit dem Befehl `show ip protocols` wird nun überprüft, ob die einzelnen Router die Loopback-Adresse als Router-ID verwenden.

Listing 11.7: Neue Router-IDs mit »show ip protocols« überprüfen

```
R1#show ip protocols
Routing Protocol is "ospf 1"
  Outgoing update filter list for all interfaces is not set
  Incoming update filter list for all interfaces is not set
  Router ID 10.1.1.1
  Number of areas in this router is 1. 1 normal 0 stub 0 nssa
<Ausgabe unterdrückt>
```

```
R2#show ip protocols
Routing Protocol is "ospf 1"
  Outgoing update filter list for all interfaces is not set
  Incoming update filter list for all interfaces is not set
  Router ID 10.2.2.2
  Number of areas in this router is 1. 1 normal 0 stub 0 nssa
<Ausgabe unterdrückt>
```

```
R3#show ip protocols
Routing Protocol is "ospf 1"
  Outgoing update filter list for all interfaces is not set
  Incoming update filter list for all interfaces is not set
  Router ID 10.3.3.3
  Number of areas in this router is 1. 1 normal 0 stub 0 nssa
<Ausgabe unterdrückt>
```

11.2.5 OSPF überprüfen

Mit dem Befehl `show ip ospf neighbor` (Listing 11.8) können Sie OSPF-Nachbarschaftsbeziehungen überprüfen und vorliegende Probleme ermitteln.

Listing 11.8: Nachbarschaftsbeziehungen mit »show ip ospf neighbor« überprüfen

```
R1#show ip ospf neighbor

Neighbor ID     Pri   State           Dead Time   Address         Interface
10.3.3.3          1   FULL/  -        00:00:30    192.168.10.6    Serial0/0/1
10.2.2.2          1   FULL/  -        00:00:33    192.168.10.2    Serial0/0/0
```

```
R2#show ip ospf neighbor

Neighbor ID     Pri   State           Dead Time   Address         Interface
10.3.3.3          1   FULL/  -        00:00:36    192.168.10.10   Serial0/0/1
10.1.1.1          1   FULL/  -        00:00:37    192.168.10.1    Serial0/0/0
```

```
R3#show ip ospf neighbor

Neighbor ID     Pri   State           Dead Time   Address         Interface
10.2.2.2          1   FULL/  -        00:00:34    192.168.10.9    Serial0/0/1
10.1.1.1          1   FULL/  -        00:00:38    192.168.10.5    Serial0/0/0
```

Für jeden Nachbarn zeigt dieser Befehl die folgenden Angaben an:

- **Neighbor ID.** Router-ID des benachbarten Routers
- **Pri.** OSPF-Priorität der Schnittstelle. Diese wird an anderer Stelle beschrieben.
- **State.** OSPF-Status der Schnittstelle. `FULL` bedeutet, dass die Schnittstelle des Routers eine vollständige Nachbarschaftsbeziehung mit dem Nachbarn führt und beide Router mit identischen Link-State-Datenbanken arbeiten. Der OSPF-Status wird in CCNP behandelt.
- **Dead Time.** Verbleibende Zeit, während derer der Router auf den Empfang eines OSPF-Hello-Pakets von diesem Nachbarn wartet, bevor er den Nachbarn als ausgefallen betrachtet. Dieser Wert wird zurückgesetzt, sobald die Schnittstelle ein Hello-Paket empfängt.
- **Address.** Die IP-Adresse der Schnittstelle des benachbarten Routers, mit dem dieser Router direkt verbunden ist.
- **Interface.** Die Schnittstelle, über die der Router eine Nachbarschaftsbeziehung mit dem Nachbarn hergestellt hat.

Beim Troubleshooting in OSPF-Netzwerken können Sie mit dem Befehl `show ip ospf neighbor` überprüfen, ob der Router eine Nachbarschaftsbeziehung mit seinen Nachbarn hergestellt hat. Wird die Router-ID des benachbarten Routers nicht angezeigt oder ein anderer Status als `Full` dargestellt, so haben die beiden Router keine OSPF-Nachbarschaftsbeziehung gebildet. In diesem Fall werden auch keine Link-State-Daten ausgetauscht. Unvollständige Link-State-Datenbanken können dazu führen, dass SPF-Bäume und Routing-Tabellen fehlerhaft sind: Routen in Zielnetzwerke sind nicht vorhanden oder unter Umständen nicht optimal.

Anmerkung

In Multi-Access-Netzwerken wie Ethernet wird der Status zweier benachbarter Router unter Umständen als `2WAY` angezeigt. Dies wird an anderer Stelle beschrieben.

Zwei Router bilden möglicherweise keine OSPF-Nachbarschaftsbeziehung, wenn eine der folgenden Bedingungen erfüllt ist:

- Die Subnetzmasken stimmen nicht überein (das heißt, die Router befinden sich in separaten Netzwerken).
- Die OSPF-Hello- oder Dead-Timer stimmen nicht überein.
- Die OSPF-Netzwerktypen stimmen nicht überein.
- Der OSPF-Befehl `network` fehlt oder ist falsch.

Weitere für das Troubleshooting geeignete OSPF-Befehle sind:

- **`show ip protocols`**
- **`show ip ospf`**
- **`show ip ospf interface`**

Wie Listing 11.9 zeigt, stellt der Befehl `show ip protocols` eine Möglichkeit dar, schnell wichtige OSPF-Konfigurationsinformationen abzurufen. Hierzu gehören die OSPF-Prozess-ID, die Router-ID, die vom Router bekannt gegebenen Netzwerke, die Nachbarn, von denen der Router Updates empfängt, und die administrative Default-Distanz (bei OSPF 110).

Listing 11.9: Der Befehl »show ip protocols«

```
R1#show ip protocols
Routing Protocol is "ospf 1"
  Outgoing update filter list for all interfaces is not set
  Incoming update filter list for all interfaces is not set
```

Listing 11.9: Der Befehl »show ip protocols« (Forts.)

```
 Router ID 10.1.1.1
 Number of areas in this router is 1. 1 normal 0 stub 0 nssa
 Maximum path: 4
 Routing for Networks:
   172.16.1.16 0.0.0.15 area 0
   192.168.10.0 0.0.0.3 area 0
   192.168.10.4 0.0.0.3 area 0
Reference bandwidth unit is 100 mbps
 Routing Information Sources:
   Gateway         Distance      Last Update
   10.2.2.2             110      11:29:29
   10.3.3.3             110      11:29:29
 Distance: (default is 110)
```

Der Befehl `show ip ospf` auf R1 (Listing 11.10) kann ebenfalls verwendet werden, um die OSPF-Prozess-ID und die Router-ID zu untersuchen. Außerdem zeigt der Befehl Informationen zur OSPF-Area sowie den Zeitpunkt der letzten Berechnung des SPF-Algorithmus an.

Listing 11.10: Der Befehl »show ip ospf«

```
R1#show ip ospf
 <Ausgabe teilweise unterdrückt>
 Routing Process "ospf 1" with ID 10.1.1.1
 Start time: 00:00:19.540, Time elapsed: 11:31:15.776
 Supports only single TOS(TOS0) routes
 Supports opaque LSA
 Supports Link-local Signaling (LLS)
 Supports area transit capability
 Router is not originating router-LSAs with maximum metric
 Initial SPF schedule delay 5000 msecs
 Minimum hold time between two consecutive SPFs 10000 msecs
 Maximum wait time between two consecutive SPFs 10000 msecs
 Incremental-SPF disabled
 Minimum LSA interval 5 secs
 Minimum LSA arrival 1000 msecs
 Area BACKBONE(0)
        Number of interfaces in this area is 3
        Area has no authentication
        SPF algorithm last executed 11:30:31.628 ago
        SPF algorithm executed 5 times
        Area ranges are
        <Ausgabe unterdrückt>
```

Wie Sie der Ausgabe entnehmen können, ist OSPF ein sehr stabiles Routing-Protokoll. Das einzige OSPF-Ereignis, an dem R1 in den letzten elfeinhalb Stunden beteiligt war, ist der Versand kleiner Hello-Pakete an seine Nachbarn.

Anmerkung

Weitere von `show ip ospf` angezeigte Informationen werden in den CCNP-Kursen behandelt.

Die Befehlsausgabe enthält wichtige Informationen zum SPF-Algorithmus, so etwa die SPF-Schedule-Verzögerung:

```
Initial SPF schedule delay 5000 msecs
Minimum hold time between two consecutive SPFs 10000 msecs
Maximum wait time between two consecutive SPFs 10000 msecs
```

Jedes Mal, wenn ein Router neue Informationen zur Topologie (d. h. zu hinzugefügten, gelöschten oder geänderten Verbindungen) erhält, muss er den SPF-Algorithmus neu ausführen, einen neuen SPF-Baum erstellen und die Routing-Tabelle aktualisieren. Der SPF-Algorithmus ist sehr prozessorintensiv, und die Dauer der Berechnung hängt von der Größe der Area ab. Die Area-Größe wird an der Anzahl der enthaltenen Router und der Größe der Link-State-Datenbank bemessen.

Ein Netzwerk, das ständig zwischen den Zuständen *up* und *down* wechselt, wird als instabile Verbindung (engl. *Flapping Link*) bezeichnet. Eine solche Verbindung kann dazu führen, dass OSPF-Router in einer Area den SPF-Algorithmus fortlaufend neu berechnen, was ein Konvergieren verhindert. Um das Problem zu minimieren, wartet der Router nach Empfang eines LSU fünf Sekunden, bevor er den SPF-Algorithmus ausführt. Dies bezeichnet man als SPF-Schedule-Verzögerung. Um zu verhindern, dass ein Router den SPF-Algorithmus ständig ausführt, gibt es eine zusätzliche Pause von zehn Sekunden. Der Router wartet also nach Ausführung des SPF-Algorithmus mindestens zehn Sekunden, bevor er den Algorithmus erneut ausführt.

Die schnellste Möglichkeit, Hello- und Dead-Intervalle zu überprüfen, ist die Verwendung des Befehls `show ip ospf interface`. Wie Listing 11.11 darstellt, wird, wenn Schnittstellenname und -nummer zum Befehl hinzugefügt werden, die Ausgabe für die betreffende Schnittstelle angezeigt.

Listing 11.11: Der Befehl »show ip ospf interface«

```
R1#show ip ospf interface serial 0/0/0
Serial0/0/0 is up, line protocol is up
  Internet Address 192.168.10.1/30, Area 0
```

Listing 11.11: Der Befehl »show ip ospf interface« (Forts.)

```
  Process ID 1, Router ID 10.1.1.1, Network Type POINT_TO_POINT, Cost: 64
  Transmit Delay is 1 sec, State POINT_TO_POINT,
  Timer intervals configured, Hello 10, Dead 40, Wait 40, Retransmit 5
    oob-resync timeout 40
    Hello due in 00:00:07
  Supports Link-local Signaling (LLS)
  Index 2/2, flood queue length 0
  Next 0x0(0)/0x0(0)
  Last flood scan length is 1, maximum is 1
  Last flood scan time is 0 msec, maximum is 4 msec
  Neighbor Count is 1, Adjacent neighbor count is 1
    Adjacent with neighbor 10.2.2.2
  Suppress hello for 0 neighbor(s)
```

Diese Intervalle sind in den OSPF-Hello-Paketen eingeschlossen, die zwischen Nachbarn ausgetauscht werden. OSPF kann unterschiedliche Hello- und Dead-Intervalle auf den verschiedenen Schnittstellen verwenden; falls allerdings zwei OSPF-Router Nachbarn werden sollen, müssen ihre Hello- und Dead-Intervalle jeweils identisch sein. Beachten Sie den in der Ausgabe hervorgehobenen Teil von Listing 11.11. R1 verwendet ein Hello-Intervall von 10 und ein Dead-Intervall von 40 auf der Schnittstelle Serial 0/0/0. R2 muss dieselben Intervallwerte für seine Schnittstelle Serial 0/0/0 aufweisen – andernfalls stellen die beiden Router keine Nachbarschaftsbeziehung her.

11.2.6 Routing-Tabelle untersuchen

Wie Sie wissen, besteht die schnellste Möglichkeit, die OSPF-Konvergenz zu überprüfen, in einem Blick auf die Routing-Tabelle der einzelnen Router in der Topologie.

Die Listings 11.12, 11.13 und 11.14 zeigen die Routing-Tabellen für R1, R2 und R3.

Listing 11.12: Routing-Tabelle von R1

```
R1#show ip route
Codes: <Codeausgabe teilweise unterdrückt>
       D - EIGRP, EX - EIGRP external, O - OSPF, IA - OSPF inter area

Gateway of last resort is not set

     192.168.10.0/30 is subnetted, 3 subnets
C       192.168.10.0 is directly connected, Serial0/0/0
C       192.168.10.4 is directly connected, Serial0/0/1
O       192.168.10.8 [110/128] via 192.168.10.2, 14:27:57, Serial0/0/0
     172.16.0.0/16 is variably subnetted, 2 subnets, 2 masks
```

Listing 11.12: Routing-Tabelle von R1 (Forts.)

```
O       172.16.1.32/29 [110/65] via 192.168.10.6, 14:27:57, Serial0/0/1
C       172.16.1.16/28 is directly connected, FastEthernet0/0
     10.0.0.0/8 is variably subnetted, 2 subnets, 2 masks
O       10.10.10.0/24 [110/65] via 192.168.10.2, 14:27:57, Serial0/0/0
C       10.1.1.1/32 is directly connected, Loopback0
```

Listing 11.13: Routing-Tabelle von R2

```
R2#show ip route
Codes: <Codeausgabe teilweise unterdrückt>
       D - EIGRP, EX - EIGRP external, O - OSPF, IA - OSPF inter area

Gateway of last resort is not set

     192.168.10.0/30 is subnetted, 3 subnets
C       192.168.10.0 is directly connected, Serial0/0/0
O       192.168.10.4 [110/128] via 192.168.10.1, 14:31:18, Serial0/0/0
C       192.168.10.8 is directly connected, Serial0/0/1
     172.16.0.0/16 is variably subnetted, 2 subnets, 2 masks
O       172.16.1.32/29 [110/65] via 192.168.10.10, 14:31:18, Serial0/0/1
O       172.16.1.16/28 [110/65] via 192.168.10.1, 14:31:18, Serial0/0/0
     10.0.0.0/8 is variably subnetted, 2 subnets, 2 masks
C       10.2.2.2/32 is directly connected, Loopback0
C       10.10.10.0/24 is directly connected, FastEthernet0/0
```

Listing 11.14: Routing-Tabelle von R3

```
R3#show ip route
Codes: <Codeausgabe teilweise unterdrückt>
       D - EIGRP, EX - EIGRP external, O - OSPF, IA - OSPF inter area

Gateway of last resort is not set

     192.168.10.0/30 is subnetted, 3 subnets
O       192.168.10.0 [110/845] via 192.168.10.9, 14:31:52, Serial0/0/1
                     [110/845] via 192.168.10.5, 14:31:52, Serial0/0/0
C       192.168.10.4 is directly connected, Serial0/0
C       192.168.10.8 is directly connected, Serial0/1
     172.16.0.0/16 is variably subnetted, 2 subnets, 2 masks
C       172.16.1.32/29 is directly connected, FastEthernet0/0
O       172.16.1.16/28 [110/782] via 192.168.10.5, 14:31:52, Serial0/0/0
     10.0.0.0/8 is variably subnetted, 2 subnets, 2 masks
C       10.3.3.3/32 is directly connected, Loopback0
O       10.10.10.0/24 [110/782] via 192.168.10.9, 14:31:52, Serial0/0/1
```

Mit dem Befehl `show ip route` können Sie überprüfen, ob OSPF Routen via OSPF sendet und empfängt. Der Buchstabe `O` zu Beginn jeder Route zeigt an, dass OSPF als Routenquelle verwendet wird. Die Routing-Tabelle und OSPF werden wir im nächsten Abschnitt genauer untersuchen. Allerdings sollten Sie in der OSPF-Routing-Tabelle schon jetzt zwei wichtige Unterschiede im Vergleich zu jenen Tabellen erkennen, die wir in früheren Kapiteln gesehen haben. Beachten Sie zunächst einmal, dass jeder Router über vier direkt angeschlossene Netzwerke verfügt, da die Loopback-Schnittstelle als viertes Netzwerk gezählt wird. Diese Loopback-Schnittstellen werden in OSPF allerdings nicht bekannt gegeben. Aus diesem Grund führt jeder Router sieben bekannte Netzwerke auf. Zweitens fasst OSPF anders als RIPv2 und EIGRP Routen nicht automatisch an den übergeordneten Netzwerkgrenzen zusammen. OSPF arbeitet grundsätzlich klassenlos.

OSPF-Routing konfigurieren und überprüfen (11.2.6)

Packet Tracer
Aktivität

In dieser Packet Tracer-Aktivität üben Sie das Konfigurieren und Überprüfen des OSPF-Routings. Ausführliche Anweisungen entnehmen Sie der Aktivität selbst. Zur Durchführung der Aktivität verwenden Sie Packet Tracer und die Datei *e2-1126.pka* auf der Begleit-CD-ROM zu diesem Buch.

11.3 Die OSPF-Metrik

Die OSPF-Metrik wird als »Kostenwert« bezeichnet. Der folgende Abschnitt entstammt RFC 2328:

> *Ein Kostenwert wird durch die Ausgangsseite der Router-Schnittstelle bestimmt. Dieser Kostenwert kann vom Systemadministrator konfiguriert werden. Je niedriger der Kostenwert, desto wahrscheinlicher ist die Verwendung der Schnittstelle zur Weiterleitung von Daten.*

Beachten Sie, dass RFC 2328 nicht angibt, welche Werte für die Kosten zu berücksichtigen sind.

11.3.1 Metrik berechnen

Das Cisco IOS verwendet die Gesamtbandbreite aller Ausgangsschnittstellen vom Router bis zum Zielnetzwerk als Kostenwert. Auf jedem Router werden die Kosten für eine Schnittstelle mit der folgenden Formel berechnet:

$10^8 \div$ [Bandbreite in Bit/s]

Bei dieser Berechnung ist der Wert 10^8 die sogenannte *Referenzbandbreite*. Die Division von 10^8 durch die Schnittstellenbandbreite erfolgt, damit

Schnittstellen mit höheren Bandbreitenwerten einen niedrigeren berechneten Kostenwert aufweisen. Schließlich wird beim Routing die Route mit den niedrigsten Kosten bevorzugt. (So ist bei RIP eine Metrik von drei Hops besser als eine von zehn Hops.) Tabelle 11.3 zeigt die Default-Kosten für verschiedene Schnittstellentypen bei OSPF.

Tabelle 11.3: OSPF-Kostenwerte beim Cisco IOS

Schnittstellentyp	10^8 ÷ Bit/s = Kostenwert
Fast Ethernet und schneller	10^8 ÷ 100.000.000 Bit/s = 1
Ethernet	10^8 ÷ 10.000.000 Bit/s = 10
E1	10^8 ÷ 2.048.000 Bit/s = 48
T1	10^8 ÷ 1.544.000 Bit/s = 64
128 kBit/s	10^8 ÷ 128.000 Bit/s = 781
64 kBit/s	10^8 ÷ 64.000 Bit/s = 1562
56 kBit/s	10^8 ÷ 56.000 Bit/s = 1785

Referenzbandbreite

Die Referenzbandbreite hat standardmäßig einen Wert von 10^8, also 100 MBit/s. Dies hat zur Folge, dass Schnittstellen mit einer Bandbreite von 100 MBit/s und höher denselben Kostenwert (1) aufweisen. Die Referenzbandbreite lässt sich ändern, um Netzwerke mit Verbindungen berücksichtigen zu können, die schneller sind als 100 MBit/s. Hierzu wird der OSPF-Befehl `auto-cost reference-bandwidth` eingesetzt. Ist dieser Befehl erforderlich, dann sollte er auf *allen* Routern eingegeben werden, damit die OSPF-Routing-Metrik konsistent bleibt.

Kostensummierung bei OSPF

Die Kosten einer OSPF-Route sind der Summenwert vom betreffenden Router bis zum Zielnetzwerk. Die folgende Ausgabe beispielsweise stammt von der Routing-Tabelle von R1 (Listing 11.12) und zeigt einen Kostenwert von 65 zum Erreichen des Netzwerks 10.10.10.0/24 an R2:

```
O       10.10.10.0/24 [110/65] via 192.168.10.2, 14:27:57, Serial0/0/0
```

Abbildung 11.9 stellt die Kostenwerte der einzelnen Verbindungen zwischen R1 und diesem Netzwerk dar.

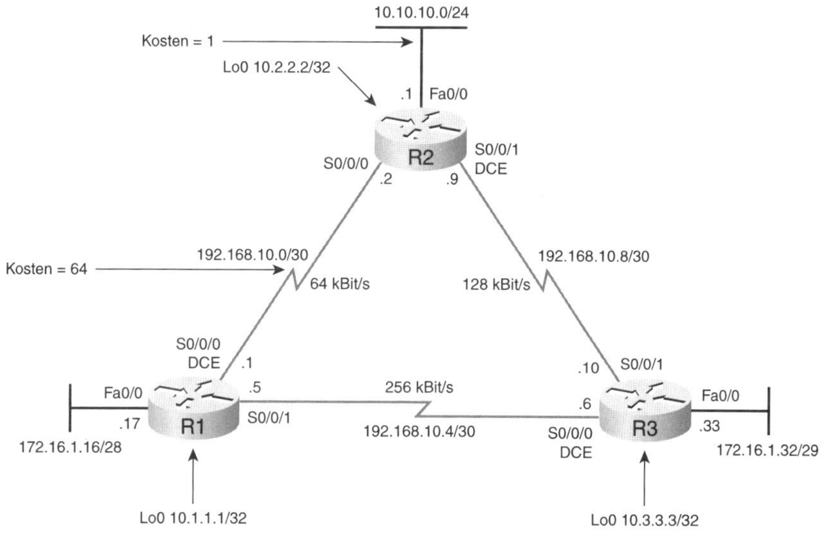

Abbildung 11.9: Kostensummierung bei OSPF

Da 10.10.10.0/24 mit einer Fast Ethernet-Schnittstelle verbunden ist, weist R2 den Wert 1 als Kostenmetrik für 10.10.10.0/24 zu. Danach addiert R1 den zusätzlichen Kostenwert 64, um Daten über die T1-Default-Verbindung zwischen R1 und R2 zu senden. Die Angabe *Kosten = 64* in Abbildung 11.9 bezieht sich auf die Default-Kosten der seriellen Schnittstelle ($10^8 \div$ 1.544.000 Bit/s = 64), nicht auf die tatsächliche Geschwindigkeit der Verbindung (64 kBit/s).

Default-Bandbreite bei seriellen Schnittstellen

Wie Sie aus Kapitel 9, »EIGRP«, vielleicht noch wissen, können Sie mit dem Befehl `show interface` den für eine Schnittstelle verwendeten Bandbreitenwert anzeigen. Auf Cisco-Routern hat der Bandbreitenwert bei vielen seriellen Schnittstellen den Default-Wert für T1 (1,544 MBit/s). Für einige serielle Schnittstellen hingegen ist standardmäßig ein Wert von 128 kBit/s festgelegt. Aus diesem Grund dürfen Sie niemals davon ausgehen, dass OSPF einen bestimmten Bandbreitenwert verwendet. Sie müssen den Default-Bandbreitenwert immer mit dem Befehl `show interfaces` überprüfen.

Vergessen Sie nicht, dass dieser Wert keine Auswirkungen auf die tatsächliche Datenrate der Verbindung hat, sondern lediglich von einigen Routing-Protokollen zur Berechnung der Metrik verwendet wird. Im Zweifelsfall unterscheidet sich bei seriellen Schnittstellen die tatsächliche Geschwindigkeit der Verbindung von der Default-Bandbreite. Es ist wichtig, dass der Bandbreitenwert die tatsächliche Datenrate der Verbindung reflektiert, damit die Routing-Tabelle die richtigen Informationen zum besten Pfad enthält. So zahlen Sie möglicherweise nur für eine T1-Teilverbindung zu Ihrem Internetprovider – vielleicht ein Viertel der normalen T1-Bandbreite (384 kBit/s) –, während das Cisco IOS einen vollständigen T1-Bandbreitenwert annimmt.

Listing 11.15 zeigt die Ausgabe für die Schnittstelle Serial 0/0/0 auf R1. Beachten Sie in der obigen Abbildung 11.9, dass alle seriellen Verbindungen Bandbreitenwerte aufweisen, die sich unter Umständen von den Default-Werten unterscheiden.

Listing 11.15: Diskrepanz zwischen Default-Bandbreite und tatsächlicher Bandbreite

```
R1#show interface serial 0/0/0
Serial0/0/0 is up, line protocol is up
  Hardware is GT96K Serial
  Description: Link to R2
  Internet address is 192.168.10.1/30
  MTU 1500 bytes, BW 1544 Kbit, DLY 20000 usec,
     reliability 255/255, txload 1/255, rxload 1/255
  Encapsulation HDLC, loopback not set
  <Ausgabe unterdrückt>
```

Beachten Sie ferner, dass die Default-Bandbreite in der Befehlsausgabe für R1 1.544 kBit/s beträgt. Die tatsächliche Bandbreite hingegen beträgt 64 kBit/s (vgl. Abbildung 11.9). Folglich verfügt der Router über Routing-Informationen, die die Netzwerktopologie nicht korrekt widerspiegeln.

Listing 11.16 zeigt eine Teilausgabe der Routing-Tabelle für R1.

Listing 11.16: Ungenauigkeiten in der Routing-Tabelle für R1

```
R1#show ip route
Codes: <Codeausgabe teilweise unterdrückt>
       D - EIGRP, EX - EIGRP external, O - OSPF, IA - OSPF inter area

<Routenausgabe unterdrückt>

O       192.168.10.8 [110/128] via 192.168.10.6, 14:27:57, Serial0/0/1
                     [110/128] via 192.168.10.2, 14:27:57, Serial0/0/0
```

R1 geht davon aus, dass seine beiden seriellen Schnittstellen mit T1-Leitungen verbunden sind; tatsächlich aber arbeitet die eine Verbindung mit einer Bandbreite von 64 kBit/s und die zweite mit 256 kBit/s. Dies führt dazu, dass in der Routing-Tabelle von R1 zwei gleichwertige Pfade in das Netzwerk 192.168.8.0/30 aufgeführt sind, obwohl Serial 0/0/1 eigentlich der zu bevorzugende Pfad ist.

Die berechneten OSPF-Kosten einer Schnittstelle lassen sich mit dem Befehl `show ip ospf interface` verifizieren (siehe Codeausschnitt in Listing 11.17).

Listing 11.17: Berechnete Kosten mit »show ip ospf interface« überprüfen

```
R1#show ip ospf interface serial 0/0/0
Serial0/0/0 is up, line protocol is up
  Internet Address 192.168.10.1/30, Area 0
  Process ID 1, Router ID 10.1.1.1, Network Type POINT_TO_POINT, Cost: 64
  <Ausgabe unterdrückt>
```

Mit diesem Befehl können Sie überprüfen, ob R1 der Schnittstelle Serial 0/0/0 tatsächlich einen Kostenwert von 64 zugewiesen hat. Zwar könnte man nun meinen, dass dies der korrekte Wert sei, weil diese Schnittstelle mit einer 64-kBit/s-Leitung verbunden ist, doch dürfen Sie nicht vergessen, dass der Kostenwert mithilfe der Kostenformel ermittelt wird. Dieser Wert beträgt bei einer 64-kBit/s-Verbindung 1.562 (100.000.000 ÷ 64.000). Der angezeigte Wert von 64 entspricht den Kosten einer T1-Verbindung. Im nächsten Abschnitt erfahren Sie, wie Sie die Kosten aller Verbindungen in der Topologie ändern können.

11.3.2 Kosten einer Verbindung ändern

Wenn die serielle Schnittstelle gar nicht mit der T1-Default-Geschwindigkeit arbeitet, muss die Schnittstelle manuell angepasst werden. Dabei sind beide Seiten der Verbindung so zu konfigurieren, dass sie denselben Wert aufweisen. Zu diesem Zweck können die Befehle `bandwidth` und `ip ospf cost` gleichermaßen verwendet werden, um einen geeigneten Wert zuzuweisen, mit dem OSPF die beste Route ermitteln kann.

Der Befehl »bandwidth«

Der Befehl `bandwidth` dient zur Änderung des Bandbreitenwertes, der vom Cisco IOS bei der Berechnung der OSPF-Kostenmetrik zugrunde gelegt wird. Die Syntax ist aus Kapitel 9 bekannt:

```
Router(config-if)#bandwidth bandwidth-kbps
```

Listing 11.18 zeigt, mit welchen `bandwidth`-Befehlen die Kosten aller seriellen Schnittstellen in der Topologie geändert werden. Auf R1 zeigt der Befehl `show ip ospf interface`, dass die Verbindung an Serial 0/0/0 nun den Wert 1562 hat; dies ist das Ergebnis der Kostenberechnung (10^8 ÷ 64.000 Bit/s).

Listing 11.18: Der Befehl »bandwidth«

```
R1(config)#inter serial 0/0/0
R1(config-if)#bandwidth 64
R1(config-if)#inter serial 0/0/1
R1(config-if)#bandwidth 256
R1(config-if)#end
R1#show ip ospf interface serial 0/0/0
Serial0/0 is up, line protocol is up
  Internet Address 192.168.10.1/30, Area 0
  Process ID 1, Router ID 10.1.1.1, Network Type POINT_TO_POINT, Cost: 1562
  Transmit Delay is 1 sec, State POINT_TO_POINT,
  <Ausgabe unterdrückt>
```

```
R2(config)#inter serial 0/0/0
R2(config-if)#bandwidth 64
R2(config-if)#inter serial 0/0/1
R2(config-if)#bandwidth 128
```

```
R3(config)#inter serial 0/0/0
R3(config-if)#bandwidth 256
R3(config-if)#inter serial 0/0/1
R3(config-if)#bandwidth 128
```

Der Befehl »ip ospf cost«

Eine Alternative zu `bandwidth` ist der Befehl `ip ospf cost`, der es Ihnen gestattet, die Kosten einer Schnittstelle direkt anzugeben. Auf R1 beispielsweise könnten Sie Serial 0/0/0 mit dem folgenden Befehl konfigurieren:

```
R1(config)#interface serial 0/0/0
R1(config-if)#ip ospf cost 1562
```

Offensichtlich würde dies die Ausgabe des Befehls `show ip ospf interface` nicht ändern, der weiterhin den Kostenwert 1.562 anzeigt (vgl. Listing 11.19). Dies ist derselbe Kostenwert, der vom Cisco IOS berechnet wurde, als wir die Bandbreite auf 64 festlegten.

Listing 11.19: Der Befehl »ip ospf cost«

```
R1(config)#inter serial 0/0/0
R1(config-if)#ip ospf cost 1562
R1(config-if)#end
R1#show ip ospf interface serial 0/0/0
Serial0/0 is up, line protocol is up
  Internet Address 192.168.10.1/30, Area 0
  Process ID 1, Router ID 10.1.1.1, Network Type POINT_TO_POINT, Cost: 1562
  Transmit Delay is 1 sec, State POINT_TO_POINT,
  <Ausgabe unterdrückt>
```

»bandwidth« und »ip ospf cost« im Vergleich

Der Befehl `ip ospf cost` ist nützlich in Umgebungen, in denen Unterstützung für unterschiedliche Anbieter benötigt wird. Hier verwenden Nicht-Cisco-Router zur Berechnung der OSPF-Kosten häufig eine andere Metrik als die Bandbreite. Der wesentliche Unterschied zwischen den beiden Befehlen besteht darin, dass `bandwidth` das Ergebnis der Kostenberechnung verwendet, um den Kostenwert der Verbindung zu bestimmen. `ip ospf cost` hingegen umgeht diese Berechnung und legt den Kostenwert direkt auf einen bestimmten Wert fest.

Tabelle 11.4 zeigt die beiden Alternativen, die zur Änderung der Kosten serieller Verbindungen in der Topologie eingesetzt werden können. Die auf der rechten Seite gezeigten `ip ospf cost`-Befehle sind jeweils äquivalent zu den `bandwidth`-Befehlen auf der linken Seite.

Tabelle 11.4: Gleichwertige »bandwidth«- und »ip ospf cost«-Befehle

bandwidth-Befehle		ip ospf cost-Befehle
Router R1		**Router R1**
R1(config)#**interface serial 0/0/0**	=	R1(config)#**interface serial 0/0/0**
R1(config-if)#**bandwidth 64**		R1(config-if)#**ip ospf cost 1562**
R1(config)#**interface serial 0/0/1**	=	R1(config)#**interface serial 0/0/1**
R1(config-if)#**bandwidth 256**		R1(config-if)#**ip ospf cost 390**
Router R2		**Router R2**
R2(config)#**interface serial 0/0/0**	=	R2(config)#**interface serial 0/0/0**
R2(config-if)#**bandwidth 64**		R2(config-if)#**ip ospf cost 1562**
R2(config)#**interface serial 0/0/1**	=	R2(config)#**interface serial 0/0/1**
R2(config-if)#**bandwidth 128**		R2(config-if)#**ip ospf cost 781**
Router R3		**Router R3**
R3(config)#**interface serial 0/0/0**	=	R3(config)#**interface serial 0/0/0**
R3(config-if)#**bandwidth 256**		R3(config-if)#**ip ospf cost 390**
R3(config)#**interface serial 0/0/1**	=	R3(config)#**interface serial 0/0/0**
R3(config-if)#**bandwidth 128**		R3(config-if)#**ip ospf cost 781**

Kosten einer Verbindung ändern (11.3.2)

Packet Tracer Aktivität

In dieser Packet Tracer-Aktivität üben Sie das Ändern von Kostenwerten für OSPF. Ausführliche Anweisungen entnehmen Sie der Aktivität selbst. Zur Durchführung der Aktivität verwenden Sie Packet Tracer und die Datei *e2-1132.pka* auf der Begleit-CD-ROM zu diesem Buch.

11.4 OSPF und Multi-Access-Netzwerke

Ein Multi-Access-Netzwerk ist ein Netzwerk, in dem mehr als zwei Geräte dasselbe Medium gemeinsam verwenden. Beispiele für Multi-Access-Netzwerke sind Ethernet, Token Ring und Frame Relay. Token Ring ist eine LAN-Technologie, die weitgehend überholt ist, Frame Relay eine WAN-Technologie, die in einem späteren CCNA-Kurs behandelt wird.

11.4.1 Herausforderungen in Multi-Access-Netzwerken

Im oberen Teil von Abbildung 11.10 wurde das an R1 angeschlossene Ethernet-LAN so erweitert, dass nun Geräte angezeigt werden, die an das Netzwerk 172.16.1.16/28 angeschlossen sein könnten.

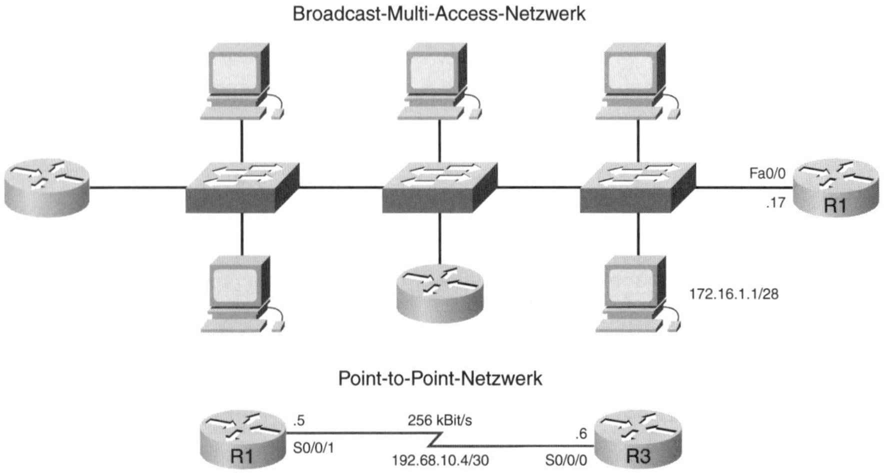

Abbildung 11.10: Multi-Access-Netzwerke und Point-to-Point-Netzwerke im Vergleich

Ethernet-LANs sind ein Beispiel für Broadcasting-basierte Multi-Access-Netzwerke. Es handelt sich deswegen um Broadcast-Netzwerke, weil ein einzelnes Gerät einen Frame senden kann, der alle Geräte im Netzwerk zum Empfänger hat. Multi-Access-Netzwerke sind es deswegen, weil mehrere Hosts, Drucker, Router und andere Geräte Mitglieder desselben Netzwerks sind.

Im Gegensatz dazu gibt es in einem Point-to-Point-Netzwerk nur zwei Geräte: eines an jedem Ende. Die WAN-Verbindung zwischen R1 und R3 ist ein Beispiel für eine Point-to-Point-Verbindung. Im unteren Bereich von Abbildung 11.10 ist diese Point-to-Point-Verbindung gezeigt.

OSPF definiert fünf Netzwerktypen:

- Point-to-Point-Netze
- Broadcast-Multiaccess-Netze
- Non-Broadcast-Multiaccess-Netze
- Point-to-Multipoint-Netze
- Virtual Links (virtuelle Verbindungen)

Zu den NBMA- und Point-to-Multipoint-Netzwerken gehören Frame Relay, ATM und X.25. NBMA-Netzwerke sind Gegenstand eines anderen CCNA-Kurses, und Point-to-Multipoint-Netze werden in CCNP behandelt. Virtuelle Verbindungen stellen einen speziellen Verbindungstyp dar, der in Multiarea-OSPF eingesetzt wird. Sie werden im CCNP behandelt.

Abbildung 11.11 zeigt, dass in der Topologie sowohl Point-to-Point- als auch Broadcast-Netzwerke zum Einsatz kommen.

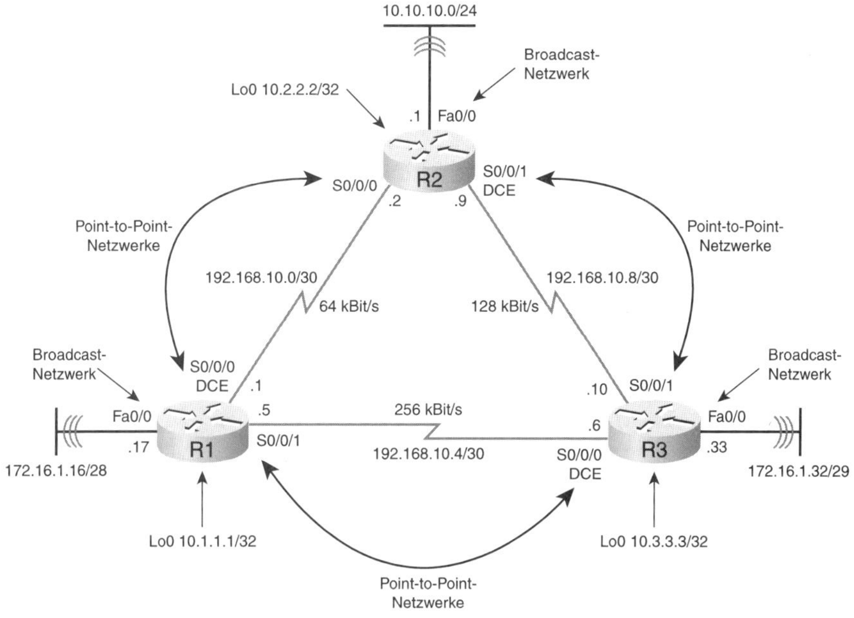

Abbildung 11.11: In der Topologie verwendete Netzwerktypen

Multi-Access-Netzwerke können OSPF hinsichtlich des Flutens von LSAs vor zwei Probleme stellen:

- Entstehung vieler Nachbarschaftsbeziehungen (eine Nachbarschaftsbeziehung für jedes Router-Paar)
- Umfangreiches Flooding von LSAs

Viele Nachbarschaftsbeziehungen

Die Erstellung einer Nachbarschaftsbeziehung zwischen jedem Router-Paar in einem Netzwerk würde dazu führen, dass eine nicht erforderliche Zahl solcher Beziehungen entstehen würde. Ergebnis wäre eine übergroße Zahl von LSAs, die zwischen Routern im selben Netzwerk ausgetauscht würden.

Um das Problem zahlreicher Nachbarschaftsbeziehungen besser zu verstehen, müssen wir uns eine Formel näher ansehen. Für alle *n* Router in einem Multi-Access-Netzwerk gibt es $n \cdot (n - 1) \div 2$ Nachbarschaftsbeziehungen. Abbildung 11.12 zeigt eine einfache Topologie mit fünf Routern, die alle an dasselbe Ethernet-Multi-Access-Netzwerk angeschlossen sind.

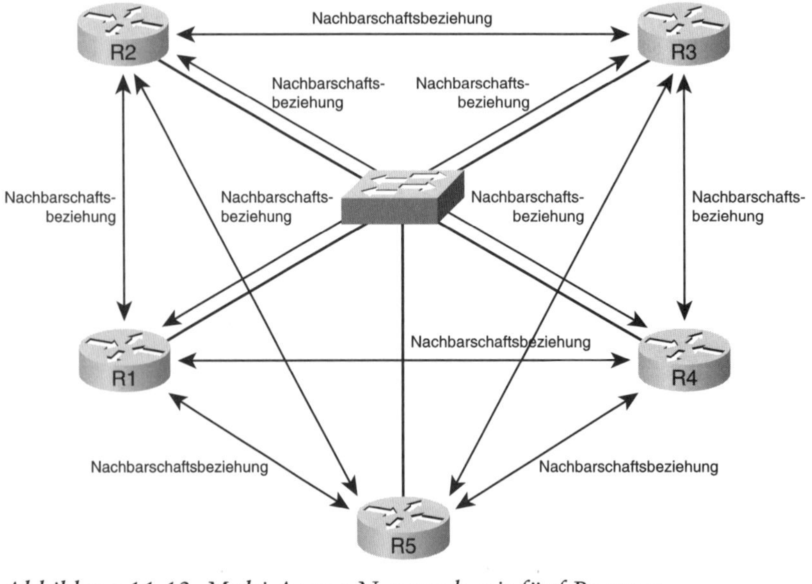

Abbildung 11.12: Multi-Access-Netzwerk mit fünf Routern

Gäbe es keinen Mechanismus zur Verringerung der Nachbarschaftsbeziehungen, dann würden diese Router insgesamt 10 Beziehungen bilden: $5 \cdot (5 - 1) \div 2 = 10$. Das ist zwar auf den ersten Blick nicht allzu viel, doch wenn immer weitere Router zum Netzwerk hinzugefügt werden, nimmt die Anzahl der Nachbarschaftsbeziehungen drastisch zu. Während also die in Abbildung 11.12 gezeigten fünf Router nur zehn Beziehungen bilden, wären es bei zehn Routern bereits 45. Bei zwanzig Routern entstünden 190 Nachbarschaftsbeziehungen! Tabelle 11.5 zeigt, wie die Anzahl der Nachbarschaftsbeziehungen exponentiell zunimmt.

Tabelle 11.5: Exponentiell zunehmende Zahl von Nachbarschaftsbeziehungen durch Hinzufügen von Routern

Router	Nachbarschaftsbeziehungen
n	n · (n – 1) ÷ 2
5	10
10	45
20	190
100	4950

Fluten von LSAs

In Kapitel 10, »Link-State-Protokolle«, erwähnten wir bereits, dass Link-State-Router ihre Link-State-Pakete fluten, falls OSPF initialisiert wird oder eine Änderung in der Topologie aufgetreten ist.

In einem Multi-Access-Netzwerk kann dieses Fluten ungeahnte Ausmaße annehmen. In Abbildung 11.13 sendet R2 ein LSA, das dann vom Switch in Abbildung 11.14 geflutet wird.

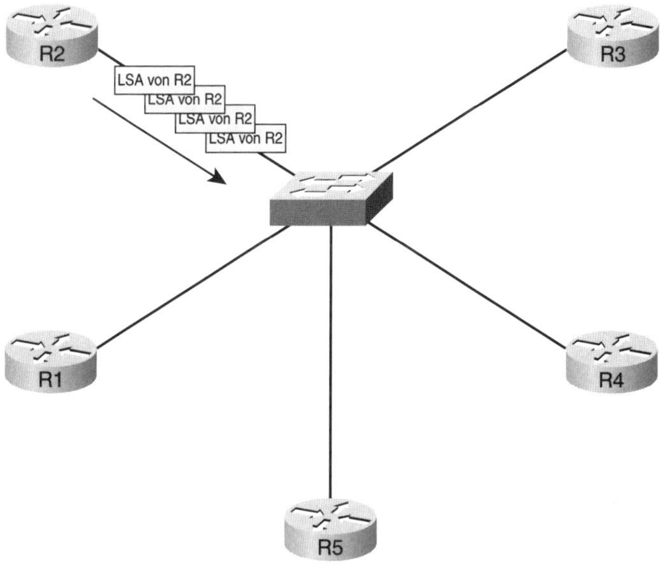

Abbildung 11.13: R2 sendet ein LSA.

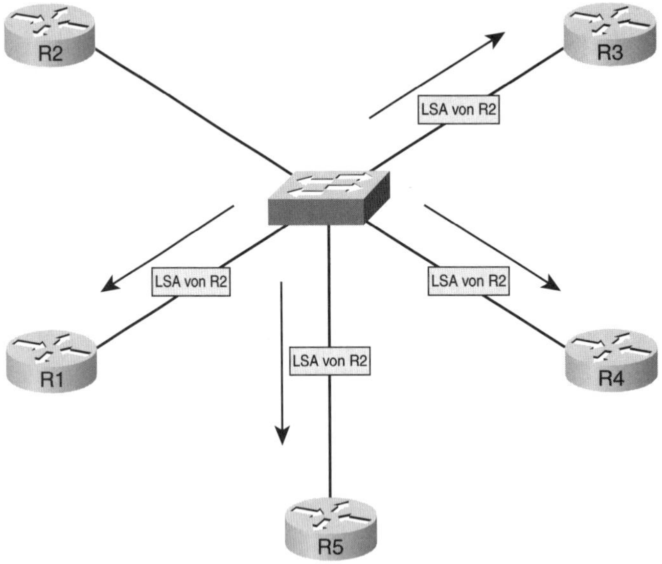

Abbildung 11.14: Der Switch flutet das LSA über alle Ports.

Dieses Ereignis führt dazu, dass auch alle anderen Router ein LSA senden (Abbildung 11.15).

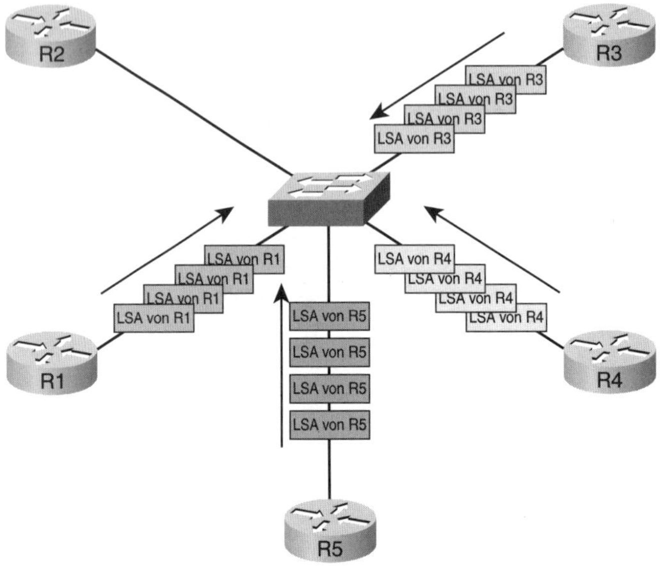

Abbildung 11.15: Die Router R1, R3, R4 und R5 senden LSAs.

In den Abbildungen nicht gezeigt sind die Bestätigungen, die für alle empfangenen LSAs gesendet werden. Wenn jeder Router in einem Multi-Access-Netzwerk alle empfangenen LSAs an alle anderen Router im selben Multi-Access-Netzwerk fluten und bestätigen müsste, würde das Netzwerk mit LSAs überschwemmt, und reguläre Netzwerkdaten würden verzögert oder gingen verloren.

Um sich diesen Aspekt besser zu veranschaulichen, stellen Sie sich vor, Sie befänden sich gemeinsam mit sehr vielen anderen Leuten in einem Raum. Stellen Sie sich nun weiter vor, jeder Anwesende müsste sich jedem anderen Anwesenden einzeln vorstellen. Dabei müsste nicht nur jeder jedem anderen seinen Namen nennen, sondern jeder müsste immer dann, wenn er den Namen einer anderen Person erlernt hat, jedem anderen im Raum nacheinander diesen Namen nennen. Wie Sie sehen, würde der Vorgang für alle Anwesenden eine erhebliche Belastung darstellen!

DR als Lösung

Die Lösung zur Minimierung der Anzahl von Nachbarschaftsbeziehungen und des Floodings von LSAs in einem Multi-Access-Netzwerk ist der DR (Designated Router). Wenn wir unser obiges Beispiel fortführen, könnte man jemanden im Raum auswählen, der herumgeht, die Namen aller Anwesenden in Erfahrung bringt und diese Namen dann allen Anwesenden gleichzeitig nennt.

In Multi-Access-Netzwerken wählt OSPF einen DR aus, der als Sammlungs- und Verteilungspunkt für gesendete und empfangene LSAs fungiert. Außerdem wird für den Fall, dass der DR ausfällt, ein BDR (Backup Designated Router) ausgewählt. Alle anderen Router werden zu DROthers (d. h. Router, die weder DR noch BDR sind).

Die Abbildungen 11.16 und 11.17 zeigen die Rollen von DR und BDR. DR und BDR werden in Multi-Access-Netzwerken von den vorhandenen Routern ausgewählt.

DROthers bilden nur mit dem DR und dem BDR im Netzwerk vollständige Nachbarschaftsbeziehungen, das heißt, sie fluten ihre LSAs nicht an alle Router im Netzwerk, sondern senden sie nur an die Multicast-Adresse 224.0.0.6 (*ALLDRouters*, alle DR-Router). In Abbildung 11.16 schickt R1 LSAs an den DR. Auch der BDR hört dabei zu. In Abbildung 11.17 erfüllt der DR seine Aufgabe, die LSAs von R1 an alle anderen Router weiterzuleiten. Der DR verwendet dazu die Multicast-Adresse 224.0.0.5 (*AllSPFRouters*, alle OSPF-Router). Folge ist, dass es nur einen Router gibt, der für das gesamte Flooding aller LSAs im Multi-Access-Netzwerk zuständig ist.

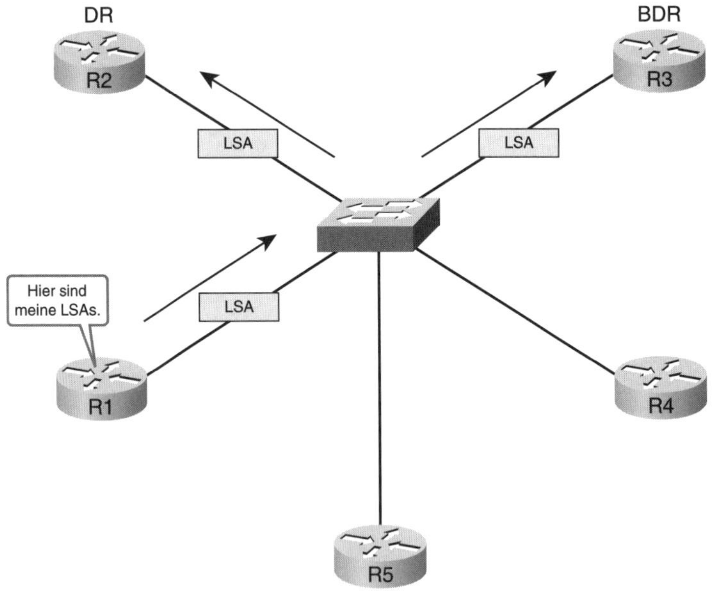

Abbildung 11.16: R1 sendet LSAs nur an DR und BDR.

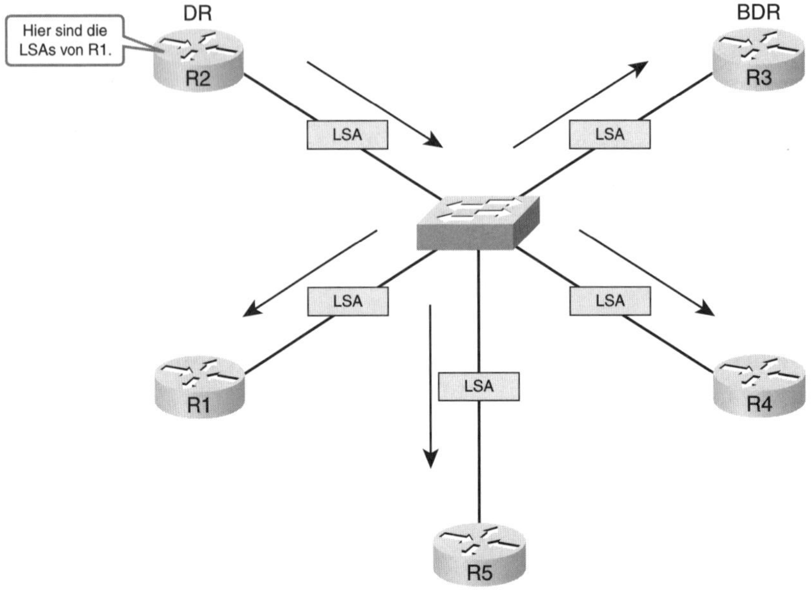

Abbildung 11.17: Der DR sendet alle LSAs an alle anderen Router.

11.4.2 Die Auswahl von DR und BDR

Wie wird ein Router zum DR oder zum BDR? Der folgende Abschnitt beschreibt den Vorgang und skizziert, wie bestimmte Router als DR oder BDR konfiguriert werden können.

Topologieänderungen

Die Wahl von DR und BDR findet in Point-to-Point-Netzwerken nicht statt. Aus diesem Grund muss in unserer bisherigen Kapitel-Topologie mit den Routern R1, R2 und R3 keine Auswahl erfolgen, da die Verbindungen zwischen diesen Routern keine Multi-Access-Netzwerke bilden.

Deswegen verwenden wir für die weitere Beschreibung von DR und BDR die Multi-Access-Topologie, die in Abbildung 11.18 gezeigt ist. Die Namen der Router unterscheiden sich lediglich deswegen, weil hervorgehoben werden soll, dass diese Topologie nicht mit der bis zu dieser Stelle verwendeten identisch ist. Nach Abschluss der Beschreibung des DR-/BDR-Auswahlprozesses kehren wir zu unserer Standardtopologie (Abbildung 11.7) zurück.

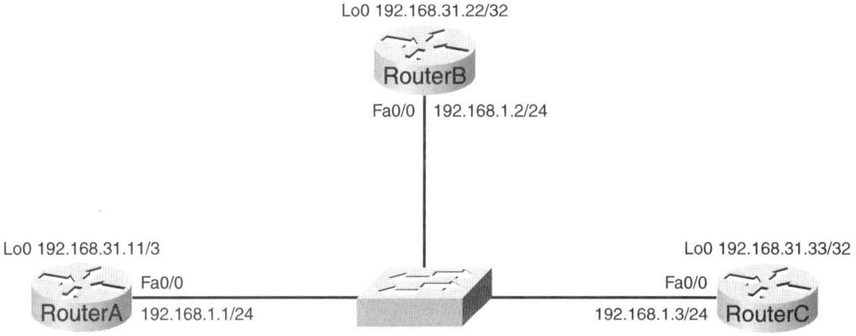

Abbildung 11.18: Multi-Access-Topologie mit drei Routern

In dieser neuen Topologie haben wir drei Router, die das Ethernet-Multi-Access-Netzwerk 192.168.1.0/24 gemeinsam nutzen. Für die Fast Ethernet-Schnittstelle jedes Routers ist eine IP-Adresse konfiguriert. Zudem gibt es jeweils eine Loopback-Adresse für die Router-ID.

DR- und BDR-Auswahl

Wie nun werden DR und BDR ausgewählt? Die folgenden Kriterien werden angewendet:

1. Zum DR wird der Router mit der höchsten OSPF-Schnittstellenpriorität.
2. Zum BDR wird der Router mit der zweithöchsten OSPF-Schnittstellenpriorität.

3. Falls die OSPF-Schnittstellenprioritäten gleich sind, wird jeweils der Router mit der höchsten Router-ID ausgewählt.

In unserem Beispiel ist die OSPF-Schnittstellenpriorität standardmäßig 1. Folglich wird basierend auf den obigen Kriterien die OSPF-Router-ID zur Auswahl von DR und BDR herangezogen. Wie Sie in Abbildung 11.19 sehen können, wird RouterC zum DR. RouterB mit der zweithöchsten Router-ID wird zum BDR. Da RouterA weder zum DR noch zum BDR gewählt wurde, wird er zum DROther.

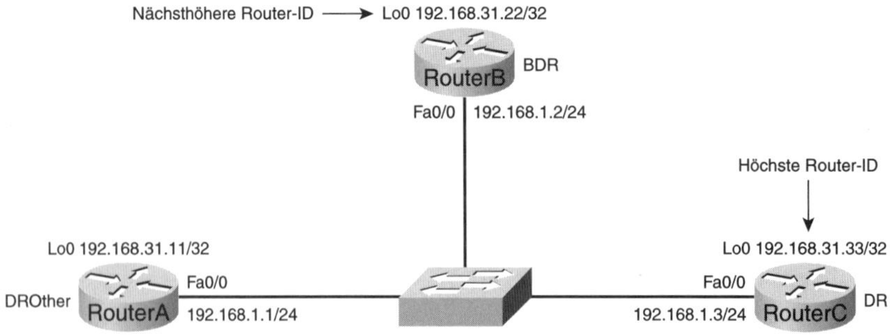

Abbildung 11.19: DR- und BDR-Auswahl

DROthers bilden *vollständige* Nachbarschaftsbeziehungen nur mit dem DR und dem BDR; nichtsdestoweniger bilden sie mit allen anderen DROthers im Netzwerk eingeschränkte Nachbarschaftsbeziehungen, das heißt, alle DROther-Router im Multi-Access-Netzwerk empfangen Hello-Pakete von allen anderen DROther-Routern. Auf diese Weise kennen alle Router alle anderen Router im Netzwerk. Wenn zwei DROther-Router eine Nachbarschaftsbeziehung bilden, wird der Nachbarschaftszustand als `2WAY` angezeigt. Die unterschiedlichen Nachbarschaftszustände werden in CCNP behandelt.

Die in Listing 11.20 gezeigten `show ip ospf neighbor`-Befehle stellen die Nachbarschaftsbeziehungen der Router im Multi-Access-Netzwerk dar.

Listing 11.20: DR und BDR mit »show ip ospf neighbor« überprüfen

```
RouterA#show ip ospf neighbor

Neighbor ID     Pri   State           Dead Time   Address         Interface
192.168.31.33     1   FULL/DR         00:00:39    192.168.1.3     FastEthernet0/0
192.168.31.22     1   FULL/BDR        00:00:36    192.168.1.2     FastEthernet0/0
```

Listing 11.20: DR und BDR mit »show ip ospf neighbor« überprüfen (Forts.)

```
RouterB#show ip ospf neighbor

Neighbor ID     Pri   State           Dead Time   Address         Interface
192.168.31.33     1   FULL/DR         00:00:34    192.168.1.3   FastEthernet0/0
192.168.31.11     1   FULL/DROTHER    00:00:38    192.168.1.1   FastEthernet0/0
```

```
RouterC#show ip ospf neighbor

Neighbor ID     Pri   State           Dead Time   Address         Interface
192.168.31.22     1   FULL/BDR        00:00:35    192.168.1.2     FastEthernet0
192.168.31.11     1   FULL/DROTHER    00:00:32    192.168.1.1     FastEthernet0
```

Beachten Sie bei RouterA, dass dieser als DR RouterC mit der Router-ID 192.168.31.33 und RouterB als BDR mit der Router-ID 192.168.31.22 angibt. Ferner festzustellen ist, dass die Priorität aller Router den Default-Wert 1 hat.

Da RouterA beide Nachbarn als DR bzw. BDR aufführt, ist er selbst ein DROther. Dies lässt sich mit dem Befehl `show ip ospf interface fastethernet 0/0` auf RouterA überprüfen (siehe Listing 11.21). Der Befehl zeigt den Rollenstatus des betreffenden Routers (`DR`, `BDR` oder `DROTHER`) sowie die Router-IDs von DR und BDR im Netzwerk an.

Listing 11.21: Router-Zustände mit dem Befehl »show ospf interface« überprüfen

```
RouterA#show ip ospf interface fastethernet 0/0
FastEthernet0/0 is up, line protocol is up
  Internet Address 192.168.1.1/24, Area 0
  Process ID 1, Router ID 192.168.31.11, Network Type BROADCAST, Cost: 1
  Transmit Delay is 1 sec, State DROTHER, Priority 1
  Designated Router (ID) 192.168.31.33, Interface address 192.168.1.3
  Backup Designated router (ID) 192.168.31.22, Interface address 192.168.1.2
  Timer intervals configured, Hello 10, Dead 40, Wait 40, Retransmit 5
    oob-resync timeout 40
    Hello due in 00:00:06
  Supports Link-local Signaling (LLS)
  Index 1/1, flood queue length 0
  Next 0x0(0)/0x0(0)
  Last flood scan length is 0, maximum is 1
  Last flood scan time is 0 msec, maximum is 0 msec
  Neighbor Count is 2, Adjacent neighbor count is 2
    Adjacent with neighbor 192.168.31.22  (Backup Designated Router)
    Adjacent with neighbor 192.168.31.33  (Designated Router)
  Suppress hello for 0 neighbor(s)
```

Zeitlicher Ablauf der DR- und BDR-Auswahl

Der Auswahlprozess von DR und BDR findet statt, sobald der erste Router mit einer OSPF-fähigen Schnittstelle im Multi-Access-Netzwerk aktiv wird. Dies kann etwa geschehen, wenn die Router eingeschaltet werden oder der OSPF-Befehl `network` für die betreffende Schnittstelle konfiguriert wird. Der Auswahlprozess dauert nur wenige Sekunden. Wenn noch nicht alle Router im Netzwerk den Boot-Vorgang abgeschlossen haben, ist es möglich, dass ein Router mit einer niedrigeren ID zum DR wird. Unter Umständen ist dies ein weniger leistungsfähiger Router, der weniger Zeit zum Booten benötigt, aber vielleicht auch nicht der als DR geeignetste Router.

Wenn ein DR gewählt wurde, behält er diese Rolle solange bei, bis eine der folgenden Bedingungen erfüllt ist:

- Der DR fällt aus.
- Der OSPF-Prozess auf dem DR fällt aus.
- Die Multi-Access-Schnittstelle auf dem DR fällt aus.

In den folgenden Abbildungen signalisiert das *X* einen oder mehrere dieser Ausfälle.

Abbildung 11.19 zeigt die Topologie mit dem aktuellen DR und BDR. Fällt der DR aus, so übernimmt der BDR die Rolle des DR. Es findet nun die Wahl eines neuen BDR statt. In Abbildung 11.20 fällt RouterC aus, und der vorherige BDR RouterB wird zum neuen DR. Der einzige andere Router, der jetzt noch als BDR verfügbar ist, ist RouterA.

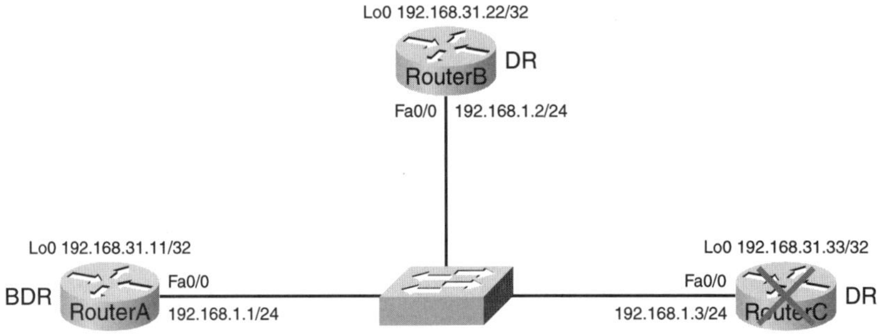

Abbildung 11.20: Der aktuelle DR fällt aus.

In Abbildung 11.21 tritt RouterD dem Netzwerk bei. Wenn ein neuer Router in das Netzwerk kommt, nachdem DR und BDR gewählt wurden, wird dieser auch dann nicht zum DR oder BDR, wenn er eine höhere OSPF-Schnittstellenpriorität oder Router-ID aufweist als der aktuelle DR oder BDR. Der neue Router kann erst als BDR ausgewählt werden, wenn der aktuelle DR oder BDR ausfällt. Falls der aktuelle DR ausfällt, wird der BDR zum DR, und der hinzugekommene Router kann zum neuen BDR werden.

Ist der neue Router zum BDR geworden, so wird er zum DR, sobald nachfolgend der aktuelle DR ausfällt.

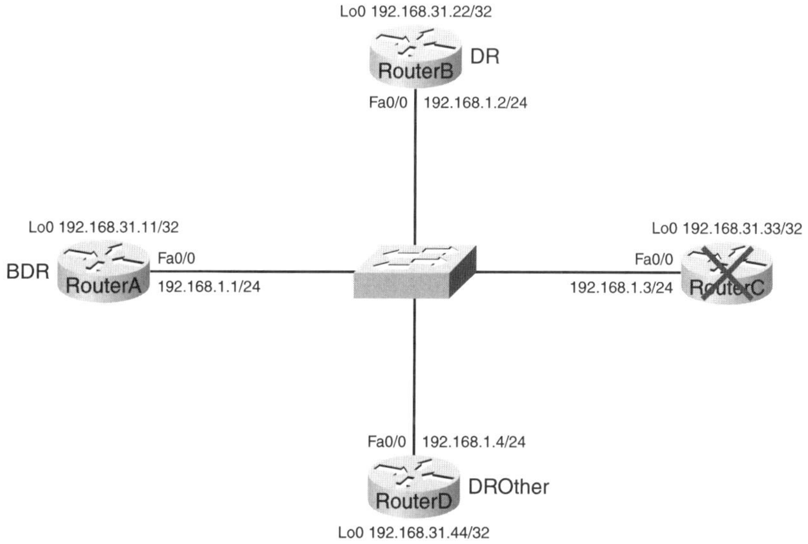

Abbildung 11.21: RouterD tritt dem Netzwerk bei.

Auch wenn die Router-ID (192.168.31.44) höher ist als die des aktuellen DR und BDR, nimmt RouterD die Rolle eines DROther an.

Wenn ein vorheriger DR ins Netzwerk zurückkehrt, erhält er seinen DR-Status nicht zurück. In Abbildung 11.22 wurde RouterC neu gestartet und wird nun zu einem DROther, obwohl seine Router-ID (192.168.31.33) höher ist als die des aktuellen DR und BDR.

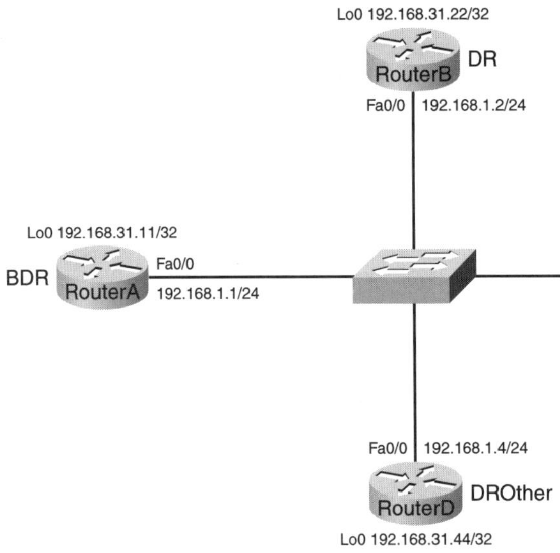

Abbildung 11.22: Der vorherige DR erhält den DR-Status nicht wieder zurück.

Falls der BDR ausfällt, wird unter den DROthers eine Wahl durchgeführt, um festzustellen, welcher Router zum neuen BDR wird. In Abbildung 11.23 fällt der BDR aus. Nun erfolgt eine Wahl zwischen RouterC und RouterD. Diese Wahl gewinnt RouterD aufgrund der höheren Router-ID.

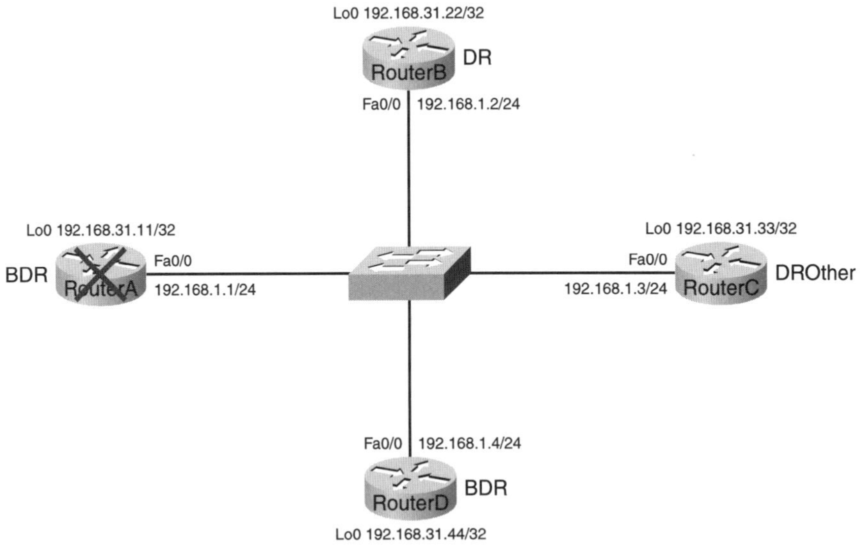

Abbildung 11.23: BDR-Wahlen werden durchgeführt, wenn der aktuelle BDR ausfällt.

In Abbildung 11.24 fällt RouterB aus. Da RouterD der aktuelle BDR ist, wird er zum DR hochgestuft. RouterC wird zum BDR.

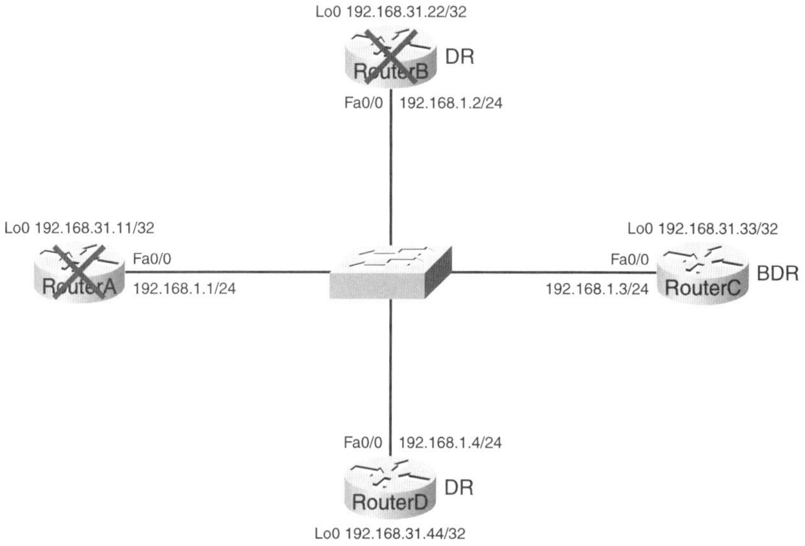

Abbildung 11.24: DR und BDR fallen aus.

Wie also kann man sicherstellen, dass die gewünschten Router als DR und BDR ausgewählt werden? Sofern Sie keine weiteren Konfigurationsarbeiten unternehmen wollen, besteht die Lösung in einem der folgenden Schritte:

- Starten Sie Ihren DR als ersten, danach den gewünschten BDR und erst abschließend die übrigen Router.
- Beenden Sie die Schnittstellen auf allen Routern. Setzen Sie danach den Befehl `no shutdown` zunächst auf dem DR, dann auf dem BDR und erst abschließend auf den übrigen Routern ab.

Wie Sie sich allerdings wohl bereits gedacht haben, können wir auch die OSPF-Schnittstellenpriorität ändern, um die Wahl von DR und BDR besser zu steuern.

11.4.3 OSPF-Schnittstellenpriorität

Da der DR im Fokus der Sammlung und Verteilung von LSAs steht, ist es wichtig, dass dieser Router über ausreichende Prozessor- und Speicherkapazitäten verfügt, um seiner Funktion gerecht zu werden. Statt sich also bei der Auswahl von DR und BDR auf die Router-ID zu verlassen, ist es besser, den Auswahlprozess mit dem Befehl `ip ospf priority` zu steuern.

```
Router(config-if)#ip ospf priority {0 - 255}
```

Bisher war die OSPF-Priorität bei allen Routern stets gleich gewesen. Das liegt daran, dass der Prioritätswert bei allen Router-Schnittstellen standardmäßig den Wert 1 hat. Deswegen werden DR und BDR über die Router-ID festgelegt. Wenn Sie den Default-Wert nun von 1 auf einen höheren Wert setzen, wird der Router mit der höchsten Priorität zum DR und derjenige mit der zweithöchsten zum BDR. Router mit dem Prioritätswert 0 sind hingegen von der Wahl zum DR oder BDR ausgeschlossen.

Da die Prioritäten schnittstellenspezifische Werte sind, ermöglichen sie eine bessere Steuerung von OSPF-Multi-Access-Netzwerken. Zudem gestatten sie es, einen Router in einem Netzwerk zum DR und in einem anderen zum DROther zu machen.

Um die Beschreibung zu vereinfachen, entfernen wir RouterD nun wieder aus der Topologie (Abbildung 11.25).

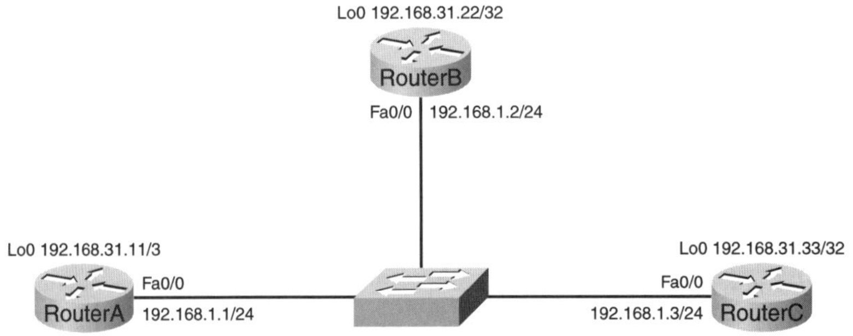

Abbildung 11.25: Multi-Access-Topologie

Die OSPF-Schnittstellenpriorität kann mit dem Befehl `show ip ospf interface` angezeigt werden. In Listing 11.22 stellen wir fest, dass die Priorität von RouterA den Default-Wert 1 hat.

Listing 11.22: Priorität mit »show ip ospf interface« überprüfen

```
RouterA#show ip ospf interface fastethernet 0/0
FastEthernet0/0 is up, line protocol is up
  Internet Address 192.168.1.1/24, Area 0
  Process ID 1, Router ID 192.168.31.11, Network Type BROADCAST, Cost: 1
  Transmit Delay is 1 sec, State DROTHER, Priority 1
  Designated Router (ID) 192.168.31.33, Interface address 192.168.1.3
  Backup Designated router (ID) 192.168.31.22, Interface address 192.168.1.2
  Timer intervals configured, Hello 10, Dead 40, Wait 40, Retransmit 5
    oob-resync timeout 40
    Hello due in 00:00:06
  Supports Link-local Signaling (LLS)
```

Listing 11.22: Priorität mit »show ip ospf interface« überprüfen (Forts.)

```
  Index 1/1, flood queue length 0
  Next 0x0(0)/0x0(0)
  Last flood scan length is 0, maximum is 1
  Last flood scan time is 0 msec, maximum is 0 msec
  Neighbor Count is 2, Adjacent neighbor count is 2
    Adjacent with neighbor 192.168.31.22  (Backup Designated Router)
    Adjacent with neighbor 192.168.31.33  (Designated Router)
  Suppress hello for 0 neighbor(s)
```

Listing 11.23 zeigt die geänderten OSPF-Schnittstellenprioritäten von RouterA und RouterB: RouterA hat die höchste Priorität und wird zum DR, RouterB zum BDR. Die OSPF-Schnittstellenpriorität von RouterC verbleibt auf dem Default-Wert 1.

Listing 11.23: OSPF-Schnittstelle ändern

```
RouterA(config)#interface fastethernet 0/0
RouterA(config-if)#ip ospf priority 200
```

```
RouterB(config)#interface fastethernet 0/0
RouterB(config-if)#ip ospf priority 100
```

Listing 11.24 zeigt, wie der Auswahlprozess erzwungen wird. Nach Absetzen von `shutdown` und `no shutdown` auf den Schnittstellen Fast Ethernet 0/0 aller drei Router sehen wir das Ergebnis der Änderung der OSPF-Schnittstellenprioritäten.

Listing 11.24: DR- und BDR-Auswahl erzwingen

```
RouterA(config)#interface fastethernet 0/0
RouterA(config-if)#shutdown
RouterA(config-if)#no shutdown
RouterA(config-if)#end
RouterA#show ip ospf neighbor

Neighbor ID     Pri State           Dead Time   Address         Interface
192.168.31.22   100 FULL/BDR         00:00:30    192.168.1.2     FastEthernet0/0
192.168.31.33     1 FULL/DROTHER     00:00:30    192.168.1.3     FastEthernet0/0
```

```
RouterB(config)#interface fastethernet 0/0
RouterB(config-if)#shutdown
RouterB(config-if)#no shutdown
RouterB(config-if)#end
RouterB#show ip ospf neighbor
```

Listing 11.24: DR- und BDR-Auswahl erzwingen (Forts.)

```
Neighbor ID      Pri State          Dead Time   Address         Interface
192.168.31.11    200 FULL/DR        00:00:37    192.168.1.1     FastEthernet0/0
192.168.31.33      1 FULL/DROTHER   00:00:38    192.168.1.3     FastEthernet0/0

RouterC(config)#interface fastethernet 0/0
RouterC(config-if)#shutdown
RouterC(config-if)#no shutdown
RouterC(config-if)#end
RouterC#show ip ospf neighbor

Neighbor ID      Pri State          Dead Time   Address         Interface
192.168.31.22    100 FULL/BDR       00:00:32    192.168.1.2     FastEthernet0/0
192.168.31.11    200 FULL/DR        00:00:31    192.168.1.1     FastEthernet0/0
```

Der Befehl `show ip ospf neighbor` auf RouterC zeigt nun, dass RouterA (Router-ID 192.168.31.11) mit der höchsten OSPF-Schnittstellenpriorität 200 DR und RouterB (Router-ID 192.168.31.22) mit der OSPF-Schnittstellenpriorität 100 nach wie vor BDR ist. Der `show ip ospf neighbor`-Ausgabe auf RouterA können Sie entnehmen, dass kein DR angezeigt wird; dies liegt daran, dass RouterA selbst DR in diesem Netzwerk ist.

Die Konfiguration der OSPF-Schnittstellenpriorität löst allerdings nicht das Problem, dass der zuerst gestartete Router unter Umständen zum DR wird.

Packet Tracer
☐ **Aktivität**

DR und BDR bestimmen (11.4.3)

Wenn Sie die Datei in Packet Tracer öffnen, werden Sie feststellen, dass die Verbindungsanzeigen für den Switch bernsteinfarben sind. Alle Router sind an den mittleren Switch angeschlossen. Diese Verbindungsanzeigen bleiben für 50 Sekunden bernsteinfarben, während der Switch sicherstellt, dass nicht einer der Router ein weiterer Switch ist. Mehr zu dieser Technik zur Vermeidung von Schleifen erfahren Sie in einem anderen Kurs. An dieser Stelle müssen Sie lediglich wissen, dass es ein paar Minuten dauert, bis OSPF konvergiert hat. In dieser Aktivität werden Sie die Rollen des aktuellen DR und BDR untersuchen, die Änderung dieser Rollen beobachten und neue Rollen durch eine Änderung der Priorität erzwingen. Ausführliche Anweisungen entnehmen Sie der Aktivität selbst. Zur Durchführung der Aktivität verwenden Sie Packet Tracer und die Datei *e2-1143.pka* auf der Begleit-CD-ROM zu diesem Buch.

11.5 Weitere OSPF-Konfigurationsaufgaben

Im obigen Abschnitt haben wir die grundlegende OSPF-Konfiguration behandelt. Im Folgenden werden wir weitere OSPF-Konfigurationsbefehle etwa zur Verbreitung einer Default-Route, zur Änderung der Referenzbandbreite und zur Modifikation von Timern beschreiben.

11.5.1 Redistribution der OSPF-Default-Route

Wie andere Routing-Protokolle bietet auch OSPF die Möglichkeit, eine Default-Route zu verbreiten.

Topologie

In Abbildung 11.26 kehren wir zu unserer früheren Topologie zurück, die nun eine neue Verbindung zum Internetprovider enthält.

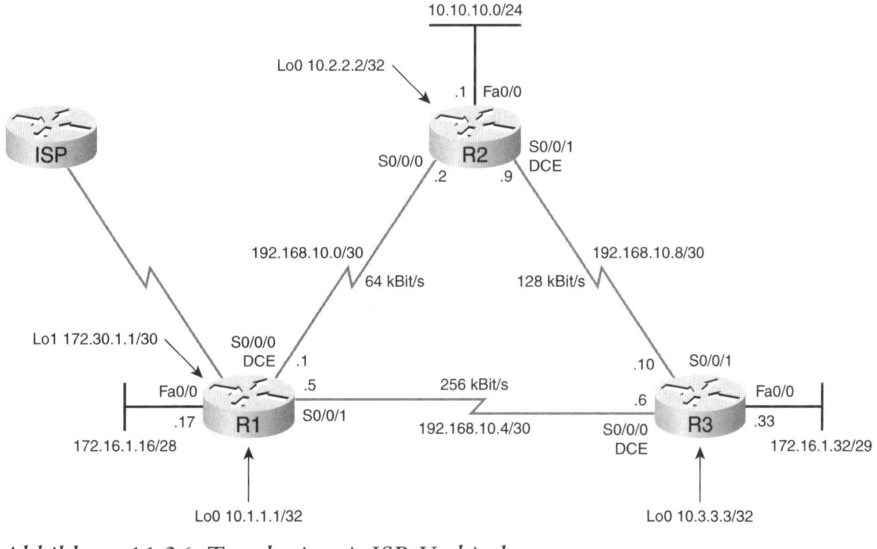

Abbildung 11.26: Topologie mit ISP-Verbindung

Wie bei RIP und EIGRP wird der mit dem Internet verbundene Router verwendet, um eine Default-Route anderen Routern in der OSPF-Routing-Domäne bekannt zu geben. Dieser Router heißt manchmal Edge-Router, Entrance-Router oder Gateway. In der OSPF-Terminologie wird ein Router zwischen einer OSPF-Routing-Domäne und einem Nicht-OSPF-Netzwerk als ASBR (Autonomous System Boundary Router) bezeichnet. In dieser Topologie stellt Lo1 (Loopback1) eine Verbindung zu einem Nicht-OSPF-Netzwerk dar. Wir werden das Netzwerk 172.30.1.1/30 nicht im Zuge des OSPF-Routing-Prozesses konfigurieren.

Listing 11.25 zeigt den ASBR (R1), auf dem die IP-Adresse für Loopback1 und eine statische Default-Route konfiguriert sind, die Daten an den ISP-Router weiterleitet.

Listing 11.25: Konfiguration der statischen Default-Route auf dem ASBR

```
R1(config)#interface loopback 1
R1(config-if)#ip add 172.30.1.1 255.255.255.252
R1(config-if)#exit
R1(config)#ip route 0.0.0.0 0.0.0.0 loopback 1
R1(config)#router ospf 1
R1(config-router)#default-information originate
```

Anmerkung

Die statische Default-Route verwendet die Loopback-Schnittstelle als Ausgangsschnittstelle, da der ISP-Router in der Topologie physisch nicht vorhanden ist. Mithilfe einer Loopback-Schnittstelle können wir die Verbindung mit einem anderen Router simulieren.

Wie RIP erfordert OSPF die Verwendung des Befehls `default-information originate` zur Bekanntgabe der statischen Default-Route 0.0.0.0/0 gegenüber den anderen Routern in der Area. Wenn dieser Befehl nicht verwendet wird, wird die Quad-Zero-Route nicht als Default-Route gegenüber anderen Routern in der OSPF-Area ausgewiesen.

Die Listings 11.26, 11.27 und 11.28 stellen die Routing-Tabellen der Router R1, R2 und R3 dar. Für alle drei Router ist nun in der Routing-Tabelle ein Gateway of Last Resort festgelegt.

Listing 11.26: Routing-Tabelle von R1 mit Default-Route

```
R1#show ip route
Codes: <Codeausgabe teilweise unterdrückt>
       D - EIGRP, EX - EIGRP external, O - OSPF, IA - OSPF inter area
       E1 - OSPF external type 1, E2 - OSPF external type 2

Gateway of last resort is 0.0.0.0 to network 0.0.0.0

     192.168.10.0/30 is subnetted, 3 subnets
C       192.168.10.0 is directly connected, Serial0/0/0
C       192.168.10.4 is directly connected, Serial0/0/1
O       192.168.10.8 [110/1171] via 192.168.10.6, 00:00:58, Serial0/0/1
     172.16.0.0/16 is variably subnetted, 2 subnets, 2 masks
O       172.16.1.32/29 [110/391] via 192.168.10.6, 00:00:58, Serial0/0/1
C       172.16.1.16/28 is directly connected, FastEthernet0/0
     172.30.0.0/30 is subnetted, 1 subnets
```

Listing 11.26: Routing-Tabelle von R1 mit Default-Route

```
C        172.30.1.0 is directly connected, Loopback1
     10.0.0.0/8 is variably subnetted, 2 subnets, 2 masks
O        10.10.10.0/24 [110/1172] via 192.168.10.6, 00:00:58, Serial0/0/1
C        10.1.1.1/32 is directly connected, Loopback0
S*   0.0.0.0/0 is directly connected, Loopback1
```

Listing 11.27: Routing-Tabelle von R2 mit Default-Route

```
R2#show ip route
Codes: <Codeausgabe teilweise unterdrückt>
       D - EIGRP, EX - EIGRP external, O - OSPF, IA - OSPF inter area
       E1 - OSPF external type 1, E2 - OSPF external type 2

Gateway of last resort is 192.168.10.10 to network 0.0.0.0

     192.168.10.0/30 is subnetted, 3 subnets
C       192.168.10.0 is directly connected, Serial0/0/0
O       192.168.10.4 [110/1171] via 192.168.10.10, 00:00:25, Serial0/0/1
C       192.168.10.8 is directly connected, Serial0/0/1
     172.16.0.0/16 is variably subnetted, 2 subnets, 2 masks
O       172.16.1.32/29 [110/782] via 192.168.10.10, 00:00:25, Serial0/0/1
O       172.16.1.16/28 [110/1172] via 192.168.10.10, 00:00:25, Serial0/0/1
     10.0.0.0/8 is variably subnetted, 2 subnets, 2 masks
C       10.2.2.2/32 is directly connected, Loopback0
C       10.10.10.0/24 is directly connected, FastEthernet0/0
O*E2 0.0.0.0/0 [110/1] via 192.168.10.10, 00:00:13, Serial0/0/1
```

Listing 11.28: Routing-Tabelle von R3 mit Default-Route

```
R3#show ip route
Codes: <Codeausgabe teilweise unterdrückt>
       D - EIGRP, EX - EIGRP external, O - OSPF, IA - OSPF inter area
       E1 - OSPF external type 1, E2 - OSPF external type 2

Gateway of last resort is 192.168.10.5 to network 0.0.0.0

     192.168.10.0/30 is subnetted, 3 subnets
O       192.168.10.0 [110/1952] via 192.168.10.5, 00:00:38, Serial0/0/0
C       192.168.10.4 is directly connected, Serial0/0/0
C       192.168.10.8 is directly connected, Serial0/0/1
     172.16.0.0/16 is variably subnetted, 2 subnets, 2 masks
C       172.16.1.32/29 is directly connected, FastEthernet0/0
O       172.16.1.16/28 [110/391] via 192.168.10.5, 00:00:38, Serial0/0/0
     10.0.0.0/8 is variably subnetted, 2 subnets, 2 masks
C       10.3.3.3/32 is directly connected, Loopback0
O       10.10.10.0/24 [110/782] via 192.168.10.9, 00:00:38, Serial0/0/1
O*E2 0.0.0.0/0 [110/1] via 192.168.10.5, 00:00:27, Serial0/0/0
```

Beachten Sie die Default-Route auf R2 und R3 mit OSPF als Routenquelle und dem Zusatzcode `E2`. Bei R2 sieht die Route wie folgt aus:

```
O*E2 0.0.0.0/0 [110/1] via 192.168.10.10, 00:05:34, Serial0/0/1
```

`E2` signalisiert, dass diese Route eine OSPF-Route des Typs E2 ist.

Es gibt bei OSPF zwei Routenkategorien: E1 (External Type 1) und E2 (External Type 2). Der Unterschied zwischen den beiden besteht in der Art und Weise, wie die OSPF-Kosten der Route auf den einzelnen Routern berechnet werden. OSPF addiert die Kosten einer E1-Route als Route, die in der gesamten OSPF-Area verbreitet wird. Dieser Prozess ist identisch mit der normalen Kostenberechnung für interne OSPF-Routen. Die Kosten einer E2-Route hingegen sind immer die externen Kosten, d. h. ohne die intern anfallenden Kosten zum Erreichen der betreffenden Route. In dieser Topologie zeigen, weil die Default-Route einen externen Kostenwert von 1 auf dem Router R1 hat, R2 und R3 ebenfalls einen Kostenwert von 1 für die E2-Default-Route an. E2-Routen mit dem Kostenwert 1 sind die Default-Konfiguration bei OSPF. Wie diese Default-Werte geändert werden, erfahren Sie in CCNP. Dort finden Sie auch weitere Informationen zu externen Routen.

11.5.2 OSPF optimieren

Der nun folgende Abschnitt beschreibt die Änderung der Referenzbandbreite und der einschlägigen Timer. Wenn Sie Default-Werte ändern, müssen Sie sich über die Konsequenzen im Klaren sein. Achten Sie zudem darauf, die entsprechenden Befehle auf *allen* Routern hinzuzufügen.

Referenzbandbreite

Wie Sie wissen, verwendet das Cisco IOS als OSPF-Kosten die Gesamtbandbreite. Der Kostenwert jeder Schnittstelle wird durch Division von 10^8 durch den Bandbreitenwert ermittelt; dabei ist 10^8 die Referenzbandbreite.

10^8 ist die Default-Referenzbandbreite, die bei der Konvertierung der tatsächlichen Bandbreite in eine Kostenmetrik verwendet wird. Wie Sie bereits wissen, gibt es mittlerweile jedoch Übertragungsraten, die wesentlich höher als Fast Ethernet-Geschwindigkeiten sind – beispielsweise Gigabit-Ethernet oder sogar 10-Gigabit-Ethernet. Die Verwendung einer Referenzbandbreite von 10^8 hat zur Folge, dass alle Schnittstellen mit einer Bandbreite von 100 MBit/s und höher denselben Kostenwert (1) aufweisen.

Um genauere Berechnungen zu ermöglichen, kann es notwendig sein, den Wert der Referenzbandbreite zu ändern. Die Referenzbandbreite lässt sich mit dem OSPF-Befehl `auto-cost reference-bandwidth` ändern, um solche Netzwerke mit schnelleren Verbindungen berücksichtigen zu können.

```
R1(config-router)#auto-cost reference-bandwidth ?
1-4294967 The reference bandwidth in terms of Mbits per second.
```

Ist dieser Befehl erforderlich, dann sollte er auf *allen* Routern eingegeben werden, damit die OSPF-Routing-Metrik konsistent bleibt.

Beachten Sie, dass die Angabe in MBit/s erfolgt (deswegen ist der Default-Wert auch gleichbedeutend mit 100). Um den Wert an 10GigE-Geschwindigkeiten (10-Gigabit-Ethernet) anzupassen, müssen Sie die Referenzbandbreite auf 10000 setzen:

```
R1(config-router)#auto-cost reference-bandwidth 10000
```

Auch hier müssen Sie sicherstellen, dass der Befehl auf allen Routern in der OSPF-Routing-Domäne konfiguriert wird. Unter Umständen weist das Cisco IOS Sie auch darauf hin (vgl. Listing 11.29).

Listing 11.29: Referenzbandbreite konfigurieren

```
R1(config-if)#router ospf 1
R1(config-router)#auto-cost reference-bandwidth ?
  <1-4294967>  The reference bandwidth in terms of Mbits per second

R1(config-router)#auto-cost reference-bandwidth  10000
% OSPF: Reference bandwidth is changed.
        Please ensure reference bandwidth is consistent across all routers.
```

```
R2(config-if)#router ospf 1
R2(config-router)#auto-cost reference-bandwidth  10000
% OSPF: Reference bandwidth is changed.
        Please ensure reference bandwidth is consistent across all routers.
```

```
R3(config-if)#router ospf 1
R3(config-router)#auto-cost reference-bandwidth  10000
% OSPF: Reference bandwidth is changed.
        Please ensure reference bandwidth is consistent across all routers.
```

Die Routing-Tabelle für R1 in Listing 11.30 zeigt die Änderung in der OSPF-Kostenmetrik.

Listing 11.30: Routing-Tabelle von R1 mit den auf die neue Referenzbandbreite eingestellten Kostenmetriken

```
R1#show ip route
Codes: <Codeausgabe teilweise unterdrückt>
       D - EIGRP, EX - EIGRP external, O - OSPF, IA - OSPF inter area
       E1 - OSPF external type 1, E2 - OSPF external type 2

Gateway of last resort is 0.0.0.0 to network 0.0.0.0

     192.168.10.0/30 is subnetted, 3 subnets
C       192.168.10.0 is directly connected, Serial0/0/0
C       192.168.10.4 is directly connected, Serial0/0/1
O       192.168.10.8 [110/104597] via 192.168.10.6, 00:01:33, Serial0/0/1
     172.16.0.0/16 is variably subnetted, 2 subnets, 2 masks
O       172.16.1.32/29 [110/39162] via 192.168.10.6, 00:01:33, Serial0/0/1
C       172.16.1.16/28 is directly connected, FastEthernet0/0
     172.30.0.0/30 is subnetted, 1 subnets
C       172.30.1.0 is directly connected, Loopback1
     10.0.0.0/8 is variably subnetted, 2 subnets, 2 masks
O       10.10.10.0/24 [110/65635] via 192.168.10.2, 00:01:33, Serial0/0/0
C       10.1.1.1/32 is directly connected, Loopback0
S*   0.0.0.0/0 is directly connected, Loopback1
```

Beachten Sie, dass die Kostenwerte bei OSPF-Routen wesentlich höher liegen, als in Listing 11.26 gezeigt. Beispielsweise liegen die Kosten für 10.10.10.0/24 vor der Änderung der Referenzbandbreite in Listing 11.29 bei 1172; nach der Konfiguration der neuen Referenzbandbreite beträgt der Wert hingegen 65.635 (siehe Listing 11.30).

OSPF-Intervalle ändern

In Listing 11.31 wird mit dem Befehl `show ip ospf neighbor` auf R1 überprüft, ob R2 und R3 Nachbarn von R1 sind. Beachten Sie in der Ausgabe, dass das Dead-Intervall 40 Sekunden beträgt. Standardmäßig wird dieser Wert alle zehn Sekunden aktualisiert, wenn R1 ein Hello-Paket vom Nachbarn bekommt.

Listing 11.31: Dead-Intervall mit »show ip ospf neighbor« überprüfen

```
R1#show ip ospf neighbor

Neighbor ID     Pri   State           Dead Time   Address         Interface
10.3.3.3          0   FULL/  -        00:00:35    192.168.10.6    Serial0/0/1
10.2.2.2          0   FULL/  -        00:00:36    192.168.10.2    Serial0/0/0
```

Es kann unter Umständen wünschenswert sein, die OSPF-Timer so zu ändern, dass die Router Ausfälle im Netzwerk in kürzerer Zeit bemerken. Hierdurch erhöht sich zwar das Datenaufkommen im Netzwerk, doch wird dies durch den Bedarf an schnellerer Konvergenz aufgewogen. Bevor Sie die Default-Werte der Timer ändern, sollten Sie sich diese genau ansehen und sich klarmachen, welche Auswirkungen die vorgesehenen Änderungen haben könnten.

Die OSPF-Hello- und Dead-Intervalle können manuell mithilfe der folgenden Befehle geändert werden:

```
Router(config-if)#ip ospf hello-interval seconds
Router(config-if)#ip ospf dead-interval seconds
```

Listing 11.32 zeigt die auf 5 bzw. 20 Sekunden umgestellten Hello- und Dead-Intervalle der Schnittstelle Serial 0/0/0 auf R1.

Listing 11.32: Hello- und Dead-Intervall auf R1 ändern

```
R1(config)#interface serial 0/0/0
R1(config-if)#ip ospf hello-interval 5
R1(config-if)#ip ospf dead-interval 20
R1(config-if)#end

<20 Sekunden auf IOS-Nachricht warten>

%OSPF-5-ADJCHG: Process 1, Nbr 10.2.2.2 on Serial0/0/0 from FULL to DOWN,
Neighbor Down:
Dead timer expired
```

Unmittelbar nach Änderung des Hello-Intervalls wird das Dead-Intervall durch das Cisco IOS automatisch auf das Vierfache des Hello-Intervalls gesetzt. Allerdings ist es auch deswegen stets empfehlenswert, den Timer explizit zu modifizieren, statt sich auf ein automatisches Feature des Cisco IOS zu verlassen, da die Änderungen so in der Konfiguration dokumentiert sind.

Nach 20 Sekunden läuft der Dead-Timer auf R1 ab. Folglich wird die Nachbarschaftsbeziehung von R1 und R2 beendet. Das Problem besteht darin, dass wir die Werte nur auf einer Seite der seriellen Verbindung zwischen R1 und R2 geändert haben:

```
%OSPF-5-ADJCHG: Process 1, Nbr 10.2.2.2 on Serial0/0/0 from FULL to DOWN, Neighbor
Down: Dead timer expired
```

Zur Erinnerung: Die Hello- und Dead-Intervalle müssen bei OSPF bei allen beteiligten Nachbarn gleich sein. Sie können den Verlust der Nachbarschaftsbeziehung mit `show ip ospf neighbor` auf R1 überprüfen (Listing 11.33).

Listing 11.33: Die Nachbarschaftsbeziehung zwischen R1 und R2 endet.

```
R1#show ip ospf neighbor

Neighbor ID     Pri   State           Dead Time   Address         Interface
10.3.3.3          0   FULL/  -        00:00:35    192.168.10.6    Serial0/0/1
```

Beachten Sie, dass der Nachbar 10.2.2.2 nicht mehr vorhanden ist. Allerdings ist 10.3.3.3 (R3) weiterhin ein Nachbar. Die Timer auf Serial 0/0/0 haben also keine Auswirkungen auf die Nachbarschaftsbeziehung mit R3.

Listing 11.34 zeigt, dass die fehlangepassten Hello- und Dead-Intervalle auf R2 mit dem Befehl `show ip ospf interface serial 0/0/0` überprüft werden können.

Listing 11.34: Hello- und Dead-Intervalle mit »show ip ospf interface« überprüfen

```
R2#show ip ospf interface serial 0/0/0
Serial0/0/0 is up, line protocol is up
  Internet Address 192.168.10.2/30, Area 0
  Process ID 1, Router ID 10.2.2.2, Network Type POINT_TO_POINT, Cost: 65535
  Transmit Delay is 1 sec, State POINT_TO_POINT,
  Timer intervals configured, Hello 10, Dead 40, Wait 40, Retransmit 5
    oob-resync timeout 40
    Hello due in 00:00:09
  Supports Link-local Signaling (LLS)
  Index 2/2, flood queue length 0
  Next 0x0(0)/0x0(0)
  Last flood scan length is 1, maximum is 1
  Last flood scan time is 0 msec, maximum is 0 msec
  Neighbor Count is 0, Adjacent neighbor count is 0
  Suppress hello for 0 neighbor(s)
```

Die Einstellungen auf R2 (Router-ID 10.2.2.2) weisen weiterhin Werte von zehn Sekunden für das Hello- und 40 Sekunden für das Dead-Intervall auf.

Um die Nachbarschaftsbeziehung zwischen R1 und R2 wiederherzustellen, ändern Sie das Hello- und das Dead-Intervall der Schnittstelle Serial 0/0/0 auf R2 so ab, dass die Werte denen der Schnittstelle Serial 0/0/0 auf R1 entsprechen (Listing 11.35).

Listing 11.35: Wiederherstellung der Nachbarschaftsbeziehung durch Konfiguration passender Hello- und Dead-Intervalle auf R2

```
R2(config)#interface serial 0/0/0
R2(config-if)#ip ospf hello-interval 5
R2(config-if)#ip ospf dead-interval 20
R2(config-if)#end
%OSPF-5-ADJCHG: Process 1, Nbr 10.1.1.1 on Serial0/0/0 from LOADING to FULL,
Loading Done
```

Das Cisco IOS zeigt eine Meldung an, dass die Nachbarschaftsbeziehung mit dem Status `FULL` hergestellt wurde.

Sie können die Wiederherstellung der Nachbarschaftsbeziehung mit `show ip ospf neighbor` auf R1 überprüfen (Listing 11.36).

Listing 11.36: Wiederherstellung der Nachbarschaftsbeziehung mit »show ip ospf neighbor« überprüfen

```
R1#show ip ospf neighbor

Neighbor ID     Pri   State           Dead Time   Address         Interface
10.3.3.3          0   FULL/  -        00:00:36    192.168.10.6    Serial0/0/1
10.2.2.2          0   FULL/  -        00:00:17    192.168.10.2    Serial0/0/0
```

Beachten Sie, dass das Dead-Intervall für Serial 0/0/0 nun wesentlich niedriger ist: Es beträgt nur mehr 20 statt 40 Sekunden. Serial 0/0/1 hingegen arbeitet weiterhin mit den Default-Werten.

ANMERKUNG

OSPF verlangt, dass die Hello- und Dead-Intervalle zweier Router übereinstimmen, damit diese eine Nachbarschaftsbeziehung bilden können. Hier liegt ein Unterschied zu EIGRP vor, wo die Hello- und Holddown-Zeiten nicht identisch sein müssen, damit eine EIGRP-Nachbarschaftsbeziehung geformt wird.

Default-Routing und die Optimierung von OSPF (11.5.2)

Packet Tracer
☐ **Aktivität**

In dieser Packet Tracer-Aktivität konfigurieren wir eine Default-Route und verbreiten diese im Rahmen des OSPF-Routing-Prozesses. Ferner üben wir das Ändern der Referenzbandbreite und der Hello- und Dead-Intervalle. Ausführliche Anweisungen entnehmen Sie der Aktivität selbst. Zur Durchführung der Aktivität verwenden Sie Packet Tracer und die Datei *e2-1152.pka* auf der Begleit-CD-ROM zu diesem Buch.

11.6 Zusammenfassung

OSPF ist ein klassenloses Link-State-Protokoll. Die aktuelle OSPF-Version für IPv4 ist OSPFv2, das von John Moy in RFC 1247 vorgestellt und in RFC 2328 auf einen aktuellen Stand gebracht wurde. 1999 wurde OSPFv3 für IPv6 in RFC 2740 veröffentlicht.

OSPF hat standardmäßig eine administrative Distanz von 110 und ist in der Routing-Tabelle am Code der Routenquelle `O` zu erkennen. OSPF wird mit dem globalen Konfigurationsbefehl `router ospf` *`process-id`* aktiviert. Die Prozess-ID hat lokale Bedeutung, das heißt, sie muss nicht mit den IDs anderer OSPF-Router übereinstimmen, um Nachbarschaftsbeziehungen mit diesen Routern herstellen zu können.

Der Befehl `network` hat bei OSPF dieselbe Funktion wie bei anderen IGPs, jedoch wird eine etwas andere Syntax verwendet:

```
Router(config-router)#network network-address wildcard-maskarea area-id
```

Die Wildcard-Maske (*`wildcard-mask`*) ist das Gegenteil der Subnetzmaske; die Area-ID muss passend für die Router in der betreffenden Area konfiguriert werden. Zwar lässt sich jede beliebige ID verwenden, doch wird empfohlen, auch bei Single-Area-OSPF die Area-ID 0 zu verwenden.

OSPF verwendet kein Transportschichtprotokoll, da OSPF-Pakete direkt über IP gesendet werden. Das OSPF-Hello-Paket wird von OSPF verwendet, um Nachbarschaftsbeziehungen herzustellen. Standardmäßig werden OSPF-Hello-Pakete alle zehn Sekunden in Multi-Access-Segmente (Ethernet) und Point-to-Point-Segmente, jedoch nur alle 30 Sekunden in NBMA-Netzwerke (X.25, Frame Relay, ATM) gesendet. Das Dead-Intervall beschreibt den Zeitraum, nach dessen Verstreichen ein Router die Nachbarschaftsbeziehung mit einem Nachbarn beendet, wenn er von diesem kein Hello-Paket empfangen hat. Es beträgt standardmäßig das Vierfache des Hello-Intervalls. Bei Multi-Access- und Point-to-Point-Segmenten beträgt der Zeitraum 40 Sekunden, bei NBMA-Netzwerken 120 Sekunden.

Damit Router eine Nachbarschaftsbeziehung bilden können, müssen das Hello- und das Dead-Intervall, die Netzwerktypen und die Subnetzmasken übereinstimmen. Der Befehl `show ip ospf neighbors` kann zur Überprüfung von OSPF-Nachbarschaftsbeziehungen verwendet werden.

Die OSPF-Router-ID wird zur eindeutigen Kennzeichnung eines Routers in der OSPF-Routing-Domäne verwendet. Cisco-Router leiten die Router-ID basierend auf drei Kriterien und mit den folgenden Prioritäten ab:

1. Es wird die mit dem OSPF-Befehl `router-id` konfigurierte Adresse verwendet.
2. Falls keine Router-ID konfiguriert wurde, wählt der Router die höchste IP-Adresse aus, die einer seiner Loopback-Schnittstellen zugewiesen ist.
3. Falls keine Loopback-Schnittstellen konfiguriert wurden, wählt der Router die höchste aktive IP-Adresse einer seiner physischen Schnittstellen aus.

RFC 2328 gibt nicht an, welche Werte für die Kosten zu berücksichtigen sind. Das Cisco IOS verwendet die Gesamtbandbreite aller Ausgangsschnittstellen vom Router bis zum Zielnetzwerk als Kostenwert.

Multi-Access-Netzwerke können OSPF hinsichtlich des Flutens von LSAs vor zwei Probleme stellen: die Entstehung vieler Nachbarschaftsbeziehungen (eine pro Router-Paar) und das umfangreiche Flooding von LSAs. In Multi-Access-Netzwerken wählt OSPF einen DR aus, der als Sammlungs- und Verteilungspunkt für gesendete und empfangene LSAs fungiert. Zusätzlich wird ein BDR gewählt, der die Aufgaben des DR übernimmt, sofern dieser ausfallen sollte. Alle übrigen Router werden als DROthers bezeichnet. Alle Router senden ihre LSAs an den DR, der diese dann an alle anderen Router im Multi-Access-Netzwerk flutet.

Zum DR wird der Router mit der höchsten ID, während der Router mit der zweithöchsten ID als BDR ausgewählt wird. Die Auswahl lässt sich mit dem Befehl `ip ospf priority` beeinflussen. Die Default-Priorität aller Router in Multi-Access-Netzwerken beträgt 1. Wenn auf einem Router ein neuer Prioritätswert konfiguriert wird, wird der Router mit dem höchsten Prioritätswert zum DR und derjenige mit dem zweithöchsten zum BDR. Router mit dem Prioritätswert 0 sind hingegen von der Wahl zum DR oder BDR ausgeschlossen.

Eine Default-Route wird bei OSPF ähnlich wie bei RIP verbreitet. Mit dem Befehl `default-information originate` wird auf einem OSPF-Router die Verbreitung einer statischen Default-Route konfiguriert.

Der Befehl `show ip protocols` schließlich erlaubt das Überprüfen wichtiger OSPF-Konfigurationsdaten wie die OSPF-Prozess-ID, die Router-ID und die Netzwerke, die der Router bekannt gibt.

11.7 Aktivitäten und Übungen

Die Aktivitäten und Übungen im Begleitbuch »Routing Protocols and Concepts, CCNA Exploration Labs and Study Guide« (ISBN 978-1-58713-204-9) ermöglichen ein praxisbezogenes Üben der folgenden in diesem Kapitel vorgestellten Themen:

Übungen

Übung 11.1: Grundlegende OSPF-Konfiguration (11.6.1)

In dieser Übung gibt es zwei separate Szenarien. Im ersten lernen Sie, wie das Routing-Protokoll OSPF für das in der Topologie von Szenario A gezeigte Netzwerk konfiguriert wird. Die Segmente des Netzwerks wurden mit VLSM in Subnetze unterteilt. OSPF ist ein klassenloses Routing-Protokoll, mit dem sich Subnetzmasken in den Routing-Updates mitsenden lassen. Dies ermöglicht die Verbreitung von VLSM-Subnetzinformationen im gesamten Netzwerk.

Im zweiten Szenario erfahren Sie, wie OSPF in einem Multi-Access-Netzwerk konfiguriert wird. Zudem erlernen Sie die Verwendung des OSPF-Auswahlprozesses, um die Zustände DR, BDR und DROther zu bestimmen.

Übung 11.2: Fortgeschrittene OSPF-Konfiguration (11.6.2)

In dieser Übung erhalten Sie eine Netzwerkadresse, die Sie mithilfe von VLSM in Subnetze unterteilen müssen, um die Adressierung des im Topologiediagramm gezeigten Netzwerks abzuschließen. Es wird eine Kombination aus OSPF-Routing und statischem Routing benötigt, damit Hosts in den Netzwerken, die nicht direkt angeschlossen sind, miteinander kommunizieren können. In allen OSPF-Konfigurationen wird die OSPF-Area-ID 0 und die Prozess-ID 1 verwendet.

Übung 11.3: OSPF-Troubleshooting (11.6.3)

In dieser Übung laden Sie zunächst Konfigurationsdateien auf die einzelnen Router. Diese Konfigurationen enthalten Fehler, die eine erfolgreiche Ende-zu-Ende-Kommunikation über das Netzwerk verhindern.

Sie müssen auf jedem Router ein Troubleshooting durchführen, um die Konfigurationsfehler zu ermitteln, und die Konfigurationen dann mit den entsprechenden Befehlen korrigieren.

Wenn Sie alle Fehler behoben haben, sollten alle Hosts im Netzwerk in der Lage sein, miteinander zu kommunizieren.

Packet Tracer Companion

Viele Praxisübungen enthalten Aktivitäten mit Packet Tracer, in denen Sie diese Software zur Simulation der Übung verwenden können. Lesen Sie im »Routing Protocols and Concepts, CCNA Exploration Labs and Study Guide« (ISBN 1-58713-204-4) Praxisübungen mit Packet Tracer.

11.8 Lernzielkontrolle

Beantworten Sie die folgenden Fragen, um Ihren Kenntnisstand bezüglich der in diesem Kapitel beschriebenen Themen und Konzepte zu überprüfen. Die Antworten finden Sie in Anhang A, »Antworten zu den Lernzielkontrollen und weiterführenden Fragen«.

1. Welche der folgenden Aussagen zu Routing-Protokollen, die den Link-State-Routing-Algorithmus verwenden, sind zutreffend? Wählen Sie drei Antworten aus.

   a) Sie werden in ihrer Gesamtheit als Link-State-Protokolle bezeichnet.

   b) Sie erlernen Routen und senden diese an direkt angeschlossene Nachbarn.

   c) Sie führen eine Datenbank der Netzwerktopologie.

   d) Sie basieren auf dem Dijkstra-Algorithmus.

   e) Sie gelten als geeignete Wahl für kleine Netzwerke mit leistungsschwachen Routern.

2. Ordnen sie die OSPF-spezifische Beschreibung dem passenden Begriff zu:

   Beschreibungen:

   – Erstellt und pflegt Nachbarschaftsbeziehungen.
   – Wird ausgelöst, wenn eine Topologieänderung aufgetreten ist.
   – Beschreibung einer Schnittstelle und ihrer Beziehungen zu anderen Routern
   – Berechnet den besten Pfad in die verschiedenen Zielnetzwerke.

   Begriffe:

   a) LSA

   b) Link-State (Verbindungszustand)

   c) SPF-Algorithmus

   d) Hello-Paket

3. Welche Gründe könnte ein Netzwerkadministrator für die Verwendung von Loopback-Schnittstellen bei der Konfiguration von OSPF haben? Wählen Sie zwei Antworten aus.
   a) Loopback-Schnittstellen sind logische Schnittstellen, die nicht ausfallen können.
   b) Nur Loopback-Adressen können als OSPF-Router-ID verwendet werden.
   c) Loopback-Schnittstellen werden zur Festlegung der OSPF-Metrik eingesetzt.
   d) Die Loopback-Adresse wird als Router-ID verwendet und hat Vorrang vor den IP-Adressen physischer Schnittstellen.
   e) Die OSPF-Fehlerprüfung wird durch Loopback-Adressen aktiviert.
   f) Die Loopback-Adresse hat Vorrang vor dem konfigurierten Router-Prioritätswert.
4. Bei welchen der folgenden Netzwerktypen werden keine OSPF-DRs ausgewählt? Wählen Sie zwei Antworten aus.
   a) Point-to-Point-Netze
   b) Point-to-Multipoint-Netze
   c) Broadcast-Multiaccess-Netze
   d) Non-Broadcast-Multiaccess-Netze
5. Ein Netzwerkadministrator gibt den Befehl `router ospf 100` ein. Worin besteht der Zweck der Angabe `100` in diesem Befehl?
   a) AS-Nummer
   b) Metrik
   c) Prozess-ID
   d) administrative Distanz
6. Worin besteht der Zweck der Eingabe von `bandwidth 56` auf einer seriellen Schnittstelle?
   a) Sie ändert den Kostenwert.
   b) Sie hat nur informativen Charakter.
   c) Sie ändert den Durchsatz der Schnittstelle auf 56 kBit/s.
   d) Sie wird für den DUAL-Algorithmus benötigt.

7. Welchen Faktor verwendet die Cisco-Implementierung von OSPF zur Auswahl der besten Route?

   a) Betriebszeit

   b) Zuverlässigkeit

   c) Bandbreite

   d) Last

   e) geringste Anzahl an Hops

8. Welcher Befehl gestattet einem Router die Bekanntgabe statischer Default-Routen via OSPF?

   a) `redistribute static`

   b) `network 0.0.0.0 0.0.0.0 area 0`

   c) `default-information originate`

   d) Default-Routen haben nur lokale Bedeutung und können nicht via OSPF bekannt gegeben werden.

9. Was wird bei OSPF zur Auswahl von DR und BDR verwendet, falls die beteiligten OSPF-Router identische Schnittstellenprioritäten aufweisen?

   a) Die höchste OSPF-Prozess-ID

   b) Die niedrigste Schnittstellen-IP-Adresse

   c) Die niedrigsten Schnittstellenkosten

   d) Die Router-ID

10. Welcher Pakettyp ist für OSPF nicht gültig?

    a) Hello

    b) LRU

    c) LSR

    d) LSAck

    e) DBD

11. Muss die Prozess-ID beim Befehl `router ospf` auf allen Routern gleich sein?

12. Welche OSPF-Router-ID hat RouterA, wenn die folgende Konfiguration zugrunde gelegt wird?

```
RouterA(config)#interface serial 0/0/0
RouterA(config-if)#ip add 192.168.2.1 255.255.255.252
RouterA(config)#interface loopback 0
RouterA(config-if)#ip add 10.1.1.1 255.255.255.255
RouterA(config)#router ospf 1
RouterA(config-if)#network 192.168.2.0 0.0.0.3 area 0
```

13. Welcher Befehl ermöglicht Ihnen die Überprüfung oder Bestimmung des von der OSPF-Metrik verwendeten Bandbreitenwertes einer Schnittstelle?
14. Welcher Befehl gestattet Ihnen die Änderung der OSPF-Kosten einer Schnittstelle, ohne hierfür deren Bandbreitenwert ändern zu müssen?
15. Wie lautet der Default-Wert des Hello-Intervalls in Ethernet- bzw. in seriellen Point-to-Point-Netzwerken? Wie lautet der Default-Wert des Hello-Intervalls in NBMA-Netzwerken?
16. Welche Werte müssen übereinstimmen, damit zwei Router eine OSPF-Nachbarschaftsbeziehung bilden können?
17. Welche Probleme löst die Auswahl eines DR und eines BDR?
18. Wie werden DR und BDR ausgewählt?

11.9 Weiterführende Fragen und Aktivitäten

Die folgenden Fragen setzen ein tieferes Verständnis der in diesem Kapitel behandelten Konzepte voraus und entsprechen dem komplexeren Fragestil, der auch bei der CCNA-Prüfung auftreten kann. Sie finden die Antworten in Anhang A.

1. Wie wird der neue DR bestimmt, wenn der aktuelle DR ausfällt?
2. Was geschieht, wenn ein Router mit einer höheren OSPF-Schnittstellenpriorität zu einem Netzwerk hinzugefügt wird, in dem bereits ein DR und ein BDR ausgewählt wurden?
3. Welche Bedeutung hat die OSPF-Schnittstellenpriorität 0?
4. Welcher Befehl muss zum Verbreiten einer Default-Route mit OSPF verwendet werden?

11.10 Weitere Informationen

RFC 2328: OSPF Version 2

RFCs (Requests for Comments) sind ein Serie von Dokumenten, die der IETF (Internet Engineering Task Force) unterbreitet werden und Vorschläge für Internetstandards, Beschreibungen neuer Konzepte, Informationen und manchmal sogar nur Humoriges enthalten. RFC 2328 ist der aktuelle RFC für OSPFv2.

RFCs lassen sich von verschiedenen Websites herunterladen, so etwa unter *http://www.ietf.org/rfc.html*. Lesen Sie RFC 2328 vollständig, zumindest aber auszugsweise, um mehr zu OSPF zu erfahren.

Multiarea-OSPF

Einige der wesentlichen Vorteile von OSPF sind – insbesondere in Bezug auf große Netzwerke – bei Multiarea-OSPF zu erkennen. Multiarea-OSPF wird eigentlich in CCNP behandelt, doch es ist empfehlenswert, sich zumindest einige dieser neuen Konzepte bereits jetzt anzusehen.

Lesevorschläge

- Jeff Doyle und Jennifer Carroll: »Routing TCP/IP, Volume 1«
- John Moy: »OSPF, Anatomy of an Internet Routing Protocol«.

Anhang

Antworten zu Lernzielkontrollen und weiterführenden Fragen

Kapitel 1

Lernzielkontrolle

1. D. Sowohl die Routing-Tabelle als auch der ARP-Cache werden im RAM abgelegt. Diese Tabellen werden nicht gespeichert, wenn der Router abgeschaltet wird. Das Bootstrap-Programm wird im ROM, die Startkonfigurationsdatei im NVRAM und das Betriebssystem-Image im Flash-Speicher gespeichert. Diese Dateien bleiben an den jeweiligen Speicherorten erhalten, wenn der Router abgeschaltet wird.
2. A und E. Die Ausgaben der Befehle `show interfaces` und `show ip interface brief` enthalten die Schnittstellen und ihre IP-Adressen. Die anderen Auswahlmöglichkeiten sind ungültig.
3. A. Der korrekte Befehl zu Konfiguration eines Passwortes im privilegierten Modus lautet `enable secret` *`password`*.
4. C. Die drei Prinzipien zu Routing-Tabellen, wie sie von Alex Zinin in seinem Buch »Cisco IP Routing« beschrieben werden, lauten:
   - Jeder Router trifft seine Entscheidungen allein und basierend auf den Informationen in seiner eigenen Routing-Tabelle.
   - Die Tatsache, dass ein Router bestimmte Informationen in seiner Routing-Tabelle hat, bedeutet nicht, dass andere Router über dieselben Informationen verfügen.
   - Routing-Daten zu einem Pfad aus einem Netzwerk in ein anderes enthalten keine Informationen in Bezug auf den Rückpfad.
5. B und D. Eine Aufgabe, für die die Routing-Protokolle zuständig sind, ist die Erkennung von Netzwerken und deren Hinzufügen zur Routing-Tabelle. Nachdem diese Routen zur Routing-Tabelle hinzugefügt wurden, muss das Routing-Protokoll sie dort aktualisieren und pflegen. Das Er-

kennen von Hosts, das Bekanntgeben von Default-Gateways für Hosts und das Zuweisen von IP-Adressen gehören nicht zu den Aufgaben von Routing-Protokollen.

6. C. Zu diesem Zeitpunkt befinden sich nur die direkt angeschlossenen Netzwerke in der Routing-Tabelle. Remote-Netzwerke können nur durch manuelle Konfiguration einer statischen Route oder durch Implementierung eines dynamischen Routing-Protokolls hinzugefügt werden.
7. B und D. Alle Pakete, die vom Router weitergeleitet werden, müssen in eine Ausgangsschnittstelle in der Routing-Tabelle aufgelöst werden. Wenn eine Route nur über die IP-Adresse des nächsten Hops verfügt, muss diese Adresse in eine andere Route in der Routing-Tabelle aufgelöst werden, die eine Ausgangsschnittstelle enthält (z. B. ein direkt angeschlossenes Netzwerk).
8. A. Eine Metrik wird von Routing-Protokollen als quantitativer Wert eingesetzt, um die Distanz zu einem Remote-Netzwerk zu messen.
9. B. `S* 0.0.0.0/0 is directly connected, Serial0/0/0`
10. Die Komponenten der Router-Hardware werden wie folgt beschrieben:
    - **CPU (Central Processing Unit, Prozessor).** Führt die Anweisungen des Betriebssystems aus, z. B. Initialisierungsbefehle, Routing-Funktionen und die Steuerung der Netzwerkschnittstelle.
    - **RAM (Random Access Memory, Arbeitsspeicher).** Speichert die Routing-Tabelle und andere Datenstrukturen, die der Router für die Weiterleitung von Paketen benötigt.
    - **ROM (Read-Only Memory, Nurlesespeicher).** Enthält die grundlegende Diagnosesoftware, die beim Einschalten des Routers aufgerufen wird.
    - **NVRAM (Nonvolatile RAM, nichtflüchtiges RAM).** Speichert die Startkonfiguration einschließlich der IP-Adressen, des Routing-Protokolls und anderer zugehöriger Informationen. Das NVRAM ist ein Teil des Boot-ROM-Speichers.
    - **Flashspeicher.** Speichert das Betriebssystem Cisco IOS und andere Dateien.
    - **LAN-Schnittstellen.** Ethernet- und Fast Ethernet-Schnittstellen usw.
    - **WAN-Schnittstellen.** Serielle, ISDN- und Frame Relay-Schnittstellen usw.

11. Router-Hardware testen:

    1. POST ausführen

    2. Bootstrap-Lader ausführen

    Cisco IOS suchen und laden:

    3. IOS suchen

    4. IOS laden

    Startkonfigurationsdatei suchen und laden oder Setup-Modus aufrufen:

    5. Konfigurationsdatei suchen

    6. Konfigurationsdatei ausführen

    7. In den Setup-Modus wechseln (falls Punkt 5 nicht erfolgreich ist)

12. Ein Router fügt die folgenden Eigenschaften zum Netzwerk hinzu:
    - Er ermittelt den besten Pfad für den Paketversand.
    - Er leitet Pakete in Richtung des Empfängers weiter.

13. Die Schritte zur Anwendung eine Grundkonfiguration sind die folgenden:

    1. Dem Router einen Hostnamen geben

    2. Passwörter festlegen

    3. Schnittstellen konfigurieren

    4. Banner konfigurieren

    5. Änderungen auf einem Router speichern

    6. Grundkonfiguration und Router-Betrieb überprüfen

14. Eine Routing-Tabelle vermittelt dem Router die zur Ausführung seiner grundlegenden Funktion – der Weiterleitung von Paketen in Richtung des Zielnetzwerks – erforderlichen Informationen.

15. Ein Router erlernt Netzwerke über die folgenden Wege:
    - direkt angeschlossene Routen
    - statische Routen
    - dynamische Routen

16. Die wichtigsten Felder sind die folgenden:
    - **Version.** Version des verwendeten IP-Protokolls (IPv4)
    - **TTL (Time to Live, Gültigkeitsdauer).** Anzahl der Router, die ein Paket passieren kann, bis es verworfen wird
    - **Absender-IP-Adresse.** Die IP-Adresse des Absenders (32-Bit-Adresse)
    - **Ziel-IP-Adresse.** Die IP-Adresse des Empfängers (32-Bit-Adresse)
17. Der Absender kapselt die Daten in ein Paket, das die IP-Adressen vom Absender und Empfänger enthält. Danach kapselt er das Paket in einem Frame mit den MAC-Adressen von Absender und Empfänger und sendet diesen dann in Form von Bits über das Kabel. Der Frame wird vom Gateway des Absenders (einem Router) empfangen und dort entkapselt. Wenn die Ziel-MAC-Adresse der Router ist, dann sucht dieser in seiner Routing-Tabelle nach einer Ausgangsschnittstelle zum Empfänger, kapselt das Paket im für die Ausgangsschnittstelle passenden Frame-Format neu (wobei die neuen Schicht-2-Adressen vom Absender und Empfänger eingefügt werden) und leitet den Frame dann über die Schnittstelle weiter. Dieser Prozess wiederholt sich auf jedem Router im Pfad, bis das Paket den Empfänger erreicht. Auf dem Weg vom Absender zum Empfänger ändert sich die Schicht-2-Adresse bei jedem Hop. Die IP-Adressen (Schicht-3-Adressen) von Absender und Empfänger ändern sich hingegen nicht.

Weiterführende Fragen und Aktivitäten

1. Ihre Antwort sollte in die Richtung gehen, dass ein Router lediglich eine Funktion erfüllt, während ein Computer ein Mehrzweckgerät ist. Der Hauptzweck des Routers besteht darin, Pakete durch verschiedene Schicht-3-Netzwerke weiterzuleiten. Ein typischer PC hingegen erfüllt sehr unterschiedliche Zwecke: Textverarbeitung, Computerspiele und Internetzugang, um nur einige zu nennen.
2. Die Antworten können durchaus variieren. Gegenwärtig ist die CLI die bevorzugte Konfigurationsmethode auf Cisco-Routern und für viele Operationen sogar die einzige Methode. Einige der komplexeren Sicherheitsoperationen lassen sich auf einigen Cisco-Routern mit dem Cisco SDM (Security Device Manager) konfigurieren. SDM ist ein webbasiertes Management-Tool für Cisco-Router, mit dem sich die Produktivität von Netzwerkadministratoren verbessern, die Bereitstellung von Routern vereinfachen und das Troubleshooting von Konnektivitätsproblemen in komplexen Netzwerken und VPNs (Virtual Private Networks) unterstützen lässt. In absehbarer Zeit wird es weiterhin für Netzwerkadministratoren obligatorisch sein, sich mit der Cisco-CLI auszukennen.

3. Die Antworten können durchaus variieren. Ihre Beschreibung sollte eine Schrittanleitung enthalten. Um Pseudocode für aktuelle Routing-Algorithmen anzuzeigen, suchen Sie im Internet nach dem Bellman-Ford- und dem Dijkstra-Algorithmus.

4. Eine hierarchische Struktur ist allen Schicht-3-Protokollen gemein. Jedes Protokoll kennt einen Netz- und einen Hostanteil. Die exakte Vorgehensweise unterscheidet sich allerdings von Protokoll zu Protokoll. So verwendet beispielsweise das IPX-Protokoll (Internet Packet Exchange) von Novell eine 80-Bit-Adresse. Die ersten 32 Bits sind als feste Netzwerkbits ausgewiesen und werden durch den Administrator festgelegt. Die verbleibenden 48 Bits entsprechen der MAC-Adresse des Hosts.

Kapitel 2

Lernzielkontrolle

1. A und D. Der Befehl `ip route 10.0.0.0 255.0.0.0 172.16.40.2` wird von Router A verwendet, um das Remote-Netzwerk von Router B zu erreichen. Der Befehl `ip route 192.168.1.0 255.255.255.0 172.16.40.1` wird von Router B verwendet, um das Remote-Netzwerk von Router A zu erreichen. Beide Befehle verwenden die IP-Adresse des nächsten Hops.

2. C. Alle Routen in der Routing-Tabelle müssen in eine in der Routing-Tabelle enthaltene Ausgangsschnittstelle aufgelöst werden. Wenn eine Route nur über die IP-Adresse des nächsten Hops verfügt, muss diese Adresse in eine andere Route in der Routing-Tabelle aufgelöst werden, die eine Ausgangsschnittstelle besitzt (z. B. ein direkt angeschlossenes Netzwerk). Einige statische Routen wie etwa jene mit Ethernet-Ausgangsschnittstellen können sowohl eine Ausgangsschnittstelle als auch eine IP-Adresse für den nächsten Hop enthalten.

3. C. 10.0.0.0/8 ist eine statische Route. Eine solche Route wird entfernt, indem dem Befehl zur Einrichtung der statischen Route die Negation `no` vorangestellt wird.

4. A. Diese Ausgabe wurde mit dem Befehl `traceroute` angezeigt. Die Zahlen in der Spalte auf der linken Seite geben einen Router im Pfad an.

5. D. `R1(config)#` **`ip route 0.0.0.0 0.0.0.0 2.1.1.2`** ist der korrekte Befehl, da er im globalen Konfigurationsmodus konfiguriert wird, die Adresskombination 0.0.0.0 0.0.0.0 verwendet und 2.1.1.2 als nächsten Hop angibt.

6. A, D und E. Das Konfigurieren einer statischen Route stellt nicht sicher, dass der Pfad stets verfügbar ist. Wenn die Ausgangsschnittstelle oder die IP-Adresse des nächsten Hops den Status *up* aufweisen, wird die statische

Route unabhängig davon in die Routing-Tabelle eingefügt, ob das Zielnetzwerk verfügbar ist oder nicht. Dynamische Routing-Protokolle sind meist eine bessere Option, wenn es mehrere Routen in dasselbe Zielnetzwerk gibt. Das Routing-Protokoll bestimmt dann automatisch den besten Pfad.

7. A. Der Befehl `show cdp neighbors` zeigt den Port-Typ und die Plattform benachbarter Cisco-Router an. Nicht-Cisco-Geräte werden unter Umständen nicht angezeigt.

8. A. Dies ist das DTE-seitige Ende eines DB-60-Kabels. Es ist daran erkennbar, dass es sich um einen Stecker (d. h. nicht um eine Buchse) handelt.

9. D. Direkt angeschlossene Netzwerke werden nur zur Routing-Tabelle hinzugefügt, wenn Schnittstelle und Protokoll die Zustände *up* aufweisen. Dies lässt sich mit dem Befehl `show interface` anzeigen. Damit dieser Zustand für die Schnittstelle und das Protokoll gegeben ist, muss für die Schnittstelle eine IP-Adresse und eine Subnetzmaske konfiguriert worden sein.

10. Wechsel in den globalen Konfigurationsmodus: D

    Wechsel in den Schnittstellenkonfigurationsmodus: A

    Konfiguration einer IP-Adresse: B

    Aktivierung der Schnittstelle: G

11. `show ip route`: A

    `show ip interface brief`: D

    `show interfaces`: B

    `show controllers`: F

    `debug ip routing`: C

    `show cdp neighbors`: E

12. Straight-Through-Kabel werden zur Verbindung von PCs und Routern mit Hubs und Switches verwendet. Crossover-Kabel hingegen verbinden PCs mit Routern, Hubs mit Switches, Router mit Routern und Switches mit Switches.

13. `show interfaces`, `show ip interface brief`, `show running-config`

14. In einer Produktionsumgebung werden serielle Schnittstellen mit Einrichtungen des Providers verbunden. Normalerweise legt der Provider die Taktrate fest. In einer Übungsumgebung werden Router direkt über die serielle Schnittstelle miteinander verbunden. Deswegen muss einer der Router die Taktrate angeben.

15. CDP (Cisco Discovery Protocol) ist ein proprietäres Protokoll zu Ermittlung von Informationen zu direkt angeschlossenen Cisco-Geräten. So senden beispielsweise standardmäßig sowohl ein Cisco-Router als auch ein Cisco-Switch CDP-Advertisements über die Sicherungsschicht der gemeinsamen Verbindung, die aktiv ist. Die in den CDP-Advertisements enthaltenen Informationen (einschließlich IP-Adressen, Geräteplattform und IOS-Versionen) stellen ein Sicherheitsrisiko dar. CDP kann auf Schnittstellenebene oder aber global deaktiviert werden.

16. Die Antwort lautet:

```
Router(config)# ip route network-address subnet-mask {ip-address |
exit-interface}
```

17. Ein rekursiver Routen-Lookup ist eine zusätzliche Suche in der Routing-Tabelle nach einer Ausgangsschnittstelle für ein ausgehendes Paket. Er tritt auf, wenn der ursprüngliche Lookup als nächsten Hop eine IP-Adresse zurückgegeben hat. Da IOS eine Ausgangsschnittstelle benötigt, muss die Ausgangsschnittstelle für diese IP-Adresse des nächsten Hops gefunden werden.

18. Eine statische Route kann nicht geändert werden. Die ursprüngliche Route muss vielmehr aus der Konfiguration entfernt werden. Andernfalls werden sowohl die Ursprungsroute als auch die neue Route in der Konfiguration gespeichert.

19. Summen- und Default-Routen verringern die Größe der Routing-Tabellen. Wenn ein Router über eine große Zahl statischer Routen verfügt, die auf dieselbe Schnittstelle verweisen, lassen sich diese Routen unter Umständen zu einem Eintrag in der Routing-Tabelle zusammenfassen. Ohne Default-Routing würde jeder Router eine Route zu jedem Gerät im Netzwerk benötigen.

20. `ping`, `traceroute`, `show ip route`, `show ip interface brief`, `show cdp neighbors`

Weiterführende Fragen und Aktivitäten

1. Bei älteren Computern muss ein Crossover-Kabel für eine Direktverbindung zwischen zwei Computern verwendet werden. Viele Hersteller jedoch (Dell beispielsweise) entwerfen ihren Onboard-Netzwerkadapter so, dass er automatisch erkennt, welcher Gerätetyp sich am anderen Ende der Verbindung befindet, und Sende- und Empfangskontakte bei Bedarf umschaltet. Insofern gelingt die direkte Verbindung zweier neuerer Dell-Computer auch mit einem Straight-Through-Kabel problemlos. Einer der Computer schaltet die Kontakte 1 und 2 als Empfangspaar, wodurch dieselbe Verbindung wie bei einem Crossover-Kabel entsteht.

2. R2 und R3 nutzen dieselbe IP-Adresse im Netzwerk 192.168.1.0/24. Wenn R1 einen ping-Befehl an R3 unter 192.168.1.1 sendet, antwortete R2 statt R3. Um dies zu verifizieren, müsste der Netzwerkadministrator einen traceroute-Befehl an 192.168.1.1 senden. Wenn R3 einen ping-Befehl an R1 schickt, wird dieser über die Schnittstelle Serial 0/0/1 mit der IP-Adresse 192.168.1.1 als Absenderadresse gesendet. R1 empfängt die ping-Anforderung und antwortet. R2 hingegen fasst die an 192.168.1.1 gesendete Antwort als an ihn (R2) gesendet auf. Aus diesem Grund wird die Antwort nicht an R2 geroutet. Um das Problem zu beheben, müssen Sie für R2 eine andere IP-Adresse aus dem Netzwerk 192.168.1.0/24 konfigurieren. (192.168.1.2 wird im Beispiel verwendet.)

3.

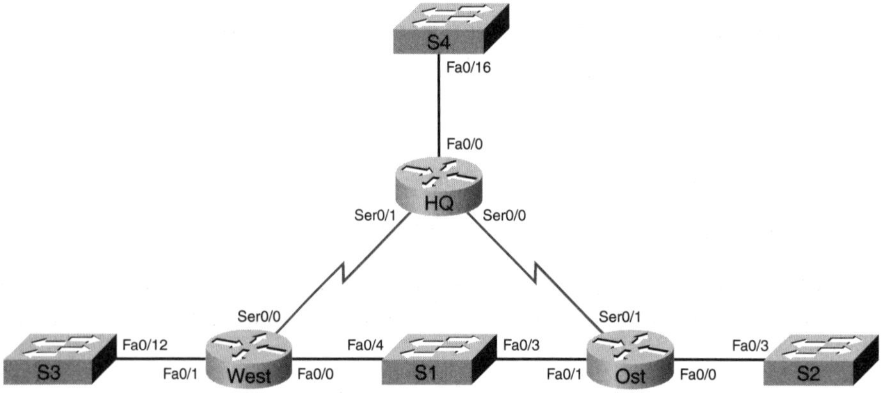

Abbildung A.1: Topologie zur weiterführenden Frage 3

4. Branch1, Branch2 und Branch3 weisen alle jeweils dieselbe statische Default-Route auf:

```
ip route 0.0.0.0 0.0.0.0 s0/0/0
```

RegionA hat die folgende statische Routenkonfiguration:

```
ip route 0.0.0.0 0.0.0.0 serial 0/0/3
ip route 172.16.0.0 255.254.0.0 serial0/0/0
ip route 172.18.0.0 255.254.0.0 serial0/0/1
ip route 172.24.0.0 255.248.0.0 serial0/0/2
```

HQ hat die folgende statische Routenkonfiguration:

```
ip route 0.0.0.0 0.0.0.0 serial 0/0/1
ip route 172.16.0.0 255.240.0.0 serial0/0/0
```

ISP hat die folgende statische Routenkonfiguration:

```
ip route 172.16.0.0 255.240.0.0 serial0/0/0
```

Kapitel 3

Lernzielkontrolle

1. B und D. Statische Routen gelten als sicherer, weil sie nicht unter Routern verbreitet werden und deswegen nicht anfällig für Snooping oder böswillige Angriffe sind. Dynamische Routen lassen sich via Authentifizierung absichern. Statische Routen haben keinen Berechnungs-Overhead, weil sie nicht unter Routern weiterverbreitet werden. Hinweis: Zwar gibt es eigentlich durchaus einen solchen Overhead bei statischen Routen, doch ist dieser minimal.
2. Antworten:
   a) EGP, das nach dem Pfadvektor-Prinzip arbeitet: BGP
   b) fortgeschrittenes IGP von Cisco: EIGRP
   c) Link-State-IGP: OSPF
   d) Distanzvektor-IGP: RIP
   e) Distanzvektor-IGP von Cisco: IGRP
3. B. Unter der Konvergenz versteht man den Zeitraum, den Router benötigen, um vollständige und zutreffende Informationen zum Netzwerk zu erhalten.
4. A und C. Die Anzahl der Hops wird von RIP verwendet, die Bandbreite von IGRP, EIGRP und OSPF. Die anderen Auswahlmöglichkeiten sind ungültig.
5. A. Bei den angegebenen Auswahlmöglichkeiten sind interne EIGRP-Routen am vertrauenswürdigsten, denn sie weisen die niedrigste administrative Distanz (90) auf. IS-IS hat eine administrative Distanz von 115, OSPF eine von 110 und RIP eine von 120 (gilt für RIPv1 und RIPv2).
6. C. Standardmäßig können Cisco-Router einen Lastausgleich über vier gleichwertige Pfade durchführen. Die maximale Anzahl gleichwertiger Pfade hängt vom Routing-Protokoll und der IOS-Version ab.
7. B. Der Befehl `show ip route` zeigt die Daten der Routeneinträge einschließlich der administrativen Distanz an. Die administrative Distanz ist die erste Angabe in Klammern, gefolgt von der Metrik. Beispielsweise gibt `[120/2]` eine administrative Distanz von 120 (RIP) und eine Metrik (Anzahl der Hops) von 2 an.

8. D. Ein direkt angeschlossenen Netzwerk erscheint in der Routing-Tabelle, wenn es eine Adresse aufweist und in Schicht 3 betriebsbereit ist, das heißt, wenn es eine IP-Adresse und Subnetzmaske erhalten hat und die Zustände von Schnittstelle und Protokoll *up* sind.

9. A. Wenn ein Routing-Protokoll mehrere Pfade in dasselbe Netzwerk kennt, wählt es den Pfad mit der niedrigsten Metrik aus. Dies ist die Route, die zur Routing-Tabelle hinzugefügt wird.

10. Antworten:

    a) eBGP: 20

    b) EIGRP intern: 90

    c) EIGRP extern: 170

    d) IS-IS: 115

    e) OSPF: 110

    f) RIP: 120

11. Antworten:

    a) Unterstützen nur zusammenhängende Netzwerke: klassenbezogenes Routing-Protokoll

    b) EIGRP, OSPF und BGP: klassenloses Routing-Protokoll

    c) Integrieren Subnetzmasken in den Routing-Updates: klassenloses Routing-Protokoll

    d) Unterstützen nicht zusammenhängende Netzwerke: klassenloses Routing-Protokoll

    e) RIPv1 und IGRP: klassenbezogenes Routing-Protokoll

    f) Integrieren keine Subnetzmasken in den Routing-Updates: klassenbezogenes Routing-Protokoll

12. Das statische Routing ist sicherer, benötigt weniger Rechenleistung auf dem Router und ist leichter zu verstehen. Es ist sicherer, weil Router keine Routing-Daten gegenüber anderen Routern bekannt geben. Es werden weniger Router-Ressourcen als beim dynamischen Routing benötigt, bei dem Algorithmen implementiert und Update-Pakete verarbeitet werden. Zudem ist es meist einfacher zu verstehen als einige der komplexeren Routing-Protokolle.

13. Dynamische Routing-Protokolle können als interne oder externe Protokolle, Distanzvektor- oder Link-State-Protokolle, klassenbezogene oder klassenlose Protokolle oder anhand der Konvergenzgeschwindigkeit klassifiziert werden.

14. Anzahl der Hops, Bandbreite, Latenz und Kosten

15. Die administrative Distanz ist ein Maß für die Vertrauenswürdigkeit einer Routenquelle. Sie wird verwendet, wenn ein Router Routen zum selben Ziel aus zwei verschiedenen Routenquellen erlernt hat. Dies ist wichtig, weil nicht alle Routenquellen gleich sind. Beispielsweise sollte ein Router ganz gewiss keine Daten an einen anderen Router senden, wenn der Empfänger ein direkt angeschlossenes Netzwerk ist! Administrative Distanzen gewährleisten, dass dies nicht geschieht, weil direkt angeschlossene Routen höher bewertet werden als alle anderen Routenquellen.

Weiterführende Fragen und Aktivitäten

1. Jeder Router, der Benutzerdaten in das Internet weiterleitet, verfügt über mindestens eine statische Route. Diese statische Route ist eine Default-Route. In jedem Privathaushalt, in dem ein Router die Verbindung zum Internet herstellt, werden alle Daten an den ISP über eine statische Route versendet.

2. Die Anzahl der Hops kann den besseren Pfad verwenden, wenn der über eine Bandbreitenmetrik ausgewählte Pfad mit Daten gesättigt ist.

Kapitel 4

Lernzielkontrolle

1. A, C, D und F. Aufgrund langsamer Konvergenz sind Distanzvektor-Protokolle nicht gut skalierbar. RIPv2 sendet seine Updates als Multicasts, während RIPv1 Broadcasts verwendet.

2. B, C und D. Die meisten Distanzvektor-Protokolle senden ein Triggered-Update, wenn sie eine Änderung in der Topologie – z. B. eine neue Verbindung – erkennen. Wenn ein Triggered-Update von einem Router empfangen wird, leitet dieser dieses Update sofort an andere Router weiter. Einige Distanzvektor-Protokolle wie RIP und IGRP setzen periodische Updates ein. Ein Update-Timer wird verwendet, um das Intervall dieser Routing-Updates festzulegen. Läuft der Holddown-Timer ab, so werden keine neuen Updates mehr gesendet. Der Holddown-Timer wird benötigt, um festzulegen, wie lange eine Route im Holddown-Status verbleibt.

3. D und F. EIGRP sendet keine periodischen Updates. EIGRP-Updates werden vielmehr nur übermittelt, wenn eine Topologieänderung stattgefunden hat, und auch dann nur an diejenigen Router, die die aktualisierten Informationen benötigen.
4. B. Das Cisco IOS sendet die Zufallsvariable *RIP_JITTER*, die dafür sorgt, dass das 30-Sekunden-Intervall im Bereich zwischen 25 und 30 Sekunden schwankt.
5. A und C. RIP verwendet mehrere Timer, so etwa den Invalid-Timer, den Flush-Timer, den Route-Update-Timer und den Holddown-Timer.
6. C. Distanzvektor-Protokolle haben den Ruf, einfacher zu konfigurieren zu sein. Auch wenn dies zutrifft, ist die Konfiguration von Link-State-Protokollen nur geringfügig komplexer. Eine einfache Implementierung sollte grundsätzlich nicht als Entscheidungsgrundlage für oder gegen ein Routing-Protokoll herhalten.
7. C. Um die Verbreitung potenziell falscher Informationen zu verhindern, sorgt der Holddown-Timer dafür, dass die Route für einen bestimmten Zeitraum als unerreichbar gekennzeichnet wird. Auf diese Weise erhält das Netzwerk Zeit zu konvergieren.
8. A. Aufgrund der Split-Horizon-Regel schickt R4 keine Updates zum Netzwerk 10.0.0.0 an R5, weil R4 dieses Update von R5 erhalten hat.
9. B. Route-Poisoning wird verwendet, um eine Route als unerreichbar zu kennzeichnen. RIP kennzeichnet eine Route als unerreichbar, indem eine Metrik des Wertes 16 (»unendlich«) verbreitet wird.
10. C. Der TTL-Wert (Time to Live) wird vom Absender festgelegt. Jeder Router, der das Paket empfängt, reduziert die TTL um den Wert 1. Erreicht der TTL-Wert den Wert 0, dann verwirft der Router das Paket.
11. Antwort:
    - Split-Horizon: A
    - Route-Poisoning: B
    - Holddown-Timer: D
    - Triggered-Updates: C

Weiterführende Fragen und Aktivitäten

1. RIP und IGRP sind Distanzvektor-Protokolle, die sich durch periodische Updates auszeichnen, die in Form von Broadcasts an direkt angeschlossene Nachbarn gesendet werden. Im Update wird stets die gesamte Routing-Tabelle gesendet.

2. Konvergenz tritt auf, wenn alle Router im Netzwerk konsistente und korrekte Informationen zu der Frage verfügen, wie Zielnetzwerke erreicht werden können. Ein Netzwerk ist erst vollständig betriebsbereit, wenn es konvergiert hat; deswegen benötigen Routing-Protokolle kurze Konvergenzzeiten.

3. Antwort:

   - **`Update-Timer (30 Sekunden).`** Legt fest, wann das nächste Update gesendet wird.
   - **`Invalid-Timer (180 Sekunden).`** Zählt die seit dem letzten Update für eine Route verstrichene Zeit.
   - **`Holddown-Timer (180 Sekunden).`** Gibt an, wie lang eine nicht erreichbare Route im Holddown-Modus verbleibt.
   - **`Flush-Timer (240 Sekunden).`** Zeit, bis eine Route aus der Routing-Tabelle entfernt wird.

4. Antwort:

   - Definition einer Maximalmetrik, um Count-to-Infinity zu vermeiden
   - Holddown-Timer
   - Split-Horizon
   - Route-Poisoning oder Poison-Reverse
   - Triggered-Updates

Kapitel 5

Lernzielkontrolle

1. B. Der Befehl `debug ip rip` zeigt die von den Router-Schnittstellen gesendeten und empfangenen RIP-Updates an. Dieser Befehl kann nützlich sein, um zu überprüfen, ob der Router RIP-Updates sendet oder empfängt.

2. B. Der Befehl `passive-interface` verhindert, dass RIP-Updates über eine Schnittstelle gesendet werden. Allerdings unterbindet dieser Befehl nicht den Empfang von RIP-Updates auf der betreffenden Schnittstelle.

3. B. Ein Boundary-Router hat Schnittstellen in mehr als einem klassenbezogenem Netzwerk. Beispielsweise würde ein Router, dessen Schnittstelle Serial 0/0/0 zum Netzwerk 172.16.1.0/24 und dessen Schnittstelle Serial 0/0/1 zum Netzwerk 172.30.1.0/24 gehört, als Boundary-Router betrachtet werden. Das Netzwerk 172.16.1.0/24 ist Bestandteil des übergeordneten klassenbezogenen Netzwerks 172.16.0.0/16, während

172.30.1.0/24 zum übergeordneten Netzwerk 172.30.0.0/16 gehört. Beides sind Klasse-B-Netzwerke, die jedoch zu unterschiedlichen übergeordneten Netzwerken gehören.

4. D. Der Befehl `default-information originate` verbreitet eine prädestinierte Default-Route – eine statische Default-Route – über RIP an andere Router.
5. D. Die prädestinierte Default-Route wird mithilfe einer statischen Default-Route konfiguriert.
6. C. Die Netzwerke 10.16.1.0/27 und 10.16.1.64/27 sind beides Subnetze des übergeordneten Klasse-A-Netzwerks 10.0.0.0, die durch weitere übergeordnete klassenbezogene Netzwerke (wie etwa 192.16.9.0/30 und 192.168.10.4/30) voneinander getrennt sind.
7. C. Gehört die Route zum selben übergeordneten klassenbezogenen Netzwerk wie die Schnittstelle, dann wendet RIPv1 die Subnetzmaske der Schnittstelle an. Gehört die Route hingegen zu einem anderen übergeordneten klassenbezogenen Netzwerk als die Schnittstellenadresse, dann wendet RIPv1 die klassenbezogene Default-Subnetzmaske der Route an.
8. E. Die Routenquelle des Routeneintrags ist RIP, und die administrative Distanz von RIP beträgt 120. Die zweite Zahl in Klammern (1) ist die Metrik.
9. D. Der Befehl `network` wird verwendet, um RIP auf allen Schnittstellen zu aktivieren, die zu dieser Netzwerkadresse gehören, und diese Schnittstellenadressen dann in RIP-Updates einzubinden.
10. `debug ip rip`: C

    `show ip protocols`: D

    `show running-config`: A

    `show ip route`: E

    `show interfaces`: B
11. Erläuterung:
    - RIP ist ein Distanzvektor-Protokoll.
    - RIP verwendet die Anzahl der Hops als einzige Metrik zur Pfadauswahl.
    - Bekannt gegebene Routen, bei denen die Anzahl der Hops größer als 15 ist, sind nicht erreichbar.
    - Update-Nachrichten werden alle 30 Sekunden als Broadcast gesendet.

12. Erläuterung:

```
BR1(config)# router rip
BR1(config-router)# network 192.168.0.0
BR1(config-router)# network 192.168.1.0
```

13. Erläuterung:

    - `show ip route`
    - `show ip protocols`
    - `debug ip rip`

14. Der Befehl `passive-interface` wird verwendet, um das Versenden von RIP-Updates über eine Schnittstelle zu unterbinden, falls solche Updates nicht erforderlich sind. So muss eine LAN-Schnittstelle RIP-Updates nur dann senden, wenn ein anderes RIP-fähiges Gerät im LAN vorhanden ist.

```
BR1(config-router)# passive-interface fa 0/0
```

15. ISP-Router verfügen über Routen zu allen Zielen im Internet. Da der ISP der Default-Router für alle Daten ist, für die Sie über keine Route verfügen, besteht die beste Lösung darin, eine Default-Route zu konfigurieren, die auf den ISP verweist. Die Alternative wäre, Routing-Updates auszutauschen, die Router riesige Routing-Tabellen erstellen zu lassen und Daten mit externem Ziel am Ende dann doch an den ISP zu senden.

Weiterführende Fragen und Aktivitäten

1. Erläuterung:

```
HQ(config)# router rip
HQ(config-router)# network 192.168.0.0
HQ(config-router)# default-information originate
HQ(config-router)# exit
HQ(config)# ip route 0.0.0.0 0.0.0.0 s0/0/0
```

2. Das LAN für R3 wird nicht in RIP-Updates bekannt gegeben. Da dieses LAN auch in der Routing-Tabelle von BR3 fehlt, ist die Schnittstelle nicht aktiv. Die Aktivierung der Schnittstelle wäre der erste Schritt zur Behebung des Konvergenzproblems. Solange BR3 so konfiguriert ist, dass er 192.168.3.0 in RIP-Updates bekannt gibt, sollte die Konvergenz erreicht werden.

```
R3(config)# interface fa0/0
R3(config-if)# ip address 192.168.3.65 255.255.255.192
R3(config-if)# no shutdown
```

Sofern notwendig, fügen Sie 192.168.3.0 zum RIP-Prozess hinzu.

```
R3(config)# router rip
R3(config-router)# network 192.168.3.0
```

3. Erläuterung:

```
ISP(config)# ip route 192.168.0.0 255.255.252.0 s0/0/0
```

Kapitel 6

Lernzielkontrolle

1. Antwort:

   RIPv1: kein VLSM

   EIGRP: VLSM

   IGRP: kein VLSM

   IS-IS: VLSM

   OSPF: VLSM

   RIPv2: VLSM

   Klassenbezogene Routing-Protokolle wie RIPv1 und IGRP unterstützen VLSM nicht. Klassenlose Protokolle wie RIPv2, EIGRP, OSPF und IS-IS hingegen können dies. Um VLSM zu unterstützen, müssen Routing-Protokolle die Subnetzmaske in das Routing-Update einfügen. Deswegen unterstützen nur klassenlose Protokolle VLSM.

2. Fasst mehrere IP-Netzwerkadressen zu einer IP-Adresse zusammen: Routensummierung

   Möglichkeit der Angabe einer anderen Subnetzmaske für dieselbe Netzwerkadresse und verschiedene Subnetze: VLSM

   Wird für die Supernetzbildung verwendet: Routensummierung

   Spart Adressraum ein: VLSM

   Wird zur Reduzierung der Anzahl der Routeneinträge in einer Routing-Tabelle verwendet: Routensummierung

3. A und C. Netzwerke, in denen die Subnetzbildung mit variabler Länge zum Einsatz kommt, können mit unterschiedlichen Anzahlen von Hosts konfiguriert werden, was die Nutzung des Netzwerkadressraumes optimiert. Die private Adressierung mit NAT (Network Address Translation) und PAT (Port Address Translation) ermöglicht ferner die Unterstützung

einer größeren Anzahl von Hosts in einem Netzwerk, als es die öffentliche Netzwerkadresse eigentlich zulässt.

4. A, C und D. 255.255.255.252 ist äquivalent zu /30, 255.255.255.240 zu /28 und 255.255.255.192 zu /26.

5. A. Ein Klasse-A-Netzwerk hat die Default-Subnetzmaske 255.0.0.0. Das erste Oktett stellt den Netzanteil der Adresse dar, die übrigen drei den Hostanteil.

6. 172.16.64.0/18: E

   172.16.16.64/30: A

   172.16.128.0/19: D

   172.16.18.0/24: C

   172.16.5.128/26: B

   Durch eine Untersuchung der einzelnen Subnetzmasken können Sie bestimmen, wie viele Bits für die Hosts zur Verfügung stehen. Beispielsweise werden bei der Subnetzmaske /30 dreißig Bits für die Netzwerkadresse verwendet, das heißt, zwei Bits bleiben für die Hosts übrig. Zwei Bits ermöglichen die Adressierung von vier Hosts; da aber die erste Hostadresse als Subnetz- oder Netzwerkadresse und die letzte Hostadresse als Broadcast-Adresse verwendet wird, bleiben lediglich zwei nutzbare Hostadressen übrig.

7. C. Wenn Sie alle Adressen in Binärform schreiben, werden Sie feststellen, dass die ersten 21 Bits übereinstimmen (Subnetzmaske /21). Kopieren Sie die übereinstimmenden Bits und füllen Sie dann mit Nullen bis zum Ende auf. Auf diese Weise erhalten Sie die Summenroute 192.168.0.0.

8. E. IPv4 verwendet 32-Bit-Adressen (vier Oktette zu je acht Bits).

9. 191.254.45.0: Klasse B

   123.90.78.45: Klasse A

   128.44.0.23: Klasse B

   129.68.11.45: Klasse B

   126.0.0.0: Klasse A

   125.33.23.56: Klasse A

   Klasse-A-Adressen liegen im Bereich zwischen 0.0.0.0 und 127.255.255.255. Klasse-B-Adressen liegen im Bereich zwischen 128.0.0.0 und 191.255.255.255.

10. B. CIDR ermöglicht die Routenzusammenfassung. Die Netzwerke 172.16.0.0/16, 172.17.0.0/16 und 172.18.0.0/16 lassen sich zu 172.16.0.0/14 zusammenfassen. /14 ist eine Maske, die kleiner ist als die klassenbezogene Maske, weswegen die Summenroute als Supernetz zu betrachten ist.
11. Klassenlose Routing-Protokolle integrieren die Subnetzmaske in das Routing-Update.
12. Klassenlose Routing-Protokolle gestatten die Verwendung von VLSM und CIDR innerhalb der Routing-Domäne.
13. Falls die Netzwerkadresse im Routing-Update sich im gleichen übergeordneten klassenbezogenen Netzwerk befindet wie die empfangende Schnittstelle, dann verwendet das klassenbezogene Routing-Protokoll dieselbe Maske wie die Schnittstelle, ansonsten hingegen die klassenbezogene Default-Maske.
14. Die Routing-Tabellen der Internetrouter sind sehr schnell sehr groß geworden. Es musste also eine Möglichkeit gefunden werden, die Routen in der Routing-Tabelle zusammenzufassen.

    Da die klassenbezogene Adressierung nur die Masken /8, /16 und /24 unterstützte, wurde der IPv4-Adressraum immer stärker dezimiert.
15. VLSM

Weiterführende Fragen und Aktivitäten

1. 172.16.10.0/24 könnte mit der Subnetzmaske /26 unterteilt werden.

    <Network>|<Host>

    ```
    172.16.10. 0 0|0 0 0 0 0
    172.16.10. 0 1|0 0 0 0 0
    172.16.10. 1 0|0 0 0 0 0
    172.16.10. 1 1|0 0 0 0 0
    ```

    Wir erhalten also vier Subnetze mit der maximalen Anzahl von Hosts. Genau drei Subnetze lassen sich nicht bilden, da die nächstkleinere Anzahl bereits zwei wäre.
2. 172.16.10.0/28

    172.16.10.208/28

    172.16.10.224/28

3. Der Begriff der Supernetzbildung bezeichnet die Möglichkeit, Netzwerke zusammenzufassen, deren Masken kleiner sind als die klassenbezogene Default-Maske. Klassenlose Routing-Protokolle können eine Supernetzroute bekannt geben, weil sie die Subnetzmaske in die zusammengefasste Netzwerkadresse einbinden.

4. 192.168.64.0/18

Kapitel 7

Lernzielkontrolle

1. B. Der Befehl `no auto-summary` wird verwendet, um die automatische Routenzusammenfassung zu deaktivieren, und wird im Router-Modus ausgeführt. Um die Routenzusammenfassung zu reaktivieren, verwenden Sie am gleichen Prompt den Befehl `auto-summary`.

2. A. Ein nichtzusammenhängendes Netzwerk ist eine klassenbezogene Netzwerkadresse, deren Subnetze durch mindestens eine andere klassenbezogene Netzwerkadresse getrennt sind. Dies führt zu einer Trennung der Subnetze des klassenbezogenen Netzwerks.

3. B und D. Die automatische Zusammenfassung sollte deaktiviert werden, wenn nichtzusammenhängende Netzwerke vorhanden sind, denn sonst erhalten die Router dieselbe Summenroute von beiden Boundary-Routern. Die automatische Zusammenfassung sollte ferner deaktiviert werden, falls eine Weiterverbreitung der einzelnen Subnetze (statt der klassenbezogenen Netzwerkadresse) notwendig ist.

4. B. Klassenlose Routing-Protokolle integrieren die Subnetzmaske in das Routing-Update. Klassenlose Routing-Protokolle sind RIPv2, EIGRP, OSPF, IS-IS und BGP.

5. A. Die automatische Routenzusammenfassung ist bei RIPv2 standardmäßig aktiviert. Das Verhalten kann mit dem Befehl `no auto-summary` deaktiviert werden.

6. B. Dies ist falsch. Wie alle klassenlosen Routing-Protokolle schließt RIPv2 die Subnetzmaske in das Routing-Update ein – unabhängig davon, ob die Route zusammengefasst wurde oder nicht. Wenn bei RIPv2 die automatische Zusammenfassung aktiviert ist, enthält das Routing-Update sowohl die klassenbezogene Netzwerkadresse als auch die klassenbezogene Default-Maske.

Weiterführende Fragen und Aktivitäten

1. A, B und C. Die Routing-Tabelle von R2 sieht wie folgt aus:

   ```
   172.30.0.0/16 is variably subnetted, 3 subnets, 2 masks
   R       172.30.0.0/16 [120/1] via 209.165.200.234, 00:00:18, Serial0/1
   R       172.30.2.0/24 [120/1] via 209.165.200.230, 00:00:09, Serial0/0
   R       172.30.1.0/24 [120/1] via 209.165.200.230, 00:00:09, Serial0/0
   ```

   Die Netzwerke 172.30.1.0/24 und 172.30.2.0/24 werden von R1 in nichtzusammengefasster Form übermittelt. Da diese Routen zum Netzwerk 172.30.0.0/16 gehören, wird auch eine übergeordnete Route 172.16.0.0/16 erzeugt. Dies ist die erste in unserer Routing-Tabelle gezeigte Route. R3 sendet die Summenroute 172.16.0.0/16. Diese Route wird mit den beiden unterteilten Routen 172.16.1.0/24 und 172.16.2.0/24 eingeschlossen. (Die Routing-Tabelle wird ausführlich in Kapitel 8 behandelt.)

2. Ja. Wenn R2 beide Routing-Updates empfängt, schließt er sowohl die Summenroute 172.16.0.0/16, die Pakete an R3 weiterleitet, als auch die spezifischen Subnetze 172.30.1.0/24 und 172.30.2.0/24 ein, die diese Pakete an R1 weiterleiten. Der Routing-Tabellenprozess zieht die spezifischere Route stets der unspezifischeren (Summen-)Route vor.

3. C. Da RIPv1 ein klassenbezogenes Routing-Protokoll ist, wird VLSM nicht unterstützt. Weil die Subnetzmaske nicht im Routing-Update enthalten ist, sendet RouterX Subnetze von 10.0.0.0 mit der Maske /24 über eine Schnittstelle, die ebenfalls die Maske /24 aufweist. Grund hierfür ist die Tatsache, dass der empfangende Router nur seine eigene Schnittstellenmaske /24 auf diese Updates anwenden kann.

4. E. Die Schnittstelle mit der Adresse 192.168.1.1/24 gehört zum übergeordneten klassenbezogenen Netzwerk 192.168.1.0/24. Da das Netzwerk 10.0.0.0/8 ein anderes klassenbezogenes Netzwerk als diese Schnittstelle ist, sendet RouterX die Summenroutenadresse 10.0.0.0. Da RIPv1 ein klassenbezogenes Routing-Protokoll ist, wird die Subnetzmaske nicht in das Update eingeschlossen. Der empfangende Router wendet die klassenbezogene Maske /8 auf dieses Update an.

5. Sowohl RIPv1 als auch RIPv2 erfordern im Router-Konfigurationsmodus den Befehl `information-originate`.

6. Das Problem wird höchstwahrscheinlich durch ein nichtzusammenhängendes Netzwerk mit einigen Subnetzen an der Schnittstelle Serial 0/0/0 und anderen Subnetzen an Serial 0/0/1 ausgelöst. Wenn RIPv1 das aktuelle Routing-Protokoll ist, muss auf den benachbarten Routern RIPv2

mit deaktivierter automatischer Zusammenfassung konfiguriert werden. Wenn RIPv2 das aktuelle Routing-Protokoll ist, muss auf den benachbarten Routern RIPv2 mit aktivierter automatischer Zusammenfassung konfiguriert werden.

Kapitel 8

Lernzielkontrolle

1. A, C und E. Wenn wir die Codes der Routenquellen zugrunde legen, steht `C` für direkt angeschlossene Netzwerke, `S` für statische Routen und `R` für Routen, die mit dem dynamischen Protokoll RIP erlernt wurden.
2. D. Ultimative Routen sind solche, die die IP-Adresse des nächsten Hops oder eine Ausgangsschnittstelle enthalten. Übergeordnete Routen können keine ultimativen Routen sein, weil sie weder das eine noch das andere besitzen.
3. A und D. Übergeordnete Routen enthalten weder die IP-Adresse des nächsten Hops noch eine Ausgangsschnittstelle. Sie besitzen vielmehr mindestens eine untergeordnete Level-2-Route.
4. B. Der Befehl `ip classless` gibt an, dass das klassenlose Routing-Verhalten verwendet wird. Bei diesem Routing-Verhalten fährt, sofern keine geeignete untergeordnete Route gefunden wird, der Routing-Tabellenprozess mit der Suche nach anderen Level-1-Routen mit geringerer Übereinstimmung fort. Dies umfasst auch die Default-Route.
5. D. Der Befehl `no ip classless` aktiviert das klassenbezogene Routing-Verhalten. Der Befehl `ip classless` hingegen aktiviert das klassenlose Routing-Verhalten.
6. B. Die beste oder längste Übereinstimmung ist die Route, die von links gesehen die größte Anzahl übereinstimmender Bits mit der Ziel-IP-Adresse des Pakets aufweist.
7. B. Sofern eine Übereinstimmung mit einer übergeordneten Level-1-Route vorliegt, durchsucht der Routing-Tabellenprozess die untergeordneten Level-2-Routen.
8. A. Diese Befehle legen fest, ob der Lookup-Prozess klassenbezogenes Routing-Verhalten (`no ip classless`) oder klassenloses Verhalten (`ip classless`) verwendet.
9. D. Der Befehl `no ip classless` gibt an, dass das klassenbezogene Routing-Verhalten verwendet wird. Bei diesem Routing-Verhalten fährt, falls kei-

ne geeignete untergeordnete Route gefunden wird, der Routing-Tabellenprozess nicht mit der Suche nach anderen Level-1-Routen mit geringerer Übereinstimmung fort. Liegt keine Übereinstimmung mit einer der untergeordneten Level-2-Routen vor, wird das Paket verworfen.

10. E. Die erste Route, die übereinstimmt, ist die übergeordnete Route 172.16.0.0/13, weil 16 Bits der Ziel-IP-Adresse 172.16.1.130 entsprechen. Die untergeordnete statische Route 172.16.0.0 stimmt überein, weil 13 Bits zur Ziel-IP-Adresse passen. Diese Route wird zur Weiterleitung des Pakets verwendet. Es gibt zwar eine Übereinstimmung mit der übergeordneten Route 172.16.0.0/16, nicht jedoch mit einer der untergeordneten Routen. Bei der Route 172.16.0.0/24 sind die erforderlichen 24 Bits und bei 172.16.1.0/25 die notwendigen 25 Bits nicht identisch.
11. Wenn die Route auch die IP-Adresse des nächsten Hops oder eine Ausgangsschnittstelle besitzt.
12. Bei der Verwendung von VLSM wird die Subnetzmaske bei der untergeordneten Route und nicht bei der übergeordneten Route angezeigt.
13. Nein, sie wird erstellt, wenn das Subnetz (untergeordnete Level-2-Route) zur Routing-Tabelle hinzugefügt wird.
14. Nein. Übergeordnete Routen enthalten weder die IP-Adresse des nächsten Hops noch eine Ausgangsschnittstelle. Diese Angaben sind in den untergeordneten Routen enthalten.
15. Es muss eine Übereinstimmung mit der übergeordneten Level-2-Route vorliegen.
16. Die Subnetzmaske für den betreffenden Eintrag in der Routing-Tabelle bestimmt, wie viele Bits zwischen der Ziel-IP-Adresse eines Pakets und einer Route in der Routing-Tabelle übereinstimmen müssen.
17. Das Default-Verhalten ist klassenlos. Mit dem Befehl `no ip classless` lässt sich das Routing-Verhalten ändern.

Weiterführende Fragen und Aktivitäten

1. Antwort:

```
Parent: 172.16.0.0/24 is subnetted, 3 subnets
Child: R 172.16.1.0 [120/1] via 172.16.2.1, 00:00:00, Serial0/0/0
Child: C 172.16.2.0 is directly connected, Serial0/0/0
Child: C 172.16.3.0 is directly connected, FastEthernet0/0
Parent: 172.30.0.0/16 is variably subnetted, 3 subnets, 2 masks
Child: R 172.30.1.4/30 [120/1] via 172.16.2.1, 00:00:00, Serial0/0/0
Child: R 172.30.1.8/30 [120/1] via 172.16.2.1, 00:00:00, Serial0/0/0
Child: R 172.30.3.0/24 [120/1] via 172.16.2.1, 00:00:00, Serial0/0/0
```

2. Es muss eine Übereinstimmung mit der übergeordneten Route 172.16.0.0 vorliegen, und 16 Bits müssen mit der übergeordneten Route übereinstimmen (denn /16 ist die klassenbezogene Maske dieser übergeordneten Route).
3. Das Paket würde verworfen. Es liegt zwar eine Übereinstimmung mit der übergeordneten Level-1-Route 172.16.0.0, nicht jedoch mit einer der untergeordneten Routen vor. Aufgrund des klassenbezogenen Routing-Verhaltens würde der Lookup-Prozess nicht mit dem Durchsuchen von Supernetz- und Default-Routen fortfahren.
4. Das Paket würde über die Default-Route weitergeleitet. Es liegt zwar eine Übereinstimmung mit der übergeordneten Level-1-Route 172.16.0.0, nicht jedoch mit einer der untergeordneten Routen vor. Aufgrund des klassenlosen Routing-Verhaltens würde der Lookup-Prozess mit dem Durchsuchen von Supernetz- und Default-Routen fortfahren.

Kapitel 9

Lernzielkontrolle

1. D. PDMs (Protocol Dependent Modules) verleihen EIGRP die Fähigkeit, verschiedene Schicht-3-Protokolle wie IPv4, IPX und AppleTalk zu unterstützen.
2. Antwort:

   Nachbarschaftstabelle: C

   Topologietabelle: E

   Routing-Tabelle: A

   Successor: B

   FS-Router: D
3. B. Hello-Pakete werden von EIGRP zur Entdeckung von Nachbarn und zur Bildung von Nachbarschaftsbeziehungen mit diesen Nachbarn verwendet. EIGRP-Hello-Pakete sind Multicasts und nutzen die unzuverlässige Auslieferung. Ein EIGRP-Router geht davon aus, dass, solange er Hello-Pakete von einem Nachbarn empfängt, dieser Nachbar und seine Routen verlässlich sind.
4. C. Wenn eine Route ausfällt und keine FS-Route in der Topologietabelle vorhanden ist, versetzt DUAL die Route in den aktiven Zustand, um die Nachbarn auf der Suche nach einem neuen Successor abzufragen.
5. C, E und F. Neben der Routing-Tabelle führt EIGRP auch eine separate Nachbarschaftstabelle sowie eine Topologietabelle.

6. A. Bevor EIGRP-Pakete zwischen Routern ausgetauscht werden können, muss EIGRP zunächst seine Nachbarn entdecken. Diese Nachbarn werden zur Nachbarschaftstabelle hinzugefügt. EIGRP arbeitet außerdem mit einer Topologietabelle, die Successors und FS-Routen enthält. In die Routing-Tabelle eingetragen werden nur Successors.
7. C. Der Wert `255/255` stellt eine Verbindung dar, die hundertprozentig zuverlässig ist. Die Zuverlässigkeit ist ein Maß für die Ausfallwahrscheinlichkeit der Verbindung oder ihre Fehlerhäufigkeit.
8. FS (Feasible Successor): A

   Successor: B

   FD (Feasible Distance): C

   Routing-Tabelle: E

   Topologietabelle: D
9. D. Der Befehl `show ip eigrp topology all-links` zeigt alle Successors, FS-Routen und nächsten Hops, die die Feasibility-Bedingung nicht erfüllen müssen.
10. C. Der FS ist der zweite Eintrag (`via 172.16.3.1`), denn seien FD ist höher als die des Eintrags 192.168.10.10. Der erste Wert 41026560 würde zur FD nach 192.168.1.0/24, wenn Router1 diesen Pfad als Successor verwenden würde. Der zweite Wert 2172416 ist die RD. Die RD ist nichts anderes als die FD eines EIGRP-Nachbarn in dasselbe Zielnetzwerk. Sie ist die Metrik, die ein Router einem Nachbarn bezüglich seiner eigenen Kosten für den Weg in dieses Netzwerk meldet.
11. DUAL (Diffusing Update Algorithm)
12. Nein, EIGRP sendet nichtperiodische gebundene Updates, d. h. nur die Routing-Informationen, die benötigt werden; zudem werden diese Daten nur an die Router geschickt, die die Daten benötigen. *Nichtperiodisch* bedeutet, dass die Updates nicht in regelmäßigen Abständen, sondern nur bei Metrikänderungen gesendet werden.
13. `show ip eigrp neighbors`
14. Bandbreite, Latenz, Zuverlässigkeit und Last. Standardmäßig werden nur die Bandbreite und die Latenz verwendet.
15. Die Feasibility-Bedingung wird erfüllt, wenn die RD (Reported Distance) eines Nachbarn in ein Netzwerk kleiner ist als die FD des lokalen Routers in dasselbe Zielnetzwerk.
16. Ja. Die automatische Zusammenfassung kann mit dem RIP-Konfigurationsbefehl `no auto-summary` deaktiviert werden.

Weiterführende Fragen und Aktivitäten

1. `autonomous-system` muss bei allen Routern in der EIGRP-Routing-Domäne identisch sein. Allerdings muss es sich nicht um die tatsächliche Nummer des autonomen Systems handeln.
2. Ja. 172.16.3.1 ist ein FS, denn die RD (2169856) ist kleiner als die FD des Successors 192.168.10.10 (3523840).
3. Die Summenroute Null0 wird von EIGRP automatisch zur Routing-Tabelle hinzugefügt, wenn mindestens eine untergeordnete Route mit EIGRP als Routenquelle vorhanden ist und der Befehl `auto-summary` abgesetzt wurde (was standardmäßig der Fall ist).

Kapitel 10

Lernzielkontrolle

1. D. Sowohl IS-IS als auch OSPF sind Link-State-Protokolle. RIPv1, RIPv2, IGRP und EIGRP sind Distanzvektor-Protokolle. BGP schließlich ist ein Pfadvektor-Protokoll.
2. B, C und E. Link-State-Protokolle verwenden Hello-Pakete zur Erkennung von Nachbarn und zur Bildung von Nachbarschaftsbeziehungen, Link-State-Pakete verbreiten Link-State-Informationen, und der SPF-Algorithmus bestimmt den besten Pfad in Remote-Netzwerke.
3. Hardwareintensiv: Link-State-Protokoll

   Verwendet den Bellman-Ford-Algorithmus: Distanzvektor-Protokoll

   Schnelle Konvergenz: Link-State-Protokoll

   Verwendet zeitgesteuerte Updates: Distanzvektor-Protokoll

   Erstellt eine vollständige Topologie: Link-State-Protokoll

   Wird manchmal als *Routing by Rumor* bezeichnet: Distanzvektor-Protokoll

   Verwendet Dijkstras Algorithmus: Link-State-Protokoll
4. C. Link-State-Protokolle konvergieren in der Regel schneller als Distanzvektor-Protokolle. Hierfür gibt es verschiedene Gründe, darunter auch die Tatsache, dass Link-State-Protokolle das LSP sofort über alle Schnittstellen mit Ausnahme derjenigen fluten, über die es empfangen wurde.
5. A. Einer der Gründe dafür, warum Link-State-Protokolle schneller konvergieren, ist die Tatsache, dass Distanzvektor-Protokolle zunächst die Routing-Tabelle berechnen und dann ihre eigenen Routing-Updates versenden. Link-State-Protokolle hingegen versenden LSPs (Link-State-

Pakete) sofort nach deren Empfang über alle Schnittstellen mit Ausnahme derjenigen, über die sie empfangen wurden.

6. A. Router A sendet Hello-Pakete über alle direkt angeschlossenen Netzwerke; im Beispiel bedeutet dies, dass sowohl Router B als auch Router C diese Updates empfangen.
7. C. LSPs enthalten den Zustand der direkt angeschlossenen Verbindungen oder Netzwerke. Dies kann die IP-Adresse und Subnetzmaske der Schnittstelle, den Verbindungstyp (z. B. Ethernet), die Verbindungskosten sowie benachbarte Router auf dieser Verbindung umfassen.
8. D. Der SPF-Algorithmus stellt höhere Verarbeitungsanforderungen als der Bellman-Ford-Algorithmus, der von Distanzvektor-Protokollen verwendet wird.
9. B. Wenn OSPF-Router eine Nachbarschaftsbeziehung gebildet haben, beginnen die Router mit dem Austausch von LSPs, um ihre Link-State-Datenbanken zu erstellen. Es gibt zwar eigentlich noch einige andere Schritte, die OSPF-Router vor Beginn des LSP-Austauschs durchführen können, doch sind diese nicht Gegenstand dieses Curriculums, sondern werden in CCNP behandelt.
10. C. Ein Router erfährt von einem direkt angeschlossenen Netzwerk, wenn die betreffende Schnittstelle über eine IP-Adresse und eine Subnetzmaske verfügt und aktiv wird.
11. Router, die Distanzvektor-Protokolle verwenden, verfügen lediglich über Informationen zur Distanz (Metrik) des Netzwerks und zum nächsten Hop (Vektor), an den die Pakete weiterzuleiten sind. Für diese Router ist nicht ersichtlich, wie das Netzwerk jenseits der direkt angeschlossenen Nachbarn aussieht.
12. Router, die Link-State-Protokolle einsetzen, tauschen Daten zu den Verbindungszuständen (Link-State-Daten) aus. Hiermit kann der SPF-Algorithmus einen SPF-Baum oder eine topologische Übersicht des Netzwerks erstellen. Solche Router wissen, wie das Netzwerk jenseits der direkt angeschlossenen Nachbarn aussieht.
13. Link-State-Protokolle verwenden den von E. W. Dijkstra entwickelten SPF-Algorithmus (Shortest Path First). Dieser Algorithmus heißt auch *Dijkstras Algorithmus*.
14. Eine Verbindung ist eine Schnittstelle auf einem Router.
15. Ein Verbindungszustand ist die Information zu dieser Verbindung. Dies kann die IP-Adresse des Routers, den Netzwerktyp, die Verbindungskosten und gegebenenfalls benachbarte Router auf dieser Verbindung umfassen.

16. Ein Nachbar ist ein Router, der eine Verbindung – also ein direkt angeschlossenes Netzwerk – mit einem anderen Router gemeinsam hat. Router ermitteln ihre Nachbarn mithilfe von Hello-Paketen des verwendeten Routing-Protokolls.

17. Wenn ein Router ein LSP von einem benachbarten Router empfängt, sendet er dieses LSP sofort über alle Schnittstellen mit Ausnahme derjenigen, über die das LSP empfangen wurde. Folge dieser Vorgehensweise ist, dass alle Router in der Area dieses LSP empfangen.

18. Router speichern LSPs in Link-State-Datenbanken, die auch Topologiedatenbanken heißen. Der SPF-Algorithmus verwendet diese LSPs, um den SPF-Baum zu erstellen und den besten Pfad in jedes Netzwerk zu ermitteln.

Weiterführende Fragen und Aktivitäten

1. Nein. Link-State-Protokolle senden anders als RIP und IGRP normalerweise keine periodischen Updates. OSPF-Router übertragen ihre eigenen LSPs zwar alle 30 Minuten, doch unterscheidet sich die Vorgehensweise von einem periodischen Update. Paranoide Updates werden im Kapitel zu OSPF behandelt. Denken Sie auch daran, dass nicht alle Distanzvektor-Protokolle periodische Updates senden: EIGRP beispielsweise sendet diese nicht.

2. Erläuterung:
   - Verwendung einer topologischen Übersicht (SPF-Baum) des Netzwerks
   - schnellere Konvergenz
   - keine periodischen Updates (anders als manche Distanzvektor-Protokolle)
   - Spezifische LSPs werden nur geflutet, wenn es tatsächlich zu einer Änderung in der Topologie kommt.

3. Folgende Anforderungen müssen erfüllt werden:
   - Mehr Speicher für Link-State-Datenbanken
   - Mehr Prozessorkapazitäten für den SPF-Algorithmus
   - Mehr Bandbreite zum Fluten von LSPs

   Es lassen sich mehrere Areas einrichten, um diese Anforderungen zu verringern.

4. Erläuterung:
   - OSPF (Open Shortest Path First)
   - IS-IS (Intermediate System-to-Intermediate System)

Kapitel 11

Lernzielkontrolle

1. A, C und D. Link-State-Protokolle verwenden einen Link-State-Algorithmus, während Distanzvektor-Protokolle jeweils eine Variante des Bellman-Ford-Algorithmus einsetzen. Der Algorithmus von Link-State-Protokollen fußt auf Dijkstras Algorithmus. Dieser Algorithmus verwendet eine Datenbank mit Link-State-Daten, um den kürzesten Pfad in die einzelnen Netzwerke zu ermitteln.
2. Erstellt und pflegt Nachbarschaftsbeziehungen: D

   Wird ausgelöst, wenn eine Topologieänderung aufgetreten ist: A

   Beschreibung einer Schnittstelle und ihrer Beziehungen zu anderen Routern: B

   Berechnet den besten Pfad in die verschiedenen Zielnetzwerke: C
3. A und D. Loopback-Adressen werden häufig zur Konfiguration der Router-ID in OSPF eingesetzt. Einer der wesentlichen Vorteile besteht darin, dass diese Schnittstellen nicht ausfallen können, was Grundlage für eine stabile und vorhersagbare OSPF-Router-ID ist.
4. A und B. DR und BDR werden nur in Mehrfachzugriffsnetzwerken wie Ethernet ausgewählt.
5. C. Die Angabe `100` stellt die OSPF-Prozess-ID dar. Der Wert hat nur lokale Bedeutung und muss nicht mit der Prozess-ID auf anderen Routern in der OSPF-Routing-Domäne übereinstimmen.
6. A. Der Befehl `bandwidth` dient zur Änderung des Wertes der Schnittstelle, anhand dessen die OSPF-Routing-Metrik bestimmt wird. Der Wert hat keine Auswirkungen auf die tatsächliche Geschwindigkeit der Verbindung. Er sollte diese jedoch widerspiegeln, da die Routing-Tabellen andernfalls nicht unbedingt die besten Pfade zu anderen Netzwerken enthalten.
7. C. Das RFC für OSPF besagt, dass als Routing-Metrik die Kosten der Schnittstelle verwendet werden. Wie allerdings diese Kosten festzulegen sind, geht aus dem RFC nicht hervor. Das Cisco IOS verwendet die kumulierte Bandbreite aller Ausgangsschnittstellen vom Router bis zum Zielnetzwerk als Kostenwert.
8. C. Ähnlich wie RIP verwendet OSPF den Befehl `default-information originate`, um eine Default-Route in der OSPF-Routing-Domäne zu verbreiten.
9. D. Falls die OSPF-Schnittstellenprioritäten gleich sind (was beim Default-Wert 1 der Fall ist), wird der Router mit der höchsten Router-ID zum DR und der Router mit der zweithöchsten Router-ID zum BDR.

10. B. Hello, LSR (Link-State-Request), LSAck (LSA-Acknowledgment) und DBD (Database Description) sind gültige OSPF-Pakete. LRU hingegen ist kein gültiges OSPF-Paket, wohingegen LSU (Link-State-Update) eines wäre.

11. Nein. Anders als bei EIGRP hat die Prozess-ID bei OSPF nur lokale Bedeutung und muss den Prozess-IDs auf anderen Routern nicht entsprechen.

12. Die OSPF-Router-ID ist 10.1.1.1. Dies ist die höchste Loopback-Adresse, die gewählt wurde, da der Befehl `router-id` nicht vorhanden ist.

13. `show interface`

14. Der Schnittstellenbefehl `ip ospf cost`

15. Standardmäßig werden OSPF-Hello-Pakete alle zehn Sekunden in Mehrfachzugriffssegmente und Point-to-Point-Segmente, allerdings nur alle 30 Sekunden in NBMA-Netzwerke (X.25, Frame Relay, ATM) gesendet.

16. Hello-Intervall

    Dead-Intervall

    Netzwerktyp

    Subnetzmasken

17. Entstehung vieler Nachbarschaftsbeziehungen (eine Nachbarschaftsbeziehung für jedes Router-Paar)

    Umfangreiches Fluten von LSAs

18. DR wird der Router mit der höchsten und BDR der Router mit der zweithöchsten OSPF-Schnittstellenpriorität. Falls die OSPF-Schnittstellenprioritäten gleich sind, wird jeweils der Router mit der höchsten Router-ID ausgewählt.

Weiterführende Fragen und Aktivitäten

1. Der BDR wird zum neuen DR, und es findet eine Wahl zum neuen BDR statt.

2. Nichts. DR und BDR verlieren diese Rollen nur, wenn der Router oder die Multi-Access-Schnittstelle ausfällt.

3. Die Schnittstelle dieses Routers ist von der Wahl zum DR oder BDR ausgeschlossen.

4. Der OSPF-Befehl `default-information originate`

Glossar

Dieses Glossar definiert viele der Begriffe und Abkürzungen der Netzwerktechnik. Enthalten sind alle Schlüsselbegriffe, die in diesem Buch verwendet werden. Wie bei jedem technischen Fachgebiet gibt es auch Termini, die sich entwickeln und verschiedene Bedeutungen annehmen können. Sofern notwendig, sind mehrere Definitionen und Auflösungen für die Abkürzungen angegeben.

Address Resolution Protocol Siehe ARP.

Administrative Distanz Bewertung der Vertrauenswürdigkeit einer Routenquelle. Die administrative Distanz wird häufig als numerischer Wert zwischen 0 und 255 ausgedrückt. Je höher der Wert, desto niedriger ist die Vertrauenswürdigkeit der Quelle. Wenn ein Router mehrere Routing-Protokolle in seiner Routing-Tabelle benutzt, wählt er die Route mit der niedrigsten administrativen Distanz aus.

Aktiver Zustand Ein Zustand bei EIGRP, in dem kein FS (Feasible Successor) in der Topologietabelle vorhanden ist. In diesem Fall wechselt der lokale Router in den aktiven Zustand und fragt bei seinen Nachbarn Routing-Informationen ab.

Algorithmus Wohldefinierte Regel oder Prozess, der zur Lösung eines Problems führen soll. In der Netzwerktechnik werden Algorithmen meist verwendet, um die beste Route zur Weiterleitung von Daten von einem Empfänger an ein bestimmtes Ziel zu ermitteln.

ALLSPFRouters Eine Multicast-Gruppe im OSPF-Protokoll. Die Adresse für *ALLSPFRouters* lautet 224.0.0.5.

Area Eine logische Gruppe von (CLNS-, DECnet- oder OSPF-basierten) Netzwerksegmenten und den an sie angeschlossenen Geräten. Areas sind gewöhnlich über Router mit anderen Areas verbunden und bilden ein einzelnes autonomes System.

ARP (Address Resolution Protocol) Ein Internetprotokoll zur Ermittlung und Verwaltung der MAC-Adresse für eine IP-Adresse. Definiert in RFC 826.

AS (autonomes System). Eine Gruppe gemeinsam administrierter Netzwerke, die dieselbe Routing-Strategie verfolgen. Autonome Systeme werden in Areas unterteilt. Einem (globalem) autonomen System muss von der IANA eine eindeutige 16-Bit-Nummer zugewiesen werden.

ASBR (Autonomous-System Border Router) OSPF-Router, der sich zwischen einem OSPF-AS und einem Nicht-OSPF-Netzwerk befindet. ASBRs führen sowohl OSPF als auch ein anderes Routing-Protokoll (z. B. RIP) aus. ASBRs müssen sich in einer OSPF-Area befinden, die keine Stub-Area ist.

Asymmetrisches Routing Liegt vor, wenn sich ein Pfad aus Netzwerk 1 nach Netzwerk 2 von dem Rückweg aus Netzwerk 2 nach Netzwerk 1 unterscheidet.

Asynchronous Transfer Mode Siehe ATM.

ATM (Asynchronous Transfer Mode) Internationaler Standard für die Weiterleitung von Zellen. Hierbei werden unterschiedliche Diensttypen (Sprache, Video, Daten) in Zellen fester Länge (53 Bytes) befördert. Die feste Länge der Zellen ermöglicht eine Verarbeitung durch Hardware, wodurch Verzögerungen bei der Übertragung verringert werden. ATM wurde für die Hochgeschwindigkeitsübertragung optimiert, d. h. für Medien wie E3, SONET und T3.

Automatische Zusammenfassung Konsolidierung von Netzwerken und Routen in klassenbezogenen Netzwerk-Advertisements. Bei RIP bewirkt dies, dass gegenüber anderen Routern nur eine einzige Summenroute bekannt gegeben wird.

Autonomes System Siehe AS.

Autonomous-System Border Router Siehe ASBR.

Backup Designated Router Siehe BDR.

BDR (Backup Designated Router) Ein Router, der zum DR wird, wenn der aktuelle DR ausfällt. Der BDR ist der OSPF-Router, der bei der letzten abgehaltenen DR-Wahl die zweithöchste Priorität aufwies.

Bellman-Ford-Algorithmus Klasse von Routing-Algorithmen, die die Anzahl der Hops in einer Route ermitteln, um den Spanning-Tree mit dem kürzesten Pfad zu finden. Distanzvektor-Algorithmen verlangen, dass jeder Router seine gesamte Routing-Tabelle als Bestandteil jedes Updates versendet – jedoch nur an seine Nachbarn. Solche Algorithmen sind anfällig für Routing-Schleifen, computertechnisch jedoch anspruchsloser als Link-State-Algorithmen.

Beschränkte Updates Updates, die nicht an alle Router gesendet, sondern auf diejenigen Router beschränkt werden, die die aktualisierten Informationen tatsächlich benötigen.

Bester Pfad Der schnellste Pfad zu einem bestimmten Ziel. Die Angabe basiert auf der Metrik des Routing-Protokolls.

Betriebssystem Eine Software, die grundlegende Aufgaben wie das Steuern und Zuweisen von Speicher, die Priorisierung von Systemanfragen, die Steuerung von E/A-Geräten, die Realisierung von Netzwerkverbindungen und das Verwalten von Dateisystemen ermöglicht.

BGP (Border Gateway Protocol) Domänenübergreifendes Routing-Protokoll, das EGP ersetzt. BGP tauscht Informationen zur Erreichbarkeit mit anderen BGP-Systemen aus. Es ist in RFC 1163 definiert.

Boundary-Router Ein Router, der sich am Rand zweier nichtzusammenhängender klassenbezogener Netzwerke befindet. Es kann sich auch um einen Router handeln, der zwischen zwei separaten Netzwerken sitzt, in denen unterschiedliche Routing-Protokolle verwendet werden. Der Begriff wird zudem gelegentlich etwas ungenau im Zusammenhang mit OSPF und ASBRs (Autonomous System Boundary Routers) benutzt.

CDP (Cisco Discovery Protocol) Ein proprietäres Cisco-Protokoll, das einen Satz von Cisco-Geräten gesendeten Nachrichten definiert. Hierzu gehören Basisangaben zu dem Gerät, das die Nachricht gesendet hat, nämlich der Name des Geräts, die Betriebssystemversion, der Gerätetyp und andere Konfigurationsdaten. Cisco-Geräte empfangen diese Multicast-CDP-Nachrichten und erfahren auf diese Weise von benachbarten Geräten.

CIDR (Classless Inter-Domain Routing) Von BGP4 unterstützte Technik, die auf der Routenzusammenfassung basiert. CIDR erlaubt es Routern, Routen zu gruppieren, um den Umfang der Routing-Daten zu verringern, die von Core-Routern übertragen werden. Bei CIDR werden mehrere IP-Netzwerke gegenüber Netzwerken außerhalb der Gruppe als größere Einheit dargestellt. Bei CIDR werden IP-Adressen in Form von vier Oktetten geschrieben, die durch Punkte getrennt werden; diesen folgt ein Schrägstrich und eine zweistellige Zahl, die die Subnetzmaske darstellt.

Cisco Discovery Protocol Siehe CDP.

Classless Inter-Domain Routing Siehe CIDR.

Count-to-Infinity Problem, das bei Routing-Algorithmen auftreten kann, die langsam konvergieren. Hierbei zählen Router die Anzahl der Hops zu bestimmten Netzwerken fortlaufend hoch. In der Regel wird ein Grenzwert für die Anzahl der Hops festgelegt, um dieses Problem zu umgehen.

Database Description Siehe DBD.

Datagramm Logische Gruppierung von Daten, die als Einheit über ein Übertragungsmedium versandt werden, ohne dass zuvor eine virtuelle Verbindung hergestellt wurde. IP-Datagramme sind die wichtigsten Dateneinheiten im Internet. Die Begriffe *Zelle*, *Frame*, *Nachricht*, *Paket* und *Segment* werden ebenfalls häufig als Bezeichnung logischer Datengruppen in den verschiedenen Schichten des OSI-Referenzmodells und in verschiedenen technologischen Kreisen verwendet.

DBD (Database Description) Ein in OSPF verwendetes Paket, das lediglich LSA-Header enthält und die Inhalte der gesamten Link-State-Datenbank beschreibt. Router tauschen DBDs aus, wenn sie bei der Bildung der Nachbarschaftsbeziehung Daten austauschen.

Debugging Das Suchen und Analysieren potenzieller Probleme bei bestimmten Prozessen. Wenn Sie beispielsweise den `debug`-Befehl auf einem Router eingeben, wird eine Ausgabe generiert, die Status- und Fehlerinformationen für den betreffenden Prozess anzeigt. Auf diese Weise können Sie Probleme analysieren und mögliche Ursachen feststellen.

Designated Router Siehe DR.

Dienstgüte Siehe QoS.

Diffusing Update Algorithm Siehe DUAL.

Digital Subscriber Line Siehe DSL.

Distanzvektor Siehe Bellman-Ford-Algorithmus.

DR (Designated Router) OSPF-Router, der LSAs für ein Multi-Access-Netzwerk generiert und weitere spezielle Aufgaben bei der Ausführung von OSPF erfüllt. Jedes OSPF-Multi-Access-Netzwerk, an das mindestens zwei Router angeschlossen sind, umfasst einen DR, der mithilfe des OSPF-Hello-Protokolls ausgewählt wird. Der DR ermöglicht eine Reduzierung der Anzahl der in einem Multi-Access-Netzwerk benötigten Nachbarschaftsbeziehungen, wodurch wiederum der Umfang der Routing-Protokolldaten und die Größe der Topologiedatenbank verringert werden.

DROthers Router, die weder DR noch BDR sind. Beschreibt die »übrigen« Router im OSPF-Netzwerk.

DSL (Digital Subscriber Line) Netzwerktechnologie, die bei beschränkten Reichweiten hohe Bandbreiten über konventionelle Kupferkabel ermöglicht. Es gibt vier DSL-Typen: ADSL, HDSL, SDSL und VDSL. Sie alle werden mithilfe von Modempaaren realisiert: Ein Modem befindet sich an einem zentralen Standort, während das andere am Kundenstandort aufgestellt ist. Da die meisten DSL-Technologien nicht die gesamte Bandbreite der TP-Verbindung nutzen, verbleiben reservierte Kapazitäten für einen Sprachkanal.

DUAL (Diffusing Update Algorithm) Bei EIGRP verwendeter Konvergenzalgorithmus, der einen schleifenlosen Betrieb zu jedem Zeitpunkt einer Routenberechnung garantiert. Hiermit können Router, die an einer Topologieänderung beteiligt sind, sich gleichzeitig synchronisieren, während andere Router nicht beeinträchtigt werden.

Dynamische Routing-Protokolle Routing, das sich automatisch an die Netzwerktopologie oder Änderungen bei der Datenübertragung anpasst. Heißt auch *adaptives Routing*.

EGP (Exterior Gateway Protocol) Routing-Protokoll für das Routing zwischen autonomen Systemen. Das aktuelle EGP des Internets ist BGP.

EIGRP (Enhanced Interior Gateway Routing Protocol) Fortgeschrittene Version des von Cisco entwickelten IGRP-Protokolls. Bietet überlegene Konvergenzeigenschaften und Betriebsverhalten und kombiniert die Vorteile von Link-State-Protokollen mit denen von Distanzvektor-Protokollen.

Einschaltselbsttest Siehe POST.

Enhanced Interior Gateway Routing Protocol Siehe EIGRP.

Ethernet Von Xerox erfundene und gemeinsam mit Intel und DEC (Digital Equipment Corporation) entwickelte Basisband-LAN-Spezifikation. Ethernet-Netzwerke verwenden CSMA/CD und nutzen bei einer Übertragungsrate von 10 MBit/s unterschiedliche Kabeltypen. Ethernet ähnelt der Serie der IEEE 802.3-Standards.

Exterior Gateway Protocol Siehe EGP.

FD (Feasible Distance) Die Metrik eines Netzwerks, wie sie vom angeschlossenen Nachbarn gemeldet wurde, zuzüglich der Kosten zum Erreichen dieses Nachbarn. Der Pfad mit der niedrigsten Metrik wird zur Routing-Tabelle hinzugefügt und heißt FD. Wird beim EIGRP-Routing verwendet.

FDDI (Fiber Distributed Data Interface) In ANSI X3T9.5 definierter LAN-Standard, der ein 100-MBit/s-Netzwerk mit Token-Weitergabe beschreibt, bei dem die Übertragung über Glasfaserkabeln mit einer Reichweite von bis zu zwei Kilometern erfolgt. FDDI verwendet eine Doppelringarchitektur zur Realisierung von Redundanz.

Feasibility-Bedingung Wenn der empfangende Router eine FD (Feasible Distance) zu einem bestimmten Netzwerk besitzt und von einem Nachbarn ein Update erhält, in dem eine niedrigere RD (Reported Distance) in dieses Netzwerk angegeben ist, liegt eine Feasibility-Bedingung vor. Wird beim EIGRP-Routing verwendet.

Feasible Distance Siehe FD.

Feasible Successor Siehe FS.

Fiber Distributed Data Interface Siehe FDDI.

Flapping Siehe instabile Verbindung.

Flash-Speicher Eine EEPROM-Variante. Flash-Speicher kann gelöscht und neu beschrieben werden. Im Kontext dieses Kurses bezeichnet der Begriff die Speicherkarte, auf der der Router das IOS-Image ablegt.

Frame Relay Ein Sicherungsschichtprotokoll mit Paketvermittlung, das mit mehreren virtuellen Verbindungen zwischen miteinander verbundenen Geräten arbeitet. Frame Relay ist effizienter als X.25 und gilt demzufolge allgemein als Ersatz für Letzteres.

FS (Feasible Successor) Der nächste Hop, der tatsächlich in ein bestimmtes Zielnetzwerk führt. Den FS kann man als eine Art Reserve für den nächsten Hop auffassen, falls der tatsächliche nächste Hop (Successor) ausfällt. Wird beim EIGRP-Routing verwendet.

Gateway Ein Gerät in einem Netzwerk, das als Access-Point für andere Netzwerke dient. Ein Default-Gateway wird von einem Host verwendet, wenn die Zieladresse eines IP-Pakets einen Ort außerhalb des lokalen Subnetzes bezeichnet. Ein Router ist ein gutes Beispiel für ein Default-Gateway.

Gleichwertige Metrik Eine Metrik, bei der mehrere Pfade zum selben Ziel denselben Wert aufweisen. Wenn mehrere Pfade gleichwertige Metriken aufweisen, kann ein Router einen Lastausgleich bei gleichen Kosten über diese Pfade durchführen.

Höherwertiges Bit Das Bit einer Binärzahl mit der höchsten Bedeutung. Es wird ganz links geschrieben. Höherwertige Bits sind die Einsen in der Subnetzmaske.

Holddown-Timer Timer, der für Routen gestartet wird, damit Router diese Route für eine bestimmte Zeit (die Holddown-Zeit) weder bekannt geben noch Advertisements zu ihr entgegennehmen. Holddown-Timer werden verwendet, um fehlerhafte Informationen zu einer Route auf allen Routern im Netzwerk zu beseitigen. Eine Route wird gewöhnlich in den Holddown-Zustand versetzt, wenn eine Leitung auf dieser Route ausfällt.

Holdtime Zeitraum, für den ein Router auf den Empfang des nächsten Hello-Pakets oder Routing-Updates wartet. Nach Ablauf der Holdtime wird die Route als nicht erreichbar ausgewiesen.

Host Computersystem in einem Netzwerk. Hat ähnliche Bedeutung wie ein Knoten, nur impliziert ein Host gemeinhin ein Computersystem, während »Knoten« meist auf ein beliebiges vernetztes System (einschließlich Access-Servern und Routern) verweist.

Hub-and-Spoke Eine WAN-Topologie, bei der verschiedene Zweigstellen über einen zentralen Hub oder eine Hauptstelle miteinander verbunden sind.

ICMP (Internet Control Message Protocol) Internetprotokoll der Vermittlungsschicht, das Fehler meldet und weitere Informationen im Zusammenhang mit der Verarbeitung von IP-Paketen bereitstellt. Dokumentiert in RFC 792.

IGP (Interior Gateway Protocol) Internetprotokoll, das für den Austausch von Routing-Informationen innerhalb eines autonomen Systems verwendet wird. Beispiele für IGPs sind IGRP, OSPF und RIP.

IGRP (Interior Gateway Routing Protocol) Von Cisco entwickeltes IGP, das Probleme in Verbindung mit dem Routing in großen, heterogenen Netzwerken behandeln soll.

Instabile Verbindung (Flapping) Routing-Problem, bei dem eine bekannt gegebene Route zwischen zwei Knoten ständig zwischen zwei Pfaden schwankt. Wird verursacht durch ein Netzwerkproblem, das zu sporadischen Schnittstellenausfällen führt.

Integrated Services Digital Network Siehe ISDN.

Interior Gateway Protocol Siehe IGP.

Interior Gateway Routing Protocol Siehe IGRP.

Intermediate System-to-Intermediate System Siehe IS-IS.

Internet Control Message Protocol Siehe ICMP.

Internet Protocol Siehe IP.

Internet Service Provider Siehe ISP.

Internetwork Packet Exchange Siehe IPX.

IP (Internet Protocol) Protokoll der Vermittlungsschicht im TCP/IP-Stapel, das einen verbindungslosen Netzwerkdienst bereitstellt. IP stellt Funktionen zur Adressierung, zur Diensttypspezifikation, zur Fragmentierung und Wiederherstellung von Daten und zur Sicherheit zur Verfügung. Definiert in RFC 791.

IPv6 Ein Vermittlungsschichtprotokoll für paketvermittelte Netzwerke. Es handelt sich um den Nachfolger von IPv4 und ist in absehbarer Zeit zur allgemeinen Verwendung im Internet vorgesehen.

IPX (Internetwork Packet Exchange) NetWare-Vermittlungsschichtprotokoll, das zur Übertragung von Daten von Servern an Workstations verwendet wird. Ähnelt IP und XNS.

ISDN (Integrated Services Digital Network) Kommunikationsprotokoll, das von Telekommunikationsunternehmen angeboten wird und die Übertragung von Sprache, Dateien und anderen Datentypen über das Telefonnetz gestattet.

IS-IS (Intermediate System-to-Intermediate System) Auf einer Routing-Methode namens DECnet Phase V basierendes Routing-Protokoll. Hierbei tauschen die Router – die Vermittlungssysteme (engl. *Intermediate System*) – Daten zum Routing unter Verwendung einer einzelnen Metrik aus, um die Netzwerktopologie zu ermitteln. IS-IS wurde von der ISO (International Organization for Standardization) als Bestandteil des OSI-Modells (Open Systems Interconnection) entworfen.

ISP (Internet Service Provider) Ein Unternehmen, das Personen und Unternehmen Zugang zum Internet bereitstellt.

Kabel Übertragungsmedium aus Kupfer- oder Glasfaserkabel, das mit einem Schutzmantel versehen ist.

Klassenbezogene IP-Adressierung Zu Beginn der IPv4-Ära wurden IP-Adressen in fünf Klassen (A–E) unterteilt.

Klassenbezogene Routing-Protokolle Routing-Protokolle, die die klassenbezogene IP-Adressierung verwenden. Beim Routing kommen hier keine Subnetzmaskeninformationen zum Einsatz, sondern es werden automatisch klassenbezogene Masken verwendet.

Klassenlose Routing-Protokolle Routing-Protokolle, die die Subnetzmaske in das Routing-Update integrieren.

Konsolen-Port DTE-Port, über den Befehle auf einem Host eingegeben werden.

Konvergenz Geschwindigkeit und Fähigkeit einer Gruppe von Vermittlungsgeräten, die ein bestimmtes Routing-Protokoll ausführen, um sich auf die Topologie eines Netzwerks zu einigen, nachdem in diesem Netzwerk eine Änderung stattgefunden hat.

Konvergiert Attribut von Vermittlungsgeräten, die alle dieselbe konsistente Netzwerktopologie in ihren Routing-Tabellen aufweisen.

Kosten Ein Wert, der in der Regel auf der Anzahl der Hops, der Medienbandbreite oder anderen Größen basiert und vom Netzwerkadministrator zugewiesen wird. Er dient zum Vergleich verschiedener Pfade durch eine Netzwerkumgebung. Routing-Protokolle verwenden Kostenwerte zur Berechnung der geeignetsten Pfade zu einem bestimmten Ziel: je niedriger die Kosten, desto besser ist der Pfad.

LAN (Local Area Network) Hochgeschwindigkeits-Datennetz mit geringer Fehlerrate zur Anbindung eines beschränkten geografischen Bereichs (bis maximal wenige Kilometer). LANs beinhalten Workstations, Peripheriegeräte, Terminals und andere Geräte in einem Gebäude oder einem anderen eingeschränkten Bereich. LAN-Standards spezifizieren die Verkabelung und Signalisierung in der Bitübertragungs- und der Sicherungsschicht des OSI-Modells.

Längste Übereinstimmung Diejenige Route in der Routing-Tabelle, bei der die meisten linken Bits mit der Ziel-IP-Adresse im IP-Paket übereinstimmen.

Lastausgleich Beim Routing die Fähigkeit eines Routers, Daten auf alle Netzwerk-Ports zu verteilen, die dieselbe Distanz zur Zieladresse aufweisen. Gute Lastausgleichsalgorithmen verwenden sowohl die Leitungsgeschwindigkeit als auch die Zuverlässigkeit als Grundlage. Der Lastausgleich optimiert die Auslastung von Netzwerksegmenten und führt so zu einer effektiveren Bandbreitennutzung.

Lastausgleich bei gleichen Kosten Verwendung mehrerer Pfade mit derselben administrativen Distanz und denselben Kosten zu einem Empfänger durch den Router.

Lastausgleich bei ungleichen Kosten Lastausgleich, der mehrere Pfade zum selben Empfänger verwendet. Diese Pfade weisen ungleiche Kosten (Metriken) auf. EIGRP verwendet den Lastausgleich bei ungleichen Kosten in Verbindung mit dem Varianzbefehl.

LED (Light Emitting Diode, Leuchtdiode) Halbleiterbauelement, das Licht aussendet, welches durch Konvertierung elektrischer Energie erzeugt wird.

Level-1-Route Eine Route mit einer Subnetzmaske, die gleich der oder kleiner als die klassenbezogene Maske der Netzwerkadresse ist.

Level-2-Route Ein Subnetz ist die Level-2-Route der übergeordneten Route.

Light Emitting Diode Siehe LED.

Link-State (Verbindungszustand) Beschreibt den Status einer Verbindung, d. h. einer Schnittstelle: die IP-Adresse und Subnetzmaske, der der Verbindung zugeordnete Kostenwert und gegebenenfalls mit dieser Schnittstelle verbundene Nachbarn.

Link-State Acknowledgment Siehe LSAck.

Link-State-Advertisement Siehe LSA.

Link-State-Datenbank Eine von OSPF verwendete Tabelle, die die Topologie des autonomen Systems darstellt. Hierbei handelt es sich um die Methode, mit der die Router den Zustand der Verbindungen im AS erkennen können.

Link-State-Paket Siehe LSA.

Link-State-Protokoll Ein Routing-Protokoll, bei dem Router miteinander Daten zur Erreichbarkeit anderer Netzwerke und zu den Kosten oder Metriken zum Erreichen dieser Netzwerke austauschen. Anhand von Dijkstras Algorithmus berechnen Link-State-Router die kürzesten Pfade zu einem Ziel und aktualisieren andere Router, mit denen sie verbunden sind, gewöhnlich nur dann, wenn Änderung deren Routing-Tabellen betreffen.

Link-State-Request Siehe LSR.

Link-State-Router Router, der ein Link-State-Protokoll verwendet.

Link-State-Update Siehe LSU.

Local Area Network Siehe LAN.

Loopback-Adresse 127.0.0.1 ist eine IP-Adresse, die es auf allen Geräten ermöglicht zu kontrollieren, ob die Netzwerkkarte funktioniert. Wenn ein Paket an 127.0.0.1 gesendet wird, wird es an sich selbst – d. h. an die Netzwerkkarte des Geräts – zurückgeschickt. Erhalten Sie eine positive Antwort auf den Befehl `ping 127.0.0.1`, dann wissen Sie, dass Ihre Netzwerkkarte betriebsbereit ist.

Loopback-Schnittstelle Eine virtuelle Schnittstelle, die zu Verwaltungszwecken eingesetzt wird. Anders als eine Loopback-Adresse wird dieses Loopback-Gerät nicht zur Kommunikation mit sich selbst verwendet.

LSA (Link-State-Advertisement) Broadcast-Paket, das von Link-State-Protokollen verwendet wird und Informationen zu Nachbarn und Pfadkosten enthält. LSAs werden vom empfangenden Router zur Pflege der Routing-Tabelle verwendet.

LSAck (Link-State Acknowledgment) Bestätigt den Empfang von LSA-Paketen (Link-State-Advertisements). LSAck-Pakete sind Pakete des OSPF-Typs 5.

LSP (Link-State-Paket) Siehe LSA.

LSR (Link-State-Request) LSR-Pakete sind Pakete des OSPF-Typs 3. Ein solches Paket wird verwendet, um diejenigen Bestandteile der Datenbank des Nachbarn anzufordern, die aktueller sind.

LSU (Link-State-Update) LSU-Pakete sind Pakete des OSPF-Typs 4. Ein LSU-Paket überträgt eine Zahl von LSAs von deren Ursprung einen Hop weiter.

MAC-Adresse Standardisierte Sicherungsschichtadresse, die für jeden Port oder jedes Gerät erforderlich ist, der oder das mit einem LAN verbunden ist. Andere Geräte im Netzwerk verwenden diese Adressen, um bestimmte Ports im Netzwerk zu finden und Routing-Tabellen und Datenstrukturen zu erstellen und zu aktualisieren. MAC-Adressen sind sechs Byte lang und werden vom IEEE gesteuert.

Medien Im Kontext dieses Kurses sind Medien verschiedene physische Umgebungen, über die Signale übertragen werden. Häufig verwendete Netzwerkmedien sind TP-, Koaxial- und Glasfaserkabel sowie die Atmosphäre (über die die Übertragung via Mikrowelle, Laser oder Infrarotstrahlen erfolgt). Manchmal werden Medien auch als *physische* Medien bezeichnet.

Metrik Angabe, anhand derer ein Routing-Algorithmus die beste Route ermitteln kann. Diese Informationen werden in Routing-Tabellen gespeichert. Die Metrik kann von Bandbreite, Kommunikationskosten, Latenz, Anzahl der Hops, Last, MTU, Pfadkosten und Zuverlässigkeit abgeleitet werden.

Multi-Access-Netzwerk Ein Netzwerk, in dem mehrere Geräte gleichzeitig Verbindungen herstellen und miteinander kommunizieren können.

Nachbar Bei OSPF Bezeichnung für zwei Router, die Schnittstellen in einem gemeinsamen Netzwerk aufweisen. In Mehrfachzugriffsnetzwerken werden Nachbarn dynamisch mithilfe des OSPF-Hello-Protokolls entdeckt.

Nachbarschaftsbeziehung Eine zwischen ausgewählten benachbarten Routern und Endknoten gebildete Beziehung zum Zweck des Austauschs von Routing-Informationen. Die Nachbarschaftsbeziehung basiert auf der Verwendung eines gemeinsamen Mediensegments.

Nächster Hop Der nächste Router im Pfad. Falls Router nicht direkt mit dem Zielnetzwerk verbunden sind, haben sie mindestens einen benachbarten Router, der den nächsten Schritt beim Routen der Daten zum Empfänger darstellt.

NAT (Network Address Translation) Mechanismus zur Verringerung des Bedarfs an global eindeutigen IP-Adressen. NAT ermöglicht einer Organisation mit global nicht eindeutigen Adressen das Herstellen einer Verbindung mit dem Internet, indem diese Adressen in öffentliche Adressen des globalen routbaren Adressraumes übersetzt werden.

NBMA-Netzwerk (Non-Broadcast Multi-Access) Begriff zur Beschreibung eines Multi-Access-Netzwerks, das entweder kein Broadcasting unterstützt (z. B. X.25) oder in dem ein solches Broadcasting nicht angebracht ist (beispielsweise eine SMDS-Broadcast-Gruppe oder ein erweitertes Ethernet, das zu groß ist).

Network Address Translation Siehe NAT.

Netzwerkkarte Computerhardware, die es dem Computer ermöglicht, über ein Computernetzwerk zu kommunizieren.

Netzwerkpräfix Anzahl der Bits, die die Subnetzmaske definieren. Beispielsweise entspricht die Subnetzmaske 255.255.0.0 dem Präfix /16.

Nichtzusammenhängend Attribut von Komponenten, die fragmentiert sind. Beispielsweise besteht ein nichtzusammenhängendes Netzwerk aus einem klassenbezogenen Netzwerk, das durch ein anderes Netzwerk geteilt wird.

Nichtzusammenhängende Adresszuordnung Zuordnung von Adressen in einem fragmentierten Netzwerk, die keinem konsistenten Muster folgt.

Nichtzusammenhängendes Netzwerk Fragmentierte Netzwerkadressierung. Bezeichnung für Netzwerke ohne hierarchisches Adressierungsschema.

Non-Broadcast Multi-Access Siehe NBMA-Netzwerk.

Non-Volatile Random-Access Memory Siehe NVRAM.

Null0-Summenroute Eine Möglichkeit zur Vermeidung von Routing-Schleifen. EIGRP erstellt immer eine Route zur Schnittstelle Null0, wenn es eine Gruppe von Routen zusammenfasst. Grund hierfür ist, dass immer dann, wenn ein Routing-Protokoll Routen zusammenfasst, der Router Daten für irgendeine IP-Adresse in dieser Zusammenfassung empfangen könnte. Da nicht alle IP-Adressen stets verwendet werden, besteht das Risiko, dass Pakete zirkulieren, wenn eine Default-Route auf dem Router verwendet wird, der die Daten für die Summenroute empfängt.

Nullschnittstelle Stellt eine alternative Methode der Datenfilterung dar. Sie können den Overhead, der durch die Verwendung von ACLs entsteht, umgehen, indem Sie unerwünschten Datenverkehr an die Nullschnittstelle umleiten. Diese Schnittstelle hat grundsätzlich den Status *up* und kann Daten niemals weiterleiten oder empfangen. Man kann sie sich als eine Art »schwarzes Loch« vorstellen.

NVRAM (Non-Volatile Random-Access Memory) RAM-Speicher, der seinen Inhalt auch behält, wenn das Gerät abgeschaltet wird.

Open Shortest Path First Siehe OSPF.

OSPF (Open Shortest Path First) Hierarchisch organisiertes Link-State-IGP, das in der Internet-Community als Nachfolger von RIP betrachtet wird. OSPF ermöglicht Least-Cost-Routing, Routing über mehrere Pfade und einen Lastausgleich. Es handelt sich um eine Ableitung einer frühen Version des IS-IS-Protokolls.

Paket Logische Datengruppe, die einen Header mit Steuerdaten und (gewöhnlich) Benutzerdaten enthält. Der Begriff *Paket* bezeichnet in der Regel Dateneinheiten in der Vermittlungsschicht. Die Begriffe *Datagramm*, *Frame*, *Nachricht* und *Segment* werden ebenfalls häufig als Bezeichnung logischer Datengruppen in den verschiedenen Schichten des OSI-Referenzmodells und in verschiedenen technologischen Darstellungen verwendet.

Passiver Zustand Ein Zustand, in dem der Router den oder die Successors für ein bestimmtes Ziel ermittelt hat und stabil wird. Der Begriff wird in Verbindung mit EIGRP verwendet.

PDM (Protocol-Dependent Module) Eine EIGRP-Komponente, die für ein bestimmtes geroutetes Protokoll bestimmt ist. Beispielsweise kann EIGRP durch PDMs mit verschiedenen gerouteten Protokollen arbeiten. Mithilfe von PDMs kann EIGRP eine Topologietabelle für jedes geroutete Protokoll wie IP, IPX RIP, AppleTalk RTMP (Routing Table Maintenance Protocol) und IGRP führen.

Pfadvektor-Protokoll Ein Routing-Protokoll, das in den Update-Daten, die sich im Netzwerk verteilen, den verwendeten Pfad mitführt und anzeigt. BGP ist ein solches Protokoll, denn es überprüft, welche autonomen Systeme das Update passiert hat, um Schleifen zu kontrollieren.

Point-to-Point Protocol Siehe PPP.

Poison-Reverse Eine Variante der Split-Horizon-Technik, die angibt, dass alle Routen in einem Update über eine bestimmte Schnittstelle enthalten sein müssen, dass aber die Metrik jener Routen, die über diese Schnittstelle erlernt wurden, auf »unendlich« gesetzt wird.

POST (Power-On Self Test) Eine Anzahl von Hardwarediagnoseroutinen, die auf einem Gerät ausgeführt werden, wenn dieses Gerät eingeschaltet wird.

PPP (Point-to-Point Protocol) Dieses Protokoll ist Nachfolger von SLIP und ermöglicht das Verbinden von Routern untereinander und von Hosts zu Netzwerken über synchrone und asynchrone Point-to-Point-Leitungen. Während SLIP für den Betrieb in Verbindung mit IP vorgesehen war, wurde PPP entwickelt, um mit verschiedenen Protokollen der Vermittlungsschicht wie IP, IPX und ARA zu arbeiten. PPP umfasst auch Sicherheitsmechanismen wie CHAP und PAP. Es ist auf zwei weitere Protokolle angewiesen: LCP und NCP.

Präfixzusammenfassung Wird auch als *Netzwerkzusammenfassung* bezeichnet. Mehrere IP-Adressen und IP-Präfixe lassen sich zu einem einzelnem resultierendem Präfix zusammenfassen, das dann anderen Routern anstelle der spezifischeren IP-Adressen und IP-Präfixe bekannt gegeben wird. Beispielsweise können die Netzwerke 172.16.1.0/24, 172.16.2.0/24 und 172.16.3.0/24 zum Netzwerk 172.16.0.0/22 zusammengefasst werden.

Private Adresse Eine Adresse, die für interne Netzwerke verwendet wird. Diese Adresse ist konform zu RFC 1918. Sie kann nicht im Internet geroutet werden.

Privilegierter EXEC-Modus Der Administrationsmodus für den Router oder Switch. In diesem Modus können Sie Router-Einstellungen anzeigen, die nur dem Administrator zugänglich sein sollten. Ferner wechseln Sie aus diesem Modus in den globalen Konfigurationsmodus. Um den privilegierten EXEC-Modus aufzurufen, müssen Sie den Befehl `enable` eingeben.

Protocol-Dependent Module Siehe PDM.

Quad-Zero-Route Default-Route 0.0.0.0, wird für die Netzwerkadresse und die Subnetzmaske verwendet.

QoS (Quality of Service, Dienstgüte) Maß für die Leistungsfähigkeit eines Übertragungssystems. Gibt die Übertragungsqualität und die Dienstverfügbarkeit an.

RAM (Random-Access Memory) Flüchtiger Speicher, der von einem Mikroprozessor gelesen und beschrieben werden kann.

RD (Reported Distance) Gesamtmetrik des Pfades zu einem Zielnetzwerk, wie sie von einem EIGRP-Nachbarn, der weiter vorn im Pfad liegt, gemeldet wird.

Read-Only Memory Siehe ROM.

Redistribution Ermöglicht die Weitergabe von Routing-Informationen aus statischen Routen oder aus einem Routing-Protokoll in die Update-Nachrichten eines anderen Routing-Protokolls. Heißt manchmal auch *Routenumverteilung*.

Referenzbandbreite Die vom SPF-Algorithmus als Grundlage zur Berechnung des kürzesten Pfades verwendete Bandbreite. Bei OSPF ist die Referenzbandbreite der Quotient aus 10^8 und der tatsächlichen Schnittstellenbandbreite.

Rekursiver Routen-Lookup Ein Lookup, der erfolgt, um die IP-Adresse des nächsten Hops der vorherigen Route zu ermitteln.

Reported Distance Siehe RD.

RIP (Routing Information Protocol) In UNIX-BSD-Systemen verwendetes IGP. Es handelt sich um das früher meistverwendete IGP im Internet. RIP verwendet als Metrik die Anzahl der Hops.

ROM (Read-Only Memory) Nichtflüchtiger Speicher, der von einem

Mikroprozessor gelesen, aber nicht beschrieben werden kann.

Routenzusammenfassung Konsolidierung bekannt gegebener Adressen auch in OSPF und IS-IS. Bei OSPF bewirkt dies, dass durch einen Area-Border-Router nur eine einzige Summenroute gegenüber Routern in anderen Areas bekannt gegeben wird.

Route-Poisoning Routing-Updates, die ausdrücklich angeben, dass ein Netzwerk oder Subnetz nicht erreichbar ist, statt dies implizit dadurch zu tun, dass sie es nicht in die Updates einschließen. Poison-Reverse-Updates werden übertragen, um das Auftreten großer Routing-Schleifen zu unterbinden. Solche Updates werden vom Cisco-Protokoll IGRP verwendet.

Router Gerät der Vermittlungsschicht, das eine oder mehrere Metriken verwendet, um den optimalen Pfad zu bestimmen, über den Daten im Netzwerk weiterzuleiten sind. Router leiten Pakete von einem Netzwerk in ein anderes basierend auf Informationen der Vermittlungsschicht weiter. Wird gelegentlich auch als *Gateway* bezeichnet (obwohl diese Bedeutung des Begriffs inzwischen veraltet ist).

Routing Information Protocol Siehe RIP.

Routing-Domäne Siehe AS.

Routing-Tabelle Eine im Speicher eines Routers oder eines anderen Netzwerkgeräts abgelegte Tabelle, die Routen in bestimmte Zielnetzwerke speichert. Ein Router verwendet diese Liste der Netzwerke, um zu ermitteln, wohin er Daten senden muss.

Schleifenlos Zustand, in dem Routing-Schleifen fehlen.

Seriell Methode der Datenübertragung, bei der die Bits von Datenzeichen sequentiell (nacheinander) über einen einzelnen Kanal übertragen werden.

Setup-Modus Wenn ein Cisco-Router gestartet wird und keine Konfigurationsdatei im NVRAM findet, wechselt er in den Setup-Modus. Hierbei handelt es sich um einen Dialog, in dessen Verlauf der Router zur Eingabe grundlegender Parameter auffordert, um aus den Eingaben eine Basiskonfiguration erstellen zu können.

Shortest Path First Siehe SPF-Algorithmus.

Sicherungsschicht Schicht 2 des OSI-Referenzmodells. Die Sicherungsschicht ermöglicht einen zuverlässigen Transport von Daten über eine physische Verbindung. Aspekte der Sicherungsschicht sind die physische Adressierung, die Netzwerktopologie, leitungsspezifische Parameter, Fehlerbenachrichtigung, geordnete Auslieferung von Frames und Flusssteuerung. Das IEEE hat diese Schicht in zwei Teilschichten unterteilt: die MAC- und die LLC-Teilschicht. Die OSI-Sicherungsschicht entspricht grob der Sicherungskontrollschicht des SNA-Modells.

Skalieren Anpassen an eine bedarfsorientierte Größe. Ein Routing-Protokoll beispielsweise ist skalierbar, wenn die Routing-Tabelle des Routers so weit anwachsen kann, dass auch zukünftig hinzugefügte Netzwerke noch verarbeitet werden können.

Smart Serial Smart Serial-Schnittstellen besitzen 26-polige Anschlüsse und erkennen automatisch Steckverbinder der Formate RS232, RS449, RS530, X.21 und V.35.

SPF-Algorithmus (Shortest Path First) Ein Routing-Algorithmus, der über die Länge des Pfades einen SPF-Baum mit den kürzesten Pfaden erstellt.

Wird häufig in Link-State-Protokollen eingesetzt und oft auch als *Dijkstras Algorithmus* bezeichnet.

SPF-Schedule-Verzögerung Nach der Ausführung des Befehls `show ip ospf` wird der Parameter `SPF schedule delay` *`x`* `secs` angezeigt (*`x`* gibt hierbei die Anzahl der Sekunden an). Dies ist die durch SPF-Berechnungen entstehende Latenz.

Split-Horizon Eine Routing-Methode, bei der Routeninformationen über die Router-Schnittstelle, über die sie empfangen wurden, nicht verbreitet werden. Split-Horizon-Updates sind sinnvoll zur Vermeidung von Routing-Schleifen.

Statisches Routing Routing, das auf manuell in die Routing-Tabelle eingegebenen Routen basiert.

Stub-Netzwerk Netzwerk, das über nur einen einzigen Austrittspunkt zum Internet oder zu anderen Netzwerken verfügt.

Stub-Router Router, der mit nur einem anderen Router verbunden ist.

Successor Bester Pfad in ein Zielnetzwerk. Der Successor wird mithilfe von DUAL aus allen bekannten Pfaden (FS-Routen) in das Zielnetzwerk ausgewählt. Wird beim EIGRP-Routing verwendet.

Summenroute Eine Summenroute ist das Ergebnis einer Routenzusammenfassung. Die Routenzusammenfassung verringert die Anzahl der Routen, die ein Router pflegen muss. Es handelt sich um eine Methode zur Darstellung einer Folge von Netzwerkadressen als einzelne Gesamtadresse. Eine Summenroute ist eine Route, die mehrere spezifischere Routen darstellt. Beispielsweise können die Netzwerke 172.16.1.0/24, 172.16.2.0/24 und 172.16.3.0/24 zum Netzwerk 172.16.0.0/22 zusammengefasst werden. Dieses Netzwerk 172.16.0.0/22 kann dann als Summenroute in alle drei Netzwerke bekannt gegeben werden.

Supernetz Zusammenfassung von IP-Netzwerkadressen, die als einzelne klassenlose Netzwerkadresse bekannt gegeben werden. Wenn man beispielsweise die vier Klasse-C-Netzwerke 192.0.8.0, 192.0.9.0, 192.0.10.0 und 192.0.11.0 mit der Subnetzmaske 255.255.255.0 betrachtet, so kann man diese über die Adresse 192.0.8.0 mit der Subnetzmaske 255.255.252.0 bekannt geben.

Supernetzbildung Zusammenfassung mehrerer IP-Netzwerkadressen zu einer IP-Adresse. Die Supernetzbildung verringert die Anzahl der Einträge in der Routing-Tabelle und erfolgt sowohl bei der CIDR-Adressierung als auch in internen Netzwerken.

Taktsignal Ein zur Koordination der Übertragung auf zwei oder mehr Leitungen verwendetes Signal.

Taktung Konfiguration einer Taktrate auf der DCE-Schnittstelle einer seriellen Verbindung.

Telnet Standard-Terminal-Emulationsprotokoll im TCP/IP-Protokollstapel. Telnet wird für Remote-Terminalverbindungen verwendet und ermöglicht es Benutzern, sich auf Remote-Systemen anzumelden und Ressourcen so zu verwenden, als befänden sich diese auf einem lokalen System. Telnet ist in RFC 854 definiert.

Time to Live Siehe TTL.

TLV (Type/Length/Value) Datenteil des EIGRP-Pakets. Alle TLVs beginnen mit einem 16 Bit langen Typenfeld und einem ebenso langen Längenfeld. Es gibt je nach geroutetem Protokoll unterschiedliche TLV-Werte. Allerdings ist ein generisches TLV definiert, das allgemeine EIGRP-Parameter wie Sequence (wird von Cisco Reliable Multicast verwendet) und die EIGRP-Softwareversion beschreibt.

Token Ring Von IBM entwickeltes und unterstütztes LAN mit Token-Weitergabe. Token Ring wird mit 4 oder 16 MBit/s in einer Ringtopologie betrieben. Es ähnelt IEEE 802.5.

Topologiedatenbank Heißt auch Topologietabelle und enthält bei EIGRP Informationen zu Successor, FD und alle FS-Routen mit den jeweiligen RDs.

Topologietabelle Siehe Topologiedatenbank.

Triggered-Update Ein Routing-Update, das durch ein Ereignis im Netzwerk ausgelöst wird.

TTL (Time to Live) Feld im IP-Header, das angibt, wie lange ein Paket als gültig betrachtet wird.

Type/Length/Value Siehe TLV.

Übergeordnete Level-1-Route Eine Oberroute in der Routing-Tabelle, der Subnetze zugeordnet sind. Eine übergeordnete Level-1-Route enthält weder eine Adresse für den nächsten Hop noch eine Ausgangsschnittstelle, sondern dient sozusagen als »Überschrift« für die entsprechenden untergeordneten Routen.

Ultimative Route Heißt auch Level-1-Route. Eine ultimative Route ist eine Route in der Routing-Tabelle, die eine Adresse für den nächsten Hop oder eine Ausgangsschnittstelle enthält.

Unified Communication (einheitliche Kommunikation) Ein Kommunikationssystem für Sprache, Bild und Daten. Das System integriert kabelgestützte, kabellose und mobile Geräte zur Erstellung einer sicheren Lösung für Unternehmensnetzwerke.

Untergeordnete Level-2-Route Subnetz, das einer übergeordneten Route zugeordnet ist.

Variable-Length Subnet Mask Siehe VLSM.

Vektor Eine durch eine Größenordnung (z. B. Anzahl der Hops) und eine Richtung gekennzeichnete Größe.

VLSM (Variable Length Subnet Mask) Möglichkeit der Angabe verschiedener Subnetzmasken innerhalb einer Netzwerkadresse. VLSM unterstützt die Optimierung des vorhandenen Adressraumes.

WAN (Wide Area Network) Datenkommunikationsnetzwerk, das räumlich weit voneinander entfernte Benutzer verbindet. Hierbei werden häufig Übertragungseinrichtungen kommerzieller Netzbetreiber verwendet. Frame Relay, SMDS und X.25 sind Beispiele für WAN-Technologien.

Wildcard-Maske Eine 32-Bit-Größe, die in Verbindung mit einer IP-Adresse verwendet wird, um zu ermitteln, welche Bits in einer IP-Adresse ignoriert werden sollen, wenn diese Adresse mit einer anderen IP-Adresse verglichen wird. Eine Wildcard-Maske wird vor allem bei ACLs verwendet.

XNS (Xerox Network Systems) Ein von Xerox entwickelter Protokollstapel, der Netzwerkprotokolle enthält, die IP und TCP stark ähneln. XNS war einer der ersten Protokollstapel, die in den ersten LAN-Implementierungen eingesetzt wurden.

Zusammenhängend Konsistent oder benachbart. Im Zusammenhang mit Netzwerken bezeichnet der Begriff Netzwerkblöcke, die hierarchisch strukturiert sind.

Stichwortverzeichnis

O

W

X

Z